Peter Meyer Reiseführer **GALICIEN**

ÜBER DIE AUTOREN

Tobias Büscher und Peter Bohning, beide Reiseautoren und freie Journalisten aus Köln, verbrachten zu Studienzwecken und bei Arbeitsaufenthalten mehrere Jahre in verschiedenen Regionen Spaniens. Das relativ unentdeckte Galicien, das so gar nicht in die üblichen Klischeebilder über Spanien passen will, regte sie schließlich zu diesem Reiseführer an. Über mehrere Jahre reisten sie umher, recherchierten ebenso in Tapa-Bars (was ihnen nicht so schwer fiel) wie in verstaubten Archiven (wofür sie Galego lernten). Unterstützt wurden sie von:

Susanne Spröer und Markus M. Hugo (Köln), die den Spuren der Jakobs-Pilger zwischen Pamplona und Santiago gefolgt sind, den Fotografen Virginia Barros (Santiago) und Christoph Landler (Düsseldorf), Britta Geldschläger (Stuttgart), die sich mit dem Matriarchat der Galegas befaßt hat, und der Journalistin Alicia Huidobro (Santiago), die den galicischen Regierungschef portraitierte. Ein dickes *graciñas* an Marion Sparrer (A Coruña), die sich um die Aktualisierung dieser Auflage gekümmert hat, sowie an »TurGalicia« für die Unterstützung.

PETER MEYER REISEFÜHRER

werden während monatelanger Aufenthalte der Autorinnen und Autoren vor Ort recherchiert – wenn sie nicht sowieso dort leben. So ist es nicht verwunderlich, daß sich diese Reihe den Ruf erwerben konnte, zuverlässig und informativ zu sein. Sowohl was den Hintergrund wie Natur, Geschichte, Wirtschaft und Kultur angeht, als auch die unverzichtbaren reisepraktischen Informationen: Unterkünfte, Verkehr, Essen und Trinken, Ausgehen, Aktivitäten, Besichtigungen und Ausflüge – immer mit konkreten Preisen und hilfreichen Tips.

Für tolerantes Reisen in einer *Welt.*

TOBIAS BÜSCHER & PETER BOHNING

GALICIEN

*und der Jakobsweg
durch den Norden Spaniens*

PETER MEYER REISEFÜHRER
4. aktualisierte Auflage, Frankfurt am Main 1999

Impressum

Schopenhauerstraße 11,
60316 Frankfurt am Main
http://www.meyer-reisefuehrer.de

Druck & Bindung: Tiskarna Optima, Ljubljana
Umschlaggestaltung: Fuhr & Partner, Mainz
Karten: Elsner & Schichor, Silvio Imkemeyer, Peter Meyer
Zeichnungen: Elisabeth Noth, Silke Schmidt
Fotos: siehe Bildnachweis Seite 394
Lektorat und Gestaltung: Annette Sievers

Vetrieb für den Buchhandel
D: GeoCenter ILH, ✆ 0711/7194610,
Postfach 80 08 30, D-70508 Stuttgart
CH: AVA/buch 2000, Postfach 89, CH-8910 Affoltern a.A.
A: freytag & berndt, Postfach 1231, A-1231 Wien
NL: Nilsson & Lamm, Postbus 195, NL-1380 AD Weesp

ISBN 3-922 057-48-9

INHALT

DAS LANDESINNERE

ZU GUTER LETZT

Gott ist gut, aber der Teufel ist auch nicht schlecht.

GALICISCHES SPRICHWORT

Ein Streifblick

Wenn Sie nach Galicien reisen, vergessen Sie Sangría, Flamenco, Gitarre, Stierkampf und weiße Häuser, García Lorca, Don Quijote und Carmen. Galicien hat von all dem nichts, es hat ganz eigene Attraktionen: statt Sangría den magischen Hexentrunk *queimada,* statt Flamenco-Gitarre den Dudelsack, statt Stierkampf die Wildpferd-Rodeos, statt gekalkter Wände die weißgestrichenen Glasveranden, statt García Lorca die Dichterin Rosalía de Castro, statt Don Quijote den ganz realen Emigranten und statt der sinnlichen Erotik der Carmen den derben Charme der Fischverkäuferinnen.

Galicien ist Schottland ähnlicher als Kastilien. Vergessen Sie auch das spanienweite Bild vom leidenschaftlichen Spanier, von beleidigter Ehre, vom Draufgänger Don Juan. Die Klischees von den *Galegos* – wie sich die Galicier selbst nennen – bemühen kaum »das Feurige«: Galicier sind, so sehen es jedenfalls die anderen Spanier, eigenbrötlerische Besitzer von Ochsenkarren mit Holzscheibenrädern – konservativ, geizig und mißtrauisch, seit sie mit einem Regenschirm in der Hand zur Welt kamen. Mehr noch: Galicier seien schon immer hinter ihren sattgrünen Bergen gewesen, sie glaubten noch an Hexen, nie aber den Politikern. Historisch und geographisch lebten sie am Ende der Welt. »Misere, kulturelle Rückständigkeit, Abgeschiedenheit und ein ausgeprägter Sinn für das Eigentum sind die Charakteristika der galicischen Landbevölkerung« schrieb *El País,* die größte spanische Tageszeitung aus Madrid.

Spottwitze bleiben da natürlich auch nicht aus: Ein Galicier auf die Frage, warum er denn immer mit einer Gegenfrage antworte: »Warum wollen Sie das denn wissen?«. Oder den: »Der Galicier ist so vorsichtig, wenn Sie einem auf der Treppe begegnen, wissen Sie nicht ob er rauf oder runter geht«.

Mit den Galicien-Klischees ist es wie mit allen anderen. Sie liegen völlig daneben und doch wieder nicht. Fragen Sie während Ihres Urlaubs nach dem Preis eines Doppelzimmers, bekommen Sie möglicherweise erst einmal die Antwort »Woher kommen Sie?« Holzscheibenräder sehen Sie genauso wie die zahlreichen *hórreos,* jene fast sargförmig anmutenden uralten Maisspeicher; Sie werden Bauern mit winzigem Grundbesitz, Dudelsackmusikanten und Regenschirmherstellern begegnen.

Aber Galicien hat sich entwickelt, und neue Klischees konkurrieren mit den alten: Galicien, das Schmugglernest, der Hort der Waldbrände, die Region der extravaganten Modemacher wie Adolfo Domínguez, der Eukalyptusbäume als Mischwaldkiller, des modernen Strafvollzugs ..., Heimat der Gewinnerin des europäischen Gastronomiewettbewerbes Toñi Vicente und des Kinderstaates Bemposta.

Die Vielfalt dieser Bilder entspricht der Vielfalt der Natur und der Galegos selbst. Es gebe »fast drei Millionen Galicien« behauptet der Autor Felix Ortega, »genauso viele wie es Galicier gibt«. Sie leben in diesem viergeteilten Fünfeck im äußersten Nordwesten Spaniens zum Großteil an der Küste. Der Atlantik hat hier die *Rías* eingewaschen, fjordartige Buchten, die besonders an der Südküste tief ins Landesinnere reichen. Dorthin flüchten jeden Sommer besonders Kastilier vor der Glut der Meseta.

Aber nicht nur das milde Augustklima macht die sonst oft regnerische Region so attraktiv: Wie »skeptisch« und »geizig« die Galicier wirklich sind, zeigen sie während der unzähligen Feste, gewidmet den Heiligen, den Schnäpsen, den Langusten und Miesmuscheln. Wie »eukalyptusgeplagt« Galicien ist, zeigt es im Landesinnern in so herrlichen, fruchtbaren Wandergebieten wie Los Ancares und O Courel. Wie »historisch abgeschieden« es ist, zeigt das mittelalterliche Zentrum Europas Santiago de Compostela, heute Hauptstadt Galiciens. Und wie »mißtrauisch« es ist, zeigt die weltoffene »Gläserne Stadt« A Coruña.

Das immergrüne *Galicia* zwischen dem tosenden Atlantik bei *Fisterra,* dem »Ende der Welt«, und dem nebligen *Río Limia* bei Ourense, den die Römer »Fluß des Vergessens« nannten, haben weder die Landesregierung noch Massentourismus zum Urlaubsschreck verkommen lassen – wie vielfach an der spanischen Mittelmeerküste geschehen. Auf daß sich das nie ändere! Man spricht nicht deutsch. Es sei denn, man ist Emigrant aus Deutschland oder der Schweiz. Man verkauft auch keine Currywurst und kein Flens oder schreibt auf die Tafel vor dem Restaurant: »Hier kocht ein deutscher Koch«. Das kann den Urlauber Mühe kosten, denn das Land drängt sich dem Touristen gerade auf. Doch die Mühe lohnt. Galicien, seine Bergbauern und Muschelsucherinnen, seine Klosterruinen, seine Strände, seine Wildpferde, seine Eintöpfe und Forellenbäche sind gerade deshalb ein so wunderbares Reiseziel.

TOBIAS BÜSCHER
PETER BOHNING
im April 1999

PS: Wenn Ihnen dieser *Peter Meyer Reiseführer* gefallen hat, würden wir uns freuen, wenn Sie ihn auch Ihren Freunden und Bekannten weiterempfehlen würden! Gerne sendet Ihnen der Verlag auf Anfrage sein aktuelles Verzeichnis zu. Helfen Sie bei der Aktualisierung durch detailliert notierte Tips und Änderungen, so honoriert der Verlag Ihre Mühe mit einem Produkt aus seinem Programm. Bei umfangreichen, verwertbaren Notizen sogar mit einem Freiexemplar.

Peter Meyer Reiseführer
– Korrekturen Galicien 99 –
Schopenhauerstraße 11
60316 Frankfurt am Main

LAND & LEUTE

VOM CHAMPAGNER DES ALLTAGS

Daß sich Gott nach dem Erschaffen der Welt erschöpft auf die nordwestliche Ecke der Iberischen Halbinsel stützte und – so will es die Legende – dabei ungewollt nachträglich an der Landschaft herummodellierte, hat ihm bis heute keiner übelgenommen. Galicien besitzt dadurch einzigartige Naturräume, denn Gott hinterließ mit seinen Fingerabdrücken die für die galicische Küste so charakteristischen Rías. Neben der landschaftlichen Vielfalt dürften allerdings auch das so unspanische gemäßigte Klima und der Reichtum an Meeresfrüchten dafür verantwortlich sein, daß die Spanier hier selbst gerne Urlaub machen – allerdings auch lieber nur in den regenfreien Wochen. Dabei ist den Galiciern der häufige Regen doch der »Champagner des Alltags« …

Geologie

Heimatkundler Ramón Otero Pedrayo (1888 – 1976) schrieb in seinem Galicienführer von 1926, geologisch gesehen sei »Galicien nichts als Granit und Schiefer«. Der allgegenwärtige Fels hat in weiten Teilen des Landes durch eine konstante Erosion, die auf das feuchte Klima, das Meer und die starke Strömung der galicischen Flüsse zurückzuführen ist, bizarre Formen angenommen. Mal als löchrige Mondlandschaft, mal als sanftes, baumbestandenes Gelände trifft man immer wieder auf neue Spielarten der Natur. Die Entstehungsgeschichte dieser Landschaft reicht 1200 Millionen Jahre zurück. Der ganze Nordwesten Spaniens ist durch Brüche des Basisgesteins gekennzeichnet und in Nord-Süd-Richtung in einzelne Schollen aufgegliedert. An eingebrochenen Talbecken wie in Verín im Süden von Galicien kann man dies gut erkennen. Dort und auch an zahlreichen anderen Orten quer durch die Region gibt es Thermen und Heilbäder, bei denen heißes und zum Teil schwefelhaltiges Wasser aus tieferen Erdschichten an die Oberfläche gelangt.

Eine Besonderheit der galicischen Landschaft sind die weit ins Landesinnere reichenden, fjordartigen Flußmündungen, die **Rías** genannt werden. Diese für Galicien so charakteristischen Küsteneinschnitte sind durch Erdabsenkungen, wie zum Beispiel bei Pontevedra oder Vigo an der Westküste, durch den Landhunger des Atlantiks und die starke Erositonstätigkeit der Flüsse entstanden. Nach der letzten Kaltzeit vor etwa 10.000 Jahren konnte das Meer durch Risse und Flußtäler in das Landesinnere dringen und schuf so jene ertrunkenen Flußtäler. Am bekanntesten sind die in eine sanfte und grüne Hügellandschaft eingebetteten *Rías Bajas* an der Westküste, an denen sich der größte Teil von Galiciens Muschelzucht und dem Tourismusgeschäft abspielt. Die Rías Bajas reichen bis zu 30 Kilometer weit ins Land hinein (*Ría de Arousa*) und haben eine Wassertiefe von stellenweise fast 100 Metern. Der Niveau-Unterschied zwischen

Ebbe und Flut beträgt rund 6 Meter. Weniger ausgeprägt, aber schroffer sind die *Rías Altas,* wie die Kütseneinschnitte nördlich von Fisterra bis nach Ribadeo an der Grenze zu Asturien bezeichnet werden. Im Gegensatz zu den Rías Bajas geben die Rías Altas kein einheitliches Bild ab. Die von einer felsigen und kargen Landschaft eingefaßten Rías Altas der herbschönen *Todesküste* sind mit den viel ruhigeren Rías zwischen A Coruña und Ferrol kaum zu vergleichen, die zwei Halbinseln herausgebildet haben und fast schon wieder den sanften Rías Bajas ähneln. Als plötzliche und unvermittelt auftauchende Einschnitte in die vorwiegend von Steilküste geprägte Landschaft präsentieren sich die Rías Altas zwischen dem nördlichsten Punkt der Iberischen Halbinsel, dem *Cabo Estaca do Bares,* und der Grenze zu Asturien, die die *Ría de Ribadeo* markiert. Es sind die kleinsten, aber durch die landschaftlichen Kontraste mit Steilküste, weitläufigen Sandstreifen und einem grünen Hinterland wohl reizvollsten galicischen Rías.

Galicien ist reich an *Mineralien,* deren Abbau lange Zeit zu den wirtschaftlichen Grundlagen der Region gehörte. Die wichtigsten Mineralienvorkommen sind Kupfer, Blei, Zink, Zinn, Quarz, Granit, Magnesit, Wolfram, Lignit und Kaolin. Auch *Edelmetalle* wurden in Galicien gefunden. Die Stadt Ourense erhielt ihren Namen von den Römern (*auria*), die an den Flüssen Miño und Sil Gold- und Silberminen ausbeuteten. Der Río Sil galt ihnen als magischer Fluß, weil sie meinten, sein Wasser verwandle den Ufersand in Gold.

Geographie

Galicien ist ein Mittelgebirgsland, das sich von den südöstlichen Randgebirgen der *Kantabrischen Kordilleren* nach Norden und Nordwesten auf rund 200 m Meereshöhe verflacht. Die meisten höheren Berge finden sich daher in Südostgalicien, dazu gehören die *Picos de Ancares* (1826 m), die *Cabeza de Manzaneda* (1787 m) mit der *Sierra de Queixa* und der Berg *Peña Trevinca* (2031 m).

Galicien ist 29.434 km² groß und entspricht damit ungefähr der Größe Belgiens. Die rund 1200 Kilometer galicische Küste machen gut 30 Prozent der gesamten spanischen Küste aus. Nur eine der vier galicischen Provinzen, *Ourense,* hat keinen Zugang zum Meer. Dafür besitzt die von Weinbau und Landwirtschaft geprägte Provinz Ourense die abwechslungsreichste Landschaft Galiciens, von den grünen Weinbergen der Gegend um Ribadavia bis zu dem oft verschneiten Gebirge um die *Cabeza de Manzaneda,* dem einzigen galicischen Skigebiet. Die großartigen *Naturschutzgebiete Ancares* und *Courel* liegen in der nordöstlichen Provinz Lugo, die in ihrem Hinterland ansonsten wenig Aufregendes zu bieten hat. Um so schöner ist aber der Küstenabschnitt dieser ärmsten galicischen Provinz; der »Strand der Kathedralen« ist ein Naturschauspiel für sich.

Mit einer hügeligen, oft waldbestandenen Mittelgebirgslandschaft im Rücken konzentriert sich das Leben der reicheren *Provinzen A Coruña* im Nordwesten und *Pontevedra* im Südwesten auf die Küste, die keineswegs immer gleich aussieht. Die fast 600 Meter hohe Steilküste der *Sierra de la Capelada* geht bei der Stadt Ferrol in einen windgeschützten, milden Küstenstreifen über, um nur 30 Kilometer hinter A Coruña zur herben, felsigen und sturmumtosten *Todesküste* zu werden. Südlich von Fisterra beherrschen schließlich die sanften *Rías Bajas* das Bild der Küstenlandschaft.

Das Geld der Provinzen A Coruña und Pontevedra wird vor allem im Schiffsbau, der Fischerei, der Muschelzucht, dem Seehandel, der Papierindustrie und dem Tourismus verdient. Die Bevölkerung – Galicien zählt fast drei Millionen Einwohner – konzentriert sich daher im wesentlichen an der Küste, besonders in den beiden industriell bedeutsamen Hafenstädten A Coruña und Vigo. In prähistorischer Zeit sind hingegen vor allem die höher gelegenen Regionen Innergaliciens bewohnt gewesen. Manchmal reichen die frühen Siedlungen bis an die Gebirgsmassive heran. Lediglich die Bergkette der Ancares und andere isolierte Bergregionen wie die *Sierra O Courel* blieben im Laufe der Zeit schwach besiedelt.

Maximaler **Tagesniederschlag** und **Regentage** pro Jahr über einen Meßzeitraum von 10 Jahren:
A Coruña 72,7 mm 163 Tage
Vigo 83,0 mm 140 Tage

Klima, Wind & Wetter

Für die hitzegeplagten und erholungsbedürftigen Spanier ist Galicien die nationale Fluchtburg in den Sommerferien. Während sich die sonnenhungrigen Touristenmassen aus dem Norden Europas am liebsten spanische Urlaubsziele mit Hitzegarantie aussuchen, gehört es fast zum guten Ton unter Madrilenen und Barcelonesen, in Galicien ein Häuschen zu besitzen – des angenehmen Klimas wegen. Denn die Nachbarschaft des Atlantiks sorgt für ein ozeanisch-immerfeuchtes Klima, das erst tief im Süden in das halbtrockene Klima Zentralspaniens übergeht. Eine klimatische Besonderheit im Süden Galiciens ist eine Dürreperiode um den Monat August, in der kaum Regen fällt.

Insgesamt sind die **Temperaturen** mild. Das Monatsmittel schwankt nur zwischen 10 und 15 Grad Celsius. Die regionalen Unterschiede sind jedoch recht groß: Die Schwankungen im Verlauf eines Jahres nehmen nach Osten hin stetig zu, die mittleren Werte insgesamt ab. So liegt die mittlere Jahrestemperatur in Fisterra bei 14,2 Grad, in Santiago bei 12,8 Grad, in Lugo bei 12 Grad; die Temperaturschwankungen im Jahresverlauf betragen in Fisterra 9,1 Grad, in Santiago 10,9 Grad, in Lugo 12,7 Grad. Die höchsten Temperaturunterschiede verzeichnet das Thermometer im innergalicischen Ourense, wo bis zu 31 Grad Celsius zwischen höchster und niedrigster Temperatur liegen können. Das gleiche Phänomen läßt sich auch von Norden nach Süden beobachten. In Vigo zeigt das Thermometer etwa viermal häufiger über 25 Grad an als in A Coruña.

Die *Wassertemperaturen* des Atlantiks lassen selbst im Hochsommer noch Badelustige erzittern, denn das Wasser der Rías Altas im Norden ist selten über 15 Grad warm, was viele an die Gestade der im Hochsommer gut 20 Grad warmen Rías Bajas treibt. Im galicischen Wonnemonat September liegen die Wassertemperaturen aber auch an den offenen Atlantikstränden im angenehmen Bereich um 18 Grad.

Der **Wind** bläst an der spanischen Nordküste aus Nordwesten. Nach heißen Tagen im Sommer und Herbst können die Nordwestwinde zur *Galerna* werden, einem mit Gewittern verbundenen Nordweststurm.

Was das **Wetter** angeht, so bleibt einem als Urlauber nichts weiter übrig, als den spanischen Werbeslogan »Alles unter der Sonne« sofort zu vergessen und sich auf den »Champagner des Alltags« einzustellen. Regenschirme zählen zur Grundausstattung der Galicier. In Santiago de Compostela, der regenreichsten Stadt Spaniens, bezeichnet man den ständigen Nieselregen schlicht als »Kunst«. Das Wolkenaufkommen in Galicien ist vergleichbar mit dem Englands und Norddeutschlands und wird in Europa nur von Nordirland und Schottland übertroffen. Die Niederschlagsmenge ist das Jahr über relativ konstant, an der galicischen Westküste höher und dies vorwiegend im Winter. Der meiste Regen fällt im Herbst und Winter, der August und die ersten

Der Regenschirm ist immer dabei: Im Hinterland von Galicien

zwei Septemberwochen können hingegen völlig regenfrei sein. In den nördlichen Gebieten regnet es mit größerer Regelmäßigkeit, im Süden sind die Niederschläge eher als Platzregen zu bezeichnen und jahreszeitlich bedingt. Die an Santiago angrenzenden Gebiete sowie der nähere Umkreis der Rías Bajas verzeichnen oft mehr als 1500 mm Niederschlag pro Jahr, in Santiago sind es 1650 mm. Damit zählen diese Regionen Galiciens zu den regenreichsten Europas.

Eukalyptus und Wein

Wer bei einem Besuch Galiciens unbewußt das Liedchen »O, du schöner Westerwald, Eukalyptusbonbon« vor sich hin pfeift, hat nicht ganz Unrecht, denn im Landesinnern kann man sich einem deutschen Mittelgebirge durchaus näher fühlen als Spanien. Und zum anderen ist der Eukalyptusbaum, der immer größere Waldflächen Galiciens einnimmt, kaum zu übersehen.

Bei genauerem Hinsehen stellt man schnell fest, daß sich in Galicien zwei Vegetationskreise überschneiden. **Eurosibirische,** an den laubabwerfenden Wäldern zu erkennen, und **mediterrane Vegetation** mit immergrünen Wäldern verleihen der galicischen Flora einen eigenwilligen Mischcharakter. In Höhenlagen herrschen besonders die nordatlantischen und mitteleuropäischen Baumarten vor: laubabwerfende Eichen, Birken, Weiden, Erlen, Kastanien, Pappeln und verschiedene Kiefernarten. Hinzu kommen Weide-, Heide- und Moorpflanzen, deren hauptsächliche Vertreter Besenginster, Stechginster, Heidekraut und Adlerfarn sind. Durch Abholzung und Brandrodung der Eichen- und Kastanienwälder haben die Heidepflanzen sich auf vielen einst großen Waldflächen ausgebreitet.

Mediterrane Pflanzen machen sich in einzelnen Arten und in klimatisch besonders begünstigten Zonen, vor allem im Südwesten sowie in den tiefen Flußtälern im Südosten Galiciens, bemerkbar. Zu ihnen zählen Stein- und Korkeichen, der Erdbeerbaum, die Wilde Heckenrose, Wegdorn, Stechpalme und Kräuter wie Thymian, Lavendel und Salbei. Eine Reihe von Vegetationsarten, die unter gleichen klimatischen Bedingungen in anderen Regionen gedeihen würden, kommen in Galicien jedoch nicht vor. Als Gründe dafür sind der stark wasserdurchlässige Granit, die vorwiegend sauren Böden und die eigentümliche sommerliche Dürreperiode zu nennen, der sich die Pflanzen anpassen müssen.

Um eine natürliche Vegetation handelt es sich in Galicien kaum. Die menschlichen Eingriffe in die galicische Urlandschaft waren und sind enorm. Die Entwaldung im Laufe der Geschichte und die kaum erfolgte Aufforstung haben den ursprünglichen Waldbestand auf ein Prozent der Landfläche reduziert. Von ihm bekommt man nur noch in den Naturschutzgebieten Ancares und Courel im Südosten sowie in der Umgebung einiger Flüsse, wie beispielsweise am Río Sil, Río Eume oder am Río Miño einen Eindruck.

Noch immer deckt die galicische Holzwirtschaft zum überwiegenden

Mit Feuereifer am Werk: Brandstiftung in Galicien

Waldbrände sind in Galicien leider keine Seltenheit. Nach einigen Jahren der Ruhe brannte es 1998 wieder an allen Ecken und so mancher sanfte Hügel an Galiciens Küste erschien Touristen wie ein Schlachtfeld. Diese Brände entstehen kaum zufällig oder aus Unachtsamkeit. Noch immer macht es offenbar »Sinn«, Wälder in Brand zu stecken, um auf diese Weise schneller zu attraktivem Bauland zu kommen. Und nach wie vor ist es ein offenes Geheimnis, daß in den Sommermonaten von gedungenen Pyromanen systematisch gezündelt wird. Die Auftraggeber bleiben zumeist im dunkeln. Doch einen Nutzen davon hat in der Regel nur die Papierindustrie, denn bei der Herstellung von Zellulose ist der Zustand des Holzes nicht so wichtig. Verkohlte Stämme sind lediglich ungleich billiger. Fatalerweise gerät den professionellen Brandstiftern in ihrem Feuereifer leicht mal etwas außer Kontrolle. So stand am 27. August 1998 in den Salzburger Nachrichten zu lesen:
»Nach dem Waldbrand auf der Kanaren-Insel Teneriffa bedroht nun ein Großfeuer den Xures-Nationalpark im Nordwesten Spaniens. Die Flammen griffen auf das Naturreservat an der Grenze zu Portugal über.« Der 21000 Hektar große Park sei ernsthaft in Gefahr, hieß es weiter. Das Feuer sei vermutlich von Brandstiftern gelegt worden. Der Schaden belaufe sich schon auf eine Milliarde Peseten. »Umweltschützer sprechen von einer ökologischen Katastrophe. Zumeist steckten Grundstücksspekulanten und die Holzindustrie als Anstifter hinter den Waldbränden. Der Xures-Nationalpark gilt als wichtiges Biotop und beherbergt eine Baumschule zur Aufzucht seltener Pflanzenarten.
Nach Angaben des Umweltministeriums der Region Galicien werden pro Tag rund 200 kleinere Waldbrände gemeldet. Allein in den vergangenen drei Tagen seien 6000 Helfer ununterbrochen im Einsatz gewesen, um rund 1000 Brandherde zu löschen.
In mehr als 90 Prozent der Fälle sei Brandstiftung die Ursache gewesen, die Polizei habe seit Jahresanfang 60 Täter festgenommen.«

Teil den Holzbedarf Spaniens. Immer häufiger sind schnellwachsende **Eukalyptuswälder** anzutreffen, die seit dem vergangenen Jahrhundert wegen ihres schnellen Wachstums vom Staat zum Nutzen der Holz- und Papierindustrie angesiedelt werden. Zum Unmut vieler Galicier bestimmen sie zunehmend das Landschaftsbild. **Olivenhaine,** in früheren Zeiten durchaus üblich, gibt es noch in den Tälern südlich von Ourense und an den Flüssen Miño und Sil. **Weinreben** findet man fast nur in Südgalicien, wo sie an den Südhängen gedeihen. Die bekanntesten Lagen sind der *Albariño*

Die Pflege der Weinreben ist eine mühsame Arbeit

im Bereich der galicischen Küste bis heute *Mais* und *Kartoffeln* die wichtigsten **Kulturpflanzen.** Oft sieht man auch *Hopfen-* und *Weizenfelder.*

Langusten und Bären

Für seinen Reichtum an **Fisch** und **Schalen-** und **Krustentieren** ist Galicien nicht nur in Spanien selbst berühmt. An der galicischen Küste und vor allem in den nährstoffreichen Rías Bajas tummeln sich alle möglichen Fischarten und wachsen Muscheln so ungehemmt, daß in Galicien gut 50 Prozent des Miesmuschelbedarfes der Welt produziert wird. Neben den schwarzen Miesmuscheln gelangen auch Austern sowie Herz- und Venusmuscheln, die bei Ebbe im Sand der Ría aufgesammelt werden, in die Auslagen der Restaurants. Sehr beliebt, aber sündhaft teuer ist eine Muschelart, die am besten an den Felsklippen der Todesküste ge-

um Cambados, der *Rosal* an der Mündung des Río Miño, der *Ribeiro* um den Miño bei Ribadavia sowie der *Valdeorras* an den Quellflüssen des Río Sil im Südosten. Weiter im Norden gibt es nur vereinzelte, unbedeutende Weinlagen. Entlang der Rías Bajas bis in die südlichen Täler kommen auch **Orangen-** und **Zitronenbäume** vor. Doch trotz alledem sind deiht: Um die Entenmuscheln abzupflücken, müssen die Leute Kopf und Kragen riskieren. Das Pilgersymbol, die Jakobsmuschel, wird in A Coruña, Noia und Ribeira geerntet. Schalentiere, wie Langusten, Seespinnen, Krabben, Krebse und Hummer fühlen sich in den Rías sehr wohl, ziehen aber die Rías Altas und die Mündung des Miño den wärmeren Rías Bajas vor. La Guardia, an der Grenze zu Portugal, nennt sich selbst gerne »Hauptstadt der Langusten«. Ein besonders häufiger Bewohner der galicischen Küste ist die Seekrake, die bei keiner galicischen Festivität fehlen darf. Die Arten, die den einheimischen Fischern ins Netz gehen, sind meistens Sardine, Kabeljau, Seezunge, Seehecht, Seebrasse, Schwertfisch und Seeteufel.

Die lachs- und forellenreichen Flüsse, in denen auch oft Silberfische, Neunaugen, Aale und Meeresforellen vorkommen, sind ein Paradies für Angler. An weniger zugänglichen Flußstellen leben noch Fischotter.

Was zu Lande kreucht und fleucht, macht sich dagegen ärmlich aus. Von den knapp 15 **Amphibienarten** Galiciens ist der Wasserfrosch am häufigsten vertreten, bei den rund 20 **Reptilienarten** sind vor allem die Mauer- und die Smaragdeidechse zu nennen. Die Kreuzotter hat mit der *Sierra de Queixa* im Südosten ihr nördlichstes Verbreitungsgebiet auf der Iberischen Halbinsel.

230 Vogel- und 35 Säugetierarten leben ständig oder zeitweilig auf galicischem Boden. Insgesamt handelt es sich um eine Mischfauna, in der das nördliche Element bestimmend ist. Igel, Dachse, Hasen, Kaninchen und Füchse haben überall ihre Reviere. In

Die Herzmuscheln werden wie hier bei O Grove mit der Hand eingesammelt – dennoch zählt das Schalentier neben Miesmuscheln zu den preisgünstigsten Mariscos

den bewaldeten Tälern der Bergregionen kommen **Wildschweine** sehr häufig vor und sind mit etwas Glück auch zu sehen, was bei *Wiesel, Hermelin* und *Iltis* kaum gelingen wird. Außer in den dichter besiedelten Flußtälern pflegen im östlichen und südöstlichen Galicien immer noch **Wölfe** zu heulen – *el lobo*, der Wolf, ist eine wichtige Figur in der galicischen Folklore. Wanderer müssen allerdings nicht fürchten, sich im Urlaub Rudeln hungriger Wölfen erwehren zu müssen. Die wenigen galicischen Wölfe geben sich mit dem großen Angebot an *Rehen* zufrieden. In den Ancares und am Rand des Ourense-Massivs kommen auch *Hirsche* und *Damwild* vor, und auch der *Marder* hat hier eines seiner letzten Refugien. Sporadisch lassen sich **Braunbären** aus Asturien in Ostgalicien blicken. Durch ihre Namen gedenken Orte wie *Oseira* und *Valdoso* des pelzigen Besuchers, der hier *oso* genannt wird.

In den Rías und weiten Teilen des Nordostens zählt der Rabe zu den häufigsten **Vogelarten,** ist aber im Süden weitgehend unbekannt. Möwen trifft man in Galicien sogar noch an den Quellen seiner Flüsse weit im Landesinneren an. *Zaunkönig, Specht, Kuckuck, Bekassine* und verschiedene *Drosselarten* leben in

Die Schleiereule nistet gerne in der Nähe von Menschen – sie profitiert von der Feldarbeit, bei der Wühlmäuse aufgescheucht werden

ganz Galicien, nachts sind die Rufe von *Uhus* und *Schleiereulen* zu hören. Die Nachtvögel *Wald-* und *Steinkauz* suchen sich lieber abgelegenere Gebiete. In der Umgebung Lugos kommt die *Waldschnepfe* häufig vor. Man muß allerdings schon in den Ancares oder dem Courel herumwandern, um mit einiger Sicherheit noch *Schnee-* und *Rebhühner, Habichte, Sperber, Bussarde, Zwergadler* und *Mauerfalken* beobachten zu können. Das Symbol der Ancares, den *Auerhahn,* haben die Tierschützer zuletzt dreißigmal gezählt. Besonders in der Sierra de Queixa um das Manzaneda-Wintersportgebiet nisten *Wanderfalken, Turmkrähen* und auch der eine oder andere *Königsadler* in den steilen Felswänden.

Die gesamte Fauna Galiciens, mit wenigen Ausnahmen, mußte sich darauf einstellen, in einer vom Menschen höchst beeinflußten Umgebung zu überleben. Jene Arten, die in ihrer Lebensform wenig flexibel sind, sind daher, wenn überhaupt, nur in

Bekassinen stochern mit ihrem langen Schnabel im Schlamm nach Futter

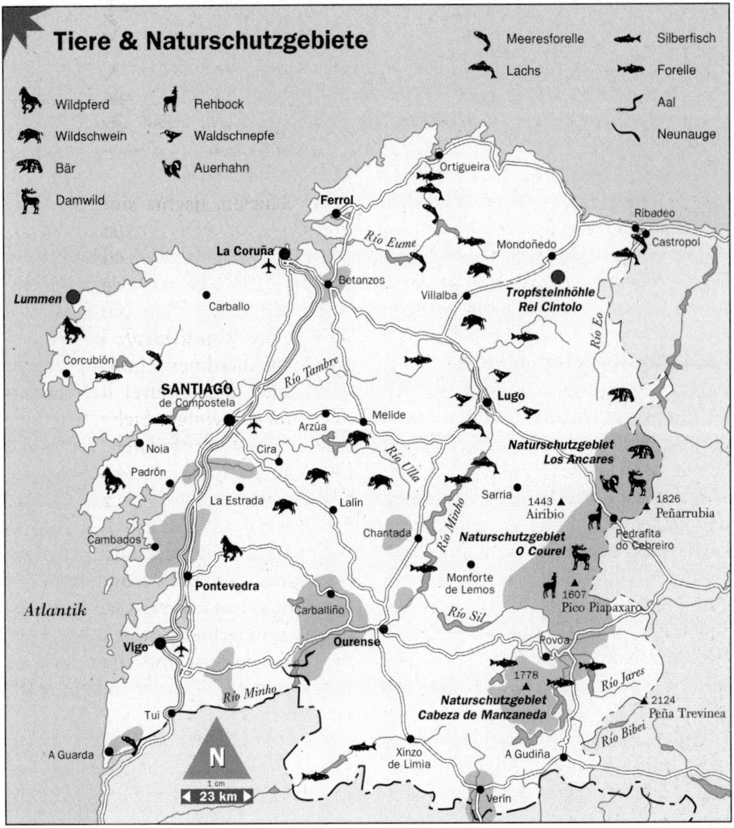

einsamen Gebieten anzutreffen. Das menschliche Zusammenleben mit Tieren, in Galicien so eng wie in keiner anderen Gegend der Iberischen Halbinsel, drückt sich in zahllosen Tierlegenden und Überlieferungen aus. Dennoch kümmert man sich traditionell herzlich wenig um einen Schutz der galicischen Tierwelt, die zunehmend verarmt und in der nur noch äußerst anpassungsfähige Arten eine Überlebenschance haben. Die aktuellen Bemühungen um ihren Erhalt entsprechen jedenfalls in keiner Weise den Bedürfnissen.

Die beiden *Naturschutzgebiete Los Ancares* und *O Courel,* in denen es sich herrlich wandern läßt, sind unter der Griffmarke »Landesinnere« beschrieben.

LAND & LEUTE

GALEGAS UND GALEGOS

Sie hören und schreiben gern über sich selbst, die Nachfahren der mythischen und – selbstverständlich – männlichen Heldenfiguren der Kelten zu sein. Dabei ist im übrigen Spanien das Gerücht unauslöschlich, in Galicien hätten die Frauen das Sagen. Fragt er die galegas und galegos selbst, bekommt der Wißbegierige höchstens zu hören: »Wir melken eben lieber Kühe, als mit Stieren zu kämpfen«. Eine gehörige Portion Mißtrauen gegenüber »seltsamen Fragen« und jeglicher Obrigkeit scheint den Galiciern schon in die Wiege gelegt worden zu sein. Man interessiert sich eher für Schwarze Magie und konzentriert sich auf das nächste Dorffest.

Fast täglich eine Fiesta

Wenn Sie Galicien besuchen, geraten Sie mit Sicherheit in mindestens eines der unglaublich vielen, vielfältigen Feste der Region. Mehr noch, Sie könnten fast täglich an einer *fiesta* teilnehmen. Der Hauptgrund: Galicien besteht aus rund 4000 Pfarreien, die unter dem jeweiligen Patronat eines Heiligen stehen. Und diesem Schutzheiligen ist einmal im Jahr eine Wallfahrt oder zumindest ein religiöses Volksfest gewidmet. So gibt es das ganze Jahr über, besonders aber im Sommer, bunte, fröhliche Feiern, zu Land oder zu Wasser. Dudelsackmusik, Tanz, afrikanische Teppichverkäufer, Jahrmarkt und kulinarische Gelage sind die ständigen Begleiter am Tag des Patrones, aber auch bei einer anderen kuriosen Festivität: dem Einfangen von Wildpferden, die noch immer in Galiciens Bergen frei leben.

Ab dem Frühsommer gehen die Galicier dieser uralten Tradition nach: *rapa das bestas* heißt das Zureiten sowie das Stutzen der Mähnen und Schweife der Pferde, die vorher von den Bergen in einen Pferch getrieben werden. Rodeos und eine feuchtfröhliche Fiesta machen diese *rapas* oder *curros* zu einem beliebten, originellen Spektakel (siehe Seite 27). Die Fiesta dauert das ganze Wochenende, es lohnt jedoch, bereits samstags zum Einfangen der Pferde zu kommen.

Und schließlich feiert man an manchen Tagen nur für den Gaumen. Viele Feste sind in bestimmten Regionen nach den jeweiligen Spezialitäten benannt. So der Tag des Albariño-Weines, der Seekrake, der Sardine oder des Eintopfes.

Aus dem Überangebot von Festivitäten hier eine kleine Auswahl besonders interessanter Feste, weitere sind in den Routenbeschreibungen notiert.

Ostersonntag: *Fiesta del Aguardiente* in Portomarín südlich von Lugo. Man sagt, hier werde der beste galicische Schnaps – *aguardiente* – gebrannt.

Um den 28. April: *Feira do Viño,* Ribeiro-Weinmesse in Ribadavia, 30 km westlich von Ourense.

2. Wochenende im Mai: *Curro* in Valga bei Oia, Provinz Pontevedra.

3. Sonntag im Mai: *Fiesta del Salmón,* Lachsfest, La Estrada, Provinz Pontevedra nahe des Río Ulla südlich von Santiago de Compostela.

Ende Mai: *Fiesta de la Empanada,* Pastetenfest, Cervo, an der Nordküste 15 km östlich von Viveiro. Hier gibt es die so beliebten Empanadas mit allen möglichen Füllungen aus Thunfisch, Eiern, Fleisch etc.

Mai/Juni: *Fiestas de la Ascención.* Christi Himmelfahrt (6. Donnerstag nach Ostern) feiert man in Santiago mit Viehmarkt, Straßenfesten, Konzerten und Theateraufführungen.

20. Mai bis 6. Juni: *Festa do Peixe,* Fischfest in Bande, an der N 540 von Ourense Richtung Süden gelegen. Besonders Forellen aus dem Río Limia, aber auch andere gebratene Fische, Maisbrot und Wein.

1. Wochenende im Juni: *Rapa das bestas* in Sabucedo, an der N 541 zwischen Pontevedra und Ourense, bei Cerdedo Richtung La Estrada gelegen.

1. Wochenende im Juni: *Fiesta del Viño Espadeiro,* in Ribadumia an der Küste bei Cambados – das sein eigenes Weinfest hat – nahe Pontevedra. Weinexperten und Besucher nippen an diesem Tag den schweren Rotwein der Weingegend Barrantes.

2. Wochenende im Juni: *Pferde-Fest* in Mougas, Ort südlich von Baiona.

3. Wochenende im Juni: *Curro* in Morgadanes bei Gondomar östlich von Baiona, Provinz Pontevedra.

Wochenende vor dem 24. Juni: *Pferde-Fiesta* an *San Juan* in Montoxo bei Cedeira, Provinz A Coruña.

4. Wochenende im Juni: in Campo do Oso bei Pastoriza, Provinz Lugo.

LAND & LEUTE

Verbrüderungskuß unter Saufkumpanen: Romería Vikinga in Catoira

1. Wochenende im Juli: *Curro* an der Pfarrkirche San Andrés de Boimente bei Viveiro, mit Treibjagd in den Bergen von Buyo und Gistral, Provinz Lugo.

11. Juli: *Fiestas de San Benitiño de Lérez* in Pontevedra.

2. Wochenende im Juli: *Rapa das bestas* im Bergdorf Amil südöstlich von Caldas de Reis, Provinz Pontevedra.

6. Juli bis 14. Juli: Das berühmteste Fest außerhalb Galiciens und auf dem Jakobsweg nach Santiago wird sieben Tage lang in Pamplona zelebriert: *San Fermín* zu Ehren findet jeden Morgen um acht Uhr ein gewagtes Stiertreiben durch die Altstadtgassen Pamplonas, ab 18 Uhr der Stierkampf in der Arena und rund um die Uhr ein tagelanges Gelage unter Jahrmarktsmusik und Feuerwerk statt. Für Hemingway war es die Fiesta der Fiestas schlechthin.

12. Juli: *Fiesta de Cereza,* Kirschfest in Covarrubias bei Burgos.

16. Juli: *Romería del Carmen.* Meereswallfahrten zu Ehren der Carmen in den meisten Orten an der galicischen Küste. Oft am Wochenende, das dem 16. am nächsten ist.

25. Juli: *Festa do Mexillón,* Miesmuschelfest in Illa de Arousa, nordwestlich von Pontevedra. Sieben Tonnen Miesmuscheln gratis, lokaler Kochwettbewerb.

Um den 25. Juli: *Feira do Viño,* Weinfest in O Rosal bei A Guarda.

16. bis 31. Juli: *Fiestas del Apóstol.* Jakobusfest in Santiago de Compostela. Pilgerzusammenkunft, Feuerwerk, Musik, Theater und vieles mehr begleitet das berühmteste galicische Fest. Ihren Höhepunkt finden die Feierlichkeiten am 25. und 26. Juli.

Die Kunst des Regens ist das, was man daraus macht: Fiesta del Apóstol in Santiago

29. Juli: *Sargprozession* in As Neves (von Tui Richtung Ourense am Ufer des Miño gelegen). Kranke und Geheilte, die im Vorjahr mit dem Leben davonkamen, werden in offenen Särgen zu Ehren der *Santa María de Ribarteme* um den Friedhof getragen.

1. Sonntag im August: *Fiesta del Viño Albariño* in Cambados, nahe Pontevedra. Bei diesem wohl berühmtesten Weinfest Galiciens dreht sich alles um den teuersten und besten Tropfen der Region, den Weißwein Albariño.

1. Sonntag im August: *Festa do Gaita,* Tag des galicischen Dudelsacks in Ribadeo auf dem Berg Santa Cruz, Provinz Lugo.

1. Sonntag im August: *Fest zu Ehren Santa Marta* in Vilar, Pfarrei Teo, Provinz A Coruña. Bei diesem typischen, kirchlichen Volksfest gibt es neben Messe und Musik vor allem Miesmuscheln, gebratene Sardinen, Paprikaschoten und Fleisch auf offenem Feuer.

1. Sonntag im August: *Wikingerfest* in Catoira zwischen Padrón und Vilagarcía, Provinz Pontevedra. Nachgestellt wird die Landung von Kriegern mit gehörnten Helmen und Äxten, die sich mit den Besuchern einem wüsten Gelage hingeben. Besser schon vor 11 Uhr unter der Ulla-Brücke einfinden.

1. Wochenende im August: *Rapa das bestas* in Santo Tome bei Valadouro in der Provinz Lugo.

1. oder 2. Wochenende im August: *Keltisches Musikfestival* in Ortigueira (A Coruña). Hier treten Gruppen aus Galicien, der Bretagne und Irland auf.

2. Sonntag im August: *Fiesta del Pulpo* in Carballiño, nordwestlich von Ourense: Seekrakenfest.

= Kultische Feste
= Pferde-Fiestas
= Kulinarische, Volks-, Wein- & Schnapsfeste
Die Piktogramme zeigen auch im Orts- & Routenteil an, wo es ein solches Fest gibt.

4. und 5. August: Fest der *Virgen de Guadeloupe* in A Lama.

10. August: *Fiestas Patronales de San Lorenzo* in Foz, Provinz Lugo.

8. bis 11. August: *Fiesta de la Empanada,* Pastetenfest in Carral südlich von A Coruña an der N 550.

15. August: *Fiestas de San Roque,* Sardinenfest in Sada, an der Ría östlich von A Coruña.

Um den 15. August: *Fiesta del Cocido,* Eintopffest in Cee bei Corcubión am Cabo Fisterre. In einem riesigen Topf köcheln für die Bewohner stundenlang etwa 8000 Liter Wasser und dann zwölf Stunden lang rund 700 Kilo Fleisch und 700 Kilo Würste, 600 Kilo Kartoffeln, 80 Kohlköpfe, 75 Kilo weiße Bohnen und 50 Hühner. Der Verzehr des Eintopfs ist Auftakt zu einem erst wenige Jahre alten Fest, das bis tief in die Nacht gefeiert wird.

16. August: Während des Festes zu Ehren des *San Roque* feiert die Stadt Betanzos an diesem Tag ein sehr beliebtes Volksfest, bei dem in der Nacht als Höhepunkt ein riesiger – oft mit einem Durchmesser von 20 Metern – lustig bemalter Papierballon in den Himmel steigt.

Letztes Wochenende im August: *Wallfahrt* zum Strand La Lanzada bei O Grove. Unabhängig von der Wallfahrt sind hier schon viele Frauen dem Brauch nach neunmal ins Wasser getaucht, um fruchtbar zu werden.

Letzter Augustsamstag: In El Castro, nahe Sada (Provinz Coruña), wird die Nacht des magischen Weintresterschnapses *queimada* (gebrannt) gefeiert, der nicht nur Hexen zu Kopfe steigt, auf die das Rezept zurückgeführt wird. Daß Hexen in Galicien eine ernstzunehmende Größe sind, erfahren Sie ab Seite 30.

20 Tage im August: *Fiesta de la Peregrina* in Pontevedra mit Musikveranstaltungen, Kunsthandwerkermärkten und sogar Stierkämpfen.

Zwischen 15. und 20. September: *Sargprozession de Nazadeno,* Puebla de Caramiñal.

23. September: *Wallfahrt* zu Ehren der Heiligen Tecla auf den gleichnamigen Berg bei A Guarda an der Mündung des Miño, wo eine der größten Keltensiedlungen Galiciens liegt.

2. Wochenende im Oktober: *Fiesta del Marisco,* Meeresfrüchtefest, Pfarrei San Martín bei O Grove, Provinz Pontevedra. Es gibt Meeresgetier und besonders Miesmuscheln, die in der Gegend gezüchtet werden.

Picknick am Rande einer der vielen Fiestas

Auf die Pferde: Rapa das bestas

Die dunklen Augen aufgerissen, die Ohren nach hinten gestellt. Ein leichtes Zittern geht durch die Körper der Pferde. Immer dichter drängen sie sich aneinander, es riecht nach Pferdeschweiß. Langsam schiebt sich Manuel durch die Herde. Klebriger Staub hängt ihm im Gesicht. Die Tiere weichen ahnungsvoll auseinander. Manuel streicht einer Stute beruhigend über den Hals. Ein Trick, denn im nächsten Augenblick springt der junge Galicier dem Pferd auf den Rücken. Die Stute bäumt sich auf, macht einen mächtigen Satz nach links. Manuel droht herunterzufallen, krallt sich mit aller Kraft in die Mähne. Ein rasanter Rodeoritt beginnt. Die Herde donnert verschreckt im Kreis herum, der aufwirbelnde Staub nebelt die Zuschauer ein, die Manuel begeistert anfeuern. »Die spielen nur«, meint ein Alter mit breitem Grinsen, an seiner erkalteten Zigarre lutschend.

Wenn im Frühsommer Galiciens kriegerisches Gebrüll durch Wälder und Berge hallt, gehen die Bauern einer uralten Tradition nach und zelebrieren eine fast heilige Handlung: die *baixa das bestas*, so die galicische Schreibweise, ist eine feuchtfröhliche Treibjagd auf die in den Bergen lebenden Wildpferde. Einmal im Jahr wird der Pferdebestand ins Dorf getrieben und im *curro* zusammengepfercht. Hier werden den Pferden bei der anschließenden *rapa das bestas* Schweif und Mähne gestutzt – eine bewährte Maßnahme gegen Parasitenbefall. Zusätzlich werden sie geimpft. Die Jungtiere bekommen ihr Brandzeichen, um sie als Eigentum einer bestimmten Familie zu kennzeichnen. In früheren Zeiten dienten die Pferde als robuste und zähe Reittiere für den Kriegsfall. Heute besteht zwar keine akute Kriegsgefahr mehr in dem nebligen Land des Regens, doch an der Tradition dieser besonderen Art von Tierhaltung wird bis dato festgehalten. Böse Zungen sagen, die wilden Kraftproben zwischen Mensch und Tier stellten den kläglichen Versuch der galicischen Männer dar, sich gegenüber dem vermuteten Matriarchat zu behaupten. Nicht ganz zu Unrecht. Im gemäßigt kühlen und keltisch geprägten Galicien, weit entfernt vom heißblütigen Andalusien, haben die Frauen das Sagen über Haus und Hof. Einmal im Jahr den *macho* rauslassen können – vielleicht gehört deshalb die Rapa das bestas zu den beliebtesten Fiestas in den einsamen, von Großindustrie oder Massentourismus fast unberührten Bergregionen Galiciens.

Ein Julisonntag in dem kleinen Bergdorf **Amil.** Etwa dreißig Kilometer von der galicischen Hafenstadt Pontevedra entfernt, findet hier eine der letzten Rapa das bestas des Jahres statt. Ein rostiges Straßenschild weist den Weg dorthin. Der Curro liegt auf einem baumbestandenen Hügel mit einem grandiosen Blick auf die Umgebung. Ein kleiner Jahrmarkt säumt den Curro. Der übliche Plastik-Trödel steht dort neben hausgemachten Leckerbissen zum Verkauf, während die Lautsprecher auf der Dorfkirche das Wort des Herrn verkünden. Überall, auf dem Jahrmarkt um den Curro oder an den schattigen Plätzen der Umgebung, brutzeln Spanferkel, kocht Tintenfisch und fließt der schwere Landwein in Strömen. In Gruppen sitzt man palavernd und deftig schmausend beieinander. Einzelne schlummern dort, wo der Schlaf sie gerade überrascht hat: *descanso del mediodía,* die ebenfalls zelebrierte Mittagsruhe.
Die Gesichter der Menschen wirken erschöpft – die meisten haben in der vergangenen Nacht kein Auge zugemacht. Der Zusammentrieb der Pferde ist ein Unternehmen, das die ganze Nacht dauert. Mit Einbruch der Dämmerung ziehen die Familien, Verwandte und Freunde in die umliegenden Berge auf der Suche nach den Herden, um sie ins Tal zu treiben. Die kleinen, breit gebauten Pferde, die seit Jahrhunderten daran gewöhnt sind, allein in den Bergen zu überleben, versuchen immer wieder zu entwischen. Viele der Tiere sehen bei dieser Gelegenheit zum ersten Mal in ihrem Leben Menschen.

Aus dem Spiel im Curro wird allmählich Ernst. Schaulustige drängen in immer größeren Scharen in das abgezäunte Areal um den Pferch, auf dem Dach eines Pavillons versammelt sich die Dorfjugend. Jeder Familienclan sucht nun seine Tiere heraus, um ihnen Mähne und Schweif zu stutzen. Die Pferde weigern sich, die Herde zu verlassen, bocken, gehen durch. Unter den wilden Zurufen der Umstehenden verwandelt sich der Curro zusehends in ein chaotisches Treiben von Tierleibern und plötzlich sehr klein wirkenden Menschen. Ihre Wehrhaftigkeit nutzt den Pferden indes wenig – zum Schluß kommt keines ungeschoren davon.
Mit bloßem Haareschneiden ist es bei den Jungtieren nicht getan. Sie müssen ihr Brandzeichen bekommen. In einer Ecke wird bereits ein Glutbrand aus getrockneten Maiskolben entfacht. Die älteren Frauen tragen stolz die Familienbrandeisen heran, die jetzt in die Glut gelegt werden. Der Geruch nach verschmorten Haaren legt sich über

den Platz, als ein Fohlen nach dem anderen an den Brandplatz gezerrt und mit Hilfe mehrerer Männern auf den Boden geworfen wird.

Was nicht gebrandmarkt wird, ist bereits verkauft an die Pferdeschlächter, die aus dem nahen Pontevedra kommen. Mit ernsten Gesichtern und in grauen Kitteln mustern sie seit dem frühen Mittag die lebende Ware, die sie in ihren Transportern mitnehmen wollen. Für ein einjähriges Pferd zahlt der Pferdemetzger 15.000 – 20.000 Peseten, was für Fleisch sehr preiswert ist. Die altersschwachen Pferde, die den nächsten Winter in den Bergen vermutlich nicht überleben würden, treten gleichfalls den Weg ins Schlachthaus an.

Für galicische Wildpferde gibt es kein Gnadenbrot – dafür leben sie lange in Freiheit.

Arbeit, Mutprobe und Spektakel: Rapa das bestas

Hexen, Hostien, Hokuspokus

Eine unheimliche Prozession bahnt sich den Weg durch die Nacht. Dem dichten Nebel entsteigen immer mehr schweigende Gestalten. Es ist eine Prozession der Seelen, der Toten, die keine Ruhe finden und immer wieder den Lebenden erscheinen. *Santa Compaña* wird die gruselige Erscheinung von den Galiciern genannt. Wenigstens fünf Seelen, von denen immer eine hinkt, nehmen an dieser Prozession teil. Wer sie sieht, muß sich ihnen anschließen und selbst den Platz einer dieser umherirrenden Seelen übernehmen. Nur wer ein Fläschchen Weihwasser mit sich führt und es einem Hund um den Hals bindet, kann sich aus dem Bann der wandernden Seelen befreien. Ausgeschmückt mit unzähligen Histörchen liefert die Santa Compaña den Alten immer wieder Stoff zum Erzählen.

Die Menge der Zeichen und Andeutungen, die im galicischen Aberglauben vom unabwendbaren Schicksal künden, ist so enorm, daß sie ganze Bücher füllt – ebenso wie die Ratschläge, wie man sich gegen drohendes Unheil schützt. So gilt allein schon im südgalicischen Ort **Verín** der Tod einer Person als unausweichlich, wenn dreizehn Menschen an einem Tisch zusammensitzen (es stirbt der jüngste), man einen Stuhl auf seinem Bein tanzen läßt, einen Regenschirm im Haus öffnet, sich drei Leute mit demselben Streichholz Zigaretten anzünden (es stirbt der letzte). Frauen wird in mehreren Orten geraten, während der Schwangerschaft keine Forellen zu essen, damit ihr Kind später nicht mit offenen Augen schlafe. Um von dem Neugeborenen Unheil abzuwenden, legt man oft eine Silbermünze in sein erstes Bad. Fällt dem Kind der erste Zahn aus, muß man achtgeben, daß kein umherlaufendes Huhn den Milchzahn verschlingt – denn das bringt Unglück. Umkreist ein schwarzer Hund dreimal hintereinander das Haus eines Fischers, bleibt der Hausherr für immer im Meer …

Religion zwischen Glaube und Aberglaube

Aberglaube hat in Galicien eine ganz besondere Tradition. Dabei gilt doch Galicien seit dem frühen Mittelalter als eine Bastion des christlichen Glaubens. Maurentöter Jakobus und Heere von Pilgern verschafften der Kirche ausreichend Macht und Einfluß, die bestimmende Institution im Land zu werden. Santiago de Compostela zog christliche Pilger wie ein Magnet an. Eine Unzahl von Glaubensmonumenten, Kirchen und Klöstern ist über das Land verstreut. Die *parroquía* mit ihrem Pfarrer stellt bis heute die Grundeinheit, den Siedlungskern eines Dorfes dar. Als Pfarrei ist sie kultureller Mittelpunkt der Gemeinschaft; inbrünstige Heiligenverehrung und wahre Massenwallfahrten gehören zum gewohnten Bild. Und wer bei seiner Reise durch Galicien immer wieder auf *cruceiros*, mahnende Wegkreuze, trifft, muß den Eindruck gewinnen, ein ganz vom reinen katholischen Glauben durchdrungenes Land zu durchqueren.

Das Leben ist hart: Gute und böse Kräfte müssen es sein, die es lenken

Doch selbst die Kirche konnte den Galiciern nicht das ersetzen, was allgemein das »schwarze Galicien« genannt wird. Die Santa Compaña ist nur eines von vielen Beispielen keltischer Vorstellungen von Tod, Seelenwanderung und Fruchtbarkeit. Unzählige Mythen, die vor allem die Kraft der Natur beschwören, sind in Galicien noch heute lebendig. So ist es gar nicht ungewöhnlich, wenn jemand für eine Fahrt zum Wallfahrtsort **San Andrés de Teixido** zwei Busfahrkarten löst – ein Sitzplatz ist für ihn selbst, der andere für einen Toten. Es heißt, wer in seinem Leben nicht nach San Andrés de Teixido pilgert, müsse es als Toter tun. Wenn sich kein Wallfahrer der Seelen erbarmt und sie mitnimmt, müssen die Toten Tiergestalt annehmen und sich mühsam selbst auf den Weg machen.

Um fruchtbar zu werden, hält der galicische Volksglaube gleich mehrere Möglichkeiten bereit: Am **Cabo Fisterra** legten sich bis in die Neuzeit unfruchtbare Paare auf eine Felsenbank, um Kinder zu bekommen. Im magischen Ozean zu baden, soll die gleiche Wirkung haben. Über den Strand **A Lanzada** bei O Grove schrieb der Schriftsteller *Alvaro Cunqueiro* (1911 – 1981) folgendes:

»In Galicien gibt es einen Strand am offenen Meer, und am Tag Unserer Heiligen Jungfrau des Septembers haben die Wellen dort jene Kraft, die die Frauen fruchtbar macht. Man hat mir versichert, daß an keinem Tag des Jahres so viele Frauen nach A Lanzada kommen, um in den neun fruchtbaren und wohltätigen Wellen zu baden, und nicht nur die Bauersfrauen aus dem Landesinneren, mit ihren weiten weißen Blusen, sondern auch Frauen aus den Städten, im einfachen Bikini. Merkwürdig, daß in diesen Jahren unseres fortgeschrittenen Jahrhunderts, in der Ära der Verhütungsmittel, so viele Galicierinnen darauf hoffen, durch die männliche Kraft des Meeres zu Müttern zu werden, jene geheimnisvolle, magische Kraft des Meeres, in der die keltischen Bewohner der Atlantikküste einen Gott am Werk sahen, den großen bärtigen Llir, dessen Name wieder in einem großen Augenblick der Weltliteratur auftaucht – es ist der Name des Königs, König Lear, aus Shakespeares Tragödie.«

Viele der mystischen Figuren und naturreligiösen Rituale aus keltischer Vorzeit wußten die Kirchenväter allerdings geschickt durch christliche Legendenbildung zu absorbieren. Die frommen Geschichten um Heilige in Galicien sind oftmals lediglich die kirchliche Version von Sagen und Überlieferungen aus vorchristlicher Zeit. Etliche Kirchen und Wallfahrtskapellen stehen an Orten, die Jahrtausende zuvor bereits eine religiös-mystische Bedeutung für die dort lebenden Menschen gehabt haben. Ein schönes Beispiel dafür ist die **Pedra da abalar,** das Felsensegel von *Muxía* an der Todesküste. Für die Kirche ist das daneben errichtete **Sanctuario de Nuestra Señora de la barca** eines der wichtigsten Heiligtümer in Galicien. Es wurde an der Stelle errichtet, an der die heilige Schiffsmadonna mit einem Felsenschiff an Land gegangen sein soll, um Apostel Jakobus bei seiner Missionsarbeit zu helfen. Die traditionelle Romería von Muxía zu Ehren jener Madonna ist allerdings ein eher heidnisch anmutendes Getanze auf dem Felsensegel, das vermutlich einem alten Fruchtbarkeitsritual entstammt. Und ebensowenig kirchlichen Ursprungs erscheint die Überlieferung, dieser Stein könne Nieren- und Rückenleiden heilen, wenn man unter ihm herkriecht.

Nicht nur Esoteriker sind der Überzeugung, sogar der Jakobsweg nach Santiago sei viel älter als der christliche Glaube. Viele Indizien, wie die *Petroglyphen* (Steinritzungen) entlang des Weges, sein Verlauf entlang der Milchstraße oder die Namensgebung vieler Orte, weisen auf eine magische Bedeutung dieser Wanderroute hin, lange bevor der Leichnam des Apostels gefunden wurde.

So rigoros wie die Kirche zu Zeiten der Inquisition auf reine Glaubenslehre achtete, so tolerant erscheint sie in mancher Hinsicht bei der Ausübung eigentlich unchristlicher Riten in Galicien. Aberglaube, Mystik und christliche Religiosität sind hier manchmal eine seltsame Verbindung eingegangen. So kann man in **As Neves** Prozessionen beobachten, bei denen Menschen in offenen Särgen liegend, rund um den Kirchplatz getragen werden. Diejenigen Dorfbewohner, die im Laufe des Jahres eigentlich hätten sterben müssen, danken so für ihr verlängertes Leben. Der Pfarrer führt den seltsamen Zug an.

Eu non creo nas meigas, mais haberlas hailas

Ich glaube nicht an Hexen, aber geben tut es sie bestimmt

Sehr gründlich wüteten die Vollstrecker der Inquisition allerdings unter einer anderen galicischen »Volksgruppe«, die noch immer in Erzählungen und Mitternachtsgeschichten gegenwärtig ist und von der so mancher in Spanien glaubt, sie existierte tatsächlich: *meigas,* die guten, und *bruxas,* die bösen Hexen. Diese Frauen mit dem bösen Blick und übernatürlichen Kräften kann man getrost als festen Bestandteil der galicischen Volkskultur betrachten. Der Glaube an die magischen, meist unheilbringenden Wesen hat allerlei Stilblüten getrieben, der an den zahlreichen Anweisungen, Amuletten und Spruchformeln abzulesen ist, die dem rechtschaffenen Menschen zu seiner Verteidigung dienen sollen. So muß man sich nicht wundern, wenn man in einem galicischen Haushalt leicht panische Reaktionen hervorruft, legt man ein aufgeschnittenes Brot mit der offenen Seite nach unten auf den Tisch, denn so können Hexen ins Haus gelangen und ihr Unwesen treiben. *¡Meigas fora!,* Hexen raus!, ist wahrscheinlich der bekannteste Ruf, wenn Gefahr in Verzug ist.

Der galicische Blocksberg, der Versammlungsort der Hexen, liegt in dem Örtchen **Cangas** an der Bucht *Ría Arousa* nahe Vigo. Cangas gilt als Hochburg des Hexenkultes. Eine der vielen Geschichten berichtet von einer wilden Orgie, die die Hexen dort mit Piraten am Strand gefeiert haben sollen, um so für ihren Nachwuchs zu sorgen.

Tatsächlich werden auch heute noch örtlich anerkannte Hexen und Hexer engagiert, um Hab und Gut vor Unheil zu schützen. Ob sie nun etwas bewirken oder nicht: ein Erbe der galicischen Hexen ist in jedem Fall die *queimada,* ein mit allerlei geheimnisvollen Zauberformeln und Hexensprüchen gewürzter Punsch, der traditionell um Mitternacht zubereitet wird. Die Zutatenliste besteht des weiteren aus viel Weintresterschnaps *(orujo),* Zucker, Kaffeebohnen, Zitronen- und Orangenschalen. Die jeweiligen Zeremonienmeister zünden den Zaubertrank an und löffeln bläulich züngelnde Flammen in kleine Tonschälchen, die möglichst schnell ausgetrunken werden sollen. Nach dem Genuß einiger solcher Schalen kann man die galicischen Hexen schon recht sympathisch finden. Wer diesem Hexenkult jedoch übermäßig frönt, sollte beim Heimweg darauf achten, nicht der gespenstischen Santa Compaña zu begegnen.

Streik: Arbeiterinnen sitzen für ihre Rechte

Ferien an der galicischen Westküste. In dem Apartment, das ich mir mit mehreren Leuten teile, wird ein Zimmer frei. Doña Rosa, Besitzerin der Wohnung und auch des kleinen Lebensmittelladens im Erdgeschoß, richtet das Zimmer zur Weitervermietung her. Während wir uns unterhalten, fegt, wischt und wienert sie, was das Zeug hält – unterbrochen einzig durch die häufigen Rufe ihrer Kinder und ihres Mannes. Manchmal reicht eine aus dem Fenster gebrüllte Anweisung, manchmal muß sie die drei Treppen zu ihrer eigenen Wohnung hinunterlaufen, um die familiären Probleme zu lösen. Ohne Mutters Machtwort läuft nichts, dafür läuft Mutter den ganzen Tag.

Ein bißchen außer Atem ist Doña Rosa eigentlich immer, was auch kein Wunder ist, denn auf die Idee, sich Rat oder Entscheidung mal persönlich bei ihr abzuholen, kam zumindest an diesem Mittag niemand. Und überhaupt: obwohl ihr Mann nicht aus beruflichen Gründen woanders wohnt – sichtbar war er nie, auch nicht im Laden, egal ob Mittwochabend oder Sonntagmorgen – bedient wurde man von Doña Rosa oder ihrer Tochter. Kam ein potentieller Mieter vorbei und sprach zufällig ihren

Mann an, tat sich »Don Rosa« lediglich durch die Kraft seiner Stimmbänder hervor, indem er nach seiner Frau rief. Passend dazu und typisch für Galicien war sein Mitspracherecht bei Geschäftsführungsfragen eher gering. Dennoch: die im Zusammenhang mit Galicien so oft beschworenen Spuren des Matriarchats hatte ich mir anders vorgestellt. Mag die Rolle der galicischen Frauen sich auch vom spanischen Klischee unterscheiden: Wer versucht, sie mit emanzipatorischen Schlagworten in Zusammenhang zu bringen, übersieht, daß dazu Pflichten und Rechte auch außerhalb des Hauses ausgewogen sein müßten.

Vom (angeblichen) galicischen Matriarchat

BRITTA GELDSCHLÄGER

Vermutlich kommt man dem Phänomen am nächsten, wenn man private und öffentliche Sphäre voneinander trennt. Galicien ist in extremer Weise von Emigration betroffen, und das seit Jahrhunderten. Während die Männer zunächst in anderen spanischen Regionen und später auch im Ausland Arbeit suchten, blieben die Frauen zu Hause zurück. Auch lebten schon immer viele galicische Familien vom Fischfang und die Männer waren monatelang auf See. Noch heute bedingt die schlechte wirtschaftliche Lage, daß Wohn- und Arbeitsort häufig weit auseinanderliegen. Manche Dörfer scheinen daher zeitweise nur aus Frauen, Kindern und Alten zu bestehen. Ganz klar: wer nicht da ist, kann weder Entscheidungen fällen noch zum Unterdrücker werden. Die Führung des Haushaltes, der Zusammenhalt der Familie, die Erziehung der Kinder und die Bestellung des Stückchen eigenen Landes – alles oblag und obliegt den Frauen, die häufig auch noch (unterbezahlte) Saisonarbeit leisten. Daraus resultiert eine für Frauen in südlichen Ländern (und nicht nur dort) überdurchschnittliche Selbständigkeit und Souveränität – ein Bewußtsein für die eigene Kompetenz. Fast 68 Prozent der Galicierinnen sind laut einer Untersuchung der galicischen Regierung von 1990 davon überzeugt, daß sie über Haus und Hof das Sagen haben, und über 90 Prozent warten mit diesen Entscheidungen nicht auf ihren Mann – auch dann nicht, wenn er nur kurze Zeit weg ist. Und nur jede fünfte Frau glaubt, daß ihren Kindern durch die Abwesenheit des Vaters Zuneigung verlorengeht. Doch spätestens außerhalb dieses privaten Bereiches wird deutlich, daß Galicien eine in den Rollenbildern konservative Gesellschaft ist. Die Macht der Frauen beschränkt sich fast völlig auf den traditionellen Haushalts-

und Familienbereich, der hier emigrationsbedingt auch eine gewisse Entscheidungskompetenz in grundsätzlichen Fragen umfaßt. Was aber die politische Mitbestimmung von Frauen angeht, macht Galicien selbst im spanischen Durchschnitt überhaupt keine gute Figur. Gegenüber den Regionalparlamenten von Madrid (13 %), dem Baskenland (11 %) und Katalonien (9 %) gab es in Galicien 1986 bloß 3 % weibliche Mitwirkung. Bei der Vergabe von Führungspositionen in der Verwaltung steht Galicien im Vergleich sogar noch schlechter da. Wie überall ist der Unterschied zwischen Stadt und Land groß. Die Möglichkeit, einen interessanten Beruf zu wählen oder auch nur die Freizeit aktiv zu gestalten, besteht praktisch nur in den Städten; dort wohnt aber nur ein Drittel der Bevölkerung. In den ländlichen, meist sehr stark zersiedelten Gebieten gibt es noch nicht einmal soziale Einrichtungen, die etwa über die Einsamkeit der langen, verregneten Winter hinweghelfen würden. Immerhin wurde in Santiago de Compostela eine Gleichstellungsstelle, und in diesem Zusammenhang eine zentrale Notrufnummer eingerichtet, bei der Frauen Rat erhalten. Santiago, ✆ 981-900 400273.

Frauen in Galicien: Not und Einsamkeit machten sie stark, aber nicht unbedingt emanzipiert – die unterdrückenden Strukturen des Staates erreichen auch sie

GESCHICHTE & GEGENWART

RÖMER, MAUREN, PILGER & PIRATEN: DAS KELTENLAND IM LAUF DER GESCHICHTE

Von Galicien ging im Laufe der Jahrhunderte in Spanien und weit darüber hinaus eine ganz unterschiedliche Anziehungskraft aus. Den Römern und erst recht den Mauren war es zu abgelegen, dagegen pilgerten nach der Entdeckung des Apostelgrabes Millionen nach Santiago de Compostela. Heute gilt Galicien längst wieder als entlegenes Gebiet mit Ortsnamen wie »Ende der Welt« (Fisterra). Daß dort lange vor der Französischen Revolution Bruderschaften für kurze Zeit das Volk regieren ließen, gehört nur zu einem der vielen Höhepunkte der »historia galega«.

Vom Quarzstein zum Dolmen

100.000 bis 2000 v.Chr.

Für die wenigen Sammler und Jäger, die am Río Miño lebten, scheint *As Gándaras de Budiño* nur ein Aufenthaltsort zum Ausruhen und Aufwärmen gewesen zu sein. Die Archäologen Galiciens machten den Ort in der Provinz Pontevedra zur bislang bestuntersuchten Fundstelle der Vor- und Frühgeschichte der iberischen Halbinsel, über die inzwischen jedoch wieder Gras gewachsen ist. Die gefundenen Quarzsteine und Aschenreste haben ein ungewöhnlich hohes Alter. Mit der Radio-Karbon-Methode wurden sie auf über 100.000 Jahre geschätzt. Budiño ist eine der ältesten Besiedlungsspuren Galiciens. Seitdem sind zwei archäologische Phänomene bis heute erhalten und überall in Galicien sichtbar: die Welt der *Keltendörfer* und die der *Grabhügel.* Viele der Grabmonumente aus der Zeit der Megalithkultur sind jedoch durch Ackerbau, Schatzsuche und das feuchte Klima zerstört.

Dafür gibt es in Galicien noch viele *Dolmen.* Diese Steintische sind als Grabkammern mit oft steinernem Zugang (*dromos*) sichtbarer Beweis des Totenkults der Megalithiker. Nach der Bestattung wurden über den Dolmen Erdhügel aufgeschüttet. Manche Dolmen sind über 5000 Jahre alt, andere wurden erst zur Bronzezeit ab 1800 v. Chr. gebaut.

Um 3500 v. Chr. begann hier wie an der ganzen europäischen Atlantikküste auch die Zeit der ersten kollektiven Gräber. Später entstanden Grabkammern mit Gravuren und Malereien in den unterirdischen Korridoren, wie sie auf dem *Monte Tecla* bei A Guarda ausgegraben wurden.

Über die Lebensverhältnisse der Megalithiker ist wenig bekannt. Jene, die nach der Form ihrer Grabbeigaben *Glockenbecherleute* genannt werden, waren nicht die ersten Bewohner Galiciens, doch offenbar die tüchtigsten. Sie führten Ackerbau und Waldrodung ein und haben als erste die ganze Region bevölkert. Sie müssen einen intensiven Kulturaustausch betrieben haben, wahrscheinlich als umherziehende Händler, denn in ihren Großsteingräbern wurde wie auf Sardinien, in Nordafrika, Irland und Vorderasien Glockenbecherkeramik gefunden. Solche glockenförmigen, oft reich verzierten Becher, aus denen vermutlich auch eins der ersten Biere getrunken wurde, sind im Provinzmuseum von Pontevedra ausgestellt.

Die Bronzezeit

1800 bis 600 v. Chr.

Im Laufe der Zeit wurden die Grabanlagen kleiner, und es entstanden Einzelgräber ohne Korridor. Grabbeigaben waren Keramikvasen, Goldschmuck und Gegenstände aus Metall. Äxte, Dolche und später Schwerter entstanden aus einer neuen Legierung: Kupfer und Zinn wurde zu *Bronze.* In der frühen Bronzezeit war der Krieg offensichtlich längst eine feste Größe. Wie in Portugal und nördlich der Pyrenäen wuchs der Handel mit Metallen. Im Ackerbau gab es schon Getreidesorten, die mit der Sichel gemäht wurden. Besonders augenfällig sind die rätselhaften Male-

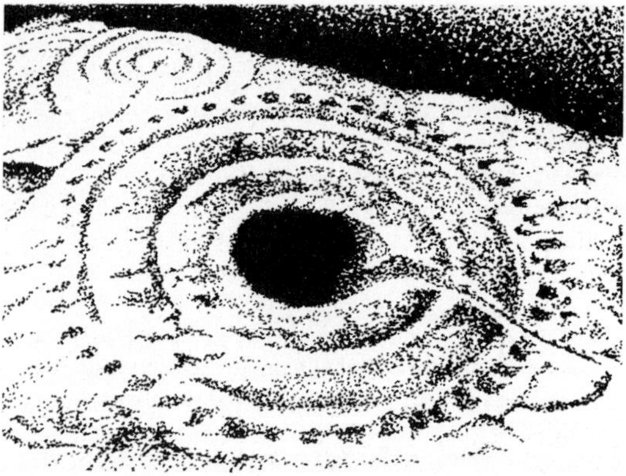
Kreis-Petroglyphe aus der Bronzezeit auf einem Feld bei Muros

reien und Gravuren (*Petroglyphen*) in Gräbern und auf Felsen unter freiem Himmel (solche Petroglyphen sind gehäuft in der Provinz Pontevedra zu sehen). Die Felsenkunst unterscheidet sich schon erheblich von der der Megalithkultur. Nun erscheinen neben der Darstellung von Waffen, abstrakten Kreisen und Labyrinthen auch Tiere wie Pferde, Schlangen und Hirsche. Zu den berühmtesten Felszeichen zählen das *Labyrinth von Mogor* am Strand von Marín nahe Pontevedra und die auf dem *Monte Sta. Tecla.*

»Das scheint eine Art Frauenregierung zu sein«:

Keltische Wehrdörfer in der Zeit zwischen 800 v.Chr. und 200 n.Chr.

Keltischen Einfluß erlebt der Besucher Galiciens auf Schritt und Tritt. In den Bewohnern der runden *castros,* Wehrdörfern, sehen die Galicier ihre eigentlichen Vorfahren, die mythischen *mouros.* Bis heute spielen Folkloregruppen keltische Musik, der auch das *Internationale Keltenfestival* Anfang August in Ortigueira oder in Moaña bei Pontevedra Ende Juli gewidmet ist. Statt der Gitarre benutzen sie die *gaita,* den Dudelsack, wie in Wales, Irland und der Bretagne. Keltischen Ursprungs sind auch einige Worte der galicischen Sprache. Und die keltischen Castros werden in der galicischen Hymne nach einem Gedicht von Eduardo Pondal (1835 – 1917) besungen.

Es gibt über ganz Galicien verstreut mehr als 3000 Castros. Sie sind leicht zu finden. Ihre Bewohner haben sie an strategisch günstigen Orten gebaut, meist auf Hügeln und Bergen, wie dem *Monte Tecla* bei A Guarda an der portugiesischen Grenze oder auf Landzungen, wie der *Castro de Baroña* an der Westküste südwestlich von Noia. Der Grundriß dieser von Mauern und Gräben umgebenen Dörfer ist rund oder oval. Eine urbanistische Planung fehlte offenbar, denn kein Hauptplatz, kein Versammlungsort ist anhand der noch sichtbaren Grundmauern der Rundhäuser zu erkennen. Diese ersten festen, teilweise jahrhundertelang bewohnten Anlagen sind über die galicischen Grenzen hinaus auch in Nordportugal, Asturien, León und Zamora entstanden. Sie haben in Galicien von der Bronzezeit bis in das 2. Jahrhundert n. Chr existiert und damit eine Zeit von mehr als 1000 Jahren geprägt.

Ob die Kelten über die Pyrenäen in den Nordwesten der Iberischen Halbinsel kamen, oder die dortige Bevölkerung zu Kelten wurden, indem sie Waren und Gebräuche, Sprache und Götter übernahmen, ist bis heute umstritten. Während aus der Bronzezeit der Totenkult, aber kaum Lebensweisen erforscht werden konnten, geht es der Forschung mit den Kelten genau umgekehrt; niemand weiß zu sagen, wie sie ihre Toten begruben. Wohl aber, wie sie lebten: als kleine, kriegerische Stämme, die Hirse anbauten, Eicheln mahlten, Muscheln sammelten, Bohnen, Erbsen und Austern aßen, Gerstenbier tranken und sich Kühe, Schafe und Schweine hielten. Die Kelten brachten Menschenopfer, stürzten Mörder zur Strafe von den Klippen und feierten ausschweifende Feste. Sie gossen und schmolzen Gold und Silber, Kupfer, Blei und später Eisen zu Waffen und Schmuckfiguren, die bereits ganze Krieger von Kopf bis Fuß darstellten. Bei der Keramik zeigten sie einen ausgeprägten Sinn für Geometrisches.

Strabon (63 v. bis 19 n.Chr.), als griechischer Autor vor Ort der wichtigste Zeitzeuge, bemerkte: »... die Töchter sind die, die erben und ihren Brüdern Frauen geben. Das scheint eine Art Frauenregierung zu sein. Das

Rund 1000 Häuserreste aus dem 6. Jahrhundert v.Chr. fand man auf dem Monte Sta. Tecla

ist nicht sehr zivilisiert.« Auch andere klassische Autoren schrieben, daß der Boden den Frauen gehörte. Die Keltinnen scheinen den Männern wirtschaftlich und sozial gleichgestellt, wenn nicht übergeordnet gewesen zu sein. Ein reines Matriarchat hat es aber wohl nie gegeben, denn an den Raubzügen in die südliche Meseta und an Aufständen gegen die Römer nahmen Frauen nur sehr selten teil. Die Kriegsgötter waren männlich. Auch Verträge unterzeichneten nur Männer. Politisch war das galicische Keltentum offenbar ein Patriarchat.

Die Kelten machten den römischen Invasoren zunächst die Hölle heiß, besonders eine Keltenbande im 2. Jahrhundert v. Chr., deren Krieger der Feldherr Decius Junius Brutus *Galaicos* nannte. Er schlug die Barbaren nördlich des Río Miño 137 v. Chr. schließlich, nicht aber die Erinnerung an sie: *Galaico* wurde zu *Galicia.*

Razzien und Romanisierung

138 v. Chr. bis ins 4. Jahrhundert

Brutus Schlacht gegen die Galaicos und Julius Caesars Razzia bis zur heutigen Stadt A Coruña waren harmlose Intermezzi im Vergleich zu dem, was Augustus anrichtete. Galicische, wie asturische und kantabrische Räuberbanden, die bis tief in die Meseta hinein in bereits römisches Gebiet eingedrungen waren, sollten zunächst nur zur Raison gebracht werden. Erst während der grausamen Kantabrischen Kriege ab 25 v. Chr. unter der Führung des Augustus fiel

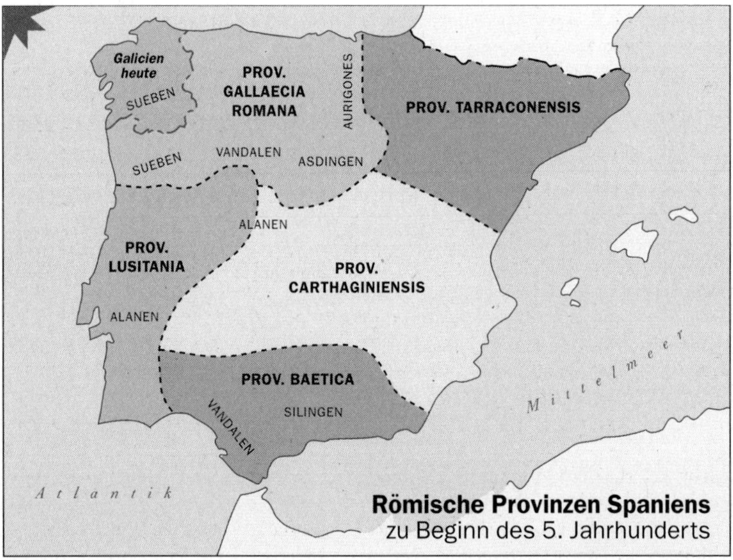

Römische Provinzen Spaniens
zu Beginn des 5. Jahrhunderts

der gesamte Norden Spaniens als eine der letzten Gegenden Europas unter die Kontrolle Roms. Den erbitterten Widerstand der Bewohner verdeutlicht ein Kampf auf dem umzingelten Berg *Medullius* nahe *Lucus* (heute Lugo). Der römische Autor Orosius im nachhinein: »Als diese von Natur aus grausamen (Kelten) nun ausgehungert und kampfunfähig geworden waren, begingen sie aus Angst vor Sklaverei Selbstmord. Fast alle brachten sich auf einem Schlag mit Feuer, Eisen oder Gift um«.

In *Gallaecia* begann unmittelbar danach eine vergleichsweise geringe Romanisierung. Die Legion VII. Gemina verbreitete das Latein, heiratete Bewohnerinnen der Castros und rekrutierte junge Männer. Um die Minen besser ausbeuten zu können und die Gegend in Schach zu halten, entstanden befestigte Zufahrtswege und eine Verwaltung. Der Nordwesten wurde am Ende des 3. Jahrhunderts in *Bracanse, Lucense* und *Asturicense* mit den jeweiligen Hauptstädten im heutigen Braga (Portugal), Lugo und Astorga aufgeteilt. Die Römer überließen den Wehrdörfern ihre Rechtsprechung und vergaben Bürgerrechte. Sie kolonisierten »Gallaecia« kaum und hinterließen nur wenig große architektonische Anlagen: Den weltweit einzigen noch funktionstüchtigen römischen *Leuchtturm Herkules* in A Coruña, dann natürlich die 2117 Meter lange *Stadtmauer* von Lugo, nach dem keltischen Gott Lug (Heiliger Wald) benannt, und die *Nekropolen* in Vigo und der römischen Verwaltungsstadt Lugo. Daneben werden einige römische Straßenabschnitte und Brückenfundamente in Galicien noch zwei Jahrtausende später benutzt. Ein gutes Beispiel hierfür ist die *Brücke von Ourense* über den Río Miño.

Mit der Romanisierung wurden die Grundrisse der Castros allmählich quadratisch wie im Fall von Viladonga nahe Lugo. Es bildete sich eine römisch-galicische Aristokratie heraus. Und Jupiter wurde in die Riege keltischer Götter aufgenommen, als ab dem 3. Jahrhundert die ersten Christen nach Gallaecia kamen. In drei Jahrhunderten christianisierten sie weite Teile der Region, vor allem aber die Städte, als sie plötzlich von ganz unerwarteter Seite gestört wurden. Eine struppige Barbarenhorde tauchte auf, die mit Christentum und römischer Zivilisation nie in Berührung gekommen war: die *Sueben*.

Suebisches Königreich

435 – 585

Als der Kleriker *Paulus Orosius* aus Braga 414 die ersten Sueben sah, packte er erschrocken sein Hab und Gut und floh ins römische Nordafrika. Später beschrieb er sie so: Einige große, blonde Hünen, bärtig und fast immer bewaffnet. Das lange Haar in der Schlacht geflochten, als Waffen furchtbar lange Lanzen, kleine Schilde und doppelseitige Äxte. Viele Frauen mit langen blonden Zöpfen, die zwischen Hunden und Ochsenkarren im Laufen ihre Säuglinge stillen. Barbarenzüge, die den Wald anbeten, ihren ganzen Hausrat mit sich herumschleppen und plündern, wo sie erscheinen …

Hier lag man in Paßform: mittelalterliche Gräber im Kloster San Pedro de Rocas

Es müssen etwa 30.000 gewesen sein, die den Nordwesten der Halbinsel erreichten. Tacitus hatte im 1. Jahrhundert von etwa zwölf Suebenstämmen geschrieben. Während des untergehenden Römischen Reiches ließen sich einige im heutigen Baden-Württemberg nieder. Andere gründeten das lombardisch-italienische Königreich von Pavia. Und wieder andere schlossen sich mit den Vandalen und Alanen zusammen, um in der Silvesternacht des Jahres 406 den zugefrorenen Rhein nach Westen zu überqueren. Rom konnte die Germanenstämme längst nicht mehr aufhalten. Sie überwanden die Pyrenäen im Herbst 409 und begannen, sich mit den Westgoten um die bis dahin römische Halbinsel zu schlagen. In der Frühphase kontrollierten die Sueben bald die gesamte nordwestliche Ecke bis hinunter nach Lissabon. Aber ihr bisheriges Nomadentum und der Mangel an Erfahrung mit ortsgebundenen Verteidigungstechniken erschwerte ihnen eine organisierte Kontrolle der Region. Dazu kamen Widerstandsbewegungen innerhalb der römisch-christlichen Bevölkerung, die vom untergehenden Römischen Reich im Stich gelassen wurde.

Bis 469 blieb Gallaecia ein ständiger Konfliktherd. Dann versiegen die historischen Quellen – und tröpfeln erst knapp hundert Jahre später wieder: plötzlich erscheint das *suebische Königtum Gallaecia* als stabil und christianisiert. Die Sueben waren in der Zwischenzeit – wohl vornehmlich aus strategischen Gründen – zum Katholizismus konvertiert. Es entstand germanisches Kunsthandwerk wie Bronzescheiben und -broschen (Provinzmuseum von Pontevedra). Die Germanen bauten Kirchen, darunter *San Pedro de Rocas de Esgos* und *Santa Comba de Bande* in der Provinz Ourense.

Kurze Zeit lebten sie in Frieden. Aber ihre alten Rivalen, die Westgoten, kontrollierten von Toledo aus bereits den größten Teil Spaniens, während die suebische Thronfolge immer unklarer wurde. 585 nahmen westgotische Krieger aus Kastilien Braga, den Sitz der Suebenkönige, ein. Damit war Gallaecia in das toledanische Königreich integriert.

Das suebische Königtum war in seiner 150jährigen Geschichte die erste Erfahrung einer unabhängigen galicischen Regierung. Geographisch und gesellschaftlich haben die Sueben Spuren hinterlassen. Ihre Landaufteilung in Kleinsiedlungen ist bis heute erhalten. Und schließlich auch das für Spanier ungewöhnliche Aussehen der Galicier: ihre teils hellblonden Haare und hellen Augen.

ARABERVERTREIBUNG UND JAKOBUS-KULT

Galicisches Mittelalter

Gallaecia blieb unter westgotischem Einfluß, bis in Toledo ernste Rivalitäten um die Thronfolge entstanden. Einer der westgotischen Flügel versuchte die Streitigkeiten mit Hilfe nordafrikanischer Mauren auszutragen. Die nutzten den Streit, erschlugen 711 den Gotenkönig Roderich und begannen, ganz Spanien zu unterwerfen. Der Nordwesten war für die Mauren wegen der Armut, des Klimas und der weiten Entfernung weder sehr attraktiv noch leicht zugänglich. Sporadisch überfielen sie regionale Zentren wie Lugo und das westgotische *Monasterium Samos* nahe Sarria. Die religiösen, administrativen und kulturellen Strukturen der Kirche blieben aber erhalten. *Iria Flavia,* das heutige Padrón, entwickelte sich zur einzigen und mächtigen Diözese zwischen dem Kantabrischen Meer und dem Río Duero.

Im gesamten 8. Jahrhundert wurde Gallaecia zur Heimat vieler, die vor dem Islam in den Norden flohen. Die unterworfene hispanisch-gotische Be-

Spanien zu Beginn der Reconquista

GESCHICHTE & GEGENWART

völkerung sammelte sich im asturisch-kantabrischen Raum, um von dort aus die Rückeroberung, die *reconquista*, gegen die Mauren vorzubereiten. Das Königreich Asturien verteidigte die westlichen Nachbarn erfolgreich gegen Wikinger und Mauren. *Alfonso II. el Casto* (etwa 765 – 842) integrierte Gallaecia schließlich in sein Königreich. Dieser Sohn der Baskin Munia und des asturischen Monarchen Fruela I. war nach der Ermordung seines Vaters in das Kloster von Samos geflohen. Der Prinz mit dem Beinamen »der Keusche« wurde 791 an den asturischen Hof gerufen, um die Angriffe des Emirats von Córdoba abzuwehren. Das gelang ihm so erfolgreich, daß Gallaecia für 150 Jahre frei von Überfällen blieb.

Unter Alfonso II. entwickelte sich Gallaecia von einer armen, entlegenen Region bald zu einem wichtigen Zentrum des Christentums. Denn in diese Zeit, vermutlich zwischen 820 und 830, fällt die »Entdeckung« des Grabes des *Apostels Jakobus.* Ein Einsiedler hatte dem Bischof Teodomiro in Iria Flavia von himmlischen Zeichen berichtet, die ihn zum Grab des Jakobus geführt hätten. Alfonso II. ließ über dem Grab eine Kapelle errichten, und schnell verbreitete sich die Kunde in der christlichen Welt.

Jakobus war, so erwähnt es eine Textstelle der Apostelgeschichte (Lukas 12,2), auf Herodes Anordnung – vermutlich zu Ostern des Jahres 44 n. Chr. – in Jerusalem mit dem Schwert geköpft worden. Der Legende nach soll Jakobus vor diesem Martyrium in Spanien gepredigt und später von seinen Jüngern nach Iria Flavia nahe dem heutigen Santiago de Compostela an die spanische Westküste gebracht worden sein, wo man seinen Leichnam begraben habe. Doch die erste schriftliche Nachricht von Jakobus Missionstätigkeit in Spanien stammt erst aus dem späten 6. Jahrhundert. In dem lateinischen Text *Breviarium Apostolorum* ist auch ein Hinweis auf das »Marmorgrab« des Apostels zu finden.

Jakobspilger

So historisch fragwürdig die Missionstätigkeit des Apostels, seine sagenumwobene Schiffahrt nach Galicien und der Fund des Grabes auch sein mögen: Im beginnenden 9. Jahrhundert entwickelte sich in Windeseile ein Jakobuskult, der schon allein für den Kampf gegen die Mauren wichtig war. Jakobus wurde zur Symbolfigur der christlichen Welt im Kampf gegen die Araber. *Karl der Große* (etwa 742 – 814) hatte intensiven Kontakt zum asturischen Hof, und Kreuzritter beteiligten sich in späteren Jahrhunderten an der Reconquista, der Jakobus als Patron vorstand. Schon Mitte des 9. Jahrhunderts galt er als der *Schlachtensieger von Clavijo* (Provinz La Rioja) gegen den Emir von Córdoba. Den bislang friedlichen Missionierer im Sinne des 5. Gebotes (»Du sollst nicht töten«) stellte die Kirche nun als aggressiven Maurentöter *(matamoros)* für den Heiligen Krieg dar. Noch heute köpft er als Standbild in Kirchen hoch zu Roß Mauren.

Der Jakobuskult zog ab dem 11. Jahrhundert immer mehr Pilgerscharen nach Santiago de Compostela, das zunächst Verehrungsstätte für die nähere Umgebung, später das wichtigste Fernwallfahrtsziel neben Rom und Jerusalem wurde. Die Pilger (lat. *peregrinus* = der Fremde) nahmen mit ihren Bitt- und Bußwallfahrten einen langen, gefährlichen Weg auf sich. Die Zahl der Adligen, Ritter und Kleriker, Diebe und Kaufleute auf dem Jakobsweg, dem *Camino de Santiago*, muß in die Millionen gegangen sein. Auf dem Weg von den Pyrenäen über Puente la Reina, Burgos, Frómista und León bis nach Galicien traf sich halb Europa zu einem regen kulturellen und wirtschaftlichen Austausch. Entlang des Weges entstanden Hospitäler, Unterkünfte, Friedhöfe und einige der schönsten Bauten der Romanik.

Die Romanik

Der Baustil der Romanik war in Italien als monumentale, christliche Architektur entstanden und gelangte über die Pyrenäen – besonders durch die *Benediktinermönche* von Cluny – nach Nordspanien. Nach dem Tod von Mauren-Feldherr Almanzor (der Unbesiegbare), der Spaniens Norden mit seinen Feldzügen regelmäßig unter Druck gesetzt hatte, zerfiel das Kalifat von Córdoba 1031 in Kleinstaaten. Die christlichen Reiche im

Schönes Beispiel einer romanischen Basilika: Ermita Eunate aus dem 12. Jahrhundert auf dem Jakobsweg nahe Puente la Reina (Navarra)

Norden besetzten 1085 ihrerseits Toledo und bauten ab dem 11. Jahrhundert entlang des Jakobsweges Klöster wie *Santo Domingo de Silos* (1041), Kirchen wie *San Martín de Frómista* (um 1070) und neben anderen Kathedralen die von *Santiago de Compostela* (ab 1075).

Der weitverbreitete *basilikale Kirchengrundriß* besteht aus einer durch Säulen in drei Schiffe geteilten Halle, die an ihrem (üblicherweise) östlichen Ende von einer oder drei halbrunden Apsiden abgeschlossen wird. Die nicht gewölbte Decke des Mittelschiffs ist erhöht und ruht auf Pfeilern oder Säulen, die mit Bögen miteinander verbunden sind. In der Mittelapsis befindet sich der Altar, gelegentlich

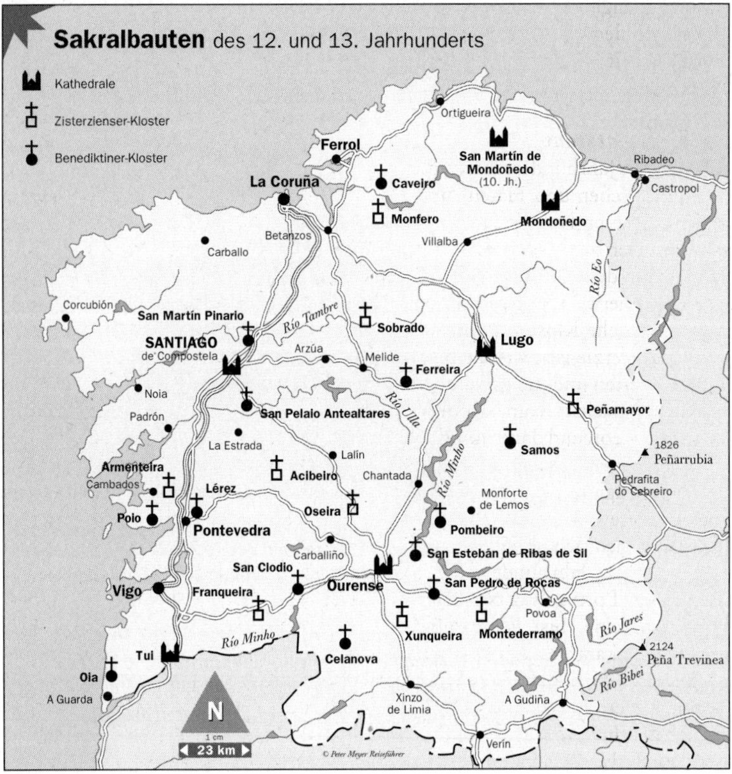

Sakralbauten des 12. und 13. Jahrhunderts

über einem Märtyrergrab. Dem Langhaus kann ein Querschiff vorgelegt sein, womit die Kirche einen kreuzförmigen Grundriß erhält. Mit größer werdenden Pilgerströmen kommen oft zwei zusätzliche Seitenschiffe, Chorumgang und Chorkapellen hinzu.

Die stabile Bauweise mit Rundbögen an Portalen und Fenstern, soliden Säulen mit breiten Kapitellen, Wandpfeilern und Kragsteinen schmücken Skulpturen, die stellvertretend für den theologischen Disput stehen können und deshalb zwischen dem Themenkreis der Bibel (Kreuzgang in *San Juan de la Peña* bei Pamplona) und kuriosen Gruselgestalten (*San Martín de Mondoñedo* bei Foz) liegen.

Die religiösen Bauwerke zwischen Jaca und Santiago machten die Romanik zum Stil des spanischen Nordens schlechthin, der sich nur verhalten mit der aufstrebenden, spitzbogigen und kreuzrippengewölbten Gotik (ab 1150) und dem verspielt-überladenen Barock (seit dem 17. Jahrhundert) vermischt.

Portugal entsteht

Ab dem 11. Jahrhundert waren die Piraten vertrieben und Hafen- und Bischofsstädte entlang des Jakobweges im Bau. Der mächtige Orden der Zisterzienser, der 1118 aus der Benediktinerregel hervorgegangen war, gründete zahlreiche Klöster. Politisch waren die Zisterzienser, wie die Bischöfe in den Städten und die galicische Noblesse, zunächst vom Königshaus Asturien-León und dann von *Fernando I.* als erstem König von Kastilien-León abhängig. Mit seinem Tod 1065 kam es zu gewaltigen politischen Wirren, aus denen sich schließlich im ausgehenden 12. Jahrhundert die Selbständigkeit Portugals entwickelte und Galicien seine bis heute gültigen Grenzen bekam.

Bevor es dazu kam, hatten sich die Söhne Fernandos eine blutige Schlacht geliefert, aus der schließlich Sancho als Herrscher über Kastilien, León und Galicien hervorging. Einer seiner Brüder, *Alfonso VI.* (circa 1040 – 1109), war an den Hof des arabischen Toledo geflohen und kehrte nach dem Tod Sanchos als König zurück. Alfonso war es, der das nordwestliche Gebiet in die Grafschaften Galicien und Portugal aufteilte; Galicien überließ er dem Mann seiner einen Tochter Urraca, Raimundo de Borgoña, seine zweite Tochter bekam Portugal, das bald darauf unabhängig wurde.

Mittlerweile waren die Grafen von Galicien mit zahlreichen Sonderrechten (*fueros*) ausgestattet, sprachen Recht, organisierten Militärexpeditionen gegen die Mauren und hatten damit eine gewisse Autonomie. Nachdem Urracas Vater und ihr Mann gestorben waren und die zweite Ehe mit Alfonso dem Krieger von Aragón in die Brüche ging, erhob sich ihr eigener Sohn *Alfonso Raimúndez* mit Hilfe des Grafen von Traba, Pedro Froilaz, krönte sich 1109 selbst und wurde zwei Jahre später von *Erzbischof Diego Gelmírez* (1068 – 1139) in der Kathedrale von Santiago de Compostela geweiht. Gelmírez entwickelte sich durch die Thronstreitigkeiten immer mehr zum eigentlichen Machthaber in Galicien. Dem ersten Erzbischof von Santiago de Compostela mußte das ganz selbstverständlich erscheinen. Als glühender Anhänger der Gregorianischen Reform sprach er sich für die eindeutige Autorität des Papstes und der Kirche über die weltliche Macht aus.

In dieser Zeit liegt auch der Ursprung der galicischen Sprache. Galego war im 12. Jahrhundert in Form von *cantigas* entstanden, als romanisch-galicische Lyrik, deren Inhalt von höfischer, abstrakter Damenhuldigung bis zur derben, satirischen Straßenglosse reicht.

Krieg den Palästen – Der Aufstand der Irmandiños

1467 – 1469

Ein Nachfolger Gelmírez, Erzbischof Don Berenguel de Landoira, überfiel 1321 die Burg von Felpós nahe Palas das Reis und zündete sie an. Der dortige Graf hatte in schöner Regelmäßigkeit Pilger überfallen und ausgeraubt. Solche Raubzüge von Rittern und Grafen waren längst an der Tagesordnung, viele waren verarmt. Der Hof hatte in Valladolid 1325 die religiösen Orden mit Schenkungen so be-

»Stürmt die Paläste!« Aufstand der Irmandiños

vorzugt, daß sie auch in Galicien ihre Ländereien ausdehnten.

Zu der Schwarzen Pest, die seit Oktober 1348 in Galicien wütete, gesellte sich in der zweiten Hälfte des 14. Jahrhunderts eine schlimme Hungerperiode. Grafenwillkür, Inflation und Intrigen am kastilischen Königshof riefen immer mehr *irmandiños* (Bruderschaften) in Galicien und außerhalb auf den Plan. Das Adelsgeschlecht der Andrade drückte seine über 2300 Vasallen in Ferrol, Pontedeume, Betanzos und Villalba schließlich derartig, daß 1431 der erste – noch erfolglose – Aufstand ausbrach. Die Irmandiños in Galicien organisierten sich darauf wie sonst nirgends und schlugen beim zweiten Aufstand mit Sicheln, Pulverkanonen und Katapulten sämtliche Feudalherren in die Flucht. Von 1467 bis 1469 regierte in Galicien zum erstenmal das einfache Volk.

Teile der Kirche und *Enrique IV. der Impotente* (1423 – 1474) von Kastilien, selbst in einen Bürgerkrieg verwickelt, unterstützten die über 80.000 Irmandiños zumindest moralisch. Die wählten ihre »Heilige Bruderschaft des Königreichs Galicien«, machten Gärtner zu Generälen und nahmen sich vor, keine einzige Burg stehen lassen. Die bislang mächtigen Grafen von Soutomaior, Andrade, Ulloa und Lemos waren überrascht nach Kastilien und Portugal geflohen. Als die Grafen 1469 schwer bewaffnet Galicien zurückeroberten, hatten die Irmandiños über 130 Burgen als Symbol der Feudalmacht zertrümmert. Hinter den Stadtmauern von Lugo, A Coruña, Mondoñedo und Santiago leisteten sie noch bis 1472 Widerstand. Repressalien waren gering, der Adel hatte Respekt bekommen.

Mit den Aufständen der Irmandiños war der Anfang vom Ende der galicischen Grafen und Hidalgos eingeläutet. Zwanzig Jahre später spalteten sie sich selber im kastilisch-portugiesischen Krieg und wurden kurz darauf durch Strafexpeditionen der mächtigen *Katholischen Könige* öffentlich geköpft, wenn sie sich Isabel (1451 – 1504) und Fernando (1452 – 1516) widersetzten, wie im Falle des Pardo de Cela von Mondoñedo. *Pazos* (Herrenhäuser) lösten die Paläste ab, der Landadel die Raubritter und mächtigen Grafen, die Neuzeit das Mittelalter.

Wegen der für kurze Zeit erfolgreichen Revolte der Bruderschaften stehen in Galicien nur noch wenige Burgen und Schlösser wie das schön restaurierte *Castillo de Soutomaior* bei Vigo. In *Moeche* bei Ferrol erinnert jeden dritten Augustsamstag nach Sonnenuntergang ein nächtlicher Überfall auf die Burg des Nuño Freire de Andrade mit viel Kostümierung, Wein und Musik an das Jahr 1467.

BEGINN DER NEUZEIT

ab 1492

Die Bewohner Baionas feiern ihr historisches Fest jeden 1. März: Die Ankunft der Karavelle *La Pinta.* An diesem Tag im Jahre 1493 erfuhr Baiona als erste Stadt Europas von Kolumbus Entdeckung der »Neuen Welt« ein Jahr zuvor. 1492 hatten Isabel und Fernando, das spanische Königspaar, die letzte Maurenbastion Granada erobert und landesweit die Juden vertrieben, die es in Galicien besonders in Ribadavia zu Ansehen gebracht hatten. Die Inquisition der katholischen Kirche richtete sich zudem gegen wohlhabende Witwen, die wie etwa im südlichen Küstenort Cangas als Hexen verbrannt wurden, um deren Vermögen einzubehalten. Und weil die Katholischen Könige ähnlich wie später Franco Zentralismus mit Einheitssprache gleichsetzten, ersetzte das Kastilische vollständig die galicische Sprache, die damit für Jahrhunderte aus Verwaltung, Rechtsprechung und Literatur verbannt blieb.

Mit der blutigen Eroberung Amerikas und der Weltmachtstellung des Habsburgers *Carlos V.* (1500 – 1558) geriet das nordwestliche Galicien aus dem politischen Blickfeld. Auch die Pilgerströme nach Santiago ließen mit dem aufkommenden Protestantismus immer mehr nach. Carlos Sohn *Felipe II.* (1527 – 1598), der verknöcherte, strengkatholische Erbauer des Escorials in Kastilien, zog aus, um die Protestanten in Flandern und den Niederlanden das Fürchten zu lehren. Die Reichtümer aus der »Neuen Welt« verbrauchten sich daher nicht nur in Adelstiteln, sondern besonders in den europäischen Kriegen. 1588 entsandte Felipe II. gegen das England der Elisabeth II. die »unbesiegbare« *Armada,* deren Niederlage am Ärmelkanal das Ende der spanischen Weltmacht einläutete. – A Coruña und viele andere Orte der galicischen Küste hatten das Nachsehen, als ein Pirat unter englischer Flagge, der 44jährige *Sir Francis Drake,* zum Gegenschlag ausholte. Am 4. Mai 1589 überfiel er mit 160 Schiffen

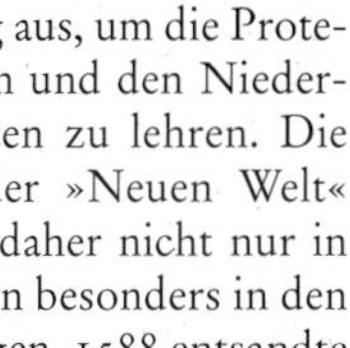

Schrecken der Meere: Mr. Drake

A Coruñas ummauerte Altstadt. Die angeschlagenen Bewohner, voran eine Fleischersfrau namens *María Pita,* trieben die Engländer schließlich mit letzter Kraft in die Flucht.

Die *Bourbonen*, die nach dem Erbfolgekrieg (1701 – 1713) die Habsburger auf dem Madrider Thron ablösten, stabilisierten Spanien im sogenannten französischen Jahrhundert. Mit dem aufgeklärten Absolutismus des *Carlos III.* aktivierten sich Kunst, Wirtschaft und Wissenschaft. Doch sein Sohn *Carlos IV.*, dem der Zeitgenosse *Francisco de Goya* (1746 – 1828) dessen ganze Dummheit in die Herrscherportaits malte, ließ das Land verkommen, bis *Napoleon Bonaparte* den König und dessen einflußreiche sizilianische Gemahlin Maria Luisa von Parma ohne viel Mühe festnahm und Spanien einen grausamen Krieg bescherte.

Unabhängigkeitskrieg gegen Napoleon

19. Jahrhundert

Das 19. Jahrhundert begann so mit einem Befreiungskrieg gegen die Franzosen, der mehr als ein erfolgreicher Guerillakrieg werden sollte: liberale Ideen enstanden als Alternative zum *Ancièn Regime.* Zunächst hatte Napoleon Bonaparte nach der Besetzung 1808 seinen trunksüchtigen Bruder Joseph als König eingesetzt. Ab dem 3. Januar 1809 nahmen französische Truppen in vier Wochen auch Galicien ein, um innerhalb von nur wenigen Tagen von galicischen Unabhängigkeitstruppen überrascht zu werden. Nach fünf Jahren Krieg forderte Spaniens Alliierter Lord Wellington: »Spanier, ahmt es den unnachahmlichen Galiciern nach«. Ein Jahr später waren die Franzosen mit Hilfe englischer Truppen vertrieben.

Noch während des Krieges hatten aufgeklärte Politiker und Militärs 1812 im andalusischen Cádiz eine liberale Verfassung formuliert. In A Coruña trafen sich währenddessen Professoren, Journalisten und Händler im *Café Esperanza* und hofften auf das Ende der Monarchie. Dagegen stand das große Lager der Absolutisten, Kleriker und Adligen. Als nach dem Krieg *Fernando VII.* (1784 – 1833) den Thron übernahm, kam seine Restauration einer Hexenjagd auf Liberale gleich. In A Coruña, der fortschrittlichsten der galicischen Städte, lief ein Franziskaner durch die Gassen und wies die wütende Menschenmenge an, welches Haus liberaler Bürger mit Steinen zu bewerfen sei.

Als Gegenreaktion auf den Despotismus Fernandos folgten landesweit wie in Galicien *pronunciamientos* – vergebliche Aufstände liberaler Militärs. Gerade in Galicien steckte der Liberalismus noch in den Kinderschuhen. Während die große Gruppe der Landbevölkerung wenig industrialisiert und politisch unbeteiligt war, Adel und Klerus mit allen Privilegien noch fest im Sattel saßen, hatten sich an der Küste einige, vor allem katalanische und baskische Händler niedergelassen, um mit Stoffen, Keramik, Papier und Lebensmittelkonservierung zu handeln. Sie bildeten mit den Intellektuellen und Militärs die sehr kleine Schar der galicischen Liberalen.

1833 starb Fernando VII., was zwei schwere, sogenannte Karlistenkriege im 19. Jahrhundert nach sich zog, weil einige reaktionäre Anhänger Fernandos nicht dessen Tochter Isabel II., sondern den Bruder Carlos auf dem Thron sehen wollten. 1834 brach der erste der beiden blutigen und erfolglosen Karlistenkriege aus, der zweite folgte 1872. Zu den Anhängern der Karlisten gehörten neben dem Adel besonders die religiösen Orden, denen es in der Regierungszeit *Isabel II.* (1830 – 1904) an den Kragen ging: durch die *desamortización*, die Enteignung religiöser Orden ab 1835. Ihre Reichtümer wurden öffentlich versteigert und der Landbesitz zur besseren Landverteilung verkauft. In Wirklichkeit begünstigte dies reiche Bürger und Adlige. Auch in Galicien hatte die Desamortisación zur Folge, daß Mönche wie die Zisterzienser von Monfero bei Pontedeume ihre gewaltigen Monasterien verlassen mußten. Heute stehen sie wie viele andere als Ruine da.

Das 19. Jahrhundert brachte zwar die Eisenbahn, Gaslaternen und Wahlen, wie während der kurzen *Ersten Republik* 1873. Der galicischen Landbevölkerung brachte es aber besonders überhöhte Steuern, Hungerperioden und Cholera. Viele sahen den einzigen Ausweg nur noch in der Emigration.

Der Hórreo von Carnota an der Westküste südlich von Fisterra ist einer der längsten Maisspeicher von Galicien. Der 35 m lange Granitbau stammt aus dem Jahr 1768

GALICIEN IM 20. JAHRHUNDERT

Bereits Mitte des 19. Jahrhunderts setzte in Nordwestspanien eine Bewegung ein, die für das folgende Jahrhundert von entscheidender Bedeutung sein sollte: die Emigration. Eine halbe Million Galicier, so wird vermutet, ist zwischen der Agrarkrise 1852 und der Befreiung der letzten Spanischen Kolonien 1898 emigriert.

Dies waren besonders Männer zwischen sechzehn und vierzig Jahren, darunter die Vorfahren des Kubaners Fidel Castro und des ehemaligen argentinischen Staatspräsidenten Alfredo Alfonsín, Abenteurer, Verzweifelte und offenbar auch eine große Zahl von Kriegsdienstverweigerern. Sie setzten auf überfüllten Überseeschiffen nach den Häfen der ehemaligen und noch existenten spanischen Kolonien Süd- und Mittelamerikas über und hinterließen vielfach die »Witwen der Lebendigen«, die sich von nun an mit ihren Kindern alleine durchschlagen mußten. Uruguay, Venezuela, Kuba, Brasilien wurden den Galiciern zur neuen Heimat. Besonders aber Argentinien, wo der spanische Einwanderer schlicht *gallego* heißt und Buenos Aires für manche die »größte Stadt Galiciens« ist.

Die 1837 in Santiago de Compostela geborene Dichterin Rosalía de Castro über die Auswanderung, die sich bis weit in das 20. Jahrhundert fortsetzt:

Gott weiß welch bittre Tränen mir's ins Auge treibt,
Seh ich die, die fortgehn.
Doch noch trauriger machen mich jene, die sich weigern,
je wieder heimzukehren ...

Durch Geldsendungen der Emigranten aus Süd- und Mittelamerika konnten Bauern allmählich Boden kaufen und Fischer ihre Boote motorisieren. Doch in den ersten 30 Jahren des neuen Jahrhunderts blieb die Macht noch in den Händen der konservativen *caciques* (wörtlich Häuptlinge), die mit ihrem Reichtum Wähler kauften. Seit 1916 entstanden die *Irmandades da Fala*, intellektuelle Sprachbruderschaften, die auf galicisch in der Zeitschrift »A Nosa Terra« scharf gegen solchen *caciquismo* polemisierten.

Der Fuchs namens Bonzentum und Klüngel belauert die Verfassung (Zeitungs-Karikatur)

Verfechter der galicischen Sache: Alfonso Daniel Castelao

Keine Persönlichkeit symbolisiert den *galleguismo*, den galicischen Nationalstolz, so sehr wie der Politiker, Schriftsteller, Maler und Zeichner Castelao. 1886 in Rianxo geboren, emigrierte er als Kind mit seinen Eltern nach Argentinien und veröffentlichte nach seiner Rückkehr die ersten Karikaturen, entwarf politische Plakate gegen Monarchen und Konservative, trat einer Sprachbruderschaft bei und studierte Medizin. Als die Zweite Republik ausgerufen wurde, wählte ihn die *Partido Galeguista* als Repräsentanten in das Madrider Parlament, wo er für das Selbstbestimmungsrecht der Galicier eintrat.

Im Bürgerkrieg kämpfte er auf republikanischer Seite und floh nach Francos Sieg ins Exil nach Paris, den USA und Buenos Aires, wo er 1950 fast erblindet an Lungenkrebs starb.

Castelao schrieb über galicische Politik und Kultur und er zeichnete bissig wie 100 Jahre zuvor Goya, was seine Zeit prägte: Elend auf dem Land, fette Caciques und dürre Leibeigene, heulende Emigranten, frierende Bergbauern, betende Witwen und die Grauen des Bürgerkrieges. 1984 wurde sein Leichnam in den Pantheon der Kirche *Santo Domingo de Bonaval* in Santiago überführt. Viele Orte Galiciens haben Castelao ein Denkmal gewidmet, Politiker aller Parteien zitieren ihn im Parlament. Und zahlreiche Museen, darunter die Provinzmuseen von Pontevedra und Lugo, stellen seine Zeichnungen und Wahlplakate aus.

Das Proletariat war wegen der noch kaum entwickelten Industrie schwach und gewerkschaftlich organisierte Streiks waren selten, während das restliche Spanien während der Regierungszeit von *Alfonso XIII.* (1902 – 1931) von Arbeiterunruhen, politischen Anschlägen und Kolonialkrieg in Marrokko erschüttert wurde. Diese Unruhen mündeten 1923 in die Militärdiktatur des *Primo de Rivera.* Sieben Jahre später stolperte der General über die Weltwirtschaftskrise. Bei Kommunalwahlen 1931 erlitten die Monarchisten eine solche Niederlage, daß Alfonso ohne förmliche Abdankung nach Rom ins Exil abreiste. Die Zweite Republik entstand.

Die Zweite Republik

1931 – 1936

Nachdem die bürgerlichen Linksparteien 1931 die Wahl für sich entschieden hatten, begannen gegen den Widerstand von Großbürgertum, Finanzoligarchie und Kirche die längst überfälligen Land- und Schulreformen. Scheidungen und Abtreibungsrecht, Kürzung des Militärhaushalts und Abschaffung des Kirchenetats sorgten außerhalb und innerhalb des Madrider Parlaments für Zündstoff.

Dort waren zehn Prozent der Abgeordneten Galicier, die auf das Geschehen aber kaum Einfluß hatten. 1933 gewannen die Rechten die Wahl, die wiederum 1936 von der linken Volksfrontregierung abgelöst wurden. Am 15. Juli jenes Jahres bekamen die Galicier ein Autonomiestatut mit weitgehenden Selbstbestimmungsrechten, für die sich besonders der Abgeordnete und Zeichner *Alfonso Daniel Castelao* (1886 – 1950) eingesetzt hatte. Doch dieses Statut wurde nie wirksam. Ausgerechnet ein galicischer General sorgte dafür: *Francisco Franco.* Drei Tage später, am 18. Juli, erhob er sich mit den Generälen Mola und Sanjurjo gegen die krisengeschüttelte, junge Republik.

Bürgerkrieg

1936 – 1939

Madrid und Barcelona entwickelten sich zu den Zentren des Widerstands gegen den Militärputsch. Zunächst von der Sowjetunion unterstützt, besonders aber von den *Internationalen Brigaden* mit so berühmten Persönlichkeiten wie Ernest Hemingway und George Orwell, hielt sich die Republik noch bis Anfang 1939. Nicht so Galicien: es fiel bereits nach fünfzehn Tagen. Dafür dauerten Verfolgungen, Folter und Erschießungen

wie überall in Spanien bis weit nach dem Bürgerkrieg an. Der junge Kommunist Alexandre Bóveda, der den kurzen Widerstand in Pontevedra organisierte, erklärte in seiner Verteidigungsrede vor der Erschießung mit deutlicher Anspielung auf Franco: »Ich hätte Galicien nie betrogen, selbst wenn ich Jahrhunderte hier hätte leben können«. – In Burgos organisierten die Putschisten ein Gegenkabinett zur Volksfrontregierung. Franco siegte mit Unterstützung der *Falange*, die erst 1936 als Partei faschistischen Typs verboten worden war, mit Hilfe der Kirche, den Großgrundbesitzern, 10.000 Deutschen (darunter die *Legion Condor*, deren Bombardierung des baskischen Guernica Picasso ein Denkmal setzte) sowie Truppen Mussolinis. Franco siegte aber auch mit Hilfe des demokratischen Europa, das mit seiner Stillhaltepolitik der spanischen Republik die Hilfe verweigerte. Als auch die französische Regierung der Nichteinmischung zustimmte, kaufte der Schriftsteller André Malraux spontan 35 Kampfmaschinen für die Linke.

Von beiden Seiten mit brutaler Härte geführt, forderte der Bürgerkrieg über 600.000 Tote, zahlreiche Gefangene starben in Francos Konzentrationslagern, eine Million Spanier flohen ins Exil.

40 Jahre Diktatur

Francos Diktatur, die bis zu seinem Tod 1975 dauerte, begann mit Hungerjahren. Das Land war zu geschwächt, um sich am 2. Weltkrieg zu beteiligen, der *Generalísimo* schickte Hitler immerhin die Blaue Division für den Ostfeldzug. Galicische Oppositionelle gründeten 1944 in Toulouse den *Bloque Republicano Nacional Gallego* und in Buenos Aires eine Art galicische Exilregierung. Dort veröffentlichte Castelao im selben Jahr das Buch »Immer in Galicien«, die wichtigste Lektüre der kleinen Schar galicischer Francogegner. *El Caudillo,* der Führer, opferte der »heiligen Einheit des Vaterlandes« jede Spur von Autonomie der Basken, Katalanen und Galicier. In seiner Heimatregion ließ er Plakate kleben: »Sprechen Sie unsere offizielle Sprache, das Kastilisch. Seien Sie kein Barbar. Arriba España«.

Ab 1959 verbesserte sich die wirtschaftliche Lage in Spanien etwas. Die katholische Elitesekte *Opus Dei* hatte die Falange als faschistische Einheitsgewerkschaft an Einfluß überrundet und versuchte, Spanien wirtschaftlich zu öffnen. An Galiciens Küste stieg die Zahl der Industriearbeiter (Zellulose, Holz, Energie) zwischen 1960 und 1973 von 19.000 auf 26.000, die Städte wuchsen und eine neue Emigrationswelle setzte ein. Rund 150.000 Galicier verließen in dieser Zeitspanne das Land und gingen in die Schweiz (über die Hälfte), in die Bundesrepublik Deutschland, nach Frankreich und Holland.

Mit dem Tourismus und den Devisen der Emigranten erholte sich Spaniens Wirtschaft zusehends. Nach der Ölkrise 1973 kamen viele Galicier zurück und nannten ihre Bars »Zürich«, »Frankfurt« und »Rhein«. Inzwischen hatten sich auch in Galicien Gewerkschaften und Parteien gegründet, darunter 1968 die *Komunistische Partei Galiciens* (PCG). 1972 demonstrierten in Santiago Studenten für das Ende der Diktatur, und in Francos Geburtsort Ferrol schoß die Polizei auf 3000 streikende Werftarbeiter. Dennoch blieb der galicische Widerstand im Vergleich etwa zu dem der baskischen ETA gering. Diese bombte 1973 in Madrid Francos designierten Nachfolger Luis Carrero Blanco in die Luft. Zwei Jahre später starb Franco am 20. November 1975 im Alter von 82 Jahren ohne politischen Erben. *Juan Carlos,* ein Enkel von Alfonso XIII. und verheiratet mit der griechischen Prinzessin Sofía, wurde zum König und Nachfolger Francos ernannt. Die Zeit der *transición,* des Übergangs von der Diktatur zur konstitutionellen Monarchie, setzte ein.

Politik des Übergangs

(1975 – 1993)

3 Jahre dauert es, bis 1978 per Volksentscheid die neue spanische Verfassung verabschiedet wird, Spanier und Spanierinnen wählen – durch die neue Verfassung gleichberechtigt – nach 40 Jahren wieder. Spanien wird ein föderalistischer Bundesstaat und galicische Zeitungen wie der *Faro de Vigo* und die *Voz de Galicia* können ohne Repressalien politische Kommentare veröffentlichen. Erstaunlich ist die Wahlbeteiligung der Galicier von nur 60 Prozent. Zwei Jahre später bei den Parlamentswahlen wiederholt sich das Bild, in der Provinz Lugo gehen sogar nur 40 Prozent zu den Urnen. Auch nach dem Autonomiestatus von 1981, wonach Galicien in Santiago vom Parlament mit 75 Abgeordneten,

Emigrierte Verwandte – nach 25 Jahren zurück in Galicien

Manuel Fraga Iribarne

VON ALICIA HUIDOBRO

Begleitet von 1200 Dudelsackspielern übernahm *Don Manuel* im Januar 1990 das Amt des Präsidenten der autonomen Region Galicien. Vom Scheitel bis zur Sohle konservativ, kam er nach Galicien, nachdem er schon eine Vielzahl politischer Posten innegehabt hatte. Viel hat sich in der Nordwest-Ecke der Iberischen Halbinsel verändert, seit der Politiker mit Prestige und gesetztem Profil die Führung der Regierung übernahm. Als Vater der Volkspartei *Partido Popular* (PP) und wichtigster Opponent der spanischen Regierung von Felipe González, verließ der gebürtige Galicier die Parteiführung der PP im Madrider Parlament, um fortan Politik in seiner alten Heimat zu machen, wo er 1922 geboren wurde. Seine Ankunft wirbelte viel Staub auf: die übrigen politischen Parteien lehnten Bündnisgespräche mit ihm und seiner galicischen PP ab, weil er ihrer Meinung nach die galicische Autonomiebewegung nicht unterstützen würde. Er brauchte sie gar nicht: im ersten Anlauf eroberte er die absolute Mehrheit.

Fraga hatte unter der Zentralregierung Francos jahrelang das Ministerium für Information und Tourismus geleitet, wechselte dann in das Innenministerium und wurde anschließend zum spanischen Botschafter in London ernannt. Später, bei den ersten freien Wahlen nach dem Tod Francos, verbündete er sich mit mehreren Ex-Ministern des Diktators. Einmal an der Spitze der Macht in Galicien, überraschte er 1991 mit einem offiziellen Besuch bei Fidel Castro in Kuba, wo er wie ein Staatschef empfangen wurde. Bei dessen Gegenbesuch 1992 applaudierte Fraga sogar den bekannten Durchhalteparolen seines kommunistischen Gastes galicischer Herkunft.

Diese kurze Biographie seiner politischen Karriere zeigt, warum er als Politiker umstritten ist. Fraga ist ein überzeugter Verteidiger des Zentralismus gewesen. Heute tritt er für die Autonomie Galiciens ein. Im Nordwesten Spaniens glaubt man, Don Manuel habe damit seine politische Überzeugung seinem neuen Posten anpassen wollen. Doch dieser ist ihm bislang nicht zu nehmen, und es scheint, daß Galicien von Fraga regiert wird, bis er sich aus dem politischen Leben verabschiedet.

der Regierung und dem Präsidenten regiert wird, bleibt die Wahlunlust der Galicier bestehen. Es scheint, als habe sich besonders die Landbevölkerung im nordwestlichen Spanien zu sehr daran gewöhnt, an der Politik nie beteiligt worden zu sein. Allerdings zeigen die Wahlergebnisse, daß Regierungschef Manuel Fraga gerade der Landbevölkerung seine wiederholten Wiederwahlen verdankt.

Während seit 1982 die *Spanische Sozialistische Arbeiterpartei* (PSOE) landesweit eine wichtige Rolle in der

Der kubanische Staatspräsident Fidel Castro 1992 zu Besuch in der Heimat seiner Eltern, rechts Manuel Fraga, der galicische Regierungschef

Politik spielt, wählen die Galicier fast immer konservativ, zuletzt den rechten ehemaligen Oppositionsführer in Madrid, Manuel Fraga. Bei der Wahl im Oktober 1993 wurde der linksnationale *Bloque Nacionalista Gallego* (BNG) nach der konservativen Volkspartei und der sozialistischen PSOE drittstärkste Partei im Parlament. Am 25. Juli, dem Tag des galicischen Vaterlandes, tritt der BNG in Santiago alljährlich mit der blauweißen Flagge lautstark für die Selbstbestimmung (*autodeterminación*) der Galicier ein. Im Gegensatz zur radikalen, zahlenmäßig schwachen galicischen *Frente Popular* unterstützt die Partei für dieses Ziel nicht den bewaffneten Kampf im Stil der baskischen ETA, der in Galicien – von vereinzelten Anschlägen abgesehen – nie eine Rolle spielte.

Aktuelle Politik – Konservativ & Galicisch

VON JOSÉ M. SEGURA VARELA

Nach den letzten Wahlen zum galicischen Landtagsparlament im Oktober 1997 hat die »Volkspartei« (*Partido Popular, PP*) des rechten Flügels erneut ihre Spitzenposition innerhalb

Galiciens verteidigen und verstärken können. Zum dritten Mal schaffte es der unbezwingbare Parteichef der Volkspartei, Manuel Fraga Iribarne, sein Präsidentenamt in der galicischen Landesregierung mühelos und konkurrenzlos beizubehalten.

Verlierer dieses Wahlkampfes war die »Sozialistische Arbeiterpartei« (*PSOE*), die nun nur noch die drittstärkste Partei im galicischen Parlament ist.

Ohne Zweifel bestand die große Überraschung dieser Wahlen in dem Aufstieg des »Galicisch Nationalistischen Blocks« (*BNG*) des linken Flügels, der sich als zweitstärkste politische Partei im Parlament etablierte. Obwohl der »Bloque« nationale galicische Interessen in den Vordergrund seines Wirkens stellt, ist die Partei nicht so radikal an der Unabhängigkeit Galiciens interessiert, wie das bei den separatistischen Bewegungen im Baskenland zu erleben ist. Stattdessen bemüht sich der Parteivorsitzende *José Manuel Beirás* im Einklang mit katalanischen und baskischen Nationalparteien um eine Reform der spanischen Verfassung, in der der plurinationale Charakter Spaniens anerkannt werden soll. Das bedeutet mehr politische und wirtschaftliche Kompetenzen für Galicien.

Nach dem hohen Stimmenverlust der sozialistischen Arbeiterpartei versucht diese nun ihre Ziele zu überarbeiten und paßt ihre politische Richtung dem erfolgreichen »Bloque« an. Und so fordert der galicische PSOE nun eine Umstrukturierung Spaniens in einen Bundesstaat, womit sie innerhalb der eigenen Reihen in anderen autonomen Regionen Spaniens für reichlich Unruhe und Proteste sorgt.

Insgesamt gesehen scheint sich in den letzten Jahren die extreme Wahlverdrossenheit und das Desinteresse an Politik bei den Galiciern verflüchtigt zu haben. Vor allem innerhalb der jüngeren Generationen macht sich ein stärkeres Politikbewußtsein bemerkbar, bei dem galicischer Nationalstolz eine immer bedeutendere Rolle spielt. Die Forderung nach kultureller Wiederbelebung und galicischer Identitätsfindung, häufig in der linken Kneipenszene anzutreffen, spiegelt das wider. Mangelnde Wahlbeteiligung ist in jüngster Zeit innerhalb Galiciens kein Thema mehr.

WIRTSCHAFT: HOLZSCHEIBENRÄDER & MUSCHELZUCHT

»Galicien ist arm«, sagt Miguel González zu uns und fügt seufzend hinzu: »Sehr arm«. Mit dieser Meinung steht er sicherlich nicht allein da, der Pächter des Hauses, in dem wahrscheinlich die Vorfahren des Schriftstellers Cervantes lebten. Zum Abschied bittet er uns noch, den eingebrochenen Dachstuhl zu fotografieren, um das Bild mit der Bitte um Unterstützung an die Regierung schicken zu können. Galicien ist eine der Problemzonen der *Europäischen Union* (EU), der wirtschaftliche Aufschwung Spaniens in den 60er Jahren ist an dieser Region fast spurlos vorbeigegangen. Besonders in den Provinzen Lugo und Ourense ist der Rückstand augenfällig. Die immer noch rollenden Ochsen-

Ochsenkarren mit Holzscheibenrädern sind in Galicien kein PR-Gag

karren mit hölzernen Scheibenrädern sind kein touristischer PR-Gag, sondern häufig das einzige Transportmittel der galicischen Kleinbauern.

Die Hauptursache dafür wird in der Abgeschiedenheit der Region gesehen. Und so liegt auch der Schwerpunkt der Wirtschaftspolitik in der Modernisierung der veralteten Infrastruktur. Um eine vierspurige direkte Straßenverbindung nach Madrid hat man verbissen gekämpft – das teure Projekt verschlang bis 1996 2 Milliarden Mark, seine Fertigstellung wird für das Jahr 2004 erwartet. Zu den bisherigen Versäumnissen kommt ein weiteres Hindernis hinzu, nämlich daß ausgerechnet all diejenigen Industriezweige in Galicien konzentriert sind, die im Brüsseler Dickicht von Quotenregelung und Subventionierung zusammenrationalisiert werden: Milchwirtschaft, Fischerei und Schiffsbau. Damit ist Galicien trotz europäischer Fördermittel einer der großen Verlierer bei der EU-Wirtschaftspolitik. Genaue Angaben über das wirkliche wirtschaftliche Potential Galiciens kann allerdings selbst die eigene Regierung nicht machen, Statistiken sind Glückssache. Der Besitzstand wird nämlich von Galiciern besonders gern vertuscht. Reiche heimgekehrte Emigranten bringen ihr Vermögen oft gar nicht zur Bank, sondern horten es sicher im klassischen Sparstrumpf daheim. Wie weit der wirtschaftliche Einfluß des galicischen Devisenbringers Emigration reicht, läßt sich schwer abschätzen. Zumindest fällt auf, wie viele Bars die Namen der Städte tragen, wo offensichtlich das Startkapital erarbeitet wurde. Auffällig sind auch die scheußlichteuren Betonklötze, die sich Galicier über oder neben ihren alten Granithäuschen errichten, um den Anschluß an moderne Zeiten äußerlich zu untermauern. Nicht wenigen drängt sich da der Eindruck auf, die Emigranten würden auf diese Weise schreckliche Rache an dem Land nehmen, das sie nicht ernähren konnte.

Und schließlich spielen sich in den allerärmsten Winkeln groteske Szenen ab: Zum Dorffest des ourensanischen Avión reist ein gewisser Teil der Bevölkerung in Hubschraubern an und der Kaffee in der Dorfbar ist doppelt so teuer wie in Santiago. Ein wirtschaftliches Standbein kann das nicht sein. Seine Zukunft sucht Galicien im Tourismus.

Hoffnungsträger Tourismus

Wer Galicien überhaupt kennt, der weiß: da regnet es. Und was da als Küsten- und Bodennebel in der Luft liegt oder als Schnürregen, Nieselregen, Graupelschauer, Gewitter von oben kommt, muß natürlich seinen Niederschlag in mageren Touristenzahlen finden. Dennoch scheint das »Ende der Welt« so langsam in Mode zu kommen. Die Zahlen der ausländischen Besucher steigen. Obwohl weiterhin an der spanischen Mittelmeerküste das Urlaubsgeschäft en gros gemacht wird, stellt auch der Madrider Generalsekretär für Tourismus mittlerweile fest, daß sich immer mehr ausländische Spanientouristen für mehr interessieren als nur für Sonne, Strand und Hotelbar. Die Nachfrage nach Bildungs- und Aktivurlaub wächst. Mit seiner Natur, seinen über 800 Stränden, seiner Küche und seiner reichen Kulturgeschichte wirbt Galicien für sich, um den segensreichen, südwärts fließenden Geldstrom über den alten Pilgerweg in die grüne Nordwestecke Spaniens umzuleiten. Zwischen 1990 und 1991 stieg das Bettenangebot Galiciens um fast 25 Prozent. Noch ist es ein eher keusches Rinnsal, was Regierungschef Fraga als »enormes wirtschaftliches Potential« bezeichnet, doch die großen Pauschalreise-Anbieter statten bereits ihre Sondierungsbesuche ab und LTU bietet bereits Charterflüge an. Bislang machen die Einnahmen aus dem Fremdenverkehr gerade mal fünf Prozent des galicischen Bruttosozialprodukts aus. Der Löwenanteil davon wird in den touristischen Ballungszentren der Rías Bajas zwischen O Grove und Baiona verdient, die wahrhaft kein touristisches Neuland sind. Hier gab es bereits Hotels, als Benidorm – das spanische Synonym für Massentourismus an der Costa Blanca – noch ein idyllisches Fischerdörfchen war. Zu Zeiten der Belle Epoque im 19. Jahrhundert mit ihren mondänen Grandhotels, Kurbädern und Sommerchalets florierte hier schon das Tourismusgeschäft.

Im August stammt heute fast jedes dritte dort parkende Auto aus Madrid oder Barcelona. Von den rund 54.000 offiziellen Gästebetten Galiciens verteilen sich gut 80 Prozent auf die Provinzen A Coruña und Pontevedra. An der rauhen Todesküste findet aber kaum Tourismus statt, relativ zaghaft wirbt die Küste Lugos mit ihren Reizen. Wer schließlich das Innere der bitterarmen Provinzen Lugo und Ourense bereist, kann als Exot gelten. Die kulturgeschichtlich so reichen Landstriche rufen bei ausländischen Reiseveranstaltern meist nur ein großes Fragezeichen hervor. Bestenfalls Studienreisende gönnen sich kurze Schlenker dorthin. Erst in den letzten Jahren ist den verantwortlichen galicischen Urlaubslenkern ein Lichtlein aufgegangen, welches sich »Grüner Tourismus« nennt und die zarteste Knospe der spanischen Touristikbranche ist. Immer mehr Bauernhöfe bieten sich als naturnahes Urlaubsziel an, für Betuchtere werden viele der alten Pazos, der herrschaftlichen Landsitze, zu noblen Unterkünften umgebaut (siehe auch Seite 91).

Neben den ohnehin vorhandenen Kunstwerken – die auch zunehmend ausgeschildert werden – setzt Galicien auf ein breit gestreutes Sportangebot. Die große Bedeutung, die dem Bau von Golfplätzen beigemessen wird, läßt aber erkennen, auf welche Art von Tourist man es besonders abgesehen hat. Das Stichwort lautet Elite-Tourismus zwischen Schloßhotel, Einlochen, Segeltörn und malerischen Sonnenuntergängen.

Landwirtschaft

Rund 30 % der galicischen Bevölkerung arbeitet in der Landwirtschaft, die mit französischen oder deutschen Anbaumethoden überhaupt nicht zu vergleichen ist. In Galicien hat nie eine Flurbereinigung stattgefunden, der Anbau spielt sich hauptsächlich auf Mini-Fundien ab, die oft nicht einmal den Eigenbedarf ihrer Besitzer decken können. Diese Fundien sind eine Folge des Erbrechts, bei dem das Land so lange unter allen nachkommenden Söhnen gleich verteilt wird, bis daß auf manchen Landbesitz nur noch eine Kuh paßt. Es gehört aber zur galicischen Mentalität, den eigenen Kotten um nichts in der Welt aufzugeben, und schon gar nicht auf staatliche Anordnung hin. Und so stehen die Kleinbauern, obwohl auf ihrem Land das Viehfutter besonders gut gedeiht, mit ihren durchschnittlich fünf bis sieben Kühen gegenüber den Großproduzenten auf verlorenem Posten. Der galicische Ertrag liegt rund 30 Prozent unter dem EU-Durchschnitt. 35.000 Milchbetriebe werden aufgeben müssen, so eine Prognose der galicischen Bauernvereinigung, damit die restlichen 40.000 überleben können. Eine Umstellung auf die Produktion von hochwertigem Rindfleisch scheint ebenso schwierig wie eine Flurbereinigung. Kälber kommen meist in den Schlachthof, weil die Landfläche fehlt, sie großzuziehen und zu mästen. Dem Anbau von Kiwi und Soja, mit dem in einigen Gebieten schon herumexperimentiert wird, räumt man wenig Zukunftsaussichten ein, weil der Boden zu durchlässig und sauer sei. Die wenigen produzierten Kiwifrüchte werden außerdem über die Zitrusfruchtmetropole Valencia vermarktet.

Auf solider Basis steht jedoch mittlerweile die Vermarktung galicischer Weine, die durchaus mit anderen europäischen Rebsäften konkurrieren können. Neuerdings wird auch über die Produktion »hochwertiger« Nahrungsmittel nachgedacht – so wird etwa in der Provinz Ourense schon Kastanieneis hergestellt.

Forstwirtschaft

Die Landfläche Galiciens macht etwa 6 % Spaniens aus, auf seinem Boden wachsen rund zehn Prozent des spanischen Waldes. Dennoch stellt Galicien gut ein Drittel der nationalen Holzproduktion. Dem Sektor geht es keineswegs schlecht, Holz wird immer gebraucht. Doch sind die ökologischen Folgen besonders schwerwiegend. Die künstlich angelegten Wälder steigern die Brandgefahr erheblich: ein Drittel der galicischen Waldfläche wurde dadurch innerhalb der letzten 20 Jahre vernichtet, im letzten großen Brandjahr 1989 allein 90.000 Hektar. Erosion und ausgelaugte Böden sind die Konsequenz für weite Flächen, die Forsttraktoren terrassiert, umgepflügt und mit wenig effektiven Schneisen versehen haben.

Die Modernisierung seiner Fangflotte fällt Galicien schwer

Daß die Brände in vielen Fällen provoziert werden, stellen nicht nur Umweltschutzgruppen fest. Der anklagende Finger richtet sich dabei auf die profitable Papierindustrie, deren stinkendster Vertreter die Ría de Pontevedra verseucht. Brandhölzer sind für ihre Zwecke fast genauso gut geeignet wie unbeschädigte, sind aber viel billiger (siehe auch Seite 17). Auch häufen sich die Klagen, Galicien werde von der Papierindustrie wie ein »Dritte-Welt-Land« ausgebeutet, weil sie die Rohstoffe Galiciens bei der Herstellung von Zellulosepaste nur zu Halbfertigprodukten umwandle. Besonders aber wegen eines Umstandes wehrt man sich dagegen, zum Holz- und Papierlieferant der EU zu verkommen: »Man sieht den Wald vor lauter Eukalyptus nicht mehr«, stellen Öko-Gruppen wie *Biotopo* durchaus objektiv fest. Der »grüne Vampir«, wie die Baumart hier schon genannt wird, bringt 17 Kubikmeter Holz pro Hektar pro Jahr. Dafür laugt das Pioniergewächs aus dem fernen Tasmanien die Böden aus und brennt leicht. Weil der Eukalyptus aber nach einem Brand als erster wieder wächst, verdrängt er so die ursprüngliche Vegetation.

Fischerei

Bei einer Küstenlänge von über 1000 Kilometern verwundert es kaum, daß mehr als zehn Prozent der Galicier vom Fischfang leben. Rund 40.000 Menschen sind direkt damit beschäftigt, noch einmal so viele arbeiten in der fischverarbeitenden Industrie und

Lesen Sie bitte weiter auf Seite 68 ▶

»Galicia-Connection«

Eine alltägliche Szene: *¿Tiene tabaco?,* Haben Sie Zigaretten?, fragt ein Gast an der Theke einer Bar mitten in Vigo. Nach einem kurzen prüfenden Blick in die Augen seines Gegenübers greift der Barkeeper unter die Theke und holt ein Päckchen amerikanische »Winston« hervor – ohne Steuerzeichen. Der Zigarettenautomat am Eingang blinkt vergeblich vor sich hin. Zwei von drei Schachteln blonden Tabaks, die in Galicien verkauft werden, sind Schmuggelware. Nach Einschätzung der staatlichen Gesellschaft *Tabacalera* profitieren davon rund 50.000 der 200.000 Bewohner der Ría de Arousa. Eine lange Tradition haben die dunklen Geschäfte Galiciens nicht, erst die Elendsjahre nach dem Bürgerkrieg brachten den Schmuggel an die Küste. Der inoffizielle Import von Penizillin, Whiskey, Tabak und Haushaltsgeräten sicherte damals den Menschen das Überleben. Die Schleichhändler galten als die Gentlemen der Küste, als Wohltäter, da sie ja nur eine abstrakte Größe schädigten, der die Galicier ohnehin stets mißtrauisch gegenüberstehen: den Staat. Und der duldete das, Schmuggel galt als Ordnungswidrigkeit, ein ertappter Übeltäter kam nicht ins Gefängnis. Eine Generation später zog das Geschäft bereits größere Kreise. In den 70er Jahren landeten gut organisierte Banden tonnenweise amerikanische Zigaretten an, die sie am hellichten Tag unter den Augen (bestochener) Zivilgardisten im Hafen entluden. Bis vor einiger Zeit amüsierte man sich noch über die nächtlichen Jagdszenen, die sich Schmuggler und Zollpolizei um die vorwiegend aus Bulgarien stammenden »Winston«-Päckchen lieferten. Von Frachtern auf hoher See in kleinere Schiffe umgeladen, übernahmen schließlich wendige Rennboote die Ware. Bei Nacht und Nebel und 100 km/h schnell, schlugen diese zwischen Felsen und Muschelflößen der Polizei ihre Schnippchen und flitzten in kaum einsehbare Buchten. Erst seit 1982 ist der Tabakschmuggel ein strafrechtlich verfolgtes Delikt.

Auch wenn die Zeitungen fast täglich von beschlagnahmten Zigarettenkisten berichten, haben die verbesserte Ausstattung des spanischen Zolls und das Verbot nächtlicher Einsätze der 300 PS-Flitzer nur dazu geführt, daß die Ware nun meist in Portugal entladen wird. Das neue Dorado ist das 100 km südlich gelegene Viana, wo es den Behörden – zur Freude ihrer Gegenspieler – an Geld und Personal mangelt. Doch der ganze Transportaufwand verteuert die Zigaretten. Der staatliche Tabakladen ist oft billiger, die Verdienstspannen der Banden werden immer kleiner. Und so verfielen einige galicische Clans Anfang der 80er darauf, die alten Schleichwege für den Import von Haschisch, ab '86 für Kokain und Heroin zu nutzen – durch das Preisgefälle zwischen den USA und Europa ein lukratives Unternehmen. Die Zentren des Drogengeschäfts: O Grove, Cambados und Vilagarcía, dessen Banken lange Zeit die Geldwäsche übernahmen. Laureano

Schmuggel auf Galicisch

Oubiña aus Vilagarcía beispielsweise war 1985 noch ein bankrotter Zigarettenschmuggler, seine Familie mußte Kosmetika an der Haustür verkaufen. 1986 aber pumpte er sich bei seinem Kollegen Paz Carballo 350.000 Peseten und kaufte in Marokko Haschisch ein. Schon kurze Zeit später erwarb Oubiña den gewaltigen Pazo de Bayón, den er für rund zehn Millionen Mark restaurieren ließ. Zu seinem Vermögen gehören Immobiliengeschäfte, eine ganze Flotte von Luxuslimousinen, zwei Yachten und sechs Schnellboote.

Das Schutzsystem dieser Schmuggelbosse, der *capos,* hätte kaum sizilianischer sein können: sie zahlten die Anwaltskosten für gefaßte Mitwisser, finanzierten Dorffeste, Fußballvereine, Kirchenreparaturen und sicherten sich so die Diskretion des Volkes. Die armen Gemeinden ließen sich gerne korrumpieren – wie das Beispiel des Bürgermeisters von O Grove zeigt, den man 1990 aus eben jenem Grund verhaftete.

Doch die Tage der *Galicia-Connection* sind gezählt, die ersten Köpfe rollten 1990 im Verlauf der großangelegten Razzia »Operación Mago«, die sich vor allem zwischen Vilagarcía und Cambados abspielte. Die Capos Paz Carballo und Manuel Charlín Pomares kamen hinter Gitter, ebenso Oubiña, den man nachts im Pyjama aus seinem Pazo holte. Verraten hatte sie ihr Angestellter Ricardo Portabales, der für Carballo und die anderen Schiffe organisiert hatte und heute eine der bestbewachten Personen Spaniens ist. Er enthüllte der Staatsanwaltschaft Namen, Treffpunkte und Verbindungen, die von Madrider Jet-Set-Löwen bis zum Medellin-Kartell Kolumbiens reichen. Der dickste Fisch, Prado Bugallo, Sito Miñanco genannt, der offenbar das Kolumbiengeschäft einfädelte, hatte sich rechtzeitig nach Antwerpen abgesetzt und ging erst später ins Netz. Ein Jahr später fing die spanische Polizei bereits Rauschgiftladungen in karibischen Gewässern ab. Die Ausmaße des galicischen Drogenhandels sind beachtlich: Während seiner vier Jahre im Carballo-Clan, berichtete Portabales, seien 70.000 Kilo Haschisch und 3000 Kilo Kokain verschoben worden. Im Oktober 1990 stellte die Polizei in der Ría de Arousa 1200 Kilo Kokain sicher.

Zwar bezweifelt selbst die Staatsanwaltschaft, daß der galicische Rauschgiftring endgültig zerschlagen werden konnte. Aber immerhin zeigt die Mauer des Schweigens Risse, seitdem viele Jugendliche nicht mehr nur Joints rauchen, sondern zunehmend von harten Drogen abhängig sind. Die Verzweiflung über das Schicksal ihrer Kinder öffnet manchen Galiciern den Mund, Zwischenhändler beginnen zu singen, an vielen Hauswänden der Ría de Arousa liest man nun: *Tabaco sí – Droga no.* Denn der Tabakschmuggel konnte immer sehr viele »kleine« Leute ernähren. Den Gewinn aus dem Drogengeschäft streichen aber nur wenige ein, ihre Ware schafft Elend. »Alles Gute und alles Schlechte bringt das Meer« – ein Sprichwort in Galicien.

im Bootsbau. Die Stadt Vigo hat den bedeutendsten europäischen Hafen für Gefrierfisch und wird sogar von ausländischen Flotten angelaufen. In den insgesamt rund 100 Häfen der galicischen Küste landet mehr als die Hälfte aller spanischen Fänge. Die galicische Fangflotte stellt den sechsten Teil der gesamten EU-Flotte dar. Sie holt ihre Netze sogar vor Neufundland, Irland und der Westsahara ein, in gewissen Fällen, und strengstens verboten, auch vor Namibia. Denn der schuppige Rohstoff wird rar, der Kampf um Fangquoten in der EU zwingt Galicien, seine Flotte zu verkleinern und zu modernisieren. Das ist eine bittere Pille, die man hier kaum zu schlucken bereit und in der Lage ist.

Die Prognostiker und Planer versuchen über die Flaute im Fischfang hinwegzutrösten und sprechen davon, Galicien zum »Weltmeister der Aquakultur« zu machen. Gemeint ist unter anderem ein Ausbau der Muschelproduktion, die ohnehin schon bei der Miesmuschel die Hälfte der Weltproduktion ausmacht. Moderne Muschel- und Fischzuchtanlagen sollen neue wirtschaftliche Perspektiven eröffnen. Doch gehört es noch zum gewohnten Bild, daß immer noch vor allem Frauen das Familienbrot damit verdienen, im Sand der Rías nach Herz- und Venusmuscheln zu wühlen.

Werftindustrie

Der Schiffbau ist auch in Galicien das Sorgenkind Nummer eins. Vor allem für die Städte Vigo und Ferrol bedeutete dieser Industriezweig lange Zeit Arbeit und Wohlstand. In Padrón wurde im Mittelalter die erste Flotte Spaniens gebaut, vom Hafen A Coruñas legte die stolze Armada zum Kampf gegen England ab. Nun weiß man nicht wohin mit den Arbeitslosen in diesem Gewerbe. Die weltweite Krise der Branche führte zu einer drastischen Reduzierung der spanischen Werften. Die bedeutende Werft Astano in Ferrol mußte von 5600 auf 1800 Arbeiter schrumpfen. Liegt der galicische Durchschnitt bei rund 18 % Arbeitslosigkeit, melden die Ämter aus dem Einzugsbereich Ferrols eine Rate von 50 %.

Stern der Wirtschaft: Mode

Der nicht nur von der lokalen Presse hofierte Hoffnungsschimmer am dunklen Horizont der galicischen Wirtschaft kam aus einer Gegend, aus der man es am wenigsten vermutet hätte. In der so armseligen Provinz Ourense machten plötzlich Modedesigner von sich reden, die mittlerweile als durchaus etabliert gelten können. Die aus einem Zusammenschluß von 24 Gesellschaften gebildete Konfektionsholding Inditex macht Milliarden Umsätze, besitzt Läden in der ganzen Welt (u.a. Japan, Mexiko, Frankreich) und beschäftigt mehrere 1000 Mitarbeiter. Insgesamt arbeiten heute rund 30.000 Galicier in der Modebranche. Die namhaften Designer stellen eher ein Konglomerat unterschiedlicher Individualisten dar. So entwirft Adolfo Domínguez aus Ourense international bekannte Schickeriaprodukte, hausbackene Kaufhauskonfektion schneidert Roberto Verino im südli-

REISEPRAXIS

REISEVORBEREITUNG

In diesem Kapitel ist zusammengefaßt, was vor der Reise nach Galicien an Informationen nützlich sein kann: von der Reiseplanung bis zur Anreise.

Reisedauer

Die streßfreie Anreise mit dem Flugzeug – rund fünf Stunden mit Zwischenstop – lohnt sich bei sehr kurzem Aufenthalt in Galicien. Bus oder Bahn brauchen fast zwei, eine geruhsame Autofahrt dauert drei Tage. Galicien als Gesamtprogramm mit auch unbekannteren Zielen wie einem Keltendorf bei Lugo, der Weinstadt Ribadavia oder der Sierra O Courel nimmt sicher zwei Monate in Anspruch. Aber wer hat schon so viel Urlaub?

Bei weniger als einer Woche geht einem die Vielfalt der Region schlicht durch die Lappen. In 14 Tagen dagegen läßt sich beispielsweise der Besuch des kulturellen Juwels *Santiago* mit einer Fahrt an den Küstenstränden vorbei bis nach *Tui* an der portugiesischen Grenze verbinden. Oder vom nordöstlichen *Ribadeo* vorbei am »Kathedralenstrand«, *Mondoñedo, A Coruña* und der *Todesküste* nach *Fisterra* zum »Ende der Welt«. Sprachkurse in Viveiro, Coruña, Santiago oder O Grove dauern ab zwei Wochen. Wer noch eine Woche mehr dranhängen kann, kann eine Küstenfahrt entlang der Rías Altas und Bajas mit Badeaufenthalten und Stadtbesichtigungen leicht mit einer Fahrt durchs Landesinnere mit schönen Wanderungen zu abgelegenen Klöstern verbinden. Wer weitgehend den Orts- und Routenbeschreibungen unseres Buches folgen will, braucht dafür wenigstens vier Wochen Zeit.

Reisezeit

Anders als in Süd- und Mittelspanien ist die schönste Reisezeit nicht selbstverständlich der Frühling. Im April und Mai entladen sich noch häufig Regenwolken über die wenigen Besucher. *Von Juni bis September* sind die besten, moderat warmen und wenig regnerischen Reisemonate: der Juni bietet Wildpferdespektakel (siehe Seite 27), es gibt preiswerte Unterkünfte und selbst noch an der Südküste wenig Tourismus. In der zweiten Hälfte des Juli ist das Jakobsfest in Santiago einer der Sommerhöhepunkte Galiciens.

Juli und August sind die Monate der zahllosen *fiestas,* wie dem Wikinger- oder Eintopffest. Die Wassertemperaturen sind dann für Badeurlauber angenehm, wobei sich Küstenorte wie Sanxenxo und Baiona zu Hochburgen madrilenischen Urlaubsrummels verwandeln. Doch selbst zwischen den Höchsttemperaturen um 35 Grad im August kann es plötzlich regnen.

Tip: Der Weinmonat September ist ein besonders empfehlenswerter Reisemonat. Eine Stadtbesichtigung Santiagos kommt nicht mehr einer Quetschpartie gleich, und auch die Strände der Rías Bajas werden etwas leerer und bieten sich gerade dann zum Baden an

– im September ist das Wasser am wärmsten. Das Thermometer klettert manchmal noch über 30 Grad. Wer im sehr verregneten Winter kommt, wird schnell merken, wie viele Unterkünfte keine Heizung haben.

Ortsbezeichnungen innerhalb Galiciens ...
... sind in diesem Buch fast immer auf galicisch angegeben, wie auch in den meisten Landkarten und auf Hinweisschildern. Dies galt lange nicht für Ausnahmefälle, bei denen sich in der Region die kastilische Bezeichnung durchgesetzt hatte, wie bei *La Coruña.* Mittlerweile ist jetzt auch hier die offizielle Bezeichnung *A Coruña.*

Reisekosten

Generell gilt die Faustregel: die Küste ist teurer als das Landesinnere, die *temporada alta* (Hochsaison, Juli und August) teurer als die übrigen Monate. Das fällt schon bei den Unterkünften auf. Im Küstenort Sanxenxo kann ein Doppelzimmer im Ein-Sterne-Hotel 100 DM, in Monforte de Lemos 50 DM kosten. Die billigsten Hostals bieten ihre Doppelzimmer ab 30 DM an, während sie in den schön gelegenen, sehr komfortablen und oft in historischen Gebäuden untergebrachten Paradores für 150 bis 300 DM zu haben sind. Campingplätze verlangen an den Rías Bajas in der Hauptsaison für zwei Personen, Auto und Zelt (2 PAZ) etwa 30 DM, an den nördlichen Rías Altas gelegentlich bis zu zehn Mark weniger.

Für den Jakobsweg gilt, daß Pamplona am teuersten ist und es auf dem Weg nach Westen billiger wird – bis man in Santiago angekommen ist.

Auch die Preise für das Essen variieren nach Standort und Reisezeit. In Santiago kostet ein einfaches Menue (1. Gang Suppe, Muscheln oder Salat, 2. Gang Fisch oder Fleisch, Landwein und Brot) rund 15 DM, ein Teller (*ración*) Miesmuscheln oder Pfefferschoten 6 DM, ein Stück *Tarta de Santiago* 4 DM, Fisch und Fleischgerichte ab 15 DM. Ein Zeichen von Großzügigkeit sind in Spanien die *tapas,* kleine Häppchen bestehend aus Oliven, Schinken oder Sardinen, die zum Getränk zumindest in der Nebensaison gratis dazugereicht werden.

Weitere Preisbeispiele: ins Kino kommt man für 8 DM (am Kinotag Mittwoch etwas billiger), in die Disco mal umsonst, mal für bis zu 20 DM. Zeitungen liegen in den meisten Cafés aus, am Stand kosten sie 1,50 DM. Ein Livekonzert auf Santiagos Obradoiro-Platz 15 DM, ein Kondom 1 DM, ein Kaffee 2 DM, ein Bier 1,50 DM. Genauso billig kann eine Flasche Landwein sein, wenn man sie beim Bauern kauft. Eigenen Wein bauen fast alle an. Im Restaurant legt man stattdessen zwischen 6 und 20 DM hin.

Günstig sind die Busse, und noch günstiger ist das Bahnfahren, eine Fahrkarte von Pontevedra nach Santiago (60 km) kostet 6 DM. Selbstversorger bekommen auf den Märkten besonders billig Obst, Gemüse, Brot, Muscheln und Fisch, letzteren natürlich noch preiswerter auf den Fischbörsen am Hafen. Im Supermarkt legt man glatt das Doppelte hin. Mindestens so teuer wie in Deutschland sind Käseprodukte und Schinken.

Im großen und ganzen belaufen sich die Mindestkosten am Tag für Schlafen in einem einfachen Hotel, Essen, Trinken, Fahren und Amüsieren auf 80 DM.

Gesundheit & Reiseapotheke

Für eine Reise nach Spanien ist eine normale Tetanusimpfung (Wundstarrkrampf) und Polioschutzimpfung zu empfehlen, die man eigentlich ohnehin haben sollte. Die eigene Krankenkasse stellt kostenlos einen *Auslandskrankenschein* (E 111) aus. Zu längeren Aufenthalten lohnt sich der Abschluß einer privaten Krankenversicherung. Nach einer Behandlung müssen Arzt- und Medikamentenkosten vorgelegt werden, die später von dem Versicherer erstattet werden. Deshalb ist es erforderlich, sich immer eine entsprechende Rechnung ausstellen zu lassen, auf der mindestens Name des Arztes, des Patienten, Diagnose, ärztliche Leistungen und Datum, Stempel und Unterschrift stehen müssen.

Bei speziellen Anfälligkeiten ist es ratsam, sich vor der Reise an den eigenen Hausarzt zu wenden und gegebenenfalls eine **Reiseapotheke** zusammenzustellen.

Infos für Behinderte

Bisher gibt es außer den (teuren) Paradores (siehe »Unterkunft«, Seite 91) keine rollstuhlgerechten Unterkünfte. Trotzdem gibt es manchmal Pilger, die sich im Rollstuhl auf den Weg nach Santiago machen; über ihre Erfahrungsberichte würden wir uns ganz besonders freuen.

Rompiedo Barreras Travel, Reiseagentur mit Sitz bei Madrid, ist auf Reisen für Behinderte spezialisiert: ✆ 0034/1/6640029, Fax 6640415,

Was Sie unterwegs unbedingt dabei haben sollten:

- ❑ Insektenstiche: zur Vorbeugung ein biologisches Mittel aus dem Reformhaus, zur Linderung *Fenistil-Gel*
- ❑ Sonnenbrand: Wund- und Brandgel, *Soventol*
- ❑ Sonnenallergie: Calciumtabletten
- ❑ Verdauungsstörungen: bei Durchfall zur Wasserbindung *Kohlekompretten* und *Tannacomp*, ansonsten viel Wasser vermischt mit Salz und Zucker trinken. Bei Verstopfung am besten viel Obst (Orangen, getrocknete Pflaumen) und Gemüse, Kleie und Leinsamen essen.
- ❑ Übelkeit: *MCP-ratio-Tropfen*
- ❑ Ohrenschmerzen: *Otalgan-Tropfen*
- ❑ Schmerz- und Fiebertabletten (z.B. *Paracetamol)*
- ❑ Sonnenschutzcreme
- ❑ Mittel gegen Erkältungen, Lutschbonbons gegen Halsschmerzen
- ❑ Pflaster, Verbandsmaterial
- ❑ Salbe gegen Stauchungen, Prellungen
- ❑ Schere, Pinzette
- ❑ Fieberthermometer

Calle Alfonso XII. 41, 28934 Móstoles.

Zur Urlaubsvorbereitung können folgende Infostellen nützlich sein:

Mobility International Schweiz (MIS), Hard 4, 8408 Winterthur, © (0041) 052/2226825. Gibt jährlich den »Ferienkatalog« heraus, zum Beispiel Behindertenreisen, Diabetikerreisen, Angebote für Sehbehinderte.

Bundesarbeitsgemeinschaft der Clubs Behinderter und ihrer Freunde e.V., Eupener Str. 5, 55131 Mainz, © 06131/225514. Erster Ansprechpartner für geeignete Begleitpersonen, praktische Hilfsmittel, Campingwagen, Finanzierungshilfen, rollstuhlgerechte Unterkünfte.

Bundesverband Selbsthilfe Körperbehinderter e.V., Altkrautheimer Straße 17, 74238 Krautheim, © 06294/ 68112: Behinderte und Nicht-Behinderte erleben den Urlaub gemeinsam.

Reise- und Freizeitdienst für Behinderte und Nicht-Behinderte, Peter Grabowski, Tannenstraße 1, 63939 Wörth am Rhein, © 07271/8575. Veranstaltet Gruppenreisen in alle Welt.

Studenteninitiative Behinderte e.V., Luitpoldstraße 42, 91054 Erlangen, © 09131/205313. Vermietung rollstuhlgerechter Wohnmobile.

Verlag FMG GmbH, Postfach 1547, 53121 Bonn, © 0228/616133. Reiseratgeber »Handicapped-Reisen« mit Anbietern und Organisationen (zwei Bände zu je 34 DM).

Was mitnehmen?

Garderobe: Auch wenn Sie sich auf einen Sommerurlaub einstellen, sollten Sie warme Kleidung und wetterfeste Schuhe mitnehmen. Selbst Augustnächte können an der Atlantikküste kühl werden. Ebensowenig fehlen sollte eine Regenjacke. Grundsätzlich gibt es in Galicien keine Kleidervorschriften. Daß aber eine Kirchenbesichtigung im Bikini oder in der Badehose böses Blut hervorrufen kann, versteht sich von selbst. Solche Leute werden übrigens in Santiago von eigens engagierten Sittenwächtern an die Luft vor der Kathedrale gesetzt.

Strom: Unverzichtbar ist der Südeuropastecker. Der Adapter ist für ein paar Mark in jedem Elektrogeschäft zu haben. Besonders ältere Häuser besitzen manchmal noch Stromanschlüsse mit 110 Volt. Herkömmliche Elektrogeräte funktionieren dann nur mit einem Spannungswandler (*transformador*).

Minderjährige: Reisende unter 18 Jahre, die allein unterwegs sind, sollten eine mehrsprachige und möglichst beglaubigte Einverständniserklärung der Eltern bei sich haben. Das ist zwar nicht Vorschrift, kann aber beim Umgang mit Behörden Ärger ersparen.

Autofahrer: Für die Einreise mit dem Auto oder dem Motorrad reichen der nationale *Führerschein* und der Kraftfahrzeugschein aus. Bei gewerblichen Fahrten ist ein internationaler Führerschein erforderlich. Die *Grüne Versicherungskarte*, die ohne weitere Formalitäten vom jeweiligen Autoversicherer ausgestellt wird, muß in jedem Fall mitgeführt werden.

Wichtige Adressen und Infostellen

Spanische Botschaften

- *Deutschland:* Schloßstraße 4, 53115 Bonn, © 0228/217094.
- *Österreich:* Argentiner Str. 24, 1040 Wien, © 01/5055780.
- *Schweiz:* Kalcheggweg 24, 3006 Bern, © 031/3520412.

Spanische Konsulate in Deutschland

- Homberger Str. 16, 40474 Düsseldorf, © 0211/434777, 43908-0.
- Nibelungenplatz 3, 60318 Frankfurt a.M., © 069/959166-0, 5961041.
- Oberföhringer Str. 45, 81925 München, © 089/985027.
- Lichtensteinallee 1, 10787 Berlin, © 030/2616081, Fax 2624032.
- Mittelweg 37, 20148 Hamburg, © 040/443620.

Außerdem in Stuttgart und Hannover.

Deutsches Konsulat in Galicien

- *Honorarkonsulat,* Vigo, Avda. García Barbón 1, © 986-212516.

Informationen

Das **Spanische Fremdenverkehrsamt** hat in Deutschland vier Niederlassungen und versendet wie die Ämter in Österreich und der Schweiz z.T. kostenlos Informationsmaterial.

- Myliusstr. 14, 60323 Frankfurt a.M., Mo – Fr 9 – 13 Uhr, © 069/725033/38, Fax 725313, Btx 969173618.
- Grafenberger Allee 100, 40237 Düsseldorf, © 0211/6803980, Fax 6803985/86.
- Schubertstraße 10, 80336 München, © 089/530158, Fax 5328680.
- Kurfürstendamm 180, 10707 Berlin, © 030/8826543, Fax 8826661. Die Firma *Telemail* versendet Informationsmaterial, gibt jedoch keine Auskünfte: © 06123/ 99134.

In der Schweiz:

- Seefeldstr. 19, 8008 Zürich, © 01/2527930.
- 15, Rue Ami-Levrier, 1201 Genf, © 022/7311133.

In Österreich:

- Rotenturmstraße 27, 1010 Wien, © 01/5331425 oder 5353191.

Galicien im Internet

Der galicische Server *vieiros* bietet eine stattliche Zahl an Info-Seiten auf Galicisch, Spanisch oder Englisch. Neben einigen überflüssigen Homepages viele interessante Infos vom aktuellen Verkaufssortiment bestimmter Albariño-Bodegas bis hin zu den neuesten kulturellen Angeboten in Santiago de Compostela. Weniger praxistauglich, aber durchaus appetitanregend sind die Routenvorschläge des Tourismusamtes der galicischen Regierung. Und: Die Diözese Lugo bietet nicht nur die erste bischöfliche Homepage Spaniens, sie ist auch tatsächlich sehenswert:
http://www.cesatel.es/Itemaga/vieiros/vieirostext.html und:
http://www.xacobeo.es (Adresse der Xunta mit Datenbank zu Unterkünften und allgemeinen Informationen).

Empfehlenswert ist der Abschluß eines Schutzbriefes beim ADAC oder anderen Automobilclubs mit entsprechendem Angebot. Der Auslandsschutzbrief kostet 25 DM, der Euroschutzbrief (auch gültig im Inland) ist für rund 60 DM zu haben und ein Jahr gültig. Er erstattet die Kosten für Abschleppdienste, den Rücktransport, Mietwagen, Krankentransporte und, wenn nötig, Übernachtungen. Ähnliche Dienstleistungen bietet auch der ökologisch orientierte *Verkehrsclub von Deutschland* (VCD) an.

ADAC, Am Westpark 8, 81373 München, ✆ 089/7676-0.

VCD, Kalkuhlstraße 24, 53227 Bonn, ✆ 0228/444144.

AvD, Lyoner Str. 16, 60528 Frankfurt a.M., ✆ 069/66061.

ACE, Schmidener Str. 233, 70374 Stuttgart, ✆ 0711/5067-230.

TCS, Rue Pierre Fatio 9, CH-1204 Genève, ✆ 0222/366000.

ACS, Theaterplatz 13, CH-3000 Bern 7, ✆ 031/223813.

ÖAMTC, Schubertring 1 – 3, A-1010 Wien, ✆ 01/71990.

Fotografieren & Filmmaterial

Fotografieren ist in Galicien und auf dem Jakobsweg fast überall erlaubt. In manchen Kirchen und Kathedralen hängt ein Verbotsschild, und an den militärischen Anlagen an der Küste ereifern sich Wachposten. Ansonsten gilt wie überall das eigene Abwägen zwischen Respekt und einem guten Bild.

Ein gutes Bild hängt natürlich auch vom *Film* ab. Der ist in Spanien ebenso wie die Entwicklung teurer als bei uns. Ein Farbdia-Film ist vielleicht die beste Wahl. Er ist preisgünstig und läßt sich problemlos zu Farb- oder Schwarzweiß-Papierbildern weiterentwickeln.

Dieben vorbeugen

In Galicien läßt sich fast sorglos reisen. Nur in den großen Städten, belebten Küstenorten, auf Campingplätzen und an Stränden sind ein paar Vorsichtsmaßnahmen wie überall sinnvoll. Dokumente wie Personalausweis oder Führerschein erkennt die Polizei als Kopie an, weshalb das Original im Hotel bleiben kann. Wertsachen wie Schmuck durch Vigo spazieren zu führen, ist genauso mutig, wie in Sanxenxo vor Geldautomaten ohne einen Blick über die Schulter Peseten rauszuholen. Dennoch: das in Spanien ohnehin verbotene CS-Gas macht nur unnötig verkrampft.

Diebe brechen vorzugsweise Autos auf, in denen der Rekorder noch eingebaut, das Handschuhfach geschlossen ist, die Geldbörse auf dem Beifahrersitz liegt und die Spiegelreflexkamera auf der Hutablage blinkt. Um ihn jedoch zu überzeugen, daß der Einbruch Zeitverlust ist, könnten Sie ihm einen Merkzettel an die Windschutzscheibe klemmen: Hier weder Ausweis, noch Geld, noch Fotoapparat: »Aquí ni pasaporte, ni dinero, ni cámara«.

A propos *Fotoapparat:* überlegen Sie sich bei einer teuren Ausrüstung eine Zusatzversicherung vor der Reise. Eine Reisegepäckversicherung kommt in der Regel nicht voll für den Diebstahl auf. Notieren Sie sich die

Nummern an Objektiven und Gehäusen. Eine Kopie der Nummern im Reisegepäck kann der Polizei bei Diebstahl vorgelegt werden. So haben Sie eine kleine Chance, die Ausrüstung wiederzubekommen.

Dem frustrierenden Gefühl, statt zur Geldbörse ins Leere zu greifen, läßt sich mit wasserdichten, eingenähten Innentaschen, Hosen(geld)gürteln oder Bauchgurten entgehen.

Reiselektüre

► Immer noch interessant ist der mittelalterliche **Pilgerführer** *Codex Calixtinus* aus dem Jahre 1150 von Aimeric Picaud. In Auszügen übersetzt und kommentiert findet er sich bei Klaus Herbers, *Der Jakobsweg,* Gunter Narr Verlag, Tübingen 3. Aufl. 1990, 29,80 DM.

► Weitere historische Pilgerberichte bei Klaus Herbers/Robert Plötz (Hrsg.), *Nach Santiago zogen sie*, dtv, München 1996, 34 DM.

► Einen packenden Bericht über frühere und eigene Pilgerschaft liefern Pierre Barret und Jean-Noel Gurgand in *Unterwegs nach Santiago. Auf den Spuren der Jakobspilger,* Herder-Verlag, Freiburg 1982, 38 DM.

► Eine tolle literarische Einführung ist Cees Nooteboom, *Der Umweg nach Santiago,* Suhrkamp, Frankfurt am Main 1992, 48 DM.

► Für **Wanderer** liegt in deutscher Übersetzung der Führer der spanischen Jakobsfreunde mit vielen Skizzen zur Originalroute vor: Elias Valiña Sampedro, *Der Jakobsweg. Reiseführer für den Pilger,* Everest-Verlag, León 1992, 45 DM.

► Eloy Angelo und andere: *El Camino de Santiago en Bici,* Bilbao 1990. Ausgearbeitete Tagesetappen und Grafiken zu Höhenunterschieden sowie Angaben zum Straßenzustand erleichtern Pedalrittern die Tourenplanung.

► Wer motorisiert unterwegs ist und ab und zu wandern möchte, greift am besten zu Ulrich Wegner, *Der Spanische Jakobsweg,* DuMont Richtig Wandern, Köln 1995, 29,80 DM.

► Camilo José Cela, *Mazurka für zwei Tote,* Piper-Verlag, 39,80 DM. Ein **Roman** des Literatur-Nobelpreisträgers von 1989. Cela kam 1916 im galicischen Iria Flavia bei Padrón zur Welt. Vor zehn Jahren schrieb er dieses derbe Spätwerk als packendes Panorama des vom Bürgerkrieg überschatteten Hinterlandes Galiciens.

► Ramón del Valle Inclán, *Adega, Eine tausendjährige Historie,* Klett-Cotta. Das »archaisch wirkende Szenarium der tausendjährigen Historie der Bergbauernwelt am Ende des Jakobspilgerweges« (Übersetzer Fritz Vogelgsang) schrieb der Galicier (1866 – 1936) um die Jahrhundertwende. Eine verwaiste Leibeigene fällt in wahnhaft-frommer Verzückung auf einen Scharlatan herein und glaubt, das Gotteskind zu gebären.

► Manuel Vázquez Montalbán, *Der fliegende Spanier,* Rowohlt. Zwar spielt der **Thriller** in Katalonien, doch der genußsüchtige Privatschnüffler ist Galicier, und das Thema könnte auch dort angesiedelt sein: das Übersinnliche. Der eingefleischte Materialist Carvalho spürt einer verschwundenen Anhalterin nach. Der linke Montalbán ist einer der angesehensten spanischen Gegenwartsautoren.

► Rosalía de Castro, *An den Ufern der Sar*, Suhrkamp. Obwohl die Autorin die galicische Sprache förderte wie sonst niemand, schrieb sie diesen letzten **Gedichtband** auf kastilisch. Die Tochter eines Priesters und einer Adligen (1837 – 1885) lebte lange Zeit in Padrón (heute Museum). Die traurig-prunklose Lyrik greift galicische Themen wie die Emigration auf.

► Graham Greene, *Monsignore Quijote*, Paul-Zsolnay-Verlag, Wien 1982, 28 DM. Greenes im galicischen Kloster Oseira verfaßte **Persiflage** auf Cervantes »Don Quixote« ist die humorvollste Reiselektüre.

Das Vigo-Spiel

Sollten Sie mit Kindern unterwegs sein und während Ihres Urlaubs nach Vigo kommen, dann muß eigentlich dieses Spiel mit: *Vigo,* bei dem es darum geht, den sagenhaften Schatz in der Bucht von Vigo aufzuspüren und zu heben. Im Test des Deutschen Spielearchivs in Marburg wurde es als solides Familienspiel beurteilt, dem Spieler ab 10 Jahre »mehr abgewinnen als die Erwachsenen«. Den Gag können sich – finden wir – aber auch die Großen gönnen:

► *Vigo,* Abenteuerspiel für 2 – 6 Spieler, Amigo-Verlag, 32 DM.

Karten

► Obwohl in manchen Details ungenau, ist der *Euro-Reiseatlas Spanien/Portugal* aus dem RV-Verlag (1:300.000, Berlin 1995, 24,80 DM) bestens zur groben Orientierung geeignet. Vom gleichen Verlag gibt es auch eine vorder- und rückseitige Falzkarte *Spanien 1/2,* vom Baskenland bis Madrid und Galicien, für 16,80 DM.

► Brauchbar sind auch die *Michelin-Karten 441* (Nordküste bis Madrid) und *442* (1:400.000), je 12,80 DM.

► Eine detaillierte Straßenkarte zu Galicien ist von Firestone erhältlich: *Regionalkarte R-4,* 1:225.000, 9,80 DM. Sie verzeichnet die meisten der in diesem Buch erwähnten Orte. Ein Nachteil ist ihre Unhandlichkeit.

► Speziell zum **Jakobsweg** gibt es mehrere Übersichtskarten. Empfehlenswert: *El Camino de Santiago,* 1989, Instituto Nacional de Geografía, 1:600.000, 20 DM. Wanderer sind mit den Skizzen im *Everest-Pilgerführer* gut bedient. Es gibt aber auch *topographische Karten* im Maßstab 1:50.000 vom Instituto Nacional de Geografía und vom Servicio Geográfico del Ejército (Militärkarten). Sie können in der Regel vor Ort in Buchhandlungen gekauft werden, zu Hause auch in Landkartenläden bzw. guten Buchhandlungen.

► Spezialist für Karten und Literatur zum Jakobsweg ist der **Versandbuchhandel** *Manfred Zentgraf,* In den Böden 38, 97332 Volkach, © 09381/4492, Fax 6260.

Einreise und Zoll

Für die Einreise nach Spanien genügt der **Personalausweis,** Jugendliche unter 16 Jahren benötigen einen Kinderausweis oder einen Eintrag im elterlichen Paß. Für EU-Bürger ist der Aufenthalt zeitlich unbegrenzt.

Mitreisende **Haustiere** dürfen nicht jünger als drei Monate sein und benötigen ein amtstierärztliches Gesundheitszeugnis sowie einen internationalen Impfpaß. Das Zeugnis darf bei der Durchreise durch Frankreich nicht älter als fünf Tage sein, die Tollwutimpfung nicht älter als ein Jahr, muß aber mindestens 30 Tage vor Grenzübertritt gemacht worden sein.

Deutsche Tierschutzbund, Baumschulallee 15, 53115 Bonn, © 0228/631005.

Seit Januar 1993 ist innerhalb der EU die **Ein- und Ausfuhr von Waren** unbeschränkt. Vorsicht aber bei der Durchreise durch die Schweiz. Für ausländische Devisen gibt es keine Einfuhrbeschränkungen. Für Handelsbeziehungen und wirtschaftliche Aktivitäten wenden Sie sich am besten an die spanische Handelskammer:

Cámara Oficial Española de Comercio en Alemania, Schaumainkai 83, 60594 Frankfurt a.M., © 069/638031.

ANREISE NACH GALICIEN

Wer nicht fliegt, muß mit einer langen Anreisezeit rechnen. Mit dem eigenen Auto einmal quer durch Nordspanien fahren zu müssen, ist nicht nur anstrengend, sondern auch nicht gerade die billigste Anreisemethode. Aber es gibt ja noch andere Möglichkeiten.

Mit der Bahn

Eine Zugfahrt ist umweltfreundlich, aber keineswegs billig und bequem. Schon die schnellste Strecke etwa ab Frankfurt a.M. über Paris und Madrid dauert 38 Stunden, ist mit mehrmaligem Umsteigen und Warten verbunden und kostet für den Vollzahler hin und zurück 587 DM plus Zuschläge für den französischen TGV und den spanischen Talgo von je rund 25 DM. Preise von München und Hamburg nach Santiago 723 bzw. 847 DM. Doch können sich die Kosten mit Sondertarifpreisen sowie Fahrten zu bestimmten Zeiten reduzieren. Eine *Bahncard* für 240 DM reduziert schon mal auf den deutschen Strecken die Kosten um die Hälfte. Eine aktuelle Beratung im DER-Reisebüro oder, etwas unbequemer, am Bahnhof lohnt sich wegen der wechselnden Tarife.

Überlegenswert ist auch die Zugfahrt mit dem *Euro-Domino-Tarif.* Mit zwei Netzfahrscheinen können Sie durch Frankreich (353 DM) und Spanien (357 DM) innerhalb jedem der beiden Länder pro Monat jeweils an fünf frei wählbaren Tagen uneingeschränkt fahren. Reisende unter 26 Jahren zahlen für Frankreich 234 DM und für Spanien 225 DM plus Zuschlag beim spanischen Talgo.

Auch die *Interrail-Tickets* sind mittlerweile in Zonen aufgesplittet und werden dadurch für Galicienurlauber uninteressant.

An der spanischen Grenze müssen Sie immer umsteigen (Ausnahmen sind Talgo und Intercity), da Spanien breitere Gleise hat.

Der **Fahrrad-Transport** ist ausgesprochen preiswert: 15 DM in ganz Europa. Man muß den Drahtesel 10 bis 14 Tage vorher als Reisegepäck aufgeben und dabei die Fahrkarte vorlegen. Das Rad gut verpacken!

Organisierte Pilgerfahrten

Um Maut-Gebühren, Benzinpreise, Abfahrtspläne und Fahrscheine müssen sich Pilger in der Regel nicht zu kümmern. Wer zu Fuß oder mit dem Fahrrad die »Anreise nach Galicien« wagt, muß sich darum weniger Gedanken machen. Dennoch sind die Vorbereitungen einer Pilgerreise mit einigem Organisationsaufwand verbunden. Und für so manchen ist das Wagnis, eine solche weite Reise allein anzutreten, doch etwas zu groß. Wer sich das ersparen möchte, hat die Möglichkeit, sich organisierten Pilgerfahrten anzuschließen. Das Angebot dazu ist recht vielfältig, wobei nicht alle Veranstalter den christlichen Aspekt in den Vordergrund stellen. Den Charakter einer **Erlebnisreise** hat beispielsweise das Angebot von *Calma-Reisen.* Die Pilgerreise auf dem Jakobsweg über die von uns beschriebene Strecke dauert drei Wochen und ist eine kombinierte Rad-Wandertour mit Reisebetreuung. Unwegsame, aber reizvolle Wegstrecken werden zu Fuß zurückgelegt, während ein Begleitfahrzeug den Fahrradtransport übernimmt. Das Konzept dieser Reise beinhaltet, verkehrsreiche Straßen zu meiden. Pilgerausweise, Übernachtungen, Exkursionen, Karten und Verpflegung werden vom Veranstalter organisiert. Die Teilnehmerzahl ist auf 8 Personen begrenzt. Eine rechtzeitige Reservierung ist daher ratsam. Kostenpunkt: rund 2700 DM.

- *Calma-Reisen,* Postfach 1124, 35095 Weimar/Lahn, ✆ & Fax 06421/7596.

Weitere Adressen von Veranstaltern:

- *Bayrisches Pilgerbüro,* Dachauer Straße 9, 80335 München, ✆ 089/545811-0, Fax -69. 13 Tage Komfort-Wandern ab 2700 DM, 10 Tage Pilgern per Bus oder zu Fuß (wenige Laufstrecken) ab 2530 DM.
- *Biblische Reisen,* Silberburgstr. 121, 70176 Stuttgart, ✆ 0711/619250, Fax 6192544, www.biblische-reisen.de.Diverse Studienreisen inkl. Reiseleitung, Flug ab 2200 DM. Jahreskatalog für Individualreisende.
- *Christophorus-Reisedienst,* Zeppelinstraße 5b, 48147 Münster, ✆ 0251/231004, Fax 233994. Organisiert Pilger- und Bildungsreisen in verschiedenen Ländern.
- *Christliches Reisen,* Ettaler Straße 17, 82487 Oberammergau, ✆ 0130/9300 und 08822/3031, Fax 7292.
- *Siddharta-Reisen,* Rüdiger Krutmeyer, Holderweg 4, 79798 Jestetten-Altenburg, ✆ 07745/8079, Fax 07745/8089: organisiert für Gruppen ab 8 Personen Pilgerfahrten auf Anfrage.

Wer vor allem das spirituelle Erlebnis sucht, sollte sich mit seinen Wünschen an seine Gemeinde wenden; selbst wenn dort keine Reise geplant ist, läßt sie sich ja vielleicht anregen. Dort findet man auch am ehesten Pilgerpartner.

Bei der Organisation hilft ansonsten die

- *Deutsche Sankt-Jakobus-Gesellschaft,* Harscampstraße 20, 52062 Aachen, ✆ 0241/4790127.

Reisen mit dem Hotelzug

Mit dem *Tranccantábrico* der Schmalspurbahngesellschaft FEVE kann man in der Zeit zwischen Juni und Ende September wöchentlich ab Bilbao oder Santiago de Compostela (Buszubringer El Ferrol) eine ganze Woche lang Eisenbahnfahren pur erleben: rund 900 km geht's tagsüber durch Spaniens Norden – dort, wo es landschaftlich nicht so interessant ist, wird mit einem Buszubringer abgekürzt – gegessen wird mal im noblen Parador, mal im urigen Berggasthof, zum Schlafen bleibt der Zug nachts stehen. Infos und Buchung:

Junker-Creativ-Touristik, Kaiserstraße 33, 66849 Landstuhl, © 06371/16270, Fax 17446 (ab 1400 DM alles inklusive).

Ibero International, Berliner Allee 22, 40212 Düsseldorf, © 0211/328212, Fax 328660 (ab 3050 DM). Auskunft auch übers Fremdenverkehrsamt.

Autoanreise verkürzen

Die Anreise mit dem **Autoreisezug** ist gerade für Familien eine nicht nur bequeme, sondern auch umweltschonendere Alternative.

Mit dem Autoreisezug geht es *ab Düsseldorf* immer So um 14.55 Uhr nach Biarritz an der französisch-spanischen Grenze (Ankunft 10.48Uhr), zurück Mo 16.17 Uhr (Ankunft 12.04 Uhr). Hin und zurück kostet die Autofracht zwischen 720 und 1194 DM, ein Liegewagenplatz schlägt je nach Saison mit 295 oder 393 DM zu Buche. *Hamburg, Hannover* und *Neu Isenburg* bei Frankfurt am Main sind weitere Verladestationen in Richtung Biarritz, Abfahrt ebenfalls immer So bzw. Mo, Preise etwa gleich. Bis Santiago sind es dann immer noch rund 14 Stunden Fahrzeit mit dem Auto.

Mit dem Flugzeug

Der **Flughafen Lavacolla** 12 km nordöstlich von Santiago ist mäßig an das internationale Flugnetz angeschlossen.

Der günstigste Flug mit *Iberia* (© 069/717201) über Barcelona nach Santiago kostet ab Frankfurt a.M. 580 DM (plus 60 DM Steuern), ab München 500 DM (plus 50 DM Steuern). Flug-Verbindungen über Iberia gibt es auch mit anderen deutschen Städten wie Stuttgart, Hannover oder Hamburg. Via Madrid rund 150 DM teurer.

Besonders günstig bieten einige **Billigreisebüros** gelegentlich auch Tickets der kolumbianischen *Avianca* und der argentinischen *Lineas Argentinas* nach Madrid an.

Der **Flughafen Noain** bei Pamplona wird von Deutschland aus nicht direkt angeflogen. Iberia fliegt die Route Frankfurt am Main – Barcelona – Pamplona, was mit Umsteigen etwa 7 Stunden dauert. Das billigste Ticket kostet etwa 750 DM. Wer sich vor Ort ohnehin einen Leihwagen nehmen will, kann von Frankfurt am Main nach Bilbao an der baskischen Küste fliegen und von dort in drei Stunden nach Pamplona fahren.

Wer ab Frankfurt zunächst nach Madrid oder Barcelona fliegen möchte, und von dort weiter nach Santiago, wird von Iberia zwischen Juni und

Oktober zum Preis von 924 DM dorthin gebracht. Andere Reisezeiten sind günstiger. Auch hier gilt der Jugendtarif mit 25 % Rabatt.

Wer auch *Portugal* besuchen will, kann mit der *TAP* täglich ab Frankfurt in 3 Stunden nach *Porto* im Norden des Landes fliegen. Der günstigste Tarif kostet je nach Saison 660, 770 oder 880 DM, Jugendliche erhalten 25 % Ermäßigung. Es ist keine Vorausbuchung nötig, der Aufenthalt muß ein Wochenende einschließen und darf höchstens einen Monat betragen. Von Porto ins galicische Vigo sind es 135 km, 100 Bus-km kosten in Portugal etwa 10 DM. Interessant ist die Möglichkeit, den Flug ohne Aufpreis zu gabeln: hin nach Lissabon oder Faro, zurück ab Porto – oder umgekehrt.

Mit dem Bus

Eine Busfahrt nach Galicien ist eine echte Tortur, die über 30 Stunden dauert. Allerdings besteht hier am ehesten die Möglichkeit, schon gleich zu Beginn der Reise Galicier kennenzulernen, denn viele in deutschsprachigen Ländern lebende Galicier machen per Bus einen Heimaturlaub.

Europabus (Touring) nach Santiago de Compostela: Der Europabus fährt von 32 deutschen Städten dienstags und freitags nach Santiago de Compostela. Die Fahrt kostet hin und zurück ab 460 DM. Kinder unter 12 Jahre erhalten 25 % Ermäßigung. Die Touring organisiert nach Wunsch Unterkünfte; eine Woche kostet zuzüglich Fahrt ab 350 DM. Die Strecke verläuft über Mühlhausen, Irún, San Sebastián, Burgos, Palencia, Benavente, Astorga, Ponferrada, Puebla und Ourense. Auskunft und Buchung gibt es an den Schaltern der DB, in DER-Reisebüros und direkt bei:

Europabus der Deutschen Touring GmbH, Am Römerhof 17, Postfach 900244, 60442 Frankfurt a.M., ✆ 069/79030. Reservierungsstelle in Galicien: *GEV-Bus,* Calle Ramón y Cajal, A Coruña, ✆ 981-249699.

Mundial Reisen, ✆ 0511/451460 und 449085, bietet Fahrten von Hamburg über Frankfurt a.M. nach Santiago an. Hin und zurück 440 DM, Abfahrt Fr 7 Uhr, Ankunft Sa 20 Uhr.

Saia Deutschland, Johannisstr. 43–45, 50668 Köln, ✆ 0221/124060. Die spanische Busgesellschaft fährt von mehreren deutschen Städten nach Galicien, braucht aber wesentlich länger. Z.B. Abfahrt von Duisburg Mo und Fr 13 Uhr, Ankunft in Santiago am Folgetag um 21.30 Uhr, Hin- und Rückfahrt 410 DM.

Mit dem Auto

Von Frankfurt a.M. bis Santiago sollten Sie wenigstens mit zwei Tagen Anfahrt rechnen. Die reine Fahrzeit ohne Pausen beträgt auf der kürzesten Strecke ungefähr 28 Stunden. Sie führt auf rund 2500 km von Frankfurt a.M. über Karlsruhe, Freiburg, Basel, Bern, Lausanne, Genf, Lyon, Montpellier, Carcassonne, Toulouse, Pau, Biarritz, Bilbao, Burgos, León, Ponferrada und Monforte (begradigt und ausgebaut ist die N 120 zwischen Burgos und León. Die Benzinkosten für einen normalen Mittelklassewagen belaufen sich dabei auf rund 320 DM, die Autobahngebühren in Spanien und Frankreich auf rund 170 DM. Die obligatorische Vignette für die Schweizer Autobahnen kostet 40 Franken.

Sehr teuer wird es in Frankreich selbst bei relativ geringen Geschwindigkeitsübertretungen; die vorgeschriebenen 130 Stundenkilometer auf Autobahnen sollten Sie einhalten. Tempo 150 kann die Reisekasse bei 500 Franc Strafe schon strapazieren.

Wer vom spanischen Grenzübergang Irún nach Santiago die Küste entlang fahren möchte, muß dafür mindestens 12 Stunden reine Fahrzeit einplanen. Ab Bilbao wird die Reise mühsam, ab Oviedo geht es oft über etwas schlechtere Straßen. Nicht viel schneller, aber teurer ist die Anreisealternative über Perpignan, Barcelona, Zaragoza, Madrid, Tordesillas, Ponferrada und Lugo.

Die Anfahrt mit dem eigenen Gefährt ist also keineswegs streßfrei und mit über 500 DM reinen Fahrtkosten sicherlich nicht die preisgünstigste Anreisemöglichkeit – Wertverlust, Verschleiß und laufende Kosten für das Autos nicht eingerechnet. Freilich sieht das anders aus, wenn das Auto voll besetzt ist und sich mehrere Personen die Kosten teilen.

Die Hälfte des Stresses kann sich sparen, wer sich mit dem Autoreisezug bis Biarritz kutschieren läßt.

Eine ganz andere Rechnung machen natürlich auch Wohnmobilisten auf, die schließlich später viel an Übernachtungskosten einsparen.

In jedem Fall jedoch gehen so bei An- und Abreise vier wertvolle Urlaubstage verloren. Deshalb ist gerade für einen Urlaub von nur zwei bis drei Wochen eine Kombination aus Mietwagen und der Anreise mit dem Flugzeug die günstigere Alternative.

Mitfahrgelegenheit

Bei den Mitfahrzentralen zahlt der Mitfahrer eine Vermittlungsgebühr (nach Galicien rund 35 DM) und ist damit unfallversichert. Der Preis, den der Fahrer verlangen kann, liegt bei 6 Pfennig pro km, die Beteiligung an Autobahngebühren sollte man vorher aushandeln. Für Leute, die mit dem eigenen Auto fahren, sind die MFZ natürlich auch eine interessante Sache, denn das spart Kosten. Und der Fahrer zahlt für die Vermittlung keine Gebühr.

Zaungäste: Das Leben spielt sich im Freien ab

REISEPRAXIS VOR ORT

In diesem Abschnitt finden Sie alle nötigen Informationen, die man in einem fremden Land so braucht. Wir verraten Ihnen hier zum Beispiel, wie Sie im Notfall auch ohne Geld nach Hause telefonieren können, wieviel Luxushotels und einfache Herbergen oder der Campingplatz und das abendliche Vergnügen kosten oder wie Sie von Ort zu Ort kommen.

Feiertage

Abgesehen von den örtlichen Festtagen, von denen auf Seite 22 bereits die Rede ist, und weiteren lokalen Festen, auf die wir in den Ortsbeschreibungen hinweisen, gibt es natürlich noch die teils nationalen Feiertage, an denen Geschäfte und Behörden geschlossen haben (Feste siehe Seite 22):

1. Januar: *Año Nuevo,* Neujahr
6. Januar: *Reyes Magos,* Dreikönigstag
1. Mai: *Fiesta del Trabajo,* Tag der Arbeit
24. Juni: *San Juan*
29. Juni: *Peter und Paul*
25. Juli: *Festa Xacobeo,* Fest des Heiligen Jakobus, Schutzpatron Spaniens
15. August: *Asunción de la Virgen,* Mariä Himmelfahrt
12. Oktober: *Día de la Hispanidad,* Tag der Entdeckung Amerikas
1. November: *Todos los Santos,* Allerheiligen
6. Dezember: *Día de la Constitución,* Tag der Verfassung
8. Dezember: *Inmaculada,* Mariä Empfängnis
25. Dezember: *Navidad,* Weihnachten.

Bewegliche Feiertage sind Karfreitag bzw. die Karwoche (*Semana Santa*) und Fronleichnam (*Día del Corpus*).

Öffnungszeiten

Galicien unterscheidet sich darin überhaupt nicht vom Rest Spaniens. Behördengänge sollte man stets vor 14 Uhr erledigt haben, Märkte sind ebenfalls vormittägliche Angelegenheiten.

Geschäfte: In der Regel öffnen die Läden von Montag bis Samstag zwischen 9 und 10 Uhr und machen meist zwischen 13.30 und 17 Uhr Mittagspause. Danach sind bis 20 Uhr wieder alle geöffnet. Es ist aber nicht selten, daß vor allem kleine Läden bis kurz vor Mitternacht noch Käufer erwarten.

Banken und Postsparkasse: Publikumsverkehr von Montag bis Freitag zwischen 8.30 und 14.30 Uhr, Samstag 8.30 bis 12.30 Uhr.

Post: Geöffnet Mo – Fr 9 – 21 Uhr, Sa 9 – 14 Uhr. In kleineren Orten meist nur vormittags.

Kirchen und Klöster: Außer touristisch sehr attraktiven sind Kirchen oft nur während der Messen – vorsichtig und leise – zu besichtigen. Feste Öffnungszeiten bei Klöstern haben wir in den Ortsbeschreibungen jeweils angegeben, ansonsten muß man auf sein Glück vertrauen.

Entlang des Jakobsweges sind die meisten Klöster wie auch die Museen montags geschlossen. Auch dort haben wir jeweils die Zeiten angegeben, sofern sie einer Regel unterliegen.

Zahlungsmittel

Die offizielle spanische Währung ist die Pesete (*Ptas.*, oder wie hier im Buch *Pts* abgekürzt). Tauschen kann man in fast jeder Bank, zu später Stunde auch in größeren Hotels.

Die Pesete gibt es in Münzen zu 5, 25, 50, 100, 200 und 500. Wenn von einem *duro* die Rede ist, ist das 5-Peseten-Stück gemeint. Oft wird mit Duros gerechnet, eine Preisangabe kann so zum Beispiel *veinte duros* (= 100 Pts) sein. Die Scheine beginnen beim selten gewordenen 500er, dann 1000, 2000, 5000 und 10.000.

Empfehlenswert ist die Mitnahme einer **Kreditkarte,** mit der man an allen mit *telebanco* gekennzeichneten Automaten problemlos Geld abheben kann; *Visa* und *American Express* sind in Spanien am weitesten verbreitet. Mit einer *Eurocheque-Karte* zahlen die Automaten maximal 25.000 Pts täglich aus (bei Filialen der Deutschen Bank 30.000 Pts). Bei der Abbuchung zu Hause wird eine Gebühr von 1,75% des getauschten Betrages fällig, bei 300 DM macht das immerhin rund 5 DM aus. Da man während eines dreiwöchigen Urlaubs wohl kaum mit einem einzigen Scheck auskommen wird, können sich die Gebühren schnell summieren.

> ***Wechselkurse in Spanien***
> *April 1999*
>
> 1 Euro = 166,386 Pts
> 100 Pts = 0,601012 Euro
> 100 Pts = 1,1748 DM
> 1 DM = 85,12 Pts
> 1 SFr = 102,10 Pts

Natürlich können auch *Travellerschecks* (Reiseschecks, am besten in DM) als Zahlungsmittel benutzt werden.

Kaufbescheinigung und Schecks stets getrennt aufbewahren (beispielsweise mit dem Reisepartner austauschen). Den **Verlust von Scheck- oder Kreditkarte** möglichst schnell melden und Kreditkarte sowie Schecks sperren lassen:

Zentralen Annahmedienst für Verlustmeldungen, Frankfurt a.M., © (0049) 69/747700. Oder bei Ihrem Geldinstitut.

Das Abheben von Geld vom **Postsparbuch** ist im Ausland nicht mehr möglich. Inhaber eines *Schweizer Postcheque-Kontos* können gegen Vorlage ihrer Postcheques, der dazugehörigen Garantiekarte und ihrer Identitätskarte bei jedem Postamt gebührenfrei abheben, und zwar bis zu einem Höchstbetrag von 30.000 ptas.

Wenn die Reisekasse futsch ist, bleibt noch die **telegrafische Postanweisung,** die höchstens zwei Tage dauert. Die Gebühr beträgt mindestens 16 DM, die der Auftraggeber zusammen mit der Gesamtsumme bezahlen muß; die Auszahlung ist gebührenfrei. Bei fester Adresse wird das Geld an die Haustür gebracht.

Neben der Pesete gibt es in Galicien noch eine andere Währung: die *Corona.* Im Umlauf ist sie nur südlich

Wer den Duro nicht ehrt ...

von Ourense in einem Kinderstaat mit Namen *Bemposta* (siehe dort).

Post und Telefon

Briefmarken sind bei den Postämtern und in den Tabakläden *(estancos)* erhältlich. Die Portogebühr für einen normalen Brief bis 20 Gramm in ein anderes EU-Land beträgt 70 Pts, innerhalb Spaniens 35 Pts, innerhalb des Ortes 25 Pts. Die gleichen Preise gelten für Ansichtskarten. Postlagernde Briefe *(lista de correos)* kann man unter Vorlage des Personalausweises abholen. Absender sollten darauf achten, den Nachnamen des Adressaten deutlich zu schreiben. Wird die Sendung nicht abgeholt, gelangt sie drei Monate später zurück zum Absender.

Telefonieren

... in Spanien ist teuer, das Telefonnetz der privaten Betreibergesellschaft *Telefónica* nicht immer das beste. In den öffentlichen Telefonzellen hängen zwar stets die Vorwahlnummern für die ganze Welt aus, doch muß man bei einem Auslandsgespräch ständig Münzen nachwerfen. Da lohnt es sich schon eher, die *Telefonzentralen* aufzusuchen (in den Ortsbeschreibungen angegeben), die zu den üblichen Geschäftszeiten geöffnet sind und wo man nach dem Gespräch zahlt.

Telefonieren auf Kosten des Angerufenen: Unter der ✆-Nummer 900/99/0049 ist der Operator von Deutschland-Direkt zu erreichen. Dieser Service der deutschen Telekom ermöglicht es, vom Ausland aus R-Gespräche zu führen (R-Gespräch:

Vorwahlen

Für Gespräche von Fuerteventura nach Mitteleuropa wählen Sie zunächst die internationale Vorwahl 00. Danach wird die jeweilige Landeskennzahl, die Vorwahl Ihres Ortes ohne die Null am Anfang und schließlich die Teilnehmernummer gewählt.

Deutschland ist 0049, für die
Schweiz 0041 und für
Österreich 0043.

Die **Telefonvorwahl nach Spanien** ist 0034. Daran wird die jeweilige Provinzvorwahl angehängt und dann die Teilnehmernummer gewählt (0034-981-...).

Telefonieren in Spanien

Seit Juni 1998 müssen in Spanien bei allen Telefonaten immer die Provinzvorwahlen mitgewählt werden:
A Coruña 981-...
Pontevedra 986-...
Ourense 988-...
Lugo 982-...
Mobiltelefon: 6-...
Telefonauskunft in Spanien: 003
Telefonauskunft International: 025
Zeitansage: 093
Weckdienst: 096

cobro revertido). Man kann die Gesprächskosten auch von der eigenen Telekarte abbuchen lassen.

Ein Gespräch nach Deutschland ist mehrfach teurer als umgekehrt. Wer seinen Geldbeutel schonen will, sollte erst nach 22 Uhr in Deutschland anrufen. Ab dieser Uhrzeit bis 8 Uhr gilt der reduzierte Tarif. Sondertarife für Sonn- und Feiertage gelten ab 18 Uhr. Tagsüber kostet ein Telefonat in EU-Länder pro Minute etwa 2 DM, ab 22 Uhr 1,50 DM. Vorsicht: Bei Telefonaten vom Hotel aus kann man den dreifachen Gebührensatz in Rechnung gestellt bekommen.

Touristenbüros

In größeren Orten hat die galicische Regierung immer eine Hütte aufgestellt oder sogar ein richtiges Büro eingerichtet. Doch bis auf einige rühmliche Ausnahmen scheint es sich dabei eher um eine Verschönerung der Statistik zu handeln. Mäßig brauchbar sind die Stadtpläne, Informationen sind bislang kaum in andere Sprachen übersetzt. Die Büros sind in den Ortsbeschreibungen angegeben.

Medien

Wer spanisch liest, kann auf einige galicische **Tageszeitungen** zurückgreifen. Unter den größeren ist die »Voz de Galicia« besonders empfehlenswert. Internationale Nachrichten sind ausführlich, die Kulturmeldungen, Veranstaltungen und regionalen Tips (bis hin zu Abfahrtszeiten auf Seite 2) sind sorgfältig recherchiert und gut aufgemacht – und auch für Spanischunkundige zu entziffern. Für die Voz schreibt der angesehene Schriftsteller Alfredo Conde.

In Galicien verbreitet sind auch »Faro de Vigo«, »Correo Gallego« und »Diario 16 de Galicia«. Immer häufiger erscheinen Artikel auf galicisch, weil die Landesregierung dies finanziell unterstützt. *Deutschsprachige Zeitungen* werden mit einem Tag Verspätung nach A Coruña, Pontevedra und Santiago de Compostela geliefert. Dort bekommen Sie unter anderen auch den »Spiegel«. Deutschsprachige Bücher gibt's kaum.

Wegen ihrer Programmhinweise und zahlreicher Adressen (Restaurants, Kneipen) sind die **Stadtmagazine** nützlich: In Santiago »Guía de Compostela«, in Ourense »Or«, in Vigo »Metrópolis«. Sie kosten je um die 150 Peseten.

Radiohörer empfangen bei klarem Himmel auf Kurzwelle die *Deutsche Welle* (6075 MHz 24 Std, 9545 MHz tagsüber), das *Schweizer Radio International* (6165 und 9535 MHz) und *Radio Österreich International* (6155 und 13.730 MHz).

VON ORT ZU ORT

Wer besonders gerne im Überlandbus seine Beobachtungen macht, stößt in Galicien auf ein breites Verkehrsnetz. Wer in Santiago ein Motorrad mieten will, hat Pech gehabt. Und wer trampt, steht sich die Beine in den Bauch. Der folgende Überblick gibt Ihnen eine Orientierung, wie Sie preiswert und erlebnisreich Galicien bereisen können. Genauere Angaben zu Abfahrtzeiten von Bahn und Bus finden Sie in den Ortsbeschreibungen.

Bahn

Die Bahnverbindungen und das Verkehrsnetz sind nicht ganz so gut ausgebaut wie das der Busse, dafür sind die Preise niedriger: Der Bahn-Kilometer kostet je nach Entfernung und Strecke etwa 6 bis 10 Peseten, also 10 bis 16 Pfennige. Bei Kauf von Hin- und Rückfahrtticket etwa 10 % billiger. Eine Fahrt von Santiago nach A Coruña kommt so auf nur 6,50 DM, ist damit etwa halb so teuer, aber auch zwanzig Minuten langsamer als der Bus. Das gilt generell für alle Strecken. Faltblätter mit den regionalen Zugverbindungen sind an vielen Bahnhöfen kostenlos zu haben, weitere Infos siehe unter unseren Ortsbeschreibungen.

Wer in Spanien längere Strecken zurücklegen will, sollte eine *Touristen-Netzkarte* erwägen: 8 Tage 170 DM, 15 Tage 280, 22 Tage 350 DM.

Eine der besonders schönen Zugfahrten führt entlang des Miño-Flusses an der portugiesischen Grenze vom mittelalterlichen Tui nach Ribadavia (siehe dort).

Bus

Die Überlandbusse haben ein dichteres Verkehrsnetz als die Bahn, sind schneller und geringfügig teurer. Es ist preislich und zeitlich gar kein Problem, Galicien per Bus zu erkunden. Während die Städte gut und zuverlässig angefahren werden, fungieren an manchen Küstendörfern und im Landesinnern Bäckereien und Apotheken als Bushaltestellen, die im Schaufenster kleine Zettel (mit oft veralteten) Abfahrtszeiten hängen haben. Aber auch auch dort sind die Verbindungen häufig.

Die **Fahrradmitnahme** im Gepäckfach ist bei Nachfrage möglich, bei einigen Gesellschaften nur gegen Aufpreis.

Fähre

Private Fährgesellschaften laufen Strände und Inseln an, die Preise sind recht unterschiedlich (in den Ortsbeschreibungen aufgeführt). So fahren in A Coruña vom Hafen nahe der Puerta Real Boote zum Strand Playa Santa Cristina Boote für 300 Pts, eine Fahrt von Vigo zu den Cíes-Inseln kostet dagegen 1800 Pts.

Mietwagen

Bei einem Kurzurlaub, oder wenn nur Kurztrips von einem Ort aus auf dem Reiseprogramm stehen, ist ein Mietwagen wesentlich preiswerter als die Anreise mit dem eigenen Gefährt. Überlegen Sie sich gut, ob nicht bereits vor Urlaubsantritt ein Wagen gebucht werden soll. Für drei bis sechs Tage können Sie einen Kleinwagen schon für etwa 80 DM pro Tag *inklusive* Vollkasko und aller gefahrenen Kilometer mieten (z.B. *Hertz*). Bei längerer Mietdauer verringern sich die Kosten nochmals. Das Mindestalter für den Fahrer beträgt 21 Jahre, der Führerschein muß seit einem Jahr gültig sein. Bei *Avis,* ✆ 0130/7733, und *Europcar*, ✆ 0130/2211 (24-Stunden-Service), kann man die aktuellen Mietpreise zum Nulltarif erfragen. Mietwagen können direkt über das Reisebüro reservieret werden.

Preisbeispiel: ein Kleinwagen kostet bei Avis je nach Saison bei 3 – 6 Tagen 92 – 110 DM, ab 14 Tage 75 – 90 DM pro Tag. **Tip:** für Portugal gelten wesentlich niedrigere Tarife.

Bei den **örtlichen Autovermietern** zahlt man für einen *Kleinwagen* pro Tag rund 3500 Pts, eine Woche kostet um 17.000 Pts, ohne die gefahrenen Kilometer. Selten werden in Galicien *Motorräder* zum Verleih angeboten, die Preise dafür schwanken zwischen 7000 Pts für eine große Maschine und etwa 2500 Pts für ein besseres Moped.

Notrufnummern

Polizei: landesweit 091

R.A.C.E., Real Automovil Club de España, Pannenhilfsdienst mit deutschsprachiger Auskunft:
✆ 091-4412222

ADAC-Notruf in Frankreich: Paris Mo – Fr 9 – 17 Uhr, So und Fei bis 13 Uhr ✆ 161/45004295

ADAC-Notruf in Spanien: Barcelona ✆ 093-2008800 und 093-2008044; Madrid ✆ 091-5930046

ADAC-Notrufzentrale in München mit Tag- und Nachtdienst und einer Beratung nach Unfällen:
✆ 07/49/89/ 222222

Rettungsflugdienste:
DRK-Flugdienst:
✆ 07/49/228/230023
Deutsche Rettungsflugwacht:
✆ 07/49/711/701070

Verkehrsregeln

Innerhalb von Ortschaften gilt die *Höchstgeschwindigkeit* von 60 km/h, auf Landstraßen 90 km/h, auf Kraftfahrstraßen 100 km/h, auf Autobahnen 120 km/h. Bei Geschwindigkeitsübertretungen versteht die *Guardia Civil* auch bei Touristen keinerlei Spaß und ist für drakonische Geldstrafen bekannt. Das Abschleppen durch Privatwagen ist nicht erlaubt.

Trampen

Es ist nicht sonderlich verbreitet, in Galicien »den Daumen zu machen«. Wenn es nicht gerade kurze Strecken zum nächsten Strand sind, ist man mit öffentlichen Verkehrsmitteln wesentlich besser bedient. Wer es trotzdem versucht, muß sich über stundenlange Wartezeiten nicht wundern.

UNTERKUNFT

Über die **aktuellen Preise** für Hotels, Pensionen und Campingplätze informiert das jährlich neu erscheinende Heft »Guía de Alojamientos Turísticos de Galicia«, das es kostenlos in den Tourismusbüros gibt. In der Hochsaison im Juli und August steigen die Preise für Unterkünfte gelegentlich bis auf das Doppelte an. In der Regel bekommt man aber auch dann noch ein Zimmer.

Reservieren ist besonders dort nötig, wo gerade gefeiert wird: beispielsweise in Santiago zwischen dem 24. und 31. Juli während des Festes zu Ehren des Heiligen Jakobus, oder in A Coruña während des Festmonats August und natürlich auch während Sanfermínes 6. – 14. Juli in Pamplona.

Die Küste ist **touristisch** wesentlich besser **erschlossen** als das Landesinnere. Dort sind Campingplätze und Hotels deshalb häufiger. Hotelbunker wie an der Costa Brava setzen sich in Galicien nach wie vor nicht durch. Besonders in billigeren Hostals und Pensionen sollten Sie auf einen fairen **Preis** achten. Wenn man Sie erst nach Ihrer Nationalität fragt und dann erst den Preis für die Nacht nennt, ist dies schon ein Warnsignal. Portugiesen sind für die Galicier arm, Nordeuropäer reich, und demnach werden gelegentlich die Preise geradezu abenteuerlich variiert. Hotel- und Pensionsbesitzer müssen aber die staatlich überprüfte Preisliste im Zimmer aufhängen. Bei großen Unstimmigkeiten beschweren sich manche bei den Fremdenverkehrsämtern, anderen ist dafür die Zeit zu schade, sie suchen sich gleich eine andere Unterkunft.

Besonders in der Hochsaison bieten **Privatleute** in den größeren Städten an Bahnhöfen oder größeren Plätzen Touristen schwarz und oft günstig Zimmer an. Sie sind der Graus der steuerzahlenden Hotel- und Pensionsbesitzer, die manchmal mitansehen müssen, wie ihnen ihre Kundschaft direkt vor der Haustür weggeschnappt wird.

Hotels und Pensionen

Die Art der Unterkunft erkennen Sie zunächst an einem hellblauen Schild mit weißer Aufschrift. Ein H mit einem bis fünf Sternen bezeichnet die Kategorie vom einfachen bis zum ganz luxuriösen Hotel, zu denen auch die *Paradores* als staatliche Nobelunterkünfte zählen. Eine *Hotel-Pension* (HR) oder ein *Hostal* (Hs) sind in der Regel einfacher und meist billiger als ein Hotel. Ein Hs reicht von der einfachen *Fonda* (F) bis zum 3-Sterne-Hostal, ein HsR kennzeichnet ein Hostal mit angegliedertem Restaurantbetrieb. Ein P bedeutet *Pension*.

Hinweis zur Benutzung dieses Buches: In den Ortsbeschreibungen werden Unterkünfte nach unter-

Souvenir-Tips

Abseits der compostelanischen Souvenirmeilen mit ihren piependen Mini-Dudelsäcken, Pilger-Accessoires und Plastik-Hórreos wird in Galicien noch viel traditionelles Kunsthandwerk ausgeübt, von dem das eine oder andere Stück ein nettes Mitbringsel sein kann. Direkt in Santiago empfiehlt sich ein Blick in die Auslagen der *azabachería,* wo der *Gagatstein* (schwarze Pechkohle) zu Schmuck verarbeitet wird. Gagat war besonders im Mittelalter ein beliebter Modeschmuck. Berühmt sind die *handgearbeiteten Spitzen* aus Camariñas an der Todesküste. Für ein kleines Deckchen muß man aber wenigstens 5000 Pts berappen.

Billiger sind zum Beispiel kleine Amulette aus den nicht weniger berühmten *Keramikorten* Sargadelos und O Castro. Ein dort hergestelltes Kaffee-Service kann freilich auch schon ein kleines Vermögen kosten. Diese wertvollen Stücke stehen in galicischen Vitrinen an ähnlich exponierter Stelle wie in Deutschland Omas gutes Meißner.

Sehr typisch sind die *Tonwaren,* die in den Orten Buño und Niñodaguia entstehen. Am preiswertesten sind sie natürlich in den kleinen Werkstätten selbst zu kaufen.

Wer ein Faible für *Korbwaren* hat, sollte sich einmal in Vigo in der nach diesem Handwerk benannten Gasse Cesteiros umgucken. Vielfach stammt die angebotene Ware dort jedoch aus südostasiatischer Produktion. Unbegründet sind derartige Befürchtungen in dem Dörfchen Vilariño Frío, das für seine *Schuhe aus Birkenholz* bekannt ist.

Um die gesamte Palette galicischen Kunsthandwerks zu begutachten, ist aber nicht immer eine lange Reise nötig.

Bei den **Kunsthandwerksmessen** während des *María-Pita-Festes* von A Coruña oder Ende August in Santiago ist von allem etwas dabei. Welche Geschäfte galicisches Kunsthandwerk verkaufen, haben wir auch in den Ortsbeschreibungen angegeben.

schiedlicher Qualität und Preisklasse beschrieben. Wir haben für Sie *Doppelzimmer* (DZ) und die Preise in der *Hauptsaison* (HS) aufgeführt. Als Alleinreisender und in der Vor- und Nachsaison (NS) darf daher mit günstigeren Preisen gerechnet werden, aber bestimmt mit mehr als der Hälfte des DZ-Preises.

Kategorien & Preise

★★★★★ Luxus-Hotel oder Parador mit Spitzenkomfort. Preisbeispiel: Ein Doppelzimmer im Parador *Reyes Católicos,* Santiago de Compostela, DZ/HS pro Nacht rund 350 DM.

★★★★ Gehobenes Hotel erster Klasse. Preise pro Nacht und DZ von 150 DM an aufwärts.

★★★ Mittelklassehotel oder Hostal mit Preisen zwischen 75 und 150 DM.

★★ Um 75 DM, meist sauber mit mittlerem Komfort.

★ Zimmer zwischen 25 und 75 DM sehr unterschiedlicher Qualität, Bad in der Regel außerhalb der Zimmer, die nicht immer sehr sauber sind. Besser vorher angucken. Meist familiäre Atmosphäre. Hiervon haben wir die meisten Zimmer selbst gesehen und in den Ortsbeschreibungen häufiger aufgeführt als die teureren Unterkünfte, die einen gewissen Standardkomfort ohnehin gewährleisten.

Galiciens Paradore

Unter den neun staatlichen Edelherbergen in Galicien ist Santiagos Parador am prunkvollsten, Villalbas Turm am kuriosesten und Ribadeos Neubau am preiswertesten. Wo auch immer Sie einkehren wollen, buchen Sie so früh wie möglich. Besonders in Baiona und Santiago herrscht großer Andrang.

Baiona: *Parador Conde Gondomar* in der Burg Monte Real, © 986-355-000, Fax -076, DZ ab 20.000 Pts.

Cambados: *Parador de Cambados* in einem komfortablen Pazo, Paseo de Cervantes s/n, © 986-542250, Fax -542086, DZ ab 11.500 Pts.

Ferrol: *Parador El Ferrol* in einem ehemaligen Kloster, Almirante Vierna s/n, © 981-356720, DZ 10.500 Pts.

Pontevedra: *Parador Casa del Barón* in einem Landhaus aus dem 18. Jahrhundert, Plaza Maceda s/n, © 986-855800, DZ 11.500 Pts.

Ribadeo: *Parador de Ribadeo* in einem neuen Gebäude mit Weitblick, Amador Fernández s/n, © 982-100825, DZ ab 8000 Pts.

Santiago: *Hostal de los Reyes Católicos* in einem ab 1499 erbauten Palast, Plaza del Obradoiro 1, © 981-582200, ab 18.000 Pts.

Tui: *Parador de Tui,* hoch gelegen mit Blick auf Tui und Valença, Avenida de Portugal s/n, © 986-600309, Fax -602163, DZ 13.500 Pts.

Verín: *Parador de Verín,* direkt an der Burg Monterrei, © 988-410075, Fax -412017, DZ ab 11.500 Pts.

Villalba: *Parador de Villalba,* die kleinste Nobelherberge (8 Zimmer) in einem ehemaligen Schloßturm, © 982-510011, DZ ab 13.500 Pts.

Pazos & Turismo rural

Eine interessante Alternative sind die mittlerweile zahlreichen privaten Übernachtungsangebote, die das galicische Tourismusamt unter dem Stichwort **Turismo rural** anbietet. Ob man sich in einem *Pazo* des ehemaligen galicischen Adels verwöhnen lassen möchte, mit den Hausherren zu Abend ißt und über Familiengeschichten beim Glas Wein plaudert, oder einfach ein ganzes Häuschen oder Apartment *(Casa de Residencia)* auf dem Lande mietet – das Angebot ist sehr vielfältig. Eine gute Möglichkeit, Land und Leute besser kennenzulernen, Traditionen zu erleben und ein wenig vom galicischen Alltag mitzubekommen, bieten auch die Unterkünfte in den Bauernhäusern *(casas de labranza)* und den Landhäusern *(casa de aldea).*

Die Häuser sind meistens hervorragend ausgestattet und bieten einen gediegenen Komfort. Die Preise für ein DZ bewegen sich zwischen 5000 und 14.000 Pts mit Frühstück. Einige umgebaute Landhäuser eignen sich besonders für den Urlaub mit der Familie und bieten beispielsweise eine Küche für die Gäste an. Mittlerweile kann der Galicienreisende in 210 ländlichen Gästehäusern unterkommen und dort seinen speziellen Interessen, wie z.B. Fahrradfahren, Wandern, Angeln, Rafting, Reiten oder dem Garnichtstun nachgehen.

Alle Gästehäuser haben gemeinsam, daß die Gäste bei gutem Service aufmerksam, aber nicht aufdringlich betreut werden. Auch wenn man sich in den meisten Fällen mit Händen und Füßen verständigen muß, man wird auf jeden Fall herzlich aufgenommen. Dennoch sind Spanischkenntnisse von Vorteil.

Beim Turismo rural handelt es sich insgesamt um eine sehr attraktive Alternative zur Hotelübernachtung, zumal der Service ganz auf individuelle Bedürfnisse abgestimmt ist. Falls entsprechende Unterkünfte in der Nähe liegen, weisen wir in den Ortsbeschreibungen darauf hin. Weil die Häuser nur 2 – 10 Zimmer anbieten, empfiehlt es sich, frühzeitig zu reservieren. Über die Fremdenverkehrsämter können Sie den aktuellen »Guía de turismo rural« (Reiseführer für den Landurlaub) beziehen, in dem alle wichtigen Informationen zu den Unterkünften zu finden sind (auch in deutscher Sprache).

Die **zentrale Reservierung** ist recht einfach und wird von *TurGalicia* direkt bestätigt: © 0034-(9)81-542527 (drei Leitungen), oder via eMail: webrural@xunta.com.

Besonders empfehlenswerte Häuser des Turismo rural

Pazo Cibrán, San Julián de Sales, 15885 Vedra, © & Fax 981-511515. Wunderschönes Sommerhaus einer betuchten Familie aus Santiago. Die sympathische Hausdame Carmen kümmert sich persönlich um das Wohlergehen der Gäste. Gerne trinkt sie das ein oder andere Glas Wein mit. Pazo liegt nur 10 km von Santiago entfernt. DZ zwischen 9000 und 11.000 Pts.

Casa de Brandariz, 15819 Dombodán, © 981-518262, -508090, Fax -500990. Wunderschön restaurierter Bauernhof. Die Küche des Hauses ist für ihr gutes Essen in der ganzen Umgebung bekannt. DZ zwischen 3500 und 5000 Pts. Etwas abgelegen in Dombodán, 6 km von Arzúa entfernt (von Santiago auf der N-547 Richtung Lugo).

Casa Grande de Cornide, Calo, 15886 ✆ 981-805599, Fax -805751. DZ 12000 Pts. Etwa 15 km Richtung A Estrada (C-541) von Santiago entfernt.

Pazo Macenda, Macenda-Crendes, 15318 Abegondo, ✆ 981-669370, Fax -669264. Wunderschön restaurierte, luxuriöse Villa in der Nähe von La Coruña. In der Nähe eines Stausees. DZ zwischen 10000 und 15000 Pts.

Os Muiños, 15984 Rianxo, ✆ & Fax 981-863374. In einer alten Mühle. DZ 6000 Pts. In der Nähe der Ría Arousa gelegen. Zwischen Boiro und Padrón (C-550) in O Araño.

Casa da Calzada, 15930 Boiro, ✆ 981-863350. Einfaches Landhaus in der Nähe der Ría de Arousa, zwischen Boiro und Padron (C-550), Abzweig Ponte Beluso Richtung Bealo. DZ zwischen 3000 und 5000 Pts.

Casa Raúl, 15139 Lires, ✆ & Fax 981-748156. Ehemaliger Bauernhof in herrlicher Umgebung an der Todesküste, sehr familiär. DZ ab 3500 Pt., Apartment 6000 Pts. In der Nähe von Cee (3 km C-552 Richtung Vimianzo, dann 7 km über Pereiriña nach Lires).

Campingplätze

... gibt es vor allem an der Küste reichlich. Regelrechte Kolonien parzellierter Wiesen haben sich östlich von A Coruña und an den Rías Arousa, Pontevedra und Vigo gebildet. Die Ausstattung ist in den meisten Fällen gut bis sehr gut, die drei offiziellen Kategorien sind allerdings wenig aussagekräftig. Ein Platz der Kategorie 2 kann unter Umständen mehr bieten als einer der Kategorie 1. In dieser Hinsicht gibt es auch preislich kaum Unterschiede; die von uns aufgeführten Campinglätzen sind daher unabhängig von den offiziellen Kategorien beschrieben.

An der weniger besuchten Nordküste kostet die Übernachtung manchmal ein Drittel weniger als beispielsweise an den Rías Bajas.

Wir haben einheitlich den **Preis** für *zwei Personen, Auto und Zelt* (2 PAZ) angegeben. In der Regel kostet eine Campingnacht etwa 20 DM. Geöffnet sind sie fast ausschließlich zwischen April und Oktober.

Jugendherbergen

... sind in Galicien eine Rarität. Die folgenden sind alle in der nächsten Zeit benutzbar; sie sind ganzjährig geöffnet. Ein JH-Ausweis ist erforderlich, er ist erhältlich beim:

Deutsches Jugendherbergswerk, Bismarckstraße 8, 32756 Detmold, ✆ 05231/74010; Jugendliche bis 26 Jahre 19 DM, Familienausweise und Senioren 32 DM pro Jahr.

Sada: *Gandarío,* am gleichnamigen Strand, ✆ 981-791005 (besser zwei Tage vorher anmelden). 650 Pts die Nacht.

Marina Española, Corbeiroa s/n in Bergonda, ✆ 981-624202, 650 Pts die Nacht, Schwimmbad, Restaurant, Pingpong.

Vilanova: *As Sinas,* ✆ 986-554081. Unter 26 Jahren 625 Pts, darüber 900 Pts. 144 Betten, 15.6.-15.9. geöffnet.

Pilgerherbergen

Die Übernachtung in den rund 80 Pilgerherbergen (*refugios*) entlang des Jakobsweges ist gratis, gelegentlich wird sogar ein kostenloses Frühstück oder Abendessen serviert. Traditionell sind sie den Fußwanderern und Fahrradpilgern vorbehalten, die sich dort von einer anstrengenden Tagesetappe ausruhen oder auch einige Tage in der Herberge ihre Blessuren und Blasen an den Füßen kurieren können. Die Ausstattung der Unterkünfte, die meist von ehrenamtlichen Helfern und Helferinnen – oder im Falle der Hospize von Geistlichen – geführt werden, ist spärlich: Geschirr ist in der Regel vorhanden, Decken oder einen Schlafsack sollte jeder dabei haben. Manchmal, wie in Cebreiro, besteht die Pilgerunterkunft auch nur aus einer einfachen Hütte, deren Boden mit Stroh ausgelegt ist. Da sich die Adressen der Herbergen vor allem in den Dörfern von Jahr zu Jahr ändern, wird jedes Jahr ein aktuelles Verzeichnis erstellt, daß man bei Antritt der Reise ab spanischer Grenze im Tourismusbüro von *Roncesvalles* und in den meisten Pilgerunterkünften erhalten kann. Eine aktuelle **Liste der Refugios** kann auch angefordert werden bei der:

Deutschen Sankt-Jakobus-Gesellschaft, Harscampstraße 20, 52062 Aachen, ✆ 0241/4790127.

Die Jakobus-Gesellschaft hilft Pilgern nicht nur bei den praktischen Belangen der Reisevorbereitung, sie vermittelt unter anderem auch Adressen von deutschsprechenden Geistlichen, die die Pilger unterwegs seelsorgerisch betreuen. Außerdem gibt die Jakobus-Gesellschaft alle halbe Jahre die Zeitschrift »Sternenweg« heraus, in der Ankündigungen und Veranstaltungshinweise etc. enthalten sind.

Deutsche Jakobsvereinigungen unterstützen bzw. betreiben auch einzelne Refugios wie zum Beispiel in Azofra (La Rioja).

Da für die Pilgerreise die Monate Mai bis Mitte Juli sowie der September am angenehmsten sind, muß man in dieser Zeit auch mit einem verstärkten Andrang auf die Refugios rechnen.

Ein **Infotelefon für Pilger** und für Fragen rund um den Jakobsweg ist werktags 9 – 19 Uhr und samstags 9 – 14 Uhr besetzt: innerhalb Spaniens ✆ 902-199 300.

GOURMETS & AKTIVE

TIPS FÜR GOURMETS

Besonders im Sommer sind Galiciens kulinarische Feste eine lebhafte Abwechslung zum Restaurant. Namen wie Pasteten-, Sardinen- oder Albariño-Weinfest (siehe Seite 22) geben schon einen ersten Eindruck von den Spezialitäten. Einen zweiten bieten die Aushängeschilder der kleinen Tapa-Bars, die darauf ihre Auswahl anbieten: grüne Paprikaschoten aus Padrón, Miesmuscheln, Venus- und Herzmuscheln, gefüllte Pasteten, Calamares, Steckrüben mit geräuchertem Vorderschinken, milden Weichkäse und immer wieder die Seekraken (pulpos).

Man sieht diese *pulpos* überall, auf Festen und in den *Pulpería*-Buden, die hauptsächlich kleine Kraken-Häppchen mit Olivenöl und Paprika auf runden Holztellern anbieten. Sie schmecken leckerer als sie aussehen, ähnlich wie die häßlichen Entenmuscheln, die besonders gut in Malpica zu haben sind. Ein neugieriger Gaumen wird ohnehin bei dieser Küche belohnt, deren Meeresfrüchte überall in Spanien gelobt werden. Die Langusten, Schwimmkrabben, Hummer und Steingarnelen sind allerdings nicht billig. Es empfiehlt sich aber, mindestens eine Platte davon in den Galicien-Urlaub einzuplanen. Wer sich eine *Marisco-Platte* nur einmal leisten kann, sollte nicht montags schlemmen gehen. Dann sind die Meeresfrüchte weniger frisch.

Restaurants und Märkte bieten außerdem Produkte eines sehr fruchtbaren Landes an: Gemüse, Brot, Fleisch und Forellen, Käse, Schinken und Desserts sind so reichlich vorhanden, daß unsere Vokabelliste für die Speisekarte einfach nicht kürzer ausfallen konnte. Wo die Gebiete der Spezialitäten liegen, sehen Sie auf unserer kulinarischen Landkarte.

Die galicische Küche ist eher reichhaltig als raffiniert. Den Produkten wird ihr Eigengeschmack belassen, Seehecht *a la gallega* beispielsweise meint eine schlichte Beilage aus gekochten Kartoffeln und einer roten Paprika-Knoblauchsoße. Grünes ist weniger wichtig, weshalb Salat das Stiefkind der galicischen Küche ist; auch in besseren Restaurants werden kaum mehr als grüne Blätter mit grob geschnittenen Zwiebeln und Tomaten in Essig und Öl angeboten. Vegetarier kommen in Galicien nicht nur deswegen schwer auf ihre Kosten. Restaurants ohne Fisch und Fleisch auf der Karte sind sehr selten – aber gut; das *Arco da Vella* in A Coruña etwa bietet neben vielen weiteren Raffinessen auch eine vegetarische Paella an.

Die *Preise* in den **Restaurants,** die mittags ab 13.30 Uhr und abends ab 20 Uhr öffnen, sind sehr unterschiedlich. Ein paar Miesmuscheln als Vorspeise, eine Seezunge mit gekochten Kartoffeln inklusive Wein und Café sind ab etwa 25 Mark zu haben. Eine Platte mit Meeresfrüchten für zwei Personen mit Brot, Wein und Café kostet von 80 Mark an aufwärts. Eine gute Paella aus Reis, Fleisch, Fisch, Muscheln, Safran und Gemüsen ist sehr unterschiedlich teuer. Einfache Restaurants integrieren sie ins Menü schon ab etwa 10 DM. Wer nicht spart, bekommt dagegen nach über 30 Minuten Wartezeit – allein der Reis braucht 20 Minuten, um in den Zutaten zu garen – alles sehr frisch vom Land oder aus dem Meer. Das *Trinkgeld* ist in der Rechnung enthalten, oft wird aber nach oben um fünf bis zehn Prozent aufgerundet; Trinkgeld läßt man auf dem Rechnungstellerchen ohne viel Aufhebens einfach liegen. An der Küste sind die Restaurants besonders im Sommer teurer als im Landesinneren.

Gourmettempel sind in unseren Routenbeschreibungen natürlich auch dabei. Sie sind vielfach nur an ihrem sehr guten Ruf zu erkennen, weil die Besitzer alles in die Küche und nichts in die Einrichtung oder das Äußere stecken. Eine der ganz wenigen Ausnahmen ist das geschmackvolle *El Balcón* in Cangas. In den zahlreichen anderen von uns angegebenen Lokalen können Sie mit weniger dicker Brieftasche essen: preiswerte Bars und *Cantinas,* die trotzdem nicht die Sardinen im selben Öl wie zuvor das Schweinefleisch braten.

Von Schnitzel mit Pommes und langweiligen *platos combinados* aus Eiern, Fleisch und Pommes abgesehen, gibt es wenig internationale Küche. Die bei uns so zahlreichen Italiener, Griechen, Chinesen und auch Fast-Food-Haie haben sich bislang nur vereinzelt in den großen Städten niedergelassen.

Mariscos – Meeresfrüchte

»Schlürfen ist die einzig angebrachte Art, Austern zu essen. Mit aller nur möglichen Bescheidenheit, Feinheit und Exquisität, um den Nachbarn nicht zu stören«. So der galicische Koch und Autor *Jorge-Víctor Sueiro.* Es gibt in Vigos Altstadt eine regelrechte »Austernstraße«, wo im Freien die rohe, frische Muschel von ihren Liebhabern geschlürft wird – gleich am *Mercadillo de la Piedra.*

Venusmuscheln sind in Galicien weit billiger als in anderen Regionen Spaniens. Gemeinsam mit den Herzmuscheln werden sie an die Strände gespült. Ab Oktober sieht man bei Ebbe in manchen Buchten ganze Hundertschaften im Nebel beim Muschelsammeln. Als *tapas* taucht die Ausbeute in einer würzigen Soße oder nur mit einem Stück Zitrone garniert in jedem Lokal wieder auf.

Galiciens Westküste wird vor allem von der Miesmuschelzucht geprägt. Wie schwarze, futuristische Schiffe sehen die Muschelflöße aus. An befestigten Tauen wachsen die Miesmuscheln in solchen Mengen, daß sie nur Kräne aus dem Wasser ziehen können. Es gibt sie als preiswerte, frische Beilage oder auch in Pasteten und Tortillas.

Während Venus-, Herz- und Miesmuscheln in den milderen Gewässern der südwestlichen Küste gedeihen, fangen die Fischer in den nördlichen, kälteren Buchten Langusten, Hummer und Seespinnen. An den steilen Riffen der nördlichen Todesküste suchen einige darauf spezialisierte Teams die Entenmuscheln *(percebes):*

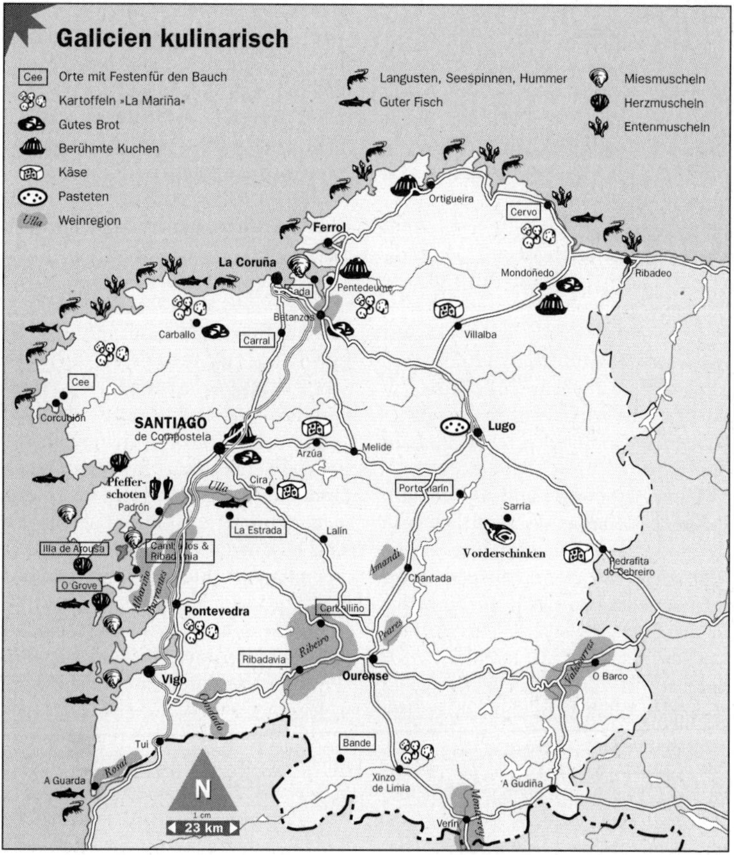

ein risikoreiches Unternehmen zwischen scharfen Riffs und starken Strömungen. Im Gegensatz zu Sägegarnelen oder etwa Schwimmkrabben wird die Percebes immer seltener und daher immer teurer. Das Schalentier gleicht einer Miniaturkralle, an der ein Schlauch befestigt ist. Um sie zu essen, nimmt man die Kralle in die Hand, zieht den Schlauch ab (was spritzen kann) und beißt das Innere ab.

Am häufigsten auf der galicischen Speisekarte: Austern *(ostras)*, Venusmuscheln *(almejas)*, Herzmuscheln *(berberechos)*, Miesmuscheln *(mejillones)*, Schwertmuscheln *(navajas)*, Schwimmkrabben *(nécoras)*, Seespin-

Seehecht »a la gallega«

1 kg Seehecht
150 g Zwiebeln
2 kg Kartoffeln
1 Tasse Öl
1 Löffel Mehl
4 große Knoblauchzehen
Roter Pfeffer, Salz, glatte Petersilie, Thymian, mehrere Blätter Lorbeer, eine gemahlene Nelke

In einer hohen Pfanne das Öl erhitzen, die gehackten Zwiebeln darin goldbraun braten. Den feingehackten Knoblauch, die Hälfte der ebenfalls gehackten Petersilie, einen halben Teelöffel Pfeffer sowie schließlich die in 5 mm dicke Scheiben geschnittenen Kartoffeln dazugeben. Gut vermengen, mit Mehl bestäuben und dünsten lassen. Dann knapp mit Wasser bedecken und die Gewürze einrühren. Gut 15 Minuten köcheln lassen.
Wenn die Kartoffeln gar sind, alles in eine Tonschale umschütten. Den Fisch säubern, trocken tupfen, in dicke Scheiben schneiden, leicht salzen und über den Kartoffeln anordnen. Im Ofen 12 – 15 Minuten bei großer Hitze weiterkochen lassen und schließlich im Tontopf servieren.

¡buen provecho!

nen *(centollos)*, Kronenhummer *(cigalas)* und Sägegarnelen *(gambas)*, Langusten *(langostas)*, Tintenfische (kleine *chipirónes* oder *calamares)* und natürlich die Seekrake *(pulpo)*.

Pescado – Fisch

Von den zig Fischarten tummeln sich in den galicischen Flüssen wie dem Ulla und dem Miño sowie den Bergseen hauptsächlich Forellen *(truchas)*, Lachs *(salmón)* und Aale (*angulas*). Aus den breiten Flußmündungen werden Meeresforellen *(reos)* gefischt. Die Zubereitungsarten bei Meer- und Süßwasserfisch sind einfach. Gekochte Seehechte *(merluzas)*, Seezunge *(lenguados)*, Steinbutt *(rodaballo)*, Seeteufel *(rape)* und den Zackenbarsch *(mero)* reichern die Galicier häufig nur mit einer Knoblauchsoße an. Diese rötliche *ajada* besteht neben Knoblauch aus Olivenöl, gemahlenem Paprika und etwas Flüssigkeit vom gekochten Fisch.

Carne – Fleisch

Kalbfleisch *(ternera)*, Lamm *(cordero)*, Hühnchen *(pollo)* und Ziegen *(cabras)* bereiten die Galicier besonders im Landesinnern schmackhaft zu. Schweinefleisch *(cerdo)* wird weniger gebraten als verwurstet oder Eintöpfen beigemischt. Eine Ausnahme sind die verbreiteten Schweinsrippchen *(costilletas)* und das pikante *zorza*: gepökelt und gelegentlich mit Spiegeleiern gebraten, ist dies eine fettige Spezialität besonders in der Provinz Lugo.

Dort gibt es in dem Ort **Villalba** kurz vor Weihnachten auch den berühmten Kapaun-Markt. *Capónes,* kastrierte, gemästete Hähne, sind das Weihnachtsessen der Galicier. Auf Hochzeiten und großen Festen gibt es dagegen oft den saftigen Kalbsbraten.

Die besten Schinken werden in den Provinzen Lugo und Ourense hergestellt. Verbreitet sind auch Kutteln – Gekröse vom Kalb oder Rind – mit Kichererbsen *(callos con garbanzos).*

Cocido y Sopa – Eintöpfe und Suppen

Zur traditionellen galicischen Küche gehört der *caldo gallego,* eine Bouillon aus weißen Bohnen, der tierisches Fett, Kartoffeln und je nach Jahreszeit Gemüse wie Steckrüben, Weißkohl oder Wirsing beigefügt ist. Der *cocido* (gekocht) ist ein ähnlich zusammengestellter Eintopf. Neben Kichererbsen, Kartoffeln und Gemüsen kommen – je nach Region – noch verschiedene Würste und Fleischsorten dazu.

Dem Eintopf widmet der Ort **Cee,** Provinz A Coruña, ein ganzes Stadtfest. Sollten Sie vor Mitte August in der Gegend um Fisterra ganz im Nordwesten sein: den genauen Festtermin für jedes Jahr weiß das Tourismusbüro von Cee.

Lacón con grelos wiederum ist ein schmackhaftes Gericht aus Steckrübenkraut *(grelos)* und Vorderschinken vom Schwein *(lacón).* Über Nacht wird der Vorderschinken eingeweicht, gekocht und herausgenommen. In derselben Brühe kochen geschälte Kartoffeln, Steckrüben und saftige Paprikawürste. Mit dem Schinken wird das Gericht heiß serviert. Daher ist es besonders im Winter sehr beliebt.

Verduras – Gemüse

Unter den Gemüsesorten von der Steckrübe über den Kohl bis zur Erbse gibt es ein galicisches Gewächs, daß im Sommer wohl in jeder spanischen Küche auftaucht: gebratene Pfefferschoten, *pimientos.* Sie kommen aus Herbón bei Padrón ab Mai noch klein und relativ mild auf den Teller. Bis August brennen die grünen *Pimientos de Padrón* selten auf der Zunge, dann aber werden sie immer größer, bräunlicher und schärfer. Wundern Sie sich nicht, wenn am Nebentisch die Schoten mal eine riesige Gaudi verursachen. Das ist kulinarisches Roulette auf galicisch: der bestellten Platte ist eine sehr scharfe Pfefferschote untergemischt.

Empanadas – Pasteten

Galiciens berühmtester Feinschmekker, der Autor und Journalist *Alvaro Cunqueiro* (1911 – 1981) schrieb über die Empanadas: »Wir Galicier wickeln alles in Teig ein«. Ob Miesmuscheln, Schinkenspeck, Paprikaschoten, Lorbeer, Tomaten, Zwiebeln oder Seehecht – vielfältig gemischt sind die Empanadas in Weizen- oder Maismehl eingebacken oft schon äußerlich ein Kunstwerk. Der Brotteig enthält eine Prise Safran und wird, damit er nicht austrocknet, mit Öl eingerieben und im Ofen gebacken. Quadratisch, rund oder mehrstöckig gehören sie einfach zu jedem Strandbesuch oder Dorffest.

Beim *Pasteten-Fest* in **Carral,** vom 8. bis 11. August an der N 550, spielen sie sogar die Hauptrolle. Nur zum Sattessen zu schade …

Queso – Käse

Spaniens grüner Norden ist berühmt für seine frischen, aromatischen und würzigen Käsesorten aus Schafs- und Ziegenmilch oder ganz besonders häufig aus Kuhmilch. Hausgemachte, zartmilde bis reifere Weichkäse werden beispielsweise in den Markthallen in Santiago de Compostela angeboten. Morgens bieten Verkäufer oberhalb der Straße Virgen de la Cerca den bekanntesten Käse, den *queso de tetilla*, an. Benannt ist er nach seiner Brustform *(teta).* Und gemacht wird er südöstlich der Stadt, besonders in den Orten Arzúa und Cira.

Ähnlich mild ist der zylinderförmige *queso de Ulloa* oder der eher runde *queso de San Simón* mit rötlicher Rinde aus der Provinz Lugo.

Pan – Brot

Wer frühstückt, bekommt zum großen Milchcafé eher Croissants als ein saftiges, frisches Stück Vollkornbrot. Oft auch nur ein in Plastik eingeschweißtes, süßlich-trockenes Teilchen. Ganz anders ist die Auswahl in Brotläden und auf Märkten. Neben frischen Baguettes gibt es gekringeltes Mischbrot, kugelförmige Roggenlaiber und leckeres Maisbrot, dessen Grundstoff in den vielen Speichern, den *hórreos*, Galiciens lagert. Berühmt für ihre Brote sind Mondoñedo, Santiago und Carballo.

Sie haben lange Jahre Übung im Formen des Queso de tetilla

Pulpo estilo feria

Typisches Gericht und bei fast jedem Fest anzutreffen, aber nicht unbedingt jedermanns Sache. Dazu gehören:

1 frische Seekrake (pulpo), etwa 3,5 Kilo schwer, 1/4 Liter hochwertiges Olivenöl, Paprika (süße und scharfe), grobes Salz.

Zunächst Wasser in einem großen Kochtopf (möglichst mit Deckel) zum Kochen bringen. Dreimal die gut gereinigte Krake ins Wasser tauchen und wieder herausholen. Schließlich 40 Minuten kochen und danach 15 Minuten im Wasser ruhen lassen.

Zum Servieren in kleine Stücke schneiden, mit Paprika und Salz bestreuen und mit dem Öl übergießen.

Dulces – Desserts & Süßes

Filloas sind eine Art Crêpe, die sich vom traditionellen Karnevalsschmaus zum ganzjährigen Nachtisch gemausert haben. Basis für den hauchdünnen Teig sind Milch, Eier, Mehl und Bouillonflüssigkeit. Als Dessert wird die Filloa gezuckert und mit Honig, Crême, Sahne oder Marmelade bestrichen. Eine salzige Variante sind die *filloas de sangre,* die an Schlachttagen aus frischem Schweineblut gemacht sind.

Neben zahlreichen Törtchen und Zuckerbrezeln sind die Mandelkuchen (*tarta de almendra*) aus Santiago, Mondoñedo, Ortigueira und Puentedeume eine kalorienreiche Leckerei.

... und dazu galicischer Viño – Wein

Der bekannteste Wein ist der *Ribeiro* aus der Gegend um Ribadavia westlich von Ourense. Die Reben wachsen entlang der Flüsse Miño, Avia und Arnoia. Der älteste und traditionellste ist der *Ribeiro de Avia,* der als *vino blanco* in Gomariz und als *vino tinto* in Beade, Regadas und Costeira gekeltert wird. Sehr beliebt ist der junge, süffig-alkoholarme weiße *Ribeiro joven.* Klarer Favorit in den Bodegas ist der weiße *Albariño.*

Am 1. Sonntag im August ist er Anlaß für ein großes Fest in **Cambados,** Provinz Pontevedra. Der Ort ist das Herz der Albariño-Weingegend zwischen Villagarcía und Pontevedra. Ein exzellenter, aber auch teurer Tropfen.

Billiger ist der rote *País,* ein hausgemachter Landwein, der auf der Straße von Santiago nach Pontevedra für zwei bis drei Mark pro Liter von den Winzern angeboten wird. Die ursprünglich katalanische Traube wird von Santiago an südwärts bis Vigo gelesen.

Südlich von Vigo am Río Miño und östlich davon um Ponteareas wachsen der *Rosal* und der *Condado* als rote beziehungsweise sehr fruchtige Weißweine. Überhaupt liegen die Weingegenden, darunter auch die des *Monterrey* und des *Valdeorras* in der Provinz Ourense eher im südlichen Galicien. In der Provinz Lugo wächst kaum Wein, in A Coruña nur der *Betanzos,* ein nicht sehr dunkler, saurer Rotwein. Ein Weinkenner schrieb, er bekomme Schüttelfrost davon.

Das Gato Negro in Santiago ist eine der beliebtesten Tapa-Bars für eine Schale Weißwein

Die insgesamt nicht hochprozentigen Weine Galiciens werden für ein paar Peseten aus kleinen, weißen Porzellanschalen – *tazas* – in den Bodegas und Tapa-Bars genippt.

Kaffee und Schnaps für hinterher

»Un café con leche, por favor« heißt: Einen Milchkaffee bitte. Und für den großen Kaffee-Durst: »Un café con leche grande, por favor«. Weitere Varianten sind der Espresso *(café solo)* und der Espresso mit einem Schuß Milch *(cortado)*. Wasser gibt es gratis und meist kalkhaltig aus der Leitung *(del grifo)* dazu. Mineralwasser wird mit Kohlensäure *(con gas)* oder ohne *(sin gas)* serviert.

Galicier trinken viel Bier, mal ein Glas *(una caña)*, mal eine Flasche *(una botella)* mit galicischem, spanischem oder internationalem Etikett.

Und schließlich die **Schnäpse:** Tresterschnaps, gemischt mit Café, ist als *licor café* sehr beliebt. Obstler und Kräuterschnäpse sind bislang hausgemacht und nicht industrialisiert. Begrüßungen und Feste leitet oft die *queimada* ein. Dabei wird weißer Schnaps, viel Zucker, etwas Rotwein und Zitronenrinde in einem großen Topf gebrannt *(quemar)*.

No hay nada que nos olvide más pronto que una silla de un café.
Nichts vergißt uns so schnell wie ein Stuhl im Café.

RAMÓN GOMEZ DE LA SERNA (1888 – 1963)

Sprachführer: Im Restaurant

[in Klammern die galicische Bezeichnung]

Im Restaurant

Aschenbecher: *cenicero [cinceiro]*
Besteck: *cubierto [cuberto]*
Eis(würfel): *(cubitos de) hielo [xelo, xeo]*
Flasche: *botella*
eine Flasche Wein: *una [unha] botella de vino [viño]*
eine halbe Flasche Wein: *media botella de vino*
Gabel: *tenedor [garfo]*
Es fehlt eine Gabel: *Falta un tenedor*
1. Gang: *primer plato [primeiro prato]*
2. Gang: *segundo plato*
Gedeck: *cubierto [cuberto]*
Glas: *copa/vaso*
Weintasse: *taza de vino [cunca de viño]*
Hauptgericht: *plato [prato] principal*
kalt: *frío, fría*
Karte: *carta*
Kellner: *camarero [camareiro]*
Kellnerin: *camarera [camareira]*
Krug: *jarra [xarra, xerra]*
Ein Krug Wasser: *una jarra de agua [auga]*
Löffel: *cuchara [culler]*
Messer: *cuchillo [coitelo]*
Nachspeise: *postre*
Rechnung: *cuenta [conta]*
Serviette: *servilleta*
Streichhölzer: *cerillas [mistos, fósforos]*
Stuhl: *silla*
Tagesmenü: *menú/plato [prato do] del día*
Tasse: *taza [cunca]*
Teller: *plato [prato]*
Tellergericht: *plato combinado*
Theke: *barra*
Tisch: *mesa*
Tischtuch: *mantel*
Toilette: *lavabo*
Vorspeise: *entremeses*
Zahlen, bitte!: *¡La cuenta, por favor! [A conta, por favor]*
Zahnstocher: *palillo*

comidas: Speisen

A

aceite: Öl
aceite de olivas: Olivenöl
aceitunas [oliveira]: Oliven
aguacate: Avocado
ajada: Knoblauchsoße
ajo [allo]: Knoblauch
albaricoque: Aprikose
albóndigas [almóndegas]: Hackfleischbällchen
alcachofas: Artischocken
almejas [ameixas]: Venusmuscheln
almendra [améndoa]: Mandel
anchoa: Sardelle
anguila [angúa]: Aal
arenque: Hering
arroz: Reis
arroz con leche [arroz con leite]: Milchreis
asado: Braten
atún: Thunfisch
aves: Geflügel
azúcar [azucre]: Zucker

B

bacalao [bacallao]: Kabeljau
bacón: Speck
barquillo: Eiswaffel
berberecho: Herzmuschel
berenjena [berenxena]: Aubergine

berza: Kraut
besugo [ollomol]: Seebrasse
bistec [bisté]: Beefsteak (Rindfleisch)
bizcocho [biscoito]: Biskuit
bocadillo: belegtes Stangenweißbrot
bollo [bolo]: süßes Teilchen
bonito: Thunfischart
boquerones [boqueirón]: Sardellen
budín: Pudding
buey [boi]: Ochse

C

caballa [cabala]: Makrele
cabeza de cordero [testa de cordeiro]: Hammelkopf
cabra: Ziege
cacahuetes [cacauetes]: Erdnüsse
calabacín: Zucchini
calabaza [cabaza]: Kürbis
calamares: Tintenfischringe
caldo: heiße Brühe
caldo de gallina [caldo de galiña]: Hühnerbrühe
callos: Kutteln
camarones [camaróns]: kleine Krabben
canapé: Kanapee (pikant belegtes Stück Weißbrot)
canelones: Cannelloni
cangrejo [cangrexo]: Krebs
caracol: Weinbergschnecke
carpa: Karpfen
caramelos: Bonbons
caza: Wild
cebolla [cebola]: Zwiebel
cerdo [porco]: Schwein
cereza [cereixa]: Kirsche
champiñones [champiñóns]: Champignons
chipirones [chipiróns]: kleine Tintenfische
chocolate: Schokolade
chopitos: Tintenfischstücke
chorizo [chourizo]: scharfe salamiartige Pfefferwurst
chucruta: Sauerkraut
chuleta: Kotelett
churros: fritiertes Spritzgebäck
ciruela: Pflaume
cochinillo asado: eine Art Spanferkel
cocido: Eintopfgericht
codillo: Eisbein
codorniz: Wachtel
col de Bruselas: Rosenkohl

coliflor: Blumenkohl
conejo [coello]: Kaninchen
consomé: klare Brühe
cordero [cordeiro]: Lamm
corzo: Reh
costilla [costela]: Rippchen
croqueta: Krokette

D – E

dorada [dourada]: Goldbrasse
empanada: Fleisch- oder Fischpastete
empanadilla: mit Tomate, Fleisch oder Fisch gefüllte Teigtaschen
emperador: Schwertfisch
ensalada: Salat
ensaladilla rusa: eine Art Kartoffelsalat mit grünen Bohnen, Erbsen und Mayonnaise
escabeche: Marinade
escalope: Schnitzel
espárragos: Spargel
espinacas: Spinat

F

fabada asturiana: Asturischer Eintopf aus Bohnen, Linsen und Fleisch
faisán: Fasan
fiambres variados: gemischter kalter Vorspeisenteller

Hat alles im Überblick ...

fideos: Suppennudeln
filete: Filet
flan: puddingartige Nachspeise aus Ei, Zucker, Milch und Zimt
frambuesa: Himbeere
fresa, fresón: Erdbeere
fresas con nata: Erdbeeren mit Schlagsahne
frutas [froitas]: Obst

G

gallina [galiña]: Huhn
ganso: Gans
gambas: Krabben
garbanzos: Kichererbsen
gazpacho: kalt servierte pikante andalusische Gemüsesuppe aus Tomaten, Gurken und Brot
grosella: Johannisbeere
guinda: Sauerkirsche
guisantes [chicharos]: Erbsen

H

hamburguesa: Hamburger
helado [xelado]: Speiseeis
higo [figo]: Feige
hígado [fígado]: Leber
hortalizas: Gemüse
huevo [ovo]: Ei
huevos fritos [ovos fritos]: Spiegeleier
huevos pasados por agua [ovos pasados por auga]: gekochte Eier
huevos revueltos [ovos revoltos]: Rühreier

J

jabalí [xabalí]: Wildschwein
jamón [xamón]: Schinken
jamón cocido [xamón cocido]: gekochter Schinken
jamón serrano: roher Schinken
jamón York [xamón cocido]: gekochter Schinken
judías verdes [xudías verdes]: grüne Bohnen

L

lacón [con grelos]: Vorderschinken (mit Steckrübenblättern)
langosta: Languste
lechuga [leituga]: Kopfsalat
legumbres: Hülsenfrüchte
lengua: Zunge
lenguado: Seezunge
lentejas [lentexas]: Linsen
liebre [coello]: Hase
limón: Zitrone
lomo [raxo]: Lende, Rückenfleisch
lucio: Hecht

M

macarrones: Makkaroni
mandarina: Mandarine
manitas de cerdo [manitas de porco]: Schweinefüßchen
mantecados: Schmalzgebäck
mantequilla: Butter
manzana [manzá]: Apfel
mariscos: Meeresfrüchte
mayonesa [maionesa]: Mayonnaise
mazapán: Marzipan
mejillones [mexillóns]: Miesmuscheln
melocotón: Pfirsich
melón: Honigmelone
menestra: Gemüsesuppe
merluza: Seehecht
mermelada: Marmelade
mero: Barsch
miel [mel]: Honig
migas con chocolate: Brotkrumen mit Schokolade
montado [montedito]: mit Lende belegtes Bocadillo
morcilla: eine Art Blutwurst
mostaza: Senf

N

naranja [laranxa]: Apfelsine
nata: Schlagsahne
natillas: süße Nachspeise aus Eigelb, Zucker, Milch und Zimt
navaja [navalla]: Schwertmuschel
nueces: Walnüsse

O – P

oreja [orella]: Ohr
ostras: Austern
paella: Reisgericht mit Schalen- und Krustentieren und Huhn
palometa: Makrele
pan: Brot
pan de molde: Toastbrot
pan integral: eine Art Vollkornbrot
panceta: eine Art Speck
panecillo: Brötchen
pasa: Rosine
pastel: Kuchen
patatas [patacas]: Kartoffeln
patatas fritas: Pommes frites, auch Kartoffelchips
pato: Ente
pavo: Truthahn
pechuga: Geflügelbrust
pepino, pepinillo: Gurke, Essiggürkchen
pera: Birne
percebe: Entenmuschel
perdiz: Rebhuhn
perejil [perexíl]: Petersilie
pescado: Fisch
pez espada: Schwertfisch
pierna [perna]: Keule
piña: Ananas
pimiento [pemento]: Paprika
pincho moruno: kleiner Fleischspieß (maurischer Art)
pisto manchego: eine Art Schmorgemüse mit Tomaten, Zwiebeln und

Paprikaschoten (Spezialität aus La Mancha)
plátano: Banane
pollo [polo]: Hähnchen
pollo asado [polo asado]: Brathähnchen
polvorones [polvoróns]: Gebäck aus süßer, weicher Mandelmasse
pomelo: Pampelmuse
potaje [potaxe]: Suppe
pudín: Pudding
puerro: Lauch
pulpo: Seekrake
puré de patatas [Puré de patacas]: Kartoffelpüree

Q – R

queso [queixo]: Käse
queso manchego [queixo manchego]: Schafskäse aus La Mancha
rábano picante: Meerrettich
ravioles [raviois]: Ravioli
remolacha colorada: Rote Beete
repollo [repolo]: Weißkohl
riñones [riñóns]: Nierchen
rosbif: Roastbeef

S

salchicha: Würstchen
salchichón: Wurst
salmón: Lachs
salsa: Sauce
sandía: Wassermelone
sepia: Tintenfisch
sesos: Hirn
setas: Pilze
solla: Scholle
solomillo: Filet, Lendenstück
sopa: Suppe
sopa de rabo de buey [sopa de rabo de boi]: Ochsenschwanzsuppe

T

tarta: Torte
ternera [terneira]: Kalb
tetas gallegas: Käsesorte
tocino: Speck
tomate: Tomate
tortilla de gambas: Krabbenomelett
tortilla de jamón [tortilla de xamón]: Schinkenomelett
tortilla española: eine Art Omelett mit fritierten Kartoffelstückchen und Zwiebeln
tortilla francesa: Eieromelett
tortilla paisana: Bauernomelett
tostada: Toast
trucha [troita]: Forelle
turrón: Süßigkeit sehr verschiedener Zusammensetzung, z.B. mit Honig und Mandeln

U – V – Y – Z

uva: Weintraube
vaca: Rind
verduras: Gemüse
vieira: Jakobsmuschel
vinagre: Essig
yema [xema]: Eigelb
zanahoria: Möhre
zorza: gepökeltes Schweinefleisch

***bebidas:* Getränke**

aperitivo: Aperitif
agua [auga]: Wasser
agua del grifo [auga do grifo]: Leitungswasser
agua mineral con gas: Mineralwasser mit Kohlensäure
sin gas: ohne Kohlensäure
aguardiente [augardente]: Schnaps
café: Kaffee
café con leche [café con leite]: Milchkaffee
café cortado: Kaffee mit etwas Milch
café solo [café só]: Espresso
caña [cana]: kleines Glas Faßbier
carajillo: schwarzer Kaffee mit einem Schuß Cognac

cava: Sekt nach méthode champagnoise aus Katalonien
cerveza [cervexa]: Bier
cerveza de barril [cervexa do barril]: Faßbier
cerveza de botella: Flaschenbier
cerveza dorada/negra: helles/dunkles Bier
chinchón: Anisschnaps aus Chinchón
chocolate caliente: heiße Schokolade
clara [crara]: Alsterwasser/Radler
clarete: Rosé
cubata: Bacardi-Cola
descafeínado: entkoffeinierter Kaffee
digestivo [dixestivo]: Verdauungsschnaps oder -likör
gaseosa: süße Zitronenlimonade
horchata: Mandelmilch
infusión: Tee
jerez [xerez]: Sherry
leche [leite]: Milch
leche merengada [leite merengada]: Milchgetränk mit Eiweiß, Zucker und Zimt
licor: Likör
madroño: Schnaps aus der Frucht des Erdbeerbaums
manzanilla: Kamillentee
orujo: Tresterschnaps (aus Galicien, hier: *oruxo*
pacharán: Schlehenlikör (aus Navarra und dem Baskenland)
refrescos: Erfrischungsgetränke
sangría: kalte Bowle aus Rotwein, Zitronenlimonade und Obst
sidra: Apfelwein
té [con limón]: Tee (mit Zitrone)
vino blanco [viño branco]: Weißwein
vino espumoso: Schaumwein
vino rosado: Rosé
vino tinto: Rotwein
zumo [zume]: Saft

Zubereitungsarten

a la brava: mit einer scharfen Tomatensoße
a la cazuela: im Schmortopf
a la gabardina: mit Mehl paniert
a la marinera: mariniert
a la parrilla: auf dem Rost gebraten
a la plancha: in der Pfanne gebraten
a la romana: in Bierteig fritiert
a la vinagreta: in Essigtunke
al ajillo: in einer Sauce aus Knoblauch und Öl
al horno: im Ofen gebacken
al jerez: in Sherrysauce
al pil pil: mit einer Knoblauchsauce
aliñado: eingelegt
asado: gebraten
casero: nach Art des Hauses
cocido: gekocht
de la casa: nach Art des Hauses
en su jugo: im eigenen Saft
en su tinta: in der eigenen Tinte
estofado: geschmort, gedünstet
frito: fritiert
glaseado: glasiert
guisado: gekocht
rebozado: mit Mehl und Ei paniert
rehogado: geschmort, gedünstet
relleno: gefüllt
salteado: leicht angeröstet

AKTIV UND SPORTLICH

Ob im Wasser oder an Land, auf einem Pferd entlang der Westküste oder mit dem Boot den Miño abwärts – Galicien bietet viele Möglichkeiten. Nähere Informationen finden Sie in den Ortsbeschreibungen.

Radfahren

Mountainbiking ist zwar inzwischen auch in Galicien verbreitet, einen Radverleih – außer bei den Sprachschulen an den Rías Bajas – haben wir dennoch vergeblich gesucht. Wer das Land per Pedale erkunden möchte, muß sich seine Ausrüstung schon selbst mitbringen. Ersatzteile gibt es in jeder größeren Stadt, in den vier Provinzhauptstädten ganz sicher. Fahrradläden haben wir in den Ortskapiteln unter »Einkaufen« genannt.

Gerade in den *Provinzen Ourense* und *Lugo* führen wenig befahrene kleine Straßen durch eine bezaubernde Landschaft, die allerdings ziemlich bergig ist. Es geht bis über 1000 m hoch (z.B. O Courel), was eine berggängige Gangschaltung notwendig macht. Für ausgedehnte Radtouren bieten sich das »Heilige Ufer« der *Sil-Schlucht,* das *Weinanbaugebiet* des Ribeiro oder das *Ufer des Miño* von Ribadavia bis Tui an.

Die *Küstenstraßen* der *Rías Bajas* sind zwar leicht zu fahren, angesichts der Automassen gerade im Sommer aber kein sonderliches Vergnügen. Weniger autobelastet ist die – recht leichte – Strecke von Noia über Muros nach Fisterra.

An der *Nordküste* (Rías Altas) herrscht weniger Verkehr, die Strecke ist sehr schön und mit einigen Höhen interessant zu fahren.

Für kürzere Touren ist *Pontedeume* (Provinz Coruña) als Standort zu empfehlen. Die kleine Uferstraße entlang des Eume zum Kloster Caaveiro ist geradezu ideal.

Der Straßenbelag ist manchmal sehr rauh und holprig. Schotterpisten, wie früher an der Todesküste, kommen kaum noch vor. Breite Reifen mit starkem Profil sind trotzdem ratsam. Der Radtransport vor Ort ist in vielen Zügen möglich, bei Aufgabe als Reisegepäck kostenlos. Manche Busgesellschaften verlangen einen Aufpreis für die Fahrradmitnahme.

Reiten

Ein tolles Erlebnis kann ein Ritt durch die Landschaft sein. In Galicien – dem Land der Wildpferde – gibt es dafür viele Möglichkeiten. Ein Ausritt, meist mit einem Führer, kostet pro Stunde ab 1500 Pts. **Auskünfte:**

Federación Gallega de Hípica in Vigo, Marqués de Valladares 34, 3. Stock, © 986-438887.

Santiago: *Escuela de equitación Barbacena,* Reitsport-Club in Arins, 8 km von Santiago entfernt Richtung Colegiata del Sar.

Ourense: *Hípico Monterrey,* © 988/228347. Reitschule und Ausflüge über das ganze Jahr, geleitet von Arturo Estévez Osorio. Teils mehrtägige Touren für Gruppen mit 8 bis 12 Teilnehmern führen in die Umgebung, etwa zu den Klöstern. Die gleiche Anfahrt wie zum Sportkomplex »Sport Monterrey«.

Baiona: *Chan Da Lagoa,* 5 km in die Berge an der Virgen de la Roca vorbei, 10 – 14 und von 16 Uhr bis in die Nacht. Sechs Pferde, auch für Kinder, von jungen Leuten geführt, die Stunde 1300 Pts.

Picadero, an der Virgen de la Roca links nach 2 km, ✆ 986-419984, 10 – 14 und 16 – 22 Uhr, mit Führung 1300 Pts die Stunde.

Pontevedra: *Club Hípica O Castelo* in Puente Caldelas östlich von Pontevedra. Reittouren verschiedener Länge auch ohne Vorkenntnisse. Tagesausflug zu den Buchten oder ins Gebirge 8000 Pts; zwölfstündige kombinierte Tour (Pferd, Geländewagen, Schlauchboot) 13.000 Pts. Ausflüge ab zwei Personen. O Castelo organisiert neuerdings auch einen Ritt in fünf Tagen über den 177 km langen galicischen Abschnitt des *Jakobsweges* (129.000 Pts) oder über den *Camino Portugués* (147.000 Pts), der von Braga (Portugal) über Ponte de Lima, Valença, Arcade und Padrón nach Santiago führt. Große Reiterfahrung ist dafür nicht erforderlich. Dafür kann aber wohl kaum sonst jemand nach seinem Galicien-Urlaub sagen, die Treppen Santiagos im Galopp genommen zu haben.

Anspruchsvoll ist der 5-Tage-Ritt in das Gebirge der *Sierra do Suido* (109.000 Pts). Die Etappen zwischen 20 und 40 Kilometern erfordern ein guten Sitz im Sattel, es geht über steile Hänge, durch Flüsse und querfeldein mit der Machete in der Hand.

Für alle möglichen Arten von Aktivurlaub von Mountainbiken, Reiten, Freeclimbing, Höhlenwandern, Brükken-Bungee, Trekking, Tauchen, Wildwasser-Kanu und Rafting über Fallschirmspringen bis zum Ultraleichtfliegen bieten zwei galicische Agenturen Programme an:

- *Turisnorte,* Rosalía de Castro, 16–2–1°A, 15895 Milladoiro-Santiago, ✆ 981-530009, Fax -522810.
- *Galiciaventura,* Manuel Preira, 10 bajo, 32003 Ourense, ✆ 988-241810, Fax -235374.

Lohn der anstrengenden Tour sind weite Sichten über herrliche Landschaften und ab und zu ein Bad in kristallklaren Flüssen. Auch Raftingtouren lassen sich zwischendurch arrangieren. Allerdings sprechen die Führer in der Regel nur Spanisch.

Kontakt über: www.galinor.es;

in Vigo: C/Urzaíz 91, 5°A, 36204 Vigo; oder direkt in Puente Caldelas:

Granja O Castelo, El Castelo 41, ✆ & Fax 986-425937. Die Granja ist im Ort ausgeschildert.

Wandern & Bergsteigen

Die Gebirge im Osten Galiciens sind ideal für ausgedehnte Bergwanderungen, zwar nicht in hochalpinen Verhältnissen, aber nicht weniger abenteuerlich. Sie führen durch einsame und oft unerschlossene Gebiete. Die Wege, die man zur eigenen Sicherheit und zum Schutz der Natur nicht verlassen sollte, sind gekennzeichnet.

Feste Wanderschuhe sind selbstverständlich, eine Erste-Hilfe-Ausstattung ist immer sinnvoll.

Naturschutzgebiet Los Ancares

Der etwa 15 km von Piornedo entfernte Ort *Degrada* ist Treff- und Ausgangspunkt für **Kletterer.** In der Umgebung liegen von Norden nach Süden die Berge *Penarrubia* (1821 m), *Tres Obispos* (1792 m), *Lanza* (1876 m) und weiter entfernt *Mustallar* (1924 m) und *Cuiña* (1987 m).

Bergtouren gehen vom Refugium des Clubs Ancares los, wo man essen und schlafen kann. Hier gibt es eine Wanderkarte. Einen Kilometer entfernt gibt es zwei weitere Hostals. In der ganzen Sierra liegen unzählige Wanderwege auf Hochebenen, am Rande von Schluchten und an den Flüssen, darunter der *Navia, Río de Vara* und *Río Cancelada.*

Von der Herberge »Os Ancares« aus: Zum Berg Tres Obispos (Drei Bischöfe) führt ein Waldweg von rund fünf Stunden hin und zurück. Eine Stunde hin und zurück zum 2,5 km entfernten »Brunnen der Verliebten« entlang der Straße nach Piornedo, siehe auch die entsprechenden Ortsbeschreibungen.

Club Ancares, Dr. Castro 18, Lugo, © 982-360159

Naturschutzgebiet O Courel

Das fast menschenleere Gebiet ist eine Offenbarung für naturverbundene Wanderer. Der einzigartige Naturpark *A Rogueira* mit einer reichen Flora zwischen 700 und 1300 Höhenmetern kann vom Dorf **Moreda** aus erwandert werden. Dorthin führt eine Straße Richtung Parada, kurz vor Seoane. Unterkunft in Folgoso: *Casa Constantin,* DZ 1700 Pts.

Eine **Bergtour** auf den höchsten Gipfel Galiciens, die *Peña Trevinca* (2124 m), von Fonte da Cova aus dauert für erfahrene Bergwanderer etwa vier Stunden. Leichter ist eine ebensolange Wanderung von *O Chao da Veiga* bei Casaio bis Teixadal. Sie führt durch den einzigen Roteibenwald, der in Europa erhalten ist.

Informationsquellen

Besonders zwei **Wandervereine** in Galicien haben verschiedene Wanderwege erschlossen und markiert. Über die *Ruta del Medioevo* (Route des Mittelalters), *Ruta de los Ríos* (Route der Flüsse), *Ruta de Finisterre* (Route von Fisterra) informiert

Sociedad Montaña Artabros, Sta. Teresa 14 bajo, 15005 A Coruña, © 981-213115.

Club Montañeros Celtas, Marqués de Valladares 15 bajo, 32201 Vigo, © 986-438505. Gibt insgesamt sieben Wandervorschläge, unter anderem durch den *Naturpark Aloia* (bei Tui).

Weitere Wandervereine:

Club de Montaña Teixo, Marquesa Casa López 1, 27600 Sarria (Lugo), © 982-530241.

Club Alpino Manzaneda, Concejo 24, 32003 Ourense, © 988/241720.

Club Peña Trevinca-Montañeros de Galicia, Brasil 46, 36204 Vigo, © 986-420551.

Allgemeine Informationen: *Federación Gallega de Montañismo,*

Celso Emilio Ferreiro 9, 36203 Vigo, © 986- 424331.

Skifahren

Die *Cabeza de Manzaneda* in der Provinz Ourense ist die einzige Skistation Galiciens auf einer Höhe von über 1700 Metern und umfaßt etwa 2000 Hektar. Ein Sessellift und sechs Skilifte, 9 Pisten mit drei unterschiedlichen Schwierigkeitsgraden. Die Liftbenutzung kostet in der Hochsaison 2000 Pts pro Tag, Ski und Stiefel können für 2000 Pts pro Tag ausgeliehen werden. Skikurse kosten um 1500 Pts pro Stunde. Wegen der weiten Anfahrt als Wintersportziel keinesfalls attraktiv.

Weitere Sportangebote sind hier Langlauf, Snowboard, Schwimmen, Reiten, Wandern, Radfahren, Bergsteigen. Info:

Winterstation Manzaneda S.A., 32780 Puebla de Trives, © 988-309767, Fax -310875, Reservierungen unter © 988-309747.

Baden & Tauchen

Man braucht eigentlich kaum ein Wort darüber zu verlieren, denn die vielen schönen Strände und verschwiegenen Buchten Galiciens bieten Abwechslung satt und verführen selbst Bademuffel. Allerdings ist das Wasser des Atlantik an den nördlichen Rías Altas und der Mariña de Lugo auch im Sommer recht kalt, angenehmere Temperaturen – aber dafür nicht immer das sauberste Wasser – führen die Rías Bajas.

Besonders an Stränden zum offenen Atlantik hin (*Playa Lanzada, Carnota*) sollte man nicht zu weit hinausschwimmen. Die gefährlichen Strömungen reißen jedes Jahr ein paar kopflose Megasportler mit – und zwar auf Nimmerwiedersehen. An den meisten Stränden gibt es keine Warnflaggen, es wehen höchstens die blauen EU-Umweltfahnen. An großen Badestränden warnt bei gefährlichem Seegang die Wasserpolizei per Lautsprecher.

Nudisten finden in der Nähe des Kap Vilán paradiesische Verhältnisse. Eine ganze Reihe schöner Strände – *Reira, Area Longa, Balea und Pedrosa* – sind wegen ihrer Einsamkeit das galicische Mekka des Freien Körperkults. An der Halbinsel Morrazo liegt der Nudistenstrand *Barra.* Am Strand neben dem *Castro de Baroña* ist ebenfalls Fkk möglich. Textilfreie Zonen gibt es auch auf den *Ons-* und *Cíes-Inseln.* Doch ansonsten schwappt die Fkk-Welle sehr zaghaft in Galicien. Was »oben ohne« anbetrifft, so sollten die Dorfstrände gemieden werden, an denen spanische Familien mit ihren Kindern planschen gehen. An abgelegeneren Gestaden ist es problemlos.

Tauchen

Die galicischen Rías bieten sich natürlich für jede Art von Tauchsport an, vom einfachen Schnorcheln bis zum Tiefseetauchen (Harpunieren ist verboten), Schatzsucher halten sich in der *Ría de Vigo* auf (siehe unter Vigo).

Information: *Federación Galega de Actividades Subacuáticas,* Miguel Servet 3, 1.dcha, A Coruña, © 981-210559.

Rudern, Rafting & Angeln

Die Stauseen, Flüsse und Rías bieten eine beachtliche Palette von **Rudermöglichkeiten**. Auf dem malerischen *Río Eume* kann man Anfang September an einer Paddel-Talfahrt zwischen Caaveiro und Pontedeume teilnehmen. Kurz danach findet die *Sil-Talfahrt* zwischen Sobradelo und O Barco de Valdeorras statt.

Federación Gallega de Piraguismo, Avda. de Corbaceiras 58, 1. B, 36002 Pontevedra, © 986-842106.

Rafting: Besonders eindrucksvoll ist die Schlauchbootfahrt den *Miño* an der galicisch-portugiesischen Grenze herunter; das teilweise nur vom Wasser aus einsehbare Miño-Ufer ist faszinierend. Eine Halbtags-Tour, bei der Baden und Picknick eingeschlossen sind, kostet rund 70 DM und wird vom Ort Tui aus organisiert: *Arrepións,* Aptdo. 19, © 986-630009.

Wer in Galicien keine **Angler** sieht, reist mit geschlossenen Augen. Die lachs- und forellenreichen Flußläufe vom *Eo* bei Asturien bis zum *Miño* mit all ihren kleinen Zuflüssen sind ungezählt. Auf Brücken und Stegen, oder auch mitten im Flußbett wird in Galicien dem Angelsport gefrönt. Natürlich ist auch ein hiesiges Petri-Heil-Erlebnis an Lizenzen gebunden:

Federación Gallega de Pesca, Riego de Agua 9, 1. 15001 A Coruña, © 981-222892.

Segeln & Surfen

Die rund 40 Sporthäfen Galiciens verfügen in der Regel über alle notwendigen Einrichtungen. Für Segelkurse bietet sich am ehesten der Süden an.

Federación Gallega de Vela, Muelle de Bouzas, Vigo, © 986-237116. Allgemeine Informationen.

Sanxenxo: *Club Náutico,* am Yachthafen. Organisiert Segelkurse: 20 Stunden Unterricht 7500 Pts plus Nebenkosten. Avda. del Puerto, Sanxenxo, © 986-720059.

Vigo: *Escuela Municipal de Vela,* Muelle de Bouzas s/n, © 986-237116 oder 207220. Anfänger- und Fortgeschrittenenkurse in fünf verschiedenen Bootsklassen. Die Unterrichtswoche mit 20 Stunden kostet 7000 Pts, die Ausstellung der Lizenz 1000 Pts.

Escuela de Vela (Real Club Náutico, Vigo), © 986-224002 (10 – 14, 16 – 20 Uhr). Wochenkurse mit insgesamt 15 Stunden kosten für Jugendliche 8300 Pts, für Erwachsene 9300 Pts. Im Winter nur Wochenendkurse.

Windsurfing

An den rund 800 Stränden Galiciens gibt es Wellengang und Winde für jeden Geschmack und Erfahrungsgrad. Seit 1988 werden hier auch internationale Wettbewerbe ausgetragen, wie der *Pantin Classic* am Strand von Patos (Info: *Océano Surf Club,* Aptdo. 543, Ferrol).

Eines der bekanntesten Surferparadiese ist die *Ría de Cedeira* nördlich von Ferrol. Surfkurse bietet beispielsweise die *Escuela de Windsurf* an der *Playa Santa Cristina* bei A Coruña an. Ein Wochenkurs kostet 10.000 Pts. Täglich zwei Stunden Unterricht, Bretter und Anzüge inklusive. Rúa Linneo 18 (am Strand), © 981-636903.

Ballsport

Tennis: Vor allem in den größeren Städten sind Sportzentren oder Clubs zu finden, die für 4 – 25 DM stundenweise Plätze vermieten. Um einen Tenniskurs zu absolvieren, ist Galicien nicht gerade der richtige Ort.

Badminton und **Squash:** Im Club des Fußballstadions *Riazor* (A Coruña) am gleichnamigen Strand, © 981-260380. Pro Stunde 1300 Pts.

Fußball: Im Fußballstadion *Riazor* von A Coruña laufen im August die wichtigsten Spiele um die Trophäe *Teresa Herrera,* bei der galicische Vereine gegen spanische und ausländische Mannschaften antreten. Die billigsten Karten kosten 1200 Pts, Spielbeginn um 17 Uhr.

Spanisch lernen an der Küste

Es gibt einige von Deutschen organisierte Privatschulen und auch Sommerkurse an den Universitäten. Dort und in O Grove haben wir selber an Kursen teilgenommen, die anderen Schulen sind uns von Freunden empfohlen worden.

Sommerkurs in der Universität von Santiago de Compostela: *Secretaría de los Cursos para Extranjeros,* Plaza de Mazarelos, Facultad de Filología, Universidad de Santiago de Compostela, 15703 Santiago de Compostela, © 981-586977. »Spanische Sprache und Kultur« (Juli – September). Ein Monatskurs (täglich vier Stunden mit meist jungen Dozenten) im alten Unigebäude kostet rund 500 DM. In einem Einstufungstest werden max. 15 Teilnehmer pro Gruppe ermittelt und später mit einem Zeugnis der Uni entlassen. Ab 16 Jahren kann sich jeder (nicht nur Studenten) etwa vier Wochen vorher anmelden.

Auf dem Programm stehen neben Sprachunterricht und Vorlesungen zur Geschichte, Literatur, Musik und Kunst auch Exkursionen, Filme, Stadtbesichtigungen und Museumsbesuche. Im September, wenn der Kurs mehr auf Grammatik ausgerichtet ist, kommen in der Regel viele deutsche Studenten, in den Monaten davor besonders Teilnehmer aus den USA.

Man erhält eine Liste von Zimmern in Apartments und Pensionen, die im Schnitt 350 DM pro Monat kosten. Im September lohnt es sich, die Zimmer erst anzugucken; im Juli und August wegen des größeren Andrangs besser telefonisch vorbestellen.

Für alle, die mehr als einen kleinen Sprachurlaub planen, bietet die Universität auch **Semesterkurse** über die Dauer von 20 Wochen mit 160 Stunden Sprachunterricht an, die zwischen Januar und Mai stattfinden. Dazu gibt es ausführliche deutschsprachige Informationen im Internet, über das man sich auch direkt anmelden kann: www.usc.es/spanish/deut/html/kurse/

In A Coruña: *Escuela de Idiomas,* Pepín Rivero s/n, © 981-279100, 15011 A Coruña. Vier Wochen im Juli kosten rund 650 DM, einschließlich Ausflügen nach Santiago und zu den Cíes-Inseln plus Studienmaterial. Max. 15 Schüler ab 16 Jahren haben 9 – 13 Uhr Unterricht. Einstufungstest in drei Niveaus mit Abschlußzertifikat. Die Schule kümmert sich um Unterkunft und Sprachaustausch mit Coruñensern.

Universidad de A Coruña, Facultad de Humanidades, Campus de la Zapateira s/n, 15071 A Coruña, © 981-280788 oder 270900. Vier Wochen im August kosten 30.000 Pts inklusive 75 % der Kosten bei Ausflügen, Festen und anderen Aktivitäten. 6000 Pts und zwei Paßbilder sollen im voraus geschickt werden. Anmeldung bis kurz vor Kursbeginn möglich. Vier Stunden zwischen 9.30 und 13.45 Uhr: Grammatik, Konversation und Konferenzen. Einstiegsexamen und Abschlußdiplom.

In Noia: *Escuela Ibérica,* Carcasía 1, 3. Stock, 15201 Noia, © 981-823103. Anmeldung auch in Berlin: *María González-Solis,* Rauenthaler Straße 5, 14197 Berlin, © 030/8218274. Zwei- oder dreiwöchige Kurse (Juni – September) mit vier Unterrichtsstunden täglich. Inklusive Unterbringung in Ferienwohnung mit Küche kostet ein dreiwöchiger Kurs 690 DM. Auch Wirtschaftsspanisch und Einzelunterricht. Kinder wohnen kostenlos. Im Programm sind Ausflüge, Fahrradverleih und Kontakte zu Spaniern enthalten. Deutschsprachige Teilnehmer werden nach dem Eingangstest zu acht von jungen spanischen Lehrern unterrichtet, es gibt fünf Niveaus. Die Schule hilft bei der Anreise.

O Grove & Portonovo bei der Academía Atlántiko, in Deutschland: Elebeken 7, 22299 Hamburg, © 040/477587, Fax 465885 (Mo – Fr 15 – 20 Uhr). Die Academía Atlántiko bietet zwei- oder dreiwöchige Kurse (Mitte Juli – Mitte Oktober) mit vier Unterrichtsstunden täglich. Inklusive Unterbringung in Ferienwohnungen zusammen mit mehreren Schülern kostet ein Kurs in O Grove 520 bzw. 650 DM, in Portonovo 550 bzw. 690 DM. Einen zweiwöchiger Bildungsurlaub in O Grove mit sechs Schulstunden täglich kostet rund 700 DM.

Zu Kursbeginn werden die Teilnehmer in mindestens vier Niveaus eingestuft, die Gruppen bestehen aus nicht mehr als acht Schülern. Die Schule vermittelt Mitfahrgelegenheiten für An- und Abreise, organisiert Ausflüge, Feste und stellt Kontakte zu Einheimischen her.

In O Grove: Raposeira 33, 3. Stock, 36980 O Grove (Pontevedra), © 986-731290, Fax 986-732118.

In Portonovo: Crta. Adigna 74, kein Telefon.

In O Grove & Viveiro bei der Escuela Internacional de Lenguas Rías Bajas, Kontakt in Deutschland: Matthias Graubner, Schröderstiftweg 2, 20146 Hamburg, © 040/44809470. Das Kursangebot, die Art der Unterbringung und auch die Preise der »Escuela Rías Bajas« sind identisch mit dem Programm der Academía Atlántiko. Allerdings bietet »Rías Bajas« schon ab Ende März Kurse in O Grove an, zu 520 DM (2 Wochen) bzw. 650 DM (3 Wochen).

In Viveiro gibt es nur drei dreiwöchige Kurse (Mitte Juli bis Mitte September), Kostenpunkt 720 DM. In den Monaten Juli und August bemüht sich die Schule um gemischte Wohngruppen mit Spaniern, die hier Deutsch lernen.

In O Grove: Rúa Castelao 12, 36980 O Grove (Pontevedra), © 986-732629, Fax 986-733241.

DER JAKOBSWEG

LAND & LEUTE

GESCHICHTE & GEGENWART

REISEPRAXIS

GOURMETS & AKTIVE

JAKOBSWEG

SANTIAGO DE COMPOSTELA

RIAS ALTAS – NORDKÜSTE

RIAS BAJAS – WESTKÜSTE

DAS LANDESINNERE

DER JAKOBSWEG DURCH SPANIENS GRÜNEN NORDEN

VON SUSANNE SPRÖER UND MARKUS M. HUGO

Es sind unsichere Zeiten um das Jahr 825 in Nordspanien. Christen und Araber kämpfen um die Vorherrschaft, Städte und Dörfer werden eingenommen, zurückerobert, verwüstet. Weniger als ein Jahrhundert ist es her, daß die islamischen Araber aus Nordafrika kommend die Iberische Halbinsel überrannt hatten und bis nach Frankreich vorgedrungen waren. Nur allmählich erholt sich die christliche Welt von diesem Schlag und geht mit schwachen Kräften daran, die verlorenen Gebiete zurückzuerobern. Da verbreitet sich wie ein Lauffeuer im Abendland die Nachricht, im äußersten nordwestlichen Zipfel Spaniens sei das Grab des Apostels Jakobus entdeckt worden. Sogleich machen sich einige Franken und Deutsche auf den Weg Richtung Pyrenäen …

So ähnlich könnte eine historische Reportage über die Ursprünge der Santiago-Wallfahrt beginnen. Daß sich Santiago de Compostela nach Rom und Jerusalem zum wichtigsten Pilgerziel des Mittelalters entwickelte, hing ursächlich mit der Reconquista, der um 720 einsetzenden Rückeroberung der von den Arabern besetzten Gebiete in Spanien durch die Christen zusammen. Wie 200 Jahre später bei den Kreuzzügen nach Jerusalem galt es, mit dem (vermeintlichen) Grab des Apostels ein wichtiges Heiligtum vor dem Zugriff der Ungläubigen zu schützen. Der Jakobsweg hatte deshalb in seiner Frühphase vor allem eine religiös-politische Funktion als begrenzende Ost-West-Achse, von der aus die Rückeroberung vorangetrieben wurde; so hat 778 der Heilige Jakobus angeblich persönlich Karl dem Großen in einem Traum bedeutet, gegen die Mauren vorzugehen, was letztendlich zur Einrichtung der Spanischen Mark führte (vergleiche zum Jakobskult auch Seite 45, und zum Apostelgrab unter der »Santiago«-Griffmarke, Seite 182).

Für den einfachen Pilger war nicht so sehr der strategische Hintergrund wichtig als die Überzeugung, durch eine Wallfahrt göttliche Sündenvergebung und individuelles Seelenheil erlangen zu können. Man pilgerte nach Santiago, um Buße zu tun und sich von einer Schuld zu befreien, von Krankheit geheilt zu werden, eine Versicherung für das ewige Leben zu erhalten oder der wundertätigen Reliquie Dank zu sprechen. Motive dieser Art haben bis in unsere Tage die Pilgerströme nicht versiegen lassen.

Das Santiago-Wallfahrt-Fieber und die Wundergläubigkeit glühte besonders während des 11. bis 13. Jahrhunderts im ganzen christlichen Abendland, sogar orientalische und afrikanische Pilger wurden registriert. Die meisten brachen allerdings in Frankreich und dem Deutschen Reich auf. Für die Wallfahrer im Mittelalter war die Reise ein monatelanges Abenteuer mit ungewissem Ausgang. Da es kaum Karten und wenig Reisebeschreibungen gab, war man auf mündliche Erzählungen und den eigenen Spürsinn angewiesen. Erhalten ist ein Pilgerführer aus dem frühen 12. Jahrhundert, das *Liber Sancti Jacobi*, offiziell unter dem Titel *Codex Calixtinus* verbreitet, den ein gelehrter französischer Mönch mit Namen Aimeric Picaud verfaßt hat. Er gilt bis heute als eine wichtige Informationsquelle für die Santiago-Wallfahrt. Seine Schilderungen wie auch spätere Reiseberichte veranschaulichen die Gefahren, die den Pilgern drohten: wilde Tiere, falsche Führer, Räuberbanden, Hunger, Kälte, Krankheit, Tod ... betrügerische Geldwechsler, beutelschneiderische Zöllner, verführerische Dirnen, ausbeuterische Herbergswirte ...

Erst allmählich wurden Maßnahmen zum Schutz der Pilger ergriffen, Geleitbriefe ausgestellt, Kirchen und Klöster nebst Pilgerherbergen errichtet, das Gastrecht garantiert. Es kristallisierte sich die Tracht des Santiago-Pilgers heraus, die ihn bereits von weitem bis heute kenntlich macht: Mantelumhang, breitkrempiger Hut, Pilgerstab mit Kürbisflasche und Jakobsmuschel. Doch in diese Tracht konnte jedermann schlüpfen: *coquillards*, Muschelbrüder wurden die französischen Räuber genannt, die sich als Pilger verkleidet unter die Wallfahrer mischten, um sie auszurauben.

Das Bandenunwesen und die Pestepidemien machten die Wallfahrt in der frühen Neuzeit (ab etwa 1500) gefährlicher als je zuvor, so daß viele auf das Erlebnis verzichteten. Auch die Reformation bremste den Schwung der Santiago-Bewegung. 1589 versteckte man die Jakobus-Reliquien aus Angst vor den Überfällen des englischen Piraten Francis Drake, hundert Jahre blieben sie verschollen. Französische Revolution, Säkularisierung und Industrielle Revolution trugen anschließend nichts dazu bei, die Bußfahrten wiederzubeleben.

Erst in unserem Jahrhundert wurde die Tradition neu entfacht. Spaniens Diktator Franco, stets von der Katholischen Kirche unterstützt, entdeckte den Heiligen für sich und setzte ihn für seine Zwecke ein. 1937 wurden Santiago zum Patron Spaniens und sein Geburtstag, der 25. Juli, zum Nationalfeiertag ernannt. Das kurbelte vor allem das Geschäft der innerspanischen Wallfahrt an wie nie zuvor. Auch die Tradition der *años santos*, der Heiligen Jahre, wurde wieder aufgenommen. Jedes Jahr, in dem der Geburtstag Santiagos auf einen Sonntag fällt, ist ein solches Año santo. Dem Jakobsjahr 1993 folgt also ein Heiliges Jahr 1999.

Für die Wallfahrt nach Compostela bürgerten sich im Mittelalter feste Routen ein, die man noch heute nachvollziehen kann. Vier Hauptwege gibt es in Frankreich, die sich zu zwei Wegen über die Pyrenäen am *Somport-Paß* und am *Ibañeta-Übergang* bündeln und schließlich hinter Pamplona in *Puente La Reina* zu einem Weg

Wegweiser für Fußpilger, hier vor Navarrete

vereinigen. Englische und holländische Pilger wählten oft den Seeweg nach A Coruña, Italiener landeten in Barcelona und wanderten dann über Zaragoza nach Puente La Reina. Ein weitverzweigtes Netz europäischer Pilgerwege ist bekannt, über die sich jährlich Zehntausende nach Compostela begaben.

Der *Camino Francés*, benannt nach den vielen französischen Pilgern, verläuft von Roncesvalles über Pamplona, Logroño, Burgos, León, Ponferrada und Cebreiro nach Santiago de Compostela. Ihm folgen wir in diesem Reiseführer. Die Strecke berührt interessante Städte, wunderschöne und historisch bedeutsame Baudenkmäler, faszinierende und grundverschiedene Landschaften. Wie kaum sonst irgendwo in Europa zeigt der Jakobsweg – 1987 von der UNESCO zum »Europäischen Kulturweg« ernannt – eine Synthese von abendländischer Kultur und arabischen Einflüssen. Straßenbau, Verkehr und Tourismus haben dieses Kulturerbe seit den 70er Jahren zunehmend bedroht. Zahlreiche Initiativen bemühen sich deshalb um die Erhaltung der historischen Route und ihrer Umgebung. Der 1992 in Santiago gegründete »Rat des Jakobsweges«, dem neben einigen Madrider Ministerien alle spanischen Regionen angehören, durch die der Jakobsweg verläuft, sowie das Galicische Parlament konnten 1996 schließlich erreichen, daß Wege und Straßen von historischem oder kulturellem Interesse fortan unter besonderen Schutz stehen, saniert und auch in ihrer Umgebung baulich nicht verändert werden.

Wer sich heute auf den Jakobsweg begibt, tut dies aus den unterschiedlichsten Gründen. Mal sind es religiöse, mal sportliche Motive, bei vielen kunst- und baugeschichtliches Interesse. Mancher entdeckt seine wahren Gründe nach vielen Überraschungen auch erst unterwegs. Wie auch immer, der Tourismus entlang der Route durch Nordspanien floriert.

Wir haben uns bei unserer Beschreibung der einzelnen Etappen an den großen Städten orientiert. Sie dienen als Ausgangspunkte zu Ausflügen und Wandertouren, die – auch unabhängig vom Jakobsweg – Galicien-Fahrer zu einer erlebnisreichen Anfahrt anstiften können. Zwar dient uns der Camino de Santiago als roter Faden, und die meisten empfohlenen Ausflüge haben mit ihm verbundene Orte zum Ziel, reizvoll werden sie aber vor allem durch zauberhafte Landschaften und Begegnungen mit Menschen und der Natur.

PAMPLONA

Pamplona – für viele ist das zunächst die Stadt der Fiesta, des weltbekannten sieben Tage dauernden Festes zu Ehren des Stadtheiligen *San Fermín* mit dem allmorgendlichen Stiertreiben durch die engen Straßen, das Ernest Hemingway in einem seiner Romane verewigt hat. Wer gern tagelang ausgelassen feiert, Stierkampf mag, dem Alkohol nicht abhold ist, und wem Hitze und Gedränge nichts ausmachen, für den sind die *Sanfermines* in der 2. Juliwoche genau das Richtige. Wer aber die Stadt Pamplona kennenlernen möchte, sollte lieber zu einer anderen Zeit kommen – während der Fiesta verdreifachen sich die Hotelpreise, und Bars und Restaurants machen mit den unzähligen Touristen das Geschäft des Jahres.

In der rauschenden Festwoche wird man zudem kaum entdecken, daß das sonst recht ernsthafte Pamplona zu den arbeitsamsten und wohlhabendsten spanischen Städten gehört. Als Industriestandort kommt der Stadt überregionale Bedeutung zu, das große VW/Seat-Werk ist eine der Quellen des Wohlstands. Wichtig für die Stadt sind zudem der Dienstleistungssektor und die größere der beiden Universitäten, die *Universidad de Navarra,* die vom umstrittenen katholischen Laienorden Opus Dei geleitet wird.

Als 1591 die Sanfermines das erste Mal gefeiert wurden, gab es Pamplona schon über anderthalb Jahrtausende. In der Nähe des Lagerplatzes, dem der römische General Pompejus 74/75 v. Chr. seinen Namen gab, lag ein altes baskisches Dörfchen. Auch heute noch ist Pamplona stolz auf seine baskischen Wurzeln: Wie überall in der *Provinz Navarra* ist Baskisch zweite Amtssprache. Allerdings sind die Navarresen weniger militante Verfechter der Autonomie als ihre baskischen Nachbarn – wohl auch, weil sie sich im Gegensatz zu diesen im Bürgerkrieg schnell ins frankistische Lager schlugen und Diktator Franco zum Dank ihre alten *fueros,* Privilegien und Sonderrechte, bestätigte.

Diesen weniger rühmlichen Teil der Geschichte erzählen die aufwendig gestalteten Prospekte der Regionalregierung meist nicht. Dafür widmen sie sich um so ausführlicher der wechselvollen mittelalterlichen Geschichte der Stadt, die westgotische, arabische und christliche Eroberer sah und deren Stadtmauern von Karl dem Großen 778 geschleift wurden. Die für die Entwicklung der Stadt wichtigsten Eroberer aber kamen in friedlicher Absicht: die Jakobspilger auf dem Weg zum Apostelgrab in Santiago. Viele von ihnen durch Privilegien zum Bleiben verführt, ließen sie sich als Handwerker oder Händler in den Vierteln *San Nicolás, Santiago* und *San Fernín* nieder – San Fermín war der Heilige vieler Fremder. Lange besaßen die zugewanderten Franken ein

Monopol für die einträglichen Geschäfte mit den Pilgern, was häufig zu Streitigkeiten mit den Einheimischen führte. Mit dem Unionsprivileg 1423 machte dem der navarrische König Carlos III. (1361 – 1425) ein Ende und verfügte die Gleichheit aller Bürger.

Stadtbesichtigung

Trotz Hochhauszeilen und zubetonierten Geschäftsvierteln – die Provinzhauptstadt hat 183.000 Einwohner – fällt bei der Stadtbesichtigung angenehm auf, daß *Iruñea* (Pamplona auf Baskisch) eigentlich eine grüne Stadt ist: Herrliche weite **Parks** zwischen der hübschen *Altstadt* und der *Neustadt*, die während der Fiesta von den Besuchern als Schlafplätze genutzt werden, laden zum Schlendern ein:

Zitadelle, Parque de la Ciudadela: Von der Befestigung sind nur die Grundmauern geblieben, sie liegt am Rande des Zentrums und grenzt an die Hochhäuser der Neustadt – eine grüne Oase im Großstadtdschungel.

Parque de la Taconera: Der schönste Park der Stadt ist einen erholsamen Bummel wert. Umgeben von Mauern aus dem 16. Jahrhundert leben hier außer Hühnern und anderen Vogelarten sogar Hirsche.

Murallas: Auf den alten Stadtmauern bietet sich ein Spaziergang von den *Jardines de la Taconera,* am Korral vorbei, wo die Stiere vor dem *encierro* (Stiertreiben) warten, bis zum kleinen, schattigen *Parque de Media Luna* an. Die Stadtmauern folgen teilweise dem Flußlauf; da sie erhöht liegen, bieten sie einen weiten Ausblick – allerdings manchmal auf Schnellstraßen und Hochhäuser. Ein wunderschön romantisches Eckchen an den Murallas ist die *Calle del Redín* nahe der Kathedrale. Vor allem nachts, wenn die gekalkten Fassaden der Häuser das Licht der Laternen warm und gelb zurückwerfen, genießt man am besten den Blick über die erleuchtete Stadt auf der Terrasse des *Mesón del Caballo Blanco* – bei Drinks und Tapas, begleitet von klassischer Musik – ein Ort hoch über der Stadt so richtig zum Träumen.

An Pamplonas **Kathedrale** (Dormitalería/Plaza San José), deren Fundamente aus dem 14. und 15. Jahrhundert stammen, ist vor allem der *gotische Kreuzgang* sehenswert – die neoklassizistische Fassade aus dem 18. Jahrhundert enttäuscht im Vergleich mit denen der prächtigen Kathedralen von Burgos und León, die noch auf dem Weg liegen. Daran hat auch eine gründliche, mehrjährige Renovierung zu Beginn der 90er Jahre nichts ändern können. Von ihr hat allerdings der prächtige Kreuzgang enorm profitiert.

Im **Diözesanmuseum** können sich Besucher einen ungefähren Eindruck von den Schätzen der katholischen Kirche verschaffen, die hier gehortet werden, seit Pamplona um das Jahr 600 Bischofssitz geworden war. Eingang durch den Kreuzgang der Kathedrale. 15. Mai bis 15. Oktober Mo – Fr 10.30 – 13.30, 16 – 18 Uhr geöffnet, im Rest des Jahres nach Absprache, Eintritt 500 Pts.

Museo de Navarra: Cuesta de Santo Domingo. In einem Hospital

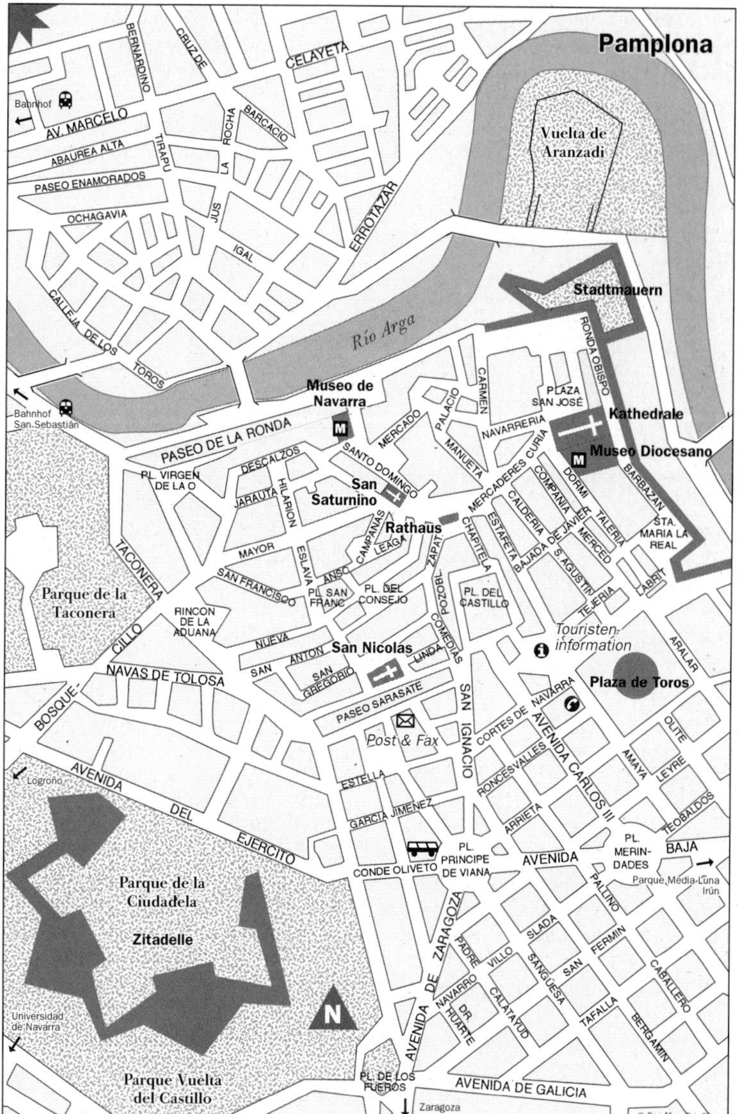
Pamplona
Vuelta de Aranzadi
Bahnhof
AV. MARCELO
ABAUREA ALTA
PASEO ENAMORADOS
OCHAGAVIA
BERNARDINO
CRUZ DE
CELAYETA
BARCACIO
LA ROCHA
TIRAPU
JUS
IGAL
ERROTAZAR
CALLEJA DE LOS TOROS
Río Arga
Stadtmauern
RONDA OBISPO
Bahnhof San Sebastián
Museo de Navarra
PASEO DE LA RONDA
CARMEN
PALACIO
MERCADO
PLAZA SAN JOSÉ
Kathedrale
NAVARRERIA
Museo Diocesano
SANTO DOMINGO
MANUETA
DESCALZOS
PL. VIRGEN DE LA O
JARAUTA
HILARION
San Saturnino
MERCADERES
CURIA
COMPAÑIA
DORMI
BARBAZAN
CALDERIA
TALERIA
STA. MARIA LA REAL
Rathaus
CAMPANAS
LEAGA
ESTAFETA
CHAPITELA
BAJADA DE JAVIER
MERCED
MAYOR
ESLAVA
ANSO
ZAPAT.
S. AGUSTIN
ABRIT
TACONERA
Parque de la Taconera
SAN FRANCISCO
PL. SAN FRANC
PL. DEL CONSEJO
POZOBL.
PL. DEL CASTILLO
TEJERIA
RINCON DE LA ADUANA
COMEDIAS
Touristen-information
ARALAR
NUEVA
SAN ANTON
San Nicolas
LINDA
SAN GREGORIO
CILLO
NAVAS DE TOLOSA
BOSQUE-
PASEO SARASATE
SAN IGNACIO
CORTES DE NAVARRA
Plaza de Toros
Post & Fax
AVENIDA CARLOS III
OLITE
RONCESVALLES
AMAYA
LEYRE
Logroño
AVENIDA DEL EJERCITO
ESTELLA
GARCIA JIMENEZ
ARRIETA
TEOBALDOS
PL. PRINCIPE DE VIANA
AVENIDA
PL. MERIN-DADES
BAJA
CONDE OLIVETO
Parque Media Luna
Irún
Parque de la Ciudadela
Zitadelle
PALLINO
SLADA
FERMIN
PADRE
VILLO
SANGÜESA
SAN
AVENIDA DE ZARAGOZA
CABALLERO
N
NAVARRO
DR. HUARTE
CALATAYUD
TAFALLA
BERGAMIN
Universidad de Navarra
Parque Vuelta del Castillo
PL. DE LOS FUEROS
AVENIDA DE GALICIA
Zaragoza
© Peter Meyer Reiseführer

JAKOBSWEG

aus dem 16. Jahrhundert untergebracht; es ist das am besten ausgestattete Regionalmuseum am Pilgerweg. Di – Sa 10 – 14 und 17 – 19 Uhr, So und Fei 11 – 14 Uhr, Eintritt 300 Pts, für Studenten mit Ausweis 150 Pts, Sa-nachmittag und So frei.

Ein mit bunten Blumen dekoriertes Schmuckstück des Barock ist das **Rathaus** von 1754 an der *Plaza Consistorial*, Mittelpunkt des städtischen Lebens ist die von Bäumen umsäumte **Plaza del Castillo** (Schloßplatz) aus dem 16. Jahrhundert – vom Schloß ist allerdings nichts übrig.

An der **Plaza de Toros**, der Stierkampfarena, steht das Hemingway-Denkmal, das die Stadt ihrem Bewunderer gestiftet hat – künstlerisch eine Geschmackssache, trotzdem ein beliebtes Fotomotiv. Die Schalter für Eintrittskarten in der Calle Amaya sind Sa- und So-vormittag geöffnet.

Zu empfehlen ist der Besuch der alten Stadtteilkirchen **San Nicolás**, 1117 an der *Plaza San Nicolás* erbaut, und **San Saturnino** von 1297 (zwischen Calle *Campana* und *Ansoleaga*), die massiv und wehrhaft einen bildhaften Eindruck von einst kriegerischen Zeiten vermitteln.

Verbindungen & Infos

Flug: Der Flughafen *Noain* liegt 6,5 km stadtauswärts Richtung Zaragoza, ✆ 948-317512, 948-317182. Täglich nach und von Madrid, Barcelona und Santander.

Ein gefährliches Spiel für junge Männer, die den Thrill suchen: allmorgendliches Stiertreiben während der Fiesta San Fermines

Bus: *Estación de Autobuses*, Conde Oliveto, ✆ 948-223854; mehrmals täglich nach Madrid, Barcelona und Irún.

Teletaxi: Avd. Zaragoza 35, ✆ 948-232300.

Unterkunft

Die Preise klettern während *Sanfermines* im Juli mächtig in die Höhe, wir geben daher zusätzlich den Preis während der Fiesta an. Sonst beziehen sich die genannten Preise immer auf das DZ während der Hochsaison. Im Zentrum, vor allem in den Straßen San Nicolás und San Gregorio, liegen einige billige Hostals mit wenig Komfort, aber auch in der Nebensaison gibt es nichts unter 3500 Pts je DZ.

★★★★ *Tres Reyes*, Jardines de la Taconera, ✆ 948-226600, DZ ab 20.000 bzw. 35.000 Pts.

★★★★ *Iruña Park Hotel*, Arcachio M°Larraona 1, ✆ 948-173200, DZ 18.500 bzw. 31.500 Pts.

★★★ *Europa*,Espoz y Mina 11, ✆ 948-0225157, DZ 13.500/29.000 Pts.

★★ *Eslava*, Plaza Virgen de la O 7, ✆ 948-222270, DZ 10.500/15.750 Pts.

★ *La Perla*, Plaza del Castillo 1, ✆ 948-227706, DZ 9775/25.200 Pts; absolut zentral gelegen, Hemingways Stammhotel.

★ *Hostal Principe de Viana I* und *II*, Avda. de Zaragoza, ✆ 948-249147 und 249146, DZ 6500 (13.000); etwas laut, weil an der Ausfallstraße gelegen, dafür noch erschwinglich.

Camping: *Eusa* in Ezcaba, an der Straße nach Irún, Km 7, ✆ 948-331665, ganzjährig geöffnet, nur teilweise Schatten, 2 PAZ 1800 Pts.

Essen & Trinken

In ganz Spanien sind die *Truchas de Navarra* bekannt, mit Räucherschinken und Kräutern gefüllte Forellen. Sie tauchen auf fast jeder Speisekarte Pamplonas auf und sind meist recht preiswert. Berühmt ist auch der Spargel der Region, deshalb in der Erntezeit auf Angebote in den Restaurants achten.

Hostal del Rey Noble Las Pocholas, Plaza Sarasate 6, © 948-222214, Spezialitäten: *rabo estofado*, Stierschwanz, und *ajoarriero con langosta*, Langustengulasch. So und im August geschlossen, Luxusklasse.

Alhambra, Bergamin 7, © 948-245007, Spezialität: *Puré de verduras y trufas*, püriertes Gemüse mit Trüffeln, sowie Meeresfrüchte. So geschlossen, mittlere Preisklasse.

Zaldiko, Santo Domingo 39, © 948-222277, Spezialität: *Pierna de cordero rellena de jamón*, Hammelkeule mit Schinkenfüllung. So geschlossen, Abendmenü ab 3000 Pts.

Das **Nachtleben** Pamplonas spielt sich vor allem in den Altstadtgassen zwischen der Plaza del Castillo und dem Parque de la Taconera ab. Dort findet man alles von einfachen Tapa-Bars wie in der Calle San Lorenzo über Discos bis zu stilvollen Cafés wie die *Bar Museo,* San Gregorio 48.

Café Iruña an der Plaza del Castillo, ist noch immer einen Besuch wert, auch wenn ein Teil des legendären Lokals inzwischen in eine Bingo-Spielhölle verwandelt wurde.

Nützliche Adressen

Touristeninfo: Duque de Ahumada 3, © 948-220741, 10 – 14 Uhr und 16 – 19; im Sommer zusätzlich Infostand an der Plaza del Castillo.

Post & Fax: Paseo Sarasate 9, © 948-221263, *Caja de Postal,* Avda. Pio XII, 8. © 175655.

Telefon: *Fernsprechamt*, Amaya 2 (gegenüber der Stierkampfarena), Mo – Fr 9 – 13 und 17 – 21 Uhr, Sa 9 – 13 Uhr.

Notruf: *SOS Navarra,* Avenida Carlos III 2, © 088 (in ganz Navarra); Notfallambulanz © 245650.

Kino und Theater: Fünf Kinos im Stadtzentrum, davon drei mit mehreren Sälen; Informationen dazu und Theaterprogramm in den Tageszeitungen »Diario de Navarra«, »Navarra hoy« und dem ETA-nahen Blatt »Egin«.

REISEZIELE IN DER NÄHE

Pamplona eignet sich trotz der ganzjährig außergewöhnlich hohen Hotelpreise wegen seiner zentralen Lage gut als Standort für Ausflüge in die Provinz, die nicht umsonst ein »Kontinent im Kleinen« genannt wird: Wohl in kaum einer anderen Region Spaniens gibt es so viele unterschiedliche und großartige Landschaften. Im Norden das *Pyrenäenmassiv* mit vielfältigen Ski- und Wandermöglichkeiten und dem *Nationalpark Ordesa,* im Osten der *Yesa-Stausee* und die einsamen Pyrenäentäler von *Salazar* und *Roncal* (von dort kommt ein kräftiger, zu Recht gerühmter Käse), im Süden das fruchtbare *Ebro-Tal* – nur Küste gibt

Das Ziborium in der gotischen Stiftskirche Colegiata von Roncesvalles

es in Navarra nicht, dafür ist es aber in den noblen Badeort *San Sebastián* nicht weit.

Der erste Ausflug führt zum Startpunkt der meisten Pilger, nach Roncesvalles nahe der französisch-spanischen Grenze in den Pyrenäen.

Roncesvalles

Dieser Ausflug kann auch mit der Anreise über Frankreich kombiniert werden. Von **Bayonne** über *Saint-Jean-Pied de Port* führt der herrliche Weg durch die Pyrenäentäler über den *Ibañeta-Paß* und *Valcarlos* bis nach Roncesvalles.

Wer aus **Pamplona** kommt, folgt der N 135 knapp 50 km durch dichte Eichen- und Buchenwälder bis zum Zielort. Wegen der herrlichen Landschaft und wunderschöner Wanderwege lohnt es sich, von Pamplona aus mit dem Bus bis *Burguete* zu fahren (2 km vor Roncesvalles) und nach dem Besuch einen Teil des Rückweges zu Fuß zu bestreiten. Der Ausflug dauert etwa einen halben Tag.

Die Fahrt zum beliebtesten Startort der heutigen Jakobspilger führt tief in die Geschichte zurück. Untrennbar ist **Roncesvalles** mit dem *Rolandslied* verbunden, jenem mittelalterlichen Heldenepos, das den Tod des stolzen Gefolgsmannes Karls des Großen zum Thema hat. Der Sage nach waren es die Mauren, die 778 der Nachhut Karls in einem Hinterhalt den Garaus machten, doch gilt Einhards Darstellung in der »Vita Caroli magni« zufolge als sicher, daß erzürnte Basken und Navarrer Rache für die Zerstörung Pamplonas durch Karl den Großen nahmen. Zahlreiche Denkmäler und Kunstwerke beziehen sich auf diese Schlacht. So auch das direkt an der Straße gelegene **Silo de Carlomagno** in Roncesvalles, eine Grabkapelle, die angeblich den gefallenen Franken als letzte Ruhestätte dient. Nur selten ist sie heute Besuchern zugänglich. Direkt daneben lädt eine schlichte *Santiago-Kapelle* (13. Jahrhundert) zum Verweilen ein.

Beherrscht wird das kleine Dörfchen vom mächtigen **Hospiz Real Colegiata.** Das im 12. Jahrhundert gegründete Hospital gehörte zu den wichtigsten am Jakobsweg, nahm es doch die erschöpften Pilger nach der gefährlichen Paßüberquerung auf. *Museum Real Colegiata:* Di – So 11 – 13.30 und 16 – 18 Uhr, jeweils 12 Uhr Führungen; Sakralkunst, alte Handschriften und Schmiedearbeiten. Eintritt 200 Pts.

Einen Besuch wert ist die gotische **Stiftskirche,** wo im lichten Altarraum ein moderner Baldachin (Ziborium) ins Auge fällt. Im angrenzenden *Kapitelsaal* befindet sich das Grab des navarrischen Königs Sancho des Starken (1150 – 1234), der die Kirche erbauen ließ. Die Kirche und der Kreuzgang aus dem 18. Jahrhundert sind täglich 9 – 21 Uhr zu besichtigen, im Winter gelegentlich kürzere Öffnungszeiten.

Unterkunft & Essen

★★ *La Posada,* Colegiata de Roncesvalles, ✆ 948-760266, DZ 6500 Pts, solide Pension. Hier gibt es auch ein *Restaurant.*

★ *Casa Sabina,* Ctra. Pamplona-Francia, Km 48, ✆ 948-760012, DZ 4500 Pts, einfaches Hostal.

Weitere Hotels im 2 km entfernten *Burguete* (Richtung Pamplona).

Nützliche Adressen

Touristeninformation: Antiguo Molino (im Gebäude der alten Mühle, Nähe Museum), ✆ 948-760193, Mo – Sa 10 – 14 und 15 – 18 Uhr, So nur 10 – 14 Uhr.

Telefon: in einem der Hotels oder Restaurants.

Von Pamplona nach Jaca

Dieser Halb- oder Ganztagesausflug führt in die *Provinz Huesca* auf den zweiten Weg, den die Pilger aus Frankreich über die Pyrenäen nahmen. Für Reisende, die aus **Toulouse** kommend die landschaftlich sehr reizvolle Strecke über den *Somport-Paß* wählen, kann er also auch mit der Anreise nach Pamplona kombiniert werden. Sie folgen nach Überquerung der Grenze der N 330 über *Canfranc* bis nach Jaca. Ausflügler aus Pamplona nehmen die N 240 (Richtung Huesca) am *Yesa-Stausee* vorbei bis Jaca (etwa 105 km).

Der Wintersportort **Jaca** (11.000 Einwohner) liegt auf einem Plateau (820 m ü.NN) an den Ausläufern der Pyrenäen, am Ufer des *Río Aragón,* dem Namensgeber der autonomen Region. Wegen einer erfrischenden Brise aus den Bergen im Sommer und den guten Wintersportmöglichkeiten ist die ehemalige Hauptstadt des Königreichs Aragón heute ein beliebtes Ausflugs- und Urlaubsziel. Daß es vorerst dabei bleibt, verdanken die Einwohner dem Internationalen Olympischen Komitee, es lehnte die Bewerbung für die Winterspiele 1996 nämlich ab. Kaum auszudenken, was dem gemütlichen Städtchen sonst widerfahren wäre.

Sehenswert ist besonders die überwiegend romanische **Kathedrale** (11. Jahrhundert), die sich zwischen den angrenzenden Häusern versteckt. Im düsteren *Innern* der Westhalle begegnet uns zum ersten Mal eine Darstellung des Apostels Jakob in Pilgerkleidung. Durch den *Kreuzgang* kommt man ins **Diözesanmuseum,** wo es vor allem gotische und romanische Fresken zu bewundern gibt – der gesprächslustige Priester am Eingang spricht zwar auch ein paar Brocken Englisch, aber wer ein wenig Spanisch beherrscht, erfährt von ihm mehr über Museum und Kathedrale, als es in sämtlichen Prospekten zu lesen gibt. Kathedrale und Museum sind außer Mo 11 – 13.30 und 16 – 18.30 Uhr zugänglich, Eintritt 200 Pts.

Nicht weit davon, an der *Calle Primo de Rivera,* liegt der Eingang zur mächtigen sternförmigen **Zitadelle,** die Felipe II. erbauen ließ und die heute – wie passend – die Guardia Civil beherbergt. Das Bollwerk kann im Sommer 11 – 12 und 17 – 18 Uhr, im Winter 17 – 18 Uhr betreten werden.

Auch die **Torre del Reloj** (Uhrenturm) des nicht mehr erhaltenen Königspalastes mit seinen gotischen Fenstern aus dem 15. Jahrhundert ist im Zentrum der engen Gassen einen oder mehrere Blicke wert, ebenso das **Rathaus,** die *Casa Consistorial* aus dem 16. Jahrhundert mit einer Fassade im aragonischen plateresken Stil. Die dem Apostel gewidmete **Santiago-Kirche** aus dem 11. Jahrhundert (renoviert im 18. Jahrhundert) liegt mitten im alten *Frankenviertel.* Ebenfalls im Stadtzentrum befindet sich die Karmeliterkirche **Iglesia del Carmen** (17. Jahrhundert), während zur etwas außerhalb gelegenen **Aragón-Brücke** *San Miguel* ein schöner Spaziergang führt.

Verbindungen

Zug: Bahnhof in der Avda. de Juan XXIII, ✆ 974-361332, Verbindungen Canfranc (F-Grenze, Spurumstellung), nach Zaragoza und Madrid.

Bus: *Estación de Autobuses,* Avda. de la Jaquetanía; mehrmals täglich nach Pamplona und Barcelona.

Unterkunft & Camping

★★★ *Gran Hotel,* Paseo General Franco 1, ✆ 974-360900, DZ 10.800 Pts.

★★ *Conde Aznar,* Paseo Constitución 3, ✆ 974-361050, DZ 8000 Pts.

★★ *La Paz,* Mayor 41, ✆ 974-360700, DZ 6000 Pts.

★ *El Abeto,* Bellido 15, ✆ 974-361642, DZ 5000 Pts.

Weitere billige Hostals und Pensionen vorhanden; Verzeichnis bei Touristeninfo erbitten.

Camping *Victoria,* Llano la Victoria, 1 km auf der Carretera nach Pamplona, ✆ 974-360323, teilweise schattig, 2 PAZ 2500 Pts.

Peña Oroel, an der C-134 von Sabiñánigo nach Jaca, 6 km außerhalb von Jaca, © 974-360215, 2 PAZ 2300 Pts.

Essen & Trinken

Eine Reihe preiswerter Restaurants an der Verkehrsader Primo de Rivera, Tapa-Bars rund um die Calle Mayor.

Palacio de Congresos, Avda. Juan XXIII 17, für gehobene Ansprüche.

Mesón Cobarcho, Ramiro 1, mittlere Preisklasse.

Nützliche Adressen

Oficina de Turismo, Avda. Regimiento de Galicia 2, © 974-360098.

Post: Avda. Regimiento de Galicia (schräg gegenüber vom Tourismusbüro).

Zum Kloster San Juan de la Peña

Zurück auf der N 240 Richtung Pamplona weist etwa 15 km hinter Jaca linker Hand eine Abzweigung nach **San Juan de la Peña** zu einem der ausgefallensten Bauten der Romanik in ganz Nordspanien (11 km kurvenreiche Strecke). Das zweistöckige Kloster, dessen Ursprünge ins 8. Jahrhundert reichen, ist in eine mächtige Felswand gehauen. Mehrmals von den Arabern zerstört, diente es über Jahrhunderte hinweg Mönchen als Zuflucht. Im Erdgeschoß verbirgt sich die *Krypta* aus dem 9. Jahrhundert. Beeindruckend ist aber vor allem der sonderbare romanische *Kreuzgang* unter der Felswand, der ohne Gewölbe angelegt ist. Meisterhaft gearbeitete Kapitelle verraten viel von der Gedankenwelt der ehemaligen Bewohner. San Juan de la Peña war eines der ersten Klöster Spaniens, in dem Ende des 11. Jahrhunderts die römisch-katholische die mozarabische Liturgie ablöste (zur Reformbewegung vergleiche auch Sahagún, Seite 159). Das Kloster ist täglich 10 – 13.30 und 16 – 20 Uhr geöffnet. Der kleine *Museumsraum* zur Klostergeschichte ist 11.30 – 13 und 16.30 – 18 Uhr zugänglich, Eintritt frei. Im Juli und August sollte der Besuch wegen des großen Andrangs am frühen Morgen oder am späten Nachmittag eingeplant werden.

Zurück auf der N 240 dauert die Rückfahrt nach Pamplona eine gute Stunde. Zunächst dem Aragón folgend, geht es an Tafelbergen und verlassenen Dörfern vorbei. Möglichkeiten zur Übernachtung bieten die Campingplätze entlang des *Yesa-Stausees.* Wer nicht zu spät am Tag unterwegs ist, kann einen Abstecher zum Kloster Leyre anschließen.

Ausflug nach Leyre, Javier und Sangüesa

Während der Reconquista dienten die spanischen Klöster immer auch als Zufluchtsstätte. Die Könige von Navarra pflegten in Gefahrenzeiten oft ins abgelegene **Monasterio San Salvador de Leyre** zu fliehen. Man erreicht es von Pamplona aus, wenn man der N 240 Richtung *Huesca* bis kurz vor die Ortschaft *Yesa* folgt (rund 40 km) und links abbiegt. Nach wenigen Kilometern Aufstieg gelangt man zum prachtvollen Königskloster aus dem 9. Jahrhundert. Schon das kunstvolle *Westportal* der **Iglesia San Salvador** mit seiner reichen Symbolsprache verdient nähere Betrachtung. Details im *Inneren* der schlichten Klosterkirche erzählen die lange Baugeschichte: So sitzt der Scheitelpunkt des gotischen Gewölbes nicht symmetrisch auf den frühromanischen Mauern des Schiffes auf, die Bögen der Apsis erscheinen abenteuerlich schief. Die Außenmauern der Apsiden sind jedoch tadellos geformt. Einzig in seiner Art ist die frühromanische *Krypta,* deren tief ansetzende Bögen auf mächtigen kurzen Säulen ruhen – der Raum erscheint zur Hälfte im felsigen Boden versunken.

Rings um das Kloster bieten sich **Wanderungen** mit Blick auf die *Yesa-Talsperre* an, unter anderem zur *Fuente de San Virila,* einer Quelle, an der ein Mönch der Legende nach 300 Jahre lang saß und dem Gesang einer Nachtigall lauschte. Wer nicht so viel Zeit mitbringt, aber trotzdem über Nacht bleiben möchte, kann dies in der **Hospedería** der Benediktiner tun. Vielleicht bekommt er dann auch Gelegenheit, einer Andacht der Mönche beizuwohnen.

Das Kloster ist täglich 9 – 22 Uhr geöffnet, Eintritt frei, Unterkunft ✆ 948-884100.

Javier

Zurück auf der N 240 fährt man nach *Yesa* und biegt dort rechts ab nach **Javier.** Am Rande dieses Dorfes erhebt sich die auf das 10. Jahrhundert zurückgehende **Burg** des Patrons von Navarra, *San Francisco Javier*, der am

Die malerische Burg San Francisco von Javier

JAKOBSWEG

7. April 1506 hier geboren wurde und zusammen mit Ignatius von Loyola den Jesuitenorden gründete. Sie ist im Frühjahr mehrmals Ziel von Wallfahrten, unter anderem von Sangüesa aus. Besichtigt werden können das restaurierte Innere und die Ende des 19. Jahrhunderts angebaute *Basilika.* Zu empfehlen ist die unterhaltsame Führung mit einem Mönch, der hoch über den Burgzinnen die Herrlichkeiten vergangener Tage Navarras beschwört. Im Sommer gibt es am Wochenende Freiluftaufführungen. Geöffnet täglich 9 – 13 und 16 – 19 Uhr.

Unterkunft

★ *El Mesón,* Plaza de Javier, © 948-884035, DZ 5800 Pts (mit Restaurant).

Sangüesa

Das nur 8 km entfernte **Sangüesa** (4600 Einwohner) birgt eine Reihe kunsthistorischer Schätze – allerdings wird einem der Besuch vor allem im Sommer durch den Gestank der benachbarten Zellulosefabrik verleidet. Die Stadt war nicht nur belebte Durchgangsstation für die Pilger aus Jaca, sondern seit dem 15. Jahrhundert auch wichtiger Adelssitz. Davon zeugen die Überreste der **Trutzburg** des Príncipe de Viana ebenso wie der barocke **Palacio de Vallesantoro** mit skurrilen figürlichen Schnitzereien am Dachvorsprung und andere Adelshäuser. Gesehen haben sollte man aber vor allem die **Iglesia Santa María** (an der Brücke über den Aragón). Das spätromanische Portal mit Darstellungen des Jüngsten Gerichts und anderer neutestamentarischer Motive zählt zu den schönsten am ganzen Pilgerweg. Auch hier in Sangüesa sehen die Kirchen aus wie Burgen, die Kirchtürme wie Wehrtürme, Überbleibsel einer Zeit des Kampfes gegen die Mauren, christliche Festungen der Reconquista.

Unterkunft & Essen

★★ *Hotel Yamaguchi,* Carretera de Javier (am Dorfrand), © 974-870127, DZ 7800 Pts.

★★ *Pensión Las Navas,* Alfonso el Batallador 7, © 948-8870077, DZ 4000 Pts; mit Restaurant.

Camping *Cantolagua,* Camino de Cantolagua, © 948-430352, 2 PAZ 1900 Pts.

Restaurants: Einige einfache in der Calle Mayor, z.B. *La Bodega,* Mayor 57. Sangüesa ist für seine guten Bohnengerichte (*alcaparrones*) bekannt.

Weitere Informationen: *Oficina de Turismo,* im Palacio de Vallesantoro, Calle Alfonso el Batallador, © 974-870329.

PAMPLONA – PUENTE LA REINA – ESTELLA – LOGROÑO

Reisende aus Pamplona verlassen die Stadt Richtung Südwesten und setzen ihren Weg auf der N 111 fort. Unbedingt einplanen sollte man nach gut 20 km einen Abstecher zur einzigartigen Ermita de Eunate. Am Ortseingang von Puente La Reina, wo an einer Gabelung ein modernes Pilgerdenkmal von 1965 das Zusammentreffen der beiden Jakobswege signalisiert, biegt man links ab (hin und zurück 15 km).

Von Sangüesa Richtung *Liédena* gelangt man nach wenigen Kilometern wieder auf die N 240 und erreicht nach einer knappen halben Stunde Pamplona. Wer jedoch Navarras Hauptstadt passieren will, kann 3 km hinter *Monreal* links abbiegen und dem Pilgerweg über *Otano, Tiebas, Enériz* (in der Nähe liegt die *Ermita Eunate*) bis **Puente La Reina** folgen, wo sich beide Wege zum *Camino Francés* vereinigen.

Von dieser inmitten Weizenfeldern gelegenen **Ermita de Eunate** geht eine seltsame Anziehungskraft aus. Der vollendet gegliederte Bau mit Treppenturm und Apsiswölbung ist von einem offenen Arkadengang umgeben, der sich harmonisch in die schlichte romanische Komposition einfügt. Das diffuse Licht im Innern und der achteckige Grundriß lassen Gefühle der Beengung erst gar nicht aufkommen. Ob der geheimnisvolle Bau aus dem 12. Jahrhundert tatsächlich als Grabkapelle gedient hat oder ob ihn der Templerorden in Anlehnung an den Grundriß der Jerusalemer Grabkirche als Stiftskirche erbaute, ist umstritten. Wieder andere behaupten, daß hier schon in vorchristlicher Zeit ein magischer Ort gewesen sei und verweisen auf die rätselhafte Symbolsprache der Darstellungen in den Kapitellen und Dachsparren. Wie dem auch sei, Eunate ist ein grandioses Zeugnis romanischer Baukunst, dessen Zauber nicht nur von gläubigen Menschen empfunden wird. Di – Fr 10 – 13.30, 17 – 19.30 Uhr, Sa/So 9 – 13.30 Uhr, im Winter 16 – 18 Uhr. Mo und im Dezember geschlossen. Eintritt frei. Weitere Informationen im benachbarten Haus.

PUENTE LA REINA

Der Brückenbau hatte für das Mittelalter eine kaum zu überschätzende Bedeutung. Was uns heute beim Überqueren mit dem Auto als müdes Rinnsal vorkommt, brachte als reißender Fluß manchen Nichtschwimmer damals in arge Bedrängnis. Für einen befestigten Übergang nahmen die Pilgerscharen oft lange Umwege in Kauf. Die **Puente La Reina** über den *Río Arga,* die diesem Ort ihren Namen gab, ließ im 11. Jahrhundert eine navarrische Königin erbauen, wahrscheinlich die Gemahlin Sancho Mayors. Die Brücke hat trotz der Tausenden von Pilgern, die jedes Jahr

Blick auf Puente la Reina

über sie hinwegtrappeln, die Jahrhunderte überstanden.

Der kleine Ort (2200 Einwohner), der auf Baskisch *Gares* heißt, hat aber noch mehr zu bieten: so kann bei einem Spaziergang entlang des schnurgeraden Pilgerwegs über die *Calle Mayor* (parallel zur Durchgangsstraße) so manches spätmittelalterliche Haus bewundert werden. Einen kurzen Besuch sollte man Kirche und Kloster **Santa María del Crucifijo** abstatten. Das Kruzifix in der Kirche soll ein Pilger aus Deutschland bis hierher getragen haben. Ein Teil der Klosteranlage diente früher als Pilgerhospital. Erwähnenswert ist auch die **Santiago-Kirche** als typisches Beispiel der romanischen Baukunst Navarras.

Verbindungen

Bus: täglich mehrmals nach Pamplona und Logroño, Haltestelle an der Durchgangsstraße N 111.

Unterkunft & Camping

★★ *Mesón del Peregrino,* Carretera Pamplona – Logroño, Km 23, ✆ 948-340075, DZ 9000 Pts; gediegen, etwas überteuert.

★ *Hostal El Puente,* Paseo de los Fueros (Durchgangsstraße), ✆ 948-340146, DZ 6000 Pts.

Camping *El Molino,* 6 km südlich in Mendigorría, mäßig Schatten, viel Asphalt, Swimmingpool, 2 PAZ 2000 Pts.

Mehrere **Restaurants** und **Bars** am Paseo de los Fueros (Hauptstraße), z.B. *La Conrada* (Mittelklasse).

▶ *Tourbeschreibung*

Weiter auf der N 111 Richtung *Logroño* lohnt wenige Kilometer hinter Puente La Reina das malerisch über eine Hügelkuppe verteilte Dörfchen **Cirauquí** einen Halt. Hier kann man durch mittelalterliche Gäßchen schlendern, vorbei an Wegsteinen für Jakobspilger aus dem 17. Jahrhundert. Die beiden *Pfarrkirchen* aus dem 13. Jahrhundert sind teilweise im Original erhalten. An der *Iglesia San Román* ist das in Navarra verbreitete Zackenportal zu sehen.

ESTELLA

Estella, die nächste Station, ist ein geschäftiges Städtchen (13.000 Einwohner), dem man den Glanz früherer Tage auf den ersten Blick gar nicht ansieht. Dabei stand Estella (baskisch:

Lizarra) im Spätmittelalter Pamplona an Bedeutung nicht nach, war Sitz der navarrischen Könige und wirtschaftlich gleichrangig mit Burgos.

Ihre Entstehung verdankt die Stadt dem Jakobsweg: Um die Pilgerströme zu steuern, verlieh der navarrische König Sancho Ramírez (1076 – 1094) der unbedeutenden Ansiedlung im Jahre 1090 Privilegien und den Namen Estella, wahrscheinlich in Anspielung auf den Stern, der das Grab des Apostels Jakobus angezeigt haben soll. Vor allem Franken ließen sich im engen Talkessel am rechten Ufer des *Río Ega* nieder und trugen zum Aufblühen des Ortes bei, der bald *Estella La Bella* (Die Schöne) genannt wurde.

Es gab aber auch Rivalität und Mißgunst, die einheimischen Navarrer versuchten sich gegen die immer mächtigeren Fremden zu wehren. Noch heute läßt sich das prächtige ehemalige Frankenviertel rund um die **Plaza San Martín** deutlich vom Rest der Stadt mit der *Plaza de los Fueros* als Zentrum unterscheiden.

Ein **Rundgang** in Estella ist wegen der Höhenunterschiede eine schweißtreibende Angelegenheit, auf beiden Seiten entstanden hoch überm Fluß Kirchen und Klöster. Der **Königspalast**, *Palacio de los Reyes de Navarra,* aus dem 12. Jahrhundert an der Plaza San Martín ist einer der wenigen romanischen Säkularbauten in Nordspanien. Vorbildlich restauriert, beherbergt der zweistöckige Bau seit 1991 ein **Museum,** das ausschließlich dem recht mittelmäßigen Maler *Gustavo de Maeztu* (1887 – 1947) gewidmet ist. Trotzdem lassen sich noch die interessanten Kapitelle im ersten Stock bewundern.

Schräg gegenüber erhebt sich eindrucksvoll in den Hang gebaut **San Pedro de la Rúa.** An der Südseite der spätromanischen Kirche, an der uns das Zackenportal wieder begegnet, schließt sich der wunderschöne lichte *Kreuzgang* an. Nur noch zwei Flügel sind erhalten, der Rest wurde im 16. Jahrhundert versehentlich weggesprengt. Weiter oben im Hang liegen noch das **Kloster Santo Domingo** und die **Kirche Santa María de Jus del Castillo,** die zum Teil verfallen und nur von außen zu betrachten ist.

Auf der anderen Seite des Flusses erwarten den Besucher das belebte Stadtzentrum und zwei weitere Kirchen, die Beachtung verdienen: Das Nordportal der **Iglesia de San Miguel** birgt ausdrucksstarke romanische Darstellungen des Evangeliums. Ganz anderer Natur ist die 1954 erbaute **Basilica de Puy,** bei der das Sternmotiv, die *estrella,* in tausendfacher Form bei Bau und Einrichtung der Kirche variiert wurde.

Wieder zurück im Talkessel, kann man sich vorzüglich in einer der Bars in der *Calle Mayor* stärken oder gemütlich im Freiluftcafé auf der *Plaza de los Fueros* sitzen.

Verbindungen

Bus: täglich mehrmals nach Pamplona und Logroño; Information und Fahrkartenschalter Plaza de la Coronación, © 948-550127.

Taxi: San Andrés 6, © 550001.

Unterkunft & Camping

★★★ *Hotel Irache,* 3 km in Richtung Logroño, © 948-551150, DZ 13.000 Pts.

★ *Hotel Yerri,* Avda. Yerri 35, © 948-546034, DZ 7700 Pts.

★ *Hostal San Andrés,* José Antonio 1, © 948-550772, DZ 4500 Pts; solide Pension, Zimmer mit Blick auf die Plaza Santiago.

Camping *Lizarra,* Ordoiz s/n, © 948-551733, etwas gedrängt, aber zentral, 2 PAZ 1800 Pts.

Essen & Trinken

Eine Spezialität in Estella ist das Spanferkel, *gorrín asado*. Als Verdauungsschluck empfiehlt sich *Mistela,* eine Art Anisschnaps.

Eine Reihe leicht überteuerter Restaurants der Mittelklasse findet sich an der Plaza de los Fueros, z.B.

Maracaibo oder *La Cepa,* Menü ab 3000 Pts.

Asador La Tasca, Plaza Santiago 15, Spezialität: gegrillte Rippchen, etwas preiswerter.

Zaldu, Valle de Yerri 29.

Tapa-Bars vor allem in den Straßen Estrella und Navarrería.

Nützliche Adressen

Touristeninformation, San Nicolás 2, © 948-554011, direkt neben dem Königspalast.

Post: Paseo de la Inmaculada 5, © 948-550931.

Pilger: Estella ist Sitz der spanischen Freunde des Jakobsweges, *Amigos del Camino,* der sich um die Markierung der Wanderwege und die Pilgerunterkünfte sorgt, Informationsmaterial erarbeitet und die Zeitschrift »Peregrino« herausgibt. Kontakt: Antonio Roa, © 948-551562.

▶ Tourbeschreibung

Beim Anstieg aus der Stadt hinaus taucht kurz hinter Estella auf der linken Seite das **Kloster Irache** auf (Di – Fr 10 – 14 und 17 – 19 Uhr, Sa/So 9 – 14 und 16 – 19 Uhr, Eintritt 200 Pts). Hier finden seit über einem Jahrhundert Treffen der spanischen Karlisten statt, einer monarchistischen Gruppierung, die das Land im 19. Jahrhundert in zwei schwere Bürgerkriege stürzte, inzwischen aber politisch bedeutungslos ist. Interessanter als die düstere Klosteranlage mit einer frühgotischen Kirche und zwei Kreuzgängen ist das benachbarte **Museo de Viño,** eine Weinkellerei, wo man am Wochenende so manchen guten Tropfen probieren und kaufen kann, vor allem der leichte Rosé aus Irache ist zu empfehlen (nur Sa, So u. Fei 10 – 14, 15.30 – 20 Uhr geöffnet).

Über **Los Arcos** (früher eine wichtige Pilgerstation, heute fast nur Durchgangsverkehr) führt der Weg ins verschlafene Dörfchen **Torres del Río** zu einer weiteren romanischen Kostbarkeit. **Santo Sepulcro,** die Heilig-Grab-Kapelle aus dem 12. Jahrhundert, erinnert mit ihrem kleinen achteckigen Grundriß, der schlichten Ausstattung und dem spärlichen, mystischen Licht im Innern an Eunate (siehe Seite 133). Außergewöhnlich ist vor allem die Gewölbekonstruktion des kleinen Raumes, die islamischen Einfluß zeigt. Zur Besichtigung müssen Besucher bei einer der Frauen klingeln, deren Namen und Adressen an der Kirchentür angeschlagen sind. Manchmal sitzen sie aber schon unter den alten Dorfbewohnern, die im Schatten der Kapelle ein Schwätzchen halten (Eintritt etwa 200 Pts).

Ein letzter Halt in der Provinz Navarra könnte **Viana** (3500 Einwohner) gelten. Die Stadtmauern des gemütlichen Städtchens sind fast noch komplett erhalten und die Altstadt für den Verkehr gesperrt, so daß man einen beschaulichen Bummel durch die Gassen genießen oder durch die Ruinen der *Kirche San Pedro* schlendern kann. Einen Blick sollten Besucher auf und in die gotische **Pfarrkirche Santa María** an der zentralen *Plaza de los Fueros* werfen (geöffnet 11.30 – 13.30 und 18 – 20 Uhr, So 10 – 14 Uhr, 100 Pts Eintritt). Anschließend kann, wer mag, bei einem *Café con leche* das Treiben auf dem Platz beobachten.

LOGROÑO

Die Hauptstadt von Provinz und Region *La Rioja* ist eine unspektakuläre, aufstrebende Geschäftsstadt mit 120.000 Einwohnern. An Nordspaniens wichtigstem Fluß, dem *Ebro,* in einer fruchtbaren Ebene (384 m über NN) gelegen, lebt sie seit jeher vor allem von der Vermarktung des Wein- und Getreideanbaus. Die Spanier nennen die Gegend deshalb *Prado de Jesús,* die Wiese Jesu. Aber auch Handwerksprodukte werden exportiert.

Vom berühmten Rioja-Wein abgesehen, erscheint die Stadt fast profillos, ein bißchen langweilig sogar: Da gibt es keine großartige Kathedrale wie in Burgos oder León, keine prächtigen Straßenzüge oder vollendete urbane Anlagen, auch keine rauschende Fiesta wie in Pamplona. Und Könige residierten hier erst recht nicht. Aber vielleicht gerade wegen ihrer Durchschnittlichkeit ist die Stadt geeignet, viel über den spanischen Alltag zu verraten. Ob im großen Geschäftsviertel an der *Gran Vía,* beim Plausch an der zentralen *Plaza del Espolón* oder in einer der Tapa-Bars in der Altstadt, überall kann man interessante Details beobachten und bei einem hervorragenden Rotwein Neues über das Leben der Spanier erfahren.

Auch Logroño verdankte einen großen Teil seiner Bedeutung im Mittelalter einer Brücke. Da der Ort in weiter Umgebung den einzigen Übergang über den Ebro besaß, strömten die Pilgerscharen über die inzwischen neuerrichtete steinerne **Puente de Piedra** aus dem 12. Jahrhundert in die Stadt am rechten Ebro-Ufer. Für die Könige Navarras besaß Logroño während der Reconquista eine wichtige strategische Bedeutung, denn durch den Besitz der Stadt war das Gebiet nördlich des Ebro vor Überraschungsangriffen der Mauren geschützt. 923 entrissen die Könige von Navarra und León die Stadt den Mauren und trieben von hier aus die Eroberung Kastiliens voran. Mehrere Male wurde Logroño zerstört, zuletzt zündeten im vorigen Jahrhundert die Truppen Napoleons den Ort an.

An der Nahtstelle zwischen den gemütlichen alten Vierteln und der modernen Neustadt hat sich das Zentrum rund um die **Plaza del Espolón** entwickelt. Von dort bis zum Flußufer erstreckt sich die **Altstadt,** wo in einigen Gäßchen noch etwas vom Flair eines mittelalterlichen Marktfleckens zu spüren ist. Heute wichtigste Kirche ist die **Catedral de la Redonda** an der *Plaza del Mercado.* Auf ihren mächtigen barocken Westtürmen entdeckt man im Frühjahr und Sommer nistende Störche (*cigüeñas*), die fast überall in Nordspanien die Kirchendächer bevölkern. Tritt man durch das Rokoko-Portal ins *Innere* des düsteren spätgotischen Baus, wird der Blick zu den einzigen Fenstern ins Obergeschoß gelenkt. Kurios ist ein Gemälde an der Südseite des dreischiffigen Langhauses, das die Exhumierung der katholischen Königin Isabel I. (1451 – 1504) zeigt, bei der sich sämtliche Honoratioren die Nase zuhalten. Die Kathedrale ist täglich 8 – 13 und 18 – 20.30 Uhr offen.

Einplanen sollte man einen Spaziergang zum **Palacio de Espartero** an der Calle San Agustín. Der in Logroño 1879 gestorbene General Joaquín Espartero regierte Spanien 1840 bis 1843 und wird in der Stadt als Held verehrt. Ein Wohnhaus beherbergt heute ein **Museum,** in dem neben Sakralkunst vor allem Leihgaben des 19. Jahrhunderts aus dem Madrider Prado-Museum zu sehen sind. Di – Sa 10 – 14 und 16 – 21 Uhr, So und Fei 11.30 – 14 Uhr, 200 Pts Eintritt, Studenten mit internationalem Ausweis frei.

Die Hauptstraße der Pilger war und ist die **Calle Ruavieja** (und ihre Verlängerung), die sich von der alten Ebro-Brücke durch die gesamte Altstadt bis zum Sitz des riojanischen Regionalparlaments am Ende der *Calle de Barriocepo* schlängelt. Bei einem Spaziergang ist hier allerdings Vorsicht geboten: der Weg zwischen Brücke und Santiago-Kirche führt durch ein teilweise verfallenes Viertel, in dem sich soziale Spannungen auch schon mal krachend entladen. Die Armut in diesem Teil der Altstadt steht in einem himmelschreienden Kontrast zum Luxus nur einige hundert Meter weiter.

Die folgenden Kirchen sind in der Regel morgens und abends zu den Gottesdiensten jeweils 2 bis 3 Stunden geöffnet:

Santa María de Palacio, Marques de San Nicolás 30, älteste Kirche Logroños aus dem 11. Jahrhundert, auffallend der mächtige hohe Turm mit pyramidenförmigem Aufbau.

Santiago el Real: Barriocepo 6, im 16. Jahrhundert erbaut, sehenswert vor allem die Darstellung des Santiago als Maurentöter am Südportal.

San Bartolomé: Plaza de San Bartolomé, romanischer Bau aus dem 12. Jahrhundert mit wertvollem gotischen Portal.

Verbindungen

Zug: Bahnhof an der Plaza de Europa, © 941-231737 und -240202. Fahrkarten und Information auch im Büro Calvo Sotelo 13, © 941-258855. Täglich Direktverbindungen nach Madrid, Barcelona und Bilbao, mehrmals täglich in die umliegenden Städte.

Bus: Zentrale Busstation in der Avda. de España 1, ✆ 941-235983. Gute Verbindungen zu allen nordspanischen Städten. Busse Richtung Burgos ab 8 Uhr alle anderthalb Stunden. Genaue Bus- und Zugverbindungen auch in der Tageszeitung »La Rioja.«

Taxi: Plaza del Espolón oder Ecke Avda. de España/Avda. de Pío XII; wie überall können freie Taxis aber auch durch Winken angehalten werden.

Unterkunft & Camping

★★★★ *Los Bracos,* Bretón de los Herreros 29, ✆ 941-226608, DZ 16.500 Pts, Luxusklasse, zentral gelegen.

★★★ *Hostal Marqués de Vallejo,* Marqués de Vallejo 8, ✆ 941-248333, DZ 7600 Pts.

★★ *Hostal La Numantina,* Sagasta 4, ✆ 941-251411, DZ 4700 Pts.

★ *Hostal Sebastián,* San Juan 21, ✆ 941-242800, DZ 3200; einfaches Großstadthostal, zentral in der

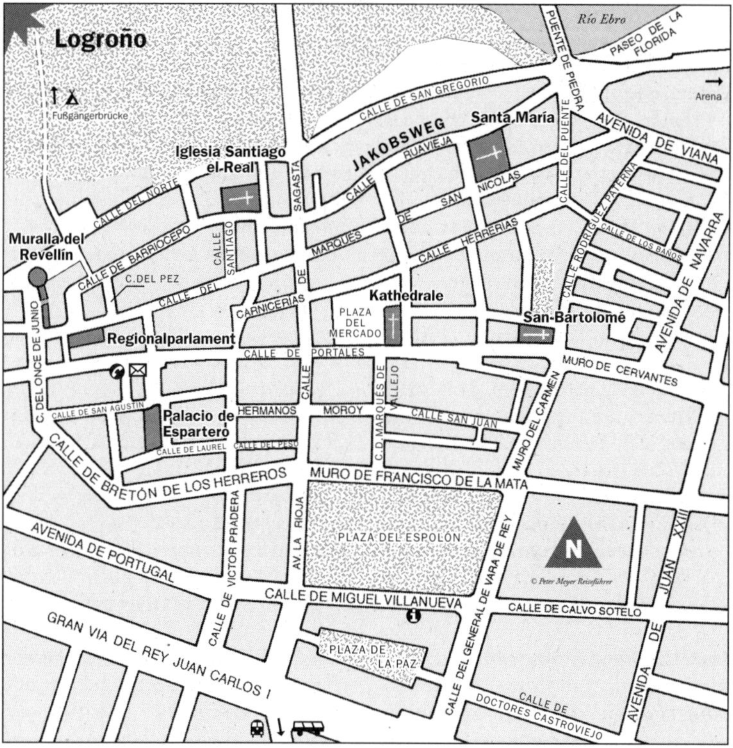

Altstadt gelegen, etwas eng, aber sauber.

Camping: *La Playa* (am linken Ebroufer), © 941-252253, 2 PAZ 2400 Pts. Viel Schatten, Flußschwimmbad, im Sommer meist sehr voll. Vom Campingplatz aus ist die Altstadt bequem über eine Fußgängerbrücke zu erreichen.

Essen & Trinken

In der Rioja gibt es exzellentes Gemüse. Probieren sollte man einmal die berühmten *pimientos rellenos,* rote Paprikaschoten mit Fleisch- oder Fischfüllung, den Spargel (*espárragos*) oder auch *setas a la plancha,* gebratene Austernpilze.

Machado, Portales 49, für gehobene Ansprüche, Geflügelspezialitäten, Gemüse, erlesene Weinkarte.

La Bombilla II, Marqués de San Nicolás, Menü 1500 Pts, vor allem Fleischspezialitäten, mitten in der Altstadt-Vergnügungsmeile.

Asador La Chata, Carnicerías 3, Geflügel und Lammbraten, Mittelklasse.

La Cueva (Die Höhle), San Juan. Witzige Aufmachung. Menü und *raciones* (einfache Tellergerichte) ab 1000 Pts.

Tapa-Bars: In der Calle San Juan gibt es eine stattliche Auswahl an Bars, wo man seinen Hunger mit kleinen Happen zum billigen, aber köstlichen Wein stillen kann.

Unterhaltung & Souvenirs

Nachtleben: Bis Mitternacht vergnügt sich die Mehrheit in der quirligen Altstadt, besonders in der Straße San Juan, in den Pubs an der Calle Marqués de San Nicolás oder in den Cafés an der Plaza del Mercado; danach ziehen vor allem die jungen Leute in ein von ihnen *La Zona* genanntes Viertel in der Neustadt, das sich rund um die Calle Chile erstreckt. Dort reicht das Panorama von Discos verschiedenster Schattierungen bis zu gemütlichen Plüsch-Cafés wie *La Abuela* (Calle Chile), wo es leckere Kaffeevariationen und Drinks gibt.

Kino und Theater: Vier Kinos und mehrere kleine Bühnen, ein Konzertsaal. Infos in der Tageszeitung »La Rioja«.

Einkäufe: In einer der zahlreichen Bodegas (Weinkellereien) kann man sich informieren, durchprobieren und die eine oder andere köstliche Flasche kaufen. Oft sind Besichtigungen aber nur in Gruppen und mit Voranmeldung möglich:

Bodegas Franco Españolas, Cabo Noval 2, © 941-251300, gediegen, am linken Ebro-Ufer.

Bodegas Campo Viejo de Savin, Gustavo Adolfo Becquer 3, © 941-238000.

Oft werden auch Ausflüge zu Bodegas auf dem Land veranstaltet, z.B. *Bodega Jilabá* im Dorf *Lapuebla de Labarca,* © 941-127256; weitere Infos im Touristenbüro.

Souvenir: Die *botes* genannten Lederflaschen für den Rotwein werden oft noch von Hand hergestellt. In der Calle Sagasta gibt es einige Läden, wo man den Handwerkern bei der Arbeit über die Schulter gucken und ihre botes kaufen kann.

Feste

Mit Umzügen und Wallfahrt wird am 11. Juni der Patron der Stadt *San Barnabés* gefeiert.

Im September fließt bei den *Fiestas de la Vendimia* (Weinlese) eine Woche lang der Wein in Strömen.

Nützliche Adressen

Touristeninformation: Miguel Villanueva 10 (direkt an der Plaza del Espolón, siehe Stadtplan), © 941-291260, 10 – 14 Uhr und 16.30 – 19.30.

Post: Plaza de San Agustín, gegenüber vom Palacio de Espartero.

Telefon: Portales 75, Nähe Palacio de Espartero.

Geldwechsel: *Caja de Postal,* Avenida de la Paz 49, © 941-258581, auch Abheben vom Postsparbuch.

Abstecher nach Clavijo

Von Logroño aus bieten sich Fahrten flußabwärts in die schmucke Stadt **Calahorra** oder flußaufwärts in die Weinanbaugebiete der *Rioja Alta,* wo in **Haro** jedes Jahr am 29. Juni die *Batalla de Viño* stattfindet, eine wilde Weinschlacht, zu der Sie besser in alter Kleidung gehen.

Unser kleiner Ausflug dauert etwa 3 Stunden und führt in den Süden nach **Clavijo** (17 km von Logroño). Über *Alberite* durch eine intensiv bewirtschaftete Kulturlandschaft gelangen Reisende zur imposanten *Burgruine* von Clavijo, die eng mit Jakobskult und Reconquista verbunden ist. Angeblich fand hier 844 eine Schlacht zwischen Christen und Mauren statt, die der Legende nach der heilige Jakobus als Maurentöter entschied. Die jederzeit zu besichtigende Burg aus dem 10. Jahrhundert, die in Zeiten mittelalterlichen Eisengeklirrs versetzt, schmückt ein überdimensionales rotes Kreuz des Santiagoordens. Sie bietet einen herrlichen Ausblick auf das buntgescheckte Ebro-Tal bis weit über Logroño hinaus.

Nach dem Abstieg von der Burganlage ins Dorf hinab kann man am Ortsausgang rechts auf einem kleinen Pfad eine **Wanderung** zu den Ruinen einer alten Einsiedelei beginnen. Auch von den umgebenden felsigen Hügeln lohnt sich der Panoramablick.

Blick von den Zinnen der Burgruine des sagenumwobenen Clavijo

LOGROÑO – NAJERA – SANTO DOMINGO DE LA CALZADA – BURGOS

Durch das fruchtbare Weinbaugebiet Rioja Alta verläuft der Jakobsweg weiter Richtung Burgos und führt dabei an der »Hühnerkathedrale« von Santo Domingo de la Calzada vorbei.

Wir verlassen Logroño auf der N 232, nehmen nach 7 km die N 120 Richtung *Burgos* und gelangen nach **Navarrete.** Sehenswert ist dort vor allem das spätromanische Portal des *Friedhofs* (13. Jahrhundert) direkt an der Durchgangsstraße. Am höchsten Punkt des Dorfes liegt die *Iglesia de la Asunción* (Himmelfahrtskirche) aus dem 16. Jahrhundert mit mächtigen barocken Haupt- und Nebenaltären und einem neoklassizistischen Portal.

NAJERA

Rund 15 km weiter stoßen wir auf das antike Städtchen **Nájera** (7200 Einwohner), ehemals Hauptstadt der Rioja und Residenz der navarrischen Könige. Autofahrer suchen sich besser am *Río Najerilla* noch vor Erreichen des Ortskerns einen Parkplatz, denn aus dem Zentrum mit seinen engen Gassen und einem komplizierten System von Einbahnstraßen ist nicht immer leicht herauszufinden. In Nájera gruppiert sich rings um die zentrale *Plaza España* ein gedrängtes Gewirr von Gassen, die einen Streifzug lohnen. Herzstück der Stadt ist das **Kloster Santa María La Real** aus dem 11. Jahrhundert. Kapuzinermönche kümmern sich dort auch heute noch um erschöpfte Jakobspilger. Eingehende Betrachtung verdient insbesondere das *Pantheon* der Könige in der gotischen Klosterkirche. Die mit prächtigen Skulpturen versehenen Grabdeckel navarrischer und kastilischer Könige sind beredte Zeugnisse aus der Zeit, in der Nájera den königlichen Hof beherbergte. Einen gemächlichen Rundgang sollte man sich auch im lichterfüllten zweistöckigen *Kreuzgang* mit herrlichen spätgotischen Arkaden gönnen. Im Sommer erzählen hier regelmäßig opulente Historienspiele Episoden der Stadtgeschichte. Termine und Preise sind im Tourismusbüro zu erfahren (täglich 10 – 13 und 16 – 19 Uhr).

Unterkunft & Camping

★★ *Hotel San Fernando,* Paseo San Julián 1 (am Flußufer), © 941-363700, DZ 7500 Pts.

Preiswertere Unterkünfte ebenfalls am Paseo dy San Julián.

Camping: *El Ruedo,* Carretera Logroño–Burgos, © 941-360102. April – Okt., 2 PAZ 21050 Pts, mäßige Anlage.

Restaurants findet man vor allem in der Calle Mayor, z.B. *El Mono,* Mayor 43, rund um die Plaza España und am Paseo San Julián.

Tourismusbüro: Calle Mayor, © 941-361625, nahe der Brücke über den Najerilla.

Ausflug zum Kloster Valvanera und San Millán

Dieser Ausflug führt uns einen Tag lang zu den Klöstern im Süden der Rioja in Richtung der Skigebiete der *Sierra de Camero Nuevo.*

Zur Übernachtung kann man dann entweder zurück nach Nájera fahren oder die Tagestour in *Santo Domingo de la Calzada* enden lassen. Wer keines oder nur eines der beiden Ziele ansteuern möchte, kann seinen Weg natürlich auch über Santo Domingo de la Calzada bis Burgos fortsetzen.

Die Fahrt zum **Kloster Valvanera** wird in den Tourismusbüros der Rioja immer aufs wärmste empfohlen, man sollte aber wissen, daß es sich nur für Erholungssuchende lohnt. Denn am Ziel der recht langen und kurvigen Anreise auf der C 113 erwartet einen zwar eine imposante Berglandschaft mit ausgedehnten Wäldern, aber ein langweiliges Kloster. Da sämtliche mittelalterlichen Gebäude zerstört wurden, sind nur die restaurierte, ehemals gotische Klosterkirche aus dem 15. Jahrhundert und eine kleine Einsiedelei zu sehen. Der Kreuzgang ist nach den Worten des Kellners in der einzigen Bar »so häßlich, daß er nicht einmal Besuchern gezeigt wird«. Im neuerbauten Klostergebäude haben die verbliebenen acht Mönche eine *Pension* eingerichtet. Neben Pilgern, die innere Einkehr suchen, ist das preiswerte Hotel auch bei Bewerbern für den Staatsdienst gefragt, die sich hier wochenlang in aller Abgeschiedenheit auf die mörderischen Prüfungen vorbereiten. Auch ein deutscher Pharma-Konzern schätzt die makellose Arbeitsruhe und richtet im Kloster jährlich eine Tagung aus.

Unterkunft: *Hospedería del Monasterio de Valvanera,* © 941-377044, DZ 4500 Pts, mit Vollpension 7000 Pts.

San Millán de la Cogolla

Zurück auf der C 113 geht es über **Anguiano** (idyllisch gelegenes Schwimmbad am Ortsausgang im Tal) zurück Richtung Nájera, dann kurz vor *Bobadilla* links ab über abenteuerliche Sträßchen nach **San Millán de la Cogolla.** Dort trifft man auf zwei Klöster, die dem Jakobsweg wichtige Impulse gegeben haben. In einem bewaldeten Hang 2 km über dem Ort liegt das **Monasterio de Suso,** einer der ältesten Bauten der Rioja und Ursprung des riojanischen Klosterlebens. In der schlichten mozarabischen Anlage finden sich noch Zeugnisse westgotischer Steinmetzarbeiten. Ob sie die Zerstörung des Klosters durch den arabischen Feldherrn Almansor 1001 überstanden oder später hergebracht und eingefügt wurden, ist ungeklärt. Als sicher gilt jedoch, daß der ursprüngliche Bau die Wohn- und Grabstätte des heiligen Aemilianus (San Millán) war, der im Jahre 574 starb.

Im Tal am Rande des Dorfes liegt das mächtige **Kloster San Millán de Yuso,** manchmal als *Escorial der Rioja* bezeichnet. Wieder begegnet uns hier am Portal eine überlebensgroße Darstellung des *Santiago Matamoros,* Jakobus als Maurentöter. Ursprünglich im 11. Jahrhundert angelegt, hat das Kloster seine heutige Form durch die

Erweiterungen des 16. und 18. Jahrhunderts erhalten. In einem Seitenflügel ist seit 1993 eine **Herberge** eingerichtet. Bei der Führung werden die Stiftskirche mit gotischem Kreuzgang, Klosterschätze, alte Handschriften und die Gemäldesammlung gezeigt. Schnitzarbeiten aus Elfenbein zeugen vom Glanz und Reichtum des im Mittelalter mächtigen Klosters. Der *Salón de la Lengua* (Saal der Sprache) erinnert an mittelalterliche Mönche, die als Autoren hervortraten: In San Millán de Yuso finden sich einige der frühesten Dokumente der spanischen Sprache aus dem 12. Jahrhundert. Aus gleicher Zeit stammt auch eine baskische Handschrift. Öffnungszeiten für beide Klöster: täglich außer Mo 10 – 13 und 16 – 19 Uhr, Eintritt 200 Pts.

Verbindungen
Täglich ein Bus von und nach Logroño; Informationen © 941-235983.

SANTO DOMINGO DE LA CALZADA

Von San Millán de la Cogolla geht es über *Berceo, Villar de Torre* und *Cirueña* in etwa einer halben Stunde nach **Santo Domingo de la Calzada** (5600 Einwohner). Da die Nationalstraße am Ortskern vorbeiführt, blieb ein gemütliches Zentrum erhalten.

Die Entstehung verdankt die Stadt ihrem Namenspatron *Santo Domingo,* der sich im 11. Jahrhundert für den Brückenbau und die Befestigung der Straßen – *calzadas* – einsetzte. Als Plastikfigur der Souvenirläden, aber auch in künstlerischen Darstellungen verschiedenster Epochen wird der Heilige zusammen mit einer Henne und einem Hahn gezeigt. Der Hühnerkult in Santo Domingo geht so weit, daß es sogar in der **Kathedrale** gackert und kräht: Wohl einzigartig in der Welt, lebt hier in einem Käfig an der Westwand des Querhauses eine schneeweiße Henne nebst weißgefiedertem Hahn. Die kuriose Geschichte dazu ist schon ein halbes Jahrtausend alt. Eine Wirtstochter soll nämlich einem rheinischen Jüngling, der zusammen mit seinen Eltern nach Santiago pilgerte, aus verschmähter Liebe einen silbernen Becher ins Gepäck geschmuggelt haben. Als bei der Abreise der vermeintliche Diebstahl entdeckt wurde, landete der Jüngling erst vor dem Richter und anschließend am Galgen. Wochen später fanden die gramgebeugten Eltern auf dem Rückweg aus Santiago den Sohn lebend in der Schlinge vor. Der Apostel Santiago, so die eine Version, Santo Domingo, so die andere, habe den Jüngling gestützt und vor dem Tod bewahrt. Als die Eltern nun beim Bischof Gerechtigkeit forderten, fühlte der sich durch die unglaubliche Nachricht beim Mittagessen gestört und erklärte nicht eben zuvorkommend dem Pilgerpaar, daß ihr Sohn so lebendig sei wie das gebratene Huhn vor ihm – worauf sich das Federvieh mit rauschendem Flügelschlag von seinem Teller verabschiedete. Natürlich beeilte sich der Geistliche jetzt, den Burschen vom Galgen zu befreien, statt seiner ließ er – mittelalterliches Rechtsempfinden – die Wirtstochter baumeln.

Diese Geschichte – ob wahr oder erfunden – hat dem Ort zu europäischer Berühmtheit verholfen. So beschäftigte sich im Februar 1993 ein internationaler Kongreß in Toulouse eigens mit dem Wunder und seinen Folgen. Die sind heute vor allem im Fremdenverkehr zu sehen. Hunderte von Besuchern durchstreifen im Sommer täglich das Städtchen. Von weitem schon ragt der 70 Meter hohe **Glockenturm** aus dem 18. Jahrhundert aus dem Dächergewirr hervor. Der begehbare Turm befindet sich neben der schon erwähnten Kathedrale, die im 12. Jahrhundert begonnen wurde und verschiedene Stilrichtungen in sich vereinigt (10 – 13, 15.30 – 17.30 Uhr, 250 Pts Eintritt). Achten sollte man bei einem Rundgang auch auf das Renaissancekloster *San Francisco* und den gotischen *Bischofspalast.*

Verbindungen & Infos

Bus: Mehrmals täglich nach Burgos und Logroño, Abfahrt an der Durchgangsstraße am Rand des Ortszentrums.

Touristeninformation: *Casa Trastamara,* Mayor 74, © 941-343334, Nähe Kathedrale.

Unterkunft & Camping

★★★ *Parador Santo Domingo de la Calzada,* Plaza del Santo 3, © 941-340300, DZ 16.000 Pts.

★★ *Hostal Santa Teresita,* Calle Pinar 2, © 941-340700, DZ 5300 Pts.

★ *Hostal Río,* Etchegoyen 2, © 941-340085, DZ 3200 Pts.

Camping: *Bañares,* 4 km nordöstlich an der N 120 Richtung Logroño, © 941-342804, 2 PAZ 2400 Pts, viel Schatten, Schwimmbad, Tennis, bessere Kategorie.

Essen & Trinken

El Vasco, General Franco 17, gehobene Klasse, angeblich bestes Restaurant am Ort.

Burlan, Hermosilla 36, vor allem Fleischspezialitäten.

Río, Etchegoyen 2, einfach, Menü 1500 Pts.

▶ Tourbeschreibung

Hinter Santo Domingo verlassen wir die Rioja und gelangen nach **Altkastilien** (*Castilla-León*). Ab hier werden nicht nur die Straßen schlag(loch)artig schlechter, auch die Landschaft ändert sich. Allmählich wird es flacher und trockener, die Vegetation nimmt ab, auch wenn es bis Burgos noch über einen kleinen Paß in den Oca-Bergen und durch einige Wälder geht. Kurz vor Burgos gelangen wir schließlich auf die *Meseta,* die karge kastilische Hochebene. Damit ändert sich auch das Klima: die Sommer sind heißer und die langen Winter kälter als in Navarra und der Rioja. Eine rauhe und herbe Landschaft liegt vor uns.

Über *Belorado* und *Villafranca Montes de Oca* (Bischofssitz bis 1075) geht es weiter auf der N 120. Rund 20 Kilometer vor Burgos bietet sich ein Abstecher rechts nach **San Juan de Ortega** an. Dieser traditionelle Pilgertreffpunkt wurde im 11. Jahrhundert von Juan de Ortega, einem Schüler Santo Domingos, gegründet. Dort kann man im Schatten einen

Plausch mit den Fußpilgern halten, die hier Station machen oder die Siesta genießen. Sehenswert sind in der spätromanischen **Klosterkapelle** vor allem die *Krypta* und das Hochgrab des heiliggesprochenen Gründers. Achten sollte man auch auf die feuerspeienden Drachen, die an den Gewölberippen in der Vorhalle aufgemalt sind. Neben der Kirche befindet sich die **Pilgerherberge.**

BURGOS

In seinem mittelalterlichen Pilgerführer sagt Aimeric Picaud über Burgos: »Gold, Silber und Tuche sind reichlich vorhanden, ebenso Pferde, Brot, Wein, Fleisch, Fisch, Milch und Honig; es fehlt jedoch an Bäumen, und die Menschen sind schlecht und lasterhaft.« Was das letztere angeht, so möge sich jeder Besucher selbst vom Gegenteil überzeugen. Was aber die Reichtümer betrifft, davon können die 162.000 Einwohner von Burgos nur mehr träumen. Längst vorüber sind die Zeiten, als aus Kastilien die Eroberer und Helden Spaniens kamen, die sagenhafte Schätze in ihre Heimatstadt zurückbrachten. Zu Zeiten der Reconquista war das 884 gegründete Burgos die mit Abstand wichtigste Pilgerstation am Weg und entsprechend groß war seine wirtschaftliche und politische Macht. Als aber mit dem Ende der Rückeroberung 1492 die Hauptaufgabe des kastilischen Landadels entfiel, die Entdeckung und Ausbeutung Amerikas vor allem Sache der südspanischen Regionen war und Felipe II. 1561 das Zentrum des Reiches nach Madrid verlagerte, begann der unaufhaltsame Abstieg der kastilischen Stadt. Darüber sind noch heute viele Menschen in Burgos erbittert. Sie, die sich als die Ur-Spanier betrachten, fühlen sich wirtschaftlich, politisch und kulturell an den Rand gedrängt. Besonders deutlich artikulierte sich das im Spanienjahr 1992, als in Barcelona der Olympia-Zirkus tobte, in Sevilla die Welt zur Expo zusammenströmte und Madrid zur europäischen Kulturhauptstadt gekrönt wurde – Burgos aber leer ausging.

Nur ein einziges Mal in den vergangenen drei Jahrhunderten glaubte man an vergangene Größe anknüpfen zu können, als man nämlich zu Beginn des Bürgerkrieges 1936 Franco und seine Militärs mit offenen Armen empfing und das stramm konservative Burgos zur Hauptstadt der Nationalisten ernannt wurde. Damit hatte die traditionsbewußte Stadt zwar auf den späteren Sieger gesetzt, konnte aber nicht verhindern, daß Franco seinen Regierungssitz nach Madrid verlegte, um von dort aus sein zentralistisches Regime zu dirigieren.

Zu seiner nationalistisch-faschistischen Vergangenheit hat die Hauptstadt der Provinz Burgos ein nahezu ungebrochenes Verhältnis. Davon zeugen nicht nur zahlreiche franquistische Denkmäler wie zum Beispiel an der Plaza España, sondern auch Stadtprospekte oder immer wieder Äußerungen der konservativen Stadtführung.

»Es la ciudad de los militares y de los curas« – Burgos sei die Stadt der Priester und Militärs, sagen viele

Madrilenen. Damit sind die seit Jahrhunderten führenden Gesellschaftsgruppen genannt, wenn auch ihr Einfluß langsam zurückgeht. Da Burgos kaum über Industrie verfügt, gibt es keine Arbeitertradition. Einfluß haben aber noch die ehemals übermächtigen Schafzüchter. Ihr Zusammenschluß, die *mesta,* war im 15. Jahrhundert der wichtigste Wollproduzent in ganz Westeuropa. Heute gilt Burgos vor allem als Agrar- und Finanzzentrum Kastiliens mit großem ländlichem Einzugsgebiet.

Die Kathedrale von Burgos

Was den Kölnern ihr Dom, ist den Menschen in Burgos ihre trutzige Kathedrale. Mitten im Zentrum gelegen, ist das gotische Monumentalwerk im Stadtbild allgegenwärtig. 1221 wurde der dreischiffige Bau mit Beteiligung französischer und deutscher Baumeister begonnen, seine endgültige Gestalt erhielt er zu Beginn des 17. Jahrhunderts. Deutlich zeigt die Kathedrale die Einflüsse der gesamten westeuropäischen Baukunst jener Zeit. Dem dreischiffigen Bau, der bis auf die 84 m hohen Westtürme von Kapellen umrahmt ist, sind verschiedene Erweiterungsbauten hinzugefügt worden, der mächtigste ist die *Capilla de Condestable* an der Ostseite, deren ungewöhnlicher sechseckiger Grundriß auch von außen ins Auge fällt. Auf geniale Weise gliedern gotisches Maßwerk und Strebepfeiler die mächtige Süd- und Ostfassade. Im dunklen Innern fällt zunächst der wuchtige *Chor* ins Auge, der mit seiner Renaissance-Rückwand den Blick auf den Hauptaltar versperrt. Aufmerksamkeit lenkt im Gewölbe des Eingangsbereichs der *Papamoscas* auf sich, eine Spielfigur aus dem 16. Jahrhundert, die jede Stunde nach imaginären Fliegen schnappt und dabei eine Glocke betätigt. Über die prächtige goldene *Treppe* von Diego de Siloé an der Nordseite betraten dereinst die Könige von der Burg kommend die Kathedrale.

Für 400 Pts Eintritt (250 für Kinder und Studenten) kann man den **Kreuzgang** und die dort gelegenen *Kapellen* mit Kirchenschätzen besichtigen. Zu sehen sind Kultgegenstände wie eine 14 Kilo schwere goldene Monstranz aus dem Jahr 1926, aber auch alte Bibelhandschriften aus dem 10. Jahrhundert oder das schwarzgerahmte Kabinett von Domherren und Geistlichen in der *Corpus-Christi-Kapelle.* In der *Sakristei,* wo auch Bücher und Postkarten verkauft werden, öffnet der Küster auf Nachfrage einen geheimnisvollen kleinen Wandschrank, in dem ein Bildnis der Maria Magdalena als »reizende Büßerin« hängt. Der Küster jedenfalls ist sicher, daß Leonardo da Vinci sie gemalt hat, in der Fachwelt bleibt es umstritten. Öffnungszeiten der Kathedrale: täglich 9.30 – 13 und 16 – 19 Uhr.

Allgegenwärtig ist in der Stadt auch der kastilische Nationalheld **El Cid** (etwa 1043 – 1099). Man begegnet seinem Namen in den zahllosen Hotels, Restaurants oder Straßen, die seinen Namen führen, oder in dem 1955 errichteten Denkmal an der *Plaza Primo de Rivera,* das den mittelalterlichen Helden in Erobererhaltung zeigt. Er gehört zu den herausragenden Figuren der Reconquista, kämpfte als Ritter für verschiedene Herren und eroberte sich schließlich eine eigene Herrschaft bei Valencia. Für die Kastilier verkörpert er vor allem Beharrlichkeit und unbändigen Freiheitswillen, der in zahlreichen mittelalterlichen Liedern besungen wird und in der Literatur immer wieder auftaucht. Wie unbezwingbar der *Campeador* (der Kriegsgewinner) war, drückt sich in einer Legende aus, derzufolge er seine letzte Schlacht als Toter ausfocht: Man band ihn auf sein Pferd und täuschte Mitstreiter ebenso wie die feindlichen Mauren. Selbst die schärfsten Pfeile konnten ihm nichts anhaben ...

El Cid verläßt die Stadt

Außer an den Plätzen rund um die Kathedrale zentriert sich das Leben in der Altstadt an der **Plaza José Antonio.** Die Hochwassermarken dort am **Rathaus**, *Casa Consistorial*, erinnern an die katastrophalen Überschwemmungen im vergangenen Jahrhundert. Schwer vorzustellen, wenn man heute das Rinnsal des *Río Arlanzón* entlang des schmuck gestalteten Paseo del Espolón dahindümpeln sieht. Der *Río Vena,* das zweite Flüßchen, das durch Burgos fließt und schließlich in den Arlanzón mündet, grenzt die Altstadt nach Osten hin ab. Dahinter beginnt die lieblos gestaltete Neustadt. Die Grenzen der mittelalterlichen Stadt markieren einige noch erhaltene oder wiederaufgebaute **Stadttore** wie der *Arco Santa María* am Arlanzón oder der *Arco de San Estebán* im Westen.

Weitere Sehenswürdigkeiten

Neben der übermächtigen Kathedrale gibt es eine Reihe weiterer Kirchen. Sie sind in der Regel morgens und abends zu den Gottesdiensten jeweils 2 – 3 Stunden geöffnet:

Iglesia de San Nicolás: Abajo Fernán (im Hang neben dem Westportal der Kathedrale), spätgotischer Bau aus dem 15. Jahrhundert.

Iglesia de San Gil: San Gil, schlichter gotischer Bau mit Reliquien und einem kunstvollen Altaraufsatz.

Iglesia de San Lesmes: an der gemütlichen Plaza de San Lesmes (östlicher Rand der Altstadt), wo im Sommer oft Freiluft-Konzerte geboten werden; gotische Stiftskirche aus dem 14. Jahrhundert, die zum ehemaligen *Klosterhospital San Juan* gehörte. In einem restaurierten Flügel des ansonsten zerstörten Hospitals ist eines der Stadtmuseen, das **Museo de Marceliano Santa María,** eingerichtet. Dort ist vor allem Malerei des 19. Jahrhunderts zu sehen. Di – Sa 10 – 14 und 17 – 20 Uhr, So 10 – 14 Uhr, Eintritt 100 Pts.

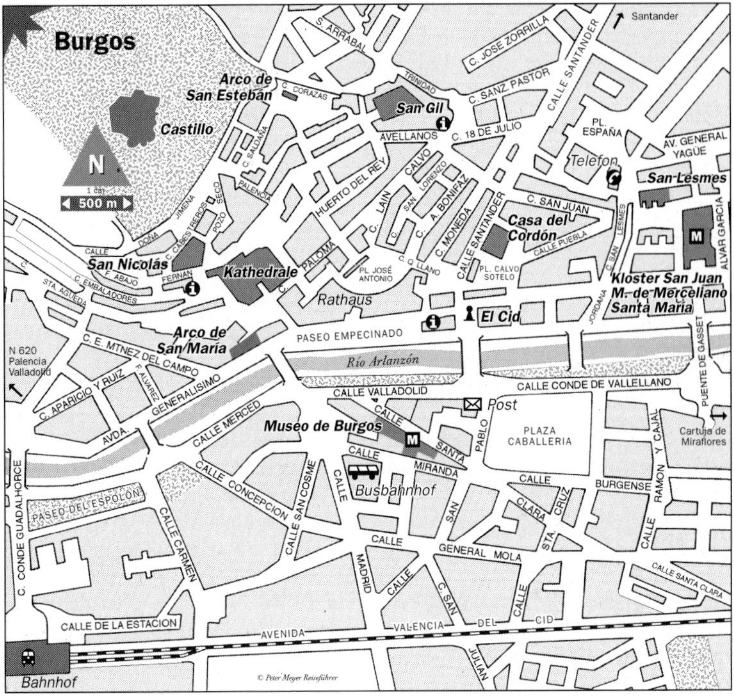

Museo de Burgos: Calera 25 (auf der Südseite des Arlanzón), Di – Fr 10 – 14, 16.45 – 20.15 Uhr, Sa und So 10 – 14, 200 Pts Eintritt, Studenten frei. Größtes Museum in Burgos, mit archäologischen Sammlungen von der Frühgeschichte der Region bis zu zeitgenössischer Malerei. Im Zusammenhang mit dem Jakobsweg gibt es interessante Fundstücke aus den Klöstern der Umgebung.

Vom königlichen **Castillo** auf dem höchsten Punkt der Altstadt über der Kathedrale stehen seit einem Brand 1739 nur noch Ruinen. Vor kurzem war der Weg dorthin noch steil und steinig. Außer ein paar Touristen und wenigen Spaziergängern, die die weite Aussicht über die Stadt genießen wollten, trieb es vor allem Drogenabhängige zum Castillo. Mittlerweile ist jedoch der Weg gepflastert, mit »Mirador« und Gartenanlagen ausgestattet, und auch die spärlichen Reste des Castillo wurden etwas aufgemöbelt – eine kleine Attraktion also.

Casa del Cordón: Santander/Plaza Calvo Sotelo. Das 1482 errichtete Sandstein-Gebäude mit der steinernen Kordel (*Cordón*) des Franziskanerordens am Portal mitten im Zentrum steht für wichtige Ereignisse der Stadtgeschichte: 1495 empfingen die Katholischen Könige hier Christoph Kolumbus nach seiner zweiten Amerikareise, 1506 hauchte der spanische König Felipe el Hermoso (der Schöne) dort sein Leben aus. Heute beherbergt das Gebäude ein städtisches Kulturzentrum und eine Bank.

Ausflug zum Stadtrand

Am Rande bzw. schon außerhalb der Stadt liegen zwei der meistbesuchten Klöster am Pilgerweg, die Kartause *Miraflores* und das Kloster *Huelgas Reales*. Kunstliebhaber sollten diese beiden Stationen unbedingt einplanen.

Cartuja de Miraflores, 3 km außerhalb an der Carretera Richtung Vitoria, Mo – Sa 10.15 – 15, 16 – 18 Uhr, So und Fei 11.15 – 12.30, 13 – 15, 16 – 18 Uhr, Eintritt frei. Wegen der Messen und Andachten der Mönche verschieben sich die Zeiten gelegentlich. Die Kartause ist bequem per Bus von der zentralen Plaza am Cid-Denkmal aus zu erreichen.

Beeindruckendstes Kunstwerk in der schlichten einschiffigen gotischen *Klosterkirche* (ab 1454 gebaut) ist sicherlich der wunderschöne Alabaster-Sarkophag (1498) der Eltern Isabelas der Katholischen, der den Blick der Besucher inmitten des Altarraumes fesselt. Links daneben hat der Bildhauer des Grabes, Gil de Siloé (gest. um 1501), einen weiteren, fein ziselierten Altar für den jung verstorbenen Bruder Isabelas, Alfonso, geschaffen (1496). Glaubt man einem alten Mann, der ständiger Besucher der Kartause ist und so manche Geschichte zu erzählen weiß, hat sich der Künstler selbst dort verewigt: ganz unten, in der linken Ecke steht er, ein kleines Alabasterfigürchen mit Zwikker und Winkel als Symbolen seines Berufsstandes.

Las Huelgas Reales (wörtlich: Die königlichen Erholungen), Alfonso VII südlich des Arlanzón am westlichen Stadtrand gelegen, Di – Sa 11 – 13.15 und 15.30 – 17.45 Uhr, So und Fei 10.30 – 14.15, Eintritt 650 Pts, mittwochs gratis.

Die oft mehrsprachige Führung durch den ehemaligen königlichen Erholungsort zeigt eindrucksvolle Reichtümer des 1187 gegründeten Zisterzienserinnenklosters. Im *Museo de Ricas Telas* kann man kostbare Stoffe bewundern, die einst königliche Leiber bedeckten. Besondere Beachtung verdienen auch der romanische und der gotische Kreuzgang. Mehrfach fanden in der gotischen Klosterkirche Königskrönungen statt, und im Kapitelsaal versammelte General Franco zu Beginn des Bürgerkrieges 1936 seine nationalistische Regierung.

Verbindungen & Infos

Zug: Bahnhof am Ende der Avda. Conde Guadalhorce (südlich des Arlanzón am Westrand der Stadt), © 947-203560, Info und Fahrkarten auch Moneda 21 (Nähe Plaza José Antonio). Täglich nach Madrid, Barcelona, Pamplona, Bilbao, auch Fernverbindungen nach Paris, außerdem nach Salamanca und Valladolid. Fahrplan der wichtigsten Züge auch in der Tageszeitung »Diario de Burgos«.

Bus: Busbahnhof Miranda 4, ✆ 947-205575; täglich nach Logroño, Castrojeriz, Covarrubias, auch Fernverbindungen; wichtigste Busverbindungen ebenfalls im »Diario de Burgos«.

Taxi: an der Plaza Primo de Rivera (Cid-Denkmal) und an der Ecke Conde de Miranda/Plaza de Vega.

Unterkunft & Camping

★★★ *Corona de Castilla,* Madrid 15, ✆ 947-262142, DZ 13.800 Pts, südlich des Arlanzón.

★★ *España,* Paseo Espolón 32, ✆ 947-206340, DZ 8800 Pts, schön im Zentrum am Arlanzón gelegen.

★★ *Conde de Miranda,* Miranda 4, ✆ 947-265267, DZ 7620 Pts.

★ *Hostal Hidalgo,* Almirante Bonifaz 14, ✆ 947-203481, DZ 3600 Pts, einfaches Großstadthotel in zentraler Lage mit Minimalservice.

Mehrere Hostals dieser Art in diesem Viertel und rund um die Plaza Alonso Martínez.

Camping: *Fuentes Blancas,* 3 km außerhalb an der Carretera Richtung Cartuja de Miraflores, ✆ 947-486016, April bis Oktober, 2 PAZ 2100 Pts, viel Schatten.

Essen, Trinken & Unterhaltung

Die kastilische Küche ist nicht besonders vielfältig, es dominieren Lamm- und Hammelbraten (*asado de cordero*) und Eintöpfe (*cocidos*). Große Auswahl an deftigen Würsten. Berühmt ist die *morcilla de Burgos,* eine Blutwurst mit Reis, die kurz angebraten gegessen wird.

Mehrere **gute Restaurants** finden sich in der Calle Hospital de Rey, z.B.

Asador Los Trillos, mit offenem Grillfeuer und leckerem Lammbraten. Menüs ab 1500 Pts.

Marisquería El Grove, Plaza San Bruno 1, galicisches Restaurant mit Fischspezialitäten und Meeresfrüchten, nicht ganz billig. Dependance in der Avda. de la Constitución 3.

Don Jamón, San Pablo (an der Brücke, die zur Plaza Primo de Rivera führt), schick, für gehobene Ansprüche. In der dazugehörigen Bar hängen einige hundert imposante Schinken von der Decke, die man (fast) alle probieren kann.

Rincón de Burgos, Plaza Santa María 4 (Nähe Kathedrale), traditionelle kastilische Küche.

Meson del Vena, Alférez Provisional, typische kastilische Menüs (Knoblauchsuppe, Lammbraten etc.) ab 1500 Pts.

Tapa-Bars: in den Straßen Laín Calvo und San Lorenzo.

Casa Pancho, San Lorenzo 15. Fröhliches Gedränge, ein junges freundliches Team hinter der Theke und die besten tapas der Stadt, z. B. *cojonudos* (sinngemäß: affengeile), gebratene Wachteleier mit scharfer Paprikawurst und Peperoni auf Weißbrot, oder *tigres al jerez,* überbackene Miesmuscheln mit Sherry.

Das **Nachtleben** spielt sich fast ausschließlich im Stadtzentrum zwischen Kathedrale, Fluß und Plaza España ab. Bis tief in die Morgenstunden umlagert sind die Bars und Discos an der Straße Huerta del Rey. Bekannt für seine Lokale mit ausgedehnten Öffnungszeiten ist auch das Vorstadtviertel *Gamonal*, das vor allem von jungen Leuten frequentiert wird.

Kino und Theater: Das Angebot ist dürftig, die Provinzhauptstadt verfügt noch nicht einmal über einen Konzertsaal, bei Konzerten muß die Bühne des alten Kinos *Gran Teatro* herhalten. Zwei weitere Kinos mit mehreren Sälen im Zentrum. Programm in »Diario de Burgos«.

Nützliche Adressen

Touristeninformationen: Plaza Alonso Martínez 7, © 947-203125 und 201846, kleineres Büro Plaza de Santa María 8 (kein Telefon) gegenüber dem Westportal der Kathedrale

Touristeninfo der Handelskammer San Carlos 1, © 947-201844, -208960, Mo – Sa 10 – 14, 15.30 – 20.30, So 11 – 13.30 Uhr geöffnet.

Post: Plaza del Conde de Castro 1, © 947-262750.

Caja Postal, Avda. del Cid 62, © 947-226750, Geldwechsel.

Telefon: San Lesmes 18, © 947-229900, täglich 9 – 13, 17 – 21 Uhr.

Notruf: © 947-261410.

Ausflug nach Covarrubias und Santo Domingo de Silos

Bevor es in die unendlich erscheinende Weite der kastilischen Hochebene Richtung León hinausgeht, führt uns ein Ganztagesausflug in den Süden der Provinz Burgos. Dort ist die Landschaft abwechslungsreich: Vorbei an bewaldeten Hängen und Roggenfeldern geht die Fahrt durch enge Täler und erdfarbene Dörfer, bei Covarrubias bilden sogar einige Lavendelfelder bunte Tupfen in der Felderlandschaft.

Burgos verläßt man auf der Ausfallstraße N 1 Richtung Madrid und biegt dann nach etwa 10 km links auf die N 234 Richtung *Soria* ab. Nach rund 40 km gilt der erste Halt dem Dörfchen **Quintanilla de las Viñas** einige Kilometer abseits der Nationalstraße. Rund 500 m außerhalb des Ortes liegen auf einem Hügel die Überreste der westgotischen *Kirche Santa María de Lara.* Obwohl nur der Ostteil der einst dreischiffigen Basilika aus dem 7. oder 8. Jahrhundert erhalten ist, läßt sich doch die Ausgewogenheit und bauliche Perfektion erahnen. In ihren Bann ziehen die kunstvollen Außenreliefs: sie erinnern an byzantinische Vorbilder, manche der Ornamente und Monogramme geben Wissenschaftlern noch heute Rätsel auf. Im Hintergrund der westgotischen Ermita erhebt sich die malerische Ruine des *Castillo de Lara,* wo einer der mächtigsten kastilischen Fürsten der Reconquista, Fernán González (930 – 970), geboren wurde. (Falls die Kirche verschlossen ist, gibt es im Dorf einen Wärter, der den Schlüsseldienst versieht. Der Eintritt ist frei, eine kleine Spende wird aber erwartet.)

Zurück auf der N 234 geht es über *Cuevas de San Clemente* nach **Covarrubias.** Der kleine schmucke Ort am *Río Arlanza,* schon über ein Jahrtausend alt, hat sich in den vergangenen Jahren zum Vorzeigedorf der Provinz gemausert. Der Name Covarrubias stammt wahrscheinlich von den rotbraunen Höhlen der Umgebung. Von der Flußseite her sticht der klotzige *Turm der Doña Urraca* hervor, ein Überbleibsel der Festungsanlagen aus dem 10. Jahrhundert (kann besichtigt werden). Hauptattraktion ist aber die spätgotische *Stiftskirche Colegiata* mit dem Grab des erwähnten Grafen Fernán González. Den rührigen Kämpen ließ selbst nach dem Tod der Kampf gegen die Mauren nicht los. Im Dorf wird überliefert, daß bei großen Schlachten gegen die Araber die Knochen des toten Grafen kräftig im Sarg zu klappern pflegten. – Weitere Ruhestätten blaublütiger Vertreter aus mittelalterlichen Tagen sind in der Colegiata zu besichtigen, so das Grab der norwegischen Prinzessin Cristina, die im 13. Jahrhundert mit dem Infanten Don Felipe verheiratet war. Mit Stolz wird den Besuchern auch das *Stiftsmuseum* mit Gemälden berühmter Meister gezeigt (täglich 10.30 – 13.30, 16 – 19 Uhr, 150 Pts Eintritt).

Spaß macht auch ein Spaziergang entlang der Uferpromenade und durch die herausgeputzten alten Gassen rund um den Marktplatz, wo die alten zweistöckigen Adelshäuser aus Lehm und Holz ihren mittelalterlichen Charme entfalten. Wer über Nacht bleiben will, findet am Hauptplatz zwei Hotels, auch Restaurants und Bars sind vorhanden. Abkühlung bietet das Schwimmbad am jenseitigen Flußufer.

Letztes Ziel des Ausflugs ist **Santo Domingo de Silos,** im Mittelalter eines der mächtigsten Klöster Spaniens, dessen Kreuzgang zu den bedeutendsten romanischen Kulturdenkmälern Europas gehört. Von Covarrubias aus dauert die Fahrt in südöstlicher Richtung eine halbe Stunde. Besucher werden über einen Nebeneingang in den zweistöckigen *Kreuzgang* geleitet, der als einziger Gebäudeteil der romanischen Klosteranlage erhalten ist. Die 64 Kapitelle der Säulengänge erzählen besonders plastisch und eindringlich biblische Episoden, vor allem die Reliefs an den Eckpfeilern mit Szenen aus dem Evangelium imponieren durch ausdrucksstarke Komposition und perfekte Ausführung. Wenig beachtet, aber ebenfalls sehr interessant sind die farbigen Holzdecken im Mudéjarstil. Das nahe dem Kreuzgang untergebrachte *Museum* und die *Apotheke* mit medizinischen Handschriften belegen den hohen künstlerischen und wissenschaftlichen Standard, den das Kloster im 12. Jahrhundert hatte. Öffnungszeiten: Mo – Sa 10 – 13 und 16.30 – 18 Uhr, So und Fei 16.30 – 18 Uhr. Eintritt 250 Pts (ermäßigt 125 Pts), Fotografiererlaubnis 150 Pts.

Verläßt man Santo Domingo de Silos, kann man links hinter dem Ortsende einen Abstecher zur **Yecla-Schlucht** einschieben. Dort balancieren Wanderer auf Stegen entlang eines Flüßchens, das sich tief in den Felsen eingegraben hat. Am Ende der halbstündigen Wanderung wartet das *Yecla-Schwimmbad,* täglich 11 – 20 Uhr offen, 250 Pts Eintritt.

God's Greatest Hits

Bis heute zweifeln die frommen Benediktiner des Klosters *Santo Domingo de Silos,* ob es eine göttliche Fügung war, die ihnen da im Jahre 1993 widerfuhr. Und auch der spanische Verkaufsmanager des Musik-Riesen EMI wunderte sich sehr, als er bei seiner routinemäßigen Inventur eine seltsame Entdeckung machte: Vier Ladenhüter des Plattenprogramms, zwischen 1973 und '82 gemachte Aufnahmen der gregorianischen Gesänge der Mönche, waren in den letzten Jahren 160.000 Mal verkauft worden! Wie sich später herausstellte, hatten vor allem spanische Discotheken für den unerwarteten Absatz gesorgt: der *Canto Gregoriano* wurde dort Abend für Abend gespielt – als wirkungsvoller Rausschmeißer. Das konnte EMI natürlich zunächst nicht wissen und brachte für das Weihnachtsgeschäft 1993 eine Doppel-CD unter dem Titel *Las mejores obras del Canto Gregoriano* (Das Beste der Gregorianischen Gesänge) heraus. Innerhalb von 24 Stunden waren 20.000 Stück verkauft, nach zwei Monaten waren 300.000 Stück über die Ladentheken gegangen. Hauptsächliche Käuferschicht: 18- bis 25jährige – und nicht nur diese Erkenntnis brachte die Marktgesetze im europäischen Platten-Business ins Wanken. Die spanischen Mönche eroberten innerhalb kürzester Zeit sämtliche Hitlisten, und obendrein rangierte der Choralgesang des 11. Jahrhunderts pikanterweise unter dem Oberbegriff New Age. Nicht anders auf dem US-Markt: Unter dem Slogan »Prepare for the Millennium« ging dort der Mönchsgesang als »Chant« auf den Markt - mit dem Ergebnis, daß die Mönche mittlerweile über 4 Millionen Kunden mit »God's Greatest Hits« (zit. Washington Post) beglückt haben. Die »Labyrinthe von nicht nachvollziehbarem Singsang« (zit. Rheinischer Merkur) hatten die größte Umsatzexplosion in der Geschichte der ernsten Musik verursacht. Sämtliche Versuche der EMI-Konkurrenz, andere Mönchschöre am Boom teilhaben zu lassen, verblaßten angesichts der wundersam schwindelerregenden Verkaufszahlen der *fratres* aus Nordspanien, denen übrigens der ganze Rummel schon längst zuviel geworden ist. Mit ihren Tantiemen renovierten sie ihr Kloster, den Rest verteilten sie unter Bedürftige. Die Rechte an den Arrangements interessierten sie schon nicht mehr. Mehrere Millionen Mark seien den Fratres so in aller Bescheidenheit durch die Lappen gegangen, zeterte der Präsident der spanischen Gesellschaft der Autoren und rief mit dieser Äußerung Ismael Fernandez de la Cuesta und Francisco Javier Lara auf den Plan: Zwei Ex-Mönche des Ordens, die bei den Plattenaufnahmen als Chorleiter fungiert hatten. Vom Ausgang des Rechtsstreites wollen die verbliebenen Benediktiner von Santo Domingo de Silos nichts wissen. »Wir sind schließlich keine Pop-Idole« – so die letzte Verlautbarung aus den Klostermauern.

BURGOS – FROMISTA – SAHAGUN – LEON

Nun geht es ins »Ohne-Baum-Land«, wo langgestreckte kahle Hügel den Weg säumen. Immer wieder begegnen uns Höhlenbauten, die in kleinen Hängen oder Böschungen angelegt sind und bodegas, cuevas oder silos genannt werden. Noch heute dienen sie oft als Wohnungen, viele der Bauten sind aber auch zu Wein- und Vorratskellern umfunktioniert worden. So wie diese bodegas wirken viele der sandfarbenen Häuser in den unscheinbaren Dörfern wie aus der Erde hervorgezogen. Urwüchsige Lebensformen in einer kargen Landschaft.

Über *Lerma, Santa María del Campo* und *Villaquirán* geht es zur ersten interessanten Station am Jakobsweg zwischen Burgos und León, nach Castrojeriz.

Castrojeriz

Castrojeriz (1200 Einwohner), so formuliert der unbekannte Autor eines Prospektes der Regionalregierung, liegt »wie eine alte Eidechse in der Sonne«. Das stimmt in zweifacher Hinsicht: einmal zeigen die nachmittags wie leergefegten Straßen, daß man wirklich auf der glühend heißen *Meseta,* der kastilischen Hochebene, angekommen ist, zum anderen zieht sich der unter Denkmalschutz stehende Ort tatsächlich weit mehr in die Länge als in die Breite. Ankömmlinge erwartet am Ortseingang zunächst die dämmrige Stiftskirche **Santa María del Manzano.** Deutlich lassen sich einzelne Bauphasen unterscheiden: an das gotische dreischiffige Langhaus aus dem 13. Jahrhundert ist in der Mitte ein mächtiges Querschiff angebaut, welches seit dem 18. Jahrhundert von einer Rundkuppel gekrönt wird. Zwei neuere Darstellungen des Santiago Matamoros und eines Jakobspilgers schmücken Haupt- und Nebenaltar. Das ausliegende *Pilgerbuch* am Eingang gibt Auskunft über die Sorgen der Wanderer: je nach Jahreszeit werden der Regen oder die Hitze beklagt, fast immer aber die Gastfreundschaft des Städtchens gepriesen.

Von Santa María del Manzano aus führt die alte Hauptstraße in den Ortskern. Es ist zu empfehlen, lieber einen Spaziergang zu Fuß zu machen, als sich mit dem Auto durch die engen Gassen zu quälen. Im Zentrum stößt man auf die gotische **Iglesia de San Juan** mit einem sehenswerten Kreuzgang aus dem 13. Jahrhundert. Ebenfalls an der Calle Mayor, der Hauptstraße, liegt die **Iglesia Santo Domingo,** in der ein *Museum* eingerichtet ist. Dort sind vor allem wertvolle Überreste aus den übrigen, inzwischen zerstörten oder verfallenen Kirchen des Ortes zusammengetragen. Wer sich für die Besichtigung der Kirchen interessiert, fragt am besten in der *Caja de Ahorros* (Sparkasse) nach einem Wärter, der die Schlüssel verwaltet und ansonsten viel zur Stadtgeschichte zu erzählen weiß (✆ 377034 falls Sparkasse geschlossen).

Die romanische Basilika San Martín de Frómista

Ein im Sommer äußerst schweißtreibender Fußweg führt hinauf zur **Schloßruine** des westgotischen *Castrum Sigerici,* das schon von weitem das Bild der Stadt prägt.

Unterkunft

El Mesón, Cordón 1, © 947-377400, DZ 4800 Pts. Einfach.

Camping: *Camino de Santiago,* © 947-377255 und -377056, 2 PAZ 1500 Pts. Malerisch unter der Burgruine gelegen, Tennis, viel Schatten, nettes Personal.

▶ *Tourbeschreibung*

Hinter Castrojeriz verläßt der Jakobsweg die Provinz Burgos und durchquert den nördlichen Teil der *Provinz Palencia.* Wie schon zuvor auf anderen Etappen, weicht der Camino auch auf der Strecke nach León oft von der heutigen Straßenführung ab. An einem der zahlreichen Punkte, wo beide Wege zusammentreffen, liegt das staubige Dorf **Boadilla del Camino,** das als eines von vielen den Jakobsweg (camino) im Namen führt. Bis vor fünfzig Jahren war hier die Kirche das einzige Gebäude aus Stein, der Rest war weitgehend aus Lehmziegeln oder Fachwerk errichtet. Neben der *Pfarrkirche Santa María* (15. Jahrhundert), deren Außenwände von der Dorfjugend schon mal zum *Frontón* (eine Art baskisches Squash mit einer Wand) zweckentfremdet werden, steht eine gotische *Gerichtssäule,* die den Ort berühmt gemacht hat. Der Säulenschaft ist mit Pilgermotiven verziert. Hier standen früher die Verurteilten angekettet, dem Spott auch der vorbeiziehenden Pilger ausgesetzt, und warteten auf die Urteilsvollstreckung.

FROMISTA

Wenige Kilometer weiter überquert der Weg den *Canal de Castilla,* die wichtigste Bewässerungsader der Region, und führt nach Frómista. Der eher schäbige Ort mit 1300 Einwohnern, großen Getreidesilos und schmutzigen Straßen verbirgt ein Kleinod, das den Besuch wirklich lohnt. Zwischen Wohnhäusern und Scheunen steht die **Kirche San Martín,** einziges Überbleibsel eines einst mächtigen benediktinischen Klosters. Zwar fehlt der Kirche im Zentrum des kleinen Ortes der geheimnisvolle Zauber einer abgelegenen Kapelle wie Eunate, aber sie gehört zweifellos zum Schönsten, was die Romanik in Europa hervorgebracht hat. Der helle, freundliche Sandsteinbau aus dem 11.

Jahrhundert zeigt eine außergewöhnliche Harmonie und Ausgewogenheit: die bedachtsam gewählten Proportionen, die durch schlichte Würfelfriese und ebenmäßige Bögen aufgelockerten Fassaden, die zwei schlanken, aber doch gewichtigen Rundtürme sowie die sparsame und akzentuierte Dekoration machen aus San Martín ein in sich geschlossenes Gesamtkunstwerk. Die 315 figürlich gestalteten Dachkonsolen verraten viel über die Bilderwelt der Romanik. Auch das schlichte und lichte Innere wirkt formvollendet und harmonisch. Fast schon zu gründlich wurden die Kapitelle und Bildhauerarbeiten Ende des vergangenen Jahrhunderts restauriert und einzelne Skulpturen ganz ersetzt (ein »R« kennzeichnet diese Arbeiten).

In ihrer Anlage erinnert die Kirche an die Kathedrale von Jaca oder an San Isidoro in León. Hier ist ein frühromanischer Bau durch kluge Planung, handwerkliches Können und königliches Mäzenatentum – Doña Mayor, die Frau des navarrischen Königs Sancho, stiftete 1066 den Bau – zur Perfektion gelangt.

Geöffnet ist San Martín täglich 10–14 und 16.30 – 20 Uhr (1.10. – 30.6. Mo, Di geschlossen). Der Eintritt ist frei.

Verbindungen

Zug: *Estación RENFE*, ✆ 979-810060, täglich Verbindungen nach Madrid, Palencia und Valladolid.

Bus: Abfahrt neben dem Tourismusbüro, tägl. nach Palencia und Burgos.

Unterkunft & Restaurant

Hostal Camino de Santiago, Avda. Ejercito 11, ✆ 979-810053, DZ 3500 Pts.

Pensíon Marisa, Plaza Obispo Almaraz 2 (Nähe San Martín), ✆ 979-810023, DZ 3000.

Nützliche Adressen

Touristeninformation: Avda. Anibal 2, ✆ 979-810113 und -810957.

Post: Plaza de Tuy 2, ✆ 979-810072.

Schwimmbad: am Ortsausgang Richtung Carrión de los Condes.

▶ *Tourbeschreibung*

Die Landflucht hat den trockenen Gebieten in Kastilien besonders in den sechziger Jahren zugesetzt. Aber auch heute entscheiden sich immer mehr junge Leute gegen den mühsamen Kampf, dem sandigen Boden eine Ernte abzuringen, und suchen ihr Glück in den Städten. Immer wieder liegen nahezu verlassene und halbverfallene Dörfer am Wegrand. Aus Naturmaterialien gebaut, scheinen die einmal verlassenen Häuser schnell in sich zusammenzusinken, ihre Bestandteile wieder zum Gebrauch freizugeben oder vielmehr wieder eins mit der Erde zu werden.

Bessere Zeiten hat einst auch das Dörfchen **Villalcázar de Sirga** gesehen. Im 12. Jahrhundert ließen sich hier Angehörige des Templerordens nieder. Sie erbauten die spätromanische Kirche *Santa María La Blanca,* deren prachtvolles Gemäuer heute allerdings nur noch mit Stahlbändern zusammengehalten werden kann. Kurios sind an der Südseite die beiden im rechten Winkel aufeinandertreffenden Portale mit reichem Skulpturenschmuck. Im Innern steht in der *Santiago-Kapelle* der prächtige Sarkophag des 1274 verstorbenen Infanten Felipe, einem Bruder des kastilischen Königs Alfonso el Sabio (der Weise, 1221 – 1284). An die Templer erinnern im Dorf mehrere Wappen und Inschriften.

Wer zur Essenszeit in Villalcázar ankommt, dem sei die ausgezeichnete kastilische Küche der *Mesón de Villasirga* gegenüber der Kirche empfohlen (✆ 979-888089).

Carrión de los Condes

Gleich hinter Villalcázar de Sirga ist in einer kleinen Senke als dunkler Flecken das Städtchen Carrión de los Condes (3000 Einwohner) erkennbar. Der kleine Ausflugsort ist vor allem wegen seines ausgedehnten Parks am Ufer des *Río Carrión* beliebt. Der Carrión führt selbst im Hochsommer reichlich Wasser, und ein Bad in den recht sauberen kühlen Fluten ist bei 40 Grad im August ein Hochgenuß. Vom Glanz und Wohlstand mittelalterlicher Tage zeugen in Carrión nur noch wenige Bauten. Links hinter dem Ortseingang gewähren gotische *Kirche* und *Museum* Einblick in die Geschichte des *Klosters Santa Clara,* in dem nur noch wenige Klarissinnen leben (Öffnungszeiten Di – So 10.30 – 12.30, 17 – 19 Uhr).

Im Zentrum stößt man dann auf die kürzlich restaurierte Kirche *Santa María del Camino* aus dem 12. Jahrhundert und zweihundert Meter weiter hinter der zentralen Plaza Mayor auf die *Santiago-Kirche* mit einer außergewöhnlich guten romanischen Darstellung des Jüngsten Gerichts über dem Portal. Am Ortsausgang Richtung Sahagún errinnert das im 11. Jahrhundert gegründete *Benediktinerkloster* an Zeiten, in denen französische Mönche aus Cluny Stadt und Region wichtige Impulse gaben.

Unterkunft

In Carrión de los Condes gibt es außer einigen einfachen Restaurants an der Plaza Generalísimo mehrere Hostals und Pensionen, wie etwa:

★ *La Corte,* Santa María 34, ✆ 979-880138, DZ 4000 – 4500 Pts.

Camping: *El Edén,* etwas außerhalb im Süden an der C 615 Richtung Palencia, ✆ 979-880185, 2 PAZ 1100 Pts, schattig, am Carrión gelegen.

Wer zu Fuß die Meseta durchquert, hat oft das Gefühl, vier Horizonte zu sehen. Viele Wanderer beschreiben dies als eines der nachhaltigsten Erlebnisse des Jakobsweges. Selbst bei der Fahrt mit dem Auto erscheint der Horizont oft grenzenlos, es kann lange dauern, bis ein dunkler Streifen einen lebensspendenden Bach ankündigt, der über Kanalsysteme extensiv zur Bewässerung genutzt wird. Entlang dieser Känale tummeln sich immer wieder Schafherden zur Tränke. Das Bild der großen Herden, die mit ihren Schäfern über die Ebene ziehen, hat sich seit Jahrhunderten kaum verändert.

SAHAGUN

Hinter Moratinos passiert die N 120 die Grenze zwischen den Provinzen Palencia und León. Erste Station ist das im Tal des *Río Cea* gelegene Städtchen Sahagún (3400 Einwohner). Schon zu Zeiten der römischen Eroberung existierte hier eine Siedlung, die zwar von den Arabern mehrfach zerstört, aber immer wieder aufgebaut wurde. Im 11. Jahrhundert wurde hier schließlich das bedeutendste Cluniazenserkloster Spaniens errichtet, von dem aus französische Mönche die cluniazensische Reform in Spanien verbreiteten.

Diese Reformbewegung, die Askese und strengere Zucht der Mönche nach der alten Benediktinerregel, unbedingten Gehorsam gegenüber dem Abt bzw. dem Papst und Ausschaltung jeglichen Einflusses durch Laien forderte, wirkte nachhaltig auf die (Neu-)Ordnung der Kirche und bereitete die weltbeherrschende Stellung des Papsttums vor. Die kulturelle Macht der Cluniazenser hatte nicht nur Einfluß auf die mittelalterliche Baukunst, sondern auch auf den frommen Alltag: Die Einführung des Allerseelentages geht auf sie zurück.

In Sahagún lassen sich sehr deutlich die Einflüsse islamischer Kultur auf die christlichen Sakralbauten studieren. Noch lange nachdem die Stadt im 9. Jahrhundert von den Mauren zurückerobert worden war, gab es in Sahagún arabische Architekten und Handwerker, die im Dienste der Christen auch am Kirchenbau mitwirkten. Nach diesen *Mudéjaren* ist der Stil benannt, der die großen Kirchen der Stadt auszeichnet. Herausragendes Merkmal ist die Verwendung von Ziegeln (*ladrillos*), da es in der Region keine Steinbrüche gibt. Die Backsteinkirche **San Tirso** aus dem 12. Jahrhundert ist mit ihrem viereckigen Turm, den dreistöckigen Arkaden, den angedeuteten Hufeisenbögen und der schlichten Ornamentik das besterhaltene Beispiel (Di – Sa 10.30 – 13.30, 16 – 19 Uhr, So 10.30 – 13.30). Im *Innern* kann man die restaurierten Holzdecken betrachten, die für den Mudéjarstil typisch sind.

Auch die weiter oben am Hang gelegene **Kirche San Lorenzo** aus dem 13. Jahrhundert ist mit ihrem mächtigen gotischen Vierungsturm einen Spaziergang wert. Unweit von San Tirso befinden sich die Überreste des Benediktinerklosters **San Facundo,** dessen Fassade heute als Durchfahrtstor dient. In einem kleinen *Museum* sind dort die Gräber des kastilischen Königs Alfonso VI. (1072 – 1109) und seiner arabischen Frau Zaida zu sehen. Am Ortsrand Richtung Süden bietet sich die Möglichkeit zu einem Streifzug um die Ruinen des gotisch-mudéjaren Franziskanerklosters *La Peregrina* (Die Pilgerin).

Verbindungen & Infos

Zug: Bahnhof in der Avda. de José Antonio, täglich mehrmals nach León und Palencia, außerdem Direktverbindungen nach Madrid und A Coruña.

Touristeninformation: In einem Pavillon an der Avda. Bermejo y Calderón (Nähe San Tirso, nur in den Sommermonaten).

Unterkunft & Camping

★★ *La Codorniz,* Avda. de la Constitución 93, ✆ 987-780276, DZ 5000 Pts.

★ *Hospedería Benedictina,* Avda. y Bermejo y Calderón 8, ✆ 987-780078, DZ 5400 Pts. Zwischen 8 und 9 sowie 19 und 20 Uhr gibt es wegen der Andacht der Nonnen keine Bedienung an der Rezeption oder beim Frühstück. Eine Spende wird erwartet.

Camping: *Pedro Ponce,* hinter dem Ortsausgang Richtung León, ✆ 987-781112, 2 PAZ 1400 Pts, Swimmingpool, mäßig Schatten, guter Service.

Essen & Trinken

★★ *Hostal Alfonso VI,* Antonio Nicolás 6, ✆ 987-781144, leckere und preiswerte Lammkeule (*lechazo asado,* 1500 Pts), Menü ab 1200 Pts. Für 3500 – 4500 Pts kann man hier auch übernachten.

Weitere Lokale an der Plaza Mayor und der Avda. de la Constitución.

▶ Tourbeschreibung

Hinter Sahagún zweigt der alte Pilgerweg rechts ab und schlägt einen Bogen bis **Mansilla de las Mulas,** während die Nationalstraße weiter nach Westen verläuft und dort auf die N 601 stößt, die ihrerseits schnurgerade über Mansilla de las Mulas auf León zuführt. Hinter den Resten der mittelalterlichen Stadtmauer Mansillas sollte ein Abstecher nach Nordosten zur schönsten mozarabischen Kirche am Jakobsweg eingeplant werden (Hin- und Rückweg durch das Tal des *Río Esla* etwa 25 holprige Kilometer).

Das **Kloster San Miguel de Escalada** erbauten im Jahr 913 mozarabische Mönche, die aus Córdoba vertrieben worden waren. Fast störend neben der schlichten dreischiffigen *Kirche* mit einem herrlichen Arkadengang an der Südseite wirkt der romanische *Wehrturm,* der im 11. Jahrhundert angefügt wurde. Eindeutig maurisch sind die Hufeisenbögen, die bei den Arkaden und im Kircheninneren dominieren. Auch in den *ajimez,* den mozarabischen Fenstern mit Doppelbogen und Mittelsäule, sind sie vertreten. Nicht zufällig erinnert das schlichte und schmucklose Innere von San Miguel de Escalada mit seinem diffusen Licht an eine Moschee. Hier wird eine Synthese christlicher und maurischer Kultur erfahrbar, wie sie uns in Westeuropa sonst völlig fremd ist. Di – Sa 10 – 13, 16 – 19 Uhr, So 10 – 13, der Eintritt ist frei, in dem Häuschen nebenan gibt es Informationsmaterial.

LEON

Wer die Menschen in León einmal richtig erbost erleben will, muß ihnen nur aus dem Tagebuch eines französischen Pilgers vorlesen, der 1704 notierte: »Diese Stadt ist klein und arm, hier gibt es überhaupt nichts Besonderes.« Der Zorn der Leonesen über dieses harte Urteil ist berechtigt, denn die alte Königstadt hat mit ihrer prächtigen Kathedrale und dem alten römischen Viertel seit jeher Sehenswürdigkeiten ersten Ranges beherbergt.

Ein kleines Fünkchen Wahrheit ist wohl aber doch darin, denn als der erwähnte französische Pilger León besuchte, befand sich die Stadt am Tiefpunkt einer jahrhundertelangen Krise. Stärker noch als Burgos hatte die Stadt am Zusammenfluß von *Bernesga* und *Torío* der Bedeutungsverlust Kastiliens im geeinten Spanien ab dem 16. Jahrhundert getroffen. Ihre Blütezeit hatte die von den Römern gegründete Siedlung in der Frühphase der Reconquista. Als Hauptstadt des leonesisch-asturischen Königreichs gingen von ihr entscheidende Impulse zur Rückeroberung und Besiedlung zentralspanischer Gebiete aus. Aber bereits mit der Vereinigung der leonesischen und kastilischen Reiche 1230 verlor die Stadt ihre Führungsrolle. Mißwirtschaft des Adels und fürchterliche Pestepidemien, während der die Pilgerströme die Stadt umgingen, brachten León in der Folgezeit in wirtschaftliche Not.

Anders als in Burgos gelang es in León jedoch seit Beginn der Industrialisierung im vorigen Jahrhundert, verarbeitende Industrie anzusiedeln. Die Erschließung von Kohle- und Erzvorkommen verhalf der Region sogar zu einer Arbeiterschaft, die sich langsam politischen Einfluß erkämpfte. So war León in den dreißiger Jahren unseres Jahrhunderts auch Schauplatz der von Asturien ausgehenden Bergarbeiteraufstände.

Diese verschiedenen Einflüsse haben der Hauptstadt der gleichnamigen Provinz (134.000 Einwohner) zu einem recht bunten Gesicht verholfen. Zwar fühlt sich León als Keimzelle spanischer staatlicher Existenz ebenso wie Burgos in den letzten Jahrzehnten verstärkt ins Abseits gedrängt, jedoch erträgt man das alles mit einem Stück selbstsicherer Gelassenheit und versucht trotz wirtschaftlicher Probleme, das Leben zu genießen. Davon zeugen das reichhaltige kulturelle Angebot ebenso wie das heitere, rauschhafte Treiben allabendlich im »feuchten Viertel«, *barrio húmedo*.

Der Berührungspunkt zwischen Alt- und Neustadt ist die **Plaza San Marcelo,** an der die gleichnamige *Kirche* mit ihrem Backsteinturm an die Mudéjar-Kirchen in Sahagún erinnert. Westlich der Plaza erstrecken sich bis zur Promenade am Ufer des Bernesga die modern gestalteten und lärmenden Geschäftsviertel. Eine Grünzone sucht man im Stadtzentrum vergeblich. Die östlich von San Marcelo gelegene **Altstadt** wird durch die *Calle Generalísimo Franco* geteilt. Das südlich davon gelegene Viertel *San Miguel* mit der *Plaza Mayor* und dem *barrio húmedo* befindet sich in einem deutlich schlechteren Zustand als die nördliche Hälfte mit den römischen Stadtmauern, der Kirche *San Isidoro* und der *Kathedrale.*

»La pulcra leonina«, schönes León, diese Kennzeichnung aus dem Mittelalter war stets auf die **Kathedrale** gemünzt. Im 13. Jahrhundert nach französischen Vorbildern wie etwa der Kathedrale von Chartres errichtet, verkörpert der Bau am Rande der römischen Stadtmauer die reinste Gotik auf spanischem Boden. Nachdem im 19. Jahrhundert das Umfeld der Kirche neu gestaltet und einige benachbarte Gebäude abgerissen wurden, hat man jetzt von Süden und Westen einen fast ungehinderten Blick auf die reich gegliederten Fassaden. Schon von außen wirkt die Pulcra Leonina hell und schlank, nicht so imposant und einschüchternd wie die Kathedrale in Burgos. Im *Inneren* des dreischiffigen Baus überrascht die Luftigkeit der Konstruktion: Durch langgestreckte Fenster fällt das Licht in warmen Farbmischungen überreich in das majestätische Kirchenschiff herein. Der freie Blick selbst vom Westportal aus durch die Kristalltüren des Chors öffnet den gesamten Raum den Augen des Betrachters. »Architektur der Herrlichkeit« hat der französische Pilger und Autor Pierre Barret diese reine Gotik zutreffend genannt. Täglich 9.30 – 13.30, 16 – 19 Uhr geöffnet.

Kreuzgang und **Museum** der Kathedrale: Die reichhaltigen, gut arrangierten Sammlungen des Museums bieten interessante Einblicke in die Entwicklung der Königsstadt. Geöffnet Mo – Sa 9.30 – 13, 16 – 18.30 Uhr, 250 Pts Eintritt.

Diözesanmuseum: Das *Museo Diocesano de Arte Sacro* neben der Kathedrale zeigt Sakralkunst, vor allem Skulpturen. Täglich 9 – 13 und 16 – 19 Uhr, 150 Pts Eintritt.

Älteste Kirche Leóns ist die romanische **Real Basílica San Isidoro,** ebenfalls an der römischen Stadtmauer gelegen. San Isidoro (565 – 636) war Bischof in Sevilla und einer der bedeutendsten Kirchenlehrer Europas im frühen Mittelalter. Eher zufällig gelangten seine Gebeine im 11. Jahrhundert nach León und wurden dort in der Kirche beigesetzt, die dann umgebaut und um ein Pantheon erweitert wurde. Heute erstaunt in der romanischen Kirche vor allem das ungewöhnliche Retabel mit 24 kleineren Einzelbildern. Ungewöhnlich ist aber auch die große Zahl von Gläubigen, die sich zu jeder Tageszeit einfinden. Das hängt damit zusammen, daß San Isidoro eine der wenigen Kirchen ist, in denen ständig eine geweihte Hostie ausgestellt ist. Sehenswerter als die Kirche ist aber das *Pantheon* mit seinen einzigartigen romanischen Gewölbemalereien (täglich 9 – 14, 15 – 20 Uhr, So und Fei nachmittags geschlossen, Eintritt 200 Pts, Besichtigung nur mit Führung). Die bunten, lebendigen Fresken mit biblischen Darstellungen gehören zu den wenigen vor Ort erhaltenen Zeugnissen romanischer Malerei in Spanien. Zweifellos gehört der Besuch dieser Fresken zu den beeindruckendsten Kunsterlebnissen am Jakobsweg. Die Qualität der Malerei ist so hervorragend, daß das Pantheon von San Isidoro gelegentlich als die Sixtinische Kapelle Spaniens bezeichnet wird.

Über das frühere Hospiz **Hostal San Marcos** an der Plaza San Marcos schrieb im 18. Jahrhundert ein französischer Pilger: »Man ließ uns auf Holzpritschen in verfaulte Decken eingewickelt schlafen.« Heute ist in dem prächtigen Renaissancebau ein *Parador* mit allen Schikanen eingerichtet; in der Hotelbar können aber auch Besucher zu erschwinglichen Preisen Kaffee trinken. Zum Hotel gehört ein sehenswerter *Kreuzgang* mit einem *Museo Arqueológico,* Di –

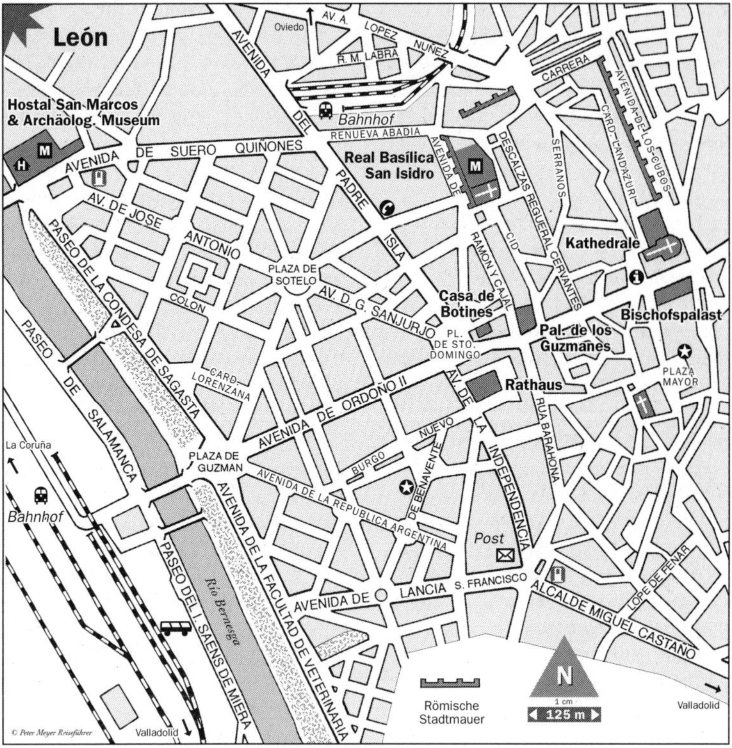

Sa 10 – 14 und 17 – 19, So/Fei 10 – 13 Uhr geöffnet, Eintritt frei.

Casa de Botines: gegenüber Plaza San Marcelo. Sie ist ein neogotischer Palast, den Ende des vergangenen Jahrhunderts der berühmte katalanische Modernismo-Architekt Antoni Gaudí (1852 – 1926) erbaute. Heute ist hier eine Filiale der Sparkasse *Caja España* untergebracht.

Palacio de los Guzmanes: Ruiz de Salazar, neben der Casa de Botines. Der mächtige platereske Adelspalast aus dem 17. Jahrhundert ist heute Sitz des Provinzialparlaments.

Verbindungen

Zug: Es gibt zwei Bahnhöfe. Der wichtigere liegt auf der westlichen Seite des Flusses, Astorga 2, © 987-223704, der kleinere mit Nahverkehrsverbindungen an der Avda. Padre Isla 48, © 987-225919.

Information und Fahrkarten auch im Büro Travesía Roa de la Vega, © 987-222625.

Bus: Busbahnhof Cardenal Lorenzana 5, © 987-226200, täglich mehrfach nach Burgos, außerdem nach Lugo, Astorga und andere Städte der Umgebung.

Taxi: Santa Teresa de Jesús 14, © 987-242451, oder rund um die Plaza Santo Domingo.

Unterkunft & Camping

★★★★★ *Parador Hotel de San Marcos* Plaza de San Marcos 7, © 987-237300, DZ 21.500 Pts.

★★★ *Riosol* Avda. Palencia 3, © 987-216850, DZ 12.000 Pts. Empfehlenswert.

★★ *Reino de León* Martín Sarmiento 10, © 987-203251, DZ 6000 Pts.

★ *Hostal España* Carmen 3, © 987-236014, DZ 3200 Pts, einfaches Hostal in der Neustadt. Weitere preiswerte Unterkünfte in der Neustadt in der Avda. de Roma.

Camping: *Ciudad de León,* 3 km außerhalb auf der N 601 Richtung Valladolid, © 987-680233, 2 PAZ 1800 Pts, moderne Anlage.

Restaurants & Unterhaltung

Gut zu Bier oder Rotwein schmeckt in León *cecina,* eine Art Dörrfleisch in hauchdünne Scheiben geschnitten.

Sotomayor, Ramón y Cajal 9, gediegen, Fischspezialitäten und Meeresfrüchte, Menü ab3500 Pts.

Mesón El Tizón, Travesía Carnicerías 3, mit der Leoneser Spezialität Forellensuppe, *Sopa de truchas,* gute Weinkarte, Menü ab 1600 Pts, Do geschlossen.

Belman, Misericordia 15, Mittelklasse, vor allem Fleischspezialitäten.

Principal, Plaza de San Marcelo 16, Menü ab 1400 Pts.

Tapa-Bars vorwiegend an der Plaza San Martín, zum Beispiel *Chivari* mit frittierten Fischen und Meeresfrüchten.

Nachtleben: León verfügt wohl über das turbulenteste Nachtleben entlang des Jakobsweges. Unübertroffen ist die *marcha* (etwa mit Sause zu übersetzen) im *barrio húmedo,* der sich am Wochenende bis in die frühen Morgenstunden in ein Tollhaus verwandelt. Ein wenig ruhiger geht es im römischen Viertel nördlich der Calle Generalísimo Franco zu. Dort dominieren gepflegte Cafés.

Rincón Irlandés, Calle Cervantes. Tolle Cocktails.

Café Victoria, Generalísimo Franco 25, ein klassisches zweistöckiges Café mit Straßenterrasse. Ein Treffpunkt zu jeder Tages- und Nachtzeit.

Kino & Theater: 5 Kinos mit jeweils mehreren Sälen, mehrere kleine Bühnen; Adressen und Programm siehe in den Tageszeitungen »Diario de León« und »La Crónica 16 de León«.

Nützliche Adressen

Touristeninformation: Plaza de la Regla 3 (gegenüber der Kathedrale), © 987-237082, ungünstige Öffnungszeiten beachten: Mo – Fr 9 – 14, 16 – 18 Uhr, Sa 10 – 13.

Post: Jardín de San Francisco, © 987-234290.

Caja de Postal: Ordoño II, 8 © 987-242711, Geldwechsel.

Telefon: Avenida del Padre Isla/La Torre, nahe San Isidoro.

LEON – ASTORGA – PONFERRADA – PORTOMARIN – VILLAFRANCA – SANTIAGO

Statt auf Romanik und Barock trifft der Reisende nun auf moderne Sakralbauten katalanischer Künstler: einen Bischofspalast mit den für Antoni Gaudí so charakteristischen, an die Gotik angelehnten Stilelementen und auf die schroffen Bronzeplastiken Subirachs. Der Bildhauer leitet heute die Arbeiten an Gaudís unvollendetem Lebenswerk, der Sagrada Familia in Barcelona.

Die N 120 verläßt León Richtung *Astorga* und stößt nach 6 km auf das Dorf **La Virgen del Camino**. Die dortige *Pfarrkirche* gehört zu den wenigen modernen Kirchen entlang des Jakobsweges. Der funktionale Kirchenbau mit einer eigenwillig nüchternen Innenausstattung wurde 1961 errichtet. Bekannt geworden ist die Kirche vor allem durch ihre überlebensgroßen Bronzestatuen an der Eingangsfassade, die der Bildhauer Josep María Subirachs aus Barcelona (geb. 1927) gestaltet hat. Besonders reizvoll für den Betrachter ist der Vergleich zwischen dieser modernen Darstellung und der Bildersprache der Romanik, die er in Navarra oder der Rioja kennengelernt hat.

Gut 20 km weiter kann man kurz die Nationalstraße verlassen, um einen Halt in **Hospital de Orbigo** einzulegen. Dieses kleine Ausflugszentrum ist vor allem durch seine langgestreckte Brücke über den *Río Orbigo* aus dem 13. Jahrhundert bekannt geworden. Im 15. Jahrhundert soll hier der Ritter Suero de Quiñones alle vorbeiziehenden Edelleute zum *Paso Honroso,* zum ritterlichen Zweikampf genötigt haben, weil er einer unerreichbaren Geliebten damit einen Minnedienst erweisen wollte. Erst nach 166 gebrochenen Lanzen, so die Überlieferung, sei sein Kampfesdurst gestillt gewesen und er reuig nach Santiago gepilgert. Sueros groteske ritterliche Ideale haben nachweislich über ein Jahrhundert später Miguel de Cervantes bei der Gestaltung seines weltberühmten Romans »Don Quijote« beeinflußt.

ASTORGA

Am Fuße der Berge von León liegt die alte Bischofsstadt Astorga (12.500 Einwohner). Hier kreuzten sich im Mittelalter mehrere wichtige Verkehrsadern. So stießen zu den Pilgern des *Camino Francés* auch die Wallfahrer aus dem Süden Spaniens, die der Route der *Vía de la Plata,* einer alten römischen Silberstraße, gefolgt waren. Schnell wuchs der Ort, der auf eine römische Siedlung zurückgeht, zu einer wichtigen Pilgerstation. In den 22 Hospizen sammelten die Wallfahrer Kraft für die schwierige Paßüberquerung, die vor ihnen lag, oder erholten sich von den Strapazen der Rückreise.

Die **Sehenswürdigkeiten** der Stadt liegen eng beisammen: Die restaurier-

ten römischen Stadtmauern, die Kathedrale und vor allem der von Antoni Gaudí (1852 – 1926) erbaute **Bischofspalast.** Mit diesem neogotischen Palast hat der katalanische Architekt Ende des vergangenen Jahrhunderts ein faszinierendes Märchenschloß geschaffen, himmlisch schön aus weißem Granit. Der Modernist Gaudí spielt hier auf geniale Weise mit den bekannten Formen der Gotik und des Mudéjar. In konzentrierter Form zeigt sich das im *Innern* des Gebäudes in der kleinen Kapelle: winzige spitzbögige Fensterchen füllen in drei Ebenen die Spitzbögen der Fassade aus, die Halbbögen der Apsis und der Mini-Kapellen ruhen auf dünnen Säulen, Maßwerk gliedert die Mauern – eine spielerische, aber perfekte Imitation einer gotischen Kathedrale.

Neben der Architektur und Einrichtung Gaudís gibt es aber noch mehr zu sehen. Im Palast ist das Museum der Pilgerwege, **Museo de Caminos**, eingerichtet. Urkunden und Gemälde, aber auch Ausrüstungsgegenstände und Tagebücher erzählen vom Alltag der Santiago-Wallfahrer im Mittelalter.

Die nahegelegene mächtige **Kathedrale** wurde im 15. Jahrhundert begonnen, die Fassade enthält neben spätgotischen auch Elemente der Renaissance und des Barock. Die Türme wurden gar erst in unserem Jahrhundert nach alten Entwürfen fertiggestellt. Im *Diözesanmuseum* neben der Bischofskirche sind in erster Linie romanische und gotische Arbeiten ausgestellt.

Das schräge Eingangsportal des Bischofspalastes von Antoni Gaudí

Für den *Palacio de Gaudí* und das *Diözesanmuseum* gibt es für 325 Pts eine Kombikarte, Eintritt für nur ein Museum 200 Pts. Täglich 10 – 14 und 16 – 18 Uhr, So außer im August geschlossen.

Verbindungen & Infos

Zug: Bahnhof Plaza de la Estación, © 616444.

Bus: zentrale Haltestelle in der Avenida de Ponferrada, © 619100.

Touristeninformation: Plaza de Santocilde, © 987-616838, nur in den Sommermonaten.

Unterkunft & Camping

★★★ *Hotel Gaudí,* gegenüber dem Bischofspalast, © 987-615654, DZ 10.000 Pts, mit Restaurant und Bar.

★ *Pensión García,* Bajada Postigo 3, © 987-616046, DZ 2300 Pts.

Camping: *Río Tuerto,* im Dörfchen Villamejíl, 13 km nördlich, ohne Telefon, 2 PAZ 1900 Pts; nur Juni – Ende August, sehr einfach, aber idyllisch am Fluß (Bademöglichkeit), viel Schatten.

Essen & Trinken

In ganz Spanien ist der hiesige *Cocido Maragato* berühmt, eine Art Eintopf, dessen Zutaten zwar zusammen geköchelt, aber in drei Gängen gegessen werden: zuerst werden Fleisch, Speck und Wurst serviert, anschließend die Kartoffeln, die weißen Bohnen und das andere Gemüse und zum Schluß die Brühe, die mit Reis, Nudeln oder Brot verdickt wird. Das ist allerdings kein billiges Vergnügen (3000 Pts und mehr) und muß vorbestellt werden:

Casa Maragata, Húsar Tiburcio 2, © 987-618880.

Preiswerte Restaurants finden sich rund um die Plaza Mayor. Dort gibt es als Nachtisch oder zum Café die berühmten *Mantecadas de Astorga,* ein süßes Schweineschmalzgebäck.

▶ *Tourbeschreibung*

Gleich hinter Astorga gelangt man in die **Maragatería,** eine rauhe, aber gleichwohl faszinierende Landschaft. Unter den wenigen Bewohnern haben sich fremdartige Traditionen und Bräuche erhalten, deren Ursprung im Dunkeln liegt und zu Spekulationen Anlaß gab und gibt: Sind die *Maragatos* Abkömmlinge eines versprengten Berberstammes, Nachfahren eines asturischen Bergvolkes oder ein Gemisch aus Mauren und Goten? Oder begegnete man ihnen, die bevorzugt als Fuhrleute in dunklen Kleidern arbeiteten, mit besonderem Mißtrauen und fürchtete deshalb ihre Fremdheit? Wie dem auch sei, der Jakobsweg führt mitten durch diese karge Landschaft auf den *Rabanal-Paß* zu. Von Astorga bis Ponferrada sind es zwar nur gut 50 km, aber wegen der reizvollen Stationen und der schwierigen Sträßchen sollten Sie sich dafür mindestens einen ganzen Tag gönnen.

Gäbe es in der Provinz León den Wettbewerb »Unser Dorf soll schöner werden«, **Castrillo de los Polvazares** würde ihn jedes Jahr gewinnen. Das denkmalgeschützte Dorf mit den gepflasterten Wegen, den schmucken einfachen Häusern und den leuchtend grünen Toren und Fensterläden hat sich fast schon zu sehr herausgeputzt. Das malerische Dorf zieht Besucher an, die ihm das Überleben garantieren. 97 Einwohner zählt man das Jahr über, fast 1000 im Sommer – wären die Feriengäste nicht, hätten viele der roten Natursteinbauten bereits das Zeitliche gesegnet. Inzwischen gibt es sogar zwei **Gasthäuser.** Im älteren der beiden serviert die Wirtin Maruja auf Bestellung den besten *cocido* der Region – behauptet zumindest der Testesser der Tageszeitung »El País«. Trotz aller Popularität gibt es hier selbst im Sommer noch stille Morgen, gestört höchstens vom Gebell der Hunde oder den Glocken einer vorbeiziehenden Schafherde.

In **Rabanal del Camino** verschnaufen die Wanderer gestern wie heute noch einmal, bevor es auf den Paß zugeht, am besten im Gasthof an der Durchgangsstraße bei einer Pilgersuppe, *Sopa de Peregrino,* aus Knoblauch, Brot und Wurst. Der nächste Ort, **Foncebadón,** wirkt mit seinen verfallenen Häusern und streunenden Hunden selbst am hellichten Tag ein wenig gespenstisch. Das Dorf ist fast verlassen, aber eben nur fast, denn zwei Bewohner harren noch aus, ein altes Mütterchen mit ihrem erwachsenen Sohn. Die beiden sind verständlicherweise nicht besonders gut auf neugierige Fremde zu sprechen, weshalb man sich bei einem Erkundungsgang Zurückhaltung auferlegen sollte.

Nur drei Kilometer weiter gelangen wir auf dem Paß (1504 m) zum berühmtesten Kreuz des Camino. Die **Cruz de Ferro,** ein kleines schlichtes Eisenkreuz, steckt auf einem langen Holzstab auf der Spitze eines Steinhaufens. Einem heidnischen Ritual folgend, trugen die Pilger einen Stein bis hierher, um ihn dann erleichtert abzulegen.

Der Abstieg gewährt einen weiten Blick in eine fruchtbare Ebene. Das *Bierzo,* so der Name dieser Region mit der Hauptstadt **Ponferrada** am äußersten Rand der Provinz León, ist ein durch seine abgeschirmte Lage klimatisch begünstigtes Tal, das über große Anbaugebiete von Obst und Getreide, Erz- und Kohlevorkommen sowie Industrie verfügt. Der Dialekt seiner Bewohner deutet auf die Nähe Galiciens hin, vor allem ältere Leute sprechen als Muttersprache Galicisch. Manche Bewohner des Bierzo fühlen sich aber weder Castilla-León noch Galicien zugehörig: *Bierzo sin León* liest man als Graffiti auf Wänden Ponferradas, »Bierzo ohne León«. Eine organisierte Autonomiebewegung, wie sie sich manche wünschen würden, gibt es im Bierzo allerdings nicht.

Wer sich als Besucher noch vor der Hauptstadt Ponferrada von der Paßüberquerung erholen will, kann das im romantischen Städtchen **Molinaseca** tun, wo im Sommer der *Meruelo* zum Flußschwimmbad unter der romanischen Pilgerbrücke aufgestaut wird. Von hier aus sind es nur noch wenige Kilometer bis Ponferrada.

PONFERRADA

So reizvoll die fruchtbare und urwüchsige Landschaft des Bierzo, so unansehnlich ist die Hauptstadt (60.000 Einwohner) der Region, geprägt von ihrem Haupt-Wirtschaftszweig, dem Bergbau. Von der Eisenbrücke, der *pons ferrata,* die Bischof Osmundo im 11. Jahrhundert für die Pilger über den *Río Sil* erbauen ließ und die der Stadt ihren Namen gab, sind keine Reste geblieben. Imposant ist allerdings die mittelalterliche **Templerburg** aus dem 13. Jahrhundert, deren Turm einen weiten Blick über die ganze Stadt, den Río Sil und das Umland bietet. Wie eine Kinder-Spielzeugburg sieht sie aus, mit der Brücke über den Burggraben, den zierlichen Burgtürmen am Tor und den gezackten Zinnen. Ganze Gebäude sind nicht erhalten geblieben, trotzdem lohnt ein Spaziergang über das überraschend große Gelände (etwa 8000 Quadratmeter), zumal der Eintritt frei ist (Di – Sa 10.30 – 13.30 und 16 – 19, So 10.30 – 13.30 offen).

Die **Basilika Nuestra Señora de la Encina** (Unsere liebe Frau der Eiche) an der gleichnamigen Plaza wurde im 16. und 17. Jahrhundert erbaut. Ihren seltsamen Namen verdankt sie der Erinnerung an eine legendäre Marienerscheinung im Baumstumpf einer Eiche, die sich im 11. Jahrhundert zugetragen haben soll. Seither ist die Señora de la Encina die Schutzpatronin des Bierzo. Sehenswert sind auch noch das **Rathaus** und der **Uhrenturm** gegenüber (beides 17./18. Jahrhundert) an der *Plaza del Ayuntamiento.* In einem Wohn- und Fabrikgebiet links an der Straße in Richtung Astorga liegt die kleine mozarabische Kirche **Santo Tomás de las Ollas** (10. Jahrhundert), mit romanischem Portal aus dem 12. Jahrhundert und Hufeisenbögen im Altarraum.

Verbindungen

Zug: Bahnhof Avda. del Ferrocarril, © 987-410067, Direktverbindungen nach Palencia und A Coruña.

Bus: Busstation Avda. del Bierzo, © 987-401065.

Taxi: Camino de Santiago, © 987-411055 oder Ancha 17, 416262.

Unterkunft & Camping

★★★ *Hotel Bergidúm,* Avda. de la Plata 2, © 987-401512, DZ 10.200 Pts.

★★ *Hotel Madrid,* Avda. de la Puebla 46 (Neustadt), © 987-411550, DZ 5000 Pts.

★ *Hostal Santa Cruz,* Marcelo Macías 4, © 987-428351, DZ 4500 Pts.

Camping: *El Bierzo,* 17 km südwestlich im Dorf Villamartín de la Abadía, siehe dort (von Ponferrada N VI Richtung Lugo, Abfahrt Carracedelo, nach der Abfahrt gleich links, dann hinter der Unterführung rechts ab nach Villamartín).

Essen & Trinken

Einfache Bars und Restaurants gibt es an der Plaza de la Encina und rund um die Plaza del Ayuntamiento.

Mesón Las Cuadras, Gil y Carrasco (neben Touristeninfo), © 987-412250, ein wenig touristisch, aber leckeres Essen, Menü ab 1200 Pts.

Casa Juan, Avda. del Bierzo 22, Fischspezialitäten und *revueltos de verdura,* geschmorte Gemüse, mittlere Preisklasse.

Nachtleben: für eine große Stadt ein bißchen dürftig; an den Wochenenden treibt sich viel Volk in der Altstadt um die *Plaza del Ayuntamiento* herum, in der Neustadt gibt es Pubs und Discos in dem Viertel an der Avda. de España.

Nützliche Adressen

Touristeninformation: Gil y Carrasco 11, (bei der Templerburg), © 987-424236.

Post: General Vives 1, © 987-410319.

Abstecher nach Peñalba de Santiago

Wer der vielen romanischen und gotischen Kulturdenkmäler entlang des Jakobsweges ein wenig müde geworden ist, kann sich bei diesem Ganztagesausflug in zwei einzigartige Naturlandschaften erholen.

In dem abgelegenen Dörfchen **Peñalba de Santiago** scheint die Zeit seit ein paar Jahrhunderten stehengeblieben zu sein. Von *Ponferrada* aus sind es über *San Estebán de Valdueza* zwar nur 20 km bis Peñalba, aber eine Stunde Fahrt muß man wegen der engen Sträßchen schon rechnen. Abenteuerlich ist die letzte Viertelstunde, während der sich die Straße in Serpentinen den Berg hinaufschraubt – leicht vorstellbar, daß die 21 Bewohner bei Schnee im Winter tatsächlich abgeschnitten sind und nur über das einzige Telefon im Dorf Kontakt zur Außenwelt halten können.

Der gesamte Ort steht unter Denkmalschutz, das Auto muß vor dem Ortsschild abgestellt werden – und tatsächlich wäre zwischen den geduckten Häuschen weder ausreichend Platz, noch scheint es angemessen, mit dem Fortbewegungsmittel unserer Tage dort einzudringen. Die einfachen Häuser sind aus Steinen und Brettern zusammengefügt, kaum eins der schiefergedeckten Dächer kennt eine Regenrinne. Oft sind die Ställe für das Vieh im Erdgeschoß und die Wohnräume darüber, wie es früher üblich war, um die Körperwärme der Tiere zu nutzen. Auf den unbefestigten Wegen laufen gackernde Hühner, Hunde bellen, eine Ziege meckert in ihrem dunklen Verschlag. Die Kinder im Dorf, denen gerade die Tiere besonders viel Spaß bereiten, sind nur zu Besuch: Denn seit Mitte der 70er Jahre die Schule mit nur noch 5 Schülern geschlossen werden mußte, leben nur noch ältere Leute in Peñalba. Sie versorgen sich mit ihrer Landwirtschaft noch weitgehend selbst und verdienen sich ein Zubrot mit den Sommergästen, die zur Erinnerung gern ein paar Gläser des köstlichen herben Honigs mitnehmen, der in den Bienenstöcken am Dorfrand produziert wird. In kleinen Gläsern mit Walnüssen, die im Tal wachsen, können Sie die klebrige Leckerei in der einzigen Bar des Ortes kaufen.

Aus dem Staunen nicht heraus kommen Besucher in der *Dorfkirche,* die seit ihrem Bau um das Jahr 920 fast keine Veränderungen erfahren hat. Sie ist eines der fesselndsten Beispiele mozarabischer Architektur, mit einer einzigartigen geteilten Tür aus zwei Hufeisenbögen. Auch im Kircheninneren sind Hufeisenbögen das prägende Element, denn sie gliedern das Kirchenschiff in Gemeinderaum, Chorraum und Apsis. Schlichtheit und Präzision des Baus sind beeindruckend. Sogar das schmiedeeiserne Tor der Kirchmauer stammt noch aus frühesten Zeiten. Der schwere Schlüssel, mit dem die junge Wärterin das Schloß öffnet, ist gut 20 cm lang.

Geöffnet ist die Kirche normalerweise Di bis Sa zwischen 10.30 und 13.30, 16 bis 19 Uhr, So 10.30 bis 13.30 (Eintritt frei). Falls geschlossen, im Posthaus nach der Wärterin fragen, eventuell vorher anrufen © 987/ 459164. Unter dieser Nummer gibt es im Sommer auch Informationen zu *Unterkünften* (einige der Bauernhäuschen werden vermietet).

In der Nähe des Dorfes liegt die **Einsiedelei** des Eremiten Genadio, mitten im Tal der Stille, *Valle del Silencio.* Nach ungefähr 45 Minuten Wanderung durch ein malerisches Tal erreicht man die Höhle des Einsiedlers, die mit einem Gitter versehen ist, das meist nur angelehnt wird. Hier soll der Heilige im 9. Jahrhundert einem Bergbach, der mit lautem Getöse seine Andacht störte, gebieterisch das Schweigen befohlen haben – worauf sich der Bach in den Fels zurückgezogen habe. Zumindest soll er daraufhin leiser geflossen sein …

Ausflug in die Medulas

Eine großartigere Kulisse für einen Hollywood-Western könnte man sich kaum denken: die *Medulas,* rotbraune

Bergformationen im Süden des fruchtbaren Bierzo, machen den Wüstenkulissen in den Rocky Mountains Konkurrenz. Der Anfahrtsweg führt von *Ponferrada* aus über die N VI Richtung Lugo bis zur Abfahrt *Puente de Domingo Florez,* dann geht es weiter bis **Carrucedo,** dort links ab in die Medulas. An der folgenden Gabelung führt der linke Weg nach **Orellán** zum Panoramablick, rechts geht es ins Dorf **Las Medulas** am Fuße der Bergformationen.

Der Aufstieg zum Mirador ist schweißtreibend, die steile Schotterpiste auf den letzten beiden Kilometern auch für manchen fahrbaren Untersatz eine Qual, aber der Blick, der sich oben angekommen bietet, macht alle Strapazen wett: schroffe, rote Bergkegel ragen zwischen tiefgrünen Büschen und Bäumen hervor, am Morgen legt der Nebel einen zarten weißen Schleier über das grandiose Panorama.

Im Gegensatz zu den amerikanischen Rockies sind die Medulas jedoch nicht natürlich entstanden. *Medula* bedeutet im Spanischen »Mark« oder »Kern«, und an das Mark der Erde, das wertvolle Gold nämlich, wollten die römischen Eroberer in diesem Zipfel Nordspaniens schon zu Beginn unserer Zeitrechnung gelangen. Um der Erde ihren Reichtum zu entreißen, ließen sie sich ein ausgeklügeltes System einfallen: Sie gruben schräge lange Gänge in den Berg, leiteten Wildbäche über Kanäle hinein und spülten so Gold und Gestein ins Tal, wo Tausende von Sklaven mit dem Sieben des Goldes beschäftigt waren. Durch die Unterspülung fiel der Berg in sich zusammen, und es entstanden die bizarren Formen und Spitzen, die heute faszinieren.

Nicht alle Höhlen sind zerstört; ein weitverzweigtes Netz von Stollen ist bis heute unversehrt geblieben. Wer nicht unter Klaustrophobie leidet, kann mit Taschenlampe und Höhlenplan bewaffnet zum Erkundungsgang in den Stollen ausziehen, nur wenige Schritte vom Aussichtspunkt entfernt. Außer Lampe und Plan (100 Pts Leihgebühr) sind feste Schuhe und auch im Hochsommer ein Pullover wichtig, denn trotz der Hitze draußen ist es in den Höhlen so kühl, daß der Besitzer des Getränkestandes keinen Kühlschrank braucht – er stellt Bier und Limonade einfach in den Stolleneingang.

Wer gern einen Spaziergang inmitten der Kastanien und Eichen zwischen den Bergspitzen machen möchte, fährt zurück ins Tal bis zur Gabelung, biegt links ab, durchquert das Dorf Las Medulas und gelangt so mitten in die roten Felsformationen hinein. Vorsicht ist dort allerdings beim Herumkraxeln in den Höhlen geboten, der weiche Untergrund gibt rasch nach. So verlockend es für Camper auch sein mag, hier das Zelt aufzuschlagen: es ist streng verboten. Übernachtungsmöglichkeiten gibt es auf dem nahegelegenen Campingplatz in Villamartín (siehe unter Ponferrada), in Carucedo oder auf dem Weg nach Villafranca.

VILLAFRANCA DEL BIERZO

Mit Villafranca del Bierzo endete die zehnte Etappe des mittelalterlichen Pilgerführers von Aimeric Picaud. Endlich war das Ziel greifbar, nur noch ein strapaziöser Paß trennte die Pilger vom ersehnten Land Galicien: der Pedrafita do Cebreiro auf gut 1100 m Höhe. Wie beschwerlich die heute im Auto locker in einer halben Stunde überwundenen 30 km für mittelalterliche Pilger waren und noch heute sind, kann man an den erschöpften Gesichtern der Fußpilger in Cebreiro ablesen, einer der schönsten Stationen des Pilgerweges.

Von Ponferrada führt der Jakobsweg durch fruchtbares Gebiet über *Cacabelos* nach Villafranca del Bierzo. In dem Städtchen, das unter Denkmalschutz steht, befindet sich ein für die Pilger früherer Zeiten langersehntes Ziel: die romanische **Santiago-Kirche** am höchsten Punkt des Ortes auf einem Hügel mit der *Puerta del Perdón*, dem Vergebungstor. Vor allem für kranke und zu Tode erschöpfte Pilger war sie der Rettungsanker, denn hier erhielten diejenigen, die den Weg nach Santiago nicht mehr schaffen würden, schon den gleichen Ablaß für ihre Wallfahrt, den sie auch in Santiago erhalten hätten. Die Puerta del Perdón wird nur in den Heiligen Jahren geöffnet. Gern nennt sich Villafranca deshalb »La pequeña Compostela«, kleines Compostela.

Das Schloß Villafrancas (16. Jahrhundert) ist leider nicht zu besichtigen, es ist in Privatbesitz. Sehenswert in dem beschaulichen Städtchen sind weiter unten im Tal noch die **Kirche La Colegiata** (16. Jahrhundert) und das Renaissancekloster **San Nicolás.** Fast schon am Fluß liegt die *Calle del Agua,* durch die die Pilger zogen und deren Häuser durch prächtige Adelswappen geschmückt sind. Weniger offensichtlich und eher versteckt präsentieren sich allerdings die vielen Weinkeller, die der »Wasserstraße« wohl ihren ironischen Namen verliehen; hier auf einen Schluck kühlen Wein einzukehren, sollte man sich nicht entgehen lassen.

Unterkunft & Restaurants

★★★ *Parador y Villafranca del Bierzo,* Avda. Calvo Sotelo, © 987-540175, DZ 13.500 Pts.

★ *Hotel San Francisco,* Plaza del Generalísimo 6, © 987-540465, DZ 6800 Pts.

★ *Hostal La Charola,* Doctor Aren 19, © 987-540200, DZ 3100 Pts (an der Schnellstraße). Daneben gibt es noch weitere preiswerte Unterkünfte.

Camping: *Camping El Bierzo,* 12 km südöstlich im Dorf **Villamartín de la Abadía** (auf der N VI Richtung Ponferrada, Abfahrt Carracedelo, nach der Abfahrt gleich links, dann hinter der Unterführung rechts nach Villamartín), © 987-562515, -562717, nur 1.6. – 30.9. 2 PAZ 1700 Pts, schattig, Bademöglichkeit im aufgestauten Fluß, Restaurant.

Touristeninformation: Alameda Alta (Nähe San Nicolás), © 987-540089.

▶ **Weiterfahrt:** in Pedrafita do Cebreiro nach links Richtung Cebreiro/ Samos abbiegen.

Cebreiro

Im einzigen *Hostal-Restaurant* des urigen galicischen Dörfchens treffen alle zusammen, ob sie mit dem Auto, zu Fuß oder per Fahrrad gekommen sind. Das Essen ist kräftig, reichhaltig und dazu preisgünstig (Menü um 1500 Pts). Wer im Hostal keinen Platz mehr bekommen hat (es hat nur sechs Zimmer), darf auf der Wiese hinter dem Haus zelten – wenn er oder sie keine Angst vor den mindestens fünf großen und zottigen Hunden des Hauses hat, die frei herumlaufen, aber zum Glück meist mit sich selbst beschäftigt sind. Außer der Gästetoilette im Hotel gibt es für Wildcamper allerdings keine sanitären Anlagen. Fußpilger können in den *pallozas,* alten Steinhäusern übernachten, deren Böden mit Stroh bedeckt sind. Manche der Dorfbewohner leben noch heute darin.

Eine der jahrhundertealten pallozas ist als **Museum** hergerichtet worden, Besucher können sich darin ein Bild vom harten Landleben und dem engen Beisammensein von Mensch und Tier in den runden Steinhäusern machen (Di – So 11 – 14 und 15 – 19 Uhr, Eintritt frei).

Die unscheinbare kleine **Kirche** neben dem Hostal enttäuscht kunsthistorisch etwas, ist aber Ziel vieler Gläubiger, denn hier sollen sich im 13. Jahrhundert tatsächlich Brot und Wein in Fleisch und Blut verwandelt haben. Kelch und Schale wurden vergoldet und sind an einem Seitenaltar ausgestellt. Für Pilger gibt es seit dem Jakobsjahr 1993 ein neues Hospiz am Dorfrand.

Wer es bis Cebreiro geschafft hat, kann sich freuen, denn bis Santiago geht es fast nur noch bergab. Von nun an ist der Weg stärker als zuvor vom Wunsch nach Erreichen des Ziels geprägt. Großartige Stationen gibt es kaum mehr, nirgendwo wollten sich die Pilger länger als unbedingt nötig aufhalten.

Unterkunft & Restaurant

★★ *Hostal San Giraldo de Aurillac,* O Cebreiro, ✆ 982-367125, DZ 5000. Ausweichen kann man auch ins

★★ *Hostal Rebollal,* Pedrafita do Cebreiro, Carretera Nacional VI, ✆ 982-367115, DZ 4100 – 5200 Pts.

▶ Das nächste größere Dorf an der Landstraße ist **Triacastela.** Von dort nahmen die Pilger einen Kalkstein mit nach *Castañeda,* der dort zum Kirchenbau verwendet wurde. Das Gefängnis für Unruhe stiftende Pilger, den *Pilgerkarzer,* gibt es heute nicht mehr, auch sonst hat der ehemals wichtige Ort (es gab eine Burg und mehrere Pilgerhospize) seine Bedeutung verloren. Um die Erinnerung wachzuhalten, wurde 1965 der *Monumento al Peregrino* errichtet, ein rotes Kreuz des Santiago-Ordens auf einem Granitobelisk, künstlerisch eine Geschmackssache.

Mehr zu sehen gibt es allerdings in **Samos,** der nächsten Station des Pilgerweges: das Benediktinerkloster **San Julián** gleich am Ortseingang. Es geht auf eine westgotische Gründung von 655 zurück, die oft von Mauren überfallen wurde und mehrmals brannte, zuletzt im Jahre 1952. Von dem ursprünglichen Bau ist nur die *Capilla San Salvador* erhalten. Die heutige Klosterkirche der Benediktiner wurde 1604 geweiht und erhielt 1779 ihre barocke Gebäudefassade und den doppelläufigen Treppenaufgang, der an den der Kathedrale in Santiago erinnert. Der *barocke Kreuzgang* mit einem üppigen Garten ist der größte in ganz Spanien. Der schönere *gotische Kreuzgang* des Klosters kann allerdings nur aus der Ferne betrachtet werden, da er im Bezirk der Mönche liegt, deren Klausur nicht gestört werden soll. (Täglich 10.30 – 13, 16.30 – 19 Uhr geöffnet, Führung obligatorisch, Eintritt frei.)

Bei einem Spaziergang durch den kleinen Ort fallen die einfachen, aber schmucken Häuser entlang der Hauptstraße auf. Einen Blick wert ist noch die kleine mozarabische *Kapelle* aus dem 9. Jahrhundert. Ein kräftiges und billiges Menü – allerdings auch nur eines, es gibt keine Wahlmöglichkeit – bekommt man gleich am Ortseingang im einfachen *Mesón* gegenüber dem Pilgerhospiz. Für gehobenere Ansprüche gibt es ein Hotelrestaurant am Ortsausgang, *Mesón Pontenova,* Menü ab 1500 Pts.

Von Samos sind es etwa 12 km in das Städtchen **Sarria.** An der Stelle der 12.000 Einwohner zählenden Stadt lag früher ein Römerlager. Heute besteht Sarria zum größten Teil aus funktionalen, modernen Reihenhäusern. Der interessanteste Teil ist die Oberstadt, in der sich ein wenig mittelalterliches Flair erhalten hat. Die Reste der Burg aus dem 13. Jahrhundert am Ende der Hauptstraße *Rúa Maior,* die sich durch die Altstadt zieht, sind im Privatbesitz und deshalb nicht zugänglich. Schräg gegenüber befindet sich die romanische Kirche *San Salvador,* wichtigste Station für die durchreisenden Pilger. Der Straße folgend, die rechts an der Burgruine vorbeiführt, gelangt man zum **Augustinerkloster La Magdalena,** in dem sich seit jeher das von zwei italienischen Pilgern um 1200 gegründete Pilgerhospiz befindet, das bis heute Pilger aufnimmt (18 – 23 Uhr).

Unweit des Klosters führt der alte Pilgerweg, den die Wanderer noch heute benutzen, ins Tal zur romanischen Brücke über den *Río Celeiro.* Autofahrer können diesen Wanderweg nicht benutzen und müssen über die Neustadt wieder auf die N 533 in Richtung *Portomarín* fahren.

Fest: *San Juan* im Juni, eine Woche lang Konzerte, Stierkämpfe und Straßenfest.

Verbindungen

Zug: Station am Ende der Calle Calvo Sotelo, etwas außerhalb jenseits des Río Celeiro Richtung Portomarín, © 982-530787. Nach Lugo und Monforte täglich mehrere Züge.

Bus: *Estación de Autobuses,* Lama de Gandera s/n. Nach Becarreá, Lugo und Monforte täglich mehrere Busse.

Unterkunft & Infos

★★ *Hostal Londres,* Calvo Sotelo 153, © 982-532456, DZ 4100 Pts.

★ *Hostal Roma,* Calvo Sotelo 2, © 982-532211, DZ 5000 Pts.

Information: Die Ortspolizei verteilt ein paar Infos zum Übernachten, Essen und Campen. Rúa Maior, © 982-530850, durchweg geöffnet.
Post: Matías Lopez, © 982-530793.

PORTOMARIN

Schon lange vor Portomarín fällt der ausgedehnte *Stausee de Belesar* auf, den man überqueren muß, um das Städtchen zu erreichen. Auch wenn das klare blaugrüne Wasser zum Baden einzuladen scheint, so gibt es doch kein einziges Seeschwimmbad, keinen Campingplatz am Ufer und keinen Strand: Baden ist streng verboten. Einmal, weil der See als Trinkwasserreservoir genutzt wird, zum zweiten aber, weil das Baden in den künstlich angelegten *Embalses* wegen des schlammigen Untergrundes und unberechenbarer Tiefen sehr gefährlich ist. Auch **Portomarín** hatte schon manches Opfer zu beklagen. In den 60er Jahren wäre fast das gesamte Dorf Opfer des Stausees geworden: es lag früher im Tal, das überflutet werden sollte; die wichtigsten historischen Bauten wurden aber schließlich weiter oben an ihrem jetzigen Standort Stein für Stein wiederaufgebaut. Einige Ruinen in Ufernähe erinnern noch an diesen spektakulären Umzug.

Das Zentrum des schmucken neuen Dorfes ist die *Plaza Mayor.* Die Straßen hier sind von Arkaden gesäumt, in deren Schatten Bars und Cafés zur Rast einladen. Mitten im Ortskern steht die Kirche **San Nicolás** aus dem 13. Jahrhundert, die an die wehrhaften Kirchen Navarras erinnert und dem Kreuzritterorden gehörte. Innen fällt vor allem auf, daß der einschiffige Bau kein Querschiff besitzt und die Apsis von kleinen Baldachinen gerahmt wird. Ansonsten ist die Ausstattung schlicht.

Von der Plaza aus links an San Nicolás vorbei, erreichen Sie nach wenigen hundert Metern den **Pazo de Berbetoros,** ein blendend weiß gekalktes altes Adelshaus aus dem 17. Jahrhundert und die kleine romanische Kapelle **San Pedro** (12. Jahrhundert). Beide wurden wie San Nicolás vor den Fluten des aufgestauten *Río Miño* gerettet, denen allerdings die alte Pilgerbrücke nicht entging: nur bei extremer Trockenheit ragt sie manchmal aus dem See heraus.

Unterkunft

★ *Hostal Mesón de Rodriguez,* Fraga Iribarne 6, © 982-545054, DZ 5000 Pts.

Posada del Camino, Lugo 1 (direkt am Dorfplatz), DZ 2500 Pts; sehr einfach, Bad auf dem Flur.

▶ Weiter geht es auf der C 533, die bei *Ventas de Narón* in die N 540 einmündet. Dort biegt die Pilgerstrecke rechts ab, bleibt ein Stück auf der Hauptverkehrsader und wendet sich an der nächsten großen Kreuzung nach links auf die N 547 bis **Palas de Rei** (galicisch *Palas do Rei*). Auch die kleine Kreisstadt hat früher bessere Zeiten gesehen, von denen nur noch die Bildhauerarbeiten am Portal der kleinen romanischen Kirche *San Tirso*

Am Ziel: vielen Ankömmlingen ist die Anstrengung ins Gesicht geschrieben

zeugen. Spätestens zwischen der »Miño-Brücke (gemeint ist Portomarín) und Palas del Rey«, so berichtet Aimeric Picaud in seinem mittelalterlichen Pilgerführer, häuften sich die Versuche von Dirnen und Halsabschneidern, die zum Teil sogar aus Santiago kamen, den erschöpften Pilgern das wohlbehütete Geld aus dem Beutel zu ziehen. Im Rathaus, Avda. Compostela 28, gibt es eine *Touristeninformation*, © 982-380001.

Vorbei an der originellen Pilgerherberge an der Landstraße bei dem urtümlichen Dörfchen **Leboreiro** (fröhlich scheint das bunte Maskottchen des Jakobsjahres 1993 auf den weißgestrichenen Wänden den Pilgern Mut für die letzte Etappe zuzurufen) geht es weiter nach **Mellid** *(Mélide)*, der letzten größeren Station vor Santiago. An der verkehrsreichen Hauptstraße am Ortseingang steht die kleine romanische Kirche *San Pedro,* daneben zwischen Palmen und Rosenstöcken ein schlichter *Cruceiro* aus dem 12./13. Jahrhundert. Gemütlich ist der alte Ortskern an der *Plaza do Convento* mit dem Rathaus und der *Iglesia Parroquial.* In der Nähe kann man im **Museum** *Terra de Melide* Herstellungsweise und Geschichte regionaler Produkte und Musikinstrumente (typisch ist die Gaita, ein Dudelsack) verfolgen (Mo – Sa 11 – 13 und 17.30 – 19.30 Uhr, So 11 – 14 Uhr, Eintritt frei).

Am Ortsausgang steht ein kleines Schmuckstück der Romanik, die **Kirche Santa María** aus dem 12. Jahrhundert mit wunderschönen Malereien in der Apsis. Den Schlüssel bekommt man im Haus oberhalb der Kirche (Hausnummer 23; keine festen Öffnungszeiten, ein kleines Trinkgeld empfiehlt sich).

Unterkunft & Camping in Mellid

★ *Hostal Estilo II,* Progreso 6, © 981-505153, DZ 3000 Pts.

★ *Hospedaje Xaneiro,* San Pedro 22, © 981-507140, DZ 2500; sehr einfach, Bad auf dem Flur. Gutes Essen in der Bar.

Turismo rural: *Reina Urraca,* DZ 10.000 Pts, General Salgado 51, etwa 10 km von Palas entfernt in Monterroso, © 982-377024, Fax - 377690.

Camping: *Don Manuel,* 14 km weiter in *Arzúa*, Complejo Casqueiro, © 981-500211, 2 PAZ 1400 Pts, klein, gemütlich, ausreichend Schatten.

Touristeninformation: Plaza do Convento 7, © 981-505275, im Rathaus.

Der Weg ist das Ziel ...

... und das Ziel ist bald erreicht. Hinter Mélide liegt nicht mehr viel am Weg, was einen Halt lohnt. Weder wollten die Pilger damals noch wollen Reisende heute länger an einem Ort verweilen als notwendig, alles drängt nach Santiago de Compostela, der Stadt der Träume und Hoffnungen, auf die der Weg so neugierig macht. Vorbei am Flughafen *Lavacolla* nimmt der eine oder andere sich wohl noch die Zeit, vom *Monte del Gozo* aus ein paar Minuten beim Ausblick auf die Stadt innezuhalten, dann aber locken die Türme der Kathedrale mit Macht.

SANTIAGO DE COMPOSTELA

DAS LICHT AM PILGER-HORIZONT: SANTIAGO DE COMPOSTELA

Gaita-Dudelsackmusik lärmt unaufhörlich in dem Souvenirladen in der Rúa do Franco, kurz vor der Plaza Obradoiro. Neben Bergen von Diafilmen und Aschenbechern stehen Pilgerstäbe, Wasserflaschen und Jakobsmuscheln mit vorgebohrtem Loch zum Verkauf. Glaube zum Anfassen. Auch wenn es regnet, und das tut es hier mehr als irgendwo sonst in Spanien, läuft das Geschäft gut. Auf der Plaza Obradoiro, Zielpunkt eines jeden Santiago-Besuchers, liegen Hobbyfotografen zwischen den Arkaden des Rajoy-Palastes, um die Fassade der Kathedrale von der vergitterten Treppe bis zur Turmspitze ins Bild zu bekommen. In schwarzen Samt gekleidete Studenten versuchen, Musikkassetten mit compostelanischen Studentenliedern unter das Volk der Bustouristen und Pilger zu bringen.

Auf der Plaza Obradoiro trifft alles aufeinander, hier vor den beiden mächtigen Barocktürmen der Kathedrale, die Dreh- und Angelpunkt Santiagos ist. Voll von Kunstschätzen und Anekdoten, ist sie ein Glanzstück romanischer und barocker Architektur und wahrlich keine Ruhestätte für den Apostel. Tausende von Besuchern stehen Schlange vor seinem silbernen Schrein; um zwei Uhr nachmittags kann die Wartezeit Stunden betragen.

Millionen besuchen jedes Jahr die Stadt, und doch sind die bewegten Zeiten Santiagos, als es ein religiöses Zentrum Europas war, längst vorbei. Santiago de Chile scheint heute bekannter zu sein als ihre Namensgeberin. Daß in Santiago Regierung und Parlament Galiciens ihren Sitz haben, wird kaum bemerkt, auch wenn in den galicischen Zeitungen fast keine Ausgabe ohne das Konterfei des Regierungschefs auskommt.

Die vielen, einst mächtigen Konvente und Kirchen sind nur noch stille Zeugen des alten Ruhms. Die dunklen Gassen Santiagos, mit ihren über Arkaden geneigten Häusern und zahllosen Kirchen aus massivem, aber dennoch freundlich wirkendem Granit verströmen Vergangenheit pur. Der ständige Regen, der von den niederschlagsgewohnten Compostelanern schlicht »Kunst« genannt wird, hat die Kanten des Pflasters und der Fassaden gerundet, mit dem ehrwürdigen Stolz der Jahre kleiden sich die alten Mauern mit Flechten und im Sommer mit Blumen, die aus ungezählten Ritzen sprießen. Daß in der Altstadt so gut wie kein Baum zu finden ist, bemerken die wenigsten auf Anhieb. In Santiago lebt der Stein.

Trotz seiner steinernen Geschichte mit sakralem Ambiente ist das barocke Santiago eine lebendige Stadt geblieben, in der nicht nur Priester, Mönche, Nonnen und zuweilen Parlamentarier spazierengehen, sondern auch rund 30.000 Studenten, die einen erheblichen Teil der 85.000 Einwohner ausmachen. Das *Estudio Viejo* wurde 1501 ins Leben gerufen und

bildet den historischen Kern der heutigen Universität. Auch sie hat ihre Traditionen. Nach wie vor sind die *tunos,* eine Studentenverbindung, sehr aktiv, wenngleich auch oft nur als schale touristische Attraktion. Sie singen vor Touristen und gehören daher zu den bestverdienenden Studenten Santiagos. Die Reviere der übrigen Studenten befinden sich in den tiefen Kellergewölben der Altstadt, wo scheinbar seit Generationen Bier ausgeschenkt und verschüttet wird. Dort weht noch ein abgestandener Hauch der 68er-Studentenbewegung. Grüppchen, die sich dort seit Jahren, von Rockmusik der 70er Jahre unterstützt, die Köpfe über galicische Autonomie heiß reden, seien typisch für Santiago, meint eine einheimische Journalistin. Eine Spur von melancholischer Weltfremdheit ist immer zu spüren, taucht man in den Haschischrauch der compostelanischen Studententreffs ein. »Verlorenes Paradies« heißt eine solche Kneipe.

Zweifellos ist Santiago längst nicht mehr nur die ewig alte Stadt mit der *Rúa do Vilar* als Hauptstraße. Mit Macht hat sich ein Neustadtviertel entwickelt, das außer einigen herausragenden Beispielen für architektonische Geschmacklosigkeit nichts besonderes zu bieten hat. Hier liegt das Geschäftszentrum, hier spielt sich das späte Nachtleben ab, und viele seiner Bewohner scheuen bereits den Weg in die Altstadt – für nicht wenige ein Indiz dafür, daß die Altstadt bald zum bloßen Museum wird. Wer jedoch unter den schattigen Arkaden der Rúa do Vilar, Rúa Nova, in den Cafés der Rúa do Franco oder in einem der vielen Winkel seinen *Café sólo* oder sein Bier schlürft, spürt davon wenig. Und wo, wenn nicht an der Puerta Faxeira, sollte man sich die *Tarta de Santiago,* den süßen Mandelkuchen mit Ordenskreuz aus Puderzucker, servieren lassen, mit Blick auf den Stadtpark Herradura? Die Bank dort im Park, rund um den dicken Eukalyptusbaum, mit Aussicht auf die alles überragende Kathedrale, ist nicht grundlos Treffpunkt für Verliebte und Fotografen. Und wie überall in Santiago hat auch der Park seine Besonderheit. Zwischen Musikpavillon und einem kleinen Parkcafé steht eine riesige, halbrunde, steinerne Bank. Hier kann man sich, fünf Meter voneinander entfernt sitzend, ein Geheimnis zuflüstern und dennoch alles deutlich verstehen: in Santiago spricht der Stein.

Stadtgeschichte

Die Geschichte der Stadt ist untrennbar mit dem Apostel Jakobus dem Älteren verknüpft. Schon der Name deutet darauf hin: *Sant-Iago* bedeutet nichts anderes als Heiliger Jakobus. Obwohl es Hinweise darauf gibt, daß bereits Kelten und Römer dort gesiedelt haben, wo sich heute Santiago erhebt, ist die Gründung der Stadt auf die Entdeckung des Apostelgrabes zurückzuführen. Der christlichen Überlieferung zufolge hatte sich der Apostel Jakobus der Ältere nach Spanien begeben, um dort das Evangelium zu predigen. Sieben Jahre habe er in Galicien verbracht. Nach Palästina von dieser Missionsreise zurückgekehrt, sei er in Jerusalem geköpft worden. Seine Schüler brachten den Leichnam nach Galicien, um ihn dort zu bestatten. Jahrhunderte später, im Jahr 813, habe ein Eremit das Grab entdeckt – geführt von himmlischer Musik und einem seltsamen Licht. Dieses Licht ist ebenfalls Bestandteil des Stadtnamens: *Compostela* oder *campus stellae* bedeutet Sternenfeld. Jene Stelle, die dem Einsiedler Pelayo der Legende nach gewiesen wurde und wo sich heute die Kirche *San Fiz de Solovio* befindet, war in grauer Vorzeit eine Nekropole. Pelayo berichtete dem damaligen Bischof von Iria Flavia, Teodomiro (gest. 847), von seiner Entdeckung. Unter Gebüsch entdeckte man einen kleinen Marmortempel, in dem sich die Gebeine des Apostels und zweier seiner Schüler befanden. Der König von Asturien, Alfonso II. (791 – 842), veranlaßte daraufhin den Bau einer kleinen Kirche.

Als sich die wundersame Entdeckung des Apostelgrabes herumzusprechen begann und der Apostel zur Symbolfigur des christlichen Europa im Kampf gegen die Muselmanen wurde, vergrößerte Alfonso III. (866 – 910) die Anlage und baute sie zu einer Basilika um. Verschiedene Könige machten dem Ort in der Folge reiche Schenkungen, und die Päpste bestätigten die Heiligkeit des Bodens. Auf diese Weise begann eine Stadt um das Grab herum zu wachsen. Bald wurde die Diözese von Iria Flavia, dem heutigen Padrón, nach Santiago de Compostela verlegt. Um die regelmäßigen Angriffe von Normannen und Wikingern abzuwehren, die die galicische Küste verheerten, baute man eine Stadtmauer. Dennoch konnten die Horden des berüchtigten Muselmanen Almanzor die Stadt im Jahr 997 einnehmen und ließen kaum einen Stein auf dem anderen. Auf den Schultern der gefangengenommenen Christen ließ Almanzor die Glocken der Basilika nach Córdoba schleppen, um sie in der *Mezquita* als Lampen zu verwenden. Die Legende besagt, daß bei den schockierenden Verwüstungen das Apostelgrab auf wundersame Weise verschont geblieben sei.

Bischof Pedro de Mezonzo ließ nach dem Einfall Almanzors die Kirche 1075 durch den Baumeister Bernardo den Älteren wieder aufbauen, Santiago erhielt größere königliche und kirchliche Privilegien. Das Apostelgrab wurde zu einem mächtigen Brennpunkt christlichen Glaubens, Pilger aus der ganzen christlichen Welt machten sich auf den beschwerlichen Weg dorthin. Die Pilgerstraße, der sogenannte Jakobsweg, öffnete sehr bald für die Iberische Halbinsel das Tor für kulturelle Einflüsse wie auch kommerzielle Expansion. Santiago war infolgedessen bereits im frühen Mittelalter eine blühende Stadt, Sitz einer wichtigen Diözese, deren Bischöfe als geistige Führer die Macht innehatten. Der bekannteste jener Prälaten des Mittelalters war zweifellos Diego Gelmírez (1101 – 1140), der die kulturelle, religiöse und politische Entwicklung Santiagos nachhaltig beeinflußte. Gelmírez schuf die Basis für die zukünftige Universität, vergrößerte die Kathedrale und ließ den nach ihm benannten Palast sowie viele andere romanische Bauwerke der Stadt errichten. Santiago sollte auch äußerlich den Stellenwert Roms und Jerusalems, zur damaligen Zeit die wichtigsten Wallfahrtsorte, bekommen. Aktiv griff der ehrgeizige Gelmírez in die Politik jener Zeit ein, führte Krieg gegen Normannen und Muselmanen und unterdrückte erfolgreich Aufstände des compostelanischen Bürgertums. Diese Politik des mächtigen Gelmírez behielten viele seiner Nachfolger im 12. und 13. Jahrhundert bei.

Die Bulle *Regis Eterni* des Pontifex Alexanders III. von 1181 setzte Santiago de Compostela als geistiges Zentrum Jerusalem und Rom gleich. Die wachsende Zahl von Pilgern führte 1175 zur Einrichtung des *Santiago-Ordens,* der zur Aufgabe hatte, den Wanderern Schutz und Unterkunft zu gewähren. Entlang des Jakobsweges entstanden Hunderte sakraler Bauwerke, die heute zu den schönsten der romanischen Kunst zählen. Eine der bedeutendsten bildhauerischen Leistungen der Romanik, der *Pórtico de la Gloria,* ist das Hauptportal der Kathedrale von Santiago.

Das 15. Jahrhundert bildet ein dunkles Kapitel in der Stadtgeschichte. Die schweren Pressionen der Aristokratie gegenüber Bürgern und Zünften gaben immer wieder Anlaß zu Revolten, die von den Machthabern grausam niedergeschlagen wurden. Die *Irmandiños* (Bruderschaften), die sich gegen Klerus und

In Santiago wird ein Restaurator nie arbeitslos ...

Adel erhoben, führten nach verlorenem Kampf nur zu einer Stärkung der großen Familien der galicischen Aristokratie. Eine dieser Familien, die der Fonseca, stellte drei Erzbischöfe Santiagos und regierte die Stadt für 70 Jahre – eine neue Epoche großer kultureller Impulse. Auf sie sind die Fassaden im Plateresken-Stil (in der Altstadt) zurückzuführen sowie die Schaffung der Universität. Alonso de Fonseca II. empfing in Santiago die Katholischen Könige Fernando und Isabella. Als Zeugnis ihres Besuches hinterließen diese der Stadt neben einem offiziellen Verbot der galicischen Sprache das Pilgerhospiz *Hostal Real* (1499 gebaut), das heute als *Hostal de los Reyes Católicos* zu den luxuriösesten Hotels Spaniens gehört.

Die Verbreitung des Protestantismus in Europa führte aber bald zu einer spürbaren Abnahme des Pilgerstroms. Im Jahr 1589 versteckte der Erzbischof aus Furcht vor dem geadelten englischen Seeräuber Francis Drake die Apostelreliquie. Danach blieb sie für fast drei Jahrhunderte verschollen. Erst 1879 wurden die Gebeine wiederentdeckt.

Dennoch, als eine Metropole mit Eigenleben erfuhr Santiago im 17. und 18. Jahrhundert eine starke architektonische Entwicklung. Die Baustile jener Zeit, vor allem jedoch der galicische Barock, der durch den hellen Granit eine ganz eigene Wirkung hat, haben der Stadt ihren Stempel aufgedrückt. In diesen Jahren entstanden der Treppenaufgang und die filigrane Fassade der Kathedrale, die *Torre del Reloj* (Uhrenturm) sowie die *Casa del Deán*. Die verspielte und lebensfrohe Architektur der reizvollen Landsitze in der Umgebung Santiagos sind ebenfalls Zeugnisse jener Epoche.

Das 19. Jahrhundert hatte in Santiago einen sowohl romantischen wie liberalen Charakter. Während Santiago 1835 die Säkularisierung von Kirchengütern zu spüren bekam, die zur Auflösung zahlreicher religiöser Orden und ihrer Besitztümer führte, erlebte man dort zugleich den Triumph des *rexurdimiento*, der Wiedergeburt galicischer Kultur und Sprache. Das so lange vergessene Galicisch erwachte vor allem mit der verehrten Dichterin Rosalía de Castro zu neuem Leben. Bis in die ersten Jahrzehnte des 20. Jahrhunderts hinein hielt die kulturelle Renaissance Galiciens an. 1916 gründeten sich die *Irmandades de Fala* (Sprachbruderschaften), Vorläufer des modernen galicischen Nationalismus.

Der Ausbruch des Bürgerkrieges und die anschließende Diktatur des Generals Franco beendeten die Zeit des galicischen Nationalgedankens jedoch abrupt. Mit der Wiederherstellung der Demokratie und dem Autonomiestatut von Galicien 1981 wurde Santiago zum Sitz des galicischen Parlaments und offizielle Hauptstadt Galiciens. Von der UNESCO wird die Stadt des Apostels zum kulturellen Erbe der Menschheit gezählt.

DIE KATHEDRALE

Das Ziel alles Pilgerns ist die Kathedrale. Ihre Baugeschichte, die übrigens wunderbar anschaulich im Pilgermuseum Santiagos *(Museo de las*

Peregrinaciones) aufgearbeitet wurde, reicht in das Jahr 813 zurück, als *Bischof Teodomiro* von Iria Flavia und König *Alfonso II.* eine Kapelle über dem Grab des Apostels errichten ließen. 889 ersetzte König *Alfonso III.* diese Kapelle durch eine Pfeiler-Basilika von 24 Metern Länge. Dieser Bau fiel 997 dem gefürchteten *Almanzor* zum Opfer, dessen Maurentruppen aus dem Emirat Córdoba kommend Santiago verwüsteten. Diese Basilika wurde zwar noch restauriert, aber 1075 beschlossen Santiagos Bischof und König *Alfonso VI.* den Neubau einer gewaltigen Pilgerkirche. Sie verpflichteten den Meister *Bernhard den Älteren,* der mit 50 Steinmetzen bis 1112 Chor und Querhaus fertigstellte und schließlich die alte Basilika abriß. Es ist anzunehmen, daß für das Vorhaben mehrere hundert Bauarbeiter nötig waren. Der für die Geschichte Santiagos so prägende *Bischof Diego Gelmirez,* seit 1101 in Amt und Würden, ließ deshalb sogar gefangene Piraten als Hilfskräfte beim Kirchenbau einsetzen. Denn für ihn war das gigantische Bauprojekt von großer Wichtigkeit. Die mit der Zahl der Pilger wachsende Bedeutung Santiagos brachte ihm 1024 den Rang eines Erzbischofs ein, kurz darauf wurde er unter *Alfonso VII.* zum Erzkanzler des Kaiserreichs.

Obwohl mit Hochdruck an der Kathedrale gebaut wurde, konnte sie erst 1188 mit dem *Pórtico de la Gloria* vollendet werden.

Ihr heutiges Aussehen bekam die Kathedrale allerdings erst viel später. So ist die weithin sichtbare Fassade mit ihren Zwillingstürmen eine Schöpfung des Barock. 1658 bis 1670 errichtete *Domingo de Andrade* die **Torre de las Campañas,** *Glockenturm.* Den Auftrag dazu hatte der Kanoniker *José de la Vega* erteilt, der eigentlich am liebsten die romanische Kathedrale durch eine barocke ersetzt hätte. Doch ihm fehlten glücklicherweise die finanziellen Mittel. So blieb es bei baulicher Kosmetik und es kam zu einer bemerkenswerten Verbin-

Der Schnitt durch die Längsachse der Kathedrale zeigt ihre imposanten Ausmaße

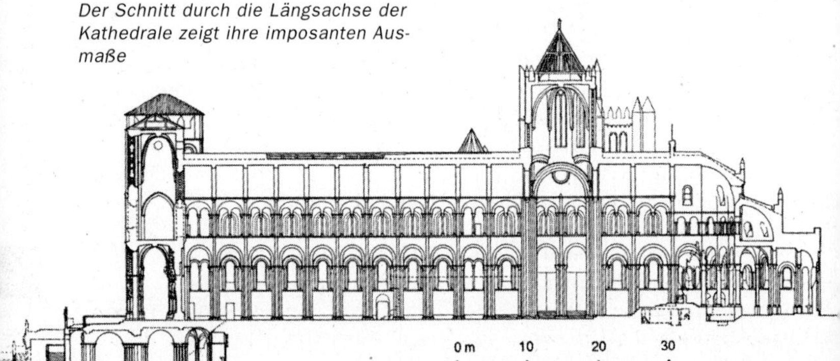

dung romanischer und barocker Architektur. Domingo de Andrade ummantelte sozusagen den romanischen Kern des Turms mit kannelierten Pilastern und Säulen, und erhöhte den Turm um das reich verzierte Glockengeschoß. 1725 machte ihm *Fernando Casas y Nóvoa* das Kunststück mit dem Nordturm, der **Torre de la Carraca,** nach. Sein Meisterwerk wurde jedoch die Steilfassade zwischen beiden Türmen (1739 – 1750). Eine typische Leistung des *Churriguerismus,* des überladenen spanischen Barocks, denn es findet sich daran so gut wie keine Fläche ohne Dekor.

Blick auf die gewaltige Barockfassade der Kathedrale an der Plaza Obradoiro

Auch wenn es auf den ersten Blick, bedingt durch die weitläufige *Plaza Obradoiro,* nicht zu erkennen ist, wurde die Kathedrale an einem Hang errichtet. Daher war eine Unterkonstruktion samt **Treppe** notwendig. Diese Treppe wurde ebenfalls im barocken Stil erneuert (1626). Der großzügige Aufgang umfaßt den Eingang zum Unterbau, die sogenannte *Alte Kathedrale,* deren massive Pfeiler die Basis der heutigen Kathedrale bilden.

An der Südseite, zur *Plaza de las Platerías* hin, wo man durch das romanische Portal **Pórtico de las Platerías** in die Kathedrale gelangt (1112 vollendet, 1117 durch Skulpturen vom Nordportal ergänzt, u.a. dem musizierenden David), schuf Domingo de Andrade 1676 – 1680 die **Torre de Reloj,** der *Uhrturm,* mit 72 Metern der höchste Turm der Kathedrale.

Der Pórtico de la Gloria

Die im Osten liegende **Puerta Real,** das *Königliche Tor,* stammt aus dem Jahr 1666, und die *Heilige Pforte,* **Pu-**

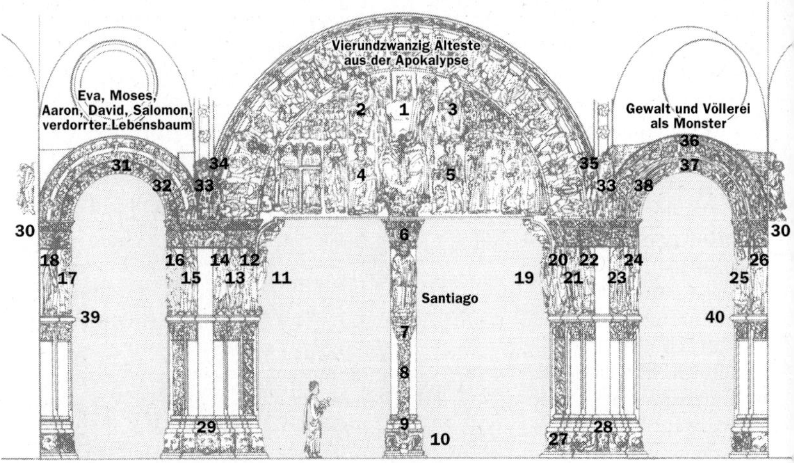

Pórtico da Gloria der Kathedrale von Santiago

1 Jesus Christus
2 Johannes der Evangelist
3 Matthäus der Evangelist
4 Lukas der Evangelist
5 Markus der Evangelist
6 Die Versuchungen
7 Heilige Dreifaltigkeit
8 Wurzel Jesse
9 Noah (oder einfach der Mensch?)
10 Rückseite: Santo dos Croques oder Selbstbildnis Meister Mateo
11 Moses mit Gesetzestafeln
12 Prophet Jesaia mit Stab
13 Prophet Daniel, lächelnd
14 Prophet Jeremias mit Bart
15 Prophet Hosea (?)
16 Prophet Joel (?)
17 Prophet Amos (?)
18 Prophet Abdias (?)
19 Apostel Petrus
20 Apostel Paulus
21 Apostel Jakobus, der Jüngere
22 Evangelist Johannes
23 Apostel Andreas
24 Apostel Philippus (?)
25 Apostel Bartholomäus
26 Apostel Thomas
27 Darstellung der Gehorsamspflicht
28 Bär, vier Löwen und evtl. Noah
29 Fünf Adler
30 Engel mit Posaunen
31 Segnender Heiland
32 Adam neben dem Erlöser; Abraham mit Isaak, Jakob und Juda
33 Engel führt Engel (oder Kinder?) ins Gotteshaus
34 Engel mit einer Symbolfigur für die Juden
35 Engel mit einer Symbolfigur für die Nichtjuden
36 Gottvater
37 Christus
38 Engel mit Kindern
39 Vogel mit Frauenkopf
40 Blätterornament

erta Santa, aus dem Jahr 1611. Bei der Gestaltung dieses Zugangs, der nur im Heiligen Jahr geöffnet wird, wurden allerdings noch romanische Skulpturen (um 1180) verwendet, die aus der Werkstatt des Meisters *Mateo* stammten, jenes Künstlers, der den **Pórtico de la Gloria** geschaffen hat. Dieses Meisterwerk der Romanik, unbestritten der bedeutendste spanische Skulpturenzyklus seiner Zeit, empfängt heute den Besucher hinter den barocken Portalen Nóvoas, durch die eine relativ enge Vorhalle entstand, die sicher den ursprünglichen Eindruck des Portals schmälert. Der Pórtico de la Gloria, entstanden zwischen 1168 und 1188, repräsentiert das Weltgericht und ist das Stein gewordene Versprechen an die Pilger, auf ihrer Suche nach Erlösung ans Ziel gelangt zu sein. Am Mittelpfeiler, der als Wurzel Jesse skulpiert ist und in einer Darstellung Marias und der Heiligen Dreifaltigkeit endet, thront der Apostel, hier nicht als Maurentöter *(mata-*

moros), sonders als Missionar für Spanien dargestellt. An der Basis, so wird vermutet, hat sich der Schöpfer des Pórtico selbst verewigt, der Meister Mateo. Bis über die Seitenportale sind die Propheten (links) und die Apostel (rechts) dargestellt. An der gegenüberliegenden Innenseite der Westfassade sind Judith, Esther, Hiob und die Evangelisten Markus, Lukas und Johannes zu sehen. Allen Figuren haftet eine gewisse Lebendigkeit an, oft scheinen sie ins Gespräch vertieft. Dieser Effekt wurde durch die nur noch teilweise vorhandene Bemalung verstärkt. In der *Archivolte,* dem Bogenlauf, musizieren die 24 Ältesten der Apokalypse, die das Typanon mit dem Erlöser rahmen, den Engel flankieren, die die Werkzeuge der Passion tragen.

Das Innere der Kathedrale

Hinter dem Pórtico erschließen sich dem Besucher die für einen romanischen Bau gewaltigen Dimensionen, geschaffen für einen ständigen Zustrom großer Menschenmengen: Eine etwa 100 Meter lange und etwa 80 Meter breite Basilika auf kreuzförmigem Grundriß mit ausladenden Querarmen und einem halbrunden Chorumgang, an den sich Kapellen wie ein Kranz legen. Der Raum ist klar proportioniert: Langhaus zu Querhaus im Verhältnis 3:2, Langhaus zu Vierung 10:1, Höhe und Breite des Langhauses stehen im Verhältnis 1:1, Mittel- zu Seitenschiff 2:1.

Architektonisch ist Santiagos Kathedrale am ehesten vergleichbar mit St. Sernin in Toulouse. Wohl nicht rein zufällig, schließlich beanspruchte man dort ebenfalls, die Reliquien des Apostels zu besitzen. Diese Auseinandersetzung, die nie zweifelsfrei geklärt werden konnte, hat sich bis heute übrigens als Redewendung in der deutschen Sprache niedergeschlagen: Der Spruch »Das ist nicht der wahre Jakob« entstammt dem Reliquien-Streit zwischen Santiago und Toulouse.

Rechts hinter dem Pórtico befindet sich die **Reliquienkapelle,** in der sich unter anderem das *Grabmal von König Fernando II.* befindet, übrigens auch eine Schöpfung des Meisters Mateo. Die angrenzenden Kapellen entstammen sonst zumeist der Gotik und dem Barock. Die barocke Kapelle **Cristo de Burgos** an der Nordseite der Kathedrale ist Ausdruck der Verehrung für das Gnadenbild der Kathedrale von Burgos. Die im Winkel zwischen nördlichem Querhaus und Langhaus gelegene **Capilla de la Communión** stammt aus dem Ende des 18 .Jahrhunderts und ist ein Kuppelbau im klassizistischen Stil. Der **Kreuzgang** (44 x 44 Meter) hingegen wurde 1521 – 1546 von *Juan de Alava* im plateresken Stil erbaut. Die vielen Räume des teilweise viergeschossigen Kreuzgangs beherbergen mehrere Museen.

Eine der auffälligen Besonderheiten der Kathedrale Santiagos ist der **Botafumeiro,** der Weihrauchkessel, der an einer aufwendigen Halterung in der 1445 vollendeten Vierungskuppel befestigt und an hohen Festtagen

Lesen Sie bitte weiter auf Seite 192 ▶

Die Kathedrale im Grundriß

Hauptportal: barocke *Westfassade,* von Fernando Casas y Novoa 1739 – 1750 entworfen. Dahinter der figurenreiche *Pórtico de la Gloria* von Meister Mateo 1168 – 1188 geschaffen.

Türme: *Torre de la Carraca* (Turm der Klappern, die in der Semana Santa das Glockengeläut ersetzen) und *Torre de las Campanas* (Glockenturm), von Casas y Novoa bzw. Domingo de Andrade entworfen.

Hauptaltar: barocke *Capilla Mayor* mit der Santiagofigur über dem Apostelgrab, im späten 17. Jahrhundert von Peña de Toro entworfen.

Krypta: *Cripta* mit den Gebeinen des Apostels, Santiago Tympanon.

El Pilar: barocke Kapelle und vom galicischen Architekten Domingo de Andrade 1696 begonnen, von Casas y Novoa 1715 vollendet. Prunkvolles Mausoleum des Erzbischofs Monroy.

Mondragón: zwischen 1521 und 1526 entstanden, Leitung: Jacóme García. Kreuzgewölbe, gotischer Balkon, Altar der Kreuzesabnahme von Miguel Ramón.

Puerta Santa: die Heilige Pforte.

El Salvador: romanische *Erlöserkapelle* von 1075, halb zylindrische Kuppel. Plateresken-Retabel des Architekten Juan de Alava von 1532.

San Bartolomé: rein romanischer Baustil, 1102 von Bischof Pedro von Pamplona geweiht. Plateresken-Retabel des Mausoleums des Meisters und Lehrers Diego de Castilla.

La Concepción: eine im 16. Jahrhundert durchgeführte Erweiterung der romanischen Kapelle *Santa Cruz.* Tore im Plateresken-Stil. Grab des Architekten Domingo de Andrade (1639 – 1712).

San Andrés: 1674 erbaut, der Heiligen Jungfrau von Fátima (portug. Wallfahrtsort) geweiht. Die Grabstätten mit liegenden Statuen aus dem 16. Jahrhundert wurden von Juan Bautista Celma geschaffen.

La Corticela: im 4. Jahrhundert von Benediktinern gestiftete Gebetskapelle *Santa María,* heute Pfarrkirche für Ausländer und Pilger.

Santiago Matamoros: tragbare Reiterstatue des Apostels als Maurentöter, 18. Jahrhundert.

Santa Catalina: Kapelle der Heiligen Jungfrau von Lourdes.

Cristo de Burgos: Barockkapelle in Form eines griechischen Kreuzes, Architekt Melchior de Velasco y Agüero, 1664 beendet.

Reliquienkapelle: *Relicario* 1527, gleichzeitig *Panteón Real,* Grablegung der königlichen Familie, Statuen von Santiago als Pilger. Reliquien der Heiligen Paula und Heiligen Ursula aus Köln. Silberbüste von Santiago Alfeo aus dem 14. Jahrhundert. Am Eingang der Kapelle die Grabstätten von Graf Ramón de Borgoña, Ferdinand II. de León, Alfonso IX. Im Vorraum Grabplatte des Bischofs Teodomiro.

Kreuzgang: *Claustro,* 44 m Seitenlänge, im ausgehenden 16. Jh. von Juan de Alava vollendet. Mit *Teppichmuseum,* in der *Bibliothek* ist der Botafumeiro zu sehen. Überm Eingang das romanische *Relief* Santiagos als Schlachtensieger von Clavijo.

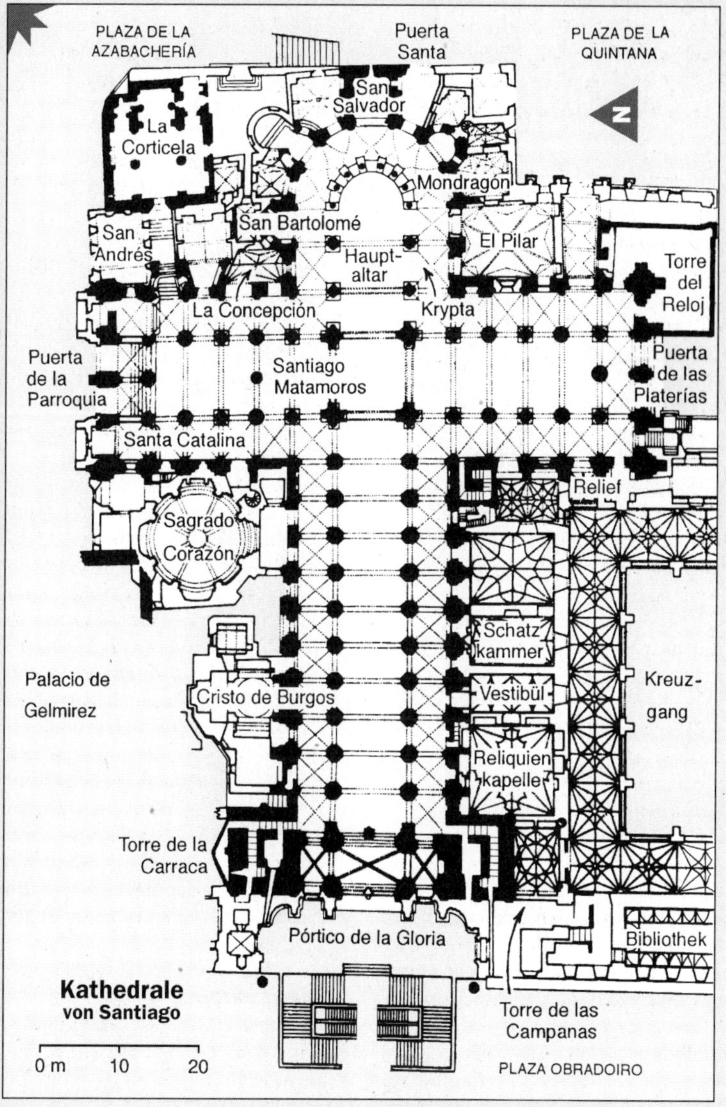
PLAZA DE LA AZABACHERÍA
Puerta Santa
PLAZA DE LA QUINTANA
N
San Salvador
La Corticela
Mondragón
San Bartolomé
San Andrés
El Pilar
Haupt-altar
Torre del Reloj
La Concepción
Krypta
Puerta de la Parroquia
Santiago Matamoros
Puerta de las Platerías
Santa Catalina
Relief
Sagrado Corazón
Schatz kammer
Palacio de Gelmirez
Kreuz-gang
Cristo de Burgos
Vestibül
Reliquien kapelle
Torre de la Carraca
Pórtico de la Gloria
Bibliothek
Kathedrale von Santiago
Torre de las Campanas
0 m
10
20
PLAZA OBRADOIRO

Sechs Männer sind nötig, um das Weihrauchgefäß in Schwingungen zu versetzen

durch das Querhaus geschwungen wird. Ein Schauspiel besonderer Art, daß man sich bei einem Besuch Santiagos nach Möglichkeit nicht entgehen lassen sollte.

Dahinter erhebt sich der barocke **Hochaltar** aus der Mitte des 17. Jahrhunderts, in dessen Mittelpunkt die verkleidete romanische **Skulptur des Apostels** steht. Sie erhebt sich über der eigentlichen Grabstätte. Die Pilger gelangen über zwei Treppen zu ihr hinauf. Ein Kuß auf die Rückseite der Skulptur ist der krönende Abschluß einer Pilgerfahrt. Auch deshalb, weil sich von hier aus ein grandioser Blick durch das Kirchenschiff bietet. Nicht grundlos heißt es bereits im mittelalterlichen Pilgerführer *Codex Calixtinus:* Wer die Schönheit dieser Kirche geschaut hat, wird glücklich und froh, wenn er zuvor traurig war.

Öffnungszeiten

Die Kathedrale ist ganztägig zugänglich; das Archäologische und das Teppich-Museum sind 10 – 13.30 Uhr und 16 – 19.30 Uhr offen.

Ein Vormittag im Haus des Heiligen Jakobus

Ein für Santiago erstaunlich regenloser Tag um 10 Uhr morgens. Der Kanoniker *Don José María* hat durch das Ostportal gerade sein Archiv betreten, um kostbare Bücher, darunter den mittelalterlichen Pilgerführer *Codex Calixtinus*, zu verwalten. Ein Bettler mit der Aura des Glöckners von Notre Dame sitzt wieder auf der Treppe vor der himmelstürmenden barocken Westfassade an der *Plaza Obradoiro.* Eine Vierzehnjährige bittet in einer Seitenkapelle den Heiligen Judas Thaddäus, jetzt aber endlich mal den richtigen Traumprinzen vorbeizuschicken. Ein Vater in Shorts dreht mit seiner Tochter vor der goldverzierten Hauptkapelle einen Videofilm.

Auch die beiden Reinigungsfrauen sind wieder bei der Arbeit. Am Vortag hatten wir uns unterhalten. Für die Frauen ist die Kathedrale täglich der Staub eines 97 Meter langen und 65 Meter breiten Raumes. Unzählige Heiligenfiguren, die poliert werden müssen. »Das ist Streß, weil wir eben nur zu zweit sind.« Im *Pilgerbüro* hat ein junger Priester ebenfalls alle Hände voll zu tun. Auch an diesem Morgen empfängt er wieder zahlreiche Pilger, die nach wochenlanger Reise ihr Ziel erreicht haben. Mal spricht er englisch, mal französisch, mal spanisch. Doch die Fragen sind immer dieselben. »Was waren deine Erfahrungen auf dem Jakobsweg?«, »Wie hast du das Gespräch mit Gott erlebt?«. Und dann stempelt er Urkunden.

Ein Lächeln für die Königin

Allmählich finden sich auch die ersten Reisegruppen ein. Eine junge englische Reiseleiterin beginnt den Rundgang an dem gewaltigen Bildhauerwerk *Pórtico de la Gloria.* 20 Jahre habe der Meister Mateo gebraucht, bis er um 1188 aus galicischem Granit das dreiteilige Portal als Plastik mit den fast 200 Skulpturen fertiggestellt hatte. Auch das Lächeln des *Daniel* auf der linken Seite des Pórtico kommt zur Sprache. Einer Legende nach strahlt der Prophet selig zu dem übergroßen Busen der *Königin Esther* herüber, deren Wangen deshalb bis heute erröten. Nur ist ihr Busen kaum noch zu sehen. Einem Erzbischof war die unzüchtige Vermutung offensichtlich zu erotisch. Er ließ die Brüste abmeißeln.

Die Vertiefung in der Mittelsäule des Pórtico haben unzählige Pilgerhände im Laufe der Zeit hinterlassen. Auch heute berühren die Besucher die *Wurzel Jesse,* um Bitten an den Apostel zu richten. Sein milder, hoheitsvoller Gesichtsausdruck flackert unaufhörlich im Blitzlicht der englischen Touristen auf. Nur die Farbschicht, die bloß noch an wenigen Stellen des Portico zu sehen ist, bleibt unerwähnt. Bei der Abnahme einer Gipskopie für das Londoner Victoria-Museum ist die Veredelung zum Zorn der Compostelaner fast völlig zerstört worden.

Franco und der Krummsäbel

Mittelpunkt der Kathedrale ist natürlich die Statue des Santiago, die in der mit Gold und Edelsteinen verzierten *Capilla Mayor* thront – im 18. Jahrhundert mit mexikanischen Steuergeldern bezahlt. Ein Pilger steigt eine schmale Treppe zu dem Heiligen hinauf, umarmt und küßt ihn – Höhepunkt seiner Reise.

Durch die weite Anlage aus dem 11. bis 13. Jahrhundert geht eine Señora vor dem Hauptaltar links zu einer weiteren Plastik des Santiago und zündet eine Kerze an. Hoch zu Roß thront dort *Santiago als Maurentöter,* unter ihm die verendenden Opfer mit Krummsäbel. Weil Franco, erinnert sich die Señora, im Spanischen Bürgerkrieg von marokkanischen Soldaten unterstützt worden sei, habe er, um mit diesem Reiterbild des Matamoros die Mauren nicht zu verprellen, das Standbild so mit Rosen schmücken lassen, daß nur noch die Hufe des Pferdes zu sehen gewesen seien. – Die Kathedrale als Ort der Legenden, als Dreh- und Angelpunkt des Stadtlebens.

Je nach Uhrzeit wechseln die Besucher. Manche verbringen Stunden in ihr, auch wenn sie nicht Eintrittskarten verkaufen, Messen halten, das Archiv verwalten oder Souvenirs anbieten. Der Blick schweift hinauf zur *Vierungskuppel.* Hier hängen sechs Mönche am 25. Juli, dem Tag des Heiligen Jakobus, an einem Flaschenzug ein riesiges Weihrauchgefäß auf und schwenken es durch das mittlere der Querschiffe. Damals hatte dieser *botafumeiro* nicht nur kultischen Sinn. Sein Rauch verflüch-

Eine Kathedrale zum Anfassen (im Blindenmuseum von Madrid)

tigte auch den Schweißgeruch der lange gewanderten Pilger, füllte die Luft mit desinfizierenden Düften. Das ursprüngliche silberne Weihrauchgefäß saust heute nicht mehr durch die Kathedrale. Die Franzosen haben es während der napoleonischen Besatzung gestohlen.

»Nicht einmal Namensschilder«

Immer mehr Besucher kommen jetzt, immer mehr Videokameras werden erbarmungslos auf Betende wie auf den silbernen Schrein mit den angeblichen Jakobus-Reliquien gehalten. Die Museen der Kathedrale in den oberen Geschossen des Kreuzganges öffnen gerade. Plötzlich wird es im *Teppichmuseum* laut. Rätselraten vor einem der wunderschönen Wandteppiche wegen der fehlenden Namensschilder. »Ist dieser Gobelin nun von Bayeu oder Goya?« Das unüberhörbar schwäbische Ehepaar findet das einfach unglaublich. »Nicht einmal Namensschilder« sagt er. »Die wären doch schnell gemacht, gell« findet sie. »Organisation«, weiß er. Die Aufseherin lächelt. »Goya« sagt sie schmunzelnd.

Kuß für einen Totenkopf

Ein paar Schritte weiter leuchtet die nach Süden gerichtete romanische *Platerías-Fassade* im Sonnenlicht auf (auch Goldschmiede-Portal). Das Ehepaar aus dem Teppichmuseum sucht am linken Portalpfeiler die berühmte romanische *David-Figur.* Weiter oben ist auch eine *Frauenfigur* zu erkennen, die den Schädel ihres Mannes im Schoß hält. Wieder eine Legende aus Stein: Der Mann soll seiner Frau lange vor seinem Tod befohlen haben, täglich seinen Kopf zu küssen.

Dann noch ein Abstecher in den angebauten *Gebetsraum Santa María de la Corticela.* Schulkinder sind gekommen. Prüfungsstreß sei der Grund, verraten sie. Ein Junge legt einen kleinen gefalteten Zettel zu den anderen an eine Statue. Darauf steht: »Jesus, mach', daß ich meine Prüfung in Mathe schaffe«. Gleich hinter dem Gebetsraum liegt die Plaza de la Quintana, wo früher der Friedhof war und man die *Pforte zum Heiligen Tor* findet. Am Tag vor dem Beginn eines Heiligen Jahres wird diese *Puerta Santa* vom Erzbischof geöffnet. Der stößt dazu eine vorher aufgebaute kleine Ziegelmauer um. Es ist noch nicht lange her, da wurden solche Mauersteine anschließend auf der Plaza de la Quintana verkauft.

Und noch einmal durch das Hauptschiff zurück zum *Pórtico de la Gloria.* Die Señora ist nicht mehr da, die Reinigungsfrauen haben Pause und die englische Reisegruppe ist längst bei einer anderen Sehenswürdigkeit. Ihre Leiterin hatte an der Innenseite des Pórtico noch auf den Heiligen *Santo dos Croques* aufmerksam gemacht. Die vielleicht populärste Figur gelte als ein Selbstbildnis des Meister Mateo. Wer den Kopf gegen den seinen stoße, könne so das Erinnerungsvermögen steigern. Aber diese Kathedrale, meinte sie noch, bleibe wohl auch so für immer im Gedächtnis.

STADTRUNDGANG

(Dauer: ohne Besichtigungen rund 1,5 Stunden)

Wer damals wie heute als Pilger nach Santiago kommt, wird über die alte Einfallstraße *San Pedro* vom Nordosten durch das *Pilgerwegstor,* **Porta do Camiño,** in die Stadt gelangen, das einst zu den sieben Stadttoren gehörte und von dem heute nur noch der Name existiert. In alten Zeiten nannte man es *Porta de Francia,* weil hier die Pilger aus Richtung Frankreich ankamen. Rechts oberhalb der Rúa San Pedro erstreckt sich das ehemalige **Dominikanerkloster** *Santo Domingo de Bonaval,* das der Überlieferung zufolge von Domingo, dem heiliggesprochenen Brückenbauer des Pilgerwegs, bei seinem zweiten Santiago-Besuch im Jahr 1220 gegründet wurde. Von der einstigen Anlage ist kaum etwas erhalten, der heutige Bau stammt aus dem 17. Jahrhundert. Er beherbergt das **Museo do Pobo Galego,** das *Museum des galicischen Volkes,* in dem galicische Kunst sowie archäologische Funde ausgestellt sind (geöffnet 10 – 13 Uhr, 16 – 19 Uhr, So und Fei geschlossen; Eintritt frei).

In einer Seitenkapelle der *Klosterkirche* mit gotischen Bauelementen aus dem 14. Jahrhundert befindet sich ein **Pantheon** berühmter galicischer Persönlichkeiten. Dieser ist auch die letzte Ruhestätte der Dichterin Rosalía de Castro (1837 – 1875).

Die Pilger setzten gewöhnlich ihren Weg in die Stadt über die heutige Gasse *Casas Reales* fort, die nach einem im 18. Jahrhundert zerstörten Palast benannt ist, in dem 1502 das Königspaar Philipp der Schöne und Johanna die Wahnsinnige wohnten. Der Weg führt bis zur **Plaza de Cervantes,** wo mehrere Gassen aufeinandertreffen. Hier wurde zu Ehren des Benediktinerpatrons im 10. Jahrhundert die kleine **Kirche** *San Benito del Campo* errichtet und zweihundert Jahre später vom Erzbischof Gelmírez erneuert. Ihr klassizistisches Portal erhielt sie im 18. Jahrhundert. Am ersten Altar auf der linken Seite sind romanische Skulpturen aus dem 12. und 14. Jahrhundert zu sehen.

Wieder ein Stück zurück, folgen wir der Gasse **Algalia de Arriba,** die vor dem Platz in nordöstlicher Richtung abgeht und in der sich einige sehr schöne Adelshäuser befinden. Von Algalia de Arriba geht die **Rúa San Miguel** links ab. Hier befindet sich neben dem gotischen *Palacio de Don Pedro* aus dem 14. Jahrhundert auch das **Pilgermuseum,** *Museo de las Peregrinaciones,* in dem die Geschichte des Jakobsweges dokumentiert ist. Wer genug Zeit hat, sollte sich einen Besuch des 1996 wiedereröffneten Museums nicht entgehen lassen. Zu sehen sind Zeugnisse von den Ursprüngen des Pilgerweges, Skulpturen des Heiligen, kunsthandwerkliche Gegenstände, Dokumente und Pilgerkleidung. Calle San Miguel 4, © 981-581558, Di – Fr 10 – 20, Sa 10.30 – 13.30 und 17 – 20 Uhr, So nur vormittags geöffnet.

Den Berg weiter hinunter endet San Miguel in der **Plazuela San Martín.** Hier erhebt sich die Kirchenfassade des mächtigen **Klosters San Martín Pinario,** für viele neben der

Kathedrale die bedeutendste architektonische Sehenswürdigkeit Santiagos. Die Gründung dieses Klosters, dem zeitweilig 30 andere Klöster unterstanden, geht auf das Jahr 912 zurück. Zu Zeiten des bauwütigen Gelmírez errichtete man 1105 eine neue Klosterkirche, die später mehrfach erweitert und vergrößert wurde. Sein barockes Erscheinungsbild erhielt das Kloster zwischen dem 16. und 18. Jahrhundert. Die *Klosterkirche San Martín* ist ein imposantes Beispiel barocker Baukunst compostelanischer Prägung. Ihre großartige Fassade von 1652 ist in Form eines Altarbildes mit Statuen und Reliefs verziert, im Giebeldreieck teilt der Heilige Martin für den Bettler seinen Mantel. Im dreischiffigen Kircheninnern fällt sogleich der enorme *Hochaltar* aus dem 17. Jahrhundert auf. Ein Meisterwerk ist das Bildnis der *Santa Escolástica en éxtasis,* das sich in der Seitenkapelle befindet, die der Heiligen geweiht ist. Das *Chorgestühl* in der Apsis hinter dem Hochaltar stammt aus dem 17. Jahrhundert. Sein Schnitzwerk stellt das Leben der Jungfrau Maria und die Geschichte des Benediktinerordens dar. In der *Sakristei* ist eine Sammlung von Gemälden des 18. Jahrhunderts zu sehen.

Vor der Fassade die Treppen hinunter umrundet die Gasse *Moeda Vella* das Klostergebäude bis zur **Plaza Inmaculada,** die den Blick auf die prächtige Klosterfassade von 1738 freigibt. An ihr führt die **Calle Azabachería** vorbei, benannt nach dem Kunsthandwerk, das hier heute noch ausgeübt wird: die Bearbeitung des schwarzen *Gagatsteins* (Pechkohle). Über sie gelangten die Pilger zumeist durch die *Puerta del Paraíso* in die Kathedrale und an das Ziel ihrer Reise (siehe auch »Ein Vormittag in der Kathedrale«).

Zur Plaza de la Quintana und Plaza de las Platerías

Links der Kathedrale führt eine schmale Gasse zur Plaza de la Quintana, ein in seiner kühlen Strenge und Weite beeindruckender Platz, der durch eine große Treppe zweigeteilt ist. Die obere Hälfte nennt sich *Quintana de los Vivos* (der Lebenden), die untere *Quintana de los muertos* (der Toten), weil sich dort bis zum 18. Jahrhundert ein Friedhof befand. Die verspielte Barockfassade der **Casa de la Parra** mit Traubenspalieren und steinernen Früchten an der Nordseite des Platzes und die wuchtige Fassade des **Convento San Pelayo de Antealtares** scheinen diesen Gegensatz auch architektonisch zu untermauern. Das imposante Klostergebäude entstand zwar erst im 17. und 18. Jahrhundert, der Orden an sich wurde jedoch bereits von Alfonso II. (791 – 842) ins Leben gerufen und sollte dem Schutz des Apostelgrabes dienen. Der riesige Komplex wird heute nur noch von wenigen Benediktinerinnen bewohnt, die das Gebäude kaum verlassen. Ihr Kontakt zur Außenwelt beschränkt sich auf die neugierigen Blicke der Kirchenbesucher, wenn die Nonnen ihr Gebet verrichten – abgeschirmt durch ein schweres Doppelgitter.

Durch die Klosterkirche San Pelayos gelangt man auch zu einem **Mu-**

seum (10 – 13 Uhr und 16 – 19 Uhr, 100 Pts) mit einigen außergewöhnlichen Exponaten. Vorbei an Vitrinen mit mittelalterlichen Schenkungsurkunden, Meßgewändern aus Goldbrokat, verschiedensten Reliquiaren und einer Art Taschenbuchausgabe der Benediktinerregel von 1610 treffen Besucher schließlich auf eine Figur des gekreuzigten Christus aus dem 13. Jahrhundert, die bis 1625 den Hochaltar der Klosterkirche krönte. In einem Loch im oberen Kopfteil der Figur wurde lange Zeit die wertvollste Reliquie des Klosters verwahrt: ein Rest des Weihrauches, den die Heiligen Drei Könige dem Gottessohn in Bethlehem schenkten.

Die südliche Begrenzung der Plaza Quintana bildet die **Casa de los Canónigos,** auch *de la Conga* genannt, 1709 von Domingo de Andrade erbaut. An der Ostseite des Platzes befindet sich schließlich die **Puerta Santa,** das *Heilige Tor* der Kathedrale aus dem 17. Jahrhundert, das nur in der Silvesternacht zu einem Heiligen Jahr geöffnet wird.

Vorbei an der *Torre del Reloj* (Uhrenturm), der Kathedrale und den Trödelständen öffnet sich die **Plaza de las Platerías,** der Platz der Silberschmiede, die sich vor der gleichnamigen Fassade der Kathedrale ihre Werkstätten eingerichtet haben und auch in den angrenzenden Gebäuden anzutreffen sind. Dieser Platz, unverwechselbar durch den kürzlich restaurierten Brunnen *Fuente de los Caballos* von 1829 in seiner Mitte, gehört sicher zu den attraktivsten der Stadt. An seiner Südseite steht die *Casa del Cabildo,* ein 1758 errichtetes Barockgebäude.

An der kleinen Plaza de las Platerías

Die Plaza Obradoiro

Über die *Rúa de Fonseca* geht der Weg hinunter zur Plaza Obradoiro, die nicht ohne Grund als städtebauliches Juwel gilt und zweifellos der spektakulärste Platz der Stadt ist. Von hier kann man am besten die »Sinfonie aus Stein« bewundern, die einem in Form der Kathedrale gegenübersteht. Auch wenn der galicische Granit in der Sonne golden leuchtet, wird der Name Obradoiro oft falsch mit »Goldenes Werk« übersetzt. Er heißt vielmehr schlicht Handwerksplatz, nachdem ihn über Jahrhunderte Bau- und Kunsthandwerker bevölkerten, die mit dem Bau an der Kathedrale und den verschiedenen Klöstern beschäftigt waren und hier ihre Werkstätten aufgeschlagen hatten.

Der **Erzbischöfliche Palast** grenzt direkt links an die Kathedrale (von März bis Mitte Oktober täglich 10 – 13.30 und 16 – 19.30 Uhr geöffnet, Eintritt 150 Pts). Der nach seinem Erbauer benannte *Palacio de Gelmírez* zählt zu den bedeutendsten Profanbauten der Romanik und wurde im 12. Jahrhundert begonnen. Über dem *Foyer*, einem zweischiffigen Raum mit reich verzierten Kapitellen, entstand 1266 der *Fest-* oder auch *Speisesaal* mit einer Länge von 32 Metern. Auf den Kapitellen und Kragsteinen sind Szenen eines mittelalterlichen Festmahls zu sehen – angeblich das Hochzeitsbankett des Königs Alfonso IX. von León (1188 – 1230).

Die Nordseite der Plaza Obradoiro wird von dem großen Komplex des ehemaligen **Hospital Real** flankiert, 1492 inklusive Friedhof und Kirche von den Katholischen Königen gestiftet, heute das luxuriöse *Hostal de los Reyes Católicos.* Sein Eingangsportal, 1511 von Enrique Egas im Plateresken-Stil entworfen, ist später in die barocke Gebäudefront von 1678 integriert worden. Die Wappen am Portal erinnern an die königlichen Stifter. Ob der Wasserspeier – in Form eines menschlichen Hinterteils – sich ebenfalls auf das galicische Verhältnis zu diesen Monarchen bezieht und absichtlich über der traditionellen königlichen Suite (zweites Balkonfenster von rechts) plaziert wurde, ist hingegen nicht gesichert. Außer den vier *Innenhöfen* des Hotels ist vor allem die gotische *Kapelle* mit ihrer auf perfekt gearbeiteten Wandpfeilern ruhenden Kuppel zu erwähnen. Sie wird heute zu Ausstellungen und kleinen Konzerten genutzt.

Gegenüber der Kathedrale schließt die klassizistische Fassade des **Palacio de Rajoy** die Plaza Obradoiro ab. Die Nutzung des von Erzbischof Bartolomé Rajoy im 18. Jahrhundert errichteten Gebäudes bestand zunächst aus der recht delikaten Mischung von Seminar für Beichtväter, Wohnräumen für Chorknaben, Sitzungsraum des Konsistoriums und Gefängnis. Auf dem *Giebel* thront der Apostel als berittener Maurentöter, das Relief der Fassade ist eine Darstellung der sagenumwobenen Glaubensschlacht von Clavijo (im Jahre 844), in der der Apostel auf einem weißen Pferd erschienen sein soll, um die Mauren erfolgreich in die Flucht zu schlagen. Der Palast dient heute als Amtssitz des Präsidenten der galicischen Regierung und als Rathaus Santiagos. Gefängnis ist er ebenfalls noch.

Früher Studentenwohnheim, ist der **Colegio de San Jerónimo** an der Südseite des Platzes heute Sitz des Universitätsrektorats. Das Kolleg wurde 1501 gegründet und 1665 an dieser Stelle neu errichtet. Das Portal stammt aus dem 15. Jahrhundert und gehörte einst zu einem Hospital in der Azabachería-Straße, das es heute nicht mehr gibt.

Bummel durch die Altstadt

Die Plaza Obradoiro ist ein guter Ausgangspunkt, um die Altstadtgassen der Stadt zu erkunden. Dort läßt sich schnell feststellen, daß Santiago kein bloßes Architekturmuseum ist. Auf liebenswerte Art verstehen es seine Bewohner, die Zeugen der Vergangenheit und die Gegenwart miteinander zu verbinden. Links vorbei am *Colegio de San Jerónimo* gelangt man in die **Rúa do Franco,** die Freßmeile Santiagos, in der sich Restaurants, Bars und kleine Pensionen aneinanderreihen. Hier, an der **Plaza Fonseca,** befindet sich auch der *Colegio Mayor de Fonseca,* ein schönes Renaissance-Gebäude, das im Jahr 1532 begonnen wurde. Sehenswert sind sein *Turm* aus dem Jahr 1601, der platereske *Innenhof* und die Mudéjar-Täfelung der alten *Aula de Grados.* Heute beherbergt es die *Universitätsbibliothek* und Wechselausstellungen.

Der Platz schließt an eine der bekanntesten Gassen Santiagos an: **A Raíña,** übersetzt Königin, wobei man nicht genau sagen kann, ob der Name auf die galicische Königin Urraca (1109 – 1126) oder die pilgerreisende Isabel von Portugal zurückzuführen ist. Gleichwohl kann man dort bestens auf das Wohl beider mit einem Gläschen Ribeiro anstoßen.

An schönen Tagen schieben sich Massen durch den Küchendunst und das Geschirrgeklapper der **Rúa do Franco.** Am alten *Postgebäude* schrammeln allabendlich die pfauenhaften Tunos, die die Anwohner der Franco mit ihrem Schnulzengesinge traktieren und bei entzückten Touristen schwer abkassieren. Das Stammhaus dieser traditionsreichen Studentenverbindung ist die *Casa de la Troya* in der gleichnamigen Gasse. Den Schriftsteller Alejandro Pérez Lugín inspirierte es 1915 zu seiner Novelle »La casa de la Troya«, ein unterhaltsames Panorama des compostelanischen Studentenlebens jener Zeit.

Die Rúa do Franco reicht bis zur **Puerta Faxeira,** dem Platz zum Sehen und Gesehen-Werden. Von hier aus ist es nur ein kleiner Sprung zum **Stadtpark Herradura** (Hufeisen), von dem aus man den wohl schönsten Blick auf das Santiago der 114 Türme hat. Nicht weit von der Puerta Faxeira, über die *Rúa de Bautizados,* liegt die **Praza do Toural** – an Sommerabenden oft eine stilvolle Konzertbühne. Sie wird vom *Palacio del Marqués de Bendaña* beherrscht, einem Barockgebäude aus dem 18. Jahrhundert, das ein die Weltkugel stützender Atlas krönt.

In die Toural und ihre Verlängerung münden die beiden wichtigsten Straßen Santiagos: die **Rúa do Vilar** und die **Rúa Nova.** Erstere ist wahrscheinlich die traditionsreichste Gasse der Stadt, mit ihren charakteristischen Arkaden, zahlreichen Läden, den wichtigen Buchhandlungen, Palästen wie dem *Palacio de Monroy* und Wohnhäusern aus dem 17. und 18. Jahrhundert. Eines der schönsten ist das Barockhaus *Casa del Deán*, das 1752 fertiggestellt wurde und an der Ecke zur Rúa de Gelmírez steht. Hier ist das **Pilgerbüro** untergebracht, die Anlaufstelle für die heutigen Pilger, um ihre Urkunden zu erhalten. Um das Arkadenflair in Ruhe schnuppern zu können, bietet sich eine Pause auf der Terrasse des alten *Pilgerhostals Suso* an.

Am Ende der Vilar folgen wir der **Rúa de Gelmírez** rechts hinauf, die nach wenigen Schritten den Blick durch ein grünes Gitter in einen Garten freigibt. Es ist ein Stück der ehemaligen *Calle de la Balconada,* die erst seit 1989 wieder zu sehen ist. In Santiago erzählt man sich, sie sei Schauplatz einer Tragödie um eine schöne Frau gewesen, die auf dem Balkon des Hauses zu wandeln pflegte. Der Erzbischof verliebte sich in sie und machte ihr den Hof. Daraufhin meuchelte der Ehemann, blind vor Eifersucht, den turtelnden Prälaten und wurde gehenkt. Seine betörende Frau schickte man in ein Kloster. Das Geschehen war den Compostelanern derart peinlich, daß sie die Gasse zumauerten.

Ein Stück weiter zweigt rechts die **Rúa Nova** ab, wo auf halbem Weg die **Iglesia Santa María Salomé** steht, ein romanischer Bau aus dem 12. Jahrhundert mit einem Barockturm aus dem 18. Jahrhundert. Sie diente Erzbischof Gelmírez bei einem Volksaufstand als Zufluchtsstätte.

Links an der Kirche vorbei, über die *Calle tras de Salomé,* versteckt sich die schmuddelige Kellerbar *A Reixa,* bekannt für ihren selbstgebrannten Kräuterschnaps. In der **Gasse Huérfanas** (auf galicisch *das Orfas*) liegt der *Convento Nuestra Señora de los Remedios,* der sich karitativen Aufgaben widmet, im Jahre 1600 gegründet wurde und der bei den Compostelanern schlicht *Las Huérfanas* (Waisenkinder) heißt.

Wir setzen unseren Weg aber geradeaus fort, durch die Gasse *Cardenal Payá* zur **Plaza de Mazarelos,** an deren rechter Seite sich das einzig erhaltene *Stadttor Mazarelos* befindet. Das sich anschließende Gebäude aus dem 18. Jahrhundert ist Sitz der philologischen Fakultät. Ein Stückchen weiter oben, neben der barocken *Universitätskapelle,* liegt das alte Hauptgebäude der 1501 gegründeten **Universität,** in dem sich zuvor eine Jesuitenschule befand. Sein Aussehen geht auf Umbauten des ausgehenden 18. Jahrhunderts zurück. Es beherbergt heute die historische und geographische Fakultät sowie das Institut für galicische Sprache.

Das **Haus Nr. 15** an der Plaza Mazarelos, heute Sitz der *Fremdenverkehrsbehörde,* einst aber Privathaus eines enttäuschten Witwenfreiers, ist in gewisser Weise mit dem Kloster verbunden, auf das man durch das alte Stadttor blickt. Der Erbauer des gediegenen Familienwohnsitzes war bei der Planung des Hauses davon ausge-

denn im hübschen **Mercado de los Abastos,** dem Markt Santiagos, wird alles feilgeboten, was frisch ist.

Die rechts davon liegende unscheinbare Kirche bildet den würdigen Abschluß unseres Rundgangs durch Santiago: Die **Iglesia San Fiz de Solovio** bekam

Eröffnet neue Perspektiven: Santiago von oben gesehen

gangen, eine Witwe mit Kindern werde seinem Heiratswunsch nicht widerstehen können. Sie allerdings zog das Klosterleben vor. Es heißt, seither blickten die das Haus zierenden Wappenköpfe recht vorwurfsvoll zum Kloster herüber.

Der *Travesía de la Universidad* folgend, trifft man nach wenigen Metern auf die **Plazuela San Fiz.** Vormittags herrscht hier großer Rummel,

erst im 18. Jahrhundert ihr heutiges Aussehen, doch sind in ihrem Innern noch Reste der romanischen Anlage aus dem 12. Jahrhundert zu sehen, die Gelmírez in Auftrag gab. Hier ist der Legende nach der Ort, wo die Geschichte des Jakobsweges und der Stadt ihren Anfang nahm. Die Kirche

San Fiz de Solovio wurde über der Stelle errichtet, wo der Einsiedler Pelayo im Jahr 813 das Grab des Apostels entdeckte. Archäologische Untersuchungen ergaben, daß sie inmitten einer alten Nekropole liegt.

San Francisco de Valdedíos

Nahe der Westseite des *Klosters San Martín Pinario* liegen im Nordwesten der Stadt Kloster und Kirche *San Francisco,* deren Entstehungsgeschichte eng mit Franz von Assisi verbunden ist. Es heißt, während seiner Pilgerfahrt 1213 nach Santiago sei dem italienischen Vogelprediger von Gott befohlen worden, im *Val de Dios* (Tal Gottes), einem Gelände im Besitz des Klosters San Martín, ein weiteres Kloster zu gründen. Die Finanzierung des Klosterbaus sicherte der Legende nach ebenfalls ein Wink Gottes: Auf dem Grund eines Brunnens fand man einen Schatz. Von dem gotischen Bau, der angeblich mit diesem Schatz bezahlt worden ist, sind allerdings nur noch fünf Säulen im Hof des *Kapitelsaals* erhalten.

Der heutige Bau stammt aus dem 17. Jahrhundert, die dreischiffige Kirche wurde 1742 geweiht. Übrigens soll die Kirche *San Payo de Monte* über dem legendären Schatzbrunnen errichtet worden sein.

Santa María la Real de Sar

Ein Besuch der etwas außerhalb im Süden Santiagos gelegenen Kirche (etwa 30 Min. Fußweg), ist fast obligatorisch. Sie wurde bis 1137 am Ufer des *Río Sar* errichtet und ist nicht nur wegen der atemberaubenden Säulenneigung im Innern sehenswert. Vermutlich war das Gewicht des Bauwerks zu groß für den sandigen Untergrund. Man hat das Gefühl, es könnte jeden Augenblick einstürzen, auch mit Seitenblick auf die kolossalen Stützpfeiler, die im 18. Jahrhundert angebracht wurden. Leider verstellen diese Pfeiler die Sicht auf den romanischen Bau mit seinen drei halbrunden Apsiden. Das gilt auch für die verbliebenen romanischen Bögen des Kreuzganges.

Eine Besichtigung von Kirche und Kreuzgang mit weiteren Resten der ursprünglichen Anlage kostet 50 Pts, Mo – Sa 10 – 13 und 16 – 19 Uhr.

SANTIAGO DE NOCHE: RALLYE PARIS–DAKAR

»Die stehen um vier Uhr nachmittags auf, lümmeln sich zwei Stündchen in der Uni herum, kümmern sich danach um ihr Essen und geben sich schließlich ihrer Hauptbeschäftigung, der Kneipentour, hin: *»ir de copas!«*– laut einer erfahrenen Zimmerwirtin der übliche Lebensrhythmus eines Studenten in Santiago »ab Mittwochnacht, wenn das Wochenende beginnt«.

»Rallye Paris–Dakar« ist die inoffizielle studentische Bezeichnung für die nächtliche Sause durch die feuchteste Stadt Spaniens, benannt nach den beiden Bars *Paris* und *Dakar.* Die Boxenstops in den zahllosen Bars dauern selten länger als eine halbe Stunde, die Rennstrecke verläuft über das Granitpflaster der Altstadt zum Asphalt des neueren Stadtgebietes, wohin sich seit einigen Jahren das Nachtleben verlagert hat. Getankt wird die ganze Palette vom Bier »Estrella Galicia« über den Albariño-Weißwein bis zum Gin – Karambolagen bleiben dabei nicht immer aus.

Zum Leidwesen der Touristen ist es ein beliebter studentischer Randsport, als Siegertrophäe oder zumindest Teilnahmeurkunde Straßenschilder während der Tour abzuschrauben und mitzunehmen. Trotz detailliertem Stadtplan wird daher die Rallye für Nicht-Einheimische oftmals zum Orientierungslauf.

Regelrecht Sommerpause hat die Rallye, wenn die Studenten in den Semesterferien Heimaturlaub machen. Nicht selten trifft man zwischen Juli und September Santiago-Touristen, die schockiert davon berichten, samstagnachts fast mutterseelenallein in der Altstadt herumgelaufen zu sein. Neben allen anderen Merkwürdigkeiten ist die Stadt des Apostels auch eine spanische Stadt mit Sommerschlaf, von den Feiern zu Ehren des heiligen Jakobus zwischen dem 17. und 31. Juli einmal abgesehen.

Szenetreffs & Kneipen

- *Crechas,* Ecke Azabachería, San Paió. Hier gibt man sich gerne keltisch, Folkmusik und Guiness vom Faß.
- *Paraíso Perdido,* San Paió, das »Verlorene Paradies«, Kellerbar, in der seit Generationen Sprüche in den Wandputz gekratzt werden. Studententreff.
- *Metate,* zwischen San Paió und Preguntoiro, kühles Café in einer ehemaligen Schokoladenfabrik, Spezialität: Trinkschokolade.
- *Modus Vivendi,* Rúa Feijoó, schöne, alte, nicht ganz billige Kellerbar.
- *Momo,* Virgen de la Cerca 23, Übergangskneipe zum Neustadtviertel, Szenekneipe mit Wintergarten, Diashow, voll zwischen 1 und 3 Uhr.
- *Tumba Deus,* Rúa Vilar. Benannt nach dem »Gottesgrab«, einem schnell wirkenden Likörschnaps.
- *El Porrón,* zwischen Rúa Traviesa und Plaza Oliveira. Die Aufschrift der Studentenkneipe an der Tür ist kaum zu erkennen, der *Porrón* ein Likör, dessen Zusammensetzung nur der Wirt kennt. Ausgeschenkt wird er in Schnabelkaraffen, aus denen man sich das Getränk in den Mund spritzt.
- *Fontana,* nahe Plaza de Vigo, Tanzschuppen mit vor allem Rockklassikern; erst ab drei Uhr morgens interessant, wie auch die übrigen:
- *Apolo,* Alferéz Provisional 8, aktuelles Discorepertoire.
- *Ruta 66,* Pérez Costanti 4, 1992 noch die In-Disco Santiagos.

Tapa-Bars & Cafés

Die Tapa-Kultur ist in Santiago gewissermaßen jahreszeitlich geprägt. Wenn im Sommer die meisten Studenten in den Heimaturlaub fahren und Touristen an ihre Stelle treten, verschwinden auch die sonst gratis zum Getränk gereichten Mini-Snacks aus dem Angebot der meisten Bars und Restaurants. Zum Ärger der Einheimischen läßt man sich zwischen Juli und Oktober die Appetithäppchen bezahlen. Zwei empfehlenswerte

Nachts werden die Studenten Santiagos zu Nomaden – keine Kneipe bleibt vor ihnen sicher

Bars, die sich auf Tapas spezialisiert haben:

- *Gato Negro,* Raiña, Ecke Plaza Fonseca. Der »Schwarze Kater« ist wohl die bekannteste Tapa-Bar. Von den *Xoubiñas* (Sardinen), *Almejas de marinera* und den *Calamares,* die dort gereicht werden, hört man öfter schwärmen. Von der ausgesprochen ungemütlichen Einrichtung sollte man sich nicht abschrecken lassen. Ab 23 Uhr geschlossen.
- *A Gamela,* Rúa Oliveira, Ecke Callejón de Salsipuedes. Diese Bar liegt in einer Gegend, in die sich nur wenige Touristen verirren, die aber unter den Compostelanern als Weinzone bekannt ist. Insbesondere kleine Fleischgerichte, zum Beispiel *costillas* oder *raxo,* knusprig gebratene Würfel aus Schweinenacken.
- *O Beiro,* Rúa Raiña 3, © 981-581370. Wein und leckere Kleinigkeiten in stilvollerem Ambiente, gut für den Aperitiv oder einen Absacker. Empfehlenswert vor allem für Fußmüde, weil nah an der Kathedrale.
- *La Bodequilla de San Roque,* San Roque 13, © 981-564379. Die Adresse für Schinken. Angenehme Atmosphäre und in der Regel rappelvoll. Am Rand der Altstadt.
- *Café Derby,* Plaza de Galicia. Intellektuellen-Studenten-Treff in authentischer 20er-Jahre-Einrichtung, gut für einen Café.

Restaurants

- *Toñi Vicente,* Rosalía de Castro 24, © 981-594100. Die preisgekrönte Köchin (internationaler Kochpreis) kreiert Ausgefallenes, darunter Jakobsmuschelsalat, nicht unter 6000 Pts.
- *Vilas,* Avda. de Villagarcía 21, © 981-591000, und Rosalía de Castro 88, © 981-98387. Eine der angesehensten Küchen Galiciens, Spezialität Fisch in grüner Soße, erstklassige galicische Gerichte ab 5000 Pts.
- *El Fornos,* Hórreo 24, © 981-565721. Eine der Gourmetadressen Santiagos, Spezialität Seehecht mit Herzmuscheln.
- *El Estanco,* Hórreo 26, © 981-563808. Ein paar Meter neben El Fornos, wird vom selben Besitzer geführt. Die Küche im Estanco ist daher auch identisch mit der im El Fornos nebenan. Doch weil es etwas weniger stilvoll zugeht, sind die Preise wesentlich niedriger. 2 Personen speisen in der Regel für 6000 Pts. Auch Paellas zum Mitnehmen.
- *Restaurante Roberto,* San Xulián de Sales, Vedra, © 981-511769, etwas außerhalb, sehr edel. Auch Unterkunft, DZ 10.000 Pts. Für ein Essen für zwei Personen muß man ungefähr 7000 Pts einplanen.
- *El Bocalino,* República Argentina 11, © 981-566482, in der 2. Augusthälfte geschlossen. Spezialität: Lachs (*salmón*) mit Reis. Ausgefallenere Gerichte, unter anderem Fondues, recht preisgünstig.
- *El Hispano,* Plaza de Abastos 7, © 981-561850. Gegenüber dem Markt Santiagos. Die Einrichtung dieses Restaurants hat zwar nichts Spezielles zu bieten, die Küche aber gute galicische Hausmannskost. Zu zweit muß man mit etwa 4000 – 5000 Pts rechnen.
- *Mesòn Cortegada,* San Clemente 2, © 981-565030. Grillgerichte; akzeptable Qualität zu passendem Preis. Menü 1500 – 3000 Pts. (Lesertip von Andres Sommer).
- *Casa Manolo,* Rúa Traviesa Ecke San Agustín, © 981-582950. Mitten in der Altstadt. Hier speist man mit Blick auf die brutzelnden Köche, die es lieber haben, wenn man ihre Töpfe nicht mit Zigarettenrauch traktiert. Was hier auf die Tische kommt, sind reichhaltige Fisch-, Meeresfrüchte- und Fleischgerichte, für die man pro Tagesmenü gerade mal umgerechnet 10 Mark zahlt. Ab 14 Uhr bzw. 21.30 Uhr wird es schwierig, sofort einen Tisch zu bekommen. Hier lohnt es sich, eine Stunde früher zu kommen. Eine Übersetzung der Speisekarte ins Deutsche gibt es auch.
- *Montevideo,* auch »castrón« genannt, Castrón D'Ouro 10, © 981-580004, Menü mit Wein und Brot für weniger als fünf Mark. An einem schönen Platz mit Wegkreuz.

NÜTZLICHE STADT-INFOS

Verbindungen

Flug: Der Flughafen von Santiago de Compostela, *Labacolla,* liegt 12 km östlich der Stadt, zu erreichen über die Nationalstraße 544.

Flugauskunft ✆ 981-597400.

Iberia, Stadtbüro: General Pardiñas 24, ✆ 981-594104, -592300 oder -594116. Zwischen 6.40 und 22.15 Uhr verkehren Busse zwischen der Stadt und dem Flughafen. Die einfache Fahrt kostet 100 Pts.

Zug: In alle größeren galicischen Städte kommt man besonders mit den Regionalzügen sehr günstig voran. Eine Fahrt nach A Coruña (71 km) kostet 340 Pts, nach El Ferrol 710 Pts, nach Vigo (83 km) 510 Pts, nach Ourense (111 km) 640 Pts, nach Lugo (107 km) 955 Pts, und nach Pontevedra (59 km) 340 Pts.

Der Talgo fährt für 4355 Pts nach Madrid, für 6465 Pts nach Barcelona.

Estación de RENFE, Hórreo s/n, ✆ 520202. Schließfächer fürs Gepäck im Bahnhof kosten für 24 Stunden 200 Pts.

Bus: Zwar sind die Fahrpreise in die umliegenden galicischen Städte etwas höher als bei der Bahn, doch sind die Abfahrtszeiten der Busse oftmals günstiger. Alle ein bis zwei Stunden fährt einer in die gewünschte Richtung. Zum Beispiel nach Ourense (910 Pts), A Coruña (615 Pts Autobahn bzw. 495 Pts Nationalstraße), Vigo (755 Pts), Pontevedra (470 Pts), El Ferrol (725 Pts), Betanzos (420 Pts). Für Badefans ohne Auto bietet sich an, mit dem Bus nach Noia (270 Pts), Muros (540 Pts) oder Cambados (420 Pts) zu fahren.

Estación de Autobuses, San Cayetano s/n, ✆ 981-587700.

Fernbusse: Nach Barcelona kommt man täglich außer samstags in 16 Stunden für 6775 Pts, Abfahrtszeit 13 Uhr. Nach Madrid fahren täglich zwei Busse, die neunstündige Fahrt kostet 4680 Pts.

Taxis: *Gran Turismo,* Avd. Figueroa, ✆ 981-585973.

Estación de Autobuses ✆ 981-582450.

Doctor Teijeiro ✆ 981-591028.

Unterkunft

In Santiago gibt es zahlreiche Unterkünfte aller Art, nur eine Jugendherberge fehlt bislang. Unter anderen findet man in den Straßen Rúa do Vilar, Rúa Nova und Rúa do Franco eine große Auswahl. Im Juli und August am besten vorher Zimmer reservieren.

★★★★★ 27.000 Pts berappen eine Menge Gäste, die wenigstens einmal in einem Doppelzimmer des Hotels *de los Reyes Católicos,* Plaza del Obradoiro 1, ✆ 981-582200, Fax 563094, nächtigen wollen. Von dem Katholischen Königspaar Isabella und Fernando ist es 1499 für die Pilger erbaut worden. Heute ist das Hospital ein Parador mit kunstgeschichtlichem Ambiente.

★★★★ *Peregrino,* Avda. Rosalía de Castro s/n, ✆ 981-521850, DZ ab 17.000 Pts. Das komfortable Hotel liegt am Rande der Altstadt unweit des Universitätscampus. Modern gestylte Räume.

★★ *La Estela,* Raxoi 1, ✆ 981-582796, DZ 3000 Pts. Die idyllische Pension liegt direkt an der Plaza Obradoiro neben dem Rajoy-Palast. Sauber und gemütlich, Bad im Flur.

★ *Hijos de Salvador Fraga,* Rúa Senra 4, © 981-585906. DZ ab 2000 Pts. Die preiswerte Unterkunft in einem fünfhundert Jahre alten Haus vermietet Señora María Fraga allerdings nur im Sommer. Sie weiß eine Menge über ihre Stadt Santiago, den Kurs für Ausländer an der nahen Uni oder wo man gerade am besten ißt. Sehr gemütlich, Bad unterm Dach.

★ *Arzuana,* Calle del Cardenal Paya. DZ 2600 Pts. Die Zimmer in diesem Hostal kann man in der Rúa do Franco 40, © 981-581198, reservieren. Sie sind sehr ruhig und sauber.

★ *Recarey,* Patio de Madres 15, © 981-588194. DZ mit und ohne Bad ab 2000 Pts. Empfehlenswert.

Turismo rural: *Pazo Cibrán.* San Julián de Sales, etwa 10 km außerhalb von Santiago, aber für mobile Reisende unbedingt empfehlenswert. 15885 Vedra, © & Fax 981-511515. Von Santiago aus zunächst 4 km auf der N-525 Richtung Ourense, hinter einer Tankstelle (Km 336) rechts nach San Julián de Sales. Wunderschönes Landhaus mit großem Garten. DZ zwischen 9000 und 11.000 pts. Quasi nebenan liegt übrigens das *Restaurant Meson Roberto,* eine der Gourmetadressen Santiagos.

Camping

As Cancelas: an der C-547 Richtung Lugo ist mit 2 km Enfernung der Stadt am nächsten gelegen. Ganzjährig geöffnet, in einem nicht sehr ansprechenden Neubaugebiet. Swimmingpool, saubere, recht neue Toiletten, warme Duschen, Restaurant, Cafeteria und Blick auf den Stadtkern. 2 PAZ 2300 Pts.

Santiago de Compostela: 6 km an der C-550 Richtung A Coruña. Der Straßenlärm ist zwar zu hören, trotzdem ist er wohl der schönste Platz in der Umgebung. Von Laubbäumen gesäumt übernachten hier 2 PAZ für 2000 Pts, inklusive warmer Dusche; Caravan-Anschlüsse, Restaurant in einem ansehnlichen Landhaus. Gepflegt, sauber, empfehlenswert, geöffnet vom 20. Juni bis Ende September.

Las Sirenas: 10 km von Santiago an der C-545 Richtung Carballo. Hier werden Sie von einem Betoneingang begrüßt, hinter dem sich Swimmingpools, Stehklos, schäbige Münzduschen, ummauerte Campingparzellen und am Ende eine wilde Müllkippe mit schöner Aussicht auf ein Tal befinden – alles stacheldrahtgesichert. 1.7. – 15.9. geöffnet. 2 PAZ 2000 Pts.

Einkaufen & Sovenirs

Enxebre: Rúa Azabachería 17. Kleines Feinschmeckerparadies. Wer einen sicherlich einmaligen Überblick über kulinarische Spezialitäten Galiciens bekommen und sie preiswert probieren möchte, ist hier goldrichtig. Das unauffällige Geschäft hat seine eigenen Zulieferer aus allen Teilen Galiciens, die angebotenen Waren stammen direkt vom (privaten) Erzeuger. Vom Käse bis zu den Torten kann alles stückweise gekauft und probiert werden.

Rúa Azabachería: die Straße des Gagatsteins. Hier befinden sich viele Juwelier- und Kunsthandwerkgeschäfte, die sich auf die Verarbeitung des schwarzen Kohlesteins spezialisiert haben. Ein Blick in die Auslagen lohnt sich in jedem Fall.

Sargadelos: Rúa Nova, schräg gegenüber der Kirche Santa María Salomé. Dieses Geschäft verkauft exklusiv die berühmte galicische Keramik, die nach dem Dorf Sargadelos benannt ist.

Rúa Vilar 18: In diesem kleinen Geschäft werden die Produkte eines Kunsthandwerks verkauft, das einst in Galicien sehr verbreitet war, jetzt aber nur noch von wenigen beherrscht wird: handgearbeitete Spitzen.

Kinos & Feste

Kinos: *Capitol,* Rúa de Concepción Arenal, © 981-586835.

Valle Inclán, Fernando III el Santo 12, © 981-597088.

Yago, Rúa do Vilar 51, © 981-582029.

Teatro Pricipal, Rúa do Vilar.

Im Mai, am 6. Donnerstag nach Ostern, feiern die Compostelaner die *Fiestas de la Ascensión* mit Straßentheater, Viehmarkt, Konzerten etc. Das Fest ist weniger touristisch und überlaufen als die Jakobsfeiern im Juli.

Fiestas de Santiago Apostól: Vom 16. bis 31. Juli zu Ehren des Heiligen Jakobus mit den Höhepunkten am 24. und 25. Juli.

Sport

Für Studenten ist die Benutzung folgender Sportanlagen auf dem *Campus Universitario* kostenlos, alle anderen Besucher Santiagos sollten sich vorher im Sportbüro (s.u.) erkundigen. *Pavellón Polideportivo* (Hallenfußball, Handball, Volleyball, Basketball), Fußballplatz (Fußball, Rugby), Leichtathletik-Stadion.

Reiten: Für Reitsportfreunde gibt es einen Club in Arins, die Reitschule *Escuela de equitación Barbacena,* 8 km von Santiago entfernt Richtung Colegiata del Sar.

Squash: *Gimnasio Espagat,* Fernando III el Santo 12, © 981-591883. Bis 17.30 Uhr kostet eine halbe Stunde Squash 225 Pts pro Person, danach 400 Pts. Das Center bietet außerdem Sauna, Schwimmbad, Solarium, einen recht gut ausgestatteten Fitnessraum und verschiedene Kurse an. Die Preise sind aber wie in Spanien generell üblich sehr hoch.

Tennis: Im Campusgelände der Universität befinden sich mehrere Hartplätze, die von Besuchern benutzt werden können. Allerdings muß man vorher einen Ausweis erwerben. Der ist ein Semester gültig und kostet für Studenten der Universität Santiago 750 Pts, für sonstige Studenten 1500 Pts und für alle anderen 3000 Pts. Ausgerüstet mit Paßfoto, Personalausweis und gegebenenfalls Studentenausweis kann man sich den Ausweis im Sportbüro der Uni ausstellen lassen:

Ausnahme in Santiago: nicht der Apostel, sondern das Meer ist sein Sujet

Pavillón Polideportivo, Campus Universitario, © 981-584795. Dort müssen auch die Plätze morgens für den jeweiligen Tag reserviert werden.

Schwimmen: Mit dem Sportausweis kann auch das Schwimmbad der Universität benutzt werden.

Nützliche Adressen

Touristen: *Städtisches Tourismusbüro,* Cantón do Toural s/n, © 981-573990. Stadtpläne und aktuelles Kulturprogramm Santiagos.

Infobüro, Rúa do Vilar 43, © 981-584081, Mo – Fr durchgehend, Sa bis mittags geöffnet. Ziemlich dürftige Infos über Galicien generell plus schlechtem Stadtplan. Einen besseren mit Straßen und Hotelverzeichnis (*Plano Callejero Santiago*) bekommt man in den Buchhandlungen der Rúa Vilar. Dort liegt meist auch der *Guía de Compostela* aus. In ihm findet man alles wichtige über gerade aktuelle Galerien, Ausstellungen, Filme, Musik, Fiestas etc. Das Stadtmagazin kostet 150 Pts.

Oficina 2000: In einem eigenen Büro im Pato de Bendaó werden die Projekte und Programme koordiniert, mit denen sich die zum Weltkulturerbe ernannte Pilgerstadt für das Jahr 2000 rüstet, wenn sie europäische Kulturhauptstadt sein wird. Das Büro ist auch für Auskünfte zuständig: 15705 Santiago, Rúa do Vilar 67, © 981-582525, Fax -557246; Ansprechpartner ist José Antonio Perozo.

Pilger: *Pilgerbüro,* Rúa do Vilar, Plaza de las Platerías, täglich 10 – 13.30 und 16 – 19.30 Uhr. Informationen für Pilger.

Veranstalter: *TurGalicia,* eine Organisation des galicischen Tourismussekretariats, bietet diverse Ausflüge an. Speziell für Jugendliche gibt es sechstägige Touren unter Motti wie »Mensch und Meer«, »Mensch und Umwelt«. Bei Wanderungen oder Schiffahrten lernt man Kultur und Alltag der Galicier kennen. Informationen unter © 981-542527, -542500, Fax -571550, -15896 Santiago.

Post: *Oficinas de Correos y Telégrafos,* Travesía de Fonseca (nahe Plaza Obradoiro), geöffnet 9 – 13 Uhr und 17 – 19 Uhr. Abheben vom Postsparbuch 9 – 12 Uhr. Telegramme per Telefon unter © 981-581792.

Telefonvorwahl 981-.

Geldwechsel: mehrere Banken befinden sich an der Plaza de Galicia am Rande zur Neustadt.

Notrufnummern: Feuerwehr © 981-581010.

Polizei © 091.

Städtische Polizei © 981-581678.

Krankenhaus: *Hospital General de Galicia,* Calle Galeras, © 981-585200.

Autovermietung: *Europcar* (Flughafen), © 981-566719.

Atesa, Plaza del Obradoiro 1, © 981-888448.

Autos Brea, General Pardiñas 21, © 981-565056.

Avis, República de El Salvador 10, © 981-573718.

Hertz, Avda. de Lugo 145, © 981-583466.

Ital, República Argentina 37, © 981-592769.

Regente Car, Gómez Ulla 8, © 981-562670.

Waschsalon: República de El Salvador 21, © 981-590095.

Tips für Studenten

Austausch- und Tourismusbüro für Jugendliche und Studenten (TIVE), Plaza del Matadero, geöffnet Mo – Fr 9 – 14 Uhr. Hier bekommen alle unter 30 den Internationalen Studentenausweis gegen Vorlage von Matrikelnummer, Personalausweis und Foto sowie alle unter 26 den Jugendausweis (*Carnet Joven*), mit dem man mancherorts (Liste erfragen) billiger essen, einkaufen und tanzen kann. Beide Ausweise sind nützlich für verbilligte Fahr- und Flugkarten.

Wer in Santiago einen Job oder ein Zimmer sucht, sollte bei der *Studentenorganisation* Mancomun vorbeischauen:

Mancomun Campus Universitario, *Pavillon de los servicios estudiantiles,* © 981-563100.

REISEZIELE IN DER NÄHE

Wenn einmal in Santiago die Sonne scheint, was im Sommer durchaus häufiger vorkommen kann, und die Stadt wie ausgestorben wirkt, haben viele Leute das Badezeug eingepackt und sind Richtung Westen nach **Noia** an den Strand gefahren, rund 40 km über die gut ausgebaute, aber viel befahrene C 543. Die Strecke führt durch eine reizvolle Landschaft, und in weniger als einer Dreiviertelstunde ist die *Ría Noia* in Sicht. Am besten nimmt man bereits die Ausfahrt *Noia-Este* und fährt von Noia aus auf der C 550 weiter (siehe dort unter der Griffmarke »Rías Bajas«).

Auf der N 525 Richtung Südosten und *Lalín,* vorbei an dem 530 Meter hohen *Pico Sagro,* gelangt man nach 25 km zum berühmten **Pazo de Oca,** wörtlich »Palast der Gans«, dem Ruf nach ein kleines Versailles. Zwischen 10 und 14 Uhr sowie 15 und 19 Uhr lassen sich zahlreiche Besucher für 200 Pts durch die Innenräume mit Wandmalerei und Barockmöbeln führen, knipsen die Barockkapelle und besichtigen eine aufwendige Parkanlage.

Weniger bekannt ist der **Pazo de Ribadulla** in **Santa Cruz,** der an einer Seitenstraße der N 525 noch vor dem *Río Ulla* liegt. In dem 500 Jahre alten Landsitz wohnt ein Mann, der am 23. Februar 1981 Geschichte machte: General Armanda, neben Bosch und Tejero einer der drei Anführer des fehlgeschlagenen Militärputsches. Sein Landsitz ist hervorragend erhalten. Der Ex-General läßt nicht jeden die Räume betreten, wohl aber die Gartenanlage. Mit etwas Glück zeigt ein Angestellter die riesigen Magnolienbäume, Seerosen, Myrten, Palmen, Rhododendren, eine große Kamelienzucht und viel anderes, teils exotisches Gewächs.

RIAS ALTAS – NORDKÜSTE

VON RIBADEO ZUM NÖRDLICHSTEN PUNKT DER IBERISCHEN HALBINSEL

Die rund 80 Kilometer lange Strecke führt an herrlichen Stränden wie dem der »Kathedralen« vorbei. Die rauhe Küste ist hier noch nicht überlaufen, die Unterkünfte sind entsprechend preiswert. Doch nicht nur Badefans kommen auf ihre Kosten: Wenige Kilometer im sanft hügeligen Hinterland erhebt sich Spaniens älteste Kathedrale, die Keramikfabrik von Sargadelos gehört zu den wichtigsten Zentren galicischen Kunsthandwerks, und der lebendige Fischerort Viveiro bietet sich für einen längeren Aufenthalt an.

RIBADEO

Die *Puente de los Santos,* die Brücke, die Asturien mit der ersten Ansiedlung auf galicischem Boden verbindet, wirkt neben dem Ort Ribadeo geradezu futuristisch. Wo der *Río Eo* in die weite Bucht *Ría de Ribadeo* zum Kantabrischen Meer übergeht, liegt das 9400 Einwohner kleine Nest eher verschlafen in einer zum Inland hin idyllisch grünen Landschaft, auch wenn es am Wochenende nachts in den Kneipen zu einigem Leben erwacht.

Ribadeo ist der östlichste Küstenort der Provinz Lugo, dessen Wahrzeichen an der zentralen **Plaza de España** ein sehenswertes Gebäude ist: die *Villa der Brüder Moreno,* nach denen auch der Jugendstilturm *Torre de los Moreno* aus Glas und Eisen benannt ist. Ein paar Meter weiter liegt das klassizistische *Rathaus,* ehemaliger Wohnsitz des berühmtesten Einwohners Ribadeos, des Markgrafen Don Antonio Raimundo Ibañez. Mit dem Gründer der nahen Keramikfabrik von Sargadelos und Bauherrn zahlreicher Häuser in der Stadt hatte sich um 1800 eine wirtschaftlich recht einflußreiche Bourgeoisie angesiedelt. Ibañez, vom König geadelt, war ein erklärter Anhänger der französischen Aufklärung, weshalb er am 2. Februar 1809 ein barbarisches Ende fand. Während der Besetzung Spaniens durch die napoleonischen Truppen bezichtigten die Anwohner Ribadeos ihren reichsten Bürger als Franzosenfreund und Hochverräter. Sie trieben Ibañez nackt an ein Pferd gebunden durch die Gassen bis er verblutete.

Mit diesem Verbrechen verlor Ribadeo als ehemals wichtigste Hafenstadt im Handel mit dem Baltikum noch stärker an wirtschaftlichem Einfluß. Bis heute lebt der Ort mehr von Viehzucht und Landwirtschaft als von der Fischerei. Dies verdeutlicht ein Besuch des **Hafens,** *Puerto del Porcillán,* den man durch die *Calle de Antonio Otera* erreicht. Wo einst die Schiffe aus dem Baltikum Hanf, Leinen und Likör einfuhren, sieht man heute von einem der schönen Cafés aus neben wenigen Frachtschiffen Segelboote durch die große Puente de los Santos ziehen.

Der sehr kleine **Strand** des Ortes kann mit den vielen schönen Stränden weiter westlich kaum konkurrieren, beispielsweise mit dem »Kathedralen-Strand« *As Catedrais* oder dem *Os Castros* (siehe nächste Seite). Am Ufer durch die Brückenpfeiler hindurch lohnt sich der Weg, vorbei an dem Kastell, zum **Leuchtturm** der Stadt, rund 4 km vom Hafen entfernt. Das **Kastell San Damián** ist seit dem Mord an Ibañez 1809 nur noch eine Ruine. Im Unabhängigkeitskrieg diente die Anlage als Stützpunkt gegen die Franzosen. Das Kastell wurde aber nicht etwa von den Franzosen zerstört, sondern von einigen Ribadensern, die ein Pulverhaus hochgehen ließen. Der Grund dafür ist nie geklärt worden. Offenbar soll die Einwohner jedoch das angeordnete Wacheschieben auf dem Kastell so genervt haben, daß sie diesen verhaßten Arbeitsplatz kurzerhand sprengten.

Ein weiter Blick auf die Stadt, die Brücke, den Leuchtturm und den Hafen bietet sich von der nahen **Wallfahrtskapelle Santa Cruz**. Auf der Anhöhe stehen neben Pinien und Eukalyptus auch ein paar – nicht unbedingt ästhetische – Standbilder.

Eins der Standbilder, genannt *Monumento al Gaitero,* ist am ersten Augustsonntag Treffpunkt einer *Romería* und eines Festes der *gaita gallega,* des galicischen Dudelsacks.

Verbindungen

Zug: *Estación do Ferrocarril de FEVE,* © 982-110699. Zweimal täglich fahren Schmalspurzüge vom kleinen Bahnhof Richtung Ferrol ab.

Bus: *ALSA,* Plaza España 9, © 982-110910:

Richtung Asturien zwischen 5 und 18 Uhr alle drei Stunden. Die Fahrt nach Oviedo dauert vier Stunden und kostet 1100 Pts.

Nach Santiago de Compostela fahren Busse um 10 und um 18.50 Uhr. Die 3 1/2-stündige Fahrt kostet rund 2000 Pts.

Empresa Ribadeo (ERSA), Estación de Autobuses, © 982-221760:

Nach Lugo zwischen 7.15 und 18 Uhr 5x täglich, rund 700 Pts.

Nach A Coruña um 14 Uhr und um 18.15 Uhr in 3 Stunden, 1000 Pts.

Unterkunft & Nützliches

Tourismusbüro: Plaza de España.

★★★★ *Parador de Ribadeo,* Amador Fernández, 27700 Ribadeo, © 982-128825. DZ zwischen 14.000 und 17.000 Pts. Neues Gebäude mit öffentlicher Cafeteria und einem schönen Blick auf die Bucht Ribadeos.

Die beiden folgenden Unterkünfte liegen zentral, sind nicht sehr schön, bieten aber saubere Zimmer und einen preislich großen Unterschied zum Parador:

★ *Hostal Presidente,* Virgen del Camino 3, © 982-128092, DZ 4000 Pts mit Bad.

★ *Hostal Galicia,* selbe Straße Nr. 1, © 982-128777. DZ 3500 Pts mit Bad.

Camping: *Ribadeo,* 2 km Richtung Foz, links der N 634, kaum Schatten, sauber; © 982-131167, 2 PAZ 2000 Pts. Geöffnet 1.6 – 30.9.

Essen & Trinken: An und um die *Plaza de España* liegen mehrere Restaurants.

Oviedo Bar 2 in der Rinconada San Francisco 11. Gehört zu den billigeren Bar-Restaurants.

Tourbeschreibung

Hinter Ribadeo auf der N 634 Richtung A Coruña sollten sich vor allem Badefans nicht die Gelegenheit entgehen lassen, nach 2,5 km rechts abzubiegen und dem Schild **Playa Os Castros** zu folgen. Die kleine Straße führt parallel zur Nationalstraße direkt am Meer entlang. Der Atlantik hat an diesem Küstenstreifen ganze Arbeit geleistet und überraschende Felsformationen herausgewaschen. Dazwischen breitet sich feiner Sand aus. Nach ungefähr zwei Kilometern erreicht man die **Playa As Catedrais**, den *Strand der Kathedralen,* benannt nach den freistehenden Felssäulen, die ein bizarres Naturschauspiel bieten und bei Ebbe trockenen Fußes durchlaufen werden können. Eine angenehme Randerscheinung ist zudem, daß sich nur wenig Leute hierher verirren.

Jenseits der kleinen Küstenstraße wird das Bild von vereinzelten Häuschen und Kleinst-Bauernhöfen bestimmt. Voller wird es etwas weiter in Richtung **Reinante** und **San Cosme,** wo mehrere Feriensiedlungen und zahlreiche Campingplätze anzutreffen sind. Am Ende des Ferienörtchens San Cosme reicht die Sicht bis zur Silhouette von *Foz* auf der gegenüberliegenden Seite der gleichnamigen *Ría de Foz.*

Camping: *A nosa casa Reinante,* Playa de Reinante, © 982-134005. Der wenig schattige Platz liegt direkt am Strand und ist ganzjährig geöffnet. Neben 275 Parzellen werden zwar Restaurant, Supermarkt und Bar geboten, doch im ganzen wirkt der Platz recht lieblos. 2 PAZ 1600 Pts.

Benquerencia, Abzweigung der N 634 bei Km 566, © 982-124450. Geöffnet vom 1.6. bis 30.9. 200 Meter vom Strand entfernt bietet der schattige Platz mit 318 Parzellen alles vom Supermarkt bis zu Waschmaschinen. Vergleichsweise empfehlenswert, wird allerdings von vielen Dauercampern aus Lugo in Beschlag genommen. 2 PAZ 1400 Pts.

FOZ UND UMGEBUNG

Die *tortillas de pisos* sind wahrscheinlich das erste, was einem an Foz auffällt. Der Volksmund meint damit die relativ hohen Betonburgen, die den Strand säumen und ein Indiz dafür sind, daß hier bereits fleißig am Tourismus verdient wird. Der **Stadtstrand Rapadoiro,** neben dem geschichtsträchtigen Hafen gelegen, zieht eine beachtliche Zahl von Urlaubern an.

Seinen Namen verdankt Foz der Tatsache, das die *Ría de Foz,* in die sich der *Río Masma* ergießt, die Gestalt eines Mundes hat. Die römische Bezeichnung *fauce* (Mund) hat sich bis heute, wenngleich etwas modifiziert, erhalten. In dem **Fischerhafen** des Ortes, in dem sich auch kleinere Werftanlagen befinden, sollen bereits Phönizier geankert haben. Dort wird jeden Dienstag ein recht bekannter *Markt* abgehalten.

Vom 9. bis 15. August feiern die 10.000 Einwohner von Foz ihre Fiesta zu Ehren des Schutzheiligen *San Lorenzo.* Außerhalb dieser Zeit lohnt zumindest die hübsche **Plaza del Conde de Fentoa** eine Kaffee-Pause.

Am Wochenende füllen sich die Kneipen am Stadtstrand gewaltig. Dann kommen auch die Nachtschwärmer aus dem 20 Kilometer entfernten, für einen Abstecher sehr zu empfehlenden *Mondoñedo* (siehe Seite 384). Die eigentliche Attraktion von Foz selber liegt ein paar Kilometer landeinwärts:

San Martín de Mondoñedo

Kurz vor dem Ortseingang von Foz weist ein Schild nach links auf *San Martiño* hin. Eine kleine Straße führt drei Kilometer durch eine sehr ländliche Gegend zu der ältesten Kathedrale Spaniens, *San Martín de Mondoñedo,* die einst zu einem Kloster gehörte.

Lange bevor der Benediktinerorden in Spanien Fuß faßte, hatten hier schon Mönche gelebt. Es wird sogar vermutet, bei San Martín de Mondoñedo handele es sich um das Kloster Maximo, das bereits im Jahr 569 in einer Schrift des Sueben-Königs Teodomiro anläßlich eines Konzils erwähnt wird. Ob San Martín zu dieser Zeit bereits Sitz des Bischofs war, ist unklar. Als gesichertes Datum nimmt man dafür das Jahr 866 an, als sich der Bischof von Braga, Sabarico III., hierher flüchtete. Arabische Invasoren hatten sein Kloster *San Martín de Dumio,* bis dahin Bischofssitz in der Nähe des portugiesischen Braga, in Schutt und Asche gelegt. Von diesem Zeitpunkt an nannte sich das Kloster *Mon Dumeto,* dann *Mindometo,* danach *Minduniense* und schließlich *Mondoñedo.*

Der vorletzte Bischof, Don Gonzalo (1071 – 1112), baute die Kathedrale um; ihr heutiges Erscheinungsbild stammt noch zum großen Teil aus dem Ende des 11. Jahrhunderts, die Hauptfassade aus dem 12. Jahrhundert.

1113 verlegte der Bischof Nuño Alfonso den Sitz des Bistums nach Mondoñedo, etwa 25 Kilometer landeinwärts. San Martín verlor daraufhin seine Bedeutung und verfiel.

Vom **Kloster** ist praktisch nichts mehr erhalten, nur das *Haus des Priors* ist noch ein Teil des ehemaligen Bischofspalastes. Die dreischiffige **Kathedrale** aus dem 10. bis 12. Jahrhundert präsentiert sich nach außen recht wehrhaft, geht man an den beiden westgotischen Marmorsäulen aus dem 6. Jahrhundert am Hauptportal vorbei ins Innere, zeigen sich jedoch überraschende Details:

So besitzen die romanischen *Kragsteine* an den Blendbögen rechts des Eingangs so phantasievolle Figuren, daß manch ein Forscher gar pornographische Szenen ausmachen wollte. Die *Kapitelle* der Vierung sind eben-

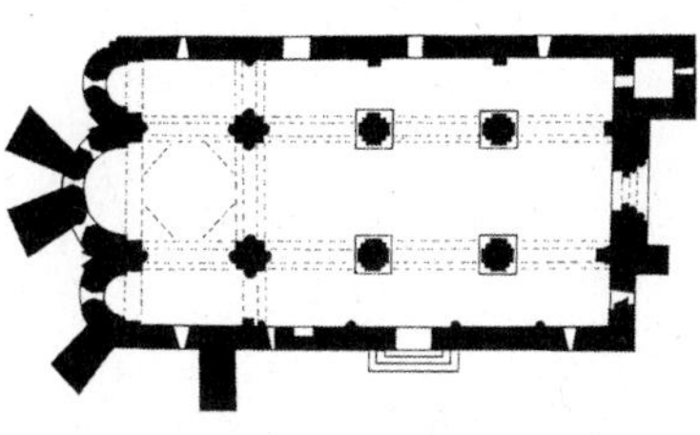

Ländlich idyllisch gelegen: die älteste Kathedrale Spaniens, San Martín de Mondoñedo

gesprochenen Bischof werden Wundertaten zugeschrieben, wie zum Beispiel die Versenkung einer Normannen-Flotte, die die Küste angriff.

Die Öffnungszeiten der Kathedrale und des Museums richten sich nach den persönlichen Gezeiten des Priors.

falls sehr figurenreich und zeigen acht biblische Szenen. Die linke Außenmauer mit ihren vier runden Säulen fügt sich nicht so recht in das bauliche Konzept, weshalb man annimmt, daß sie zum ältesten Teil der Kirche gehört. Die Seitenschiffe enden in zwei kleinen halbrunden Apsiden, in der Zentralapsis ist die Bodenplatte mit dem Bildnis des portugiesischen *San Martín Daumiens* eingelassen.

Als 1861 das Dach der Kathedrale einstürzte, wurde bereits an einen kompletten Neubau gedacht. Fünf Jahre später begannen aber Restaurierung und Ausgrabungen, die zum Teil erstaunliche Funde zutage förderten, darunter ein *Sueben-Grab,* das in der Seitenwand ausgestellt ist. Seit 1914 sind im kleinen **Museum der Kathedrale** der Bronze-Stab des Bischofs Gonzalo und ein Foto seines wertvollen Ringes zu sehen, die in seinem Grab gefunden wurden. Dem heilig-

▶ *Tourbeschreibung*

Weiter der N 634 folgend, streift die Straße eine ganze Reihe von Stränden. Zwei Kilometer von Foz entfernt taucht bereits die **Playa de Paixás** auf. Drei Kilometer weiter, am Ort **Fazouro** vorbei, liegt die **Playa Arealonga.** An ihrem östlichen Ende auf einem steil abfallenden Felsen stammen Reste einer Befestigung aus keltischer und römischer Zeit. Um zu diesem *Castro de Fazouro* zu gelangen, muß man rechts zum kleinen Bahnhof von Fazouro abbiegen.

Von Fazouro aus lohnt ganz besonders eine etwa einstündige **Spritztour ins Hinterland.** Die LU 151 führt durch eine fruchtbare Landschaft nach *Bacoi.* Von dort aus geht es zu dem mittelalterlichen Ortskern von **Alfoz,** genannt *Castro de Ouro,* dessen Burgturm schon von weitem zu sehen ist. Der Ort vermittelt den

Eindruck, die Zeit sei hier stehengeblieben. Von dem Hügel, auf dem sich ein Burgturm befindet, bietet sich eine reizvolle Aussicht in die Umgebung.

Wieder in Fazouro auf der N 634 verläuft die Küstenstraße durch die Orte *Nois* und *Cangas,* wobei die Küste immer flacher wird. **Burela,** der nächste Ort, ist der zweitwichtigste Hafen der kantabrischen Küste. Fischerromantik ist dort weniger zu finden, Burela hat eher industriellen Charme. Berühmt ist es vor allem für seinen Langustenfang. Bei *Cervo,* einige Kilometer hinter Burela, biegt man links nach Sargadelos ab.

Sargadelos

Berühmt wurde der Ort durch seinen Markgrafen Antonio Raimundo Ibáñez (siehe Ribadeo). Die von ihm gegründete **Real Fábrica de Ceramica de Sargadelos** ist mehr als eine einfache Fabrik, es ist das bedeutendste **Keramikzentrum** Galiciens. Im täglich geöffneten Ausstellungsraum sieht der Besucher außer Kopfkrügen von Picasso, dem Philosophen und Schriftsteller Miguel Unamuno oder der Dichterin Rosalía de Castro für satte 300 Mark auch Karaffen, Kaffee-Geschirr, Embleme und mystische Symbole und Zeichen.

Ibáñez, dessen brutaler Tod die Fabrik nach 1809 in eine Krise stürzte, hatte sich einen Kilometer weiter der Straße folgend einen **Pazo** errichtet. Die große helle Villa, von einem schwarzen Eisenzaun umgeben, ist nur zu besichtigen, wenn die heutigen Besitzer zu Hause sind. Zu den Gästen in dem Pazo zählte auch der Freund des Markgrafen, der Maler Francisco de Goya (1746 – 1828), der für einige Keramik-Kreationen die Motive ersann. Vielleicht hat der Hofmaler des Königs Carlos IV. sich auch auf dem romantischen, aber kurzen **Paseo de los Enamorados** inspirieren lassen. Diesen »Weg der Verliebten« erreicht man nach der Kurve um den schwarzen Eisenzaun des Pazos. An der Kneipe ein paar Meter Richtung *Villaestrofe* taucht linkerhand entlang eines Wassergrabens ein Trampelpfad auf, der an einem Flußwehr in Kaskadenform endet. Nebenbei sei empfohlen, sich bereits vorher verliebt zu haben – der Weg ist mit 300 Metern recht kurz und streckenweise so schmal, daß körperliche Annäherungen schon wieder unmöglich sind.

▶ *Tourbeschreibung*

Zurück auf der N 642 finden Sie auf der Stecke nach *Viveiro* mehrere sehr schöne Strände. Die Abzweigung nach *Moras* führt zum Beispiel zu den **Playas Lago** und **Portoselo.** Den ersten größeren Strand nach Cervo im Ort *San Ciprián* sollten Sie besser meiden. So schön der kleine Fischerort auch ist, die Aussicht auf den Schlot der Aluminiumfabrik und die vermutliche Wasserverseuchung machen hier das Baden zu einem zweifelhaften Vergnügen.

Weiter in Richtung Viveiro liegt vor der Stadt zunächst das Strandgebiet **Area,** das ein bekanntes Urlaubsparadies und nicht nur unter den Bewohnern Viveiros beliebt ist.

Wer schon hier und nicht erst in Viveiro übernachten möchte, dem bieten sich zahlreiche Unterkünfte und eine Busverbindung zur Stadt (9.25, 15.25 und 19 Uhr).

Unterkunft & Essen in Area

★★★ *Hotel Aguadoce,* © 982-550642, Fax -550648, DZ/HS 8000 Pts, DZ/NS 4000 Pts.

Camping: *Aguadoce,* © 982-550282, an der Carretera Ribadeo – Ferrol. Sehr klein, etwas laut, mit Cafeteria, 2 PAZ 1700 Pts.

Restaurant: Feinschmeckern ist Playa de Area vor allem wegen des *Restaurants Nito,* © 982-560986, geläufig, das den Ruf der besten Küche der lucensischen Küste genießt. Vor allem fangfrische Meeresfrüchte *(mariscos)* stehen hier auf der Speisekarte.

VIVEIRO

Von dem Hafenstädtchen Viveiro am *Río Landro* aus führt eine schmale, steile Straße den *Monte de San Roque* (357 Meter) hinauf. An seiner Spitze steht die **Capilla San Roque,** umringt von zahlreichen Picknick-Bänken, die den Gipfel als beliebten Ausflugsort kennzeichnen. Es bietet sich ein weiter Blick auf Viveiro und die nach ihm benannte größte kantabrische Ría.

»Die Stadt ist kein Traum, sie ist Wirklichkeit«, versichern die Broschüren über den Ort. »Das kleine Venedig«, fügen sie hinzu. Nur prahlerische Werbesprüche? Auf jeden Fall lohnt es sich, das 15.000 Einwohner große Viveiro nicht nur zu streifen, sondern in einem **Rundgang** zu überprüfen, ob nicht doch etwas dran ist:

Die schöne, breite **Uferpromenade** wird gesäumt von den verglasten Balkonen der typisch galicischen Fassaden. Die anliegenden Fischerboote sind Zeichen für traditionellen Fischfang und eine blühende Fischindustrie. Ausgangspunkt für einen Stadtrundgang ist das Stadtsymbol und eines der drei alten Stadttore, die **Puerta de Carlos V.** Während manche in dem Tor aus dem Jahre 1548 die schmale Treppe zum *Tourismusbüro* hinaufklettern, um mit sehr spärlichen Infos versorgt zu werden, gehen andere gleich zu dem *Hauptplatz,* der **Praza Maior** (kast.: Plaza Mayor). Hinter dem schönen *Rathaus* aus dem 16. Jahrhundert stehen die Türme einer ausgebrannten und nie restaurierten *Kirche.* Das größte Haus am Platz ist eine durchsichtige Ruine, stellvertretend für auffällig viele verfallene Bauten. Auch das ist kein Traum. In Wirklichkeit haben viele dieses »kleine Venedig« verlassen, um in den großen Städten A Coruña und Ferrol, oder gleich weiter in der Schweiz, Deutschland und Frankreich Arbeit zu finden. Auch der nicht gerade üppige *Markt* um die Statue des Dichters und Politikers aus Viveiro, Pastor Díaz, zeugt davon.

Dennoch leben nach wie vor auch noch junge Leute in der Stadt. Am Wochenende belagern sie die Straßen der Altstadt mit ihren zahlreichen Bars bis zum Umfallen. Weiter die *Calle Teodoro Quiros* hinauf liegt rechterhand die romanische **Iglesia Santa María del Campo** mit ihrem Renaissanceportal. Während der Karwoche ist sie Ausgangspunkt für eine der aufwendigsten und berühmtesten Prozessionen der Küste.

Nördlich von der Iglesia Santa María liegt das **Monasterio de las Concepcionistas** aus dem Jahre 1701. An seinem Marienaltar hängen ganze Bündel wächserner Arme, Beine und Figuren. Sie stehen stellvertretend für gläubige kranke Menschen, ihre Gliedmaßen und Köpfe – Weihgeschenke zur erwünschten Heilung.

Die *Calle Irmáns Vilar Ponte* nach Osten stößt auf die **Plazuela de Juan Donapetry** mit dem *Restaurant Serra.* Ein paar Meter weiter unterhalb liegt die große gotische Kirche *San Francisco.*

Die urtümlichen, typischen Gassen Viveiros mit den vielen Bars, gemütlichen Mesones und Restaurants verlaufen weiter östlich um die **Plaza de Fontenova,** in den Straßen Pastor Díaz oder Almirante Chicarro. In der Gasse *Meliton Cortiñas* treffen sich die **Nachtschwärmer** ab 22 Uhr grüppchenweise im rustikalen *Mesón de Pepe* oder in sterileren Stehkneipen, um sich auf die Movida der Nacht einzustimmen. Die geht dann in einer der fünf Discos weiter und endet am Wochenende in der »Weinstraße« *Perez de las Mariñas,* wenn der Hahn schon heiser ist.

Strände

Neben der **Playa Area** wird der Strand des Ortes **Covas,** von Viveiro aus Richtung *Ortigueira*, viel besucht. Er heißt auch »Os Castelos«, und tatsächlich haben die Felsen hier kastellähnliche Formen.

Feste in Viveiro

Viveiro ist eine lebhafte Kleinstadt. Das beweist sie auch während ihrer Feste: Die *Fiesta zu Ehren der Carmen* veranstaltet der Fischerort wie überall an der Küste am 16. Juli.

Am ersten Augustsonntag werden aus den nahen Bergen eingefangene Wildpferde in *Boimente* teilweise gezähmt, bekommen Mähne und Schweif gestutzt und werden im Rodeo geritten.

Am letzten Sonntag diesen Monats beginnt an der Pfarrkirche *San Pedro* eine der typischsten Romerías als religiöses Fest mit Folklore.

Und vom 14. bis 18. August werden die Schutzpatrone mit einem besonderen Aufstieg auf den 375 Meter hohen Berg *San Roque* geehrt. Bei diesem Fest, genannt *Fiesta de las Cabezudas con Cachelos* (Fest der Sardinen mit galicischem Eintopf), verteilen die Bewohner kostenlos gebratene Sardinen, Kartoffeln und ihren Landwein an alle Gäste.

Verbindungen

Zug: Bahnhof vom Zentrum Richtung A Coruña. Unter der Brücke durch, dann rechts.

Nach Ferrol über Espasante täglich um 13.44 und 20.33 Uhr, nach Ribadeo 3x täglich.

Bus: Nach Ribadeo täglich um 15.45 Uhr, Haltestelle Praza de Lugo.

Nach Lugo täglich um 16.45,

nach A Coruña um 7 Uhr, Haltestelle schräg gegenüber Touristeninformation, Haus mit Schild »Automóviles Lugo-Ferrol-Coruña«.

Unterkunft & Camping

★ *Hostal Serra,* Antonio Bas 2, © 982-560374, DZ 4000 Pts mit Bad. Restaurant angegliedert.

★ *Fonda Nuevo Mundo*, Teodoro de Qurós 14, © 982-560025, DZ 3000, gutes Bad.

★ *Hostal García,* auf dem Hauptplatz Praza Maior 18, © 982-560675, DZ 3500 Pts mit Bad. Hier bekommt man ein kleines EZ in der HS auch schon für 2000 Pts. Sauber, sehr zentral und etwas laut.

Camping: *Vivero,* © 982-560004, 500 Meter vom Stadtkern, von Juni bis Ende September geöffnet, halbwegs sauber, schattig, nahe der Playa Covas, 2 PAZ 1800 Pts.

Essen & Ausgehen

Im Stadtkern gibt es für den kleineren Hunger eine Menge Bars und Bodegones, die als Tapas Sardinen, Champignons in Knoblauch bis hin zu Fleischspießchen oder auch relativ günstigen Tagesmenüs anbieten.

Restaurant Serra, Antonio Bas 2, © 982-560374 an der Plazuela de Juan Donapetry. Ein Tip für Genießer von Meeresfrüchten und anderen leckeren Sachen, bietet mit knallroter Laufschrift das Tagesmenü für rund 1000 Pts an, innen dagegen hat der Speisesaal durchaus Stil.

Laurel, Melitón Cortiñas 26, © 982-560023, empfehlenswert. Es gehört zu den besseren Restaurants.

Disco: *Verxeles*, an der Plaza de Lugo vorbei durch die Avenida Navia Castrillon in der gleichnamigen Straße am Wasser. Beliebte Disco mit großer Tanzfläche, Terrasse, Bars drinnen und draußen, Eintritt rund 10 DM plus Getränk, geöffnet Fr, Sa, So ab 22 Uhr bis 4 Uhr morgens.

Nützliche Adressen

Tourismusbüro im Turm Carlos V.

Sprachschule: *Rías Bajas* bietet Mitte Juli – Mitte September dreiwöchige Kurse mit Unterkunft für 720 DM an. Infos in O Grove, Rúa Castelao 12, 36980 O Grove (Pontevedra), © 986-732629, Fax -733241.

▶ Tourbeschreibung

Die C 642 führt von Viveiro aus Richtung Ortigueira weiter bis nach **Estaca de Bares,** dem nördlichsten Punkt Galiciens, wo der Atlantik wild und tosend auf eine steile Felsküste trifft. Am Ende der *Ría de Viveiro* liegt die *Insel Coelleira,* ein Vogelschutzgebiet auf 26 Hektar, das nicht betreten werden darf. Zugvögel machen dort Station auf ihrem Weg von Europa nach Afrika. Aus einem spanischen Reisebuch erfuhren wir, daß die Insel im 11. Jahrhundert Schauplatz eines grausigen Verbrechens gewesen sein soll. Demnach soll dort ein Kloster existiert haben, das Truppen des Stadtherrn von Viveiro aus ungeklärtem Grund zerstörten und alle Mönche bis auf einen niedermetzelten. Dieser sei mit mit einem Bild des Heiligen Stefan geflohen, vielleicht deshalb heute Schutzheiliger des kleinen Nestes *Vicedo* an der Grenze zwischen der Provinz Lugo und A Coruña. Der *Río Sor* erweitert sich an dieser Grenze zur *Ría del Barqueiro,* über die eine Brücke nach **Porto de**

Barqueiro führt, einem idyllischen Fischerdorf, das einen Besuch lohnt.

Hier zweigt die LC 100 zunächst zu dem Dorf **O Porto de Bares** mit seinem *Steinwall* ab, der auf das 7. Jahrhundert v. Chr. datiert wird und sehr wahrscheinlich von Phöniziern erbaut wurde. Der Ort mit seinen engen Gassen hat einen wunderschönen **Strand,** der auch während der Hochsaison nicht überlaufen ist. Außer einigen Wildcampern und Einheimischen finden nur wenige Leute den Weg hierhin. Weil der Strand zur Ría hin geöffnet liegt, ist das Wasser sehr ruhig. Auf der Felspitze steht der ehemalige Leuchtturm *Semáforo de Bares,* dessen Ruine in 200 Meter Höhe mit dem tosenden Meer im Hintergrund ein faszinierendes Bild abgibt. Am nördlichsten Punkt *Faro de Bares* wurde in unmittelbarer Nähe des neuen Leuchtturms vor 25 Jahren ein Versuchszentrum für Windenergie errichtet.

Galerías (Glasveranden) in Viveiro

DIE WESTLICHE NORDKÜSTE

Dieser rund 170 km lange Küstenabschnitt bietet Abwechslung satt: Von Estaca de Bares ist es nicht weit bis zur rauhen Sierra de la Capelada mit ihrer 620 Meter hohen Steilküste, den Wildpferden und dem Wallfahrtsort San Andrés de Teixido. Über die Ría de Cedeira, vorbei am Surferparadies Valdoviño, führt die Tour in den Geburtsort Francos, das militärische El Ferrol. Von dort geht es weiter zu so mittelalterlichen Städtchen wie Pontedeume, von wo aus sich eine ganze Reihe von Ausflügen zu Klöstern und romanischen Kirchen anbietet. Das ritterliche Betanzos wartet mit seiner sehenswerten Altstadt und dem »Pasatiempo« auf, einer Art Disneyland der Jahrhundertwende. Schon im Einzugsbereich Coruñas liegen schließlich die Strände und Urlaubsorte der Halbinsel zwischen den Rías von Betanzos und A Coruña.

Ría de Santa María de Ortigueira

Wo der *Río Sor* die Grenzlinie zwischen den Provinzen Lugo und A Coruña markiert, liegen nach Westen hin zahlreiche Strände und einige Fischerdörfer. **Barqueiro** ist eines von ihnen. Am Hafen unter hölzernen Balkonen liegen Bodegas und Kneipen, in denen die Fischer nach oft 20stündiger Schwerstarbeit vor Anker gehen. Eines der kleinen Fischerboote mit der Aufschrift »Mancheste« gehört Kapitän Suso, wir haben für eine Nacht bei ihm angeheuert. Vor der Küste holt der Kapt'n mit seinen fünf Männern bis zu 10 Kilometer lange Netze ein. Statt Seeromantik knallharte stupide Knochenarbeit. Dafür bleiben in den groben Maschen Seeteufel und der teure Steinbutt hängen, in den kleinen hauptsächlich Seehechte. Suso erzählt von Sturm und Pleiten. Sein Großvater hieß auch Suso, dessen Boot ebenfalls »Mancheste«. Er starb, als vor der Todesküste der Motor explodierte. Fischer zu sein, sei früher schon gefährlich gewesen, dafür aber besser bezahlt. Dagegen habe 1991 jeder seiner Mannschaft kaum 15.000 DM nach Hause gebracht. Wenn Suso nachts rausfährt, hört er volle Dröhnung *Radio Gallego.* Wenn er zurückkommt, sind die Brandy-Flaschen leer wie der Magen seiner beiden Zuhörer, die sich während der Fahrt mehrmals über die Reling lehnten …

In den Bodegas von Barqueiro erzählt dann jeder die Geschichte vom deutschen U-Boot Kapitän: Im Zweiten Weltkrieg hätten englische Bomber vor *Estaca de Bares* bei Barqueiro ein deutsches U-Boot getroffen. Der Kapitän habe überlebt und sich »von der Schönheit Barqueiros verzaubern lassen«. Seither sei der Kapitän bis zu seinem Tod 1989 jeden Sommer gekommen. Ihm gehörte die Kneipe *La Forxa,* die heute sein Sohn leitet.

Verbindungen: Bushaltestelle gegenüber dem *Restaurant Relojes* an der Durchgangsstraße. Nach Ferrol und Viveiro 4x täglich. Eine Busverbindung nach Estaca do Bares gibt es nicht.

Porto de Espasante

Bis Espasante gibt es entlang der Ría auf 12 km einige der wenig besuchten, aber nichtsdestotrotz schönen Strände der Nordküste.

Porto de Espasante ist ein sehr ruhiges Nest mit einem feinkörnigen Sandstrand und netten Anwohnern. Wer ohne Rummel Urlaub machen möchte, ist hier goldrichtig. Das Dorf bietet allen Service von der Apotheke über Restaurants bis zum Supermarkt. Außerdem einige Hostals, darunter das

Hotel Orillamar, Plaza de San Antonio s/n, © 981-408050, Fax 426033, DZ 7000 Pts.

ORTIGUEIRA

... ist bis vor wenigen Jahren alljährlicher Treffpunkt eines wüsten Keltenfestes mit Musik, Folklore und Raufereien gewesen. Den 16.000 Bewohnern hat es schließlich gereicht. Das Fest wurde verboten – und mit ihm verlor Ortigueiras seine einzige wirkliche Attraktion. Galiciens letztes Keltenfest gibt es jetzt nur noch in *Moaña,* Provinz Pontevedra, siehe Seite 311.

Was in Ortigueira bleibt, ist ein schöner, drei Kilometer langer Spazierweg zu den Stränden der anliegenden *Halbinsel Miñado,* ein kleiner Markt jeden Donnerstagvormittag am Hafen und am Wochenende – immerhin – das lebendigste Nachtleben der Umgebung.

Nichts für schwache Nerven: die Seefahrt ist für die Fischer hier nicht sehr lustig

Verbindung & Unterkunft

Zugstation am Ortsausgang Richtung Viveiro. Dorthin und nach Ferrol 3x täglich.

Busse halten neben der Polizei vor der Bar Avenida. Dort weiß man die Abfahrtszeiten der täglichen Verbindung nach Ferrol und Viveiro.

★★ *La Perla,* Avda. de la Penela s/n, ✆ 981-400150, DZ 5500 Pts.

★ *Monterrey,* General Franco 105, ✆ 981-400135, DZ 2800 Pts.

▶ ***Tourbeschreibung***

Weiter entlang der C 642 geht es ab *Ponte de Mera* über *Pedra* Richtung **Cariño.** Das schönste an Cariño (»Liebling«) ist die vier Kilometer entfernte **Playa del Forno** in einer kleinen Bucht mit dunklem, feinem Sand und einer winzigen Bar. Hier, am Ende der *Ría de Santa María de Ortigueira,* beginnt die *Sierra de la Capelada.* Weder von Pedra noch von Cariño aus ist sie mit öffentlichen Verkehrsmitteln zugänglich.

Sierra de la Capelada

Wildpferde und Ochsen grasen frei in der Sierra de la Capelada, einer mit Pinien bewachsenen Hochebene, deren Steilküste bis zu 620 Meter hoch ist. Die tosende Küste, die karge Hochebene und die weite Aussicht sind ein wunderbares Naturerlebnis.

Jeden vierten Sonntag im Juni findet das Wildpferdetreiben westlich von San Andrés de Teixido statt. Das Dorf selbst ist ein Wallfahrtsort, um den sich die wunderlichsten Geschichten ranken.

Die Untoten von San Andrés de Teixido

San Andrés de Teixido liegt 12 Kilometer von Cariño entfernt. An den Häusern aus weißgestrichenem Zement zwischen den Granitsteinen verkaufen die Bewohner Glückskraut, bunte San-Andrés-Figuren aus Brotkrumen und Ringe aus Anis, Mehl und Zucker als Liebesmedaillons. In der Kirche des Heiligen werfen Kunden von Busgesellschaften Peseten ein, damit die Elektrokerzen aufleuchten. Ein fast dreißig Jahre alter Kaktus soll mystische Kräfte besitzen, und im Brunnen des Heiligen schwimmen Brotstücke. Bleiben sie an der Oberfläche, erfüllen sich Wünsche, sinken sie, dann hat man eben Pech gehabt.

Die Ameisen, Schlangen und Katzen vor Ort verkörpern Seelen der Toten, die zu Lebzeiten den Wallfahrtsort nicht besucht hatten. So jedenfalls will es der Ursprungsmythos des Wallfahrtsortes: San Andrés – der Legende zufolge – war sehr unglücklich, weil die Pilger das Heiligtum des Apostels Santiago unter schweren Mühen aufsuchten, das seinige dagegen vernachlässigten. Andrés beklagte sich bei Jesus. Der wußte Rat:

»Du hast recht, Andrés, Du bist nicht weniger wert als Santiago. Von heute an verspreche ich dir, daß niemand mehr in den Himmel kommt, der nicht vorher wenigstens einmal im Leben Dein Heiligtum besucht hat. Und wer es nicht lebend tut, muß es als Toter tun«.

CEDEIRA

... ist auf den ersten Blick mit seinen langweiligen Neubauten keine Schönheit. Dahinter verbergen sich aber verwinkelte Altstadtgassen, ein schöner, vor Brandung geschützter Stadtstrand und Promenaden entlang des Meeresarms *Río Condomiñas.* Die verkehrsberuhigten Zonen, Spielplätze und der Strand sind ideal für einen Familienurlaub und im August entsprechend voll. Spanier mieten sich in Cedeira dann gerne für mehrere Wochen ein. Eine Unterkunft ist also schwer zu bekommen.

Mitte Juni findet das Pferdetreiben *Curro de Capelada* statt.

Um den 14. August feiert Cedeira das *Patronatsfest* mit einer Meeresprozession.

Verbindung & Unterkunft

Bus: Bushaltestelle an der *Bäckerei Santos,* Ezequiel López 30, nach Campo de Hospital mit Verbindung nach Ferrol und Ortigueira mehrmals täglich.

★★★ *Avenida,* Cuatro Caminos, ✆ 981-480998, DZ 8000 Pts. Nicht sehr zentral, ohne Klimaanlage in einem scheußlichen Neubau.

★★ *Chelsea,* Plaza Sagrado Corazón 15, ✆ 981-481111, DZ 3800 Pts mit Bad und Fernseher. Gleich am Strand. Besser als das Avenida.

★ *Brisas,* Arriba da Ponte 19, ✆ 981-480085, DZ 3500 Pts mit Bad, in der HS bis 4400 Pts.

★ *El Puente,* Ortigueira 1, ✆ 981-480087, 2000 Pts mit Bad im Flur. Ruhig und zentral gelegen, schöne Aussicht.

Essen & Trinken

Empfehlenswerte Restaurants für Fisch und Meeresfrüchte:

El Náutico, Almirante Moreno 7, ✆ 981-480011. Gut besucht, abends geschlossen.

La Calexa, Tras da Eirexa 7, bietet Tapas und Weine sowie eine Terrasse auf einem verwinkelten Altstadtplatz.

Nützliche Adressen

Infos: *Oficina de Turismo,* Ezequiel López 22, ✆ 981-482187, Mo – Fr 11 – 14 und 18 – 20 Uhr, Sa & So 11 – 14 Uhr. Gute Infos, schlechter Stadtplan.

Telefon: *Telefónica,* José Pascual López Cortón.

Briefmarken: Buchladen *La Pan,* Generalísimo 1.

Strände an der Ría de Cedeira

Die Strände zwischen Cedeira und Ferrol erstrecken sich auf rund 40 km entlang der Eukalyptuswälder. Wegen starker Strömungen ist das Baden hier nicht ungefährlich. Gleichwohl ist die *Ría de Cedeira* wegen des starken Wellengangs ein bekanntes Surferparadies. Bei **Valdoviño** füllt sich jeden Sommer der Strand *Frouxeira* mit seinem ebenso vollen Mosaik-Campingplatz. Am Strand *Santa Comba* ist der Leuchtturm vom *Cabo Prior* militärisch scharf bewacht. Die nächsten Ausflugsstrände von Ferrol schließlich sind die *Playa San Xorxe* und *Playa de Domiños.*

Camping: *Valdoviño,* Atios, ✆ 981-487076, 2 PAZ 2400 Pts.

Weniger belebt sind Strand und Camping in **Meirás:**

Fontesín, Meirás, © 981-485028, PAZ 1600 Pts.

FERROL, DIE MARINEFESTUNG

Wenn Ferrolaner ihren Stadtplan erklären, machen sie es anschaulich: »Sieht aus wie eine Tafel Schokolade«. Nicht quadratisch, aber praktisch hatte Carlos III. (1759 – 1788) das Viertel *Magdalena* neben dem alten Stadtkern bauen lassen. Die sechs langen Parallelstraßen aus jener Zeit, von neun anderen vertikal durchschnitten, bilden das heutige Zentrum der Stadt; einer Stadt, die seit jeher mit dem Meer verbunden und Spaniens bedeutendster Marinestützpunkt ist. Der Name *Ferrol* ist wohl auf die lateinische Bezeichnung für *Leuchtturm* zurückzuführen.

Im 12. Jahrhundert erhob Alfonso VII. (1126 – 1157) den Ort zur Stadt, deren ursprüngliche Anlage noch an den gewundenen Gassen in der Nähe des Hafens zu erkennen ist. Im 14. Jahrhundert wurde Ferrol von der Familie Andrade beherrscht, später von den Grafen Lemos. Die Habsburger machten die Stadt im 18. Jahrhundert zu dem, was sie ist: Werft und Kriegshafen, mit stärksten Festungsbauten, die selbst für die Engländer im Jahr 1800 uneinnehmbar waren. Die Landstreitmacht Napoleons hatte dagegen acht Jahre später leichtes Spiel – Ferrols Kanonen zeigten in die falsche Richtung.

Noch immer teilen sich hauptsächlich Marinesoldaten und Werftarbeiter das angenehme Klima Ferrols. Letztere gehen heute in der Mehrheit stempeln – infolge der weltweiten Krise im Schiffsbau verloren bisher 17.000 ihre Arbeit. Das Militär hat der Stadt hingegen seinen Stempel aufgedrückt.

Promenade und *Alameda* geben den Blick lediglich auf eine drei Meter hohe Mauer frei, hinter der sich die Marine auf einer riesigen Fläche im sogenannten *Arsenal* verschanzt hat. Klosterähnliche Militärakademien, Admiralspalast und administrative Dependancen sind auch außerhalb des – mittlerweile zugänglichen – Arsenalbereichs angesiedelt. Die Grünanlagen haben einen unverkennbar militärischen Zuschnitt, die vorwiegend klassizistischen Sakralbauten wirken leicht kasernenhaft, selbst Alleebäume wurden mit Marineweiß verputzt. Bei diesem Anblick klingt Ferrols Beiname »del Caudillo« nach. Auch jetzt noch gebräuchlich, bezieht sich der Name auf Spaniens Diktator Francisco Franco, der hier 1892 als Sohn eines Marinezahlmeisters geboren und 1936 zum Führer der aufständischen Truppen gegen die damalige Republik wurde. Sein Geburtshaus steht in der Calle María 136.

Obwohl Ferrol seit dem Ende der Franco-Ära nicht mehr ganz so glücklich mit seinem bekanntesten Sohn ist, beherrscht der Generalísimo noch mit grüner Patina hoch zu Roß den Verkehr rund um die *Plaza de España.* Die Umbenennung der Straßen in ihre alten Namen vor dem Bürgerkrieg scheint nicht lange her zu sein, denn der Stadtplan, den man den

Grüße aus dem »Gran Hotel«: Ferrol, einst berüchtigt für seine Gefängnisse

wenigen Touristen in die Hand drückt, wurde bisher nicht geändert.

Das schöne an Ferrol sei die nähere Umgebung, sagen sogar seine Bewohner; wer ausgehen wolle, tue das in *Pontedeume.* Kaserniert fühlt man sich in der Stadt aber nicht unbedingt. In den zahlreichen Bars des »Schokoladenviertels« *Magdalena* geht es eher unmilitärisch zu. Das nimmt der Stadt den zartbitteren Beigeschmack.

Stadtrundgang

An kunsthistorischen Sehenswürdigkeiten hat Ferrol wenig zu bieten. Nehmen wir den zivilen **Hafen Dársena** als Ausgangspunkt, ist links des alten Stadtkerns die **Iglesia del Socorro** zu sehen, im griechisch-römischen Stil des 19. Jahrhunderts erbaut. In ihr befindet sich das Standbild »Christus der Seefahrer«. Vom Hafen aus bietet sich ein Bummel durch die schmalen Gassen der **Altstadt** an, die bis zum **Kloster San Francisco** reicht, einem im 14. Jahrhundert gegründeten Franziskanerkonvent, der im 18. Jahrhundert seine heutige klassizistische Gestalt bekam. Einen Teil des einstigen Klosters nimmt heute der luxuriöse *Parador* ein. Links oberhalb weist ein schmiedeeisernes Tor den Eingang zum städtischen **Park.** Zwischen zum Teil exotischen Gewächsen stolzieren dort Pfauen frei herum.

Gegenüber dem Parador, von zahlreichen aufgerichteten Kanonen umstanden, befindet sich der *Admiralspalast.* Kommt man ihm zu nahe, wird der Personalausweis verlangt.

In dem kleinen Park davor gibt jeden Donnerstag zwischen 16 und 18

Uhr eine Militärkapelle ein Platzkonzert.

Weiter Richtung Innenstadt beginnt Ferrols *Ensanche,* das planmäßig angelegte **Viertel Magdalena,** dessen Erscheinungsbild von den schönen Glasveranden der Häuser geprägt wird. Zur *Alameda* hin erhebt sich die **Concatedral San Xulián,** ein klassizistischer Bau, der eine Kirche aus dem 13. Jahrhundert ersetzte, die auf dem Gelände des Arsenals stand. Von der Alameda aus kann man das **Arsenal** durch die *Puerta Reina Sofia* betreten, ein schönes Tor, ebenfalls klassizistisch. Es lohnt sich, nach dem Vorzeigen des Personalausweises am Tor, das Schiffahrtsmuseum **Museo Naval** zu besuchen, das erst seit wenigen Jahren der Öffentlichkeit zugänglich ist. In der interessanten Sammlung sind unter anderem Fundstücke des im 18. Jahrhundert in der Ría gesunkenen Schiffes »Magdalena« ausgestellt, von den Gabeln des Kommandanten bis hin zu Navigationsinstrumenten.

Unzugänglich ist der *Castillo San Felipe* an der Ría-Mündung, etwa 4 km außerhalb Ferrols. Das wuchtige Bollwerk stammt aus dem 16. Jahrhundert. In Ferrol überlegt man, es zu einem Luxushotel umzugestalten.

Verbindungen

Alle Abfahrtzeiten sind auch auf der zweiten Seite der Ferrol-Ausgabe der Tageszeitung »Voz de Galicia« abgedruckt.

Zug: *Estación de ferrocarril,* Avenida Compostela s/n. RENFE © 981-314655.
Fahrkartenverkauf auch in der Calles Dolores 14, © 981-351485.

Bus: *Estación de Autobuses,* Paseo de la Estación s/n, © 981-324751.

Nach Cedeira zwischen 7.45 und 21.30 mehrmals täglich, So und Fei bis 22.30 (*Rías Altas* © 981-315955).

Unterkunft

Einige günstige Unterkünfte befinden sich im Bereich der Straßen Pardo Bajo und Ruanel. Allerdings jongliert man dort gerne mit den Preisen, die Regel sind etwa 2000 Pts.

★★★★ *Parador de Ferrol,* Almirante Fernandez Martín s/n, © und Fax 981-356720. DZ 13.500 Pts. Ehemaliger Teil des *Klosters San Francisco,* das direkt daneben liegt. Schöne Sicht auf die Ría.

★★ *Hostal Aloya,* Pardo Bajo 28, © 981-351231. DZ 4700 Pts. Zimmer mit Dusche, in einem anderen Haus als das Restaurant, zentral gelegen.

★ *Hostal Toki-Alai,* Magdalena 98, © 981-355615, DZ mit Bad 3500 Pts, ohne Bad 2500 Pts. Zentral, einfache saubere Zimmer, nette Wirtin.

Essen & Trinken

Pataquiña, Dolores 35, © 981-352311. Obwohl von der Einrichtung her unscheinbar, eines der besten Restaurants Ferrols. Bekannt für seine Marisco-Platten und den Seehecht (*merluza*) mit Jakobsmuscheln. Man bekommt auch ein Tagesmenü für 1200 Pts.

Casa Moncho, Dolores 44, © 981-353994. Nicht ganz so gediegen wie das nahe Pataquiña, auf Mariscos spezialisiert.

Caserio Vasco, Pardo Bajo 11 B, © 981-351189. Einfache Küche zu niedrigen Preisen, von den Einheimischen gern besucht. Menü um 800 Pts.

Gran Muralla, Dolores 11, © 981-356926. Chinesisches Menü 900 Pts.

Tapa-Bars: Die meisten Tapa-Bars befinden sich im Bereich der Calle Sol, wo sich auch das Nachtleben Ferrols abspielt. Sehr lecker sind die Appetithäppchen in der

Taberna de Pepe, Sol 85.

Mesón Galego, ein paar Häuser weiter in der Calle Sol. Ribeiro vom Faß.

Unterhaltung & Kultur

Theater: *Teatro Jofre,* Plaza Galicia s/n, © 981-352955. Der betagte Saal wird auch als Kino benutzt.

Kino: *Cine Azul,* Castilla 15; *Cines Goya,* Sol 164; *Cine Avenida,* Dolores 54.

Schiffahrtsmuseum: *Museo Naval,* innerhalb des Arsenal, geöffnet Mo – Fr 9 – 14 Uhr, Sa 10 – 14 Uhr. Eintritt frei.

Kunst: *Museo Municipal Bello Piñeiro,* Plaza de España, © 981-355438. Wechselnde Kunstausstellungen, zeitweilig geschlossen.

Weitere Informationen: *Oficina de Turismo,* Magdalena 12, © 981-311179.

Feste

San Xulián am 7. Januar. Während der Feier werden von der Stadtverwaltung Unmengen Milchreis (*arroz con leche*) spendiert.

San Xosé: In der Nacht zum 19. März steht die Ferrolanerin im Vordergrund. Auf der Plaza de Amboage wird der »Pepita« mit Gesängen und Blumen gehuldigt.

Ausflug nach Mugardos

Vom Hafenbecken Dársena aus setzt im halbstündigen Rhythmus (6.30 bis 21 Uhr, So und Fei bis 22.30 Uhr) eine *Fähre* zu dem reizvollen Fischerort Mugardos auf der anderen Seite der Ría über. Die viertelstündige Bootsfahrt kostet 125 Pts. Interessant für Reisegruppen: Die Fährboote können auch für eine eineinhalbstündige Kreuzfahrt über die Ría bis zu den Festungsbollwerken an ihrer Mündung gemietet werden. Die Firma *Dieste Gomez* (© 981-354564, -357716 und -470339) verlangt dafür etwa 25.000 Pts, Reservierung noch einen Tag vorher möglich.

Mugardos ist der größte Ort auf der schönen Landzunge zwischen der *Ría de Ferrol* und der *Ría de Betanzos.* Wer nicht mit dem Schiff von Ferrol aus herkommen mag, kann ihn auch über den Ort **Fene** (hier gibt es ein *Humor-Museum* in der *Casa de Cultura*) erreichen.

Ein Touristenort ist Mugardos sicher nicht. Denn die einzige **Unterkunft,** die wir entdeckten, ist als solche gar nicht deklariert, hat nur Einzelzimmer, liegt in der Calle de la Paz 10 (ohne Schild) kostet 1500 Pts und hat kein Telefon.

In den **Tavernen** des Hafens wird insbesondere Seekrake serviert.

An den Ferienorten der Rías Altas geht's noch ruhig zu

Promenadenspaziergänger blicken auf die gegenüberliegende **Burg La Palma** aus dem 16. Jahrhundert, die 1893 restauriert wurde. Sie ist ein Militärstützpunkt mehr in der Gegend um Ferrol. Nach 3,4 km von Mugardos aus gelangt man an eine bewachte Schranke vor dem Castillo. Sie öffnet sich zwischen 9 und 22 Uhr und gibt den Weg entlang der Küste bis zum Ort Chanteiro frei.

Verbindung: Busse fahren ab Avenida de Galicia 37 stündlich um Halb nach Ferrol, um 15 Uhr nach Chanteiro.

Chanteiro

Der Küstenort hat einen kleinen Strand, an dem Campen erlaubt ist. Eine der Bars mit Namen *La Merced* wirkt wie eine Markthalle und bietet im Innern statt Flipperautomaten Bogenschießen: 20 Minuten 500 Pts.

Verbindung: Busse fahren abends vom Strand aus nach Mugardos, Ares und Ferrol. Abfahrtszeiten wissen die Barkeeper.

Ares

Ares ist ein sehr ruhiger Ferienort. Billigbauten rahmen die älteren Häuser um *Plaza de la Constitución* und Dorfkirche. Am Hafen wird in den Tavernen Billard gespielt, es gibt einen kleinen Strand und selbst im August wenig Touristenrummel.

Verbindung & Unterkunft

Bus: Avda. de Mugardos.

Unterkunft: Privathaus am Hauptplatz, Real 27, DZ 3000 Pts, Dusche im Flur.

Camping: *El Raso* am gleichnamigen, schönen Strand neben Ares. © 981-460676, PAZ 1600 Pts. Wer sich das Gedrängel auf den Campings weiter südlich (Perbes u.a.) ersparen will, sollte lieber hier übernachten.

Essen & Trinken

Mesón Corbalán am Hafen, Saavedra Menenses 8, © 981-448328; gute Tapas, Menü 700 Pts.

PONTEDEUME

Der Name bedeutet soviel wie »Brücke über den Eume«, und diese ist eines der Wahrzeichen der Stadt zwischen den Bergen *Breamo* und *Leboreiro.* Die im Mittelalter vom Grafen Andrade errichtete Brücke hatte ursprünglich 79 Bögen, heute fahren die Autos über 15 Bögen.

Im Sommer staut es sich nicht selten auf der Puente, denn die 1270 gegründete **Altstadt** am Hang mit den schönen Straßenzügen ist beliebt. Jeden Samstag wird vor dem Turm der Grafen Andrade **Markt** gehalten. Aus der Umgebung verkaufen die Pontedeumer dann Brot, Käse, Schinken und Früchte. Der **Andrade-Turm,** *Torreón Condes de Andrade,* ist eines der wenigen Überbleibsel zweier großer Brände im 16. Jahrhundert. Sie haben auch Teile der *Iglesia de Santiago* zerstört, die im 18. Jahrhundert klassizistisch wiederaufgebaut wurde.

Am 7. September feiert man die *Virgen das Virtudes.*

Verbindung

Züge: *Estación de Trenes* am nördlichen Stadtrand. Nach Ferrol und A Coruña 4x täglich.

Bushaltestelle: vorm Hotel Eumesa an der Avenida de la Coruña. Mehrmals täglich nach Ferrol und A Coruña.

Unterkunft & Camping

★★ *Hotel Eumesa,* Avda. de La Coruña s/n, ✆ 981-430925, DZ 9500.

Camping: Die Campingplätze sind in der Regel sehr voll und liegen zahlreich entlang der Küste zwischen Pontedeume und Miño. Geöffnet von Juni bis September:

Ber, ✆ 981-431500, 2 PAZ 1600 Pts, mit Schwimmbad, schattig.

Ber-Door, ✆ 981-438610, 2 PAZ 1600 Pts, mit Bar, ebenfalls schattig.

Rocamar, ✆ 981-783029, 2 PAZ 1500 Pts, mit Restaurant.

Perbes, ✆ 981-783104, 2 PAZ 1300 Pts, Supermarkt, Restaurant, Blick aufs Meer.

Miño con dos Playas in Perbes, ✆ 981-782595, 2 PAZ 1600 Pts, sehr sauber, gepflegt, Restaurant, Supermarkt, Bar.

Essen & Infos

Yoly, José Antonio 8, ✆ 981-430186, So geschlossen, Spezialität Seezunge.

Tourismusbüro: im Andrade-Turm gegenüber dem Marktplatz, Mo – Sa 11 – 13 und 19.30 – 20.30 .

Reiseziele in der Nähe

Der erste Ausflug führt über eine kurvige Küstenstraße 12 km bis **Miño.** Zahlreiche Campings, Restaurants und Ferienbungalows weisen darauf hin, daß hier einer der Lieblingsurlaubsorte der Galicier liegt. Das gilt auch für den Regierungschef, der seinen Sommerurlaub am Strand von **Perbes** verbringt. Hier quillt es über.

Ein anderer Trip geht zu der **Iglesia San Miguel de Breamo,** einem romanischen Bau auf dem 300 Meter hohen *Monte Breamo* mit einer weiten Sicht auf die *Ría de Betanzos.* Auf der N 651 weist kurz vor *Campolonga* ein Holzschild den Weg zur geschlossenen, romanischen Kirche, die 1187 kreuzförmig angelegt wurde.

Zu den Resten der **Andrade-Burg** führt ab **Campolonga** die AC 151 Richtung **Loureiros.** Dort weiter Richtung *Taboada* und nach 2,5 km zu der Burg, die Graf Fernán Pérez de Andrade 1396 bauen ließ. Geblieben ist eine schwer zu erklimmende Ruine mit dicken Mauern und ein Turm, der nur etwas für Schwindelfreie ist.

Noch verfallener wirkt das gewaltige **Monasterio de Monfero.** Anfahrt: In Pontedeume an der Campsa-Tankstelle dem Schild »Monfero« und später »Monasterio« nach; rund 20 km. (Nach *Betanzos* geht's über *Irixoa* weiter, 22 km.) – Bis zur Enteignung 1834 lebten im Monasterio de Monfero Zisterziensermönche. Danach stand das ehemals romanische Kloster (1114 – 1142), das später in der Renaissance erheblich verändert wurde, leer. Zu Beginn des Spanischen Bürgerkrieges 1936 brannte es acht Tage lang. Bislang fehlt das Geld für eine Ausbesserung. Fast gespenstisch wirken die verfallenen Mauern, um die sich der Müll häuft. Im Kreuzgang ist es bloß noch eine Frage der Zeit, bis die Bögen einstürzen. Selbst die Kirche aus dem späten 18. Jahrhundert (Fassade) mit den Gräbern einiger Andrade-Grafen zeigt Risse. Der Sakristan, seit 1959 hier angestellt, hat einen schummrigen Raum am Rande des Monasteriums in eine Kneipe umgewandelt. Wenn er Lust hat, ist sie geöffnet.

Der landschaftlich wohl schönste Ausflug geht zum **Kloster Caaveiro.** Von Pontedeume die LC 152 an der Campsa-Tankstelle, dann Richtung *Hombre* am Río Eume entlang. Den 12 km langen, schattigen Weg ins Hinterland nutzen Fahrradfahrer und Spaziergänger zum Picknick an einer der Hängebrücken. Eichen, Birken und Stechpalmen verdichten sich zur *fraga,* zum typischen galicischen Mischwald. Schließlich taucht die Bar *Caaveiro* auf, und weiter über die Brücke an der Müllhalde links führt ein Holperweg hinauf zum 934 gegründeten Kloster, heute Ruine. Efeu wuchert an eingestürzten Wänden, Gräbern, dem Glockenturm und an der romanischen Apsis. Der Blick schweift zum Wappen von Kastilien und León am Torbogen und weiter

Im Kloster Caaveiro wuchert das Efeu

über ein fruchtbares Tal, in dem einmal Bären hausten.

BETANZOS, BÄUERLICHE RITTERSTADT

Die vorteilhafte Lage der Stadt, auf einem Hügel an der Ría und von den zwei Flüssen *Mandeo* und *Mendo* umspült, wußte man schon seit frühester Zeit zu schätzen. Hier erhob sich einst die Keltensiedlung *Untia.*

Das heutige Betanzos entstand 1219 an dieser Stelle. Mit ihrem einst bedeutenden Hafen seien seine Bewohner »die Genovesen Spaniens« gewesen, schreibt ein Chronist des 14. Jahrhunderts. 1487 besuchten die Katholischen Könige Betanzos und ernannten es zur Hauptstadt der gleichnamigen Provinz, die den ganzen Norden der heutigen Provinz Coruña umfaßte. Seine Glanzzeit erlebte Betanzos im 15. und 16. Jahrhundert, als hier viermal soviel Menschen gelebt haben sollen wie heute und fast jede der großen galicischen Adelsfamilien hier einen Palast besaß. Keine Ausnahme bildete das mächtige Geschlecht der Andrade, das Betanzos zu seinem bevorzugten Aufenthaltsort erkor und der Stadt zahlreiche Kirchen stiftete. Diesem Umstand verdankt Betanzos den Beinamen »de los caballeros«, Stadt der Ritter.

Ein Gang durch die mittelalterliche Stadtanlage mit Toren, Wehrmauer, von Arkaden gesäumten Plätzen, wappengeschmückten Häusern und Palästen vermittelt immer noch einen Eindruck ritterlichen Gepränges. Die Brände und Zerstörungen durch Engländer und Franzosen zwischen dem 17. und 19. Jahrhundert ließen genug übrig, um die Altstadt 1970 zum kunsthistorischen Denkmal zu erklären.

Am 24. April 1834 verlor Betanzos seinen Status als Provinzhauptstadt an A Coruña. Seitdem gibt sich die Stadt der Ritter bäuerlich, genießt in provinzieller Abgeschiedenheit, was der fruchtbare Boden und die fischreichen Flüsse hergeben. In der Altstadt oder auf der anderen Seite des Río Mandeo verstecken sich zahlreiche Bodegas, in denen ab September der schwere Landwein aus großen Fässern fließt; Bars und Restaurants bieten hauptsächlich deftige lokale Kost. Hektik scheint hier unbekannt, am liebsten sitzt man unter den Arkaden der *Plaza O Campo* und betrachtet das Gedrängel der ankommenden Bustouristen, die von hier aus den mittelalterlichen Stadthügel erklimmen und die glanzvolle Geschichte von Betanzos erkunden.

Außer den meist gotischen Zeugnissen ist nicht viel geblieben vom Reichtum der großen Adelsfamilien; die Emigration war und ist oft für die Einwohner von Betanzos eine wirtschaftliche Notwendigkeit. Auch die beiden hochverehrten Söhne der Stadt, die Brüder García, mußten ihr Glück in Argentinien machen, bevor sie später als reiche philanthropische Mäzene zurückkehrten. Der vom älteren Bruder initiierte Bau des einst riesenhaften Parkes *Pasatiempo* am Stadtrand war keine bloße Spinnerei eines Neureichen, sondern auch eine Arbeitsbeschaffungsmaßnahme für die bitterarmen Leute von Betanzos.

Dennoch vermittelt die Stadt stets das Gefühl, daß es sich hier gut leben – und feiern – läßt:

Seit 1998 findet in Betanzos in der letzten Juliwoche ein *mittelalterliches Marktfest* statt. Der überwiegende Teil der Einwohner trägt zeitgenössische Kostüme, die sich auch sonst jeder Besucher vor Ort leihen kann. Zu sehen gibt es Kunsthandwerk und Ritterspiele, Delikatessen werden feilgeboten und als besondere Gaudi treibt ein Priester auf dem Ochsenkarren die »Leprakranken« aus der Stadt.

Jedes Jahr am 16. August steigt nachts der größte Papierballon der Welt in die Luft, bemalt mit historischen Szenen.

In keinem Galicienprospekt fehlen Fotos der *Romería Os Caneiros* (18. und 25. August), zu der auf den geschmückten Flußbooten des Mandeo und Mendo geschmaust und gefeiert wird.

In der Altstadt

Der zentrale Punkt der **Altstadt** ist die heutige **Plaza de la Constitución,** wo sich einst die keltische Siedlung *Untia* befand. Das *Rathaus* ist ein klassizistisches Gebäude aus dem 18. Jahrhundert. Die **Iglesia Santiago** direkt daneben ist ein schönes Beispiel galicischer Gotik, im 14. Jahrhundert von Fernán Pérez de Andrade (gest. 1397) in Auftrag gegeben. Der dreischiffige Bau besitzt drei kurioserweise asymmetrische Apsiden, weil in früheren Zeiten der Rathausturm den Platz verstellte. Das *Hauptportal* mit vier Säulenpaaren zeigt, wie lange die Romanik die galicische Architektur noch beeinflußte: wie in diesem Fall bis zum Beginn des 15. Jahrhunderts. Gegenüber der Kirche erhebt sich der **Pazo de Lanzós,** 1621 vollendet und kürzlich restauriert. Auffallend sind sein Balkon und das große Wappen mit den fünf Lanzen als Zeichen der Familie Lanzós.

Eine der bemerkenswertesten Stellen von Betanzos ist das Areal der beiden gotischen *Kirchen Santa María* und *San Francisco,* die recht nah beieinander stehen. **Santa María** ist eine Konstruktion aus dem Ende des 14. Jahrhunderts. Fernán Pérez de Andrade ließ sie über einer alten romanischen Kirche errichten, von der noch einige Bauelemente übernommen wurden. Das *Hauptportal* stammt noch aus dem 12. Jahrhundert und zeigt neben dem Jüngsten Gericht und den 24 Ältesten eine Anbetung der Heiligen Drei Könige in dem halbrunden Tympanon. In ihrem *Innern* lassen sich 14 flämische Holz-Skulpturen von großem kunsthistorischem Wert betrachten, die zu Beginn des 15. Jahrhunderts nach Betanzos kamen und in einen Barockaltar integriert sind. 1981 wurden sie von »Eric, dem Belgier«, einem Kunstdieb, geraubt und erst vor kurzer Zeit wieder gefunden.

Das **Kloster San Francisco** geht auf eine Gründung von 1292 zurück und wurde vom großen Pérez de Andrade 1387 wiedererrichtet. Es beherbergte einst ein wichtiges Zentrum für theologische Studien. Vom Kloster selbst ist nur wenig erhalten geblieben, wohl aber die zugehörige **Kir-**

Im Juli geht's in Betanzos hoch her: Folklore und Tanz zu mittelalterlicher Musik

che. Sie ist einschiffig mit drei gotischen Apsiden, deren Grundriß mehreckig ist. Das *Hauptportal* mit vier Säulenpaaren zeigt die Anbetung der Heiligen Drei Könige. Am Seiteneingang ist der Erzengel Gabriel im Habitus eines Franziskaners dargestellt. Das Hauptinteresse gilt jedoch sicher dem *Grab* des Stifters Fernán Pérez de Andrade. Der monumentale Sarkophag wird von den beiden Wappentieren der Familie Andrade getragen: Bär und Keiler. An den Seiten ist der Steinsarg mit Jagdszenen geschmückt, obenauf liegt das offenbar recht originalgetreue Abbild des Ritters in voller Rüstung. Sein Kopf wird von einem Engel gehalten, zu seinen Füßen ruhen drei Jagdhunde. Das Grabmal wurde innerhalb der Kirche mehrmals umgesetzt, weitere zugehörige Jagdszenen finden sich an verschiedenen Stellen der Kirche. Außer diesem Grab sind in San Francisco noch zahlreiche andere Gräber von Rittern aus dem Spätmittelalter zu sehen.

Ein Disneyland der Jahrhundertwende: Der Parque El Pasatiempo

Etwas außerhalb von Betanzos, auf der anderen Seite des Río Mendo direkt an der Nationalstraße nach Santiago, liegt eine der größten Attraktionen der Stadt, die lange Zeit in Vergessenheit geraten war: Der wunderliche Park *Pasatiempo* (Zeitvertreib) war bei unseren ersten Recherchen in Galicien noch unzugänglich und von Gestrüpp überwuchert. Er ist das Werk von *Juan García Naveira* (1849 – 1933), der im Alter von 20

Jahren nach Argentinien ausgewandert und 1893 als reicher Mann in seine Heimatstadt Betanzos zurückgekehrt war.

Wie viele der wiederkehrenden Emigranten Galiciens betätigte sich Don Juan als Philantrop, stiftete Schulen, Heime, öffentliche Waschhäuser. Sein spätes Lebenswerk sollte

Das alles verschlingende Maul des Hades

jedoch dieser Park werden, eine 90.000 m^2 große Anlage, die er um den einzigen Landbesitz seiner Familie herum anlegen ließ – einer sumpfigen, mückenverseuchten Parzelle am Ufer des Mendo. Bis zu 200 Arbeitslose rekrutierte er täglich vor seinem Haus an der Plaza O Campo für sein Lieblingsprojekt, eine mäzenatenhafte Arbeitsbeschaffungsmaßnahme und sein Zeitvertreib bis in die 20er Jahre hinein. Der spätgebildete García wollte darin den Besuchern die Welt erklären – beseelt von Fortschrittsglauben und besessen von der Idee, globale Kunst, Geschichte, Naturkunde und Mythologie an einem Ort versammeln zu können, in der tiefen Provinz des zurückgebliebenen Galicien. Dabei entstand ein Disneyland der Jahrhundertwende, von Zeitgenossen als Ausgeburt des Kitsches beschimpft oder als »Werk von größtem pädagogischen Wert« gepriesen.

Der so einzigartige wie finanziell ruinöse Privatpark erregte Aufmerksamkeit. Die Michelin-Führer der 20er Jahre erwähnten ihn als eine der Hauptattraktionen Spaniens, der begeisterte König Alfonso XIII. schenkte dem kleinen Zoo ein Yak, »eine Art Büffel mit Pferdeschwanz«, wie ein Parkbesucher notierte. Die gestalterischen Ideen lieferten zumeist Don Juans Auslandsreisen. Der Pasatiempo ist ein Sammelsurium zementierter Reisesouvenirs, »touristische Missionen« nannte sie um 1900 sein Freund und Reisebegleiter Rogelio Borondo.

Eines der Glanzstücke der Kollektion wurde der *Estanque de los papas,* der Teich der Päpste, eingerahmt von 265 Zementbüsten aller Stellvertreter Christi von Petrus bis Pius X. Als Vorlage der Kopisten von Betanzos diente das kleine Synoptikum der Päpste, das auch heute noch Vatikan-Touristen kaufen können. Ebenso Andenken aus dem Vatikan waren die beiden *Löwen* aus Carrara-Marmor, die einst den Eingang des Parks flankierten – originalgetreue Kopien der schläfrigen Gesellen, die seit 1792 das

Grab Papst Clemens XIII. bewachen. García gab sie, ebenso wie zwölf *Kaiserbüsten*, während einer Romreise in Auftrag; die tonnenschweren Andenken gelangten per Schiff nach der galicischen Hafenstadt A Coruña. Der Transport muß ein Spektakel für sich gewesen sein. Eine Brücke auf dem Weg nach Betanzos drohte unter dem Gewicht der Löwen einzustürzen.

Heute noch sichtbar ist die Reise Don Juans nach Ägypten, die er 1910 mit seiner Familie unternahm. Hoch zu Kamel posierten die Garcías im Tal der Könige einem Fotografen. Später ließen sie dieses Foto als lebensgroßes Mauerrelief im Pasatiempo festhalten, angereichert durch ein Postkartenmotiv der Cheops-Pyramide. Nicht fehlen durfte da offenbar das damals für García noch sensationelle Flugzeug. Der die Pyramide im Pasatiempo anfliegende Doppeldecker war schon zu bewundern, als es noch Jahre dauern sollte, bis das erste richtige Flugzeug über Galicien kreiste.

Ohne Rücksicht auf ästhetische Verluste bezog García von überall her Anregungen, aus romantischen englischen Parks wie französischen Gärten. Als großes Vorbild diente der »Ideale Palast« von Hauterives, den sich der französische Briefträger Ferdinand Cheval zwischen 1879 und 1912 erbaute und der 1968 zum kunsthistorischen Denkmal ernannt wurde, weil es sich um die »einzige naive Architektur der Welt« handele. Das Gesicht des Hades, der Eingang zur Hölle, ist eine Kopie der Figur im »Heiligen Wald« des italienischen Bomarzo.

Die vielen künstlichen Grotten und die Unzahl von Ziermuscheln des Pasatiempo entsprechen dem Geschmack der Zeit. Von einem venezianischen Händler erwarb García solche Mengen von Muschelschalen, daß dieser sich nach dem Geschäft zur Ruhe setzte. Vorbei an der Cheops-Pyramide führt ein dunkles Loch in ein Höhlenlabyrinth, eine Nachahmung der Katakomben Roms. Um dem ganzen eine gruselige Note zu verleihen, ließ Don Juan noch ein paar authentische mittelalterliche Steinsärge hineinstellen – davon waren in Betanzos immerhin mehr als genug zu finden. Das ganze Grotten-Arrangement ist aber auch nicht ohne Vorbild – wichtige Impulse gab sichtbar der berühmte Park Güell in Barcelona.

1933 starb Don Juán, 84 Jahre alt, in seinem Haus an der Plaza O Campo, die heute Plaza García Hermanos heißt. Eine Statue der beiden Brüder wurde aus dem Park dorthin umgesetzt. Dort, wo sie einst gestanden hatte, blieb nur noch ein wüstes Schottergelände und der städtische Fußballplatz. Denn für den schöngeistigen Park war im Spanien des Bürgerkriegs kein Platz mehr, der Verfall setzte schon bald nach dem Tod seines Erbauers ein. Was von Wert war, verkaufte seine verarmte Familie. Anderes stahlen die hungernden Bewohner von Betanzos. Während des Krieges in Betanzos stationierte Soldaten suchten ihre geistige Erbauung im Abschießen der Papstbüsten, köpften die Statuen, verwüsteten die Gärten. Den Rest übernahm die Stadtverwaltung, indem sie dem Bau einer Nationalstraße nach Santiago zustimmte – quer durch den Park. Die Marmorlöwen aus Rom liegen heute vor dem Heiligtum des asturischen Ortes Covadonga. Reste des kunstvoll geschmiedeten Gitters, das einmal den ganzen Park umgab, schirmen nun ein entferntes Herrenhaus von der Außenwelt ab. Pavillons, Figuren und der chinesische Aussichtsturm verschwanden irgendwie, niemand kümmerte sich darum. Einen gewissen Nutzwert besaßen allerdings stets die Katakomben: sie waren Zufluchtstätte für die von der spießigen Moral der Franco-Zeit verfolgten Liebespärchen.

Was nach dem jahrzehntelangen Verfall unter wild wuchernder Vegetation erhalten blieb, ist nur der oberste Teil des Parks, der seit 1993 wieder zugänglich ist. Die futuristische Stahlbrücke in den Pasatiempo und der maschendrahtumzäunte neue Teil des Parks sind allerdings eine architektonische Entgleisung, der viel vom skurrilen Charme des Parks zum Opfer gefallen ist. Daß es aber überhaupt noch zu dieser späten und 31 Millionen Peseten teuren Rettungsaktion zum 100. Geburtstag des Pasatiempo kommen konnte, verdankt man dem Umstand, daß Juan García Naveira für sein Park-Projekt ein sehr haltbares, seinerzeit neuartiges und mißtrauisch beäugtes Material verwenden ließ: Der Pasatiempo war das erste galicische Bauwerk aus Zement.

Verbindungen & Infos

Zug: Bahnstation Betanzos-Cidade, Rúa do Arxentina, © 981-150202. Nach Ferrol 7x täglich, nach A Coruña 9x täglich.

Bus: Nach Coruña alle halbe Stunde bis 22.30 Uhr, So und Fei stündlich, Haltestelle Plaza del Campo (*IASA* © 981-770660).

Nach Sada täglich alle halbe Stunde (*Cal Pita*).

Infos: Die *Touristeninformation* an der Plaza O Campo macht täglich zwischen 8 und 22 Uhr Kaffeepause. Auskunft erteilt aber auch der Informationsschalter im Rathaus *Casa do Concello.*

Unterkunft

★★ *Hotel Los Angeles,* Los Angeles 11, © 981-771511. DZ 6800 Pts. Modernes Gebäude mit komfortlosen Zimmern, unangemessener Preis.

★ *Hostal Barreiros,* Rúa do Rollo 6, © 981-772259. DZ mit Bad 2500 Pts, ohne Bad 2000 Pts (um den 16. August Reservierung ratsam). Empfehlenswerte Adresse mit gemütlichen Zimmern.

★ *Hostal El 17,* Travesía Progreso 17, ohne Telefon. Kleine, familiäre Pension ohne Luxus, beim Mesón o Progreso. DZ ohne Bad 3000 Pts.

Essen & Trinken

In Betanzos gibt es eine Vielzahl einfacher Restaurants, in denen man die traditionelle galicische Küche ausprobieren kann.

Bar Paxeira, Castro de Unta 43. Preisgünstige und deftige Hausmannskost (keine Karte), man sitzt draußen unter Arkaden auf Holzbänken.

Mesón Os Arcos, Rúa do Rollo 6, © 981-772259. Ansprechendes Restaurant, das zum Hostal Barreiros gehört. Galicische Küche. Bekannt auch für seine guten Tapas. Tagesmenü 900 Pts.

Mesón Pulpeira, Valdoncel 3, direkt an der Plaza O Campo. © 981-772703. Reichhaltige Fisch- und Fleischgerichte zu zivilen Preisen.

Bar Palucho, Roibeira, © 981-771657. Etwas außerhalb von Betanzos im Vorort *Roibeira.* Die Küche des unscheinbaren Lokals, vor dem zu späterer Stunde Einheimische Schlange stehen, ist auf Forellen spezialisiert. Wir verzehrten dort Brot, Wein, Salat und sechs Forellen für 1200 Pts.

Von Sada nach Coruña

Über Sada nach Coruña ist die Strecke gespickt mit Stränden, zahlreichen Campingplätzen, zwei Jugendherbergen und Restaurants. Im Einzugsbereich von A Coruña staut es sich dementsprechend.

Hinter *Bergondo,* am Qualm einer Go-kart-Bahn vorbei, taucht der Ort **Sada** auf. Hier tummeln sich die Coruñenser zwischen Spielhöllen, Verkehrsstau und internationalen Restaurants.

Am Sonntagabend nach dem 16. Juli – dem *Tag der Carmen* – feiert Sada am Hafen eine sehenswerte Meeresprozession.

Wohltuend vom Strandrummel hebt sich der Ort **O Castro** ab, von Sada aus Richtung A Coruña. Ein Schild weist zur **Keramikfabrik** und dem *Museum für Galicische Kunst.* Die Fabrik ist zwischen 8.30 und 13 Uhr, 14.30 und 18 Uhr zu besichtigen, der dazugehörige Laden mit Geschirr, Schmuck und Figuren aus Sargadelos und Castro öffnet täglich außer Sonntag von 8.30 bis 21 Uhr. Das modern eingerichtete **Museum** *Carlos Maside* von 1986 zeigt zeitgenössische Werke galicischer Maler und Karikaturisten, darunter Aquarelle von Carlos Maside und bissige Zeichnungen von Castelao, dazu Masken, historische Wahlplakate und vieles mehr (10 – 14 und 16 – 30 Uhr, So/Fei geschlossen).

Auf dem Weg nach **Lorbé** mit seiner Miesmuschel-Fabrik liegt die **Playa San Pedro** mit einer schönen Bucht und guten Campingplätzen. Von da an bestimmt A Coruña die Atmosphäre der Strand- und Disco-Dörfer **Mera** und **Santa Cruz.**

Campings & Jugendherbergen

Camping: *Santa Marta,* © 981-795826, 2 km vom Strand und 6 von Betanzos Richtung Sada, 2 PAZ 2300 Pts, Freibad, Fußballplatz, Supermarkt, Restaurant, schattig, sauber und voll. 1. April bis 30 September.

Jugendherberge *Gandarío,* am gleichnamigen Strand, © 981-791005 (besser zwei Tage vorher anmelden). 650 Pts pro Nase.

Camping: *Green Village,* gegenüber der JH, klein und völlig überlaufen, © 981-791453, 2 PAZ 1600 Pts.

Jugendherberge *Marina Española,* Corbeiroa s/n in Bergonda, © 981-624202, 650 Pts die Nacht, Schwimmbad, Restaurant, Pingpong.

Camping: *San Pedro in Veigue,* © 981-617778, PAZ 1900 Pts. Schön an einer Bucht mit Miesmuschelzucht gelegen. Gleich am Meer. 15 Mai bis 15. September geöffnet.

Velo Mar, © 981-617076, 2 PAZ 1800 Pts, in der Nähe des Strandes Cirro mit Blick auf den Hafen von Lorbé. Duschen 150 Pts. 1. April bis 30. September.

Campings in und bei Santa Cruz:

Los Manzanos, in Oleiros, © 981-614825, 2 PAZ 2400 Pts, mit Schwimmbad, Restaurant, schattig und ruhig gelegen. Empfehlenswert.

Bastiagueiro verwaltet ein alter Mann mit weißem Bart, © 981-614878, 2 PAZ 2100 Pts, am Strand Bortigueiro mit Blick auf A Coruña.

Santa Cruz, © 981-614283, 2 PAZ 1600 Pts mit Schwimmbad, Restaurant, sauber, schaurige Lage.

Santa María de Cambre

Ein zweiter, kürzerer Weg nach Coruña geht an der romanischen **Kirche von Cambre** vorbei. *Santa María* geht auf eine ritterliche Stiftung von 942 zurück; der Bau aus dem frühen 13. Jahrhundert genießt den Ruf, einer der wichtigsten der galicischen Romanik zu sein. Er ist zum größten Teil restauriert. Die Kirche gehörte zu einem Monasterium, das erst im Krieg gegen die Engländer 1589 beschädigt und dann von den Franzosen 1809 fast völlig zerstört wurde. Mit ihren Säulen an Fenstern und Portal und dem *Agnus Dei* im Giebelfeld ist die Kirche falls verschlossen auch von außen sehenswert. Das eigentlich Ungewöhnliche für romanische Architektur sind aber die fünf Apsiden am Chorumgang.

Der dreischiffige Bau wurde in seinen wesentlichen Teilen um 1194 fertiggestellt, worauf eine Inschrift des Baumeisters hindeutet (im ersten Südbogen in der Vierung). Der Chorgang um den länglichen Altarraum und die

fünf Chorkapellen wurden in der ersten Hälfte des 13. Jahrhunderts hinzugefügt; ihr Grundriß ähnelt damit dem der Kathedrale von Santiago.

Moderne Hafenstadt: Blick auf A Coruña

A CORUÑA – DIE GLÄSERNE STADT

Einer galicischen Redensart zufolge wird in Vigo geklotzt, in Santiago gebetet und in A Coruña gelebt. Das stellen die fast 300.000 Einwohner der Provinzhauptstadt besonders im August unter Beweis: mit einem 30 Tage dauernden Spektakel aus Musik, Stierkampf, Kunsthandwerk, Buchmarkt, Freilichtkino und vielem mehr.

Wie eine Axt liegt die Stadt des Herkulesturms flach im Wasser, von allen Seiten vom Atlantik umspült. A Coruña sticht unter den galicischen Städten strahlendweiß hervor. Stellenweise ist sie weißer als die zahlreichen, kreischenden Möwen, denn die Glasgalerien sind hier so prägend wie sonst nirgends. Weder um eine Kathedrale gebaut, noch vom Adel tyrannisiert, ist sie schon immer eine Stadt der Handwerker, der Fischer, aber auch des Militärs gewesen.

A Coruña ist weltoffen, nur bei ihrem Fußballverein »Deportivo« kennt sie kein Pardon. Schon gar nicht, wenn dieser im Stadion *Riazor* am Rande des Strandes und in den vielen Bars gegen den »Celta de Vigo« spielt. *Celta* ist der Verein der großen Rivalin, mit der Coruña sich die Rolle als wichtigste Industrie- und Hafenstadt teilen muß.

An Coruñas engster Stelle sind es zwischen Meer und Meer kaum vier Minuten zu Fuß: im Westen liegen im Halbkreis die schönen, belebten *Strände* vor eiskalten Betonbunkern, im Osten der lebhafte *Hafen* vor den so berühmten Glasveranden aus der Jahrhundertwende. Dazwischen zwängen sich gepflasterte Gassen voller Tapa-Bars, Tavernen, Restaurants und Läden, die ebenfalls zum großen Teil hölzerne Veranden besitzen. Wer nur wenig Zeit mitbringt, bekommt mit einem Bummel durch die Sträßchen *Olmo, Galera, Riego de Agua, Franja* und *Torreiro* schon einen ganz guten Eindruck von der Stadt. Doch auch nach drei Tagen hat man von ihr bestimmt noch nicht genug.

Ob zu Fuß, mit dem Fahrrad, dem Auto oder der Straßenbahn – ein zweiter längerer Bummel umrundet die auf einer Halbinsel gelegene Stadt immer am Meer entlang auf der neuen

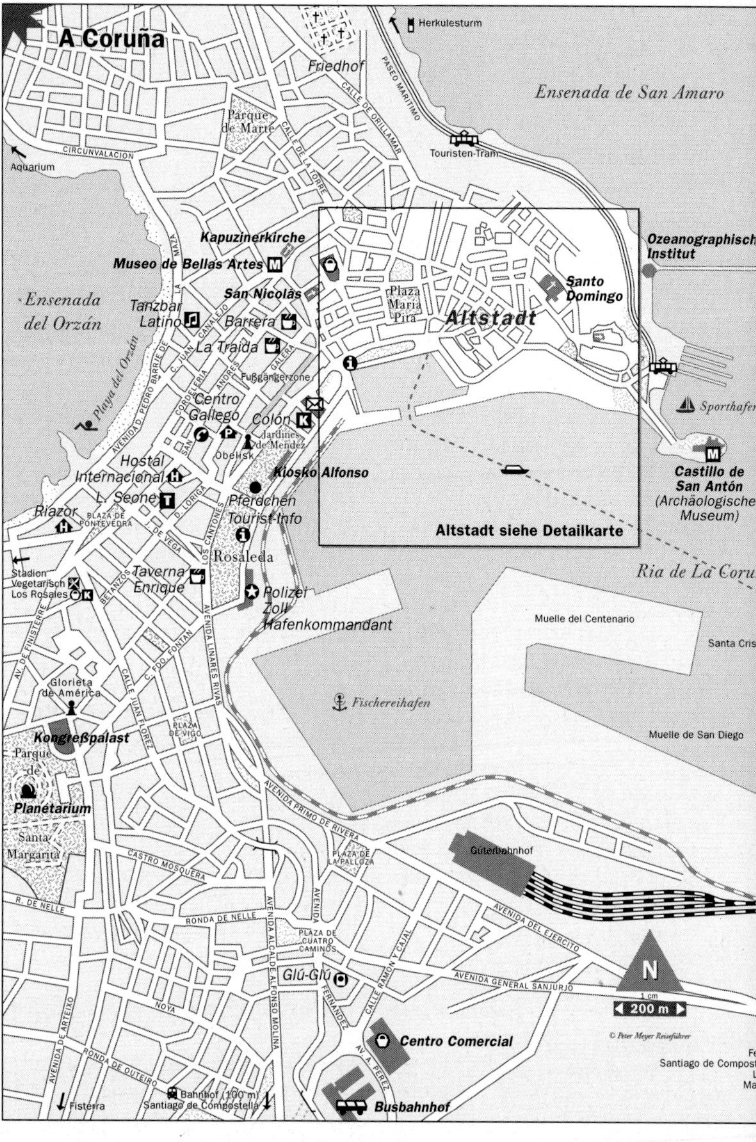
A Coruña
Herkulesturm
Friedhof
Ensenada de San Amaro
Paseo Marítimo
Calle de Orillamar
Parque de Marte
Calle de la Torre
Circunvalación
Aquarium
Touristen-Tram
Kapuzinerkirche
Museo de Bellas Artes
Ozeanographisch Institut
Santo Domingo
Plaza María Pita
Altstadt
San Nicolás
Ensenada del Orzán
Tanzbar Latino
Barrera
La Traída
Playa del Orzán
Fußgängerzone
Sporthafen
Centro Gallego
Colón
Jardines de Méndez
Obelisk
Hostal Internacional
Kiosko Alfonso
Castillo de San Antón (Archäologische Museum)
L. Seone
Pferdchen
Riazor
Plaza de Pontevedra
Tourist-Info
Altstadt siehe Detailkarte
Rosaleda
Stadion
Vegetarisch Los Rosales
Taverna Enrique
Polizei Zoll Hafenkommandant
Ria de La Coru
Muelle del Centenario
Santa Cris
Glorieta de América
Fischereihafen
Kongreßpalast
Plaza de Vigo
Parque de
Muelle de San Diego
Planetarium
Avenida Primo de Rivera
Santa Margarita
Castro Mosquera
Plaza de la Palloza
Güterbahnhof
R. de Nelle
Ronda de Nelle
Avenida del Ejército
Plaza de Cuatro Caminos
Glú-Glú
Avenida General Sanjurjo
1 cm
200 m
Calle Ramón y Cajal
Centro Comercial
© Peter Meyer Reiseführer
Santiago de Compos
Avenida Alcalde Alfonso Molina
Avenida Linares Rivas
Calle Juan Florez
Avenida de Arteixo
Ronda de Outeiro
Av. A. Pérez
Bahnhof (100 m)
Santiago de Compostela
Fisterra
Busbahnhof

Uferpromenade. Die fünf Kilometer lange Strecke führt vom riesigen Handelshafen an der Altstadt vorbei bis zum Herkulesturm im äußersten Nordwesten, einem noch funktionierenden römischen Leuchtturm. Auf der anderen Seite der Stadt geht es weiter bis zum neuen *Aquarium* (Eröffnung im Mai 1999) mit seiner Krankenstation für Fische. Mit Blick auf die Stadtstrände gelangt man zum segelförmigen *Museum des Menschen »Domus«*, das von dem japanischen Architekten *Areta Isozaki* entworfen wurde. In diesem Museum ist Anfassen erlaubt. Besonders spannend für Kinder: Mit anschaulichen Versuchen wird der menschliche Körper erklärt. Man kann dort beispielsweise seine Kraft durch die Geschwindigkeit messen lassen, die ein Fußball bei einem Elfmeterschuß entwickelt.

Die Promenade oder der »Paseo Marítimo« gehört zu den Lieblingsprojekten des sozialistischen Bürgermeisters, der nicht ohne Grund sehr angesehen ist. Schließlich hat er schon zahlreiche alte Häuser vor den Maklern gerettet, riesige Livekonzerte am Strand und im *Coliseo* genauso wie unbekanntere Künstler gefördert und den schmucken *Hauptplatz María Pita* vor seiner Residenz vom Verkehr befreit, indem er eine Parkhalle darunterschob. Östlich dieses Platzes liegt die *Altstadt* mit ihren kleinen romanischen Kirchen, Herrenhäusern, Resten einer Stadtmauer und einer Burg, die gemeinsam die bis ins Mythische reichende Geschichte dieser alten Stadt erzählen. So wird der Halbgott Herkules als Gründer angeführt, der den König Gerion im Kampf besiegt und an der Stelle A Coruñas, genauer gesagt unter dem Herkulesturm, begraben haben soll.

Schon in der Antike hatte Coruña für die Navigation eine Rolle gespielt und wurde später von den Römern *Flavium Brigantium* getauft. Im 5. Jahrhundert kamen die Sueben, 300 Jahre später die Mauren. Im *Codex Calixtinus* von 1180 taucht zum ersten Mal der Name *Cruña* auf.

Coruñas Geschichte dreht sich vor allem um den Hafen, der immer wieder angegriffen wurde: besonders grausam 1598 von den Engländern und Anfang des 19. Jahrhunderts von napoleonischen Truppen. Noch heute zeugen die vielen Militärgebäude der Altstadt vom strategischen Stellenwert der Stadt. Oft müssen Rekruten Graffittisprüche abwaschen, die sich mit der gewaltigen Präsenz nicht einverstanden erklären. Von hier aus zogen die Schiffe im 16. Jahrhundert nach Amerika. 1588 entsandte Felipe II. gegen das England der Elisabeth II. die »Armada«, deren Niederlage am Ärmelkanal das Ende der spanischen Weltmacht einläutete. Damals lebten kaum 4000 Menschen in Coruña, deren ummauerte Altstadt ab dem 4. Mai 1589 ein Ex-Pirat mit 160 englischen Schiffen fünfzehn Tage lang unter Beschuß nahm: der damals 44jährige Sir Francis Drake. Seine große Gegnerin, so die romantische Geschichtswissenschaft des 19. Jahrhunderts, sei María Pita gewesen, die Frau eines Fleischers, die A Coruña schließlich endgültig vor den Engländern gerettet haben soll. Tatsächlich hieß die 25jährige Señora Mayor Fernández da Cámara Pita und war wohl doch nur eine von vielen energischen Frauen, die mit ihren Männern die Stadt verteidigten. Dennoch, diese nach der des Herkules wichtigste Stadtlegende hat dem Hauptplatz und dem Augustfest bis heute den Namen *María Pita* gegeben. Und seit 1998 ist sie dort auch gegenwärtig: Als Statue mit hocherhobenem Speer in der Hand und einem erstochenen Engländer zu ihren Füßen.

»La Ciudad« – Die Altstadt

Östlich der *Puerta Real* am Hafen, auf einem Felsvorsprung, beginnt die **Altstadt.** Sie ist ein Gemisch aus Her-

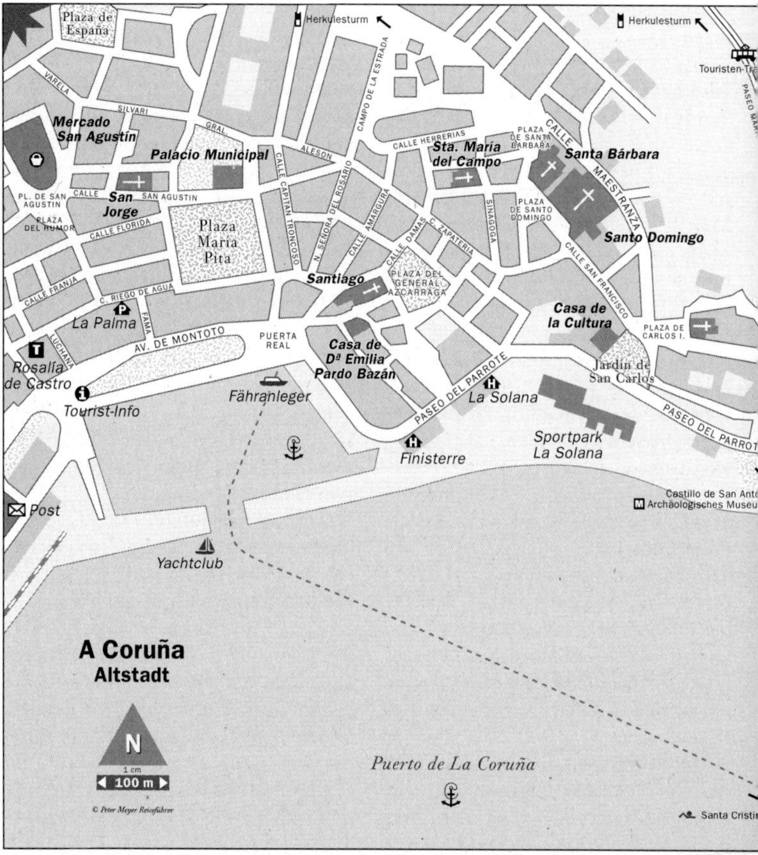

renhäusern, Militärgebäuden, Antiquitätenläden, kleinen Plätzen mit Gedenktafeln und Läden entlang der kopfsteingepflasterten Straßen. Möwen flattern zwischen den Glasveranden, deren Fenster die schönsten Kirchen Coruñas widerspiegeln. In kaum einer Gasse fehlt eine Kneipe oder Taverne als Treffpunkt bei Nacht. Die Bewohner nennen sie schlicht »La Ciudad«, die Stadt.

Vom Hafen aus an der Puerta Real teilt sich die Calle Santiago am *Café Matelo's*. Rechts liegt in der *Tabernas 11* das ehemalige Wohnhaus der Schriftstellerin Emilia Pardo Bazán (1851 – 1921). Der Bau aus dem 18. Jahrhundert ist **Bazán-Museum** und Sitz der *Königlichen Akademie* mit über 25.000 Büchern. Zwischen 10 und 12 Uhr gibt es täglich eine kurze Führung durch die Wohnräume der Emilia Pardo Bazán (im 2. Stock nachfragen); leider nur auf spanisch und ohne jegliches Informationsmaterial. Und dies, obwohl die Autorin weit über A Coruña hinaus den Ruf als eine der besten – und auch provokativsten – Autorinnen des 19. Jahrhunderts genießt. 1887 etwa schokkierte sie die erzkatholische spanische Gesellschaft mit dem Buch »Die Mutter Natur«, das die Inzucht thematisierte.

In der Nähe, wieder in der *Calle Santiago*, liegt die **Iglesia Santiago.** Als älteste in A Coruña war sie einst den Pilgern gewidmet, die vom Meer kamen. In einem Dokument von 1217 wird sie erstmals erwähnt. In schöner Regelmäßigkeit brannte sie und ließ dabei besonders 1501 und 1779 Federn: anstelle der dreischiffigen Basilika ist nur noch das zentrale Schiff mit drei Apsiden und einem Turm geblieben, in dem Schießpulver aufbewahrt wurde. Ansonsten ist der romanische Bau mit der gotischen Rosette gut erhalten. Im Giebelfeld am *Hauptportal* reitet eine romanische Santiago-Statue, im Giebel des Nordportals ist das Agnus Dei (Lamm Gottes) über Stierköpfen angebracht.

Hinter der Kirche wachsen Magnolien, Palmen und Sträucher um den *Wunschbrunnen*. Die Anwohner tragen Einkaufstüten, die Militärs (vor der klassizistischen Hafenbehörde) Maschinengewehre und die Touristen Eiswaffeln aus dem *Café Mani.* In der angrenzenden **Calle Las Damas** werden Bikinis, Keramik und alte Möbel verkauft sowie Schuhe repariert. Oberhalb liegt die **Plaza de Santa María.** Ein Lehrer lehnt am gotischen Steinkreuz und läßt seine Schüler das Portal der **Iglesia Santa María del Campo** mit der Anbetung der Könige im Giebel abzeichnen (Mal- und Zeichenmaterial in der Nähe: *GaliArt,* Travesía de Zapatería 1). Die spätromanisch-gotische Kirche mit Resten einer ehemaligen Basilika liegt an der höchsten Stelle der *Ciudad.* Die *Calle Santa María* kreuzt die **Sinagoga,** womit kein jüdisches Gotteshaus, sondern *sinagonus* als Grenzlinie einer Finca gemeint ist. Tatsächlich hat es innerhalb der Stadtmauer wohl nie eine Synagoge gegeben. Das Viertel der Juden lag, bis die Katholischen Könige sie auch hier vertrieben, in der Nähe der *Plaza Pontevedra* in der heutigen Neustadt.

Vertieft in ihre eigene Welt: Kinder in A Coruña

Nach Westen öffnet sich ein weiterer kleiner Platz: die **Plazuela Santa Barbara** mit einem spätgotischen *Konvent des Klarissenordens.* An der Fassade des wohl stillsten Ortes der Ciudad zeigt ein Relief das Jüngste Gericht. In der Seitenstraße *Herrera* lebte Coruñas Heldenfigur María Pita, die 1589 Francis Drakes Angriffe abwehren half. Drake zerstörte allerdings große Teile der Stadt, etwa den Konvent, an dessen Stelle heute die barocke **Kirche Santo Domingo** neben einem weiteren Militärdomizil an der *Plaza Santo Domingo* steht.

Ein ganz anderes Kapitel spanisch-englischer Beziehungen begegnet dem Besucher am Ende der *Calle Francisco:* Im etwas kargen **Garten San Carlos** ist ein Gedicht von Rosalías Castro dem Grab des Generals John Moore gewidmet, der die Stadt vor seinem Tod 1809 gegen die Napoleonischen Truppen verteidigte. Vom Garten aus blickt man auf die Reste der Stadtmauer, auf Coruñas Sportanlage und auf die *Burg San Antón* aus dem 16. Jahrhundert, in der das **Archäologische Museum** (10 – 14 und 16 – 19.30 Uhr) mit sehenswerten prähistorischen Funden aus der Zeit der Keltendörfer untergebracht ist.

Die Hafenpromenade

Das Viereck der **Plaza María Pita** mit seinen charakteristischen Glasveranden und Rundbögen ist bei diesem Spaziergang sicher ein guter Ausgangspunkt. An der nördlichen Seite des Platzes steht das große neoklassizistische **Rathaus** vom Beginn des 20. Jahrhunderts. Im Gebäude gibt es *Wanderausstellungen* und ein *Uhrenmuseum.* Diese, wie auch der Sitzungssaal, *sala de sesiones*, sind von Montag bis Freitag von 17 bis 19 Uhr geöffnet.

Von dem Platz zweigt nach Süden die Straße *María Barbeito* zur **Puerta Real** ab. Gegenüber am Hafen fahren stündlich buntgestrichene Boote zum nahen *Strand Santa Cristina.* An der Puerta Real beginnt die **Hafenpromenade** mit den **Glasveranden** aus dem Ende des letzten Jahrhunderts, den *galerías.* Diese nach Süden ausgerichteten Vorbauten aus Glas und Holz sind in Nordspanien entstanden, um im Winter Wind und Regen abzuwehren. Sie haben A Coruña den Beinamen »die Gläserne« gegeben. Auch die zierlichen Konstruktionen an der Hafenpromenade *Avenida de la Marina* stammen aus der Jahrhundertwende. Baltische Pinienhölzer und hartes, schweres kubanisches Guajakholz fassen die Glasfronten in unterschiedliche Formen ein. Weitere solcher Veranden finden sich hinter der Promendade in den Gassen *Riego de Agua,* in der »Freßgasse« *La Franja,* sowie in *Real, Olmos* und *Galera.* Sie alle bilden eine lebhafte Fußgängerzone voller Kneipen, Läden und Restaurants. Vorbei am *Tourismusbüro,* der Post und dem großen *Teatro Colón* (gleichzeitig das schönste Kino) öffnet sich linkerhand der Promenade die **Gartenanlage Menéndez Nuñez.** Spielzeugpferde traben vor kleinen Tretwagen um den Pavillon zwischen Palmen und Denkmälern. Die »Pferdchen von A Coruña« hat vor einem Vierteljahrhundert der Kunsthandwerker Luis M. Santamaría aus Fiberglas und Polyester gebastelt. Oft steht er in Baskenmütze dabei und dirigiert das Geschehen. Erst unlängst wieder mußte er einen reichen Hamburger abwimmeln, der ihm Unsummen für die Fahrzeuge bot.

Neben dem Sitz des *Staatlichen Fernsehens* liegt hier auch der Jugendstilbau **Kiosko Alfonso,** einst Künstlercafé und Kino, heute *Ausstellungsraum* besonders galicischer (zeitgenössischer) Maler (Eintritt frei, 12 – 14 und 18 – 21 Uhr).

Weiter südlich schließen sich die schattigen **Jardines Rosaleda** bis zur *Plaza Orense* an. Kurz davor liegt in der **Calle Compostela** die alte *Taverne Enrique,* wo kleine Sardellen (*anchoas*) und Oliven zum Weißwein gereicht werden. Schräg gegenüber ist das gemütliche *Restaurant Compostela* ein Tip für Besucher mit

Die »Pferdchen von A Coruña« in den Jardínes Menéndez Nuñez

Drei Symbole A Coruñas in einem: Seeleute, ihre Schutzheilige Carmen und das Rathaus

schmalem Geldbeutel. Etwas weiter oben werden in der schmucken *Konditorei Stollen 1919* Teilchen gebacken und im dazugehörigen Café serviert.

Hier entfernen wir uns von der Hafenpromendade in Richtung Wissenschaftsmuseum. Weiter oben wird schon der verspiegelte *Kongreßpalast* am Rande des Parks sichtbar. Auf dem Weg, an der **Plaza de Lugo** mit seiner *Markthalle,* finden wir einige der schönsten Beispiele der **Galerías** (Hausnummern 9 – 14), zum Teil an Jugendstilhäusern. Der Weg führt steil hinauf bis zur **Glorieta de America** am Rande des **Parque de Santa Margarita.** Das Zentrum des Parks ist die **Casa de las Ciencias,** das *Wissenschaftsmuseum.* Im 1983 fertiggestellten Gebäude sind um das Focaultsche Pendel herum auf mehreren Stockwerken Ausstellungen zu sehen: Technologie, Computer, eine Sammlung von Fossilien, Mineralien und Insekten, galicische Hölzer und im vierten Stock ein Planetarium, in dem – auf spanisch – zu Musik von Vivaldi das Universum erklärt wird. Die Besucher malen Sandbilder, komponieren Melodien, prüfen Gewichte und können mit der Kamera ein Chamäleon anzoomen (geöffnet Mo – Sa 11 – 19 Uhr, im Juli und August bis 21 Uhr. So und Fei 11 – 14.30 Uhr).

Bummel zu den Stränden

Von der **Plaza María Pita** empfehlen wir einen weiteren Bummel, diesmal zu den Stränden. Er führt zwischen der *Calle La Florida* mit ihren eindeutigen, schummrigen Bars und dem Rathaus zu der **Kirche San Jorge** hinauf. Sie ist ein weiteres Beispiel des regionalen Barocks des Architekten Domingo Antonio de Andrade (1639 – 1712), dem Santiagos Kathedrale den Glockenturm verdankt. Jesuiten haben Coruñas größte Kirche im 18.

Jahrhundert im andradischen Stil konstruiert. Aber besonders groß ist sie wahrlich nicht. Die Kirche ist Ausgangspunkt der Meeresprozession, *procesión del mar*. Um den 16. Juli – *Tag der Carmen* – tragen Matrosen die Jungfrau mit viel Geböller und Getrommel aus der Kirche über die Plaza María Pita zur Hafenanlage, von wo aus sie in Begleitung des Bischofs, verschiedener Kapitäne und der Bewohner, gefolgt von Fischerbooten, eine Runde übers Meer geschippert wird.

Hinter der Kirche liegt der **Platz des Humors** vor einer großen Markthalle. Jeder nannte ihn *Plaza de Agustín,* bis die Ratsherren ihn vor wenigen Jahren leicht verändern ließen. Auf einer Steinbank fleetzt sich jetzt der bebrillte Alvaro Cunqueiro (Mondoñedo 1911 – Vigo 1981), Genießer und Journalist, zuletzt für den »Faro de Vigo« tätig. Neben ihm ist noch Platz. Dort sitzt manchmal ein Coruñenser mit identischer Brille und liest Zeitung. Ihnen gegenüber rutscht Alfonso Castelao (Rianxo 1886 – Buenos Aires 1950) fast von der Bank. Der große Verfechter des *galeguismo* war politischer Denker und Karikaturist. In Marmor schwarz eingeritzt und auf gußeiserne Sockel gestellt finden sich weitere ganz unterschiedliche Persönlichkeiten. Um nur einige zu nennen: der französische Zeichner Honoré Daumier, Snoopy, Oscar Wilde, der Rosarote Panther und Cervantes mit ritterlichen Gebärden, Stan und Ollie, der spanische Autor Quevedo (1580 – 1645) und der Graus jeden römischen Comic-Legionärs: die schlagkräftigen Gallier Asterix und Obelix.

Gegenüber ist im **Markt** außer Sonntag zwischen 9 und 15 Uhr Hochbetrieb. Der Mercado ist einer Bahnhofshalle nicht unähnlich; in den oberen Geschossen bieten Verkäuferinnen mit weißen Käppis weichen Käse, frisches Gemüse und Brot, Krabben, Blumen und Orangen an, während am Ausgang ein Blinder sein langgezogenes *para hoy* ausruft, die Lose der ONCE »für heute«.

Die Marqués de Pontejos führt an Banken und Schmuckläden vorbei auf die Calle San Nicolás, die rechterhand in der sehr belebten **Plaza del Pintor Sotomayor** endet. Tauben sitzen in den Fenstern einiger verfallener Bauten. Hier befindet sich im ehemaligen, klassizistischen Kapuzinerinnen-Konvent das **Museo de Bellas Artes**. Gezeigt werden neben einigen romanischen Skulpturen Gemälde aus den flämischen, englischen, französischen und italienischen Schulen des 17. und 18. Jahrhunderts, außerdem galicische Bilder sowie Sargadelos-Keramik des 19. und 20. Jahrhunderts. Die Zeichnungen Goyas – unter anderem die »desastros de la guerra« – sind leider nicht immer ausgestellt (geöffnet Di – So 10 – 15 Uhr, 200 Pts, © 981-223723).

Ebenfalls in der Straße Panaderas prunkt ein Kapuziner-Konvent aus dem 18. Jahrhundert mit einer Barockfassade des Galiciers Casas y Novoa, dessen Hauptwerk die Fassade der Kathedrale in Santiago ist. Gegenüber dem Kunst-Museum am Image Center rechts zweigt die kleine Gasse

Bedrohung: Öl und Müll

Im Morgengrauen des 3. Dezembers 1992 ist am Eingang der Bucht von A Coruña der griechische Tanker *Aegean Sea* leckgeschlagen und ausgelaufen. 80.000 Liter Öl wurden zu einem brennenden Ölteppich, dessen Rauchwolke bis zu einen Kilometer hoch stieg. Die Bewohner küstennaher Orte zwischen A Coruña und Ferrol wurden evakuiert, ein Fischfangverbot für dieses Gebiet verhängt. Vier Wochen später war das Fischfangverbot aufgehoben. Die Strände sind wieder gereinigt und Baden erlaubt. Doch Alarm schlägt die Gruppe Biotopo, die sich in der Vergangenheit besonders für die Kormorane eingesetzt hatte. Die stärksten Arten wie Algen und Möwen, so Biotopo, erholten sich relativ schnell wieder, aber »viele kleinere Tierarten und unzählige Mikro-Organismen, die kommen nie wieder, das ist vorbei.« (–tb–)

Das Tanker-Wrack ist mittlerweile nicht mehr zu sehen, doch schon liegt eine neue Gefahr drohend über der Stadt: Schätzungsweise 100.000 Tonnen Müll rutschten ohne Vorwarnung am 10. September 1996 vom Berg San Pedro Richtung Meer herab und begruben einen Passanten unter sich, dessen Leiche nicht mehr gefunden werden konnte. Die alte Mülldeponie im Stadtteil O Portiño stinkt den Coruñern schon lange, doch ein rasches Abtragen der ungünstig angelegten Müllhalde ist vor allem wegen der drohenden Meeresverschmutzung angesagt. Sollte noch einmal ein Teil des Drecks ins Meer abrutschen, so wird dies »achtmal schlimmer« für die Umwelt sein als die Ölpest von 1992 – so der sozialistische Bürgermeister. Und daher kündigte er an, den stinkenden Müllhaufen bis 1999 entfernen zu lassen. An seiner Stelle soll ein Erholungspark entstehen. (–as–)

Travesía San Andrés ab. In der *Bodega O'Viñedo* gibt es ein paar gute Weine und Tapa-Häppchen, darunter scharfe Wurstscheiben (*chorizo*), Tortilla und Kroketten. Und etwas weiter rechts liegt in der **Calle Fito** das phantasievolle *Atlantis* mit allem möglichen Kunsthandwerk. Am Ende links und wieder rechts führt die Straße der Sonne, **Calle del Sol**, zu den kilometerlangen **Stränden Orzan und Riazor.** Wenn die Sonne scheint, liegt dort an warmen Sommertagen halb Coruña und guckt den Wellenreitern beim Umfallen zu. Das Wasser ist relativ sauber (Duschen vorhanden), bei Wellengang allerdings nicht ganz ungefährlich.

Der Herkulesturm

Anfahrt mit den Linien 3, 5 und 17 ab der *Puerta Real.* Die Busse fahren bis auf den mit der Aufschrift »Hérkules« nicht ganz bis zum Turm, der Fahrer gibt auf Anfrage ein Zeichen, wo man am besten aussteigt.

Als ständig abgelichtetes Postkartenmotiv am äußersten, nordwestlichen Ende der Halbinsel ist die **Torre de Hércules** das Wahrzeichen der Stadt. Und der ewig wiederholte Satz dazu heißt: »Das älteste Bauwerk aus dem 2. Jahrhundert ist der einzige noch funktionierende römische Leuchtturm der Welt«. Sein Äußeres stammt allerdings aus dem Jahr 1791, und römisch sind nur noch einige wenige der 242 Stufen. Der Legende nach baute ihn Herkules, nachdem er dem Tyrann Gerion den Kopf abgehackt und ihn hier begraben hatte.

Wer die schmalen Treppen 50 Meter hinaufsteigt, ist insgesamt mehr als 150 Meter über dem Meeresspiegel und hat einen weiten Blick auf Strand und Innenstadt. Früher waren von hier aus auch die Elendshütten Coruñas zu sehen. Sie wichen dem neuen Paseo Marítimo. Rund um den Turm befindet sich heute ein Park mit moderner Kunst.

Verbindungen & Infos

Aktuelle Abfahrtszeiten bietet die »Voz de Galicia« – liegt in allen Cafés und Bars aus – auf Seite 2.

Flug: *Aeropuerto Alvedro,* 8 km südlich vom Zentrum, © 981-232240, täglich nach Madrid und Barcelona.

Bahn: *Estación San Cristóbal,* Avda. de la Sardiñeira s/n, © 981-230309. Vom Zentrum dorthin mit der Buslinie 14. Regionalzüge fahren mehrmals täglich in alle größeren Städte Galiciens. Schnellzüge und Talgo nach Santiago, Pamplona, Bilbao, Barcelona und Madrid.

Bus: *Estación de autobuses,* Chile s/n, © 981-239099 für Fernverkehr.

Vom Hafen fahren stündlich Busse in die nähere Umgebung nach Sada, Santa Cruz und Betanzos.

Santiago (Schalter 16) über die Autobahn (65 km) täglich zwischen 8 und 22 Uhr zur vollen Stunde, 50 Minuten Fahrzeit, 645 Pts.

Muros über Noia in drei Stunden (Schalter 18) um 10, 12, 14, 15, 16, 18 Uhr, 1150 Pts.

Hamburg (*Empresa Saia*) über Aachen, Köln, Wuppertal, Dortmund, Hannover und Frankfurt Di und Fr 12 Uhr, zwei Tage Fahrt, 20.000 Pts (300 Mark), siehe Seite 81.

Stadtbusse: Mit ihnen erreicht man jeden Winkel Coruñas.

Zum *Bahnhof* entweder direkt mit der Linie 14 oder zum besser verbundenen Busbahnhof und von dort wenige Schritte zu Fuß.

Zum *Flughafen* ab Hotel Atlántico Mo – Fr 7.30, 15.50 und 19.45, Sa und So 15.45 und 19.45 Uhr.

An der Puerta Real, Avda. de Montoto 5 vor einer Apotheke hält die Linie 3A zum *Herkulesturm* und Linie 1 zum *Busbahnhof.*

Fähre: Vom Hafen nahe der Puerta Real fahren Boote zur Playa Santa Cristina (hin und zurück 500 Pts).

Taxi: Stand an der Puerta Real, zwischen Hafen und Plaza María Pita, © 981-243333.

Unterkunft

Im Juli, besonders aber im Fest-Monat August, sind Unterkünfte schwer zu bekommen. Besser vorher anmelden. Im Zentrum links des Hauptplatzes María Pita gibt es in den Straßen Riego de Agua, Franja, Florida und weiter in den Straßen Real, Olmo und Estrella zahlreiche Hostals und Hotels. Campingplätze und Jugendherbergen liegen außerhalb.

★★★ *Riazor*, Avda. Barrié de la Maza 29, ✆ 981-253400, Fax -253404. DZ mit Bad 13.300 Pts. Zentral mit Garage und allem Luxus.

★★ *Maycar*, Calle San Andrés 159, ✆ 981-225600. DZ 6500 Pts.

★ *Centro Gallego*, Calle Estrella 2, ✆ 981-222236. DZ 5000 – 6000 Pts. Zentral und mit Garage.

★ *International*, San Andrés 140, ✆ 981-221282. DZ 3500 Pts, sauber, zentral, Bad im Gang, Telefon auf den Zimmern, durchaus annehmbar.

★ *La Palma*, Riego de Agua 38, 5. Stock, ✆ 981-229694, DZ 2500 Pts. Sehr zentral, sauber, familiär und freundlich. Falls belegt, liegen in den unteren Stockwerken drei weitere Unterkünfte der selben Preisklasse.

Abends in den Gassen von A Coruña

Essen & Trinken

In den Straßen um die Plaza María Pita liegen viele Tavernen und Restaurants für die unterschiedlichsten Geschmäcker. Hier ein paar Tips für Restaurants, die nicht sofort auffallen:

O'Picoteo, Avda. de Navarra 53, ✆ 981-224953. Täglich geöffnet. Das unter Coruñensern bekannte Restaurant ist auf Fisch und Meeresfrüchte spezialisiert. Nicht besonders geschmackvoll eingerichtet, liegt nahe dem Herkulesturm. Eine Platte u.a. mit Entenmuscheln, Kronenhummern und Schwimmkrabben kostet rund 75 DM, war gut, aber so außergewöhnlich nun auch wieder nicht.

Restaurante Bania, Calle Cordillera 7. Vegetarisches Restaurant mit Gerichten zwischen 450 und 900 Pts. Sonntags geschlossen. Empfehlenswert: Gefüllter Kohl mit Walnußsoße *(Col rellena con salsa de nuez)* oder das Tofu-Schnitzel Arume *(Escalope Arume).*

Compostelano, Compostela 6, nahe Plaza de Orense. Für den kleinen Geldbeutel, mit Marmortischen und einem hinteren Eßraum, wo das Menü nur 10 Mark kostet.

Als Aperitif sollte man sich am Anfang der Straße Compostela in der kleinen *Taverne Casa Enrique* einen Likör oder Weißwein gönnen. Es ist eine der wenigen noch erhaltenen alten Tavernen, wo die eingesessenen Coruñenser seit jeher ihren Wein mit einer Tapa aus *queso* und *anchoas* genießen.

Beade, Barrera s/n, eine beliebte Tapa-Kneipe. Weine und Snacks servieren die Töchter und der Wirt selber mit seinen ungewöhnlich großen Händen in einem etwas schmuddeligen Raum mit Holzboden. Empfehlenswert die kleinen Sardinen, die hier *xoubas* heißen.

La Traida, Torreiro 3, Parallelstraße von Barrera. Hinter einer weißen Graffiti-Wand ohne Schild verbirgt sich eine alte Taverne. Die Kunden sind besonders mittags zwischen 50 und 70 Jahre alt, lieben Fußball und Weißwein aus Porzellanschälchen.

Cafés: *La Barra,* Calle de Riego de Agua nah am Hafen. Geräumiges, altes Spieler-Café.

Bonilla, Calle de la Galera. Berühmt für seine dickflüssige Schokolade mit Ölkringeln (*chocolate con churros*).

Nachtleben

Zwischen der Plaza de Pontevedra und Plaza María Pita spielt sich das Nachtleben besonders in den Straßen Barrera, Franja, Orzán und deren Seitengassen am Wochenende schon ab 22 Uhr ab. Eine weitere Ausgehzone ab Mitternacht ist die Altstadt. Weit nach Mitternacht verschiebt sich die Szenerie in die teurere Gegend um die Straße Juan Flórez.

Jazz: *Filloa,* Rúa Ciega, täglich bis 3 Uhr geöffnet. Hier tritt auch die Jazzband *Clunia* aus Coruña auf.

Salsa: *Latino,* Pazadizo del Orzán, in einer Gasse, in der vor 1 Uhr gar nichts läuft. Christusbilder und Stierplakate geben die Kulisse. Das Latino ist eine der berühmtesten Tanzbars der Stadt.

Billard: *El Pasot,* Principe 17, in der Altstadt.

Vela, Calle Costa Rica, mit großem Billardtisch und Wettbewerben.

Szenekneipe: *Orzán 199* nahe Plaza Pontevedra, für Coruñas Hippies.

Punto 3 am Markt San Agustín, und *Soweto,* Magistrado Manuel Artime 16. Ab drei Uhr morgens.

Disco: *Green,* nahe Stadion Riazor in Strandnähe. Eintritt 1000 Pts.

Feste und Unterhaltung

Das **Augustfest** *María Pita* bietet vom 1. bis 31.8. Konzerte am Riazor-Strand, im Kongreßpalast am Park Santa Margarita (✆ 981-279092), und in der Südstadt im *Coliseo* (✆ 981-103195). Das Coliseo wird dann zur einzigen überdachten Stierkampfarena der Welt umfunktioniert. Karten dort und beim Kaufhaus Corte Inglés.

Theater & Kino: Im Sommer gibt es ab und an *Freilichtkino* im Garten Menéndez Nuñez am Hafen.

Theater-Kino Colón, Avenida de la Marina s/n, ✆ 981-224495. Das größte Theater und gleichzeitig schönes Kino.

Theater Luis Seone, Alfredo Vicenti 5, ✆ 981-256125.

Theater-Kino Rosalía de Castro, Riego de Agua 37, ✆ 981-221431.

Riazor, Avda. de Rubine 8, ✆ 981-252250.

Multicines los Rosales: 12 verschiedene Kinosäle im Centro de los Rosales s/n.

Einkaufen

Eine weiträumige **Markthalle,** *Mercadeo de San Agustín* (Supermarkt im Erdgeschoß), liegt an dem gleichnamigen, sehenswerten Platz, bekannt als *Plaza del Humor.*

Feinkost: *Casa Martínez,* Marcado Pl. de Lugo. Spezialitäten Galiciens.

Keramik & Antiquitäten: in der Altstadt unter anderem in der Calle Las Damas und am Platz Santa María.

Foto: *Artus,* Riego de Agua 58, kompetent. Hier kaufen Galiciens Pressefotografen ein.

Schreibwaren: *La Super,* Plaza Pontevedra 4. La Ciudad, Plaza General Azcarraga.

Bücher & Zeitungen: *Colón,* Real 24, große Buchhandlung mit deutschen Zeitungen vom Vortag.

Sport & Sprachkurse

Surfkurse bietet die *Escuela de Windsurf* am Strand Santa Cristina bei A Coruña an. Zu erreichen mit dem Boot, siehe »Verbindungen«. Ein Wochenkurs Mo – Fr kostet 10.000 Pts. Täglich zwei Stunden Unterricht, Bretter und Anzüge inklusive. Rúa Linneo 18 am Strand, © 981-636903.

Schwimmen und Sauna: Sportgelände *Solana* am Hafen beim Hotel Finisterre, 1000 Pts.

Badminton und Squash: Im Club des Fußballstadions *Riazor* am gleichnamigen Strand, © 981-260380. Pro Stunde 1300 Pts.

Das *Fußballstadion Riazor* veranstaltet im August die wichtigsten Spiele um die Trophäe *Teresa Herrera.* Die billigsten Karten kosten 1200 Pts, Spielbeginn um 17 Uhr.

Sprachkurse: In Coruña wird kaum galicisch gesprochen. Auch deshalb bietet sich die lebendige Stadt mit viel Kultur und Strand für einen Spanischkurs (kastilisch) an. Kurse für Ausländer gibt es an einer Privatschule und in der Universität, siehe Seite 115.

Nützliche Adressen

Touristenbüro: © 981-221822, Avda. de la Marina s/n, geöffnet 9 – 14 und 16 – 18 Uhr, Sa 10.30 – 13 Uhr, So und Fei geschlossen.

Post: *Correos y Telégrafos,* Alcalde Manuel Casas, Ecke Avda. de la Marina, © 981-221956. Geöffnet Mo – Fr 9 – 21 Uhr, Sa 9 – 14 Uhr.

Postsparkasse, direkt daneben, Mo – Frei 9 – 14 Uhr. Eine weitere Caja postal in der Calle Juan Flórez.

Telefon, Fax, Kopieren: An der Straße Real 38 in die Alcalde Canuto Berea. *Vorwahl* 981.

Notruf: *Polizei* © 091, *Rotes Kreuz:* © 981-205975.

Autovereih: *Avis,* Plaza de Vigo, © 981-226955. *Don Rent,* am Bahnhof, © 981-153702.

Parkhäuser: *aparcamiento subterráneo,* Plaza de Pontevedra, Plaza de Vigo und María Pita.

Waschsalon: *Glú Glú,* Alcalde de Marchesi.

ZU DEN SISARGAS-INSELN

Das Gebiet westlich von A Coruña bis zu den Sisargas-Inseln bietet einige schöne, teils versteckte Sandstrände, wo das Wasser allerdings sogar im August recht kalt ist. Es ist bekannt für seine schwefelhaltigen Heilbäder, die Wolfram-Minen und die Töpferei des Dorfes Buño. Weit interessanter als die Stadt Carballo etwas im Landesinnern ist der Fischerort Malpica, etwa 50 km von A Coruña, der sich nicht nur wegen der Campingplätze als Übernachtungsort anbietet. Sein Strand, der Hafen und die Entenmuscheln sind einen Besuch wert.

Von A Coruña aus erreicht man auf der LC 410 durch ein sehr industrielles Gebiet nach etwa 10 km **Arteixo.** Den Ort charakterisieren seine Heilbäder für Haut- und Rheumakranke.

Ihnen ist ein Volksfest kirchlicher Tradition am 16. September gewidmet, bei dem sich die Teilnehmer »von dem Dämonen befreien und den Feind aus dem Körper vertreiben«.

Von hier aus geht rechts eine Straße nach **Sorrizo** ab, von wo aus ein Schild den **Strand** und Campingplatz Balcobo anzeigt. Der kleine und relativ belebte Sandstrand ist in einer schönen Bucht mit oft hohem Wellengang gelegen.

Camping: *Balcobo,* für 81 Personen, 2 PAZ 900 Pts, ganzjährig geöffnet, Duschen, Supermarkt, sauber.

Von Arteixo aus geht der Weg entweder an der Küste weiter zu dem Ort **Caión,** wo am 8. September um die *Iglesia San Xorxe* aus dem 16. Jahrhundert das Kirchenfest *Os Milagros de Caión* gefeiert wird. Oder es geht rechts ab auf die C 552 nach Carballo in rund 20 km Entfernung.

Carballos »Römerbrücke«

Viel verpaßt nicht, wer die 25.000 Einwohner-Stadt gleich Richtung Buño und Malpica oder zur sehenswerten *Puente Lubiáns* durchquert. Erwähnenswert sind allenfalls der Holz- und Viehmarkt dienstags und jeden 2. bzw. 4. Sonntag, die Thermalbäder oder

die Feste *San Juan* am 24. Juni und *San Cristóbal* am 18. Juli.

Die Römer haben in der Gegend um Carballo seit dem 1. Jahrhundert nach Mineralien gesucht. Ihnen wird auch die etwas versteckt gelegene **Puente Lubiáns** zugeschrieben. Wegbeschreibung zur Brücke: Richtung Fisterra taucht nach 2 km eine Renaultwerkstatt auf. Zwischen dieser und dem Roten Kreuz biegt nach links eine holprige Stichstraße ab. An der nächsten Gabelung ist rechterhand die 40 m lange, gut erhaltene Brücke über den *Río Lubiáns* zu sehen. Obwohl sie offiziell als Römerbrücke beschrieben wird, haben Studien diese Bruchstein-Brücke auf das 16. Jahrhundert datiert, was bis heute nicht eindeutig geklärt ist.

Verbindungen

Es gibt keinen Bahnhof, wohl aber eine **Busstation** *Trolebuses Coruña-Carballos,* an der Busse nach A Coruña zwischen 6 und 21.15 Uhr circa alle halbe Stunde fahren. Nach:

Buño: Mo-Fr zwischen 10.15 und 20.15 Uhr 9x, am Wochenende jeweils 6x pro Tag.

Fisterra: Mo – Sa 8.45, 13.15 und 16.25 Uhr. So und Fei 8.45 und 16.45 Uhr.

Malpica: Mo – Fr 7x täglich (7.30, 9.45, 11, 13.40, 15, 18.30 und 20.15 Uhr), Sa 4x täglich (13.40, 18.30 und 20.15 Uhr), So und Fei nur 2x täglich (13 und 19 Uhr).

Muros über Cee: Mo – Sa 8.45 und 17 Uhr, So und Fei 13.30 und 20 Uhr.

Unterkunft

★★ *Hotel Río 1,* Prol. Desiderio Varela 3, © 981-701907, DZ 4000 Pts. Nicht immer freundlich.

★ *Hostal Puñal,* Poniente 13, © 981-700915, DZ um 4500 Pts.

▶ *Tourbeschreibung*

Nördlich von Carballo liegt der kleine Ort **Razo,** von dem sich nach Osten hin die 6 km lange **Playa de Baldaio** erstreckt.

Die LC 414 geht 18 km nordwestlich bis nach **Buño,** bekannt für seine Töpferwaren. Im Ortskern links von der Durchfahrtsstraße weisen schon die getöpferten Straßen- und Hausschilder auf die Rolle der *alfarería* (Töpferei) hin. Außer in die Geschäfte, die an der Hauptstraße liegen, lohnt sich ein Blick in die Werkstätten. Hinter der Kirche rechts in der *Rúa da Pedreira* arbeitet beispielsweise Manuel Nieto. Seinen Rohstoff bekommt er direkt aus der Umgebung und beliefert mit seinen meist glasierten Produkten die umliegende Region. Es ist ein echtes Erlebnis, zu sehen, wie kunstfertig er eines der ältesten Handwerke der Welt betreibt. Mittlerweile werden nicht mehr nur traditionelle Gefäße und Teller in Buño hergestellt. Besonders jüngere Töpfer haben ihr Programm auf modernes Design umgestellt. Buños Keramik ist bei den Kunsthandwerkausstellungen in Santiago und A Coruña eine feste Größe.

Playa de San Miró

Wer Lust auf einen etwas abenteuerlich-holprigen Abstecher (keine Busverbindung) zu einem kaum bekannten und nicht leicht zu erreichenden Strand hat, kann auf dem Weg weiter Richtung Malpica unserer Routenbeschreibung zur *Playa de San Miró* folgen. Kurz hinter Buño taucht links eine Tankstelle auf, die letzte Möglichkeit, Getränke für den Strand einzukaufen – denn danach kommt kein Laden mehr. Gleich hinter der Tankstelle geht rechts vor der Bushaltestelle der Weg Richtung *Cambre* ab. Dort vor der Kirche links. Nach der ersten Weggabelung wieder rechts, an der darauffolgenden wieder links. Schließlich taucht ein Haus auf (mit einer Wasserspeicher-Säule), an dem ein Schotterweg nach rechts abbiegt. Nach 3,6 km auf dieser abschüssigen Piste öffnet sich eine schöne Aussicht auf Malpica, die Sisargas-Inseln und die wahrhaft nicht übervölkerte Playa de San Miró.

Dolmen Pedra da Arca

Weiter Richtung Malpica steht vier Kilometer vor dem Fischerort das Schild *Camping Sisargas* (siehe Malpica). Ein 300 Meter langer Spaziergang geht vom Campingplatz bis zu dem über 4000 Jahre alten *Dolmen Pedra da Arca.* An der ersten Weggabelung rechts durch die Steinpfosten und gleich wieder links, sieht man schon den Felstisch aus der Megalithkultur. Er ist ziemlich beschädigt, die großen Felsbrocken des Grabinneren sind allerdings noch gut zu sehen.

Malpica

Der besuchenswerte Ort, wie A Coruña auf einer windumtosten, aber viel kleineren Halbinsel gelegen, wird ganz und gar vom Fischfang geprägt. Von einer Anhöhe geht es bergab in das Zentrum hinein und dort links zum Strand Malpicas, der zur Hälfte von einer Promenade mit Cafés und Bars gesäumt ist. Hier spielt sich auch der wesentliche Teil des Nachtlebens ab. Auf der gegenüberliegenden Seite dümpeln bunte Fischerboote im Hafen, Fischer flicken ihre Netze und die Restaurantbesitzer begutachten den Fang.

Besonders für eine Meeresfrucht interessiert man sich in Malpica, der »Stadt des Lebens an der Küste des Todes«: die *Percebes,* zu deutsch Entenmuschel, obwohl ihr Aussehen beim besten Willen nichts mit einer Ente gemein hat. Für diese Muschelart ist Malpica berühmt, denn hier beginnen die Riffe der sich nach Westen ausdehnenden Todesküste, *Costa de la muerte*, an denen sie wächst. Für die seltsam aussehende Meeresfrucht hat schon mancher Fischer sein Leben gelassen. »Die Witwen von Malpica« lautete im Herbst 1991 der Titel einer Reportage in der Madrider Tageszeitung »El Mundo«. Unterzeile: »Fast alle Frauen dieses Ortes haben einen Toten im Meer«. Und einige davon sind nicht auf hoher See, sondern an den Klippen gestorben. Bis zu 30 Meter tief muß ein Percebesfischer tauchen, um die Muscheln von den Riffen zwischen den Strömungen abzupflücken. Wird er nicht rechtzeitig am Seil hochgezogen, kann er von der Strömung und den Wellen an die Felsen geschleudert werden. Wegen der risikoreichen Ernte werden außerhalb dieser Zone für die Percebes geradezu astronomische Preise bezahlt.

Malpica selbst besticht nicht gerade durch seine drei- bis vierstöckige Viereck-Beton-Architektur, von der sich allerdings die **Kirche** *San Juan de Malpica* wohltuend abhebt. Das Kircheninnere ist deutlich dem Fischfang und der Seefahrt angepaßt: Luken in der Decke, Modellschiffchen an der Wand.

Ein Spaziergang lohnt sich auch zur Spitze der **Halbinsel Atalaia,** von der aus man nach Westen auf die *Kapelle San Adrián del Mar* blickt, sowie auf die drei **Sisargas-Inseln:** *Große Sisarga, Malante* und *Kleine Sisarga.* Die drei Inseln sind ein Vogelparadies und normalerweise nicht zugänglich.

Es sei denn, Sie nehmen am letzten Augustsonntag an der Meeresprozession *Nosa Señora do Carmen* teil oder fragen an jedem beliebigen Sonntagmorgen einen Bootsbesitzer im Hafen, ob er Sie mitnimmt. Zwischen 9 und 10 Uhr morgens machen viele einen Ausflug dorthin.

Verbindungen

Von Malpica fahren **Busse** nach Carballo und A Coruña.

Abfahrt nach A Coruña: 8 Uhr (außer sonntags).

Carballo Mo – Fr 7x täglich (7, 8, 10.30, 14, 16, 17.30, 19.30 Uhr), Sa 8.15, 17.30, 19.30 Uhr, So und Fei 9.15, 18.15 Uhr.

Richtung Fisterra: 4x täglich.

Unterkunft & Camping

★ *Hostal Panchito,* Plaza Villar Amigo 6, © 981-720307. DZ 5000 Pts. 13 sehr saubere, aber auch oft ausgebuchte Zimmer. Ein vorheriger Anruf ist besser.

Bar Novo, Emilio Gonzalez 28, © 981-720017, DZ ab 4500 Pts.

Camping: *Sisargas,* 4 km von Malpica Richtung Buño entfernt, © 981-721702. 2 PAZ 2000 Pts. Der neue, für 600 Leute konzipierte Zeltplatz bietet neben Schwimmbad und Restaurant saubere Sanitäranlagen. Vergleichsweise ist er sogar luxuriös.

Essen & Trinken

O Burato, mit Blick auf den Hafen. Im vielleicht empfehlenswertesten Restaurant Malpicas haben wir uns in der schönen Einrichtung zu zweit ein halbes Pfund Entenmuscheln mit einer Flasche Ribeiro-Weißwein gegönnt. Lohnt sich. Die Preise sind mäßig hoch, die Portionen groß und die gute Küche auf Meeresfrüchte spezialisiert.

San Francisco, in der nach dem galicischen Dichter benannten Straße Eduardo Pondal. Das Restaurant mit seiner guten Auswahl an *Mariscos* ist recht einfach. Für 1500 Pts wird ein Tagesmenü serviert.

O Pescador, in einer Parallelgasse zum O Burato. Geräumig-schmuddelige Fischerkneipe, preiswerte Tapas.

Bar in Malpica

ENTLANG DER TODESKÜSTE ZUM ENDE DER WELT

Die rund 130 km lange Strecke führt von Malpica bis Fisterra, dem antiken Ende der Welt. Wir streifen dabei Orte wie Ponteceso und Laxe und machen einen kurzen Abstecher ins Hinterland nach Vimianzo. Nächste Station ist der Ort Camariñas am Cabo Vilán, danach geht es rund um die Ría Camariñas nach Muxía und auf einer kleinen Küstenstraße zum westlichsten Punkt der Iberischen Halbinsel, dem Cabo Touriñan. Neben einigen Sehenswürdigkeiten macht vor allem die Landschaft den Reiz der Tour aus. Fast menschenleere Traumstrände, die aber wegen der gefährlichen Strömungen vorsichtiges Baden erfordern, liegen zwischen zerklüfteten Steilküsten, seltsam geformten Felsen und Klippen. Wer Meeresfrüchte mag, bekommt in den zum Teil noch idyllischen Fischerorten Dinge auf den Tisch, die man sonst nur selten sieht – und wenn, muß man sie teuer bezahlen.

COSTA DA MORTE

Den galicischen Heimatkundler Otero Pedrayo (1888 – 1975) erinnerten die Formen, die der tobende Atlantik hier aus dem Granit herausgewaschen hat, an riesenhafte Zyklopen. Nur von zwei Rías unterbrochen, ist die Todesküste schroff und wild. Die gegen die Felsen anrollenden Wassermassen haben schon so manchen Seefahrer unter sich begraben. Die vielen Schiffskatastrophen gaben schließlich dem nordwestlichen Zipfel der Iberischen Halbinsel seinen unheilvollen Namen. Immer wieder erinnern Granitkreuze entlang der Küste an diejenigen, die dort ihr Leben lassen mußten. In einer der einsamsten Felsbuchten liegt ein Friedhof zum Gedenken an 300 englische Matrosen, die 1890 vor der Todesküste Schiffbruch erlitten.

Allerdings ist diese Küste gleichzeitig auch für ihren Reichtum an Meeresfrüchten berühmt. Auf der einen Seite wild und abweisend, barg sie schon für die frühesten menschlichen Kulturen eine Lebensgrundlage. Doch nicht nur die Fischer fühlen eine Haßliebe zu ihr. Auch Literaten und Poeten ließen sich immer wieder gern von der eigentümlichen Verbindung von herber Schönheit und Tod am »Ende der Welt« inspirieren.

Ermita San Adrián

Auf der Straße von Malpica nach *Ponteceso* zweigt etwa 1 km vor der nächsten Siedlung ein Weg nach rechts zur *Kapelle San Adrián* ab. Nach weiteren 2 km auf dieser Straße, die zum *Monte San Adrián* hinaufführt, geht ein Schotterweg rechts hinunter zu der Kapelle aus dem 16. Jahrhundert, die einmal im Jahr Ziel einer Prozession von Malpica aus ist. Eine Legende besagt, daß der Heilige, dem dieser Ort geweiht ist, einst die Bauern von der Schlangenplage befreit habe. Angeblich soll sich in der Nähe der Kapelle eine in den Felsen gehauene *Schlangenfigur* befinden, die der von Gondomil (siehe weiter unten) ähnlich sei. Allerdings wissen selbst Einheimische nicht mehr, wo hier der Schlangenfelsen liegt. Das Wasser aus der unterhalb der Kapelle sprudelnden Quelle soll gegen Warzen Wunder wirken.

Von der Kapelle aus hat man einen sehr schönen Blick auf Malpica und seine Halbinsel. Wem eine kleine Kletterpartie nichts ausmacht, kann rechts unterhalb der Kapelle, wo von oben einige kleine Hütten zu sehen sind, bis an das Meer hinunterkraxeln. Unten liegt ein winziger Hafen zwischen Felsen versteckt. Von der Kapelle den Weg weiter hinauf hat man eine schöne Sicht auf die nahen Sisargas-Inseln.

▶ Tourbeschreibung

Wieder auf der Straße Richtung Ponteceso liegen rechterhand die **Strände Beo, Xeiruga** (Mündung des *Río Chancas*) und **Barizo.** Die idyllische Bucht von Barizo mit einem kleinen Hafen lohnt zumindest einen Kurzbesuch.

Gleich 1 km hinter der Abzweigung zum Barizo-Strand taucht der Ort **Mens** auf, wegen der auf der linken Seite liegenden *Torres de Mens* aus dem 15. Jahrhundert kaum zu übersehen. Leider ist die Festung un-

Sommeridylle an der Todesküste – doch die Kreuze sprechen für sich

zugänglich. Wer einen Blick in den schönen Innenhof werfen will, muß durch das Tor hindurchlinsen. Von der Burg aus sind die romanischen Apsiden der *Kirche* von Mens zu erkennen, die aus dem 12. Jahrhundert stammt und deren Portal und Kapitelle sehenswert sind. Angeblich mußten die Burgherren von Mens nicht über die Straße laufen, um zur einige hundert Meter entfernten Kirche zu gelangen. Zwischen den beiden Gebäuden soll sich ein Tunnel befunden haben.

Ponteceso

Fast an der Mündung des *Río Anllóns* gelegen, ist Ponteceso dennoch kein Fischerort. Seine rund 8800 Einwohner leben vor allem von Landwirtschaft und einer kleinen Holzindustrie.

Der wohl berühmteste Einwohner von Ponteceso war der Dichter Eduardo Pondal (1835 – 1915), der in seinen Gedichten vor allem die Landschaft dieser Gegend beschrieb. Sein schönes Geburtshaus steht am Ortsausgang Richtung Corme, mit Blick auf die Brücke über den Fluß Anllóns.

Am 1. August feiern sie die *Romería de San Fiz do Castro.*

▶ *Tourbeschreibung*

Folgt man in Ponteceso der Straße rechts an der Brücke vorbei Richtung *Corme,* zweigt nach 1,5 km ein Weg zur **Playa Balarés** ab. Die kleine Straße führt einige Kilometer durch die Berge, die die *Ría* von Corme und Laxe umgeben. Begrenzt wird die erste Ría der Todesküste von *Roncudo* im Norden und dem *Cabo Laxe* im Süden. An ihrer Spitze liegt die gewundene Mündung des Río Anllóns.

Der Strand Balarés war lange Zeit Zielpunkt vieler einheimischer Wochenendcamper. In dem Pinienwald direkt am Strand war Wildzelten geduldet. Polizisten regelten sogar den Anreiseverkehr, und Badende sind immer im Blickfeld eines Rettungsdienstes.

Die Hafenmole an der rechten Seite des Strandes, die heute von jugendlichen Mopedfahrern gern als Beschleunigungs-Teststrecke benutzt wird, schrieb im Zweiten Weltkrieg ein eher trauriges Kapitel Geschichte. Hier wurde das seltene Metall Wolfram, das in galicischen Minen gewonnen wurde, nach Nazi-Deutschland verschifft – Francos Dank für die deutsche Hilfe im Spanischen Bürgerkrieg.

Zum Baden sehr viel attraktiver als Balarés ist die **Playa de la Hermida** einige Kilometer weiter in Richtung Corme. Eine kleine Straße biegt dorthin nach links ab. Nach etwa 1,5 km gabelt sich der Weg. Nach rechts endet er direkt am Strand. Nach links trifft er nach genau 1 km auf ein Steinkreuz. Am Fuß dieses Kreuzes befindet sich der **Schlangenstein,** *Pedra da Serpenta,* **von Gondomil,** dem nächsten Dorf. Die Schlangendarstellung stammt vermutlich aus römischer Zeit. Sie bezieht sich auf die Taten des Heiligen Adrián (siehe Ermita San Adrián). Die Legende besagt, der Stein sei als Erinnerung an das Wunder der Schlangenvertreibung geblieben.

CORME

Wieder zurück auf der Straße von Ponteceso kommt man nach etwa 2 km in das Fischerörtchen Corme. Es besitzt eine recht große Fischfangflotte und ist besonders auf die Entenmuschelernte spezialisiert. Am 16. Juli, wenn die Fischer zu Ehren der Heiligen *Nuestra Señora del Carmen* feiern, wird davon reichlich serviert.

Corme ist ein lebendiges Örtchen, bei dem es sich lohnt, während eines Rundgangs etwas von seinem Flair zu schnuppern. Am äußersten, nördlichen Ende des Hafens von Corme führt eine Straße durch einen schmalen Tunnel zum **Cabo Roncudo.** Bereits die Römer hatten dort einen *Leuchtturm* errichtet, mit dem der heutige allerdings nichts mehr gemein hat. Die vielen Kreuze auf den Felsen erinnern an die Fischer, die hier ihr Leben gelassen haben. Von Roncudo aus überblickt man die ganze Ría. Wer am Ortseingang von Corme dem Wegweiser rechts den Berg hinauf nach Roncudo folgt, wird es kaum bereuen. Am Ende des Weges gelangt er zu einer Siedlung mit einigen alten Maisspeichern. Dort scheint sich seit Jahrhunderten nichts verändert zu haben. Das Dorf trotzt wildromantisch den Atlantikstürmen.

▶ *Tourbeschreibung*

In Ponte-Ceso führt die Straße über den *Río Anllóns* und entlang der Ría bis zum südlichen Nachbarort **Laxe.** Fünf km hinter Ponte-Ceso, auf der Höhe des Dorfes **As Grelas,** geht es links Richtung *Baio* zum Dolmen ab.

Dolmen de Dombate

4,5 km nach der Abzweigung weist bereits ein Schild nach rechts auf dieses Relikt aus megalithischer Zeit, das zu den sehenswertesten Galiciens zählt. Rund 4500 Jahre soll die Grabstätte alt sein. Über Jahrhunderte bestatteten die damaligen Bewohner Galiciens ihre Angehörigen unter diesem Dolmen, den sie mit Erde bedeckten. Außer ihrem Totenkult ist nichts über die Kultur dieser Menschen bekannt. Die Grabhügel sind die einzige Spur, die sie hinterließen. Die Bezeichnung *Dolmen* stammt aus der keltischen Sprache der Bretonen und bedeutet übersetzt *Felsentisch.*

Ursprünglich war die heute freiliegende Grabkammer aus massiven Felsplatten von einem Erdhügel überdeckt, der im Laufe der Zeit der Erosion zum Opfer fiel. Durch einen winzigen Gang mußte man in die Grabkammer kriechen.

Ganz in der Nähe des Dolmens befindet sich eine Sehenswürdigkeit aus keltischer Zeit, das erst vor kurzem ausgegrabene Keltendorf nahe Borneiro:

Castro A Cida

Von der Abzweigung zum Dolmen exakt 500 Meter auf der Straße zurück Richtung As Grelas, führt rechts ein zehn Minuten langer Fußweg zum Wald hinauf. Wer darauf achtet, erkennt bereits im Wald eine Wallanlage, die die äußere Umrandung einer befestigten Siedlung bildete. Vermutlich im 6. Jahrhundert v. Chr. gegründet, zählt das Dorf zu den ältesten Galiciens. Im Innern des Walls sind die Grundmauern der keltischen Rundhütten sehr gut erhalten. Zum Teil wurden sie während der Ausgrabungsarbeiten seit Anfang der 80er Jahre restauriert.

Auffällig ist die Aufteilung der Siedlung. Offensichtlich bauten die einzelnen Familien ihre Hütten im Verbund, so daß die Gesamtanlage aus mehreren Komplexen besteht. Im unteren Teil des Dorfes lag das bewachte Eingangstor, weiter unterhalb schließt sich ein jüngerer Siedlungsring an. Die archäologischen Untersuchungen sind hier noch längst nicht abgeschlossen; der östliche Teil des Dorfes, das erst in den 50er Jahren entdeckt wurde, ist bis jetzt noch nicht freigelegt.

LAXE

Das Auffälligste an diesem Ort ist der langgezogene, breite Strand bis zum Hafen. Besonders der **Playa de Laxe** hat er es zu verdanken, daß seit einiger Zeit vermehrt Touristen hier Urlaub machen. Ansonsten gibt es aber nicht besonders viel zu sehen. Lediglich die *Kirche Santa María de Atalaia* aus dem 14. Jahrhundert direkt oberhalb des Hafens und die *Casa do Arco,* ein mit Wappen verziertes mittelalterliches Haus mit einer Tordurchfahrt, sind einen Besuch wert. Das Leben des Ortes spielt sich entlang des Strandes bis zum Hafen ab. Hier befinden sich die meisten Bars, Restaurants und Hotels.

Am 17. August, während der *Fiesta Virgen del Camino,* veranstalten die Fischer mit ihrer Madonna eine Meeresprozession. Dabei erleidet ein Kutter einen Schein-Schiffbruch und wird auf wundersame Weise von der Heiligen gerettet.

Verbindungen

Von der Hafenmole fahren Mo – Fr Busse Richtung Carballo und A Coruña um 6.40, 8, 12.30 und 14.30 Uhr.

Unterkunft & Essen

★ *Bar Sardiñeira,* Calle Rosalía de Castro (Strandpromenade), DZ 2500 Pts ohne Bad.

★ *Beiramar,* Calle Rosalía de Castro 62, ✆ 981-728109, DZ 2000 Pts. Sauber, mit Bad im Zimmer. 5000 Pts mit Telefon.

Bar Zürich, auf der linken Seite am Ortseingang, etwas teurer, aber gut. Auf Meeresfrüchte spezialisiert.

▶ *Tourbeschreibung*

Fünf Kilometer hinter Laxe in Richtung *Camariñas* liegt der weitläufige **Dünenstrand von Traba.** Die beeindruckenden Felsbrocken entlang des Strandes sollen einst Gegenstand heidnischer Verehrung gewesen sein. Nehmen Sie am besten eine Abzweigung nach rechts Richtung Pedreira.

Der Ort *Traba,* der seinen Namen im 12. Jahrhundert vom Grafen Pedro de Traba erhielt, besitzt eigentlich keinen Ortskern. Die Häuser liegen einzeln verstreut in der Bucht.

Vimianzo

Mitten im Stadtzentrum erhebt sich eine Burg, die zwischen dem 13. und 15. Jahrhundert erbaut wurde. Sie war die bedeutende Stammburg der Familie Moscoso, die im Mittelalter die Region beherrschte. Der Ort Vimianzo hat sich um die Festung herum gebildet. Vor kurzem wurde sie sorgfältig restauriert und die Provinzverwaltung plant, dort ein *Museum* einzurichten. Doch wird es wahrscheinlich noch eine Weile dauern, bis der einstige Adelssitz begehbar sein wird. Trotzdem lohnt sich ein Rundgang entlang des früheren Wassergrabens.

Links am Orteingang von Vimianzo befindet sich das Herrenhaus *Pazo de Trasaríz.* Seine Fassade aus dem 17. Jahrhundert mit Renaissance-Verzierungen und den Säulen ist so romantisch, daß sich Brautpaare gerne davor ablichten lassen. Eine Besichtigung der Innenräume ist leider nicht möglich, weil der Pazo in Privatbesitz ist.

Unterkunft: ★ *O'Castillo,* Torre 37, © 981-716015, DZ 3000 Pts.

ZUM CABO VILAN (Küstenstraße)

Wem sein Auto besonders lieb ist, der sollte dieses Kapitel überspringen. Eine Busverbindung gibt es nicht. Wer aber die Todesküste in ihrer ganzen Vielfalt und Schönheit genießen will, sollte das Wagnis auf sich nehmen, der Wegbeschreibung zu folgen. Für Mountain-Bike-Fahrer und wandertüchtige Menschen ist die teilweise steinige Strecke aber auch ohne Achsenbruch zu bewältigen. Vimianzo – Ponte do Porto (10 km) – Santa Mariña (5,5 km) – Cabo Vilán (18 km) – Camariñas (5 km); für Radler bietet sich die Weiterfahrt an: Ponte do Porto (9 km) – Playa Lago (8 km) – Molinos (3 km) – Muxía (3 km).

Auf der Straße Richtung Camariñas geht kurz vor dem Ort *Ponte do Porto* eine Straße nach rechts ab in Richtung **Camelle** und **Arou,** zwei winzigen und scheinbar weltfernen Fischerdörfchen. In Camelle ist übrigens seit Jahren ein deutscher Aussteiger zu Hause, der es als der »verrückte Deutsche« zu einer gewissen Berühmtheit in Galicien gebracht hat. Am Ende des Hafens von Camelle liegt sein Reich aus buntbemalten Steinen und Skulpturen. Der Eintrittspreis für eine Besichtigung ist von seiner Tageslaune abhängig (um 100 Pts).

Nach 3,5 km folgt man der Straße Richtung *Arou.* Weitere 2 km hinter dieser Gabelung, kurz vor Arou, führt ein Waldweg links den Berg hinauf. Hier beginnt eine 18 km lange steinige Piste, die bis zum Cabo Vilán führt. Nach 4,5 km liegt steilabwärts am Meer gelegen das kleine Dörfchen **Santa Mariña** mit seinem Hafen. Hier ist die letzte Möglichkeit, die etwas abenteuerliche Piste zu verlassen. Läßt man aber Santa Mariña rechterhand liegen und folgt dem Stückchen Asphalt bis zum erneuten Beginn der Schotterpiste, geht es ohne Unterbrechung weiter bis zum Cabo Vilán.

Schönere Ausblicke als von diesem Weg bieten sich selten auf die Todesküste. Zudem führt er zu den schönsten und einsamsten Stränden der Region. Der erste ist die **Playa Porto do Aceite.** Ein Stückchen weiter, zwischen dem *Cabo Veo* und dem Felsmassiv des *Cabo Tosto,* liegt die traumhafte Dünenlandschaft der **Playa de Trece,** einer der eindrucksvollsten Strände der Todesküste, dessen große Sanddünen bis in die Pinienwälder hinaufreichen.

Anschließend fällt der Weg bis auf Meeresniveau ab. Dort liegt der **Engländerfriedhof**, der an 300 Seeleute eines englischen Schulschiffes erinnert, die 1890 an dieser Stelle Schiffbruch erlitten und ums Leben kamen. Weiter Richtung Cabo Vilán folgt eine ganze Reihe von schönen **Stränden** – *Reira, Area Longa, Balea* und *Pedrosa* – die wegen ihrer Einsamkeit auch gern von Nudisten besucht werden. Unterhalb des Forschungszentrums für Windenergie führt der Weg zur asphaltierten Straße nach Camariñas. Auf der Felsspitze davor liegt das **Cabo Vilán.**

Mit seiner Reichweite von 40 Seemeilen ist der **Leuchtturm** der lichtstärkste an der galicischen Küste. Nachts schwenkt sein Lichtkegel über die ganze *Ría Camariñas*. Durch seine Position auf einem Felsmassiv und seine Höhe von 125 Metern gibt er ein beeindruckendes Bild ab. In seiner Umgebung befindet sich eines der letzten Refugien des *arao ibérico*, eines Wasservogels, der den Fischern besonders nützlich ist, um reiche Fischgründe auszumachen. Die bis 45 cm großen Lummen gehören zur Gattung der Alke und erinnern im Aussehen entfernt an Pinguine: auf der Oberseite schwarz, auf der Brust weiß, sind sie wie diese sehr gute Schwimmer und Taucher. Lummen können – zwar schlecht, aber immerhin – fliegen, und nisten am liebsten in Kolonien auf Felseninseln oder Klippen.

Die Klöpplerinnen von Camariñas

Camariñas, vier Kilometer vom Cabo Vilán entfernt, gilt als das Zentrum der Klöppelspitzenherstellung. Noch immer sieht man die behenden Frauen von Camariñas vor ihren Häusern Spitzendecken knüpfen, obwohl das schwierige Kunsthandwerk von immer weniger Menschen beherrscht und ausgeübt wird. Bei dem mageren Tagesverdienst einer hiesigen *palilleira* (Spitzenklöpplerin) von umgerechnet 10 Mark wundert das wenig. Vermutlich aus diesem Grund wurde in Camariñas vorsichtshalber schon jetzt ein Denkmal errichtet, das an das aussterbende Kunsthandwerk erinnern soll. Noch lohnt es aber eher, den flinken Fingern der Frauen zuzusehen,

Schönes Handwerk: Spitzenklöppeln

als das ausgesprochen häßliche Denkmal zu umrunden. Wer Glück hat, dem erklären die meist älteren Frauen gerne den einen oder anderen Kniff bei ihrer komplizierten Arbeit, die beim ersten Hinsehen eine Wissenschaft für sich ist – ein undurchschaubares Gewirr von Nadeln, Fäden, Knoten und flinken Handgriffen.

Die Männer von Camariñas knüpfen stattdessen Netze, denn Camariñas ist vor allem ein Fischerort. Der Großteil der Einkünfte seiner 8000 Einwohner entstammt dem Fischfang und der fischverarbeitenden Industrie. Der Ort, nach dem die zweite Ría der Todesküste benannt ist, hat sich sein typisches Gesicht erhalten können. Die teilweise kleinen, weiß verputzten Häuser in den verwinkelten Gassen, mit bunten Türen und Fensterrahmen, verstrahlen eine angenehme Atmosphäre, die viele veranlaßt, hier einige Urlaubstage zu verbringen.

Besonders voll wird es um den 16. Juli herum, wenn die Dorfbewohner die *Fiesta Virgen del Carmen* mit einer Meeresprozession quer über die Ría nach Muxía feiern. Während der Fiesta wird auch die Tradition des typischen *danza de los arcos* (Tanz der Tore, eine Art Reigentanz) gepflegt.

Verbindungen

Bus: Abfahrt vom Hafen.

Nach A Coruña Mo – Fr um 6.30 und 14.15 Uhr, So um 7.30 Uhr.

Nach Santiago fährt ein Bus Mo – Fr um 16.15 Uhr, sonntags um 18.30.

Der einzige Bus am Samstag fährt um 13 Uhr bis Vimianzo.

Unterkunft

★★ *Scala,* Tras Playa 6, © 981-737109. DZ 4500 Pts. Ein neues Haus mit modernen Zimmern mit Bad und Fernseher.

★ *Hostal Plaza,* Real 12, vom Hafen etwa 100 Meter im Ortskern, © 981-736103. DZ ab 4000 Pts mit Bad. In dem gepflegten Hostal, in dem sich auch das beste Restaurant von Camariñas befindet, sollte man frühzeitig reservieren.

★ *Hostal O Pincho,* Curros 53, © 981-730250, 4000 Pts mit Frühstück.

★ *La Marina,* Miguel Feijoo 3, © 981-736030. DZ ab 3500 Pts. Saubere, recht gemütliche Zimmer, direkt am Hafen. Sie sollten auf ein Zimmer mit Hafenblick bestehen.

Restaurants

Gutes Essen gibt es in fast allen Lokalen am Hafen.

Restaurant Plaza im gleichnamigen Hostal. Genießt den besten Ruf.

Catro Ventos, rechts oberhalb des Ortseinganges, Molino del Viento 81, © 981-736064. Von Einheimischen empfohlen, und auch eine Leserin war von der Küche sehr angetan.

▶ Tourbeschreibung

Die Straße nach Muxía umfährt die ganze *Ría Camariñas.* An ihrer engsten Stelle, der Mündung des *Río Grande,* überquert sie den Fluß in dem malerischen Dorf **Ponte do Porto.** Am Ortsausgang sollte man darauf achten, am Fluß entlangzufahren und sich nicht bei der Gabelung am

Ortsausgang links zu halten (Schilder fehlen hier, die linke Straße führt zum Dorf *Carnés*). In 2 km Entfernung erheben sich am Flußufer die **Torres de Cereixo.** Der *Pazo* stammt aus dem 17. Jahrhundert und sieht nicht nur militärisch-abweisend aus. Das »Betreten verboten«-Schild ist unübersehbar. Zu besichtigen ist allerdings die schöne romanische **Jakobus-Kirche** daneben, die im 12. Jahrhundert erbaut wurde.

Zwar gelangt man, der Straße weiter folgend, schnell nach Muxía, doch gibt es eine sehr viel reizvollere Strekke, die diesmal auch durchgehend asphaltiert ist. Hinter Cereixo, kurz vor der nächsten Ortschaft, führt eine unbeschilderte Straße rechts in den Wald hinauf. Nach etwa 4 km erreicht sie das Dörfchen **Leis,** dessen kleine *Pfarrkirche San Pedro* besonders sehenswert ist. Der romanische Bau aus dem 12. Jahrhundert ist sehr gut erhalten. Seine im wahrsten Sinne des Wortes herausragende Besonderheit ist das *Agnus Dei* (Lamm Gottes, das heißt der von Johannes so getaufte Jesus) auf dem hinteren Dachgiebel.

Nach weiteren 2 km taucht eine Bucht auf. In ihr liegt die Playa Lago.

Playa Lago

Ein wirklich paradiesisches Fleckchen Erde. Sauberer, von Wald umgebener Dünenstrand, von dem aus man eine herrliche Sicht auf die ganze Ría hat und der genau zwischen ihren Begrenzungen Camariñas und Muxía liegt. Die traumhaft schöne Bucht war lange ein beliebtes Ziel für Wildcamper. Diese Zeiten sind vorbei, doch mit dem Campingplatz und dem kleinen Hostal ist man auch gut bedient.

Camping: *Lago Mar,* etwas oberhalb des Strandes, schattig und halbwegs sauber, geöffnet vom 15.6 – 15.9., 2 PAZ 1600 Pts.

Hostal Arco Iris, © 981-750645, mit sieben komfortlosen Zimmern, DZ 2000 Pts. Vermietet auch kleine Hütten, zwischen 2500 – 4000 Pts.

Einige Kilometer weiter in dem Dorf **Molinos** kommt man wieder auf die Straße nach Muxía. Kurz vor dem Ortsausgang von Molinos Richtung Muxía zweigt rechts ein kleiner Weg hinunter zum schönen Strand des Ortes ab.

Moraime

Kaum zu übersehen und in jedem Fall eine Besichtigung wert ist die links der Straße liegende **Kirche San Xián,** die zu einem Benediktinerkloster gehörte, das 1105 von Normannen zerstört wurde. Aus der Entfernung weniger attraktiv, ist die dreischiffige Basilika mit drei Apsiden aus dem 12. Jahrhundert besonders gut erhalten. Wegen ihrer eigenartigen Überdachung hat der Zahn der Zeit den schönen Reliefarbeiten des Hauptportals nur wenig anhaben können, es zeigt die 24 Ältesten der Apokalypse und andere biblische Figuren zu beiden Seiten des Erlösers. Etwas verwittertert, aber ebenso sehenswert ist das Nordportal. Im *Innern* der Kirche sind Reste der ursprünglichen Wandmalereien noch sehr gut zu erkennen und trösten über das sonst außerordentlich kitschige Mobiliar hinweg.

Die mittlere Apsis ist nach Umbauten rechteckig geworden.

Wer am zweiten Augustsonntag in der Nähe ist, sollte sich die lebhafte *Fiesta San Roque* nicht entgehen lassen. Sie findet rechts der Straße einige hundert Meter im Wald rund um die *Capilla San Roque* statt.

MUXIA

Hier ist es fast nie windstill. Der Fischerort, der sich noch einiges von seinem ursprünglichen Flair erhalten hat, liegt auf einer sturmumwehten Landzunge. Trotz des ewigen Windes hält sich in den schmalen Gassen der Geruch von im Freien gegrilltem Fisch – mittelalterlicher Charme in einem Ort, den die Mönche von Moraime im 12. Jahrhundert gründeten.

Auf den ersten Blick wirkt Muxía allerdings nicht sonderlich einladend. Was die übel hausenden Truppen Napoleons im vergangenen Jahrhundert übriggelassen hatten, wird auch hier zunehmend mit scheußlich-modernen Zweckbauten reich wiedergekehrter Emigranten überbaut. Ein Besuch Muxías ist allerdings doppelt gerechtfertigt. Neben den Meeresfrüchten wird besonders die *caldeirada,* ein Gericht aus Kartoffeln und Fisch, in den Bars entlang des Hafens sehr schmackhaft zubereitet.

In Muxía steht eines der berühmtesten Heiligtümer Galiciens, der **Sanctuario de Nosa Señora da la Barca.** Die Kirche an der äußersten Spitze der Landzunge ist bis heute Ziel etlicher Wallfahrer. Wahrscheinlich war dieser mystische Platz bereits vor dem Siegeszug des Christentums ein kultisch-magischer Ort für die Bewohner der Gegend. Die christliche Legende besagt, daß an dieser Stelle die Schiffsmadonna mit ihrem steinernen Schiff an Land gegangen sei, um den Apostel Jakobus aufzusuchen und ihn beim Missionieren zu unterstützen.

Der Beweis für den Wahrheitsgehalt der Legende liegt direkt vor der Kirche: der **Pedra da abalar,** ein seltsam geformter, neun Meter breiter Fels und angeblich das Segel jenes Madonnenschiffes.

Er ist jedes Jahr am ersten Wochenende nach dem 8. September Schauplatz einer beliebten *Romería.* Die Festteilnehmer tanzen dabei traditionsgemäß auf dem »Felsensegel«. Es heißt, nur ein wirklich Unschuldiger sei in der Lage, den Stein wackeln zu lassen, und so einen Wunsch frei zu haben. Leider hat die Unschuld Muxía im Jahr 1978 verlassen. Eine sehr unschuldige, aber kräftige Atlantikwoge bewegte den Felsen gleich einige Meter weiter an eine Stelle, wo kein Wackeln mehr möglich ist. Getanzt wird aber immer noch.

Verbindungen

Vom Hafen fahren täglich **Busse** nach A Coruña. Abfahrt 7 Uhr, sonntags um 18 Uhr. Nach Cee fährt ein Bus Di, Fr, So um 11 und 15.45 Uhr.

Unterkunft & Essen

★★ *La Cruz,* ✆ 981-742084, unübersehbar am Ortseingang, DZ 6500 Pts.

★ *O'Cabaciño,* in der Parallelgasse zur Hafenstraße. DZ 3000 Pts. Fragen Sie nach der offiziellen Preisliste, falls Ihnen der Ihnen genannte Preis zu hoch vorkommt. Saubere Zimmer mit Bad.

El Cordobés, direkt am Hafen, © 981-742202. In der Küche des gemütlichen Bodegón regiert die einheimische Frau des Chefs aus Córdoba und bereitet ein reichhaltiges Menüangebot zu. Preiswert und sehr gut.

▶ *Tourbeschreibung*

Von Muxía führt eine kleine, verhältnismäßig gut ausgebaute Straße (CP 5201) an der Küste entlang zum westlichsten Zipfel der Iberischen Halbinsel, dem **Cabo Touriñan.** Zu den eindrucksvollen Klippen und einsamen Stränden kommt hier noch die sichere Chance hinzu, galicische Wildpferde zu beobachten. Kurz hinter Muxía grasen sie schon auf den Bergen. Wer genauer hinschaut, wird allerdings feststellen, daß die Bezeichnung Wildpferd relativ zu sehen ist. Den meisten Tieren sind Holzlatten unter die Hufe gebunden, die ihre Bewegungsfreiheit erheblich einschränken.

Entlang der ganzen Strecke zweigen Stichstraßen zu den Felsklippen ab. Wer sich am modernen *Leuchtturm* des Kaps den Wind um die Ohren wehen lassen will, muß hinter dem Dorf **Viseo** nach rechts abbiegen. Eine kleine, nicht ausgeschilderte Straße mit stellenweise recht abenteuerlichen Schlaglöchern führt von Viseo direkt nach *Fisterra.* Einige hundert Meter hinter der Kreuzung weist ein Schild nach rechts zur **Playa Neminãa,** einem idyllischen kleinen Strand mit Fischerambiente. Weiter fährt man Richtung **Lires** und von dort nach links in Richtung **Toba.** Nach ungefähr 2 km, hinter dem Dörfchen **Camosa,** wieder rechts in eine nicht beschilderte Abzweigung. Von dieser Straße gibt es gleich mehrere Zugänge zur berühmten **Playa do Rostro,** einem der schönsten und wildesten Strände der Todesküste.

In diesem Gebiet ist eine Vielzahl prähistorischer Reste gefunden worden; Hinweise auf eine Kultur, die vermutlich aufgrund gravierender geologischer Änderungen buchstäblich unterging. Sie sind das Körnchen Wahrheit an der Legende, die von einer untergegangenen Stadt namens *Dugium* berichtet. An der Playa entlang führt die C 552 nach Fisterra.

AM ENDE DER WELT: FISTERRA

Der mystische Name des Ortes stammt von den Römern: *Finis terrae*, Ende der Welt, nannten sie ihn. Seit jeher ziehen die Mythen und Legenden, die sich um den Ort ranken, Neugierige, Pilger und Romantiker an. Wer kann schon von sich behaupten, im Urlaub mal eben bis ans Ende der Welt gefahren zu sein?

Entsprechend lebhaft geht es in dem eigentümlichen Fischerort mit seinen 5500 Einwohnern zu. Der ertragreiche Fischfang macht Fisterra (kastilisch: *Finisterre*) zudem zu einem kulinarischen Zentrum für Fisch und Meeresfrüchte. Beim Verdauungsspaziergang gerät nach dem Essen fast jeder in eine der vielen Bars rund um den Hafen, in denen sich ein reges Nachtleben abspielt.

Fernab von diesem Treiben liegt die beschauliche **Plaza del Ara Solis.** Ara Solis bedeutet *Sonnenaltar* und weist auf Fisterras religiöse Bedeutung hin, bevor ihn das Christentum mit der Santiago-Legende verknüpfte. Dies geht auch aus zahlreichen Spuren vorchristlicher Kulturen hervor, die hier gefunden wurden. Zwischen dem 12. und 17. Jahrhundert war Fisterra schließlich die letzte Station vieler Santiago-Pilger. Für sie war der Besuch der **Kirche** *Santa María das Areas de Fisterra* obligatorisch. Sie befindet sich rechts am Ortsausgang von Fisterra in Richtung Kap. Die ursprünglich romanische Kirche wurde im 15. und 16. Jh. stark verändert.

Vier Kilometer hinter Fisterra gelangt man schließlich über eine Landzunge zum gleichnamigen **Kap,** das tatsächlich den Eindruck vom Ende der Welt vermittelt. In Wahrheit ist es nicht einmal der westlichste Punkt Spaniens, doch die unendliche Weite ist beeindruckend und erklärt die mythische Bedeutung dieses Ortes. Um die Zeit des Sonnenunterganges lassen sich daher auch gerne Massen von romantisierenden Fotografen und Liebespärchen in Stimmung versetzen und bevölkern das Areal. Wer dem Rummel mit Souvenirkiosk entgehen will, kann die letzte Straße vor dem Leuchtturm rechts den Berg hinauffahren. Dort geht es ruhiger zu und die Sonne trotzdem unter.

Verbindungen

Bus ab Hafen: Nach Cee für 125 Pts täglich um 6.45 (außer So), 15.45 und 18.45 Uhr, von dort weitere Busse.

Unterkunft & Camping

★ *Mariquito,* Santa Catalina 42 – 44, ✆ 981-740375 oder -740084. DZ 4500 – 6000 Pts. Zimmer mit Bad.

★ *Casa Velay,* am hinteren Teil des Hafens, ✆ 981-740350. DZ 3500 Pts. Sauber, mit Bad.

★ *Hospedaje Lopez,* Carrasqueira s/n, ✆ 981-740449. DZ 3500 Pts. Freundliche, saubere Pension.

★ *Rivas,* Carretera Faro Finisterre, ✆ 981-740027. DZ 3500 Pts. Nicht ganz zentral gelegen, an der Straße zum Kap, wirkt aber nett.

Colegio Nuestra Señora del Carmen, am Hafen Richtung Kap, ✆ 981-240193. Nicht sonderlich komfortable DZ für 2000 Pts. Billigste Unterkunft in Fisterra in einem sonst als Schule genutzten Gebäude. Pensionsbetrieb nur während des Sommers.

Camping: *Ruta Finisterre,* 7 km Richtung Corcubión, geöffnet 1.6. – 15.9. Komfortabler, von großen Pinien beschatteter Campingplatz, wo alles bis hin zum Kinderspielplatz vorhanden ist. Nur durch die Nationalstraße von einem akzeptablen Strand getrennt. 400 Plätze, 2 PAZ 2000 Pts.

Essen & Trinken

Fisterra hat eine Vielzahl an Restaurants, doch wirklich gut, typisch und billig ißt man im hinteren Hafeneck in drei etwas schmuddelig wirkenden Lokalen: *Bar O'Delfin, Bar Puerto* und *Bar Gaviota.* Spezialität ist hier die Navaja-Muschel, die wie ein Stück Bambusrohr aussieht und im Geschmack der Miesmuschel ähnlich ist.

RIAS BAJAS – WESTKÜSTE

WO DIE KÜSTE PLÖTZLICH SANFTER WIRD

Südlich von Fisterra beginnt Galiciens sanfte Küste, unverwechselbar durch weit in das Landesinnere reichende Rías, die das Zentrum für Muschelzucht, Schmuggel und Badetourismus sind. Doch zunächst verläuft die Strecke noch 59 km am offenen Atlantik entlang, vorbei am riesigen Strand von Carnota bis zum denkmalgeschützten Fischerort Muros. Von dort umrundet die Küstenstraße auf 32 km die schöne Ría de Muros y Noia bis zum »Schlüssel nach Galicien«, dem ehemaligen Pilgerhafen Noia mit seinem rätselhaften Friedhof Santa María la Nueva. In einem weiten Bogen von 90 km geht es weiter am Rand der herben Sierra de Barbanza mit dem Castro de Baroña, dem großen Dünenstrand bei Corrubedo und dem Dolmen de Axeitos bis zur berühmten Ría de Arousa, der wir bis zur Mündung des Flusses Ulla folgen.

Corcubión

Der nächste größere Ort hinter Fisterra ist gemütlicher als die lebhafte Nachbarstadt *Cee* und bietet sich zum Übernachten an.

Corcubión, dessen baskischer Name »Ort des guten Wassers« bedeutet, lebt von seinem Hafen und hat einen kleinen Strand. Auf der Straße CP 2801 gelangt man zum **Castillo del Cardinal,** einer Verteidigungsanlage aus dem 18. Jahrhundert, von Hunden bewacht und nur von außen zu betrachten. Eine romanische **Kirche,** 1430 restauriert, ist nach dem Schutzpatron San Marcos benannt.

Die rund 1800 Einwohner feiern *San Marcos* zu Ehren am 25. April ein Stadtfest.

29. Juni, kirchliches Volksfest *San Pedro de Redonda.*

16. Juli Fest der Schutzheiligen der Seeleute, *Carmen.*

24. September *As Mercedes,* Fest mit Stierkämpfen und Folklore.

Verbindungen

Bus: Vom Stadtkern die Avda. Constitución Richtung Cee, vorbei am *Café O'Balcon,* liegt eine Apotheke (Farmacia). Im Fenster klebt ein Zettel mit Abfahrtszeiten ab Cee (nicht ab Corcubión) nach Fisterra bzw. Muros und A Coruña. Der Bus braucht zwischen Corcubión und Cee rund fünf Minuten, kommt also immer ein paar Minuten früher oder später als auf dem Zettel angegeben.

Unterkunft & Essen

★★★★ *El Hórreo,* Santa Isabel s/n in Richtung Cee, ✆ 981-745500, Fax -745563. DZ 9500 Pts. Blick aufs Meer, sehr komfortabel.

★★★ *Hortensias,* Praia de Quense s/n, vom Stadtkern Richtung Fisterra, Abzweigung CP 2801 und gleich wieder links, ✆ 981-745029, Fax -746125, DZ 6500 Pts.

★ *La Sirena,* Antonio Porrúa 15. DZ 2000 Pts. Sehr einfache Unterkunft mit Bad im Flur, Café und einem kleinen, preisgünstigen Restaurant.

Hortensias, Restaurant des gleichnamigen Hotels über dem Strand *Praia de Quene.* Am schönsten gelegen. Menü um 1000 Pts.

Cee

Cee mit seinen knapp 8000 Einwohnern liegt auf der anderen Seite der *Ría de Corcubión.* Ein wichtiger Wirtschaftsfaktor der Stadt ist die Metallverarbeitung. Die qualmenden Schornsteine prägen deutlich das Stadtbild. Schön ist das Stadtzentrum um die **Plaza de Constitución** mit seinen engen Gassen und einigen sehenswerten Gebäuden wie der *Casa de Cotón*, einem Bürgerhaus aus dem 18. Jahrhundert in der Rúa Magdalena.

Vor wenigen Jahren ist eine Gruppe von Anwohnern auf die kulinarische Idee gekommen, einmal im Jahr die ganze Stadt mit einem Eintopf zu verköstigen. Seither ist die *fiesta do cocido* um den 15. August zum Publikumsmagneten in ganz Galicien geworden: In einem riesigen Topf werden stundenlang fast 8000 Liter Wasser erhitzt und dann in rund zwölf Stunden 700 Kilo Fleisch, 700 Kilo Würste, 600 Kilo Kartoffeln, 80 Kohlköpfe, 75 Kilo weiße Bohnen und 50 Hühner gekocht. Dieses typische galicische Eintopfgericht ist Auftakt zu einem Stadtfest bis tief in die Nacht.

Zwei weitere große Feste in Cee sind am 25. Juli *San Cristóbal* und am 16. August *San Roque.*

Verbindungen

Bus: Avda. de Fernando Blanco. Nach Muros 9x täglich zwischen 7.35 und 19.10 Uhr. Nach Fisterra 7x täglich zwischen 10.45 und 21.15 Uhr.

Unterkunft

★★ *La Marina,* Avda. Fernando Blanco 26, © 981-746511. DZ 6000 Pts. Zentral.

★ *Galicia,* Finisterre 85, © 981-746057, DZ um 3500 Pts. Das billigste Hostal.

Essen & Trinken

Kleinere Rationen und Tapas gibt es um die Plaza de la Constitución und in der Straße la Pena, zum Beispiel bei *Mesón as Viñas.*

Mesón a Parrilla, Campo do Sacramento, © 981-746804. Wohl beste Küche in Cee, gute Auswahl unter anderem an Meeresgetier, das Tagesmenü für 700 Pts.

▶ Tourbeschreibung

Von Cee führt die sehr gut ausgebaute Straße an dem mit Granitfelsen übersäten Küstenstreifen entlang. Immer wieder zweigen kleine Wege zu einem der vielen großen Atlantikstrände ab, an denen das Wasser zwar sauber, aber auch im Sommer sehr kalt ist.

Wer Lust auf eine kleine Bergtour hat, sollte 10 km hinter Cee in dem Ort **O Pindo** anhalten. Hier erhebt sich der sagenumwobene Olymp der Kelten (*Olimpo Celto*), der **Monte A Moa,** 641 Meter über dem Meer. Einige der großen Granitblöcke dieser Kultstätte sollen Monster und merkwürdige Tiere darstellen, angeblich von Menschen behauen. Auf jeden Fall bietet sich von dort eine wunderbare Sicht über die steinige Sierra und die Küste. Der Aufstieg von der Kirche Pindos aus (zunächst links des kleinen Baches entlang) dauert gut eineinhalb Stunden, der Weg ist mit roten Pfeilen markiert. Festes Schuhwerk ist unerläßlich.

Carnota

Der Ort, in einem fruchtbaren Tal gelegen, ist vor allem für seinen **Maisspeicher** (*hórreo*), bekannt, der einer der größten in Galicien ist. Der 35 Meter lange Granitbau von 1768 steht auf 22 Stelzenpaaren ganz in der Nähe der hübschen *Kirche Santa Colomba.*

An der Kirche vorbei führt auch der Weg zum beeindruckenden **Strand von Carnota,** mit sieben Kilometern Länge und wenigen Badegästen. Hier zu weit in den Atlantik raus zu schwimmen, kann wegen der Strömungen allerdings gefährlich sein.

Unterkunft & Camping

★ *Hotel Miramar,* Plaza del Generalisimo 2, © 981-857016, DZ 6500 Pts mit Bad.

★ *Pensión Fandiño,* Calvo Sotelo 23, © 981-857020. DZ 2300 Pts mit Bad im Flur. Familiäre Pension, in der man auch gut essen kann.

Camping: *Ancoradoiro,* © 981-878897 (hinter dem Ort Lira). Direkt am Strand gelegen, neben einer Apartmentsiedlung, sauber, 15.3. bis 30.8. geöffnet. Deutscher Besitzer. 2 PAZ 1500 Pts.

Louro

Die reizvolle Bucht mit dem türkisblauen Wasser an der windgeschützten **Playa San Francisco** beschert dem winzigen Ort im Sommer bereits eine stattliche Anzahl von Badeurlaubern, darunter auch viele Deutsche. In einigen Restaurants kann man sehr preisgünstig essen.

Unterkunft & Camping

★ *Montelouro,* an der Ortsdurchfahrt, © 981-826505. DZ mit Bad 4400 Pts. Kleines Hostal mit einem ausgezeichneten Restaurant, das sich auf Paella spezialisiert hat.

★ Wer ein ganz spezielles Ambiente sucht: In dem kleinen *Franziskanerkonvent* von Louro (ausgeschildert) werden seit 1984 Zimmer vermietet. Sie verfügen über modernen Komfort und liegen im holzgedeckten oberen Stockwerk des kleinen Kreuzganges aus dem 17. Jahrhundert, von dem man auch in den Chor der Klosterkirche gelangt. Ein *Restaurant* bietet preiswerte Menüs an. Mit dem Pensionsbetrieb finanzieren die hier lebenden Mönche den Erhalt ihres Klosters. DZ mit Bad 4400 Pts, © 981-826146.

Camping: Die pfiffigen Mönche haben im ehemaligen Klostergarten einen *Campingplatz* der 1. Kategorie eingerichtet. 2 PAZ 2400 Pts, © 981-816148; 20.6. – 20.9. geöffnet.

A Bouga, am Strand San Francisco, © 981-82602. Supermarkt und Restaurant, halbwegs sauber, 2 PAZ 1800 Pts; 1.4. – 30.4. sowie 15.5. – 15.9. geöffnet.

Lesen Sie bitte weiter auf Seite 278 ▶

Hórreos: Vorratskammern der Heiden und Christen

Besonders in Galicien begegnen sie einem auf Schritt und Tritt, die eigenartigen *Maisspeicher.* Mal als langgezogener Granitbau, mal aus Ziegeln, und manchmal auch nur aus Holz stehen sie überall in der Landschaft und sollen die Ernte vor gierigen Nagern, Fäulnis und – in gewissen Fällen – vor bösen Geistern schützen. Die Größe des Speichers, der in seltenen Fällen sogar mehrstöckig ist, gibt Auskunft über den Reichtum der Familie.

Häufig ziert neben dem christlichen Kreuz auch eine pyramidenförmige *fica* das Dach eines *hórreo*: ein Symbol der Fruchtbarkeit.

Diese Speicher hat es sicher schon gegeben, bevor Mais in Galicien angebaut wurde – das geschieht nämlich erst seit dem 16. Jahrhundert.

Vermutlich sind sie eine keltische Erfindung. Die Vorläufer der Hórreos, die heute zu Tausenden in Miniatur über Souvenirtische gehen, sind am ehesten in den entlegenen Bergregionen anzutreffen. Strohgedeckte, quadratische Holzaufbauten auf groben Granitstützen dienen in den Ancares oder dem Courel auch heute noch zur Aufbewahrung der Ernte – und das kann auch Obst und Gemüse sein. Die Weiterentwicklung zu dem klassischen Souvenir-Hórreo ist aber dennoch auf den Mais zurückzuführen. Denn er muß nach der Ernte noch eine gewisse Zeit an einem luftigen Platz ausreifen.

RIAS BAJAS – WESTKÜSTE

Muros

Ist die Landspitze der *Punta Carreira* umfahren, zeigt sich schon ein ganz verändertes Landschaftsbild, bestimmt von der ersten der sanften *Rías Bajas,* der *Ría de Muros y Noia.* Das kurz danach auftauchende Muros ist einer der schönsten Fischerorte Galiciens, mit seinen auf mittelalterliche Arkaden gelehnten Häusern und den verwinkelten Gassen mit Namen wie »Geduld«, »Hoffnung«, »Gesundheit«, »Bitternis«.

Auch die Frauen von Muros, heißt es in einem Lied, sollen die schönsten Galiciens sein. Besonderen Spaß macht es, eine Fischauktion in der *lonxa* am Hafen mitzuerleben. Den dort mit den Fischern feilschenden Frauen geht es sichtbar mehr um Umsatz als um Schönheit. Was schließlich von ihnen ersteigert wurde, kommt frisch in den vielen kleinen Restaurants und Tascas auf den Tisch.

Bei einem Gang durch die *Calle Real* trifft der Besucher immer wieder auf reizende Winkel und Plätze wie die *Pescadería Vella,* gesäumt von den typischen Arkaden und mit einem modernistischen Brunnen aus den ersten Jahren des 20. Jahrhunderts, auf dem eine Echse hockt.

Wegen seines besonderen Charmes wurde der Kern des im 13. Jahrhundert auf einer prähistorischen Siedlung gegründeten Ortes 1970 unter Denkmalschutz gestellt. Von der **Plaza de la Constitución** aus führt die *Rúa da Igreixa* zur spätgotischen **Iglesia San Pedro,** zu Beginn des 15. Jahrhunderts über einem romanischen Vorgängerbau errichtet, dessen Portal erhalten blieb. Die Seitenkapellen sind bis in das 17. Jahrhundert hinein angebaut worden, der barocke Turm stammt aus dem 18. Jahrhundert. Ungewöhnlich ist das hölzerne Vordach, das auf vier Granitsäulen ruht. Älter als San Pedro ist die **Iglesia Virgen del Camino** am Ortsausgang Richtung Noia, die im 14. Jahrhundert erbaut wurde.

Besonders beliebt ist die *Fiesta del Carmen* am 16. Juli mit einer Schiffsprozession über die Ría. Gegen Mitternacht erinnert Muros mit einem Feuerwerk an eine Seeschlacht zwischen Spaniern und Franzosen, die sich 1544 vor dem Hafen zutrug.

Verbindungen

Nach Noia-Santiago-Coruña täglich 8, 11, 13, 16, 17.30, 19.45 bzw. So 20.30 Uhr. Bushaltestelle vor der Hospedaje Vianda (*Castromil*).

Nach Cee über Carnota 6, 7.15, 9, 10.25, 12.15, 13.35, 14.50, 17, 20.15 Uhr. Haltestelle am Hotel Muradana (Firma *Finisterre*).

Unterkunft

★★ *Hostal Lago,* Avda. Calvo Sotelo 3, ✆ 981-827503. DZ ab 5000 Pts. Komfortable und recht gemütliche Zimmer.

★★ *Hotel La Muradana,* Avda. de la Marina 107, ✆ 981-826885. DZ um 7000 Pts. Moderne Zimmer mit dem Preis entsprechendem Komfort.

★ *Hospedaje La Vianda,* Calvo Sotelo 47, ✆ 981-827464. DZ 2500 Pts. Im ersten Stock. Zimmer mit Bad auf dem Flur.

Noia

Für die Pilger, die über das Meer nach Santiago kamen, war Noia der »Schlüssel nach Galicien«. An dem heute versandeten Hafen gingen im Mittelalter niederländische und englische Pilger an Land. Die Anfänge Noias liegen jedoch viel weiter zurück, eine Sage erzählt sogar vom biblischen Noah, der hier gestrandet sein soll. Die Arche ist Bestandteil des Stadtwappens.

Mit Sicherheit weiß man von der Siedlung jedoch erst seit dem 12. Jahrhundert, als Noia Bischofssitz war. Durch seine strategisch günstige Lage erlangte der Hafen große militärische wie wirtschaftliche Bedeutung, was der Stadt vor allem im 15. Jahrhundert ansehnlichen Reichtum verschaffte. Sie war von mächtigen Stadtmauern mit zwölf Toren umgeben, von denen aber keines mehr erhalten ist. Sichtbare Relikte jener großen Zeit sind jedoch die vielen herrschaftlichen, wappengeschmückten Häuser der **Altstadt.** Besonders der Bereich um die **Rúa do Cantón** mit dem *Pazo Dacosta* vermittelt einen Eindruck vom alten Glanz Noias. Diese Gasse führt auch zur **Iglesia San Martiño,** die 1434 geweiht wurde. Die spätgotische Wehrkirche mit ihren Zinnen auf der Apsis geht auf einen romanischen Vorgängerbau zurück, von dem das *Hauptportal* San Martiños stammt. Dieses Portal, an dem die zwölf Apostel und die musizierenden Ältesten des Jüngsten Gerichts zu sehen sind, ist wohl die größte Sehenswürdigkeit der Kirche und erinnert an den Pórtico de la Gloria der Kathedrale Santiagos. Die Gesamtfassade wird von der großen Rosette beherrscht, die vier Engelsfiguren umringen. Der rechte Turm San Martiños wurde nie fertiggestellt.

Auf der **Plaza del Tapal** vor der Kirche ist ein **Wegkreuz** (*cruceiro*) des 14. Jahrhunderts aufgestellt, das ursprünglich auf der *Ponte Nafonso* über den Río Tambre stand. Links der Apsis der Kirche begegnen wir der *Casa dos Xorba* mit gotischen Bögen aus dem 14. Jahrhundert. Ein weiteres Beispiel für die Adelshäuser Noias ist die nicht weit entfernte ehemalige *Grammatikschule* und die *Casa Forno do Rato* mit mehreren Familienwappen.

Eine gewisse Berühmtheit besitzt die **Iglesia Santa María la Nueva** und ihr Friedhof an der Calle Ferreiro. Santa María wurde 1327 erbaut (zu besichtigen Mo – Fr 11 – 13.30 und 18 – 20 Uhr), romanisch mit gotischen Einflüssen. In ihr und überall auf dem Friedhof mit dem Wegkreuz *Humilladoiro* unter einem Baldachin aus dem 16. Jahrhundert liegen rund 500 rätselhafte Grabsteine, in die anstelle von Namen Zunftzeichen, Jakobsmuscheln und schematische Bilder gemeißelt wurden. Über den Sinn und Zweck dieser Grabmäler aus dem frühen Mittelalter, denen die zugehörigen Leichen fehlten, wird viel spekuliert. Eine esoterisch angehauchte These bringt die Grabsteine mit dem Jakobsweg in Zusammenhang. Handwerker hätten ihn als eine Art Initiationsweg benutzt und bis Noia – der natürlichen Verlängerung des Jakobsweges von Santiago aus –

abgelaufen, um ihre Handwerkskunst mit der Natur in Einklang zu bringen. Am Meer, dem Ziel ihrer Reise, hätten sie schließlich eine neue Identität angenommen und die alte symbolisch begraben.

Am *Ostersonntag* wird in Noia, früher Zentrum der Spitzenherstellung, immer noch die Tradition des Klöppelspitzentanzes gepflegt.

Verbindungen

Die Haltestelle für die **Busse** liegt gegenüber der Alameda.

6x täglich nach Santiago, täglich 8.15 Uhr nach Pontevedra und Vigo, 6x täglich nach Muros (*Castromil* © 981-820519).

Nach Ribeira über Portosín 7.50, 12, 13 Uhr (*El Celta* © 981-822402).

Unterkunft & Camping

★★ *Ceboleiro,* Galicia 15, © 981-820531, Fax 824497. DZ mit Bad, Telefon und TV ab 8000 Pts, Zimmer ohne Bad auch für 2500 Pts.

★ *Kuquía,* Oviedo Arce 24, © 981-820310. DZ mit Bad 3600 Pts, ohne Bad 2500 Pts. Gepflegte Zimmer mit modernem Bad, was bei der Bar, in der man sich anmeldet, gar nicht zu vermuten ist.

★ *La Marina,* Ferreiro 27, © 981-820081. DZ ohne Bad 2000 Pts. Die Zimmer liegen in einem neuen Gebäude gegenüber der Bar.

Camping: *Punta Batuda,* einige Kilometer von Noia Richtung Ribeira, © 981-766542. Luxuriöse, neue Anlage direkt am Meer, terrassierte Parzellen, Tennisplatz, Swimmingpool. 2 PAZ 1600 Pts.

Essen

Restaurant Ceboleiro, Galicia 15, © 981-820531. Das zum Hotel gehörige Restaurant genießt einen sehr guten Ruf. Tagesmenü um 1200 Pts.

Tasca Típica, Rúa do Cantón 7, unter gotischen Arkaden in der Altstadt, nahe San Martín im Pazo Dacosta. Der Treff in Noia.

Nützliche Adressen

Touristeninformation: im Kreuzgang des ehemaligen Klosters San Francisco, das als *Rathaus* dient. Geöffnet Mo – Sa 10 – 14 Uhr.

Sprachschule: siehe Seite 115.

▶ Tourbeschreibung

Entlang der Küste auf der C 550 Richtung *Ribeira* liegen zahlreiche Strände und einige Campingplätze, die wenigen Hostals verlangen allerdings relativ hohe Preise für ihr Angebot. Reizvoll ist der *Strand* des kleinen Dorfes **Boa,** von dem aus die *Insel Quebra* zu sehen ist. Einige km weiter bietet die **Playa Ornanda** mit Strandbars und Disco regelrechtes Rimini-Flair mit jungem Publikum.

Viel Badebetrieb herrscht auch um den Fischerort **Porto do Son** herum. Die Strände sind von alters her wegen des hohen Jodgehaltes im Wasser bei Menschen mit Schilddrüsenunterfunktion beliebt. Vom hübschen Hafen des Ortes aus sind es nur wenige Minuten zum *Mirador Atalaia* mit einer schönen Sicht über die Ría.

Fünf Kilometer von Porto do Son entfernt liegt der **Castro de Baroña,** eine der beeindruckendsten *Kelten-*

siedlungen Galiciens. Auf einer Felsspitze im tosenden Atlantik lebten hier die Vorfahren der Galicier bis zum 5. Jahrhundert, von mehrfachen Mauerringen und dem Meer vor Angreifern gesichert. Die stark befestigten Eingangstore und die Grundmauern der typischen Rundhütten sind noch sehr gut zu erkennen. Von der Bar *O Castro* aus ist es ein etwa zehnminütiger Fußweg dorthin, über einen felsigen Pfad mit uralten Spuren von Ochsenkarren.

Unterkunft

★ *Bar O Castro,* © 981-767430, DZ ohne Bad 3000 Pts.

Im weiteren Verlauf der C-550 gehen mehrere Wege zu den **Stränden** *Queiruga, Sieira* und *Furnas* ab. Am Ende des Dorfes **Xuño** führt eine Straße über Seráns, vorbei an einer Reihe von Stränden, bis zum äußersten Punkt der Halbinsel, dem **Cabo Corrubedo.** Zwischen diesem abgelegenen Punkt und der südlichen *Punta de Couso* erstreckt sich der größte Dünenstrand Galiciens, der weit ins Landesinnere reicht. Wer einsame Strandwinkel liebt, wird hier garantiert fündig.

Zu dieser ehemaligen Lagune gibt es wieder die Sage von einer versunkenen Stadt namens *Valverde,* allerdings mit einem weiteren Detail: Die Tochter des Herrschers über jene Stadt soll in dem Moment verzaubert worden sein, als eine enorme Flutwelle die Stadt unter sich begrub. Aus den Tiefen des Meeres, so heißt es, sei immer noch ihr Rufen zu hören. Die Erzählung ähnelt auffallend der über die versunkene Stadt *Dugium* am *Cabo Fisterra,* deren Kirchengeläut ebenfalls noch zu vernehmen sein soll. Sicher ist, daß diese Gegend die Heimat früher menschlicher Kulturen gewesen ist.

Das belegt auch der sehenswerte **Dolmen de Axeitos,** zu dem man von Corrubedo aus über die LC 303 Richtung Oleiros gelangt (Hinweisschild). Seine abdeckende Felsplatte mißt 4,5 mal 3,5 Meter. 50 Meter von diesem steinzeitlichen Grab entfernt fand man einen Felsen, der an zwei Seiten mit Tierdarstellungen versehen war, heute jedoch zerstört ist.

Camping

La Cascada: Abgelegener Platz am Fuß eines Berges, 4 km vom nächsten Strand entfernt, zu erreichen über den Ort Oleiros. Tennisplatz, Pool, sauber und garantiert nicht überlaufen. 30.6. – 20.9. geöffnet. 2 PAZ 1500 Pts, © 981-878955.

Ribeira

Die von Fischereiindustrie geprägte Stadt Ribeira hat für einen längeren Aufenthalt wenig zu bieten. Der Hafen ist einer der wichtigsten Umschlagplätze für Fische in Spanien, tonnenweise wird hier Thunfisch angelandet. Seiner industriellen Bedeutung entsprechend ist Ribeira groß und nicht gerade schön gewachsen. Ganz reizvoll sind seine Bars am Hafen und um die *Kirche Marí Carmen* herum: Plaza Otero Gayanes, Rúa Ramón y Cayal, Diego Delicado. Seinen touristischen Zulauf verdankt die

Stadt jedoch den großen Stränden in der Umgebung.

Verbindungen & Infos

Bus: Vom Hafen aus fahren neunmal täglich Busse Richtung Santiago.

Infos: Die *Touristeninformation* ist unübersehbar in einem Häuschen am Hafen untergebracht. Geöffnet Mo – Fr 10 – 14 und 18 – 21 Uhr.

Unterkunft & Camping

★★ *Hostal Villa,* Diego Delicado 4, © 981-871075. DZ mit Bad 2500 Pts. Zentral gelegen.

Camping: *Coroso,* 3 km von Ribeira Richtung Padrón entfernt, © 981-838002. Herrlicher, großer Platz, direkt an einem schönen Strand mit Blick auf Ribeira. Zu dem Campingplatz gehört eine zweihundert Jahre alte *Strandtaverne,* wo es recht günstiges Essen gibt. Geöffnet vom 1.6. – 30.9., 2 PAZ 2000 Pts. Es können auch sieben kleine *Bungalows* gemietet werden. 14 Tage kosten allerdings um 60.000 Pts, Strom und Gas inklusive. Ein Bungalow sollte zwei Monate vorher reserviert werden.

▶ Tourbeschreibung

Bei Ribeira beginnt die *Ría de Arousa,* vielfach als die schönste Galiciens bezeichnet und sicher eines der großen touristischen Zentren. Sie bietet auch ideale Bedingungen für die Muschelzucht. Die schwimmenden *bateas* nehmen hier oft riesige Wasserflächen ein. Die an ihnen herabhängenden Seile werden zunächst mit kleinen Muscheln besetzt, die innerhalb kurzer Zeit so groß werden, daß nur Schwimmkräne die tonnenschwere Ernte bergen können. Gleichzeitig ist die Ría de Arousa das Zentrum des galicischen Schmuggels (siehe auch Seite 66).

Gemeinsame Sache: Die Netze der Fischer müssen immer wieder geflickt werden

Bis *Padrón* führt die Küstenstraße durch mehrere Fischerorte, die leicht vom Strandtourismus berührt werden, sich aber hauptsächlich auf Fischfang und Muschelzucht konzentrieren. Die Hostals sind für das, was sie bieten, arg überteuert. Der Ort **Pobra do Caramiñal** ist Schauplatz einiger Werke des Schriftstellers Ramón María del Valle-Inclán (1869 – 1936), weshalb man ihm hier wohl auch ein Museum gewidmet hat, das in dem Renaissance-*Pazo Bermúdez* aus dem 16. Jahrhundert untergebracht ist.

Der Ort **Boiro** erlangte seine größte Bedeutung in der Zeit der Habsburger in Spanien. Von hier aus wurde der Hof mit Austern versorgt. Vom Ortskern Boiros führt eine Straße nach **Barraña** mit einem recht schönen *Strand* und einem Campingplatz:

Camping: *Barraña,* (von Boiro aus Richtung Barraña), © 981-847613, geöffnet 17.7. – 15.9. Sehr kleiner Platz mit einer Bar und warmen Duschen, in Strandnähe. 2 PAZ 2000 Pts.

Vier Kilometer hinter Boiro, vor der Brücke über den *Río Grande,* zweigt nach rechts eine Straße zu den **Cas-**

tros von O *Neixón* ab. Zwei Kilometer hinter der Kirche *San Vicencio* führt ein rund zehnminütiger Fußweg auf den Hügel. Die Castros werden in das 6. Jahrhundert v. Chr. datiert und gehören damit zu den ältesten Galiciens.

Rianxo

Der Fischerort ist vor allem dadurch bekannt, daß er die Heimat des kritischen Karikaturisten, Schriftstellers und Politikers *Alfonso Castelao* (Portrait siehe Seite 55) ist. Das Haus, in dem er 1866 geboren wurde, steht in der Calle Abaixo 42. Durch seinen Kampf für galicische Sprache und Kultur wurde Castelao eine der bekanntesten Persönlichkeiten des Landes. 1950 starb er in Buenos Aires.

Im Ortskern seiner Heimatstadt sind einige typische Straßenzüge mit wappengeschmückten Häusern erhalten geblieben, reizvoll ist der Platz um die gotische *Iglesia Santa Comba* mit dem barocken *Pazo de Martelo* aus dem 17. Jahrhundert.

Die Strände des Ortes *Tanxil* und *Salgueiriña* sind nicht die schönsten, das gastronomische Angebot ist ausgesprochen bescheiden.

Camping

Rianxo, © 981-860104, geöffnet vom 1.6. – 15.9., 150 m bis zum Strand, wenig Schatten 2 PAZ 1800 Pts.

Viele Tascas, in denen die Fässer als Theke dienen, öffnen die Galegos nur für ihre Freunde

VON PADRON NACH PONTEVEDRA

Von der geschichtsträchtigen Hauptstadt der kleinen Pfefferschoten geht es nun direkt in die touristischen Fluchtburgen der Ría de Arousa und Ría de Pontevedra. Die 90 km lange Strecke führt durch die Hauptstadt des Albariño-Weins Cambados zur Halbinsel von O Grove mit dem berühmten Strand Lanzada. Vom mondänen Sanxenxo aus bietet sich eine Tour zu den Ons-Inseln an. Kurz vor Pontevedra liegen Combarro mit seinem idyllischen Dorfkern und der Konvent von Poio mit seinen singenden Mönchen.

PADRON

Schenkt man der Legende Glauben, so begann in Padrón die Geschichte der Pilgerfahrt nach Santiago. Das alte *Iria Flavia,* einer der wichtigsten römischen Stützpunkte in Galicien, war der Ort, an dem das Schiff mit dem Leichnam des in Jerusalem enthaupteten Apostels ankam. Man will sogar genau wissen, wo das Boot festmachte: nämlich an einer römischen, eigentlich dem Meeresgott Neptun geweihten Säule, die damals am Ufer des *Río Sar* stand, und sich heute unter dem Hauptaltar der *Iglesia Santiago* befindet. Sie wird sichtbar, wenn der Pfarrhelfer zwei Holztüren aufklappt und zum tausendsten Mal die Legende zum besten gibt – gegen eine kleine Spende, versteht sich (9.30 – 13 und 15 – 19 Uhr).

Diese heidnische Säule ist auch die Namensgeberin Padróns, sie wird als *piedra* (Fels) oder *pedrón* bezeichnet. Doch nicht nur die Römer nutzten den geschützen – heute nicht mehr existierenden – Flußhafen, den sie Iria Flavia nannten, denn schon vor 3000 Jahren kannten ihn phönizische Kaufleute. Der berüchtigte Almanzor verwüstete 997 Stadt und Hafen, im 11. Jahrhundert war Iria Flavia eine beliebte Beute normannischer Horden. Zu Beginn des 12. Jahrhunderts ließ Santiagos umtriebiger Bischof Gelmírez schließlich im Hafen Schiffswerften anlegen, in denen die erste spanische Flotte gebaut wurde.

Einen Eindruck von den Befestigungsanlagen des einstigen Hafens vermitteln jedoch nur noch die *Torres del Oeste* in der Nähe *Catoiras,* die Gelmírez zum Schutz vor Überfällen der Wikinger an der Mündung des Ulla über vermutlich phönizischen Bollwerken errichten ließ.

Zu Zeiten von Gelmírez nannte man Iria Flavia bereits Padrón. Der kleine Vorort 2 km nördlich des Stadtkerns heißt aber bis heute **Iria.** Hier liegt auch die **Colegiata Santa María a Dina.** Sie war die Kirche des Bischofssitzes, der 899 nach Santiago de Compostela verlegt wurde. Übrigens genehmigte der Papst diesen Umzug erst fast 200 Jahre später, im Jahr 1095. Von der frühen bischöflichen Residenz ist nichts mehr erhalten. Santa María ist ein spätromanischer Bau und wurde im 18. Jahrhundert weitgehend umgestaltet und restauriert. Das Hauptportal stammt noch aus dem 11. Jahrhundert. Ein Hinweis auf die Gräber von 28

Bischöfen, die sich nach Iria Flavia flüchteten, als Almanzor Santiago verwüstete, und in der Kirche begraben sind, fehlt. Rechts neben ihr liegen die Trümmer einiger mittelalterlicher Grabmäler.

Vor dem Friedhof, direkt an der Durchgangsstraße N 550, ist der Kopf des Literatur-Nobelpreisträgers von 1989, *Camilo José Cela,* als moderne Plastik zu sehen. Der Autor von »Pascual Duartes Familie« und »Der Bienenkorb« wurde 1916 hier geboren (siehe auch Seite 76). Ein Platz ist bereits nach ihm benannt, eine lokale Stiftung mit einem *Museum* seines Namens gibt es ebenfalls schon. Hier kann Mo – Fr die Bibliothek des berühmten Galiciers besichtigt werden. Padrón war auch für einige Jahre die Heimat der größten Dichterin Galiciens, *Rosalía de Castro.* Ihr Wohnhaus, in dem sie bis zu ihrem Tod 1885 lebte, ist heute ein **Museum,** die *Casa Museo Rosalía de Castro.* Der Gedichtband »An den Ufern des Sar« spiegelt einiges von ihrem Leben in Padrón wider. In der *Alameda Espolón,* just am Ufer des Sar, steht ein ihr gewidmetes Denkmal.

Von dort aus bietet sich ein Spaziergang über die Sar-Brücke zur berühmten **Fuente del Carmen** an, aus der angeblich Wasser sprudelt, seitdem der Heilige Jakobus sie während seiner Missionsreise durch Spanien dreimal mit seinem Stab berührt hat. Ein Relief an dem schönen Brunnen zeigt das Boot mit dem Leichnam des Apostels, dessen Kopf von einem Engel gehalten wird. Oberhalb des Brunnens erhebt sich die strenge Fassade des **Convento del Carmen** aus dem 18. Jahrhundert. Am Klostergarten führt eine Treppe zu dem beliebten Heiligtum *Santuguiño* hinauf. Dort steht eine Figur des Apostels zwischen merkwürdig gespaltenen Felsblöcken. Es heißt, hier sei Jakobus auf der Flucht vor Räubern sein Stab zerbrochen.

Am 25. Juli ist das Gelände Schauplatz einer gut besuchten Romería.

Verbindungen

Zug: Ein Fahrplan hängt an einer Fensterscheibe der kleinen Bahnstation. Nach Santiago und A Coruña zwischen 8.17 und 23.14 Uhr 7x täglich, nach Vigo zwischen 6.41 und 21.36 Uhr ebenfalls 7x täglich.

Bus: Die Haltestelle befindet sich schräg gegenüber vom Stadtpark an der Ecke der Calle Santo Domingo, wo die Abfahrtszeiten auch angeschlagen sind.

Stündlich fahren Busse nach Santiago.

A Coruña 6x täglich zwischen 8 und 19.15 Uhr.

Vigo 10x täglich zwischen 8 und 20.30 Uhr.

Nach Ferrol 4x täglich, nach Noia 4x täglich, nach Ribeira 14x täglich, nach Cambados 5x täglich.

Unterkunft

★★ *Hotel Chef Rivera,* Enlace Parque 7, ✆ 981-810413, DZ 5500 – 6200 Pts. Komfortable Zimmer mit Bad und Telefon.

★ *Hostal Xardín,* Salgado Araujo 3, an der Abzweigung zur Casa Museo Rosalía de Castro, © 981-810950, DZ 3000 – 4500 Pts. Sehr schöne Zimmer in einem alten Haus, wir waren entzückt.

Hostal La Ponderosa, Calvo Sotelo 2, © 981-810302. Zentral, etwas laut gelegen; sehr schöne, saubere Zimmer. DZ 3500, ohne Bad 2500 Pts.

Essen & Trinken

Der Name Padrón taucht von Ende Juni bis September in fast allen Bars Galiciens auf, aber immer nur in Zusammenhang mit *pimientos,* kleinen Pfefferschoten, die während der Saison leicht angebraten und mit Salz überstreut kiloweise verzehrt werden. Padrón und das nahe Herbón sind das Hauptanbaugebiet der Pimientos. Gerade hier sollte man sie also einmal probieren.

Restaurant Chef Rivera, Enlace Parque 7, © 981-810413. Spezialitäten des bekannten, nicht ganz billigen Lokals sind Seeteufel (*rape*) und Seehecht mit Herzmuscheln. Ab und zu läßt sich hier auch der Schriftsteller Camilo José Cela blicken. Menü ab 1200 Pts.

Taverne Os'Carissos, versteckt zwischen modernen Gebäuden an der großen Kreuzung der Avenida Pontecesures. Serviert gute Tapas, Pimientos und einen ausgesprochen süffigen Landwein (*Ulla*).

Bar Capilla, Gasse Generalísimo Franco. Besonders urig.

Museum

Casa Museo Rosalía de Castro (Hinweisschild am Stadtpark), gegenüber dem Bahnhof, geöffnet 9.30 – 14 und 16 – 20 Uhr, Mo geschlossen. Eintritt 100 Pts. An der kleinen Verkaufstheke im Eingang des Museums ist keine deutschsprachige Literatur zu bekommen, Führungen durch das Haus gibt es überhaupt nicht. In dem hübschen Bauernhaus, wo die Dichterin bis zu ihrem Tod 1885 mit ihrem Mann, dem Historiker *Manuel Martínez de Murguía,* und ihren sechs Kindern lebte, sind vor allem Fotografien und Porträts der Familie zu sehen. Einige wenige handschriftliche Aufzeichnungen, frühe Editionen und persönliche Gegenstände sind zwar ausgestellt, doch fast nie näher erklärt. Ansonsten ist das Museum ein Sam-

Lange Tafel am 1. August beim Fest der Pfefferschote

melsurium des Rosalía-Kultes von japanischen Widmungen bis hin zu amerikanischen Doktorarbeiten.

Catoira

Die Heilquellen, deretwegen der kleine Ort einmal halbwegs bekannt war, sprudeln schon seit langem nicht mehr. Das alte Badehaus steht zwar noch zwischen Fabrikanlagen in der Nähe des Bahnhofes, die Badewannen sind aber von einer jahrzehntealten Staubschicht überzogen.

Heute wird Catoira hauptsächlich im Zusammenhang mit der **Wikinger-Fete** genannt, die sich alljährlich an der Festungsruine *Torres de Oeste* abspielt, die Erzbischof Gelmírez im 12. Jahrhundert zum Schutz des Hafens von Padrón errichten ließ und seit einigen Jahren im Schatten einer wenig schönen Betonbrücke liegt. Am Mittag des ersten Augustsonntages belagern mehrere tausend Schaulustige die Festung, um die martialische Landung der johlenden Nordmänner – zum größten Teil Studenten aus Santiago – mitzuerleben. Gemäß der Spielregeln wird die Schlacht zwar immer von den katholischen Verteidigern gewonnen. Die Tageshelden sind jedoch die pappbehelmten und kuhgehörnten Barbaren, die nicht davor zurückschrecken, sogar die Leibwächter des Regierungschefs Fraga, der auch manchmal kommt, mit blutrotem Wein zu besudeln. Die spektakuläre Gaudi dauert etwa zwei Stunden, danach fahren die meisten Wikingerfans wieder ab.

Nachdem das einst nur lokal bekannte Spektakel nationalen Ruf erlangt hat, strebt der Stadtrat Catoiras nun auch eine Städtepartnerschaft mit dem dänischen Ort *Frederikssund* an, dessen Wikinger seit 1993 an dem Spektakel teilnehmen. Denn in ihrem Heimatort fallen – unter ähnlichen Umständen wie in Catoira – die Wikinger schon seit 40 Jahren ein.

Wer nicht zu dem Jahresereignis in Catoira ist, kann zumindest den Hügel links am Ortsausgang Catoiras erklimmen. Dort hat man zwei für die

Wie die wilden Wikinger: Alljährlich wird am 1. August Catoira unsicher gemacht

Gegend einst typische **Windmühlen** rekonstruiert, die heute in Galicien nur noch ausgesprochen selten zu sehen sind.

Windmühlen kommen in Galicien kaum noch vor

Verbindungen

Zug: Nach Santiago 8.03 und 23.01 Uhr, Coruña 5 x täglich, Vigo 6 x täglich

Bus: Die Bushaltestelle liegt am Rathaus gegenüber der *Bar Vikingo.* Täglich 5x nach Santiago, 5x täglich nach Cambados über Vilagarcía.

Unterkunft & Camping

★★ *Hostal Hipólito,* Puente 3, © 986-546107. DZ mit Bad 3200 Pts, ohne Bad 3000 Pts.

★ *Casa Emilio,* direkt an der kleinen Bahnstation, © 986-546013. DZ ohne Bad 2000 Pts. Über dem sehr preiswerten Restaurant der Casa Emilio (Spezialität: *Neunauge*) werden günstig Zimmer vermietet.

Camping: *Río Ulla,* Richtung Villagarcía, © 986-505997, 2 PAZ 1900 Pts, geöffnet 1.4. – 15.9. Zwischen Fluß und Bahnlinie gelegen, kein Schatten, Cafeteria, Supermarkt, im Ganzen lieblos.

Vilagarcía de Arousa

Zwar wird die rund 32.000 Einwohner zählende Stadt im Herzen der *Ría Arousa* gern als Sommerfrische gepriesen, doch entstammt diese Bezeichnung wohl noch der Zeit der mondänen Grand-Hotels, als das Wort Tourismus nur denen geläufig sein konnte, die sowieso das ganze Jahr Urlaub machten. Die Promenade Vilagarcías wird von Villen gesäumt, in denen bis heute vor allem reiche Familien aus Santiago ihren Sommer verbringen. Dazwischen tauchen jedoch viele kleine Sommerpaläste auf, die seit Jahrzehnten nicht mehr bewohnt werden. Besonders oberhalb des Hafens an der Straße Richtung Vilaxoán verfallen die altmodischen und unbezahlbar gewordenen Villen. Das Urlaubsgeschäft wird heutzutage woanders gemacht.

Die »Perle der Rías« lebt hauptsächlich von ihrem Fischerei-Hafen, der einer der wichtigsten der wohlhabenden Provinz Pontevedra ist. Sie ist aber auch eines der Schmugglerzentren Galiciens.

Das Stadtbild wird von ansehnlichen Bürgerhäusern und einigen

Adelspalästen geprägt, deren eindrucksvollster der *Palast Vista Alegre* aus dem 16. Jahrhundert ist. In ihm ist heute eine Schule untergebracht. Der gleichnamige *Konvent,* durch eine Straße vom Palast getrennt, wurde 1648 von dem Bischof Fernando Andrade y Soutomaior gestiftet.

Einen phantastischen Blick über die ganze Ría Arousa ermöglicht der **Mirador Lobeira,** etwa 5,5 km von Villagarcía entfernt. 1896 wurde er als Denkmal für die Toten des Meeres errichtet, 1991 restauriert.

Verbindungen

Abfahrtszeiten sind täglich auf Seite 2 der Vilagarcía-Ausgabe der Zeitung »La Voz de Galicia« abgedruckt.

Zug: *Estación de Ferrocarril,* Lopéz Ballesteros s/n, © 986-501601.

Nach Santiago 8 x täglich, Coruña 8 x täglich, Vigo 9 x täglich.

Bus: *Estación de Autobuses,* Avda. Lopéz Ballesteros s/n, © 986-507723.

Nach Cambados 6 x täglich, O Grove wochentags 4 x täglich, mit *La Unión.*

Pontevedra 8 x täglich, *Nuñez Barros.*

Santiago wochentags 5 x täglich, Vigo wochentags 2 x täglich mit *Castromil.*

Unterkunft

★★★★ *Hotel Pazo O Rial,* 3 km Richtung Cambados, © 986-507011, Fax -501676. DZ 12.000 Pts. Ein zum luxuriösen Hotel umgestalteter Pazo aus dem 17. Jahrhundert mit allem erdenklichen Komfort.

★★ *Hostal Leon XIII,* Avda. Marina 7, © 986-506383. DZ 5000 Pts. Schönes Hostal mit kühlen Zimmern, angenehme Atmosphäre, am Hafen gelegen.

★ *Hostal Cantabria,* Avda. Marina 110, © 986-503859. DZ 4000 Pts. Gemütliche Zimmer mit Blick auf den Hafen.

★ *Hostal La Arenas,* Concepción Arenal 18, © 986-502700. DZ mit Bad 4000 Pts, ohne Bad 3500 Pts. Etwas abgelegen, nicht sonderlich komfortabel, aber sauber.

Essen & Trinken

Obwohl auch in Vilagarcía selbst gute Restaurants zu finden sind, empfehlen wir den Hafen des Vorortes **Carril,** wo man ganz ausgezeichnet – und preiswert – essen kann:

Loliña, Alameda 1, © 986-501281. Spitzenlokal der gehobeneren Preisklasse, geschmackvoll eingerichtet.

Furruxa, Alameda, © 986-501645. Günstiger als das Loliña, aber ebenso gut. Ein Menü mit Herzmuscheln aus eigener Zucht kostet 1200 Pts.

Bars: Zu späterer Stunde füllen sich die Bars vor allem um den Hafen von Vilagarcía. Es lohnt sich, zwischendurch mal einen Blick in den:

Pub Museo (Avda. Marina 66) zu werfen, der sich wohltuend vom galicischen Pub-Einerlei abhebt. Gemischtes Publikum.

Weitere Informationen

Oficina de Turismo, geöffnet 9 – 14 und 16.30 – 18.30 Uhr, Sa 10 – 14.30

Uhr. Hier bekommt man unter anderem einen brauchbaren Stadtplan.

Vilanova de Arousa

Der Fischerort hat sich, trotz des ständig anschwellenden Touristenstroms, einiges von seinem alten Flair erhalten können. Im Ortskern sind noch viele der alten Häuser bewohnt, unter anderem auch das Geburtshaus des Schriftstellers Valle-Inclán. Es ist daher auch nicht zu besichtigen.

Die Sommerurlauber tummeln sich etwas außerhalb von Vilanova entlang der **Playa As Sinas,** vornehmlich in Apartmenthäusern.

Unterkunft & Camping

Eine ganze Reihe **Campingplätze** hat sich auf der anderen Seite Vilanovas, an der Brücke zur *Insel Arousa,* in einem Eukalyptuswald angesiedelt:

Arco Iris, Playa del Terrón, © 986-555444. Ganzjährig geöffneter kleiner Platz mit Schatten, 2 PAZ 1900 Pts. Die Nacht im Hotel kostet mit Frühstück 16.000 Pts.

Paisaxe, auch an der Playa O Terrón, © 986-554656, ganzjährig geöffnet. Neue und sehr saubere Sanitärinstallationen, im oberen Teil im Schatten eines Eukalyptuswalds. 2 PAZ 2100 Pts.

El Terrón, Playa O Terrón, © 986-554394. Der schattige, schon ein bißchen ältere Platz ist sehr gut besucht. 15.6. – 30.9. geöffnet. 2 PAZ 2000 Pts.

Jugendherberge: *As Sinas,* © 986-554081, Playa As Sinas. Unter 26 Jahren 625 Pts, darüber 900 Pts. 144 Betten, 15.6. – 15.9. geöffnet.

Illa de Arousa

Obwohl seit einigen Jahren über eine imposante Brücke mit dem Festland verbunden, ist die langgezogene Insel an ihren beiden äußeren Enden immer noch ein beliebter Urlaubsort für Camper. Wildcampen ist unter Androhung hoher Strafen allerdings streng verboten. Die schönen, insgesamt acht **Strände** der Insel sind verhältnismäßig schwach besucht.

Typisches Fischerflair erwartet den Besucher im Inselort **Illa de Arousa.** Wer um den 25. Juli hier ist, sollte sich keinesfalls das *Miesmuschelfest* entgehen lassen, zu dem sieben Tonnen dieser Meeresfrucht gratis verteilt werden. Entlang des Hafens zeigen dann über zwanzig Stände, wie vielfältig Miesmuscheln zubereitet werden können.

Unterkunft & Camping

Es kann sich durchaus lohnen, in den kleinen Bars des Ortes nach Privatunterkünften zu fragen. Die Hostals sind recht teuer.

★ *Benalua,* © 986-551335. DZ mit Bad 4800 Pts.

★ *Tamanaco,* © 986-551049, DZ 6500 Pts.

Camping: *Salinas,* Playa Xastelas (2. Straße links hinter der Brücke), © 986-527444, 1.6. – 30.9. geöffnet. Kleiner, fast schattenloser, etwas schmuddeliger Platz, dafür aber direkt an wenig besuchten Stränden gelegen. 2 PAZ 1800 Pts.

Cambados

Der eigentlich aus drei Dörfern bestehende Ort, nämlich *Cambados, Fe-*

fiñans und *Santo Tomé*, wird gerne als der schönste der Ría bezeichnet, woran man auch gar nicht zweifeln mag, wenn sich plötzlich die **Plaza Fefiñans** öffnet, vom gleichnamigen *Pazo* und der *Iglesia San Benito* gerahmt. Die zwei Terrassencafés unter schattigen Bäumen machen hier einen Halt fast obligatorisch.

Bei einem etwas längeren Rundgang läßt sich schnell feststellen, daß Cambados geradezu überquillt vor kleinen und größeren Palästen. Der eindrucksvollste ist sicherlich der **Pazo Fefiñans,** im 17. Jahrhundert von dem illustren José Pardo de Figueroa, dem spanischen Botschafter beim russischen Zaren, im klassizistischen Stil erbaut. Die verspielte Brücke über die heutige *Avenida de Rosalía de Castro* ist eine von vier, die ehemals den Platz einfaßten. Der **Pazo Bazán** aus dem 17. Jahrhundert gehörte einst der Schriftstellerin und Gräfin Emilia Pardo-Bazán aus A Coruña. Heute können auch Leute dort wohnen, die nicht blaublütig sind – in den 60er Jahren wurde dort der *Parador del Albariño* eingerichtet (heute *de Cambados).* Ein weiteres Beispiel gehobener galicischer Lebensart begegnet dem Besucher an der **Plaza del Rollo** mit dem *Pazo Fajardo,* oder in der *Calle Hospital* mit dem *Pazo de los Couto.*

Sehr viel älter als die Adelshäuser ist der **Turm Saturniño,** der vom Hafen aus sichtbar auf einer kleinen Insel steht. Die im 10. Jahrhundert erbaute Befestigung diente dem Schutz des Hafens, aber auch als Zufluchtsort für Juana de Castro, nachdem König Pedro I. der Grausame (1350 – 1369) sie nach eintägiger Ehe verlassen hatte.

Ein dagegen sehr romantischer Ort ist die Ruine der **Iglesia Santa Marina d'Ozo,** die 1943 zum Nationaldenkmal erklärt wurde. Die verbliebenen freischwingenden Gewölbebögen stammen aus dem 15. Jahrhundert. Mitten in der spätgotischen Anlage mit einigen Stilelementen der Renaissance werden bis heute Gräber angelegt. Ganz das Gegenteil solcher Vergänglichkeitsromantik ist der unbeschreibliche Betonfriedhof daneben. Vom *Aussichtspunkt* oberhalb Santa Marinas hat man einen schönen Blick auf Cambados.

Wer es nicht vorher wußte, wird spätestens in einer der vielen Weinhandlungen darauf aufmerksam gemacht, daß er sich in der »Hauptstadt des Albariño-Weins« befindet. Der **Albariño** ist ein sehr guter Weißwein, dem man gerne ein edles Image verpaßt – in den »Ritterorden« des Albariño werden auch die letzten Weinbanausen aufgenommen, solange sie nur berühmt sind. Mönche aus dem französischen Cluny brachten die edle Traube in die galicischen Rías Bajas.

Eine Kostprobe bietet sich am ehesten zum ersten Augustwochenende an, wenn während der bekannten *Fiesta del Albariño* unzählige Flaschen entkorkt werden.

Weniger publikumsträchtig ist ein anderes Geschäft in Cambados: der Schmuggel. Bis zu den großangelegten und erfolgreichen Razzien der letzten Jahre war Cambados eine der Hochburgen der unverzollten Ware (siehe auch Seite 66). Unverzollte Zigaretten raucht man in Cambados immer noch am liebsten – der staatliche Tabakladen verkauft nebenher Albariño.

Unterkunft

★★★ *Parador de Cambados,* Paseo de Cervantes, ✆ 986-542250, Fax -542068. DZ ab 11.500 Pts, in HS 15.000 Pts. Für die gebotene Leistung eine eigentlich günstige Unterkunft. Mit Swimmingpool und Tennisplatz.

★ *Hotel Carisan,* Eduardo Pondal 3, ✆ 986-520108 oder -542470. DZ mit Bad 6000 Pts.

Onoso Bar, Xesteira-Castrelo, ✆ 986-543941, DZ ab 3000 Pts. Die günstigste Unterkunft im noblen Cambados.

Essen & Trinken

Gute Restaurants sind in Cambados reichlich zu finden. Sie sind aber auch der Noblesse des Ortes entsprechend recht teuer.

O'Arco, Real 14, ✆ 986-542312. Das in einem Nebengebäude des Pazo Fefiñans gelegene Restaurant ist zwar kitschig eingerichtet, serviert aber ausgezeichneten Fisch zu angemessen hohen Preisen.

Casa Rosita, Calle Isabel II. 11, ✆ 986-542039. Eines der preisgünstigsten Restaurants von Cambados, Menü ab 800 Pts.

Das nur am Wochenende existente **Nachtleben** von Cambados spielt sich zwischen der Straße Isabell II. und der Plaza do Rollo ab. Dort verstecken sich auch einige gemütliche Tapa-Bars.

Geführte Stadtrundgänge mit einem Besuch einer Albariño-Weinkellerei können unter ✆ 986-524678 vereinbart werden.

TurGalicia bietet auf der Albariño-Weinroute von O Salnés (Cambados, Meaño, Sanxenxo, Caldas, Vilagarcía) geführte Touren zu 28 Kellereien: ✆ 981-542520, Fax -537588.

O Grove und die Isla A Toja

Eine Schönheit ist das an der Spitze einer Landzunge liegende »Paradies der Meeresfrüchte« wirklich nicht, kunsthistorische Sehenswürdigkeiten sucht man vergeblich. Der vielleicht einmal vorhanden gewesene Charme eines Fischerdorfes hat sich längst verflüchtigt, die geschmacklose galicische Kastenarchitektur der Moderne prägt eindeutig den Charakter O Groves. O Grove war einer der ersten Orte Spaniens, in denen das Tourismusgeschäft betrieben wurde.

Bereits um die Jahrhundertwende zog es die Reichen auf die vorgelagerte Insel *A Toja* (auch *Toxa),* um dort zwischen Grandhotel, Spielcasino und Thermalbad die Sommerlangeweile zu überbrücken. Daran hat sich bis heute wenig geändert, denn es kommt nie aus der Mode, Geld zur Schau zu stellen. Sogar Spaniens Diktator Franco verbrachte in dem Snob-Mekka Galiciens am liebsten seinen Urlaub. Zwischenzeitlich sind lediglich etliche überteuerte Appartmentbunker sowie ein Golfplatz hinzugekommen. Tagsüber fallen ganze Horden von Souvenirhändlern über das Luxuseiland her und versuchen,

Kitsch unter das besichtigende Fußvolk zu bringen. Nicht weniger kitschig als die unsäglichen Muschelarrangements ist die ganz mit Jakobsmuscheln verkleidete *Kapelle* im Park der Insel – angeblich die meistfotografierte Galiciens. Eine Seifenfabrik auf der Insel versprüht nicht nur wohlriechende Düfte.

Von diesem Rummel ist im festländischen O Grove nur wenig zu spüren, allerdings bescheren ihm die Nähe des *Lanzada-Strandes* und der gute Ruf seiner Fischrestaurants enorm viele Sommergäste. Dabei geht es in O Grove im Vergleich zu Sanxenxo eher familiär und ruhig zu, denn trotz allem konzentrieren sich die Einheimischen mehr auf Fischfang und Muschelproduktion sowie natürlich deren Zubereitung. Die zahlreichen Restaurants machen das deutlich.

Über den ungewöhnlich hohen Anteil deutscher Urlauber muß man sich übrigens nicht wundern, denn seit einigen Jahren locken zwei recht preisgünstige Sprachschulen eine ganze Menge vor allem junger Deutscher an.

Mitte Juni findet das Pferdetreiben *Curro de Morgadanes* statt.

Das Aquarium

Seit kurzem ist die Halbinsel O Grove um eine Attraktion reicher: Sie heißt *Aquariumgalicia* und zeigt in 18 Becken die Lebensgewohnheiten von mehr als 150 Arten und mehr als 15.000 Tieren der galicischen Küsten, des Mittelmeerraums und der Tropen. Hautnah lassen sich dort Haie, Torpedofische und Wasservögel beobachten. Aquariumgalicia liegt am Nordende der Halbinsel O Grove. Im Sommer täglich geöffnet 11 – 21.30 Uhr, im Winter 11 – 14 und 16 – 20 Uhr. Der Eintritt kostet 775 Pts, für Kinder 475 Pts. © 986-731515, © & Fax -732968.

Verbindungen

Die Bushaltestelle O Groves befindet sich am Hafen, schräg gegenüber der Bar Corgo, in der auch ein Fahrplan hängt. Nach Pontevedra 15x täglich, Vilagarcía 4 x täglich.

Vigo täglich 8, 15 und 19.45 Uhr (*La Unión,* © 986-730355).

Unterkunft

In Grove gibt es eine Unzahl von Hotels, die zur Hochsaison aber relativ teuer sind.

★★★★★ *Gran Hotel de La Toja,* Isla de La Toja, © 986-730025. DZ 26.000 Pts. Eine Nacht in dem blitzweißen Hotelklassiker ist wohl die teuerste ganz Galiciens.

★★★ *Bosque Mar,* Reboredo el Grove 93, © 986-731055. DZ 9500 Pts. Zwar ein bißchen außerhalb, dafür mit allen Annehmlichkeiten.

★★ *La Noyesa,* Praza d'Arriba 5, © 986-730923. DZ 6600 Pts. Angenehmes Hostal, zentral gelegen.

★ *Casa Maruja,* Agueira 30, © 986-731018, DZ mit Bad 4000 Pts, ohne Bad 3000 Pts. Hier gibt es auch günstiges Essen.

Bar Antoxo, Castelao 88, © 986-730210. DZ mit Bad 3000 Pts.

Marisquería Lusán, Castelao 65, © 986-730353. DZ mit Bad nebendran 2500 Pts.

Sehr preisgünstige und dazu noch schön gelegene **Zimmer** vermietet *Maria José Mascato*, © 986-730261, Praza d'Arriba 1 (im Zeitschriftenladen fragen). DZ mit Bad im Flur um 2000 Pts.

Durchaus lohnend kann es sein, in den beiden in Grove ansässigen *Sprachschulen* nach Zimmern zu fragen. Auch wenn alle eigenen Schülerwohnungen belegt sind, kennt man dort die eine oder andere Privatunterkunft.

Camping

Der erste Platz nach Grove befindet sich in Richtung San Vincente und heißt:

Camping Moreiras, 2 Paz 2200 Pts, © 986-731691. Er liegt am gleichnamigen, schattigen Strand, Bar.

Sol y Mar, unter Mischbäumen, © 986-738136, 2 PAZ 2000 Pts. Mit Restaurant und einem kleinen Spielplatz.

Essen & Trinken

Gute Meeresfrüchte bekommt man in fast allen Restaurants, doch einen besonders guten Ruf genießt die:

Casa Pepe, Castelao 149, © 986-730235. Preisgünstiger und zünftig sind:

Taberna Arauxo, Pablo Iglesias 11, © 986-731727, und *Taberna O Pescador*, Pablo Iglesias 9, mit gemütlicher Terrasse im Hinterhof.

Ristorante Amalfi, Beiramar 40, © 986-732624. Empfehlenswerte Adresse für alle, die von Mariscos genug haben. Gute italienische Küche.

Nachtleben

Obwohl Grove oft in einem Atemzug mit Sanxenxo und Baiona genannt wird, ist das Nachtleben nicht sonderlich ausgeprägt. Der letzte Kaffee des Tages wird zumeist in den Cafés der Rúa Castelao geschlürft, die ersten Copas in Pubs wie *Bao Bar*, *Xecas*, *K.tres* oder *Edición limitada* bestellt. Die letzten Nachtschwärmer treffen sich in den Discos *Wind* oder *Scorpio*.

Nützliche Adressen

Die *Oficina de Turismo*, Praza do Corgo, © 986-731415, ist ein kleines Häuschen am Hafen in der Nähe des Fischerdenkmals.

Post: Castelao 58, © 986-731433.

Telefon: Mehrere Telefonkabinen an der Praza d'Arriba. Der Kiosk davor verkauft auch deutsche Presse.

▶ Tourbeschreibung

Zwischen O Grove und San Vincente liegt nach 2 km der Aussichtspunkt **Monte Siradela.** Der Blick schweift über die Miesmuschelflöße und die silbrig glitzernden Autoreihen an der sieben Kilometer langen **Playa Lanzada.** Sobald der Bräunungseffekt der Sonne nachläßt, stauen sich diese Wagen bis nach Pontevedra.

Die Strecke zwischen O Grove und Sanxenxo ist mit etlichen Hotels, einigen Discos, einem Dutzend Campingplätzen und Stränden gepflastert, die nicht immer die gleiche Qualität haben. So ist die **Playa Moureiras** am gleichnamigen Camping sauber, der *Mexilloeiro-Strand* gleich daneben oft veralgt und dreckig. Sein Name weist auf die Miesmuschelzucht hin, die sich an den Flößen im Blickfeld der Badenden abspielt.

Auch am Ort **San Vicente del Grove** liegen kleine Strände: *Area Grande* und *Carreiro.* Hinter dem Bungalowklotz von *San Vicente del Mar* geht es dann richtig rein ins Getümmel. Dabei hat Galiciens berühmtester Strand, die **Playa Lanzada,** kälteres Wasser als die durch Buchten geschützten Strände. Und die Strömungen reißen jedes Jahr ein paar Badende mit, die sich zu weit hinaus getraut haben.

Am östlichen Ende der Playa Lanzada liegt die Ruine eines *Wachturms,* von dem aus einst Wikingerschiffe gesichtet wurden.

Dahinter feiert man an der spätromanischen **Capilla Santa María de Lanzada** am letzten Augustsonntag die berühmte *Wallfahrt der neun Wogen.* Die hat einen heidnischen Hintergrund: Frauen, die am Lanzadastrand um Mitternacht zu *San Juan* (24. Juni) neunmal von Wogen überspült werden, sollen dadurch fruchtbar werden.

Portonovo

Der 1 km entfernte Nachbarort Sanxenxos bietet schon einen Vorgeschmack darauf, was Touristenrummel »a la galega« ist: um Strand und Hafen türmen sich etagenweise Ferienzimmer, Restaurants und Bars. Empfehlenswert findet ein Leser die

Bar *O'Buraco:* am Hafen. Serviert »Super Meeresgetier«.

Segelschule: *Club Náutico Rías Bajas,* fünf Tage, je vier Stunden 15.000 Pts. Segelausflüge.

Tennis: *Club Portotenis,* Adigna Pombal s/n, ✆ 986-691052. Drei Plätze, pro Stunde 1000 Pts.

Isla de Ons

Mit den kleinen Sandstränden, Felsformen wie die der »Höllenhöhle« *Buraco do Inferno,* dem Leuchtturm und den Spazierwegen zwischen Disteln und Sträuchern ist die Ons-Insel ein schönes Ausflugsziel an der *Ría de Pontevedra.*

Die wenigen Inselbewohner leben hauptsächlich von den Tavernen am Anlegesteg. Sie bitten die Besucher, nicht vom Weg abzugehen und besonders beim Picknick keinen Müll zu hinterlassen. Denn auf der fünf Kilometer langen Insel und der kleinen südlichen *Isla de Onza* (*Onceta*) leben Seevogelkolonien.

Infos: Ein *Tourismusbüro* verteilt Übersichtspläne. Wer hier seinen Ausweis vorlegt, kann kostenlos auf einem der beiden *Campingplätze* zelten.

Fähre: Boote ab Portonovo, Sanxenxo, Bueu. Hin und zurück 1400 Pts, Anfahrt etwa 45 Minuten, von Bueu etwas länger. Das letzte Schiff nach Sanxenxo über Portonovo fährt um 19.30 Uhr von der Insel zurück.

Von Portonovo ab Hafenmole: 10.15, 12, 15, 16.30 und 18 Uhr.

Sanxenxo

In den 50ern war das höchste Gebäude Sanxenxos die Dorfkirche. Heute fällt sie zwischen den hohen Hotels und Ferienbungalows im Einheitsstil kaum noch auf. Der Fischerort hat einen schönen Yachthafen und den halbrunden, gepflegten Silgar-Strand mit warmem Wasser ohne Strömungen. Das hat Sanxenxo neben A Toja und Baiona zu Galiciens Touristenmetropole gemacht. So ziemlich jedes dritte Auto hat zur Hochsaison ein Madrider Kennzeichen. Ihre Besitzer fliehen vor der madrilenischen Sommerhitze besonders gern in dieses »Marbella Galiciens« mit den sündhaft teuren Supermärkten, Hotels und Restaurants. Relativ günstig ist da höchstens noch die Segelschule im *Club Náutico.* Dahinter am Hafen liegt die attraktive Bar *El Templo del Sol,* die sich in eine Vielzahl von Discotheken und Bars einreiht. In Sachen Nachtleben schlägt das kleine Sanxenxo die Provinzhauptstadt Pontevedra um Längen.

Verbindungen

Bus: Haltestellen entlang der Calle Progreso. Nach Pontevedra und O Grove sogar an So und Fei 10x täglich

Fähre: Ab dem Hafen nach O Grove 10, 12, 16.15 und 18 Uhr, nach Portonovo 10.15, 12.15, 16.30 und 18 Uhr.

Zur Insel Ons 11, 13, 17.15 und 19.30 Uhr.

Unterkunft & Restaurants

Die Hotels sind zahlreich und teuer. Abgesehen vom nahen Campingplatz kosten die beiden billigsten Unterkünfte pro Nacht und Doppelzimmer schon 70 DM.

★★★ *Rotilio,* Avda. del Puerto s/n, © 986-720200, Fax -724188, DZ 13.500 – 16.200 Pts, das luxuriöseste vor Ort, schön eingerichtet mit Blick vom Balkon auf Hafen und Strand. Das dazugehörige Restaurant gilt als besonders gut.

★ *Venezuela,* Carlos Casas 6, © 986-720086. DZ 5000 Pts, dazu ein einfaches Restaurant, Menü 1000 Pts.

★ *Casa Román,* Carlos Casas 2, 986-720031, DZ 5500 Pts.

Camping

Paxariñas, © 986-723055, 2 PAZ 2100 Pts am gleichnamigen Strand in 3 km Entfernung kurz hinter Portonovo. Von Sanxenxo aus der erste der zahlreichen lauten, überfüllten Plätze um den Lanzada-Strand zwischen Discos und Straße.

Monte Cabo, Punta Faxilda, © 986-744141 (Voranmeldung ratsam), 2 PAZ 2000 Pts. Ist unter allen Zeltplätzen eine schöne Ausnahme. Ein Belgier, der deutsch spricht, hat vor wenigen Jahren einen hier ungewöhnlich ruhigen Platz 800 Meter von der Carretera nahe dem Lanzada-Strand eingerichtet: 45 Stellplätze, davon 20 mit Strom, warmes Wasser, Dusche im Preis inbegriffen, ein gemütliches, kleines Restaurant mit guter Küche zwischen Wald und Felsen am Meer.

Airiños do Mar, am Strand Ares 1, 5 km von Sanxenxo Richtung Pontevedra, © 986-723154, 2 PAZ 2200 Pts mit Dusche. Für 112 Personen, daher oft belegt.

Nützliche Adressen

Touristeninfo: Hütte am Strand Silgar, © 986-720285.

Telefon: Telefónica-Häuschen am Hafen.

Segelschule: *Club Náutico de Sangenjo*, Avda. del Puerto s/n, © 986-720059. Fünf Tage, je vier Stunden 7500 Pts. Segelausflüge.

▶ *Tourbeschreibung*

Hinter Sanxenxo auf dem Weg nach Pontevedra ist neben dem *Areas-Strand* besonders der Fischerort **Combarro** einen Besuch wert. Seine *Maisspeicher* zwischen den winzigen, unebenen Gassen im alten Dorfteil sind so auffallend wie die Miniatur-Maisspeicher auf den Souvenirtischen.

Zwei Kilometer entfernt liegt das alte *Benediktiner-Monasterium* von **Poio.** Auf der Anhöhe (*Poio*) war die Abtei im 7. Jahrhundert von dem Heiligen Fructuoso gegründet worden. Die Kirche ist nach mehreren Umbauten 1000 Jahre später im Renaissance-Stil mit barocken Elementen entstanden. Der Kreuzgang mit Brunnen ist im Plateresken-Stil geschmückt. Im Kircheninnern singen samstags die Mönche des Ordens der *Barmherzigen Brüder* das Dankgebet an die Heilige Maria. Zum Monasterium gehört eine übergroße *Herberge* (siehe Seite 303).

PONTEVEDRA

Pontevedra teilt sich in eine lärmende, industrielle Neustadt und eine historische, stille Altstadt. Der griechische Held Teukros soll sie gegründet haben, als er nach dem Trojanischen Krieg um 1200 v. Chr. über die Meere irrte. Die Sage hat einem der vielen schönen Altstadtplätze den Namen Teucro gegeben. Die Römer nannten die Siedlung »Ort der zwei Brücken«, *Ad Duos Pontes,* und später »Alte Brücke«, *Pontis Veteris*, was dann zu *Pontevedra* wurde. Sie ist seit 1841 Provinzhauptstadt. Ihre 70.000 Einwohner an der Mündung des *Río Lérez* bezeichnen sich selbst als sauber, verschwiegen und reich. Sauber sind die gefegten Gassen um die alten Patrizierhäuser, verschwiegen wirkt die Bucht im September, wenn dort bei Ebbe die Muschelsucher im Nebel arbeiten, und reich ist Pontevedras Kunstmuseum, das schon für sich allein einen Besuch lohnt.

Stadtbesichtigung

Die weite, verkehrumtoste **Plaza de España** mit ihrer länglichen Alameda-Allee bietet sich als Ausgangspunkt eines Bummels durch die **Altstadt** an. Gerahmt wird sie neben dem *Rathaus* und der *Provinzverwaltung* von einer Ruine, nämlich der der **Iglesia Santo Domingo.** Im 14. Jahrhundert gebaut, hat man sie so lange verfallen lassen, bis inzwischen nur noch die fünf hohen Apsiden übriggeblieben sind. Im Schatten der zugigen Mauern hat das *Provinzmuseum* Steinmetzarbeiten aus dem Mittelalter, Adelswappen und frühgeschichtliche Funde untergebracht (Di – Fr 10 – 14 Uhr).

Von hier aus zweigt die *Calle Marqués de Riestra* zu den palmenbewachsenen **Jardínes de Vicente** ab. Zum Quietschen der Schaukeln und dem Klappern auf den Terrassencafés gesellt sich das Stiefelknallen vor der Kaserne mit der albernen Portalverzierung: lackierte Geschütze und ge-

Nur die Mode hat sich verändert: auf der Plaza de la Leña 1960

stapelte Kanonenkugeln. Nach Norden zweigt die Bänkerstraße **General Mola** ab, wo das *Tourismusbüro* alles über aktuelle Veranstaltungen weiß, und mündet in die **Calle Michelana.** Die steht immer kurz vor dem Verkehrskollaps, was den Läden sehr bekommt: die *Heladería Ibense* verkauft selbstgemachtes Eis, im Buchladen *Michelana* steht Agatha Christie auf deutsch im Regal und die Konditorei *Solla* in der Nummer 7 hat die »tarta rusa« im Schaufenster, Pontevedras üppige Tortenspezialität aus Mandeln und Butter. An der **Plaza de la Peregrina,** wo der *Kiosk Lito* deutschsprachige Zeitungen führt, steht die schlanke **Peregrina-Kirche** mit dem Grundriß einer Jakobsmuschel. Antonio Souto legte 1778 den hohen Rundbau mit dünnen Türmen an.

Die Pilgerin (*Peregrina*) ist Pontevedras Schutzheilige, und das wird jeden August ausführlich zelebriert: während der 20tägigen *Fiesta de la Peregrina* treten dann bekannte Rockmusiker im Fußballstadion auf, Toreros kommen in Galiciens einzige Stierkampfarena, Kunsthandwerk gibt es auf den Altstadtplätzen und Jahrmarktgeböller überall. Besonders aber auf der **Plaza de Herrería** neben der Iglesia Peregrina. Der weite Altstadtplatz ist fast immer belebt, auf den weißen Bänken gucken alte Leute den raufenden Kindern zu, während auf dem Nachbarplatz *La Estrella* Kellner Tabletts unter buntgestreiften Markisen balancieren.

Durch die Altstadt

Oberhalb der **Plaza de Herrería** liegt als Kontrast zur Peregrina-Kirche die **Iglesia San Francisco** einschiffig und schwerfällig wie auf der Lauer. Sie stammt aus dem 14. Jahrhundert, hat eine große Rosette und ein frühgotisches Portal von 1229. 1994 brannte das Dach ab und mußte ersetzt werden. Im *Innern* unter Holzdecke und Kreuzrippengewölbe liegt an der Apsis das Grabmal von Paio Gómez, der 1248 das maurische Sevilla für Kastilien erobern half.

Von der Plaza La Estrella geht die schmale **Gasse Figueroa** ab. Am Mauerrand sind Holztische aufgestellt, gegenüber werden Muscheln, Sardinen und Tortillas zubereitet. Hier befindet sich Pontevedras Tapa- und Weingasse. Selbst der Schuster *Martínez* in der Nummer 5 verkauft neben handgemachtem Schuhwerk aus leichtem Holz und Kuhleder noch Albariño-Wein aus eigenem Anbau. Am Ende der Gasse liegt die **Plaza de la Leña** als Pontevedras Bilderbuchecke mit kleinen Palästen, Torbögen, grünen Fensterläden und einem Steinkreuz in der Mitte. In dreien dieser Adelshäuser ist ein Großteil des Provinzmuseums untergebracht.

Das Provinzmuseum

Das Museum hat seit 1927 von vorgeschichtlichen Funden bis zur modernen Malerei eine Sammlung zusammengestellt, die von keinem Museum Galiciens übertroffen wird. Die Einrichtung ist originell, die Konzerte und Ausstellungen unbekannter Künstler jedes Jahr im August sind sehr angesehen. Gleichzeitig ist das Museum Studienort mit Bibliothek

Konkurrenten in Sachen Lautstärke: Unbeabsichtigtes Straßentheater in der Altstadt

und einem großen Fotoarchiv. Die Sammlungen verteilen sich auf vier Gebäude, Besucher mit wenig Zeit beschränken sich am besten auf den Rundgang durch die Häuser *Monteagudo* und *García Flórez*. Der Eintritt kostet 200 Pts, Schalter im Monteagudo-Haus, geöffnet Di – Sa 10 – 14.15 und 17 – 20.45 Uhr, So und Fei 11 – 13 Uhr, Mo geschlossen.

Castro Monteagudo: Im Erdgeschoß sind archäologische Funde von der Altsteinzeit über Schmuck aus der Bronzezeit bis zu bleiernen Ankern aus der Zeit des römischen Imperiums ausgestellt. Die einzelnen Vitrinen zeigen Funde aus den nahen Keltensiedlungen *A Guarda* und *Catoira*, römisches Glas, iberische Figuren und griechische Vasen. Etruskischen Votivbildern in Form von Masken und Füßen sind sehr ähnliche aktuelle galicische Wachsbilder vorangestellt, wie sie oft an Kirchenaltaren hängen.

Im oberen Stockwerk mit sehr schöner Holzdecke und Holzfußboden hängen spanische und flämische Gemälde aus dem 16. und 17. Jahrhundert, etwa von Francisco de Ribalta (1565 – 1628) die »Vision des Heiligen Franziskus vom Musikengel«. Im kleinen Italienischen Saal gibt es Gemälde von Giovanni Battista Tiépolo (1696 – 1770) und Luca Giordano (1632 – 1705). Verschiedene Möbel runden das Bild der jeweiligen Epoche ab.

Wieder im Erdgeschoß führt durch einen Seitenausgang eine Steinbrücke in den:

Palacio García Flórez: Hier, so jedenfalls der Direktor, sei die größte *Azabache*-Sammlung der Welt zu sehen. Dieser Schmuck wird aus pechschwarzer, glänzender Gagatkohle gefertigt. Neben romanischen Heiligenfiguren sind dort mehrere Schiffsmodelle untergebracht. Eines stellt die Fregatte *Numancia* des galicischen Admirals Méndez Nuñez dar. Mit ihr hat er 1863 erfolglos die ehemalige spanische Kolonie Peru bombardiert. Eine schmale Treppe führt in die nachgebaute Kajüte des Admirals. Ein anderes Modell zeigt die *Gallega*, die angeblich in Pontevedra konstruiert wurde und als »Santa María« eines der Schiffe des Kolumbus war. Das allerdings ist fast so fraglich wie die hier gängige Behauptung, Pontevedra sei Kolumbus Geburtsort.

Im zweiten Stock sind in drei Räumen bissige Zeichnungen des Politikers Castelao zu sehen.

Casa Fernández López (geöffnet im August von 11.30 bis 13.30 Uhr):

Das dritte Museumshaus am Platz zeigt ein paar finstere Originalgravuren Francisco Goyas (1746 – 1828) im ersten Stock. Neben einigen Gemälden aus der Romantik, ein paar Lokalmatadoren aus Katalonien und Impressionisten fällt ein Bild von Alfredo Palmero de Gregorio (1901 – 1991) auf, der eine Tischszene des ehemaligen madrilenischen *Cafés Pombo* malte: mit dem Dichter García Lorca und anderen illustren Besuchern dieses Cafés.

Casa Sarmiento (geöffnet 12 – 14 und 16 – 20 Uhr): Dieser Bereich des Museums liegt ganz in der Nähe, neben der barocken Kirche *San Bartolomé* in der Calle Sarmiento.

Die Casa Sarmiento beherbergt im Keller Petroglyphen, Reproduktionen von Felszeichnungen und einen Raum zur Geschichte der Keramik, in den oberen Zimmern Gravuren und Gemälde galicischer Künstler, darunter von Ovidio Murguío de Castro, dem Sohn der Dichterin Rosalía de Castro.

Im August gibt es Ausstellungen noch unbekannter zeitgenössischer Künstler aus Galicien, die das Provinzmuseum zu einem Wettbewerb einlädt.

Weiter durch die Altstadt

Ebenfalls an der Calle Sarmiento liegt die **Plaza Armesto.** Hier und in den Seitengassen balancieren Verkäuferinnen Salatkisten auf ihren Köpfen, ein Apotheker erklärt jedem Kunden stolz, daß das Barockbild an der Decke original von 1782 sei, es gibt Läden mit Kruzifixen, Pantoffeln und dem *Roscón de Reyes:* Das ist die zweite kulinarische Spezialität Pontevedras, eine Süßigkeit aus Eiern, Butter, Anis und Zucker. Auf den Terrassen unter den Arkaden werden hier und in der Calle San Sebastián die ersten Tapas gereicht.

Der Nachbarplatz heißt **Plaza Méndez Nuñez,** benannt nach dem Admiral, den wir aus dem Provinzmuseum kennen. Im gleichnamigen *Zentrum* geben die Lehrerinnen Cristina und María Luisa bei Nachfrage Spanischkurse (© 986-850251). Schließlich liegt am Ende der **Calle Isabel II.** mit der verwinkelten *Plaza de las Cinco Calles* die **Iglesia Santa María,** die von Seeleuten im 15. Jahrhundert gestiftet wurde (geöffnet 9 – 13 und 17 – 21 Uhr). Die dreischiffige Säulenbasilika mit Kreuzrippengewölbe und einer prächtigen, mit Reliefs dekorierten Hauptfassade steht am Rande des Fischerviertels. Zwischen den Skulpturdekorationen tauchen die Seeleute immer wieder auf. Über dem Rundbogenportal der mit Plastiken bespickten Fassade ruht die Gottesmutter auf dem Totenbett. Davor fragen Pontevedras Drogensüchtige jeden Besucher nach ein paar Peseten.

Die *Avenida de Santa María* führt von hier aus wieder zur zentralen Plaza de España.

Verbindungen & Infos

Zug: *Estación de Tren,* Alféreces Provisionales s/n, © 986-851313. Stadtbüro RENFE, Conde de Gondomar, © 986-854543. Nach:

Santiago mehrmals täglich für 400 Pts in 90 Minuten.

Ourense direkt um 21 Uhr für 600 Pts, sonst mehrmals täglich über Redondelo.

Vigo mehrmals täglich für 200 Pts in 30 Minuten.

Nach Lugo schlechte Verbindung, besser mit dem Bus.

Bus: *Estación de Autobuses,* Alféreces Provisionales s/n, © 986-852408.

Cangas über Bueu in einer Stunde 12x täglich zwischen 8 und 20.30 Uhr, 265 Pts.

Lugo in drei Stunden täglich um 7, 10, 12, 15 und 18.20 Uhr für 1000 Pts.

O Grove (34 km) in einer Stunde über Playa Lanzada mit *La Unión,* © 986-851961, 10x täglich zwischen 9.45 und 22 Uhr, 340 Pts.

Santiago (57 km) in 90 Minuten, Abfahrt stündlich, 450 Pts einfache Fahrt.

Vigo (34 km) stündlich ab Busbahnhof oder Avenida Uruguay, halbe Stunde Fahrtzeit, 250 Pts.

Vilagarcía mit *Nuñez Barros,* © 986-856044, stündlich in 45 Minuten für 300 Pts.

Taxi: Haltestelle an der Plaza España, © 986-851285.

Unterkunft

★★★★ *Parador Casa del Barón,* Barón 19, © 986-855800, Fax -852195, DZ 15.000 Pts.

★★★ *Rúas,* Padre Sarmiento Ecke Figueroa, © 986-846416, Fax -846411, DZ 8000 Pts. Komfortabel und sehr schön gelegen. Im Sommer besser vorbuchen.

★★ *Mexico,* Andrés Muruáis 10 an der Plaza de Galicia, © 986-859006, Fax -845939, DZ 7000 Pts mit Bad und Telefon.

★ *La Lanzada,* Charino 9, © 986-851893, DZ 2000 Pts. Pontevedras wohl billigste Unterkunft. Akzeptabler Familienbetrieb, zu dem auch eine Bar gehört.

★ *Monasterio de Poio,* 4 km Richtung Sanxenxo, © 986-770000, DZ 4000 Pts. Der Bau aus den 60ern mit 237 Zimmern liegt neben dem Benediktinerkloster. Lautsprecher an den breiten Gängen kündigen scheppernd Telefonanrufe für Kunden an. Eine preiswerte Mahlzeit im großen Speisesaal muß an der Rezeption gebucht werden. Flair einer Jugendherberge, saubere Zimmer mit Bad. Im August wegen der guten Lage besser reservieren.

Chaparrita, Rúa do Areal 5, © 986-881716, DZ 3000 Pts. Einfach, aber gemütlich.

Essen & Trinken

Zahlreiche Tapa-Bars für den kleineren Hunger liegen in der Calle Figueroa und an der Plaza de la Verdura. Für den großen Hunger empfehlen sich folgende Restaurants:

Doña Antonia, Soportales de la Herrería 9, 1. Stock mit Blick auf den Herrería-Platz, © 986-847274. Sehr vornehm, gilt als eine der besten und gleichzeitig teuersten Küchen Pontevedras.

Taberna de San Juan, San Sebastián 18, © 986-846720, gutes, gemütliches Restaurant in der Altstadt, Menü um 800 Pts, Spezialität: Tapa-Häppchen.

O Novo Bar, San Sebastián 23 an der Plaza de la Verdura, © 986-858321. Klein, einfache Küche, freundlich. Spezialität sind Rippchen (*churrasco*). Mi geschlossen.

Restaurant Agudelo 2, Isabel II 16, © 986-840436. Im 1. Stock mit Blick auf schönen Altstadtplatz. Mariscos, Tortillas, Fleisch und Hauswein. Besonderheit: kein Fernseher im Speiseraum.

Unterhaltung & Nachtleben

Gemessen an der Größe der Stadt ist das Nachtleben nicht gerade ausschweifend. Treffpunkte in der Altstadt sind die Plaza Herrería mit der Seitenstraße Figueroa und die Straße Isabel II. In der Calle Sagasta liegt die

Discothek *Shiva.* Am Wochenende schwärmen viele nach Sanxenxo aus.

Eintrittskarten für Konzerte während des **Augustfestes** *La Peregrina* verkauft das *Teatro Principal,* zwischen den Straßen Filiberto und Tetuán. Geöffnet zwischen 11 und 14, 18 und 21 Uhr.

Kino: *Teatro Malvar,* García Camba 12.

Einkaufen

Bücher *Michelena,* Michelena 22. Gut sortiert, Landkarten, auch ein paar deutsche Bücher. Sollte er ihn nicht vorrätig haben, kann Ihnen der Buchhändler unter der Angabe der ISBN-Nr. auch diesen Peter Meyer Reiseführer bestellen.

Markthalle: *Calle de la Sierra* gegenüber der Einkaufsstraße Cesar Boente.

Deutsche Zeitungen: *Lito,* Plaza de la Peregrina.

Blumenladen: *El Clavel,* Marques de Riestra 22.

Souvenirs: *Canaval,* Padre Sarmiento 5. Körbe, Masken, Hüte, Figuren.

Weine: *La Navarra,* Princesa 13. Gemütliche Bar, die Sidre, Essig und Weine aus Galicien, Aragón, Rioja und Navarra verkauft.

Nützliche Adressen

Tourismusbüro: General Mola 3, Mo – Fr 9 – 14 und 17 – 19 Uhr, Sa 19 – 13. 30 Uhr. Geführte Stadtrundgänge für Gruppen ab 30 Teilnehmer können unter © 986-862370 vereinbart werden.

Telefon: *Telefónica,* Alhondiga 1 nahe Plaza España, Mo – Sa 9 – 21 Uhr.

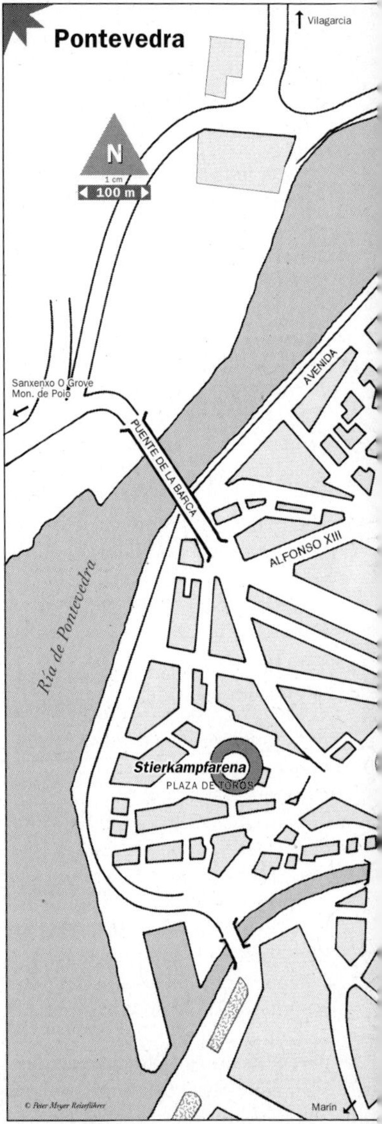

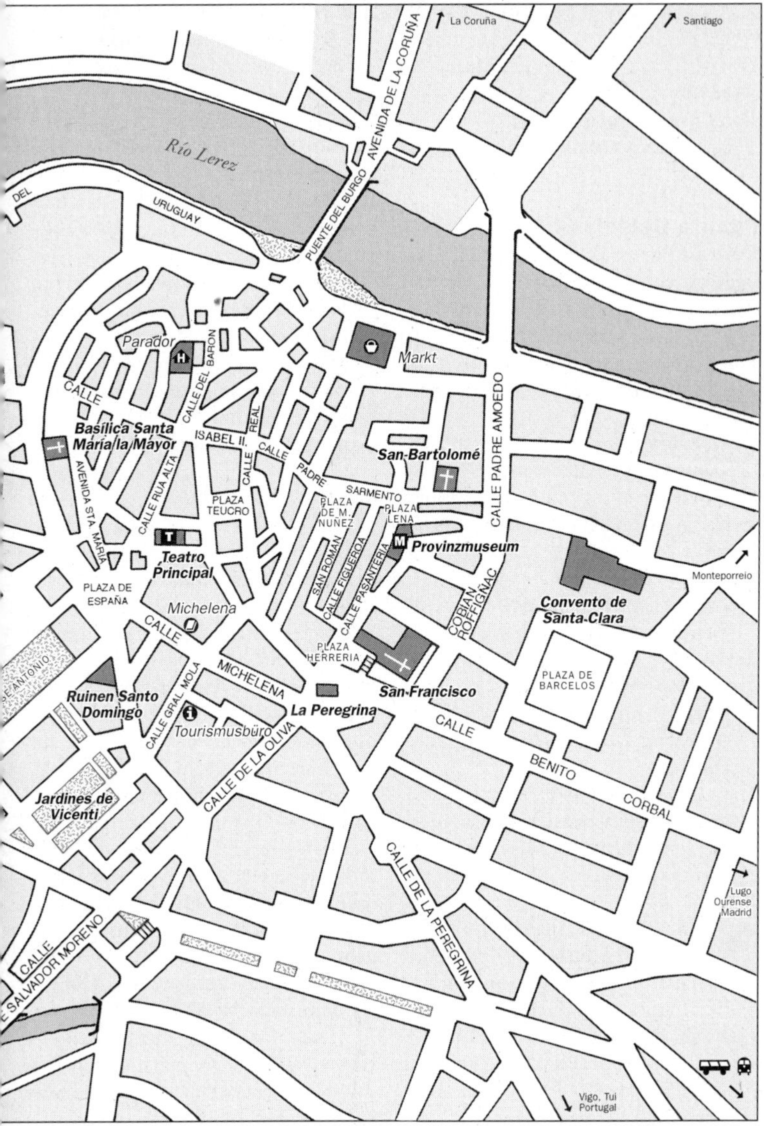

La Coruña
Santiago
AVENIDA DE LA CORUÑA
Río Lerez
DEL
URUGUAY
PUENTE DEL BURGO
Parador
CALLE DEL BARON
Markt
CALLE
Basílica Santa María la Mayor
ISABEL II.
CALLE REAL
CALLE
PADRE
SARMENTO
San Bartolomé
CALLE PADRE AMOEDO
AVENIDA STA. MARÍA
CALLE RUA ALTA
PLAZA TEUCRO
PLAZA DE M. NUÑEZ
PLAZA LENA
Provinzmuseum
Teatro Principal
SAN ROMAN
CALLE FIGUEROA
CALLE PASANTERIA
COBIAN ROFFIGNAC
Monteporreio
PLAZA DE ESPAÑA
Michelena
CALLE
Convento de Santa Clara
PLAZA HERRERIA
PLAZA DE BARCELOS
MICHELENA
CALLE GRAL MOLA
Ruinen Santo Domingo
La Peregrina
San Francisco
Tourismusbüro
CALLE
CALLE DE LA OLIVA
BENITO
CORBAL
Jardines de Vicenti
CALLE DE LA PEREGRINA
Lugo
Ourense
Madrid
CALLE
SALVADOR MORENO
Vigo, Tui
Portugal

Auch in General Mola 5 von 8. 30 – 13. 30 Uhr.

Notruf: *Polizei,* Joaquín Costa, © 986-851309.

Rotes Kreuz © 986-852077.

Wäscherei: *El Cisne,* Salvador Moreno 34.

Puente Caldelas

Der Ort Puente Caldelas ist nicht unbedingt einen 15 Kilometer weiten Abstecher über die C-531 wert, gäbe es nicht wie erwähnt die Möglichkeit, von dort aus sehr schöne Touren zu Pferde zu unternehmen (siehe auch Seite 110).

Flußaufwärts etwa 400 Meter vom Ort entfernt befindet sich ein herrliches **Naturbad** im aufgestauten Fluß. Folgen Sie dem Schild *Piscina fluvial.*

Unterkunft & Essen

Granja O Castelo, El Castelo 41, © & Fax 986-425937. DZ ab 5000 Pts.

Essen: *Verdugo,* Avda de Vigo 23, © 986-750172. Sehr gute Fischgerichte, aber häufig geschlossene Gesellschaften. Deshalb besser vorher anrufen.

Currasquería A Fonte, Avda Galicia s/n, © 986-750321, preiswert und gut, vor allem die Meeresfrüchte, dient gelegentlich wohl auch als Disco.

Club Hípica O Castelo, © 986-425937. Reittouren verschiedener Länge auch ohne Vorkenntnisse. Tagesausflug zu den Buchten oder ins Gebirge 8000 Pts. zwölfstündige, kombinierte Tour (Pferd, Geländewagen, Schlauchboot) 13.000 Pts. Ausflüge ab zwei Personen.

DIE HALBINSEL MORRAZO

Die 60 Kilometer entlang der Küste auf der C 550 und ein Abstecher von Moaña in die Berge bieten viel Abwechslung: Dazu gehören zahlreiche schöne Strände, eine 3000 Jahre alte Labyrinthgravur in Mogor, ein abendlicher Reitausflug am Kap Udra, ein ungewöhnliches Granitkreuz in Hío und auch das geschmackvolle Restaurant Balcón im ehemaligen Hexenzentrum Cangas. Manche nennen die Morrazo-Halbinsel *gran morro,* und tatsächlich sieht sie auf der Landkarte einer »dicken Lippe« etwas ähnlich. Riskieren sollte man für sie mindestens zwei Tage.

Marín

Nach Coruña und Vigo hat das 22.000 Einwohner zählende Städtchen den drittgrößten Marinehafen. Er entstand, nachdem der Hafen des sieben Kilometer entfernten Pontevedra im letzten Jahrhundert versandet war. Besonders viel Charme kann man dem Ort wirklich nicht nachsagen, der eindeutig von den Kadetten aus der Marineschule dominiert wird. Den alten Stadtkern haben die Neubauten auf ein paar Gassen reduziert.

Immerhin gibt es wenige Kilometer entfernt einen Fund aus der Urgeschichte: die **Petroglyphen von Mogor.** Von der C 550 Richtung *Bueu* geht gleich hinter dem Militärhospital eine Stichstraße zu den zwei Kilometer entfernten, meist vollen *Stränden Portocelo* und *Mogor* und zu den Petroglyphen von Mogor. Eine schmale Treppe gegenüber dem Strandrestaurant von Mogor führt zu den Steingravuren. Sie werden auf 900 bis 2000 v. Chr. geschätzt.

Am besten erhalten ist eine kleine Labyrinth-Zeichnung, die denen in Syrien oder auch im englischen Tintagel ähnlich sein soll. Auch hier sind um eine kleine Vertiefung mehrere kreisförmig ineinandergeschlossene Linien sichtbar.

Ein zweiter der »schwierigen Wege zu einem heiligen Ort«, die *Pedra dos Campiños,* ist wenige Meter weiter oberhalb wegen der Erosion schlechter zu erkennen.

Weitere Labyrinthe sind auf den Bergen *Castrove* und *Tecla* in der Provinz Pontevedra gefunden worden.

Verbindungen & Unterkunft

Bushaltestellen an der Avenida de Orense. Täglich mehrmals nach Pontevedra und Vigo.

★ *Marín,* Salvador Moreno 2, © 986-880107, DZ ab 2500 Pts.

★ *El Morendero,* Bastarreche 29, © 986-880086, Fax -890869, DZ ab 2200 Pts, Menü für 1100 Pts.

Fest: 16. Juli, *Carmen*

Strände

Die 12 km bis Bueu bieten mehrere schöne Bademöglichkeiten. Etwa die drei Strände von **Aguete,** deren mittlerer unter dem *Restaurant A'Goleta* in einer kleinen Bucht mit feinem Sand an hohen, schattenspendenden Bäumen liegt. Am Yachthafen organisiert der *Club de Mar* Windsurf- und Segelkurse (© 986-702373).

Wie ein flacher Sandhügel liegt weiter südlich der **Loira-Strand** regelrecht im Wasser. Kinder können hier an vielen flachen Stellen gefahrlos planschen. Dazu gehört das nette, gleichnamige Dorf mit ein paar Cafés und Restaurants.

Länglich und immer belebt ist die **Playa Lapamán** mit ihren Bars. Kurz vor Bueu liegen die (noch) etwas weniger belebten Strände **Agrelo** und **Portomaior.**

Bueu

Bis zum letzten Jahrhundert lebte der Fischerort an einer langen Hafen- und Strandpromenade noch fast abgeschnitten von der Umgebung. Das änderte sich 1808 mit der Gründung einer Fischfabrik, wodurch erste größere Zufahrtswege entstanden. Die große **Fischbörse** am Hafen ist Zentrum der Stadt und ein sehenswertes Spektakel. Dabei werden die Fischwaren genau umgekehrt wie beispielsweise bei einer Kunst-Auktion versteigert: der Preis sinkt, bis der Zuschlag kommt. Händler mit schlechten Nerven müssen einen eventuell hohen Preis bezahlen, wer zu lange abwartet, bis die Preise sinken, geht unter Umständen leer aus.

Gegenüber liegt die Konservenfabrik *Massó,* die kurz vor dem Bankrott steht. Bislang konnte dort am Wochenende gegen 16 Uhr die Sammlung des **Meeresmuseums** mit alten Seemannskarten, Schiffsmodellen und Kompassen besucht werden, falls gerade jemand da war (Anmeldung zwei Türen links von der Fabrikhalle). Das weitere Schicksal des privaten Museums Massó hängt von der Fabrik ab und war zur Zeit unserer Recherche noch unklar.

Bueus **Feste** sind am 16. Juli, dem *Tag der Carmen*, und am 7. August, *Wallfahrt San Mamade.*

Verbindungen

Bushaltestelle neben Fischmarkthalle und Telefonhäuschen:

Cangas über Aldán Mo – Sa 11 x, So 6 x täglich; Pontevedra 10x täglich.

Zur Ons-Insel ab dem kleineren der beiden Hafenstege um 12 und 16 Uhr, im Juli und August 10, 12.30, 16 und 18 Uhr.

Unterkunft & Camping

★★ *Incamar,* Montero Ríos 147, ✆ 986-320067, Fax -320784, DZ 7000 Pts, komfortable Zimmer. Tagesmenü im Restaurant ab 1200 Pts.

Camping: *Aldán,* 8 km Richtung Cangas in Aldán, ✆ 986-329468, 2 PAZ 2300 Pts, mit Duschen, Basketballplatz, Wäscherei, Supermarkt, Bar-Restaurant, Zeitungen, schattig, sauber, schön gelegen, 300 Meter zu den Stränden *Area Coba* und *Francón.*

Essen & Info

Restaurant Estrella, Xoan Carballeira, ✆ 986-320675, preiswert und einfach.

Info: Im *Rathaus,* Rúa de Eduardo Vincenti.

Strände: Die Strände hier und 500 Meter weiter südlich sind schmal mit sehr grobkörnigem Sand.

Reiten am Cabo Udra

Vier Kilometer hinter Bueu Richtung Cangas taucht das Schild *Cabo Udra* auf. An der ersten Gabelung links und weiter bis zum Meer ist auf einen Felsen mit großen weißen Lettern PICADERO geschrieben. Dahinter verbirgt sich eine kleine Pferderanch. Zwischen 17 und 21 Uhr vermietet der Besitzer Ramón fünf Pferde – eins extra für Kinder. Die Stunde kostet pro Person 1500 Pts. Ein Ausflug mit dem Pferd durch die Brombeerbüsche, an den nahen Stränden und leider auch an Müll vorbei, aber mit Aussicht auf die Ons- und Cíes-Inseln lohnt sich bestimmt. Selbst im Galopp erkennt man vielleicht die winzigen Felsenbehausungen, von denen eine bis heute bewohnt ist. In den 60er Jahren war das Cabo Udra manchem Aussteiger eine steinige und unbequeme Unterkunft – aber in guter Lage.

Hío

Die C 550 weiter Richtung Cangas kommt zwei Kilometer hinter dem Camping Aldán das Schild *Cruceiro do Hío.* Hier steht gegenüber dem romanischen Portal der *Iglesia San Andrés* Galiciens berühmtestes **Steinkreuz.** Ein Steinmetz aus Pontevedra, Xosé Cerviño, hat im letzten Jahrhundert die Kreuzabnahme Christi mit zahlreichen biblischen Figuren aus einem einzigen Granitklotz gemeißelt. Daneben steht ein Engelchen mit Laterne, die nachts leuchtet.

Der winzige Ort **Hío** feiert am zweiten Augustsamstag ab 21 Uhr ein internationales *Folklorefest* auf dem Sportplatz. Zwei km entfernt liegen die **Playa Nerga** und der Nudistenstrand *Barra* und dahinter das **Cabo de Home,** mit seinem *Leuchtturm* an der äußersten Spitze der Halbinsel.

Verbindungen & Unterkunft

Busse nach Cangas 5 x täglich.

★ *Stop,* Iglesario 71, ✆ 986-329475, Rezeption im Café nebenan. Das billigste Zimmer 3000 Pts, mit Bad 5000 Pts.

★ *O'Pereiro,* La Unión 86, ✆ 986-329477, DZ 4000 Pts mit Bad.

Camping: *Oasis,* ✆ 986-302927, pro Person und Zelt 300 Pts, 2 km von Hío an der *Playa Nerga,* Duschen und Restaurant, klein, ungemütlich, aber mit Blick auf die Cíes-Inseln.

▶ *Tourbeschreibung*

Zwischen Hío und Cangas liegt die barocke **Iglesia Darbo** aus dem späten 17. Jahrhundert etwas schief auf einem stillen Platz mit einem Friedhof und einem leise plätschernden, barocken Brunnen.

Das ändert sich alljährlich zwischen dem 7. und 9. September, wenn es in der kleinen Pfarrei auf dem Festplatz vor der Kirche lebendig wird: während der *Wallfahrt* zu Ehren der Heiligen Jungfrau von Darbo.

Cangas

... gilt als die Hauptstadt der Morrazo-Halbinsel. Neben dem Strand, dem *Alameda-Platz* mit seinem Markt am Freitagmorgen und der *Dorfkirche* mit dem Jakobsbrunnen fällt hier zunächst einmal der ständige Verkehrsstau auf. Einer der Gründe für diesen sind die beliebten Strände in der Umgebung.

Cangas hängt noch der Ruf eines Hexenzentrums nach. Tatsächlich sollen hier, im nahen Moaña und in Coiro einige Hexen und Hexer leben, darunter Don Manolo, den wir nicht interviewen konnten, weil er gerade ein Fischerboot in Cangas Hafen mit mystischen Zeichen und Wässerchen vor Unheil schützte. Das scheint sich zu lohnen: Manolo baut gerade ein neues Haus.

Cangas Bewohner sind wie viele Galicier von der guten wie bösen

Cruceiros

Unzählbar liegen diese Wegkreuze aus Granit in Galicien verstreut. Das älteste, so meinte der Denker und Karikaturist *Castelao* in seinem Buch »As cruces da pedra na Galiza«, sei der Cruceiro von *San Andrés de Melide* fünfzig Kilometer vor Santiago auf dem Jakobsweg. Andere, wie in *Baiona* und *Noia,* sind mit einem Altarhäuschen überdacht.

Seit dem 13. Jahrhundert sind diese Steinmetzarbeiten dort aufgestellt worden, wo Wunder, Verbrechen und Tragödien geschahen. Und so sind die Wegweiser für die vielen Wanderpilger hauptsächlich, aber nicht nur, mit Marien- und Christusfiguren geschmückt. Im galicischen Volksglauben vollstrecken Hexen ihren Zauber besonders an solchen Kreuzwegen. Wenn es um einen Cruceiro nach Wachs rieche, so heißt es, sei der Tod nahe.

Kraft der *meigas* überzeugt (siehe auch Seite 30).

Als die Türken 1619 den Fischerort überfielen, erschlugen sie die meisten Männer und vergewaltigten die Frauen. Viele Witwen, darunter María Soliño, haben darauf den Verstand verloren – die Inquisition wertete dies als Hexenwahn, ließ María und die anderen Frauen verbrennen und »verwaltete« in Folge deren Vermögen.

Im drei Kilometer entfernten **Coiro** ist nahe der hoch gelegenen Kirche und den Wassermühlen in der *Calle Boubeta* Nr. 20 noch das Wappen mit Feder, Kreuz und Schwert – den Symbolen der sich selbst als heilig bezeichneten Inquisition – an dem niedrigen Haus der damaligen Richter zu sehen.

Verbindungen

Fähre: Zu den Cíes-Inseln um 12.20 Uhr, zurück 19 Uhr. Karten in der *Estación Marítima* neben der Touristeninfo.

Nach Vigo alle 30 Minuten, Fahrtzeit 25 Minuten. Keine Autofähren.

Bus: Haltestelle vor der Hafenmole in der Calle Eugenio Saqueiro. Kartenschalter der Firma *Unión* für die blauweißen Busse nach Vigo und Pontevedra neben der Bank Hispano Americano.

Pontevedra 11x täglich zwischen 9 und 20.30 Uhr, Vigo 12x täglich zwischen 9 und 21 Uhr.

Die weißroten *Nahverkehrsbusse* fahren nach Bueu von Mo – Sa 15x zwischen 8.10 und 20.30. Zum Nerga-Strand um 11.30 außer So.

Unterkunft & Camping

★★ *Playa,* Avenida de Ourense 78, © 986-301363, Fax -301363, DZ 4100 – 6500 Pts. Saubere Zimmer, Blick auf Strand.

★ *Belén,* Antonio Nores s/n, © 986-300015, DZ 3200 – 4500 Pts.

Camping: Westlich von Cangas machen sich an der **Playa Liméns** zwei gute Campingplätze mit Duschen, Restaurants, Kaufladen, Bars, Telefon usw. Konkurrenz:

Playa de Liméns, © 986-304645, 2 PAZ 2100 Pts.

Cangas, © 986-304726, 2 PAZ 2200 Pts.

Camping Tirán liegt 2 km östlich am gleichnamigen Strand, © 986-310150, 2 PAZ 1600, Apartment DZ/HS mit Bad, Küche im Gang, 4000 Pts. Ebenfalls empfehlenswert.

Restaurants

Balcón, Rúa Alfredo Saralegui 11, © 986-303295. Gute Küche, ungewöhnliche Einrichtung mit französischem Esprit, Blick aufs Meer und sehr klein. Fisch- und Fleischgerichte ab 1500 Pts.

Casa Juan, Rúa de Hío 2, © 986-300014, nahe Kirche und Rathaus, Tapas und Mariscos, Tagesmenü 800 Pts.

Celta, Alfredo Saralegui 28. Haus von 1917 mit kleiner Terrasse in Hafennähe. Sehr einfach und preiswert. Spezialitäten Paella und Seekrake.

Simón, 1 km vom Zentrum Richtung Aldán, © 986-300016, gilt in Galicien als eine der besten Küchen für

Meeresfrüchte, was man dem Restaurant von der Einrichtung her aber kaum ansieht. Spezialitäten: Jakobsmuschel-Pastete (*empanada de vieira*) und Venusmuscheln mit Nudeln (*almejas con fideos*).

Feste & Nachtleben

Am letzten Augustsonntag *Patronatsfest* mit Straßentheater, Sportwettbewerben und Feuerwerk.

Anschließend Anfang September die *Internationale Theater- und Kinowoche* im Kino *Galaxias.*

Das Nightlife spielt sich samstags nach Mitternacht in den Pubs und Discos um die Avenida de Marín ab.

Nützliche Adressen

Touristenbüro: Nahe Anlegesteg am Hafen.

Buchladen: Vilafer, Real 13. Zahlreiche Karten, große Bücherauswahl, auf galicisch, kastilisch und auch englisch, der beste Laden vor Ort.

Zum Cotorredondo

In **Moaña** beginnt die PO 313 nach *Marín.* Nach drei km zweigt eine Straße zur **Parroquía de San Martiño Eirexa** ab. Vorbei an den Blumenverkäuferinnen vor einem sehenswerten Friedhof kommt man zur romanischen Kirche aus dem 12. Jahrhundert mit *San Martiño* im Tympanon.

In Moaña spielt sich Ende Juni das **Internationale Keltenfestival** ab. Dann kommen Theater- und Musikgruppen aus Galicien, Schottland und Irland auf den örtlichen Fußballplatz und spielen vorwiegend verrockte Folklore.

Zurück auf der PO 313 bietet sich eine Exkursion links in die Berge der Morrazo-Halbinsel und zum **Cotorredondo** hinauf an (auch Coto Retondo): dort gibt es Grillplätze, schöne Spazierwege, Dolmen, einen Bergsee und eine phantastische Sicht bis zu den nördlichen Bergen Portugals. Der höchste Aussichtspunkt heißt **Monte Faro Domaio,** von Moaña aus rund 14 km entfernt. In 622 m Höhe ist neben der Empfangsstation des galicischen Fernsehens ein *Wachturm* wegen der Waldbrände errichtet worden. Von hier aus sehen Sie ganz Vigo, die Bucht von Pontevedra und die Inseln Ons und Cíes. Pferde laufen frei durch den Mischwald, in dem kurz vor der Abzweigung zur TV-Station der gut erhaltene **Dolmen Chan da Arquiña** steht, der auf 1500 v. Chr. datiert wird.

Den Weg zurück taucht nach drei Kilometern das Schild *Lago Castiñeiras* auf. Auf der CF 401 zu diesem See liegt rechterhand die 536 Meter hohe Anhöhe des Cotorredondo mit fast ebenso weiter Sicht auf die Buchten von Vigo und Pontevedra und auf die Morrazo-Halbinsel selber. Sie war bis 1927 kaum bewaldet. Damals pflanzten die Bewohner über zwei Millionen Pinien, die nach den Waldbränden oft durch Eukalyptus ersetzt werden.

Verbindung: Keine Linienbusse. *Fahrradfahrer* haben bei der Anfahrt eine steile, teils holprige Tour vor sich. Die Beschilderung ist nicht besonders, notfalls einfach durchfragen.

▶ *Tourbeschreibung*
Wieder auf der C 550 kommt 15 km hinter Moaña die 700 Meter lange *Autobahnbrücke* nach Vigo, mit der sich die Entfernung zwischen Cangas und Vigo auf nur 22 km beschränkt. Der Umweg (rund 30 km) entlang der *Bucht von Vigo* führt in **Pontesampaio** über eine ehemals *römische Brücke* über den *Río Verdugo,* die bei dem galicischen Aufstand 1809 gegen die napoleonischen Truppen zerstört und später originalgetreu wieder aufgebaut wurde. Auf der anderen Brückenseite ist der Ort **Arcade** berühmt für seine Austern. Von hier aus geht ein Weg ab zum:

Schloß Soutomaior

Umgeben von Gartenanlagen und sorgfältig restauriert, liegt das Schloß im Besitz der Provinz Pontevedra in einer fruchtbaren Weingegend. Manche Legende versetzt den Ursprung der damaligen Wehrburg bis in die Zeit vor der islamischen Invasion, wahrscheinlich aber stammt sie aus dem 12. Jahrhundert. Im Spätmittelalter war sie Schauplatz des Irmandiño-Aufstandes der Bauern gegen den Adel und ging dabei 1467 halb zu Bruch (siehe auch »Geschichte«). Unmittelbar danach restaurierte sie der mächtigste Graf der Soutomaiors, Pedro Madruga. Aus dieser Zeit sind noch der Mauerrundgang mit den Zinnen und die Kapelle erhalten.

In das politische Blickfeld geriet das Castillo erst wieder im 19. Jahrhundert, als Markgraf de la Vega de Armijo (1824 – 1908) hier seine Sommerresidenz einrichtete. Der Marquis war Direktor der Historischen Akademie, Botschafter, Inhaber mehrerer Ministerposten und für kurze Zeit Regierungschef. Aus der Burg wurde ein Schloß mit *Damengalerie* und *Ziergärten.*

Geöffnet Di – Fr 16 – 20 Uhr, Sa, So und Fei 11 – 13 Uhr und 16 – 20 Uhr. Im Schloß gibt es in 16 Zimmern auch die Möglichkeit zu übernachten.

Gegenüber Richtung *O Viso* liegt der Aussichtspunkt **Monte de Penedo.** Auf seiner baumbedeckten Spitze steht eine kleine Kapelle. Wieder auf der Straße nach Vigo (N 550) sind gegenüber der **Playa Cesantes** mit einem kleinen *Campingplatz* vor der Silhouette der Autobahnbrücke die *Inseln San Antonio* und *San Simón* zu sehen. Bis zum 14. Jahrhundert lebte darauf ein Templerorden, dann Franziskaner und Benediktiner aus Poio. 1830 entstand ein Lazarett für Seefahrer, die auf den Reisen an Lepra erkrankt waren. Von **Redondelo** aus sind es dann noch 14 km bis Vigo.

Der legendäre Schatz in der Ría de Vigo

Am 22. September 1702 segelt eine große Flotte in die *Ría de Vigo*. Die rund 40 Schiffe sind mit den größten Reichtümern beladen, die jemals den Atlantik überquert haben. Im Bauch der spanischen Galeonen lagert alles, was die überseeischen Kolonien Spaniens in drei Jahren hergaben: schätzungsweise 108 Millionen Goldstücke. Die Schatzschiffe sind auf der Flucht.

Zwei Jahre lang waren sie in Südamerika von Piraten und Stürmen festgehalten worden. Eine bis an die Zähne bewaffnete Eskorte französischer Schiffe sollte sie schließlich bis zu ihrem Zielhafen, dem andalusischen Cádiz geleiten. Doch der 1701 ausgebrochene Spanische Erbfolgekrieg hatte das Vorhaben durchkreuzt, der Hafen von Cádiz war von feindlichen Kriegsschiffen blokkiert. Aus Furcht vor einem Angriff entschied Kommandant Manuel de Velasco y Tejada, stattdessen die galicische Küste anzusteuern.

Doch die Handelshäuser von Cádiz, eifersüchtig auf ihre Privilegien bedacht, wollen das Anlanden verhindern – und der galicische Generaloberst Príncipe de Barbanzón möchte sich zwischen den Fronten nicht die Finger verbrennen. Er rät dem Kommandanten, in das geschützte Ferrol auszuweichen, da macht die Nachricht von einem vor der Todesküste kreuzenden englischen Geschwader den Plan zunichte. Schließlich bekommen auch die englisch-holländischen Belagerer von Cádiz Wind von der Sache. Am 23. Oktober 1702 erobern 4000 an Land gesetzte englische Soldaten die schwachen Befestigungen von Vigo. Zwei Schlachtschiffe durchbrechen unter vollen Segeln die französische Verteidigungslinie der Goldflotte, die vor der Isla San Simón im hintersten Bereich der Vigo-Bucht vor Anker liegt. Nach zwölfstündigem Gefecht ist die spanische Niederlage besiegelt. Kommandant de Velasco befiehlt, die verbliebenen Schiffe zu versenken, damit keines in englische Hände falle.

Von der glanzvollen Flotte war am Tag darauf nichts mehr übrig, der schießpulverhaltige Goldrausch hatte 2000 Spaniern und 800 Engländern das Leben gekostet. Die Beute der Engländer und Holländer war vergleichsweise gering – allerdings doch ausreichend, um eine Straße Londons voller Siegesstolz »Vigo-Street« zu nennen. Der spanischen Krone blieben »nur« einige Millionen Goldstücke. Der überwiegende Teil ging mit den Schiffen der Goldflotte unter.

Seitdem hat der in der Ría versunkene Reichtum immer wieder Schatzsucher und Spinner angelockt. Den letzten großen Versuch startete 1978 der New Yorker John S. Potter vor den Cíes-Inseln. Mister Potter, Ingenieur mit Harvard-Abschluß, hatte wahrscheinlich nie Jules Verne gelesen. Dieser schrieb schon 100 Jahre zuvor, daß der legendäre Schatz längst gehoben wurde – von Kapitän Nemo und seiner »Nautilus« (Jules Verne, »20.000 Meilen unter dem Meer«).

VIGO – DAS GALICISCHE LIVERPOOL

Wie eine Krake aus Stahl und Beton umschließt die größte Stadt Galiciens den südlichen Rand der nach ihr benannten Ría, räkelt sich über die angrenzenden Berge ins Uferlose der achtstöckigen Vorstadtkasernen ohne Gesicht. Hinter langen Hafenmolen verbergen sich die Umschlagplätze des sechstgrößten Fischereihafens der Welt. Gegenüber dem Stadion Balaídos, wo der Real Club Celta seine Fußballschlachten austrägt, erstrecken sich die spanischen Werke von Citroën.

Schon sein Erscheinungsbild bestätigt, was als Schlagwort in Galicien kursiert: in Vigo wird geklotzt – die 20.000 Studenten seiner seit 1991 unabhängigen Universität fallen da wenig ins Gewicht. Doch erst in den letzten 150 Jahren ist die über 300.000 Einwohner zählende Stadt zu dem geworden, was sie ist.

Um 1840 lebten hier kaum 5500 Menschen. Vigo ist jung, lärmend, elegant und geschäftig – eine industriell geprägte Hafenstadt mit allen dazugehörigen Attributen, die nur noch wenig von dem verkörpert, was die Reste der Keltensiedlung an dem Stadthügel *O Castro* bezeugen – eine lange Geschichte.

Der Name der Stadt ist römischen Ursprungs; *Vicus Spacorum* diente vermutlich als Sprungbrett für Julius Cäsars Feldzug in Britannien, lieferte Öl, Fisch und Wein in sein Imperium. Die spätere mittelalterliche Siedlung befand sich am Fuße des Berges *O Castro* und schloß das heutige Altstadtviertel *Berbés* mit ein. Ende des 10. Jahrhunderts fiel Maurenherrscher Almanzor über sie her, und erst 1170 konnte Fernando II. (1157 – 1188) Vigo neu besiedeln. Doch ständige Raubzüge der Normannen ließen seinen Bewohnern wenig Ruhe. Im 14. Jahrhundert starb zudem fast die gesamte Bevölkerung an der Pest.

Erst nachdem Carlos V. die Stadt 1529 mit Privilegien ausstattete, blühte Vigo vor allem durch den Südamerika-Handel auf. Der Wohlstand lockte allerdings auch Freibeuter an. Kronpirat Sir Francis Drake legte das unbefestigte Vigo 1589 gründlich in Schutt und Asche, so daß von der gotischen Kollegiatskirche *Santa María* kaum etwas übrig blieb, nur das Tympanon ist noch im Provinzmuseum Pontevedras zu betrachten. 1619 plünderten türkische Piraten in der *Ría de Vigo.* Erst danach bekam Vigo seine Stadtmauern, die sich aber als nicht sonderlich nützlich erwiesen. 1702 endete eine Seeschlacht zwischen einer spanisch-französischen Goldarmada und englisch-niederländischen Geschwadern mit einem Raubzug der siegreichen Engländer durch Vigo. Auch Napoleons Truppen sparten 1808 die Stadt nicht aus, doch wurde die französische Besatzung schon drei Monate später von den beherzten Viguesen wieder vertrieben. Diesen Sieg symbolisiert bis

Austern: das wahre Gold der Ría de Vigo

heute die Christusfigur in der Nebenkathedrale Santa María, die seitdem »Cristo de la Victoria« genannt wird.

Angesichts der zerstörungsreichen Stadtgeschichte ist es nicht verwunderlich, daß Vigo kunsthistorisch kaum etwas zu bieten hat. Die verbliebenen engen Gäßchen des Altstadtviertels Berbés mit einigen Bürgerhäusern und Arkaden zum Hafen hin sind der kümmerliche Rest. Mitte des letzten Jahrhunderts gab sich Vigo schließlich mit Inbrunst der Industriellen Revolution hin, die zunächst katalanische Unternehmer in Form von Konservenfabriken zündeten. Moderne Schiffswerften und bedeutende Handelsniederlassungen folgten. Bereits 1853 erschien hier die erste Ausgabe des *Faro de Vigo*, einer der ältesten Zeitungen Spaniens. Während die Stadt zu einer bewegten Metropole aufstieg, legten von ihrem Hafen zweimal wöchentlich Auswandererschiffe nach Amerika ab.

In jüngerer Zeit wird die von Schwerindustrie und Fischverarbeitung abhängige Wirtschaft jedoch von Krisen gebeutelt, krasse soziale Gegensätze ziehen sich durch die Stadt. Die Stahlkrise und Massenarbeitslosigkeit der späten 70er Jahre bildeten den Nährboden der Movida, dem grell-schockigen Aufstand der Szene gegen das Normale. Mit *Siniestro Total, Os Resentidos* und anderen Musikgruppen, Designern, Schauspielern und Schriftstellern geriet die Industriestadt Vigo als die nach Madrid wichtigste spanische Metropole der Subkultur in die Schlagzeilen. Zu Szenetreffs umfunktionierte Garagen und Bühnen waren die Blüten des »kreativen Frühlings« von Vigo (siehe Seite 77, das »Vigo«-Spiel).

Seit 1989 ist die Movida mehr oder weniger Geschichte. Die Stars von einst haben sich etabliert, der Rest ist offensichtlich vom jahrelangen Nachtleben ermüdet. Die Gegensätze und Krisen sind freilich geblieben. 1992 zählt Vigo 23 Prozent Arbeitslose, Arbeiterproteste bestimmen das Tagesgeschehen. Der in einem phallusartigen Turm hoch über der Stadt thronende Bürgermeister verspricht sich von der Atlantischen Achse, einer Kooperation mit vor allem portugiesischen Hafenstädten, einen Ausweg aus dem ökonomischen Tief.

Dennoch läßt es sich Vigo nicht nehmen, für Kultur eine Menge Geld auszugeben. Nicht immer zum Vorteil, denn die monumental-kitschigen Denkmäler, mit denen die breiten Boulevards und Plätze ausstaffiert wurden, verursachen bei Fremden eher einen Kulturschock mit Gänsehaut. Das Glanzstück Vigos ist das Kulturzentrum *Caixavigo*, ein aufwendig gestalteter Kulturpalast in einem Gebäude aus der Jahrhundertwende mit Theater- und Konzertsaal, Ausstellungs- und Konferenzräumen sowie einer frei zugänglichen Bibliothek. Und die Stadt schnürt alljährlich ein dickes Veranstaltungspaket (außer für den heißen August).

Noch ein Zukunftsprojekt ist der 470.000 m^2 große *Botanische Garten*, in dem alle Vegetationsarten der Welt vertreten sein werden. Er soll gleich der größte Spaniens werden. In Vigo wird eben geklotzt.

Stadtrundgang

Um vielleicht zuerst einen kleinen Überblick zu bekommen, bietet sich ein Spaziergang durch Grünanlagen und einen kleinen Vergnügungspark zum **Castillo O Castro** an, das auf dem gleichnamigen Hügel mitten in der Stadt liegt. Zwar ist die Festung weder sehenswert noch verdienstvoll, ermöglicht aber eine schöne Aussicht über Stadt und Hafen. Am unteren südlichen Teil des Hügels wurden einige Reste einer alten *keltischen Siedlung* freigelegt; um den Park zu erhalten, hat man jedoch auf weitere Ausgrabungen verzichtet. Auf halber Höhe zwischen Rathausklotz (*Ayuntamiento Concello*) und Festung stehen drei rostige *Anker* vor einem müden Springbrunnen. Sie gehörten einst zu den versenkten Goldgaleonen in der Ría und erinnern an die Seeschlacht von 1702 (siehe auch unten).

Den Weg in die **Altstadt** kann man über den *Paseo Alfonso XII.* nehmen, an dessen Ende ein alter **Olivenbaum** steht. Er ist auf Bitten der Viguesen anstelle einer Muschel seit 1813 Bestandteil des Stadtwappens. Der Baum war einst von Mönchen des Templer-Ordens im Atrium der Kirche Santa María gepflanzt worden. Nach ihrer Zerstörung wurde der Baum zunächst auf dem Platz Porta do Sol, später an den heutigen Ort umgesetzt.

Von hier aus ist es nur ein Steinwurf zur **Porta do Sol,** die die Grenze zur Altstadt bildet. Von der dahinter liegenden **Plaza de la Constitución,** auf der sonntags jedweder Trödel verkauft wird, zweigt die kleine Gasse

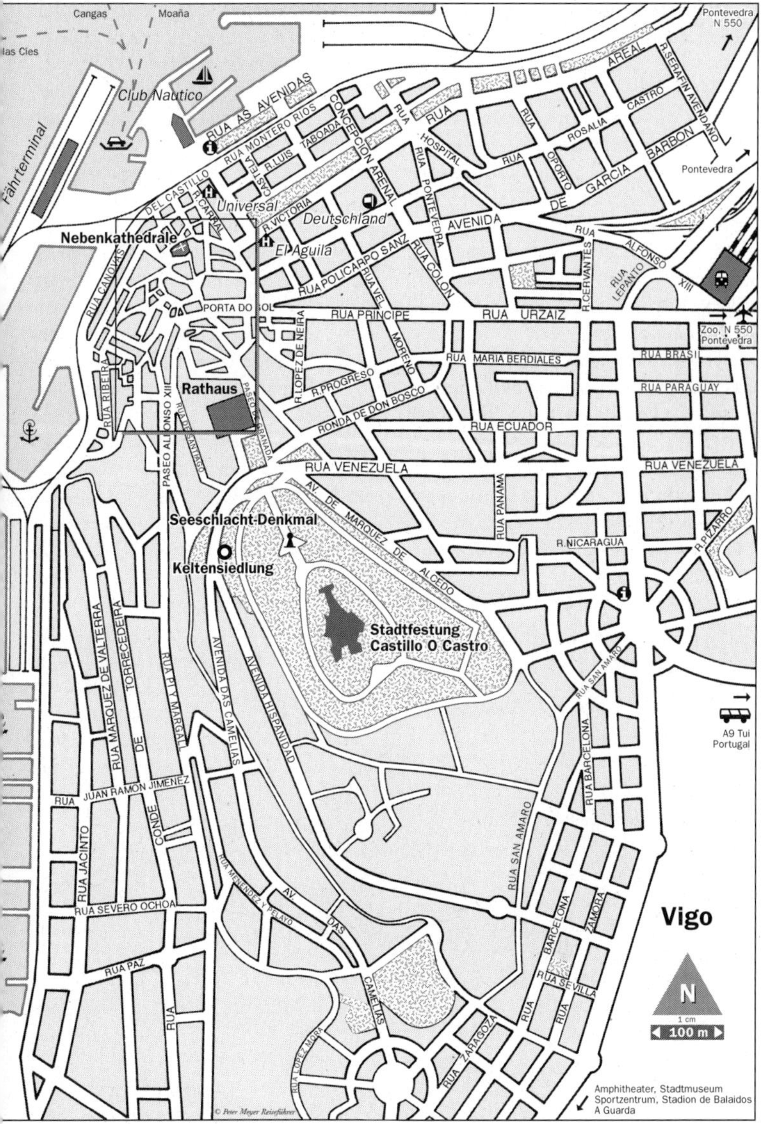

RIAS BAJAS – WESTKÜSTE

Cesteiros ab, in der Korbflechter ihr Revier haben.

Das Herz des alten **Fischerviertels Berbés** ist die *Calle Real,* an deren Anfang die klassizistische Nebenkathedrale **Santa María** steht. Von den romanischen und gotischen Vorgängerbauten blieb nichts übrig, der Bau stammt aus dem Jahr 1816. Über dem Altar der dreischiffigen, massiv wirkenden Kirche ist die Figur des *Cristo de la Victoria* angebracht. Vielfach wird er auch »Cristo do Sal« genannt, weil die Figur angeblich in der Salzladung eines Schiffes gefunden wurde.

Die **Calle Real** wird in Vigo auch gerne die »Calle de los viños« genannt. Mit einigem Recht, angesichts der Reihe von Tapa-Bars, Bodegas und Pubs, die bis zu den Arkaden der Hafenfront reichen, die von überteuerten Restaurants belagert wird. Wer nicht der Real folgt, sondern geradewegs dem *Hafen* zustrebt, trifft unweigerlich auf den **Mercado de la Piedra,** der in den letzten Jahren viel von seinem alten Charme verloren hat. In dem Dutzend Läden des Marktes gehen amerikanische Sonnenbrillen und alle Arten von High-Tech zu Schwarzmarktpreisen über den Tisch. Luxus ganz anderer Art findet man direkt neben La Piedra: frische Austern warten appetitlich drapiert auf genußsüchtige Käufer. Dieser kulinarische Exkurs lohnt sich eher vormittags.

Die *Calle Carral* führt direkt zum **Yachthafen,** den das Gebäude des *Real Club Náutico* markiert, in den 40er Jahren als Spätprodukt des Bauhaus-Stils in der Form eines Ausflugs-

Im Gegensatz zum übrigen Vigo ist das alte Fischerviertel Berbés richtig gemütlich

dampfers errichtet. Die hier entlanglaufende Promenade **As Avenidas** und die **Calle Areal** bilden die Flaniermeilen Vigos, mit teuren Restaurants und Edeldiscotheken. Die Einkaufs- und Bummelstraßen *Príncipe, Policarpo Sanz, Colón* und *Gran Vía* liegen weiter oberhalb im Zentrum der Stadt.

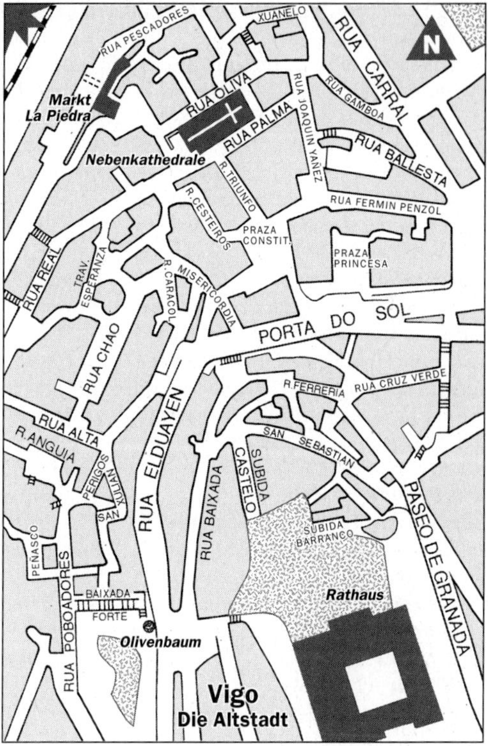

Castrelos-Palast und Stadtmuseum

Zu dem **Pazo de Castrelos,** in dem das Stadtmuseum Vigos untergebracht ist, nehmen Sie am besten einen der Stadtbusse bis zur *Plaza América* (ab Porta do Sol: Linie 20. Öffnungszeiten: Außer Mo im Sommer 9 – 20 Uhr, im Winter 10 – 19, So & Fei 10 – 14 Uhr. Eintritt frei).

Der Palast wurde im Jahr 1670 errichtet, nachdem portugiesische Truppen 1665 den Vorgängerbau zerstört hatten. Mit der Auflage, dort ein Museum einzurichten, vermachte sein letzter Bewohner, *Fernando Quiñones de León,* spanischer Botschafter in Paris, 1924 den stattlichen Besitz samt Park und Gärten der Stadt Vigo.

Der riesige *Parque Municipal Quiñones de Leon* ist heute die grüne Lunge der Stadt; mit einem kleinen See und einem Hecken-Labyrinth. In seiner Mitte liegt ein **Amphitheater**, das *Auditorio*, dessen Plätze besonders im Sommer dicht an dicht besetzt werden, wenn Theateraufführungen oder Konzerte bis zu 20.000 Zuschauer anlocken (Programme in der Touristeninformation oder im Rathaus erhältlich).

Das **Stadtmuseum**, *Museo Municipal Quiñones de Leon* an der Nordostflanke des Parks, setzt sich aus drei verschiedenen Ausstellungen zusammen. In den *unteren Stockwerken* ist eine Sammlung archäologischer Funde zu sehen: römische Stelen, Münzen sowie Utensilien aus keltiberischer Zeit, die vor allem in der keltischen Siedlung am Fuße des Berges O Castro ausgegraben wurden. Das *Erdgeschoß* gewährt unter anderem Einblicke in den Lebensstil der Bewohner des Pazos, beispielsweise in das Büro und den Salon.

In den *oberen Stockwerken* ist die größte Sammlung zeitgenössischer galicischer Maler und Bildhauer untergebracht; neben Gemälden von Louxeiro und Souto sind Originalzeichnungen Castelaos zu sehen.

Ein Besuch im Zoo

Vigo besitzt den einzigen Zoo Galiciens. Der 45000 m² große *Parque Zoológico de Vigo* liegt auf dem 240 m hohen Berg *A Madroa,* 10 km vom Stadtkern in Richtung Flughafen entfernt. Rund 600 Tiere sind hier zu sehen, darunter Löwen, Pumas, Schwarzbären, Bisons, Wildschweine und Reptilien. Für die kleinen Besucher wird Ponyreiten angeboten.

Vom 1. Mai bis 15. Oktober 10 – 14 und 15 – 21 Uhr geöffnet, im Winter 11 – 14 und 15 – 19 Uhr, Mo geschlossen. Kinder zwischen 6 und 14 Jahren zahlen 100 Pts Eintritt, ältere Besucher 200 Pts. © 986-275150 oder -810188.

Verbindungen & Infos

Unter der Rubrik »Servicios« sind alle Abfahrtszeiten auf den letzten Seiten der Tageszeitung »Faro de Vigo« abgedruckt.

Flug: *Aeropuerto de Vigo,* Avda. del Aeropuerto s/n, © 986-487412. Vom Flughafen Vigos täglich Inlandsflüge nach Barcelona und Madrid, wochentags nach Bilbao und Valencia. Nähere Auskünfte bei:
Iberia, © 986-227005;
Aviaco, © 986-487625.

Zug: *Estación de Ferrocarril,* Plaza de la Estación s/n, © 986-431114 (RENFE).

Fähre: *Vapores de Pasaje,* Estación Maritima de Ría s/n, © 986-437777. Bietet Rundfahrten und Queimada-Feste auf dem Boot an.

Zwischen 9 und 19 Uhr Fährverbindungen zu den Cíes-Inseln (Hin- und Rückfahrt 1600 Pts). Auch Boote nach Cangas (300 Pts), Moaña (300 Pts), Nerga (600 Pts).

Bus: *Estación de Autobuses,* Avda. de Madrid s/n, © 986-373411. Ein Bus fährt zum Flughafen.

Unterkunft

★★★★ *Gran Hotel Samil,* Avda. de Samil 15, © 986-240000, Fax -241900, DZ 18.000 Pts. Hält so ziemlich das, was man für den Preis erwarten kann.

★★ *Hotel El Águila,* Victoria 6, © 986-431398. DZ mit Bad, Telefon 5900 Pts. Älteres, sehr gepflegtes kleines Hotel, an Vigos Alameda gelegen.

★★ *Hostal Continental,* Bajada a la Fuente 3, © 986-220764. DZ 8000 Pts. Direkt an der »Austernmeile« des Marktes La Piedra, neu.

In der *Altstadt,* besonders um die *Calle Real* werden überall **Zimmer** angeboten. In vielen Fällen stimmt das

Preis-Leistungsverhältnis aber nicht. Zwei Adressen, wo es stimmt:

- ★ *Hostal Mendez,* Real 4, © 986-436007. DZ 2500 Pts. Preiswerte, saubere Unterkunft.
- ★ *Pensión San Vicente,* San Vicente 6, 2. Stock, © 986-222331. DZ ohne Bad 3000 Pts. In einem alten Haus zwischen Porta do Sol und dem Berbés-Viertel. Die Zimmer machen einen sehr gepflegten Eindruck, gemütlich.

Camping: *Canido,* Playa de Canido, © 986-491920, geöffnet von Juni bis September, 2 PAZ 2300 Pts.

Playa Samil, Avda. de Samil 71, © 986-240210, 1.5. – 30.9. geöffnet, 2 PAZ 2500 Pts.

Essen & Trinken

Gute Restaurants gibt es reichlich in Vigo. Das Spitzenlokal heißt:

Sibaris, García Barbón 168, © 986-221526. Ausgefeilte Gerichte wie mit Austernfleisch gefüllter Seehecht, Steinbutt in Safran, Lachs mit Spinatsoße. Das Sibaris repräsentierte auf der Weltausstellung in Sevilla 1992 die galicische Küche. Unter 6000 Pts pro Person sollte man nicht rechnen.

Etwas weniger teuer, aber mit einem sehr guten Ruf: *Puesto Piloto,* Avda. Atlántica 194, © 986-297975, und *Mosquito*, Plaza Villavicencio 4 (nahe La Piedra), © 986-433570.

Amarante, Roupeiro 84, © 986-224048. Halb portugiesische Küche, zum Beispiel mit Gambas gefülltes Fleisch, Crêpes mit Spargel und Käse. Galicische, spanische und portugiesische Weine. Handgeschriebene Karte, klein und gemütlich. Sa-mittag, So und Fei geschlossen.

Mesón A Videira, Celso Emilio Ferreiro 11, © 986-412787. Einfaches Restaurant mit einer ausgezeichneten Küche und erträglichen Preisen.

Rigoletto, Venezuela 74, © 986-470657. Gute Pizza, Pasta, Salate, preisgünstig und kitschig eingerichtet.

Bocadillos und Lacón nimmt man am besten im *O Porco* (Real 13), Tapas im *Chavolas* (Cesteiros) und das frühe Bier im *Metropol* oder *Joaquín* (Areal) zu sich.

Cafés: In der *Calle Roupeiro* finden sich außerdem noch einige Cafés und Bars mit Terrassen und gemütlicher Hinterhofatmosphäre.

Nachtleben: Die *marcha* Vigos rotiert zwischen der Calle de los viños (Berbés-Viertel), der Zone um die Calle Lepanto (am Bahnhof) wie in den Disco-Pubs *Ruralex, El Manco, Betonwerck.* Die Schickeria treibt sich in der Areal-Zone herum, in Edelschuppen wie *Xestas* oder *No se lo digas a mamá* (Sag's nicht Mama). In den frühen Morgenstunden verlagert sich das Geschehen an die umgebenden Strände ins *B.O.E* (Samil) oder das *Vanitas Vanitatis* (Nigran).

Sport

Squash: *Pabellón de Balaídos* (Piscina cubierta Municipal), 500 Pts für 45 Minuten. Reservierungen am Tag vorher zwischen 11 und 20 Uhr im Pabellón Central unter © 986-239997. Am gleichen Tag persönlich vor Ort anmelden, © 986-293208.

Tennis: *Complejo Deportivo de Samil.* Zwei Spieler zahlen für eine Stunde 350 Pts, vier 500 Pts. Hallenplätze kosten 500 bzw. 600 Pts plus Licht. Auch hier vorherige Reservierung im Pabellón Central (© 986-239997) oder am gleichen Tag vor Ort, © 986-299160.

Frontón (baskisches Ballspiel): *Complejo Deportivo de las Traviesas.* 2 Spieler 350 Pts, vier Spieler 500 Pts pro Stunde, in der Halle 500 bzw. 600 Pts plus Licht. Reservierungen am Tag vorher im Pabellón Central, © 986-239997, oder am gleichen Tag vor Ort, © 986-235901 oder -236809.

Segeln: *Escuela Municipal de Vela,* Muelle de Bouzas s/n, © 986-237116 oder 207220. Anfänger- und Fortgeschrittenenkurse in fünf verschiedenen Bootsklassen. Die Unterrichtswoche mit 20 Stunden kostet 7000 Pts, die Ausstellung der Lizenz 1000 Pts.

Escuela de Vela (Real Club Náutico), © 986-224002 (10 – 14 und 16 – 20 Uhr). Wochenkurse mit insgesamt 15 Stunden kosten für Jugendliche 8300 Pts, für Erwachsene 9300 Pts. Im Winter werden Kurse nur am Wochenende angeboten.

Schwimmen: *Piscina Descubierta de Samil* (Freibad), geöffnet ab 1. Juli. Eintritt für Erwachsene 350 Pts, für Kinder 200 Pts.

Unterhaltung & Kultur

Kino: *Fraga,* Uruguay 3, © 986-436571.

Strandidylle an der Ría de Vigo

Multicines Centro, María Berdiales 7 – 9, © 986-226366.
Multicines Norte, Vía Norte 22, © 986-439645.
Plata, Urzaiz 91, © 986-432094.
Ronsel, Ecuador 102, © 986-414046.
Vigo, López de Neira 22, © 986-432406.
Theater: *Centro Cultural Caixavigo,* Policarpo Sanz 13, © 986-221668. Während der Sommermonate laufen nur wenige Veranstaltungen. Dafür Open-Air im Amphitheater im Castrelos-Park, Info über das Touristenbüro.
Museum: *Museo Municipal Quiñones de Leon,* Parque de Castrelos, © 986-471066. Im Sommer von 9 – 20 Uhr, im Winter 10 – 19 Uhr geöffnet, So und Fei 10 – 14 Uhr, Mo geschlossen. Eintritt frei. Anfahrt: Buslinie 20 ab Porta do Sol.
Tanzen: In Vigo gibt es einen der größten Tanzsäle Spaniens, das *Nova Olimpia,* Uruguay 3, © 986-223595, direkt neben dem Kino Fraga.

Nützliche Adressen

Touristeninfo: *Información Turística Municipal,* © 986-810144. Außer dem Tourismusbüro im *Rathaus* stehen am Hafen an der *Calle As Avenidas* und an der *Plaza España* Informationshäuschen bereit. Das kostenlose Infomaterial mit allen wichtigen Adressen, aktuellen Veranstaltungskalendern und Stadtplänen ist außergewöhnlich gut, allerdings nur auf Spanisch erhältlich.
Geldwechsel: mehrere Banken und Sparkassen mit Geldautomaten auf der Avenida Canovas del Castillo, der Gran Vía, in der Calle Venezuela und Principe Urzáiz.
Notruf: *Ambulanz* © 986-420650, *Polizei* © 092.
Deutsches Konsulat: García Barbón 1, © 986-437879 oder -435699. Im zweiten Stock, geöffnet Mo – Fr 9 – 13 Uhr. In dringenden Fällen telefonisch immer zu erreichen.
Bootsvermietungen: *Ronautica,* Puerto Deportivo de Vigo, © 986-431402.
Viajes Botafumeiro, Plaza de Compostela 9, © 986-223535.
Yatesport, Arenal 42, © 986-223504.
Mietwagen: *Avis,* Uruguay 12, © 986-374884.
Hertz, Areal 104, © 986-224374.
Autos Brea, Urzaíz 71, © 986-431603.
Furgo Rent, Avda. Camelias 49, © 986-420679.

Ausflug zu den Cíes-Inseln

Sobald von den *Islas Cíes* die Rede ist, taucht sehr schnell das Wort Paradies auf. Zweifelsohne haben die drei herausragenden Wächter der *Ría de Vigo* etwas Paradiesisches an sich. Wenn man sich nicht gerade einen Augustsonntag ausgesucht hat und die Fähre von Vigo nach einer Dreiviertelstunde die kleine Hafenmole anläuft, ist von der Großstadthektik nicht mehr das Geringste zu spüren. Von den drei Inseln sind nur die **Illa do Norte** (auch *de Monte Agudo*) und die sich südlich anschließende **Illa do Faro** (auch *del Medio*) zu erreichen, für die kleinere **Illa do Sur** (auch *de San Martiño*) benötigt man schon ein eigenes Boot. Die meisten Besucher der Cíes bleiben direkt am schönen Strand neben der Anlegestelle mit seinem überteuerten Restaurant hängen. Für die, die mehr sehen wollen, verteilt ein *Informationshäuschen* Karten, auf denen die Spazierwege eingezeichnet sind, und mit Naturschutz-Hinweisen, die man beachten sollte. Obwohl das 433 Hektar große Archipel seit Jahren ein Naturschutzgebiet ist, gerät das bei den sommerlichen Besuchermassen gerne in Vergessenheit – zu Hunderten picknickt man da im Herzen der Natur.

Der interessanteste Spazierweg über die Inseln *do Faro* und *do Norte* führt zum 173 Meter hohen *Monte Faro* mit seinem Leuchtturm. Vorbei an dem *Campingplatz* und der *Playa Nuestra Señora* gelangt man auf ihm zum *Faro do Príncipe,* neben dem sich die Reste eines keltischen **Castro** befinden. Die Zeugnisse menschlicher Besiedlung auf der Faro-Insel reichen bis in das Paläolithikum zurück. Ihren widerspenstigen Bewohnern stattete 55 v. Chr. kein geringerer als Julius Cäsar einen kriegerischen Besuch ab. Heute sind die Inseln offiziell unbewohnt – vom Leuchtturmwärter einmal abgesehen, von dessen Arbeitsplatz aus sich ein großartiger Ausblick bietet.

Die zweite Wanderroute führt vom Anlegesteg an herrlichen Stränden vorbei bis zum nördlichen Ende der Insel, wo von mehreren Punkten aus verschiedene Seevogelarten zu beobachten sind. Die hier nistenden Möwen, Kormorane und Fischreiher stehen unter besonderem Schutz.

Verbindung & Camping

Fähre: Vapores de Pasaje, Estación Maritima de Ría s/n, © 986-437777. Von März bis September zwischen 9 und 19 Uhr (Hin- und Rückfahrt 1800 Pts, 45 Minuten Fahrzeit). Letzte Rückfahrmöglichkeit 20 Uhr, So und Fei 21 Uhr.

Camping: *Islas Cíes,* © 986-278501 oder 434655. 1.6. bis 15.9. geöffnet. 2 PAZ 1400 Pts. Vor allem im August derart überfüllt, daß die Fährgesellschaft *Vapores* im Ticketschalter eine Warteliste führt, in die sich jeder Inselcamper zunächst eintragen muß, Reservierung © 986-438358.

Gelbschnabel-Sturmtaucher und Silbermöwen sind häufige Gäste an Galiciens Küste

GALICIENS SÜDWESTLICHER ZIPFEL

Von Vigo aus bis zur Mündung des Río Miño, der Grenze zu Portugal, sind es rund 65 km. Die Küstenstraße führt durch das vielbesuchte Baiona mit seiner mächtigen Festung und verläßt das El Dorado des sommerlichen Baderummels in Richtung A Guarda und der beeindruckenden Keltensiedlung auf dem Berg Santa Tecla. Die letzte größere Station dieser Tour ist, 28 km im Landesinnern am Ufer des Miño, das gotische Tui mit seiner burgähnlichen Kathedrale, das sich als Ausgangspunkt für verschiedene Ausflüge anbietet.

Baiona

Für einen der beliebtesten Ferienorte Galiciens halten sich die Dimensionen der Chalets und Apartmenthäuser sogar noch in Grenzen. Sie drängeln sich um eine Altstadt mit wappengeschmückten Pazos, schmalen Gassen, Klöstern und Restaurants. Im August ist der Fischerort kaum 20 km von Vigo allerdings heillos überlaufen.

Seine 10.000 Bewohner feiern jeden 1. März die Ankunft der Karavelle »La Pinta«. An diesem Tag im Jahre 1493 erfuhr Baiona als erste Stadt Europas von Kolumbus Entdeckung der neuen Welt Amerika. Das Schiff ist heute in Miniaturform vor dem Rathaus in einen Monolithen eingemeißelt. Seit die Kelten von Julius Cäsar besiegt wurden, hatte das mittelalterliche *Erizana* (Baiona) einen wertvollen Seehafen. Die Handelprivilegien reichten bis zum französischen La Rochelle, was Portugiesen und Engländer wiederholt zu Überfällen verleitete. Vier Jahre nach der Ankunft der Pinta entschieden sich deshalb die Katholischen Könige, für die Bewohner auf der Halbinsel *Monte do Boi* (Ochsenberg) eine Befestigung anzulegen. Der Name Boi konvertierte zu Baiona und die **Burg** zur Residenz der Grafen von Gondomar. Seit 1967 ist innerhalb der meerumspülten Festungsmauer ein *Parador* untergebracht. Ein Spaziergang über die Mauer (10 – 22 Uhr, 100 Pts) gibt den Blick frei auf die feinsandige *Playa de América,* auf vorgelagerte Inseln und den Stadtkern.

Darüber thront massiv Baionas ältestes Gebäude, die romanische **Iglesia Santa María** an der *Plaza Santa Liberata,* auf der auch eine gleichnamige *Kapelle* steht. Um die Santa María sind einige *Cruceiros* gruppiert, das schönste Wegkreuz allerdings liegt östlich – am Brunnen *Ceta* vorbei – nahe dem Auditorium auf der **Plaza Santísima Trinidad.** Der *Cruceiro* aus dem 15. Jahrhundert ist – wie auch in Noia – in einen Renaissance-Baldachin eingefaßt.

Ein Weg in die Berge führt schließlich zur **Virgen de la Roca** (ausgeschildert), einer 15 Meter hohen Geschmackssache aus Beton, Stein und Marmor mit einem Schiff in der Hand, in das man hineinklettern kann. An der »Jungfrau des Felsens« vorbei führt ein Weg fünf Kilometer zum pinien- und eukalyptusbewachsenen Aussichtsplatz *Chan Da Lagoa* mit einem Reitstall, wo junge Leute Pferde für einen lohnenswerten Rundritt vermieten.

Im wenige Kilometer im Landesinneren gelegenen Gondomar findet Mitte Juni der *Curro de San Cibrán* statt.

Verbindungen

Fähre zu den Cíes-Inseln: 1.7 bis 13.9 ab der Hafenmole um 9, 10.45, 12.45, 15.45, 17.30 und 19.30 Uhr. Letzte Rückfahrt 20.15 Uhr.

Bus: Haltestelle in der Calle Alférez Barreiro an der Hafenmole.

A Guarda täglich um 19.30, Mo – Fr auch um 11 und 12.30 Uhr.

Vigo über Playa Nigran jede volle Stunde, Fahrtzeit 60 Minuten.

Unterkunft & Camping

★★★★ *Parador Conde Gondomar,* Monterreal, © 986-355000, Fax -355076, DZ 20.000 Pts.

★★ *Tres Carabelas,* Ventura Misa 72, © 986-355441, DZ 6800 Pts.

★★ *La Pinta,* Carabela la Pinta s/n, © 986-355107, Fax -355921, DZ 6500 Pts.

★★ *Hotel Rompeolas,* Luis Calleja s/n, © 986-355130, DZ 7000 Pts.

Camping: *Baiona Playa,* am Strand Ladeira-Sabaris, © 986-350035. 2 PAZ 2800 Pts. Erste Kategorie mit Platz für 1500 Menschen, geöffnet von Juni bis September.

10 km entlang der C 550 Richtung A Guarda in **Mougas** liegen zwei ähnlich ausgestattete Plätze:

O Muiño, 2 PAZ 2400 Pts, © 986-361600, und *Pedra Rubia,* 2 PAZ 2200 Pts, © 986-361562. Beide mit Schwimmbad, Tennisplatz, Spielplatz, Supermarkt, Restaurant, groß und schattenlos. Keine Badestrände in der Nähe.

Essen & Feiern

Die Calle Ventura Misa und ihre Seitenstraßen sind voller Marisco-Restaurants, Tapa-Bars und Kneipen.

Konzerte im *auditorio,* Santísima Trinidad s/n. Im selben Gebäude befindet sich eine *Disco.*

Feste: 1. März *Kolumbus-Fest,* 20. Juli *Santa Liberata,* 27. September *Wallfahrt* der Heiligen Cosme und Damián.

Reiten

Chan Da Lagoa, 5 km in die Berge, vorbei an der Virgen de la Roca, 10 – 14 und 16 Uhr bis in die Nacht. Sechs Pferde, auch für Kinder, von jungen Leuten geführt, die Stunde 1300 Pts.

Picadero, an der Virgen de la Roca links nach 2 km, © 986-419984, 10 – 14 und 16 – 22 Uhr, mit Führung die Stunde 1300 Pts.

Nützliche Adressen

Oficina de Turismo, Ventura Misa 2, Mo – Sa 9.30 – 20 Uhr, So 10.30 – 19 Uhr. Stadtpläne und Kulturprogramm.

Post: *Correos,* Avda. Monterreal.

Telefon: *Telefónica* an der Hafenmole und vor der Festung Monterreal.

Oia und die Wildpferde

Auf halbem Wege entlang der 32 Kilometer langen, strandlosen, schroffen Atlantikküste liegt der Fischerort Oia. Die wilden Pferdetreibjagden seiner Bewohner sind galicienweit bekannt.

Während der **Curros** am zweiten Wochenende im Mai, *Curro de la Valga,* und am ersten Wochende im Juni, *Curro de Torroña,* werden die Wildpferde von den kargen Bergen in die nahen Dörfer getrieben und in einem Pferch eingeschlossen, um sie anschließend im Rodeo zu reiten (siehe auch Seite 27).

Das alte Zisterzienser-Monasterium **Santa María** mit dem brausenden Meer im Hintergrund ist eine zweite Attraktion. Seine Mönche vertrieben 1624 die Türken, man nennt sie auch die *monjes artilleros,* im Bürgerkrieg diente das Klostergemäuer als Gefängnis. Heute kann es im Gegensatz zur Kirche nicht mehr besichtigt werden. Im 19. Jahrhundert wurde das Monasterium, wie so viele, enteignet.

A Guarda und die Keltensiedlung Monte Santa Tecla

Der Name der südlichsten Stadt Galiciens gibt bereits Auskunft über ihre frühere Bedeutung: die »Wache« kontrollierte den Handelsverkehr an der Mündung des Miño. Im 15. Jahrhundert eroberte der Graf von Soutomaior, Pedro Madruga, die strategisch wichtig gelegene Stadt, die bis dahin im Einflußbereich des Bischofs von Tui stand. In den darauffolgenden Jahrhunderten machte A Guarda als Seeräubernest immer wieder von sich reden, weil die Piraten den Handel zwischen Portugal und England empfindlich störten. Heute lebt der Ort von der Fischerei und nennt sich selbst »Hauptstadt der Langusten«.

Seine größte Attraktion ist die **Keltensiedlung** auf dem **Monte Santa Tecla,** die jährlich über eine Viertelmillion Touristen anzieht. Beim Bau eines Forstweges entdeckte man hier 1913 die riesenhafte prähistorische Siedlung mit rund 1000 Häuserresten, die von den Römern *Albobriga* genannt wurde. Sechs Grabungen legten daraufhin Felszeichnungen und Petroglyphen aus der Bronzezeit, Rundbauten, Mauern und Küchen aus der Castro-Kultur sowie Reste römischer Bauten frei. Offenbar hatten keltische Stämme im 6. Jahrhundert v. Chr. die hiesigen Ureinwohner verdrängt. Zur Zeit des Kaisers Augustus begann die Romanisierung der keltischen Bevölkerung, die zwischen dem 3. und 5. Jahrhundert die Siedlung aufgab.

Bis heute ist der Berg als archäologische Fundstätte nicht erschöpft. Auf zweien der Grundmauern hat man versucht, die keltischen Rundhütten zu rekonstruieren. Allerdings ist nicht sicher, wie sie wirklich ausgesehen haben. Links unterhalb des freigelegten Teils der Siedlung befinden sich Petroglyphen, von denen die Labyrinthdarstellungen noch am ehesten zu erkennen sind. Angeblich ist auf einem der Felsen der schematische Plan der Siedlung und ihrer Umgebung eingeritzt. Weil das Hinweisschild aber nur zufällig entdeckt werden kann, latscht jeder Besucher erstmal drüber.

Seit 1953 ist auf der Bergspitze ein sehr schönes **archäologisches Museum** eingerichtet (geöffnet 11 – 14 Uhr und 15 – 19 Uhr, Mai bis September, Eintritt frei). Zu sehen sind zahlreiche Skulpturen, Grabsteine, Eisenwerkzeuge und Waffen, Zierrat aus Bronze, römische Münzen und ein keltischer Schwertknauf aus Gold. Eine römische Herkulesstatue aus Bronze wurde 1965 gestohlen und nicht wiedergefunden (die Spuren führten bis in das Britische Museum Londons und in die Dominikanische Republik).

Von A Guarda führt ein Fußweg auf den 341 Meter hohen Berg, von dem man bei klarem Wetter eine grandiose Aussicht hat. Wer mit dem Auto hoch will, zahlt 100 Pts.

Die der Santa Tecla geweihte Kapelle aus dem 15. Jahrhundert ist am Tag vor Christi Himmelfahrt Ziel einer *Wallfahrt,* der sich in früheren Zeiten ein dreitägiges Fasten anschloß.

Verbindungen

Bus: Die Haltestelle liegt an der Plaza Avelino Vicente. Zwischen 5.45 und 20 Uhr fahren stündlich Busse nach Tui, So und Fei 8.30, 10, 14 und 20 Uhr.

Nach Baiona 7.30, 14.30 und 17 Uhr, So und Fei 9 und 14.30 Uhr (*Atsa*).

Unterkunft & Camping

★★ *Hotel Convento San Benito,* Plaza de San Benito, ✆ 986-611166, Fax -611517. DZ 8700 Pts. In einem ehemaligen Benediktinerinnenkloster, das 1558 von der Familie Soutomaior gestiftet wurde. Seit 1990 sind die Gebäude um den kleinen Kreuzgang ein komfortables Hotel mit Parador-Qualität, direkt am Hafen A Guardas.

★ *Pazo Santa Tecla,* Monte Sta. Tecla, ✆ 986-610002. DZ 4650 Pts. Das Hostal erinnert bei seinem geringen Komfort zwar kaum an einen Pazo, dafür ist die Lage auf der Spitze des Berges Santa Tecla einzigartig.

★ *Hostal Celta,* Oliveira Salazar 38, ✆ 986-610911. DZ ab 3500 Pts.

Camping: *Sta. Tecla,* Salcidos (circa 3 km außerhalb Richtung Tui), ✆ 986-613011. Gepflegte, großzügige Anlage am Miño. Mit Swimmingpool, Supermarkt, Restaurant und Disco. Im Sommer oft so sehr von Mücken geplagt, daß abends großflächig Insektizide versprüht werden. 2 PAZ 2000 Pts.

Essen & Trinken

Eine ganze Reihe von Restaurants liegt direkt am Hafen A Guardas und versucht, dem Ruf der Langustenhauptstadt gerecht zu werden, unter anderem das *Xeito* und das:

Gran Sol, Malteses 32, ✆ 986-610552. Etwas teuer, aber sehr typisch.

Mesón O'Enxebre, Trans. Ramón Sobrino s/n, ✆ 986-610488. Ein bißchen versteckt in einer Sackgasse, sehr gemütlich.

Café Oasis, José Antonio 18. Zum Frühstücken gut geeignet.

Strand

Der schöne Strand von **Camposancos** an der Mündung des Miño liegt von A

Guarda aus auf der anderen Seite des Berges Santa Tecla und ist zu Fuß in 25 Minuten zu erreichen.

Weitere Informationen

Tourismusbüro: im *Rathaus,* Mo – Sa 10.30 – 14 und 17.30 – 18.30 Uhr. Hier gibt es einen kopierten Stadtplan und mehrsprachige Broschüren.

Langustenfest, letzter Samstag im Juni.

TUI

Wie eine mittelalterliche Festung erhebt sich die Stadt auf einem Hügel am Ufer des Miño, beherrscht von seiner alles überragenden und zinnenbewehrten *Kathedrale.* Die Bischofsstadt Tui mit ihren 15.000 Einwohnern wirkt wie versunken in einen provinziellen Dämmerschlaf, den nur gelegentlich die Ausläufer der sich über die Brücke nach Portugal quälenden Autoschlangen stören. Tui erlebt momentan die ruhigste Zeit seiner Geschichte, in der es stets ein begehrtes Eroberungsobjekt gewesen ist. Einer Sage zufolge soll bereits Diomedes, Kampfgefährte des Odysseus in Troja, an dieser Stelle einen Handelsplatz gegründet haben. Der Beweis dafür steht noch aus, Tui ist ein Name keltischer Herkunft.

Die Römer nannten den strategisch wichtigen Ort *Castellum Tude.* Später, im 4. Jahrhundert, wurde Tui zu einem der frühesten Bischofssitze. Zu Beginn des 5. Jahrhunderts war es Hauptstadt der germanischen Sueben, und auch Westgotenkönig Witiza (702 – 710) hatte hier zeitweilig seine Residenz. Unmittelbar darauf von Mauren besetzt, im 9. Jahrhundert befreit und in den folgenden Jahrhunderten immer wieder von Wikingern heimgesucht, blühte Tui erst zu Zeiten der Doña Urraca auf, einer Schwester Alfonso VI. (1065 – 1109), die der Bischofsstadt großzügige Schenkungen machte.

Dennoch geriet Tui durch seine Position zwischen den Einflußsphären Portugals und Kastiliens oft buchstäblich zwischen die Fronten und war mehrfach Opfer portugiesischer Angriffe. Der Anblick der *Valença-Festung* auf der anderen Uferseite verdeutlicht dieses prekäre Schicksal einer Grenzstadt.

Stadtrundgang

Die Kathedrale & ihre Museen

Durch die an Kriegen reiche Geschichte erklärt sich auch das äußere Erscheinungsbild der Kathedrale Tuis, die mehr einer Burg als einem Gotteshaus gleicht. Irgendwann stößt man unweigerlich auf ihr mächtiges *Hauptportal* aus dem frühen 13. Jahrhundert – für einige das vollkommenste der galicischen Gotik. Unter den acht Archivolten empfängt Moses mit Aposteln und Propheten den Besucher; die zweite Figur von rechts zeigt Doña Urraca in der Gestalt der *Reina de Saba,* rechts außen neben ihr steht Fernando II. als König Salomon. Das dreiteilige Tympanon darüber zeigt Herodes, die Verkündigung, Maria im Kindbett und die Anbetung der Heiligen Drei Könige. Zuoberst ist die Silhouette Jerusalems zu sehen.

Im *Innern* der Kathedrale (Öffnungszeiten: 9 – 13 Uhr und 16 – 20

Uhr) fallen sofort die steinernen Stützverstrebungen auf, die bis 1715 angebracht wurden. Denn der so massiv wirkende Bau warf schon während seiner Fertigstellung statische Probleme auf. Die lange Bauzeit von 1120 bis 1232 führte dazu, daß schließlich auf der ursprünglich rein romanischen Basis eine hochstrebende gotische Konstruktion errichtet wurde. Schon bald drohte die Kirche in sich zusammenzustürzen, weshalb zusätzliche Verstrebungen weitere Säulenneigungen verhindern mußten. 1755 erschütterte ein Erdbeben (infolgedessen eine gigantische Flutwelle das portugiesische Lissabon verwüstete) auch die Kathedrale von Tui. Die Folgen sind noch am Gewölbe der Seitenschiffe des Langhauses erkennbar.

Die Besonderheit der Kathedrale ist das nach dem Typus der Pilgerkirchen *dreischiffige Querhaus*, das es nur mit der von Santiago de Compostela gemeinsam hat. Bis zum Bau der Stützstreben schwang man auch hier einen *Botafumeiro* (Weihrauchkessel). Die verzierten Aufhängungen der einstigen Metallkonstruktion sind noch in der Vierungskuppel aus dem 16. Jahrhundert zu erkennen.

Das *Chorgestühl* von 1699 ist ein Werk von Francisco Castro Canseco. Seine Schnitzereien zeigen Szenen aus dem Leben des Heiligen Telmo, der in Tui lebte. Das Gestühl unterhalb der desolaten Barockorgel von 1714 ist mit Darstellungen anderer Heiliger verziert.

In der *Capilla Santa Catalina* ist das **Kathedralenmuseum** untergebracht (Öffnungszeiten 10.30 – 13.30 und 16 – 20 Uhr, Eintritt 200 Pts), in dem sakrale Kunstwerke wie Monstranzen, Talare und Figuren ausgestellt sind. Das interessanteste Stück ist ein Meßkelch aus dem 15. Jahrhundert, der aus einer kunstvoll verarbeiteten Kokosnuß gefertigt wurde. Sie muß mit einem der ersten Schiffe aus Amerika nach Spanien gelangt sein.

Der Eintrittspreis des Museums berechtigt auch zum Besuch des frühgotischen **Kreuzganges**, vermutlich der schiefste Galiciens. Über ihn gelangt man in den romanischen *Kapitelsaal* und auf einen *Wehrturm* aus dem 15. Jahrhundert, der eine herrliche Sicht auf Tui bietet.

Nicht versäumen sollten Sie einen Besuch des **Diözesanmuseums,** schräg gegenüber dem romanischen *Nordportal* der Kathedrale (Öffnungszeiten: Mo – Fr 10 – 13.30 Uhr und 16 – 19 Uhr). Die Hauptsehenswürdigkeiten sind Fundstücke aus römischer Zeit, darunter ein Marmorsarkophag, und ein keltischer Bronzehelm, den man neben einigen Waffen im Ufersand des Miño entdeckte.

Die Altstadt

Vom **Rathaus** an der Ostseite der Kathedrale führt eine steile Treppengasse hinunter in die verwinkelte **Altstadt** und zur **Capilla San Telmo,** die mit ihrem portugiesischen Konditorei-Barock des 18. Jahrhunderts so überhaupt nicht in das gotische Tui paßt. Die von der *Calle Corpo Santo* aus einsehbare *Krypta* soll aus den Mauern des Hauses bestehen, in dem der heiliggesprochene Dominikaner Pedro González Telmo lebte.

Vom hübschen Altstadtplatz **Armada** die *Calle Obispo Lago* wieder hinauf gelangt man zur **Plaza de Diomedes,** dem Treffpunkt der Tuienser zum gepflegten Nachmittagsplausch. An schönen Samstagvormittagen schmettert dort die Stadtkapelle Operetten-Potpourris und sonstiges Musik-Allerlei vom dazu passenden Pavillon herab. Der Platz liegt direkt an der *Calle Calvo Sotelo,* mit der Tui an einen weiteren Sohn der Stadt erinnert (1893 geb.), und dessen Name zu Francos Zeiten ebenso geheiligt wurde wie der des Dominikaners Telmo. Die Ermordung José Calvo Sotelos, eines Gefolgsmannes Primo de Riveras, im Jahre 1936 wurde zum Märtyrertod für die rechtskonservative Falangisten-Bewegung hochstilisiert und zu einem mitauslösenden Ereignis des Spanischen Bürgerkrieges.

Vorbei an der *Iglesia San Francisco* von 1727 und dem *Bischöflichen Seminar* verläuft die breite Flaniermeile mit Terrassencafés zur *Glorieta de Vigo,* von der ein Fußweg in einen kleinen **Park** führt. Außer dem unterhalb vorbeifließenden Miño sind hier auch die drei gotischen Apsiden der einschiffigen Kirche des ehemaligen **Klosters Santo Domingo** zu sehen, eine Gründung aus dem Jahr 1330. Die Fassade wurde im 18. Jahrhundert umgestaltet, doch blieb die einschiffige gotische Konstruktion von 1524 weitgehend bestehen. Recht kurios ist der eigentlich der *Virgen del Rosario* (Jungfrau vom Rosenkranz) geweihte Seitenaltar von 1738, der aber auch als das Retabel der *Schlacht von Lepanto* bekannt ist. Der obere Teil hält Szenen jener historischen Seeschlacht von 1571 gegen die türkische Flotte fest, die ausnahmsweise einmal die Spanier gewannen.

Etwas weiter vom heutigen Stadtkern Tuis entfernt befindet sich das **Altstadtviertel San Bartolomé,** benannt nach der romanischen **Iglesia San Bartolomé de Rebordanes.** Sie ist eine der ältesten Kirchen Galiciens, was die unter dem Fußboden entdeckten Gräber aus dem 6. Jahrhundert belegen. Die dreischiffige Basilika aus dem 10. und 11. Jahrhundert, die bis zur Fertigstellung der Kathedrale Bischofskirche war, gehörte zu einem Benediktinerkloster, dessen Existenz seit 1024 belegt ist, von dem aber keine Reste vorhanden sind. Besonders sehenswert sind die *Kapitelle* im Kircheninnern, die noch präromanische Stilelemente aufweisen. Bei Restaurierungsarbeiten entdeckte man am Gewölbe der *Zentralapsis* die herrlichen Wandmalereien des 16. Jahrhunderts, die nun wieder das Halbrund mit Kreuzigungsszenen unter einem Sternenzelt zieren. Den Schlüssel für die meist geschlossene Kirche bekommt man in der Calle San Bartolomé 23.

Verbindungen

Zug: Der Bahnhof von Tui (© 986-600813) liegt an der Avda. de la Concordia Richtung Vigo. Nach Portugal 3 x täglich, nach Vigo ebenso.

Wesentlich besser an das Streckennetz angeschlossen ist der Bahnhof des 3 km Richtung Vigo liegenden **Guillarei** (© 986-601255). Von dort fahren auch Langstreckenzüge nach

Wollen nicht zum alten Eisen gehören: »Mann« nimmt teil am Geschehen der Stadt

Madrid oder Barcelona. Monforte 13.41 und 20.10 Uhr, Ribadavia und Ourense 7 x täglich, Nach Portugal (O Porto) 3 x täglich.

Zum Bahnhof Guillarei fährt kein Bus, ein Taxi kostet 400 Pts.

Bus: Die Haltestelle liegt an der Calle Calvo Sotelo, gegenüber der *Bar Nuevo.* Stündlich verkehren hier Busse zwischen Vigo und A Guarda. Die nächsten Abfahrtszeiten weiß der Kioskinhaber neben der Haltestelle.

Unterkunft & Camping

★★★★ *Parador de Tui,* Avda. de Portugal s/n, ✆ 986-600309, Fax -602163, 30 Zimmer, DZ 13.500 Pts. Schön gelegen mit Blick auf die Altstädte von Tui und Valença. Tennisplatz und Swimmingpool gehören dazu.

★ *Pensión Otilia,* Generalísimo 8, ✆ 986-601062. DZ 2500 Pts. In einem alten Haus mit enorm schiefen Wänden, Bad im Flur, beste Lage und Zimmer mit toller Aussicht.

Camping: *Estanque Dorado,* ✆ 986-633652, im Ort **Carregal,** 7 km von Tui Richtung A Guarda. Ganzjährig geöffnet, mit Schwimmbad, direkt am Miño-Ufer, empfehlenswert. 2 PAZ 2000 Pts.

Essen & Trinken

O *Caballo Furado,* Plaza Generalísimo (gegenüber der Kathedrale), ✆ 986-601215. Gut besuchtes Lokal mit ausgezeichnetem Fisch, Menü 800 Pts.

O *Gaucho,* Placer 19, ✆ 986-603005. Nett eingerichtetes Restaurant in der Nähe der Plaza Armada, gute Bocadillos, preisgünstig.

O *Miño,* Ordoñez 11, ✆ 986-600401. Menü 1000 Pts.

Nachtleben: Für das frühe Bier oder den späten Kaffee bieten sich die Terrassenbars an der Calle Calvo Sotelo an. Die Altstadtbars mit Flair, in denen ab Mitternacht geschwoft wird, liegen in den Straßen Placer und Corpo Santo (auch San Telmo), z.B. der *Pub Tres Tempos,* die *Disco ZM* oder die *Res-Bar* mit einer kleinen Terrasse mit Blick auf den Miño.

Weitere Informationen

Tourismusbüro, Avenida Portugal, © 986-601789. Geöffnet 9 – 14 Uhr und 16.30 – 18.30 Uhr, Sa 10 – 14.30 Uhr. Schlechte Information, Faltbroschüren mit einem Stadtplan sind Glückssache. Am besten direkt im *Rathaus* nachfragen, Plaza Generalísimo 1, © 600200.

Rafting: Mit dem Schlauchboot den Miño herunter. Ein Tutor ist immer dabei, Schwimmwesten werden gestellt. Badestops an Uferstellen, die zu Fuß nicht zu erreichen sind. Halbtagesausflug von rund 9 km, pro Person 3000 Pts. Ab sechs Teilnehmern auch Tagesausflüge mit Mittagessen, pro Person 6000 Pts:

Arrepions, Apartado 119, © 986-630009.

Tennis: Der Hartplatz des Parador San Telmo kann für 800 Pts pro Stunde gemietet werden. Reservierung ratsam.

Ausflüge ...

... nach Portugal

Nur einen Katzensprung von Tui entfernt liegt **Valença do Miño,** eine im 17. Jahrhundert zur Mammutfestung ausgebaute Stadt, zu der es vor allem mittwochs eine spanische Blechlawine zieht. Für die Galegos ist der *Markt* die Hauptattraktion von Valença, wo es vor allem eines relativ günstig zu kaufen gibt: Frottee. Weil die Nachfrage groß ist, sind fast alle Hausfassaden Valenças mit Pyjamas, Bademänteln und Handtüchern zugehängt. Die doppelstöckige Eisenbrücke von 1884 über den Miño verkraftet schon seit langem nicht mehr den normalen Grenzverkehr, geschweige denn den Massenansturm auf den Baumwollflausch. Inzwischen ist zwar auch eine modernere Brücke fertiggestellt, doch wer stundenlangen Staus aus dem Wege gehen möchte, fährt besser mit dem Zug oder nimmt die Fähre von *Goian* (Richtung A Guarda), die zwischen 9 und 23 Uhr verkehrt. Für 280 Pts setzt sie ein Auto samt Fahrer über, jede weitere Person zahlt 60 Pts.

... per Bahn nach Ribadavia

Auch wenn Sie mit dem Auto unterwegs sind, ist eine Zugfahrt nach Ribadavia eine Überlegung wert. Die Eisenbahnstrecke Richtung Ourense folgt dem Verlauf des Miño, der sowohl im Gebirge als auch hinter der Staumauer von Pontedeva ein ausgesprochen romantisches Bild abgibt. Neben der wunderschönen Landschaft sieht man vom Zugfenster aus die alten Wehre, Mühlen und Burgen entlang des Flusses. Die einstündige Fahrt zum selbst sehenswerten Ribadavia (siehe Seite 348) kostet 370 Pts und ist somit billiger als das Taxi von Tui zum Bahnhof *Guillarei,* von dem mehrmals täglich Züge abfahren.

... nach Mondáriz-Balneario

Von Tui zweigt von der N 550 Richtung *Porriño* nach 2 km die Straße nach **Caldelas de Tui** ab, das bekannt ist für seine Heilbäder (*Hotel Balnea-*

rio, DZ 5000 Pts, Bad 700 Pts). Nach weiteren 13 km erreichen Sie entlang des Miño-Flusses *Salvaterra de Miño,* die Hauptstadt des *Condado-Weines* **Salvaterra.** Durch das Weinanbaugebiet, in dem auch Albariño-Reben stehen, geht es von hier aus 15 km nach **Ponteareas.** Die N 120 Richtung Ourense führt von dort nach 2 km zum – schlecht ausgeschilderten – **Monte Picaraña,** wo die Steine *Oscilante* und *Piedra dos Namorados* (Stein der Verliebten) stehen. Letzterer hat die Form einer Brücke, zahllose Legenden ranken sich um ihn. Männer, die hier zwei Steinchen raufwerfen, haben Glück mit den Frauen – aber nur, falls die Steine oben liegenbleiben.

Fünf Kilometer dahinter taucht linkerhand die **Burg Sobroso** auf. Hoch und uneinnehmbar wirkt sie. Doch beim Volksaufstand der Irmandiños im 15. Jahrhundert gegen die Adligen und später beim Kampf zwischen den Grafen García Sarmiento und Pedro Madruga (siehe Schloß Soutomaior) ist sie stark beschädigt worden. 1983 wurden die Falltür, das Wappen der Sarmientos, die hohen Mauern, die Gemächer und der Turm sorgfältig restauriert (Mo – Fr 16 – 20 Uhr, Sa, So und Fei 9 – 13 und 15 – 20 Uhr). Von den Turmzinnen aus sind ganz im Nordosten schon die Ruinen des Hotels von Mondáriz-Balneario zu erkennen.

Als in **Mondáriz-Balneario** 1862 die *Fuente Troncoso* mit seinem Heilwasser entdeckt worden war, entstand bald darauf ein Grandhotel für die galicische Crème de la Crème aus Politik und Aristokratie. Doch 1973 fingen die Gebäude Feuer.

Geblieben ist ein skurril wirkender, sehr ruhiger Ort, an dessen hohen, verkohlten Mauern in der Nacht des 16. Juli eine Prozession zu Ehren der *Carmen* vorbeiführt.

Die 600 Einwohner glauben, in der kleinsten Gemeinde Spaniens zu leben. Einer ihrer Treffpunkte ist das *Café Barbanda* mit seiner hohen Kuppel, dem Springbrunnen in der Mitte und der Kachelwerbung von 1900 für das örtliche Mineralwasser. Oder nebenan der Balneario, wo ein Heilwasserbad 800 Pts kostet. Oder der kleine Flußstrand mit einem kleinen Café, in dessen Nähe einige schöne Spazierwege abgehen.

Einen Kilometer weiter liegt das Dorf **Mondáriz** mit seiner schönen *Plaza de España.*

Verbindungen

Nach Vigo über Mondáriz-Balneario und Porriño Mo – Sa 8, 10, 14 und 15.30 Uhr. So und Fei 7.45 Uhr.

Nach Pontevedra täglich um 8 Uhr.

Unterkunft

Zu den vielen Häusern aus der Jahrhundertwende gehört:

★★ *Hostal Villa Flora* in der Calle Calvo Sotelo 6, © 986-656108. DZ mit Bad im Flur 4000 Pts. Hinter einem winzigen Park mit einer verrosteten Laterne, die den Kopf hängen läßt, und rotgestrichenen Bänken liegt die ebenso rotgestrichene Unterkunft.

DAS LANDESINNERE

LAND & LEUTE
GESCHICHTE & GEGENWART
REISEPRAXIS
GOURMETS & AKTIVE
JAKOBSWEG
SANTIAGO DE COMPOSTELA
RIAS ALTAS – NORDKÜSTE
RIAS BAJAS – WESTKÜSTE
DAS LANDESINNERE

DIE WEINBAU-PROVINZ OURENSE

Touristen verirren sich selten in die einzige der galicischen Provinzen ohne Zugang zum Meer. Dabei ist dieser Landstrich wohl einer der landschaftlich abwechslungsreichsten Spaniens: Weinberge und weite Wälder, sanfte Täler und tiefe Schluchten, schroffe Felsen und karstige Hochebenen, fischreiche Flüsse und Lagunen. Kaum zu zählende Klöster, Kirchen und Burgen weisen auf die lange Kulturgeschichte der Region hin. Der hier angebaute Ribeiro-Wein wird nicht nur exportiert, sondern auch in beachtlichen Mengen selbst getrunken, was ein recht preiswertes Vergnügen sein kann. Wer gerne wandert oder mit dem Fahrrad unterwegs ist, der findet in der Provinz Ourense sicher ein interessantes Reiseziel, auch wenn die diesbezügliche Infrastruktur in Form von Wanderrouten und einem breiten Netz von Übernachtungsmöglichkeiten nicht gegeben ist.

OURENSE – STADT DER HEISSEN QUELLEN

Die Römer nannten die Siedlung *Auria,* die Goldene. Hier, an dem Ufer des *Miño,* schürften sie Gold und Silber. So gar nicht dem Namen entsprechend gilt Ourense heute als eine der ärmsten Städte Spaniens. Stadt wie Provinz sind am stärksten von der Emigration betroffen; es heißt, 37 % der Bevölkerung lebten unterhalb der Armutsgrenze. Und besonders in großen Städten hat die Armut ein häßliches Gesicht. Scheinbar plan- und willenlos ist das 90.000 Einwohner starke Ourense über die alten Stadtgrenzen hinausgewuchert. Die Vorstadt ist ein gräßlich graues Gewimmel von eintönigen Betonkästen, wo die stets überfüllten grünen Müllcontainer die einzigen Farbtupfer sind.

Es kostet schon Überwindung, noch bis in die Altstadt vorzudringen, wo man allerdings erleichtert aufatmet: Immerhin steht die Altstadt noch, ein bißchen wackelig manchmal, wirkt dafür aber nicht wie ein Museum, sondern ist nach wie vor die Lebensader der Stadt. Unter Arkaden aus Granit durch die engen, oft steilen Gassen mündet das abgetretene Pflaster in kleine reizvolle Plätze, wie die *Plaza del Trigo* oder *de Hierro,* die sich besonders zur Nacht mit Menschen füllen. In dem Gassengewirr wimmelt es von kleinen Bars, lautstarken Pubs, und mittendrin liegt die kolossale *Kathedrale,* die aus der Ferne kaum auszumachen ist.

Es läßt sich also doch aushalten in der Stadt der heißen Quellen *As Burgas,* die seit undenkbaren Zeiten schier unerschöpflich sprudeln und am Anfang der Geschichte von Ourense stehen. In Stein gehauene römische Gruß- und Dankesworte an der *Plaza As Burgas* erinnern daran, daß schon vor 2000 Jahren Hände und Füße in das 70 Grad heiße Schwefelwasser getaucht wurden.

Das Rad der Geschichte hat sich lange um Ourense gedreht, ist aber schließlich irgendwann davongerollt, so daß seine Bewohner woanders ihr Auskommen suchen müssen. Es ist keine Seltenheit, einen Bar- oder Restaurantbesitzer zu treffen, der Orte wie Duisburg, Hamburg oder Frankfurt gut aus jahrelanger Anschauung kennt.

Pause für die Wirtsleute: in einer Bar in Ourense

Die einstige Bedeutung Ourenses läßt sich jedoch an der monumentalen *Römerbrücke* ermessen, die über den Miño führt. Zusammen mit Lugo und Iria Flavia (dem heutigen Padrón) gehörte Ourense zu den bedeutendsten römischen Städten Galiciens. Nach dem Zerfall des römischen Imperiums machten es die Sueben im 6. Jahrhundert zur Hauptstadt ihres Reiches, ihr Palast stand an der Stelle des Bischofspalastes. Während ihrer Herrschaft konvertierte Galicien zum Katholizismus. Der bedeutendste Suebenkönig, Teodomiro (gest. 570), baute die erste Kathedrale von Ourense.

Mehrere Überfälle der maurischen Eroberer unter Abdelaziz und dem gefürchteten Almanzor sowie normannische Horden verwüsteten die Stadt so gründlich, daß sie über Jahrhunderte entvölkert blieb. Erst 1071, unter dem Schutz von Sancho II. (1038 – 1072), gelang der endgültige Wiederaufbau. Ourense erlebte eine Blütezeit. Vor allem seine große jüdische Gemeinde, deren Viertel sich im Bereich der heutigen *Calle Lamas Carvajal* befand, machte die Stadt zu einem bedeutenden Handelszentrum. Der wirtschaftliche Niedergang setzte direkt nach der Vertreibung der ourensanischen Juden durch die Katholischen Könige ein.

Bis zur letzten Jahrhundertwende, während derer Ourense noch einmal stark anwuchs, dämmerte die Stadt in provinzieller Bedeutungslosigkeit vor sich hin. Mit Intellektuellen wie den Schriftstellern Lamas Carvajal (1849 – 1906) und Curros Enriquez (1851 – 1908) sowie der Gruppe »Boletín de la Comission de Monumentos« war sie zu jener Zeit ein wichtiges Zentrum der galicischen Literaturbewegung, was der Stadt zeitweilig den Beinamen »Galicisches Athen« einbrachte. Von diesem Geist ist aber kaum etwas geblieben; auf der in Ourense stattfindenden Buchmesse im Juni sind nur wenige der eigenen Schriftsteller und Dichter vertreten.

Den Ruf der Stadt tragen hingegen seit einigen Jahren Leute in die Welt, die man hier in diesem abgelegenen und etwas altmodischen Winkel Nordspaniens gar nicht vermuten würde: Modedesigner. Der wohl bekannteste unter ihnen ist Adolfo Domínguez, der mit dem Leitspruch *la arruga es bella,* die Falte ist schön, zu neuen spanischen Modehorizonten aufbrach. Er verkauft seine Kreationen in New York, Tokio, Paris, London und ...

Ourense, einer eigensinnig charmanten Stadt, in der die Häuser neben der Kathedrale in sich zusammenfallen, die Müllabfuhr in einem gotischen Kloster parkt und man offenbar dennoch viel Wert auf das Äußere legt.

Stadtrundgang

Die **Kathedrale San Martín** von Ourense gehört zu den letzten großen romanischen Kirchenbauten des Abendlandes. Die Bauarbeiten an der Stelle eines Tempels aus der Suebenzeit begannen 1188, die erste Bauphase endete zu Beginn des 13. Jahrhunderts mit der Vollendung des *Pórtico del Paraiso,* einer der herausragenden Sehenswürdigkeiten der Kathedrale.

»Typisch« Ourense: die Plaza Mayor, der Schuhputzer, ein Kunde mit der Regionalzeitung

Obwohl sicher eine bemerkenswerte künstlerische Leistung, verbildlicht das Paradiestor am Hauptportal die Bedeutung der ourensanischen Kathedrale. Es ist eine getreuliche Kopie des *Pórtico de la Gloria* in Santiago de Compostela, und vermutlich von einem Schüler des Meisters Mateo geschaffen. Dieser Schüler, dessen Name unbekannt ist und der offenbar auch an der Ausgestaltung des *Gelmírez-Palastes* in Santiago beteiligt war, blieb im Schatten seines Meisters – in gewisser Weise stellvertretend für die gesamte Kathedrale von Ourense, die stets im Schatten von Santiago stand. Die religiöse Aussage des Paradies-Portals litt unter dem künstlerischen Kompromiß, den Schutzpatron von Ourense, *Martin von Tours,* in das Bild integrieren zu müssen. So ist hier der Heilige Martin an der Stelle zu sehen, wo in Santiago Weltenrichter Jesus seinen Platz hat: unter dem Reigen der 24 Ältesten. Jedoch blieb die polychrome Beschichtung des Pórtico del Paraiso im Gegensatz zu Santiago, wo die Farbschicht einem Gipsabdruck zum Opfer fiel, erhalten. Allerdings wurde auch sie im 19. Jahrhundert erheblich nachgebessert.

Ein schönes Beispiel für romanische Bildsprache ist die *Höllendarstellung* auf der rechten Seite des Paradiestors: Teufel fressen die Seelen der Sündigen, die die Größe von Kindern haben.

Die mittelalterliche Konzeption einer Festungskirche ist an der **Südfassade** der Kathedrale zur *Plaza del Trigo* hin gut zu erkennen. Das mächtige Portal wird hier von zwei *Türmen* flankiert. Auch die **Nordfassade** vermittelt diesen Eindruck, ist aber gleichzeitig ein schönes Beispiel spanischer Romanik, der schon einige gotische Elemente hinzugefügt sind.

Im **Innern** ist eine der hervorstechenden Besonderheiten von *San Martín* schwerlich zu übersehen. Über dem **Hauptaltar** nahm man Ende des 15. Jahrhunderts ein Stück des Dachgewölbes heraus und setzte einen lichtdurchfluteten Turm mit drei Stockwerken darauf. Diese oktogonale gotische *Laterne* mit einigen Renaissance-Elementen sollte die sonst sehr dunkle Kathedrale besser ausleuchten, durchbricht aber die klaren Linien der ursprünglichen Anlage. Dem Turm von Juan de Badajóz verdankt man jedoch eine bessere Sicht auf ein weiteres bemerkenswertes Kunstwerk San Martíns: das *Altarbild* des flämischen Künstlers Cornelius de Holanda, ebenfalls aus dem 15. Jahrhundert, in dessen Mitte das Leben Jesu dargestellt ist. Doch die Bildergeschichte beginnt kurioserweise mit der Geburt Marias statt mit der des Erlösers.

Rechts des Hauptaltars liegt der Bischof Pérez Mariño begraben – seine Ruhestätte ist eine perfekte Grabausgestaltung der Gotik.

Wer für Barockkunst 50 Peseten übrig hat, sollte sich von einem der ourensanischen Kathedralenwächter die Tür zur berühmten **Capilla Santo Cristo** hinter dem Hauptaltar aufschließen lassen. Die überreiche Ausgestaltung jener Kapelle ist den Eintrittspreis wert und der Anblick, wohl ganz im Sinne der Erbauer, überwältigend. Besondere Beachtung wird dort dem *Kruzifix* des Santo Cristo geschenkt, das angeblich im 14. Jahrhundert in Fisterra angeschwemmt wurde und dem Wundertaten nachgesagt werden. So sollen beispielsweise der Christusfigur Haare und Nägel wachsen.

Sehr interessant ist auch ein Besuch des **Kathedralenmuseums** (10.30 – 13 und 16 – 19 Uhr geöffnet), das in dem gotischen Kreuzgang aus dem 13. Jahrhundert untergebracht ist. Zu sehen sind dort unter anderem der *Tesoro de San Rosendo* mit einem Altar aus grünem Porphyr (12. Jahrhundert), ein Hirtenstab aus Elfenbein, acht Schachfiguren aus Felskristall (10. Jahrhundert) und ein Exemplar der *Misal Auriense de Monterrei,* erstes Druckwerk Galiciens von 1494.

Nur einen Steinwurf von der Kathedrale entfernt, oberhalb der *Plaza Mayor,* liegt die **Iglesia Santa María la Mayor,** die 1722 über einer Suebenkirche aus dem 6. Jahrhundert errichtet wurde. Ihre Besonderheit ist nicht nur, daß die Türme vom Mittelteil der Fassade überragt werden. In die *Fassade* selbst sind vier Marmorsäulen eingearbeitet, die wie die Kapitelle einst zu der alten Suebenkirche gehörten. Mauerreste jener alten Kirche sind auch noch an der *Nordseite* von Santa María zu sehen, die zur **Plaza de la Magdalena** zeigt. Dieser Platz war früher der Markt von Ourense und in der Zeit davor Friedhof. Heute gibt er ein trauriges Bild ab und ist von baufälligen Häusern umgeben.

Unterhalb von Santa María la Mayor liegt eines der markantesten Gebäude Ourenses. An dieser Stelle befand sich der Amtssitz des römischen Prätors, danach die Residenz der suebischen Könige. Später errichteten sich die ourensanischen Bischöfe hier ihren Palast. In diesem Palast ist heute das **Archäologische Museum** untergebracht, in dem Funde aus prähistorischer, römischer und mittelalterlicher Zeit ausgestellt sind (geöffnet 9.30 – 14.30 Uhr, Mo geschlossen). Trotz der schlechten Beschilderung – darüberhinaus gibt es keine Führung – lohnt sich ein Besuch des Museums, schon allein des Gebäudes wegen. Der romanische Palast ist gewissenhaft restauriert worden, sehenswert sind vor allem der Innenhof mit einem kleinen Brunnen und die bischöfliche Küche.

Wenige Meter oberhalb der Kathedrale trifft man auf die **Casa del Corregidor** an dem gleichnamigen Platz. Dieses Haus, am Wappen erkennbar zu Zeiten der Katholischen Könige errichtet, steht an der Stelle eines ehemaligen Franziskanerklosters, des ersten von Ourense. Bischof Pedro Yáñez de Novoa ordnete seinerzeit den Abriß des Klosters an, weil die Mönche ihm nicht den Mörder seines Schwagers ausliefern wollten, der sich in das Kloster geflüchtet hatte. Eine Beschwerde des Ordens beim Papst hatte jedoch Erfolg: Pedro Yáñez mußte auf päpstliche Weisung hin ein neues Franziskanerkloster bauen, weiter oberhalb am Ende der heutigen *Calle Estrella.* Ourense erwies sich aber nicht unbedingt als glücklicher Standort für die Franziskaner. Im letzten Jahrhundert mußten sie ihr

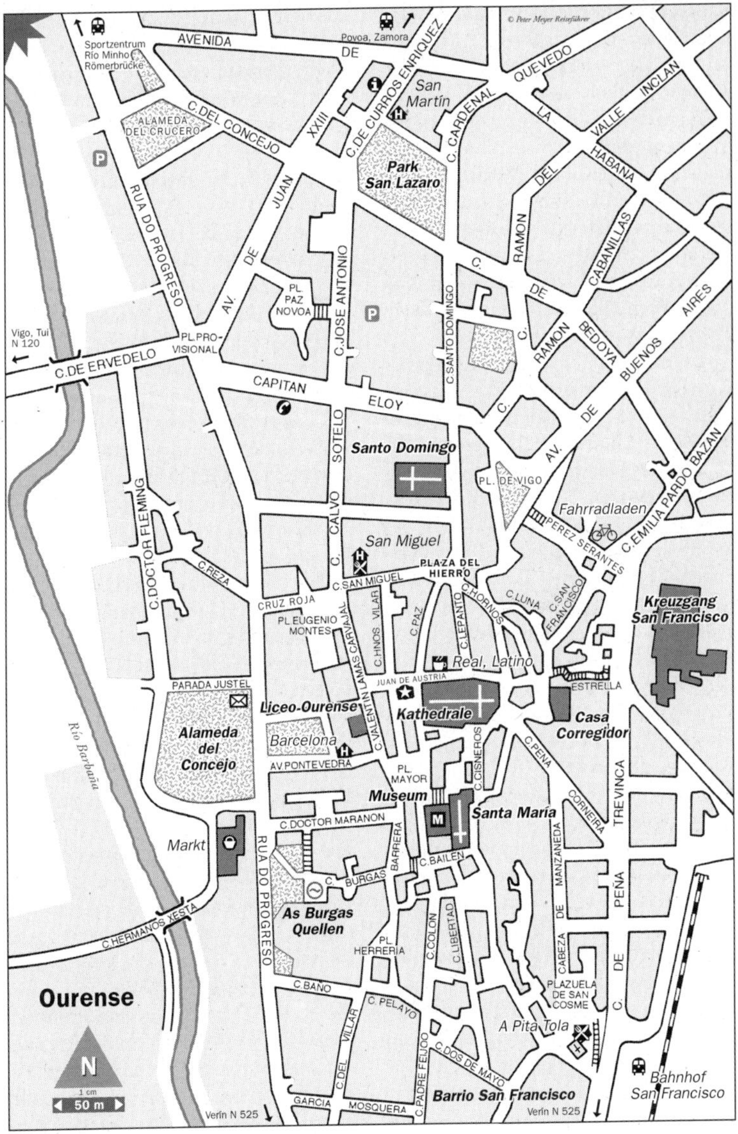
© Peter Meyer Reiseführer
Ourense
Sportzentrum Río Minho Römerbrücke
Povoa, Zamora
AVENIDA DE JUAN XXIII
ALAMEDA DEL CRUCERO
C. DEL CONCEJO
C. DE CURROS ENRIQUEZ
San Martín
Park San Lazaro
C. CARDENAL QUEVEDO
LA HABANA
VALLE INCLAN
RUA DO PROGRESO
AV. DE JUAN
PL. PAZ NOVOA
C. JOSE ANTONIO
C. DE RAMON DEL
C. RAMON
CABANILLAS
BEDOYA
AV. DE BUENOS AIRES
C. SANTO DOMINGO
Vigo, Tui N 120
PL. PROVISIONAL
C. DE ERVEDELO
CAPITAN ELOY
Santo Domingo
C. CALVO SOTELO
PL. DE VIGO
C. EMILIA PARDO BAZAN
Fahrradladen
PEREZ SERANTES
San Miguel
PLAZA DEL HIERRO
C. SAN MIGUEL
C. DOCTOR FLEMING
C. REZA
CRUZ ROJA
PL. EUGENIO MONTES
C. LAMAS CARVAJAL
C. HNOS. VILAR
C. PAZ
C. LEPANTO
C. HORNOS
C. LUNA
C. SAN FRANCISCO
Kreuzgang San Francisco
Real, Latino
JUAN DE AUSTRIA
PARADA JUSTEL
ESTRELLA
Liceo-Ourense
C. VALENTIN
Kathedrale
Casa Corregidor
Alameda del Concejo
Barcelona
Río Barbaña
AV. PONTEVEDRA
PL. MAYOR
C. CISNEROS
C. PENA CORNEIRA
Museum
Santa María
TREVINCA
C. DOCTOR MARANON
Markt
BARRERA
C. BAILEN
C. BURGAS
C. DE CABEZA DE MANZANEDA
C. DE PEÑA TREVINCA
C. HERMANOS XESTA
As Burgas Quellen
PL. HERRERIA
C. COLON
C. LIBERTAD
C. BAÑO
C. PELAYO
C. DEL VILLAR
PLAZUELA DE SAN COSME
A Pita Tola
C. DOS DE MAYO
C. PADRE FEIJOO
Bahnhof San Francisco
Barrio San Francisco
GARCIA MOSQUERA
Verín N 525
Verín N 525
N
1 cm
50 m

Kloster San Francisco dem Militär übereignen. Ein Infanterieregiment ist seitdem dort untergebracht, das die Anlage seinem Geschmack gemäß umgestaltete: Generalporträts an den Wänden, mit Glasbausteinen zugemauerte Innenhöfe, Wachhäuschen auf der alten Friedhofsmauer, mit Stacheldraht verstärkte Klostermauern. Zu allem Überfluß brannte die gotische Kirche des Klosters aus. In den 50er Jahren rekonstruierte man sie am *Parque San Lázaro.*

Dennoch blieb ein bedeutender Kunstschatz innerhalb der Kaserne erhalten, den man sich bei einem Ourense-Besuch keinesfalls entgehen lassen sollte. Der gotische **Kreuzgang** des ehemaligen Klosters, der aus 63 Bögen mit romanischem Dekor besteht, ist der wohl schönste der galicischen Gotik. Keines der 120 romanischen Kapitelle gleicht dem anderen, jedes einzelne ist eine Betrachtung wert. Der Zugang ist nur über das Kasernentor am *Camino del Canal*, der Nordseite des Geländes, möglich. Fragt man einen Soldaten nach dem *claustro,* gibt es keine Probleme, doch wird ein Soldat immer als Begleitung mitkommen. Auf Nummer Sicher geht, wer zuvor den Schlüssel und eine Begleitperson beim *Axumtamiento* (Rathaus) erbittet. Um unnötigem Ärger aus dem Weg zu gehen, sei empfohlen, die Kamera erst im Kreuzgang aus der Tasche zu holen.

Insgesamt wirkt die Kasernenanlage heruntergekommen, ist auch zum größten Teil verlassen, weil das Gelände eigentlich schon in den Besitz der Stadt übergegangen sein sollte. Diese scheint jedoch die Übernahme zu scheuen. Lediglich ein altes Klostergebäude neben dem Friedhof wird schon von der Stadt genutzt – als Parkhaus für die Müllabfuhr.

Bei einem Gang durch Ourenses **Altstadt** gerät man sicher in die *Calle Lamas Carvajal.* In das Haus Nr. 9 sollten Sie einen kurzen Blick werfen. Das schöne Renaissance-Gebäude aus dem 16. Jahrhundert ist seit 1957 Sitz des **Liceo** von Ourense. Die knarrende Drehtür schwingt den Besucher geradewegs in einen sehenswerten Säulenhof mit einem hübschen Marmorbrunnen in seiner Mitte. Obwohl eigentlich nur Mitgliedern zugänglich, wird Besuchern ein Blick in die *Bibliothek* und den *Schachsaal* gerne gestattet.

Nicht weit entfernt liegt die Pfarrkirche **Santo Domingo** aus der Mitte des 16. Jahrhunderts in der gleichnamigen Gasse. Sie besitzt einen interessanten *Barockaltar*, der sich sehr harmonisch in das Gesamtbild der Kirche einfügt.

Westlich davon finden Sie die kleine **Plaza de Hierro,** wo man sich unter alten Arkaden zum Aperitif trifft und die an der »Weinstraße« der Altstadt liegt. In der Platzmitte steht ein schöner Brunnen, der aus dem berühmten *Kloster Oseira* (Seite 352) stammt.

Über die *Plaza Mayor* und dann die Straße *Doctor Marañón* hinunter führt der Weg zu den **Schwefelquellen As Burgas.** So gar nicht ihrer Bedeutung entsprechend sprudelt das heiße Wasser, dem Ourense seine Existenz verdankt, im Schatten der Brücke, über die die Calle General Franco führt. Etwa 300 Liter schwefelhaltiges Wasser, zwischen 60 und 70 Grad heiß, gelangen hier pro Minute an die Erdoberfläche. An drei Stellen kann man sich auf der *Plaza das Burgas* die Hände verbrühen: *La de Arriba, la de Abajo* oder an der *Fuente Hervidero* heißen die drei gefaßten Quellen. Mehrere auf dem Platz ausgestellte Repliken römischer Hinterlassenschaften vermerken Danksagungen an die Heilkräfte des Wassers.

Ganz am anderen Ende der Einkaufsstraße *General Franco* führt die **Ponte Vello** (*Puente Romano*) über den Miño. Die alte Römerbrücke dient als Wahrzeichen Ourenses. Sie wurde bereits zu Zeiten des römischen Kaisers Augustus angelegt und wies seinerzeit einige Superlative auf. Die sieben Bögen haben eine Länge von 370 Metern, an ihrer höchsten Stelle führt sie 38 Meter hoch über den Fluß. Der mittlere Bogen mit einer Spanne von 47,6 Metern ist der größte romanische Brückenbogen der Welt. Als wichtigen Verkehrsweg für Pilger wie für Transporte entlang der *Ruta de la Plata* (Silberweg) erweiterte man die Brücke im frühen Mittelalter. Die Fundamente und der gesamte, der Stadt am nächsten liegende Brückenpfeiler sind seit der Römerzeit nicht verändert worden.

Verbindungen

Abfahrtszeiten von Bus und Bahn druckt die Tageszeitung »La Región« unter der Rubrik »Servicios«. Zur Bus- und Bahnstation außerhalb des Zentrums fahren die Stadtbuslinien 3, 6 und 12.

Zug: *Estación Empalme,* Carrero Blanco s/n, ✆ 988-210202.

A Coruña über Monforte und Lugo 7 (So 7.30) und 13.10 Uhr.

Ponferrada über Monforte 10.15 Uhr. Nach Santiago 13.45 und 19.55 Uhr. Nach Vigo 6.30, 9.30, 14.30 und 20.15 Uhr.

Bus: *Estación de Autobuses,* Carretera de Vigo s/n, ✆ 988-216027. Nach Santiago 2x, nach Coruña 4x und nach Madrid 8x täglich.

Unterkunft

Wegen der wenigen Touristen sind die Preise in Ourense nicht nach Haupt- und Nebensaison unterteilt, sondern das ganze Jahr über gleich. Das Angebot ist groß, Reservierungen sind nicht notwendig.

★★★★ *Gran Hotel San Martín* im höchsten Haus der Stadt. Curros Enríquez 1, ✆ 988-371811, Fax -372138, DZ 15.000 Pts. Die luxuriösesten Zimmer Ourenses zeigen sämtlich nach außen. Mit Cafeteria, Parkplatz etc., nahe der Touristeninformation.

★★ *Barcelona,* Avda. Pontevedra 11, ✆ 988-220800, DZ mit Dusche im Gang 3000 Pts, mit Bad 4500 Pts. Zimmer hinter schöner Glasveranda mit Blick auf den Brunnen Jardinillos.

★★ *Padre Feijoo,* Eugenio Montes 1, ✆ & Fax 988-223100. DZ 6200 Pts. Klassisches Hotel für Leute auf der Durchreise.

★ *Irixo,* Hermanos Villar 23, ✆ 988-220035, DZ mit Dusche 3500 Pts, an der kleinen Plaza Cid in der Altstadt gelegen. Die Zimmer empfehlenswerter als das Restaurant.

★ *Lido,* Juan XXIII 6, © 988-213600, DZ mit Dusche und Fernseher 4000 Pts an einer belebten Einkaufsstraße.

★ *Hostal San Miguel,* Calle San Miguel12 – 14, © 988-239203, Fax -242749, DZ ab 3000 Pts. Einfach, aber mit Heizung. Rezeption im Restaurant.

Essen & Trinken

Mehrere Restaurants liegen in der Straße San Miguel. Das beste, Hausnummern 12 – 14, heißt auch

San Miguel. Ourenses Top-Restaurant für Fisch, Fleisch und Meeresfrüchte ist gediegen, teuer und gut. Dienstags zu.

A Pita Tola, Plaza de San Cosme 2 (ohne Schild, schräg neben der plateresken Kapelle *San Cosme y San Damián* von 1521), © 988-234729. Die Möbel aus Holz, das Telefon in einem Beichtstuhl, in dem die bischöfliche Weisung zu lesen steht, daß Inzucht nicht verziehen wird. Den Tauben im Fenster werden Reiskörner serviert, anderen Kunden gelungene Tortillas mit Namen wie »Perestroika«. Ausgezeichnete Salate, stilvolle Einrichtung. A Pita Tola heißt zu deutsch »Das verrückte Huhn«.

Antigo Bodegón, Luna 15, © 988-222788. Der Wirt, einst Kellner in Hamburg, ließ sein Galerie-Restaurant von zwei Lokalgrößen im Picasso-Stil ausmalen. (Die beiden Künstler bemalten unlängst auch die fünf Meter hohe Wand im Provinzgefängnis). *Patatas Bodegón* sind eine der Spezialitäten des Wirts: gekochte, für die Gegend so berühmte Kartoffeln in scharfer Mayonnaisesoße. *Tigres* sind pikante Miesmuscheln. Schon raffinierter ist die Paella, auf die Sie wie bei jeder wirklich guten Reispfanne 30 Minuten warten müssen. Gute Auswahl auch bei Fleisch und Meeresfrüchten. Gemischtes Publikum. So geschlossen.

Casa de Maria Andrea »Mesón«, San Miguel. Landhausähnliche Dekoration. Steak oder Lachs mit Pommes ab 900 Pts.

Cafés, Bars, Discos

Die schönsten **Cafés** im alten Stil, *Real* und *Latino* (im Winter häufig Jazzkonzerte), liegen in der Calle Coronel Ceano.

Herzstück des ourensanischen **Nachtlebens** ist die Calle Santo Domingo, von der vier Straßen abgehen, in denen sich die Bars aneinanderreihen: *San Miguel, Viriato, Lepanto* und *La Paz.* In diesen Straßen gibt es noch viele der klassischen alten Lokale.

Moderneres findet man in der Nähe der Plaza del Trigo, zum Beispiel den *Mesón do Queixo e do Viño.*

Discos: *Nexus,* Valle Inclán;
La Bamba, Ctra. San Ciprián;
Res Publica, Ramón Cabanillas;
3 A, Bedoya.

Einkaufen & Sport

Die meisten Läden liegen um den Parque San Lázaro und in den Straßen

Calvo Sotelo (auch Rúa do Paseo) und General Franco.

Mode: Kreationen des berühmten *Adolfo Domínguez* verkaufen seine Eltern in der Straße Habana 56.

El Garaje, Calvo Sotelo s/n. Hier findet ein jüngeres Publikums Jeans und andere Klamotten.

Fahrradladen: *Ciclosport Gil,* Plaza Arturo Pérez Serantes 7, © 988-245308.

Sport: Diverse Sportarten im städtischen *Pabellón Municipal de Deporte,* Campo de los Remedios s/n, © 988-242242. Der Mitgliedsausweis für das Schwimmbad und andere Einrichtungen für 7000 Pts lohnt bei längerem Aufenthalt. Büro geöffnet 10 – 13 und 17 – 20 Uhr.

Squash, Tennis: *Finca Bamio,* © 988-249678. Von Ourense auf der C-536 nach 3 km links dem Schild *Mende* nach. Schläger zum Ausleihen, pro Person und Stunde um 500 Pts, Licht extra.

Tennis & Schwimmen: *Complexo Recreativo Deportivo Monterrey,* © 988-259390. Pro Stunde 200 Pts, im Sommer geöffnet von 12 – 21 Uhr. Schönes Freibad ebenfalls 200 Pts. Von Ourense 7 km auf der C-536, links ab 1 km Richtung Monterrey/San Ciprián de Viñas.

Reiten: *Hípico Monterrey,* © 988-228347. Reitschule und Ausflüge über das ganze Jahr, geleitet von Arturo Estévez Osorio. Teils mehrtägige Touren für Gruppen von 8 – 12 Personen führen in die Umgebung, etwa zu den Klöstern. Selbe Anfahrt wie zum Sportkomplex Monterrey.

Feste

Fiesta de Los Mayos: 3. Mai. Feier zu Ehren des Santo Cristo und zum Einzug des Frühlings. Volkstümliche Gesänge und Tänze in den Straßen der Stadt.

Fiestas de Ourense: In der zweiten Hälfte des Juni. Zahlreiche kulturelle Darbietungen, Ausstellungen und Sportwettbewerbe.

Fiesta de los Magostos: 11. November. Feier zu Ehren des Schutzpatrons San Martín. Dudelsackspieler ziehen durch die Straßen und laden die Leute ein, mit in die umliegenden Berge zu kommen, wo Familien und Nachbarschaften sich um Lagerfeuer versammeln. Rundherum werden geröstete Kastanien, Empanada, Chorizo-Wurst gegessen, abgerundet vom Ribeiro-Wein und der Queimada. Mit Einbruch der Dämmerung zieht die Jugend mit geschminkten Gesichtern in die Stadt, um dort zu feiern und die *magostos,* die Kastanienfeuer anzuzünden.

Gleichzeitig ist der 11. November ein großes Schlachtfest. Ein galicischer Volksspruch besagt: »Zu jedem Schwein kommt sein Sankt Martin«.

Nützliche Adressen

Infos: *Información turística,* Curros Enríquez 1, © 988-234717, Mo – Fr 9.30 bis 14 und 16.30 bis 18.30 Uhr, Sa 10 – 13 Uhr, So und Fei geschlossen

Tagesveranstaltungen in der Zeitung *La Región.* Über die Kulturszene

Lesen Sie bitte weiter auf Seite 347 ▶

Bemposta: Kinder an der Macht

An der alten Nationalstraße 525 Richtung Madrid taucht sechs Kilometer hinter Ourense eine Tankstelle auf. Sie gehört bereits zu Bemposta, dem Staat der vier- bis 26jährigen *muchachos de Bemposta,* den Bemposta-Kindern. Eine Kurve weiter am Schlagbaum wartet der »Grenzbeamte« mit dunkler Haut und Krusselkopf im Vorschulalter. Der Kleine bittet den Besucher freundlich zu warten und sucht nach der Delegierten für Öffentlichkeitsarbeit. Anne heißt sie, Anne Wolf aus Hamburg, die bislang einzige Deutsche hier. Die Muchachos haben die junge Frau ins Amt gewählt, nachdem sich die freie Journalistin nach einer Bemposta-Recherche entschieden hatte, für immer hier zu bleiben.

Das ehemalige Weingebiet südlich Ourenses ist seit dreißig Jahren »Nation der Kinder«. Sie hat ein eigenes Parlament mit einem zwölfjährigen Bürgermeister und Wahlkampf alle zwei Jahre, eine selbstgebaute Schule, eine grün-orangefarbene Flagge, ein eigenes Tonstudio, Handwerksläden, einen Friseursalon, ein Zirkuszelt und sogar eine eigene Währung. Die *corona* kann in der Bank gegen Peseten getauscht werden. Auf den selbstgedruckten Geldlappen sind junge, gelockte Köpfe abgebildet. Diese Scheine verdienen sich die 150 Jungen und Mädchen aus 15 Nationen für ihre Arbeit in der Bäckerei, in der Küche, auf dem Feld oder in der Schule für das Lernen. Wer schwänzt, ist schnell pleite. Die Kinder kommen vorwiegend aus Spanien, Portugal und Lateinamerika, wo Bemposta Dependancen hat. In der Gegengesellschaft mit dem Ambiente eines Abenteuerspielplatzes leben kolumbianische Diplomatensöhne, japanische Arzttöchter, Straßenkinder aus Lissabon oder Marokko.

Für all diese Kinder hat der Gründer, Jesuitenpater Silva, das Sorgerecht übernommen. Silva hatte mit neun Jahren den Film »Boy Town« mit Spencer Tracy in der Hauptrolle gesehen. Seitdem habe er eine Stadt für Kinder im Kopf gehabt. Sagt er. Noch als Theologiestudent organisierte Silva im Haus seiner Mutter eine Art Wohngemeinschaft für fünfzehn verwahrloste Waisenkinder. Mit einem klapprigen Lastwagen zogen sie durch die Provinzhauptstadt auf der Suche nach Lumpen und Flaschen. Schon ein Jahr nach der Gründung gewannen die Bengel völlig überraschend die spanische

Nicht bloß Taschengeld: Bempostas Kinder haben ihr eigenes Geld

Hockey-Jugendmeisterschaft. Später siedelte die langsam anwachsende Gemeinschaft nach Bemposta um, wo der Pater (sein Onkel leitete den Madrider Zirkus *Price*) den heute berühmten Zirkus »Los Muchachos« aufbaute. Mittlerweile gehen die Kinder mit Trapez, Menschenpyramide und Friedenstaube auf internationale Tourneen. Der *circo* ist ihre Haupteinnahmequelle, daneben verdienen sie Geld mit getöpferten Don Quijotes, der Restaurierung von Klöstern und in Zukunft mit einem selbstgebauten Hotel für die (erwachsenen) Besucher. Die Delegierte für Öffentlichkeitsarbeit spricht von einem autarken, gut funktionierenden Staat, ein Lokaljournalist aus Ourense dagegen von hoher Verschuldung.

Der Padre hat bereits über 25.000 Kinder betreut. Ab dem fünfzehnten Jahr können sie sich freiwillig zum großen Abenteuer melden. Das heißt neuerdings auch ein Jahr Entwicklungshilfe in Lateinamerika. Schon länger gibt es das mehrwöchige, asketische Leben in einer Klosterruine, eine Betteltour durch das Land und Arbeit im Krankenhaus und auf See. Früher einmal sollen die Jugendlichen sogar Fahrräder geklaut haben, um das Gefängnisleben zu erfahren. – Wie eine christliche Urkommune nach Grundsätzen der Befreiungstheologie liegt Bemposta versteckt im galicischen Hinterland, um von dort aus die Welt zu verändern.

schreibt auch das Magazin *Or*, das in Buchläden ausliegt.

Telefon: Capitán Eloy 15, 9 – 14 und 16 – 21 Uhr, So geschlossen.

Post: *Correos*, Rúa do Progreso 63.

Geldwechsel: in der Calle do Progreso gibt es mehrere Banken.

Notruf: *Polizei*, Polígono de las Lagunas, © 988-241315.

Rotes Kreuz, Fuente del Rey 1, © 988-221462.

Mietwagen: *Budget*, Emilio Ferreiro 3, © 988-229215.

Auto Brea, Avda. Habana 23, © 988-242678.

Avis, Saénz Díaz 50, © 988-250844.

Hertz, Paz Nóvoa 3, © 988-211478.

Ausflug: Ein lohnender Ausflug führt nicht weit Richtung Süden zu einem Staat, der auf Landkarten nur selten zu finden ist: zum Kinderstaat *Bemposta*.

DIE RIBEIRO-ROUTE

Ohne ihren Wein ist die Provinz Ourense undenkbar. Beim Anblick der sanft hügeligen Weinberge und der überall verstreut liegenden kleinen Dörfer, wo in fast jedem Haus eine alte Weinpresse steht, drängt sich dem Reisenden schnell der Eindruck auf, es handle sich um eine jahrtausendealte Kultur. Doch der *Ribeiro*, der so intensiv rot sein kann, daß man meint, er verfärbe die weißen *cuncas*, die Porzellantassen, aus denen er getrunken wird, wird hier erst seit dem 15. Jahrhundert gekeltert. Alt darf er auch nicht sein. Er wird als *vino joven*, als junger Wein getrunken. Flaschen, die vor mehr als drei Jahren abgefüllt wurden, gelten als ungenießbar.

Die Beschreibung der folgenden Tour ist mit einem eigenen fahrbaren Untersatz leicht nachzuvollziehen. Die Busverbindungen oder Trampmöglichkeiten sind hier im Landesinneren besonders dürftig:

Tourbeschreibung

Direkt in das Herz des Ribeiro führt die N 120 Richtung *Vigo* entlang des *Río Miño.* Zwar benötigt es seine Zeit, bis die unansehnlichen Ausläufer Ourenses mit ihrem Verkehrsgewühl hinter einem liegen, doch dafür entschädigt schon nach wenigen Kilometern eine Bilderbuchlandschaft. Das Dorf **Untes,** 8 km von Ourense entfernt, markiert den Übergang in das Anbaugebiet des Ribeiro. Zu beiden Seiten des Miño reihen sich nun kleine Weindörfer aneinander.

Um einen Panoramablick über das Flußtal zu erhaschen, bietet sich 4 km hinter Untes ein Abstecher Richtung **Trasalba** zum *Pazo Museo de Otero Pedrayo* an. Der malerische Landsitz aus dem 18. Jahrhundert ist zu besichtigen (Öffnungszeiten: Oktober bis April 11 – 14 und 16 – 18 Uhr, ✆ 988-281139).

Weiter in Richtung *Vigo* tauchen in dem Ort **Barbantes** die ersten Bodegas auf, in denen Wein probiert und gekauft werden kann. Eine der größten Weinkooperativen der Gegend, *Pazo Ribeiro,* liegt kurz hinter der Abzweigung zum Ort Castrelo auf gleicher Höhe mit dem Stausee, *Embalse de Castrelo do Miño.* In der Woche werden hier zu den üblichen Geschäftszeiten die Rebensäfte günstig zum Kauf angeboten.

Die Straße an der Staumauer vorbei nach **Castrelo** bietet die Aussicht auf die *Pfarrkirche* des Ortes, die romantisch auf einem Felsen am See steht. Sie wurde zu Zeiten der galicischen Königin Urraca erbaut, worauf die erhaltene romanische Apsis hindeutet. Von dem Stausee aus sind es nur noch wenige Kilometer bis Ribadavia.

Ribadavia

Der auch als »Hauptstadt des Ribeiro« bezeichnete Ort liegt verträumt am Ufer des Miño-Zuflusses *Avia.* Einst war Ribadavia ein Fixpunkt in der politischen Landkarte Galiciens, Sitz des Hofes von García I. von León (910 – 914). Fernando II. (1157 – 1188) verlieh Ribadavia 1164 das Stadtrecht, das seinen Bürgern zu ansehnlichem Wohlstand verhalf. Allerdings blieb das nicht so, und heute ist der einzig bedeutende Wirtschaftszweig neben der Weinherstellung die Produktion von Särgen. Die Prosperität erstarb – wie meistens – mit der großen jüdischen Gemeinde Ribadavias, die zeitweilig 1500 Mitglieder hatte.

Seither hat sich relativ wenig verändert, und die Stadt bewahrte sich bis heute einen bezaubernden mittelalterlichen Charme. Weil sie wohl eine der schönsten Galiciens ist, wurde die Altstadt Ribadavias 1947 zum kunsthistorischen Denkmal erklärt. Um davon einen Eindruck zu gewinnen, ist die **Plaza Mayor** der beste Ausgangspunkt. Von hier sind es ein paar Meter hinauf zum **Castillo de los Sarmiento,** der im 15. Jahrhundert auf einer älteren Burganlage errichtet wurde und besichtigt werden kann. Über dem Eingang ist noch das alte Familienwappen der Sarmientos zu sehen. Innerhalb der Festung befindet sich das kleine *Freilufttheater* der Stadt, in dem von Ende Juli bis Anfang August internationale Theatergruppen Gastspiele geben.

Schräg gegenüber dem Castillo liegt der **Convento Santo Domingo,** dessen Kirche zu den schönsten Beispielen der galicischen Gotik zählt. Einige der Kragsteine am Dach der Kirche mit Darstellungen von Weinfässern und Trinkern lassen keinen Zweifel daran, wo man sich befindet.

Wieder zurück auf der *Plaza Mayor* ist das **Rathaus** kaum zu übersehen, da es direkt an einen hübschen Glockenturm aus dem 16. Jahrhundert gebaut wurde. Die Gasse *Merelles Caula* führt zur kleinen **Plaza Magdalena,** dem Zentrum des alten jüdischen Viertels. Rechts neben der *Magdalena-Kirche,* die derzeit als unkonventioneller Klassenraum für Lateinunterricht dient, steht die **Casa de los Condes,** erkennbar an den beiden Wappen an der Fassade. Hier befand sich auch die alte Synagoge Ribadavias, heute ist dort eine Weinhandlung.

Von dem Platz durch die *Calle Santiago* sind es nur wenige Schritte bis zur unscheinbaren **Iglesia de Santiago,** einer gegen Ende des 12. Jahrhunderts erbauten romanische Kirche. Sehenswert sind vor allem die Ikonographie ihres Portals, die Rosette und, wegen seiner recht eigentümlichen Form, der Seiteneingang. Um die Kirche betreten zu können, muß man sich im direkt neben der Kirche gelegenen *Archäologischen Museum* melden (Hausnummer 10), das allerdings nur vormittags geöffnet ist.

Ein Stück weiter unterhalb, an einer Ecke der **Plaza García Borrás,** hatte die gefürchtete Inquisition ihr Quartier bezogen. Mit der gotischen Pracht des Hauses und den fünf Wappen über dem Portal muß sich der »Santo Oficio« ausreichend Respekt verschafft haben. Dagegen ist der Schuster, der heute die *Casa de la Inquisición* bewohnt, bescheiden.

Die Straße *San Martino* wieder hinauf und die erste Gasse nach rechts, ist bereits die Apsis der zweiten romanischen Kirche von Ribadavia zu sehen. **San Juan** (*Xoan*) wurde von dem Malteserorden gegen Ende des 12. Jahrhunderts errichtet und ist seither kaum verändert worden.

Ohnehin schon den Sehenswürdigkeiten Ribadavias auf der Spur, sollte man sich nicht das präromanische Kirchlein *San Xes* aus dem 9. Jahrhundert entgehen lassen, das zwei Kilometer außerhalb der Stadt Richtung Figueira in dem Dorf **Francelos** steht. Die außergewöhnliche Ornamentik der Fassade des sonst schlichten Tempels wurde kürzlich durch ein Vordach geschützt. Eine nähere Betrachtung verdient das in einen Steinblock gearbeitete Gitterfenster. Bis Francelos ist San Xes ausgeschildert, dann verliert sich die Spur im Gassengewühl. Doch von der Straße aus ist es nicht weit zu laufen. Die hilfsbereiten Einheimischen zeigen gern den Weg zur »iglesia«.

Verbindungen

Zug: Vom Bahnhof fahren zwischen 6.29 und 20.38 Uhr 7x täglich Züge nach Vigo.

Nach Ourense 7x täglich zwischen 8.15 und 23.25 Uhr.

Unterkunft & Essen

★★ *Hostal Evencio*, Avda. Rodriguez Valcarcel 30, ✆ 988-471045, DZ 5000 Pts. Große Zimmer mit Bad und Fernseher. Im Preis inbegriffen ist die Benutzung des gepflegten Schwimmbads mit Terrasse. Etwas außerhalb der Stadt gelegen. Für Übernachtungen während der Weinfeste frühzeitig reservieren.

Zu dem Hostal gehört auch ein *Restaurant*, das Menü kostet 800 Pts.

Wein, Tapas & Feste

Die ältesten Bodegones, in denen man abends reichlich vom Ribeiro probieren kann, liegen im *Barrio Judío,* dem alten jüdischen Viertel der Stadt. Doch wenn die Stadt nicht gerade eine ihrer Fiestas feiert, geht es nachts eher ruhig zu.

Feira do Viño: Um den 28. April strömen Tausende von Besuchern nach Ribadavia, um an der *Weinmesse* teilzunehmen, die natürlich nur ein Thema kennt: Ribeiro.

Festa da Istoria: Am letzten Augustwochenende feiert Ribadavia sein »Geschichtsfest«. Die Bevölkerung flaniert in mittelalterlichen Kostümen durch die Stadt und gibt sich zeitgenössischen Gelagen hin. Dieses Fest hat eine lange Tradition und wurde bis 1868 zelebriert. Erst 1989 entdeckte man den Reiz der Sache neu.

Fiestas del Portal: Von 7. bis 11. September feiert die Stadt zu Ehren ihrer Schutzpatronin, der Virgen del Portal. Im Mittelpunkt stehen Musikveranstaltungen und folkloristische Darbietungen.

Weitere Informationen

Das *Rathaus* an der Plaza Mayor ist zugleich Touristeninformation (mittags geschlossen). Rundgänge durch Burg, Judenviertel und Inquisitionspalast sind möglich Juni – September und in der Osterwoche um 12,13,14 und 19 Uhr, sowie Fr und Sa auch um 23 Uhr; Oktober bis Mai Sa 11 Uhr; ✆ 988-471275, Fax -470035.

▶ Tourbeschreibung

Die Straße von Ribadavia Richtung *Carballiño* führt geradewegs durch kleine Weindörfer, in denen fast jedes Häuschen noch seinen eigenen Garten mit Weinkulturen besitzt. Um einen Abstecher in die Weinberge zu machen, bietet sich die Abzweigung nach *Beade* an. Der Weg schlängelt sich kilometerweit durch die grüne Landschaft, durch Wälder und Rebstöcke. Wenn es heiß ist und eine Erfrischung gut tun würde, achten Sie auf das Hinweisschild rechts nach **Beran.** Dort gibt es einen kleinen *Balneario,* der bereits den Römern bekannt gewesen und dessen Wasser gegen Hauterkrankungen gut sein soll. Zwar ist die Anlage nicht gerade ein Komfortschwimmbad, dafür aber wunderschön gelegen. Für ein Bad verlangt der Eigentümer 100 Pts.

An der Abzweigung nach Beran stehen auch Wegweiser zu den weit abgelegenen Ortschaften *Avión* und *Bearíz,* inmitten einer der ärmsten Gegenden Galiciens. Kurioserweise sorgen zahlreiche heimgekehrte Emigranten dafür, daß die Konzentration von Luxusautos dort die angeblich höchste des Landes ist.

Wieder auf der Straße Richtung Carballiño, führt kurz vor der Ortschaft *Leiro* auf der rechten Seite die gotische **Brücke San Clodio** über den *Río Avia.* Sie wurde im 15. Jahrhundert gebaut und gehört zum **Kloster San Clodio,** das gegenüber von Leiro liegt. Die Benediktiner von San Clodio waren vermutlich diejenigen, die den Wein in dieses Gebiet brachten und die Bevölkerung in der Kultivierung unterrichteten. 1986 verließen die letzten Mönche das Kloster, das in ferner Zukunft einmal staatliches Luxushotel oder Altenheim werden soll. Mit etwas Glück führt einen der verbliebene Hausmeister durch das marode Gebäude, das auch als Schule diente. Im Kreuzgang hängen noch die Reste der Basketballkörbe der Schüler. Ein lustiges Detail ist die Glocke der Klosterkirche, deren Holzaufhängung bemalt wurde.

Leiro selbst ist eine der reizvollsten Ortschaften Ribeiros. Von hier aus lassen sich besonders gut Ausflüge in die Umgebung machen. Besonders für Wanderungen oder Radtouren ist die Gegend ideal, zum Beispiel zu dem mittelalterlichen Dorf **Pazo de Armenteiro** (5 km) mit einer kleinen romanischen *Kirche* und zahlreichen Häusern mit Wappenschmuck. Eine herrliche Strecke führt von Leiro nach **Serantes** (5,5 km), dessen bezaubernde *Pfarrkirche San Tomé* aus dem 12. Jahrhundert stammt und gut erhalten ist.

Unterkunft & Camping

Turismo rural: *Viña Mein,* Lugar de Mein – San Clodio, 32420 Leiro, © 988-480622, © & Fax -488400. Herrliches, neu hergerichtetes Weingut im Herzen des Ribeiro, wo man komfortabel die Seele baumeln lassen kann. Von der Straße Richtung Carballiño kommend ein kurzes Stück hinter dem Kloster San Clodio. Schon der Wein des Hauses ist den kurzen Abstecher wert. DZ 7000 Pts.

Camping: *Leiro,* © 988-488036 oder -488499. Ein schöner, baumbestandener Platz, idyllisch direkt am Río Avia gelegen und über eine Hängebrücke leicht von Leiro aus zu erreichen. Saubere Sanitäranlagen mit warmem Wasser, Restaurant, Disco. Ganzjährig geöffnet. 2 PAZ 1850 Pts. *Mini-Bungalows* mit jeweils zwei Schlafzimmern, einem Salon, Küche, Bad und kleiner Terrasse. 4000 Pts pro Tag. Die sechs gemütlichen Häuschen sind immer frühzeitig ausgebucht, weshalb man schon im April/Mai für den Sommer reservieren sollte.

▶ Tourbeschreibung

Hinter Leiro verläßt die Straße dann Richtung *Carballiño* das Avia-Tal und folgt dem Tal des Avia-Zuflusses *Volvón.* Immer mehr Maisfelder weisen darauf hin, daß man sich wieder aus dem Ribeiro-Gebiet entfernt. **Carballiño,** 9 km von Leiro entfernt, ist wegen seines Klimas und seiner Heilquellen beliebter Kurort. Unverständlich, denn Carballiño ist wahrhaft scheußlich.

Wer hier trotzdem einen Halt einlegen möchte, sei auf den 32 Hektar großen *Stadtpark* und das *Heilbad* am *Río Armenteiro* hingewiesen. Ein Massagebad dort kostet 700 Pts. Die Kirche *Templo de Veracruz,* zwischen 1943 und 1952 erbaut, ist wegen ihrer faschistischen Note nicht nur reine Geschmackssache. Sie ist ein protziges Gebäude, in dem präromanische, romanische, byzantinische und gotische Baustile vermischt wurden.

Sehr bekannt ist das *Seekraken-Fest* von Carballiño jeden 2. Sonntag im August.

Von Carballiño aus führt eine Straße zum 10 km entfernten Ort **Cea,** der dafür bekannt ist, das hier besonders gutes Brot gebacken wird. Über die N 525 sind es von hier aus noch 28 km bis Ourense. Geradeaus gelangt man jedoch nach zehn Kilometern durch eine urwüchsige Gegend zum Kloster Santa María de Oseira.

Monasterio Santa María de Oseira

Gibt die letzte der vielen engen Kurven endlich den Blick auf den riesigen Komplex frei, erscheint es nicht mehr übertrieben, daß Oseira der »Escorial von Galicien« genannt wird. 1137 gründeten vier Benediktinermönche mitten in der Wildnis ein winziges Kloster. Offenbar beeindruckt von dieser Pioniertat, schenkte König Alfonso VII. den mutigen Mönchen ausgedehnte Ländereien in der Umgebung. Der Name des Klosters zeugt noch heute davon, wie sich die Nachbarschaft der Klostergemeinschaft zusammensetzte: *oso* ist der spanische Name für Bär, das Wappen des Klosters zeigt zwei aufrechtstehende Bären unter einem Baum (überm Eingangsportal zu sehen).

Einige Jahre nach der Gründung ging das Kloster in den Besitz des *Zisterzienserordens*, eine nach strengeren Regeln lebende Abspaltung der Benediktiner, über. In den folgenden Jahrhunderten war die Abtei ein Zentrum theologischer und anderer wissenschaftlicher Studien. 1552 zerstörte ein Großbrand viele der Klostergebäude. Bei dem Wiederaufbau sparten die Mönche nicht: Der Gesamtkomplex, in dem fast alle architektonischen Stile anzutreffen sind, mißt rund 40.000 Quadratmeter und ist in sechs Baukörper aufgeteilt: Kirche, drei Kreuzgänge (*Claustro de los Caballeros,* Claustro *de los Medallones, Claustro de los Pináculos*), das Schlafhaus der Alten im Südflügel (*Dormitorio de Ancianos,* heutiger Wohnraum der Klostergemeinschaft) und der Nordflügel mit Bibliothek und Gästehaus.

1835 wurden die Mönche von Oseira Opfer der Säkularisationsgesetze und mußten die Abtei verlassen. Erst 1929 durften sie wieder zurückkehren und hatten dennoch kein Dach über dem Kopf. In den 94 Jahren ihrer Abwesenheit war das Kloster fast vollständig verfallen. Steine und Dachziegel hatten sich etliche private Bauherren unter den Nagel gerissen, sogar die Stadt Ourense hat-

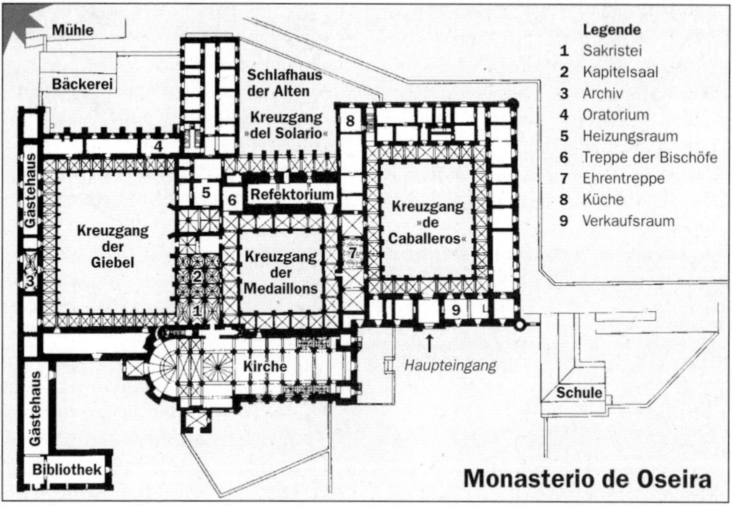

te sich mit vier stattlichen Brunnenanlagen bedient. Mit wenig Geld, aber mit viel Energie und Engelsgeduld konnten die Mönche Oseira wieder restaurieren und führen nun mit berechtigtem Stolz Besucher durch die Abtei. Sie bieten auch den einzigartigen Service, sich für einige Zeit ganz in sich selbst zurückziehen zu können und am Klosterleben teilzunehmen. Der bisher bekannteste Gast war der Schriftsteller Graham Greene, der jedes Jahr für einige Tage in einer Mönchszelle wohnte. Hier verfaßte er auch den Roman »Monsignore Quixote«, der vor einigen Jahren in Oseira verfilmt wurde (siehe auch »Reiselektüre«, Seite 76).

Die stark gegliederte **Klosterfassade** stammt aus den Anfängen des 18. Jahrhunderts. Vier gedrehte Säulen mit korinthischen Kapitellen stützen das barocke Portal, das mit Wappen, Girlanden, Muschel- und Fruchtmotiven geschmückt ist. Im rechten Winkel zum Kloster liegt die Abtei-Kirche. Die dreischiffige **Kirche,** mit deren Bau im 12. Jahrhundert begonnen wurde, ist in der Form eines lateinischen Kreuzes angelegt. Der schönste Teil der Kirche ist ihr einzigartiger romanischer *Chorumgang* aus dem 13. Jahrundert mit gotischen Einflüssen; ihm und einer bereits bestehenden Chorkapelle sind in späterer Zeit vier weitere hinzugefügt worden. Im Zentralbogen ist eine romanische Statue der stillenden *Santa María la Real de la Oseira*, auch die »Milchjungfrau« genannt, aufgestellt.

Die Höhe des durch Obergadenfenster erhellten *Hauptschiffes* wird durch durchgehende zarte Pilaster betont, die sich im Längsschiff mit den

Arkadenbögen abwechseln; in der *Capilla Mayor* wird das Linien-Prinzip über den kräftigen Säulen des Zentralbogens mit ihren starken Kapitellen durch sechs schlanke Halbsäulen, die in den Gurtbögen des Chores enden, wieder aufgenommen. Strenge, klare Linien sind ein Hauptmotiv in der zisterziensischen Architektur, die die Regeln des Ordens widerspiegeln sollen.

Knochenarbeit sein Leben lang: Weinbauer bei der Kelter

In der *Sakristei* ist ein Meßaltar zu sehen, der aus nur einem Steinblock gehauen wurde. Die Schranktüren sind im Mudéjar-Stil bemalt. Eine Tür weiter gelangt man in den **Kapitelsaal,** der in seiner Gesamtheit ein einzigartiges Kunstwerk ist und auch der »Palmensaal« genannt wird. Die vier stützenden Säulen sind offenbar dem natürlichen Wachstum von Bäumen nachempfunden. Die Säulen besitzen je vier unterschiedlich stark verdrehte Mini-Pilaster, zwischen denen sich florale Ornamentik hochwindet. An der Krone breitet sich das Rippenwerk palmblattförmig aus und verflicht sich im Gewölbe. Der Erbauer dieses Meisterwerks scheint vom arabischen Stilempfinden beeinflußt worden zu sein.

Zu den weiteren Sehenswürdigkeiten des Klosters zählen die sechs Meter breite *Ehrentreppe,* der vollständig rekonstruierte *Speisesaal* aus dem 17. Jahrhundert sowie die **drei Kreuzgänge.** Der *Claustro de Caballeros* ist erst im 18. Jahrhundert entstanden und hat einen auffallend italienischen Charakter. Nach dem Brand von 1552 gebaut, ist der *Kreuzgang der Medaillons* nach seiner Besonderheit, den vierzig Portraits damals bekannter Persönlichkeiten (unterhalb des Daches), benannt. Der *Kreuzgang der Giebel* im strengen gotischen Stil hat seinen Namen durch die auf den Strebpfeilern wie kleine Dächer sitzenden Giebelchen erhalten.

Das Kloster kann nur mit einem begleitenden Führer besichtigt werden. Öffnungszeiten 9.30 – 12.30 Uhr und 15.30 – 18.30 Uhr, So und Fei nur eine Führung um 12.30 Uhr. Am Ende des Rundganges bietet der kleine Souvenirladen Hausgemachtes zum Kauf an: Die Spezialität der siebzehn noch in Oseira lebenden Zisterzienser ist *Eukalyptus-Schnaps,* die Flasche zu 800 Pts.

ÜBER GALICISCHE HÖHEN ZUM HEILIGEN UFER DES SIL

Über Berge, durch Wälder zu Klöstern und Burgen führt uns die C 536 Richtung *Monforte* von Ourense aus: bis zum Skigebiet *Cabeza de Manzaneda* und wieder zurück geht es in einem Bogen entlang der atemberaubend schönen Schlucht des *Río Sil.* Sie wird auch »ribeira sagrada«, das Heilige Ufer genannt, weil sich hier Klöster und Heiligtümer buchstäblich aneinanderreihen. Eine Rundtour, die besonders in der Sil-Schlucht per Rad zu einem besonderen Erlebnis wird (die gesamte Strecke mißt etwa 120 km, mit allen Abstechern 250 km).

Nach etwa 8 km auf der C 536 führt rechts eine Straße zu der Strafvollzugsanstalt **Cavelle.** Dieses Gefängnis ist natürlich keine touristische Attraktion, verdient jedoch eine Erwähnung. Der Strafvollzug innerhalb der von mehreren ourensanischen Künstlern bemalten Mauern soll möglichst viel »Freiheit in der Unfreiheit« gewähren. Schon die Architektur folgt diesem Konzept, und da der Gefängnistrakt auf einem Hügel liegt, haben die Insassen eine Rundumsicht auf die Landschaft. Die 550 Gefangenen mit Strafen von sechs Monaten bis zu 30 Jahren können sich die Freiheit erarbeiten: ein Tag Arbeit wird mit einem Tag weniger Strafe entlohnt. Und Arbeit gibt es genug. Alle Renovierungen übernehmen die Insassen selbst, ebenso die Küche, Cafeteria und die Wäscherei. Sogar der neue Sicherheitstrakt des Gefängnisses wird von Gefangenen gebaut. Sie geben eine eigene Zeitung heraus, machen ein Radioprogramm und veranstalten interne Theateraufführungen.

Keineswegs in Zusammenhang mit dem Gefängnis steht der Ruf des Dorfes **Folgoso,** zu dem nach 3 km eine Abzweigung führt. Im Volksmund ist es das Dorf der Werwölfe. Der spektakulärste Fall hat sich Ende des letzten Jahrhunderts zugetragen, als dort ein Mann in einer Nacht dreizehn Menschen zerfleischt haben soll …

Weiter Richtung *Esgos* ist nach wenigen Metern das **Kloster San Pedro de Rocas** (5 km) ausgeschildert. Der Weg dorthin verläuft durch bizarre Felsformationen, die wie Türme in die Landschaft ragen und vermutlich dem Kloster seinen Namen gaben. Eine Inschrift im Boden der Klosterkirche datiert seine Gründung auf das Jahr 573, als in suebischer Zeit drei Kapellen in den Fels gehauen wurden. Im 9. Jahrhundert entdeckte man diese Kapellen, und mit der Unterstützung des Königs Alfonso III. (838 – 912) bauten Benediktiner das Kloster, das sie im 17. Jahrhundert wieder aufgaben. In der romanischen Kirche sind noch immer die miteinander verbundenen Felskapellen zu sehen. Der Boden innerhalb wie außerhalb der Kirche ist übersät mit mittelalterlichen Felsgräbern. Kurios ist der Durchgang aus dem 15. Jahrhundert zum hinteren Teil der Klosterruine, in den ein Felsblock integriert ist. Die Ruine wurde übrigens von den Muchachos aus Bemposta (siehe Seite 346) instandgesetzt und wird auch von ihnen gepflegt.

▶ Zurück auf der C 536 biegt nach 3 km eine Straße zum 6 km entfernten

Maceda ab, wo die dornröschenhaft zugewucherte *Burgruine* der Grafen von Maceda besucht werden kann, in der Alfonso X. der Weise (1221 – 1284) seine Kindheit verbrachte. Allerdings ist eine Kletterpartie in der Ruine recht gefährlich, weil bisher keine Absicherungen angebracht wurden.

Die C 536 führt schließlich an dem kleinen unscheinbaren Keramikdorf **Niñodaguia** vorbei. In fast jedem Haus dort befindet sich eine Töpferwerkstatt, in Richtung der Tongrube steht ein örtliches *Keramikmuseum.* Einen kurzen Stop ist auch der Ort **Xunqueira de Espadañedo** wert, dessen heutige *Pfarrkirche* ein ehemaliges Kloster aus dem 12. Jahrhundert ist. Die Fassade der Kirche ist zwar klassizistisch, und auch die Apsiden haben unter späteren Veränderungen gelitten, doch der Rest ist rein romanisch. Ein Teil des Kreuzganges aus dem 16. Jahrhundert wird derzeit restauriert. Besonders schön sind die drei dort angebrachten Sonnenuhren.

Hinter Xunqueira geht es dann weiter bis zum **Alto de Rodicio** mit einem Aussichtspunkt an seiner höchsten Stelle (943 m) über dem *Arnoia-Tal.* Der Ort **Vilariño Frío,** der nach 5 km auftaucht, ist berühmt für die Schuhe aus Birkenholz, die hier hergestellt werden. Nur ein Stück weiter führt eine Straße nach rechts Richtung **Montederramo,** das am *Embalse de Leboreiro* liegt.

Die Geschichte dieser Gegend ist eng verknüpft mit dem **Monasterio Santa María,** an einer Biegung des *Río Mao* gelegen. Es wurde 1124 von Teresa von Portugal, einer Tochter von Alfonso VI. (1040 – 1109), gegründet. Die heutige Gestalt von Kloster und Kirche geht auf einen Neubau von Juan de Tolosa zurück, der in seiner Jugend am Bau des madrilenischen Escorial beteiligt war und den streng wirkenden, schnörkellosen Herrera-Stil des späten 16. Jahrhunderts nach Galicien mitbrachte. Die Kirche besitzt ein Chorgestühl aus dem 17. Jahrhundert und eines der ersten Barock-Retabel Galiciens. Einer der Kreuzgänge ist im Renaissance-Stil erbaut worden, der zweite spätgotisch. Allerdings befindet sich der gesamte Klosterkomplex in einem halbwegs desolaten Zustand, Mopeds und Autos parken in den Innenhöfen, eine Bäckerei hat im Kreuzgang ihr Vorratslager eingerichtet, die abenteuerlichsten Konstruktionen sollen einige Mauern vom Zusammenbrechen abhalten. Um das ganze Kloster besichtigen zu können, muß man beim dort wohnenden Pfarrer klingeln.

▶ Wieder auf der Hauptstraße, ist schon von weitem die Burg von **Castro Caldelas,** einem schmucken mittelalterlichen Örtchen, zu erkennen. Die Häuser des alten Stadtkerns gruppieren sich um eine alte *Festung* der Grafen Lemos. Die Umfassungsmauern, drei Festungstürme sowie der Uhrenturm sind vollständig erhalten. Die Burg, in der sich auch die Insignien des Templerordens finden, soll in den nächsten Jahren eine Kunstakademie aufnehmen. Wegen der Bauarbeiten ist die Burg daher von innen normalerweise nicht zu besichtigen.

(Von Castro Caldelas geht bereits die Straße ab, die Richtung Monforte zu der Sil-Schlucht und an dem Fluß entlang zurück nach Ourense führt.)

Essen & Unterkunft:

★ *Hostal-Restaurante Blanco*, José Antonio 4, © 988-203050. DZ 2300 Pts. Einfache, saubere Zimmer mit zum Teil sehr schöner Aussicht. Die Chefin des Hauses, Josefa Sotelo, ist auch zugleich die Köchin. Ihre Spezialität sind Lammkoteletts. Tagesmenü 750 Pts.

▶ Nächste Station auf der C 536 von Castro Caldelas aus ist zunächst der **Alto de Cedeira** (890 m). Dort stehen am Straßenrand die Reste von vier *römischen Säulen,* die einst an der Römerstraße von Braga nach Astorga standen. Die Inschriften sind sehr verwittert, so daß sie kaum noch zu entziffern sind. Die beiden Säulen auf der linken Seite sollen den Kaisern Constantinus Augustus und Flavius Claudius Julian gewidmet sein.

Eine sehr wenig bekannte römische Hinterlassenschaft befindet sich nur 5 km entfernt. Die *Brücke* über das Flüßchen *Navea* liegt versteckt in einem kleinen Tal und ist nur zu Fuß zu erreichen. Ihre wildromantische Lage zwischen alten, verlassenen Gehöften und einer verfallenen Kapelle rechtfertigt die Kletterpartie jedoch allemal.

Von hier aus sind es noch 17 km bis zu der wesentlich bekannteren und eindrucksvollen **Römerbrücke** über den *Río Bibei.* Sie war eine der wichtigsten Konstruktionen der Römerstraße XVIII und wurde wahrscheinlich zu Zeiten des römischen Kaisers spanischer Herkunft, Trajan, errichtet. Die Brücke ist 75 Meter lang und 6 Meter breit, komplett aus losen Steinen gefügt und seither kaum verändert worden. Direkt hinter der Brücke steht noch ein römischer *Meilenstein,* 94 römische Meilen von Astorga entfernt.

▶ Auf dem Rückweg nach Castro Caldelas durchquert die Straße wieder den Ort **Pobra** (Povoa) **de Trives.** Von dort aus geht eine Straße ab zur 18 km entfernten **Cabeza de Manzaneda,** der einzigen Skistation Galiciens auf einer Höhe von über 1700 Metern (siehe auch Seite 112). Das landschaftlich reizvolle Manzaneda-Gebiet bietet sich auch im Sommer besonders gut für ausgedehnte Wanderungen an.

Unterkunft in Pobra de Trives

★★★ *Casa Grande*, Marqués de Trives 17, © 988-332066, Fax -332066. DZ 7700 Pts. Liebevoll restaurierter Pazo in Privatbesitz aus dem frühen 18. Jahrhundert mit dazugehöriger Kapelle und Barockretabel. Innenhof mit Säulen und Steinbrunnen in der Mitte. 5 DZ mit Badezimmer und Fernseher.

Camping: *Nieves,* Avda. de América s/n, © 988-330126, das ganze Jahr geöffnet, 2 PAZ 1250 Pts.

▶ Wieder in Castro Caldelas geht es nun rechts ab Richtung Monforte 5 km den Berg hinunter bis zur Abzweigung nach **A Teixeira.** Die Straße windet sich von hier aus durch eine saftig grüne Landschaft, führt durch kleine Dörfer und gibt immer wieder den Blick frei auf den *Río Sil* in einer tiefen Schlucht. (Bei *Piedra del Sol* der Straße Richtung *Parada do Sil* folgen, bei einer unbeschilderten Gabelung in dem Dorf *Cristosende* links halten). In **Parada do Sil** geht eine schmale Straße nach rechts zu dem 5 km entfernten **Kloster Santa Cristiña,** das weit abgelegen und schwer zugänglich fast direkt am Fluß steht. Die Benediktinerabtei war eines der wichtigsten Klöster an der *Ribeira Sagrada.* Im Jahr 876 wurde es erstmals erwähnt, die ältesten Reste stammen aus dem Jahr 969. Offensichtlich wurden der Abtei viele Schenkungen gemacht, die ihr wachsenden Reichtum bescherten. Im 12. Jahrhundert begannen die Mönche einen Neubau, zu dem unter anderem die sorgfältig restaurierte romanische *Kirche* gehört. Sie besitzt eine der schönsten romanischen Rosetten Galiciens. 1518 geriet Santa Cristiña in Abhängigkeit zu San Esteban de Ribas de Sil und verlor seine ursprüngliche Bedeutung. Dennoch war man hier im 16. Jahrhundert noch in der Lage, den wunderschönen, zum Teil erhaltenen *Kreuzgang* zu schaffen.

Auf dem Rückweg vom Kloster lohnt sich eine Stippvisite in dem Dorf **Castro,** in dem noch viele der typischen alten Bauernhäuser dieser Gegend stehen und bewohnt werden.

▶ Weiter geht es hinter Parada do Sil Richtung *Luintra.* 5 km vor Luintra führt eine ausgebaute Straße zum letzten Halt der Rundreise, zum **Kloster San Esteban de Ribas de Sil,** das auf einer Terrasse der Sil-Schlucht liegt. Schon im 6. Jahrhundert wußte man von dieser Einsiedelei. Im 10. Jahrhundert flüchteten sich neun Bischöfe vor den Arabern hierher,

Zwischen den Hängen des Heiligen Ufers gelegen: San Esteban de Ribas de Sil

woran mit den neun Mitren (Bischofsmützen) über dem Klosterwappen der Fassade erinnert wird. Zu dieser Zeit wurde das Kloster auch erweitert. 1184 begannen die Benediktiner mit dem Bau der Kirche, die bis heute besteht. Die dreischiffige Konstruktion der *Kirche* ist romanisch, jedoch finden sich schon einige gotische Elemente. Sehenswert sind die romanischen Apsiden und die fein gearbeitete Rosette. Der größte der drei *Klosterkreuzgänge* ist in seinem unteren Stockwerk romanisch, der erste Stock wurde in der Zeit der Renaissance aufgesetzt. Romanische und gotische Stilelemente vereint der »Kreuzgang der Bischöfe«. Im 16. Jahrhundert war das Kloster ein bedeutendes Zentrum für Studien, Gymnasium, Bibliothek und Schule der Künste. Im vergangenen Jahrhundert wurde es aufgegeben, 1984 restauriert und soll nun das Archiv für galicische Geschichte aufnehmen.

Von **Luintra** aus Richtung *Castadón* trifft die Straße nach 14 km wieder auf die C 536, die zurück nach Ourense führt.

ÜBER DEN FLUSS DES VERGESSENS

In den Süden der Provinz Ourense führt die N 525 Richtung Allariz und darüber hinaus über den *Río Limia,* den Fluß des Vergessens, bis Verín.

Allariz ...

... liegt, 25 km von Ourense auf einer Anhöhe am *Río Arnoia* und läßt die Zeit verstreichen. Die Geschichte des mittelalterlichen Städtchens reicht ins 5. Jahrhundert zurück, vermutlich war *Villa Allarica* eine Gründung der Sueben. Über Jahrhunderte spielte Allariz in Galicien eine wichtige Rolle. Alfonso VI. (1040 – 1109) befahl den Bau einer Festung, deren Spuren aber fast ganz verschwunden sind. Alfonso IX. (1171 – 1230) residierte dort eine Weile, sein Enkel Alfonso X. der Weise (1221 – 1284) stellte hier die *Cantigas de Santa María* zusammen, eine der bedeutendsten Sammlungen mittelalterlicher Lyrik.

Die einschiffige **Iglesia de Santiago** wurde 1136 errichtet. Die Skulpturen der Kapitelle erinnern stark an keltische Motive. Den **Convento Santa Clara** gründete Doña Violante, die Frau Alfonsos X. Das heutige Gebäude stammt aus dem 18. Jahrhundert und besitzt einige schöne Stücke gotischer Kunst, die einst König Fernando III. (1201 – 1252) gehörten, darunter eine Jungfrau aus Elfenbein aus dem Ende des 13. Jahrhunderts und ein Kristallkreuz. Ein Stadtrundgang gleicht einem Museumsbesuch.

Doch einmal im Jahr, 40 Tage nach der Karwoche, erwacht Allariz aus seinem Schlaf. Während der dreitägigen *Festa do Boi*, der Ochsenfete, wird im Pamplona-Stil gefeiert – mit einem Stiertreiben durch die Gassen, viel Wein und Teilnehmern, die dort schlafen, wo sie umfallen.

Unterkunft & Essen

★ *Hostal-Restaurante Alarico*, Emilia Pardo Bazán 4, © 988-440790. DZ 5000 Pts. Die einzig empfehlenswerte Adresse in Allariz, wo man offensichtlich nicht auf Besuch eingestellt ist. Das Hostal liegt etwas außerhalb der Altstadt und ist ein modernes Gebäude mit entsprechend gesichtsloser Atmosphäre. Das Essen ist preiswert und reichhaltig.

Miño do Briñial, Rúa Portelo 4, © 988-442248, Fax -442206. DZ 8000 – 9000 Pts. Wunderschön am Fluß gelegenes Landhaus, 2,5 km von Allariz auf der OR-300 Richtung Calanova.

▶ *Tourbeschreibung*

Zurück an der N 525, lohnt es sich, statt nach rechts zunächst weiter geradeaus zu fahren zum 7 km entfernten **Xunqueira de Ambía,** wo sich das *Kolleg Santa María* befindet, ein ursprünglich romanischer Bau aus dem 12. Jahrhundert. Besonders schön ist der Innenhof mit einem spätgotischen Kreuzgang aus dem 15. Jahrhundert, in dem noch einige romanische Reste verblieben sind. Die Kirchenorgel aus dem 16. Jahrhundert wird seit ihrer Restaurierung oft für Konzerte benutzt.

3,5 km weiter Richtung *Baños de Molgas* empfiehlt es sich, nicht zu schnell zu fahren, denn das wunderschöne präromanische Kirchlein **Santa Eufemia** aus den Anfängen des 9. Jahrhunderts steht unscheinbar zwischen den anderen Häusern des Dorfes. Seine Vorder- und Südseite mit mozarabischen Zwillingsfenstern sind noch erhalten. Der Baustil ist asturisch. Um das Innere zu besichtigen, muß man sich von den Bewohnern des Hauses rechts der Kirche die Holztür aufschließen lassen.

Baños de Molgas

Bereits den Römern ist dieser Ort mit seinen 28 und 50 Grad warmen Quellen bekannt gewesen, er lag auch direkt an der Römerstraße XVIII, von der noch die erhaltene Brücke über den Río Arnoia zeugt. Das Wasser soll Heilkräfte gegen Nervenkrankheiten, Rheumatismus und Hauterkrankungen besitzen. Die Badeeinrichtungen befinden sich in dem kleinen *Kurhotel,* sind aber nicht nur für Hotelgäste zugänglich. In der HS wird jedem für 1000 Pts zwischen 6 und 12 sowie zwischen 17 und 20 Uhr ein Bad eingelassen, in der NS zwischen 8 und 11 Uhr.

Von Baños de Molgas führt eine Straße zu dem 3 km entfernten **Santuario de los Milagros,** der am 8. September Schauplatz einer vielbesuchten *Romería* ist. Um die schön gelegene Kirche aus dem 18. Jahrhundert herum ist ein Kreuzweg mit kleinen Kapellen angelegt worden.

Verbindungen

Zug: Zweimal täglich, 8.12 und 16.03 Uhr, fahren von der kleinen Bahnstation Züge nach Ourense.

Von Ourense nach Baños de Molgas fahren Züge außer Sa um 12.40, 14.30 und 19.30 Uhr.

Bus: Die Bushaltestelle liegt an der Hauptstraße. Nach Ourense fahren täglich Busse um 7.45 und 14 Uhr.

Unterkunft

★★ *Hotel Balneario Baños de Molgas,* Samuel Glez. Movilla 26, © 988-430246, Fax -430405. DZ 6200 Pts.

Tourbeschreibung

Zurück Richtung *Xinzo de Limia* passiert die N 525 die legendenbeladene *Laguna de Antela,* von der allerdings nichts mehr zu sehen ist. Mit ihren Ausmaßen von sieben mal sechs km war sie einmal der größte Süßwassersee der Iberischen Halbinsel. Eine Legende erzählt, an ihrer Stelle habe sich einmal eine Stadt mit hartherzigen Bewohnern befunden. Gott wollte sie bestrafen, doch Jesus wandte ein, er solle wenigstens den gerechten Menschen der Stadt ihr Leben lassen. Als Bettler verkleidet ging Jesus darauf von Haus zu Haus, doch niemand hatte Mitleid mit ihm. Er wollte schon die Stadt verlassen, da bot ihm eine alte Frau die Milch ihrer einzigen Ziege und ihre zerlumpten Kleider als Bett an. Am nächsten Morgen stand das Wasser eines riesigen Sees bis zur Schwelle des Hauses der alten Frau. Die Stadt und alle anderen Bewohner aber waren verschwunden.

Die Laguna ist heute trockengelegt, das Wasser fließt kanalisiert in den *Río Limia,* vom dem es heißt, er sei der **»Fluß des Vergessens«.** Wer ihn überquert, so dachten die von Süden vordringenden römischen Invasoren, vergesse seinen Namen und seine Heimat.

Wer dennoch weiter will, trifft in der Ebene auf **Xinzo de Limia,** das vor allem für die Qualität seiner Kartoffeln berühmt ist. Ansonsten ist Xinzo ein staubiges Nest mit dem Charme eines Durchgangsortes. Seine romanische *Pfarrkirche* ist im Laufe der Jahrhunderte verbaut worden, besitzt aber noch ein schönes romanisches Portal mit verzierten Archivolten.

Die *Karnevalsfeiern* von Xinzo sind bei Galegos sehr beliebt. Die verkleideten, hinter Masken steckenden Junggesellen hauen dabei mit Schweinsblasen auf die Zuschauer ein.

Etwa 5 km nordöstlich von Xinzo im Ort **A Pena** steht die *Torre de Pena.* Der gut erhaltene Turm diente im 18. Jahrhundert vermutlich als Gefängnis. Zu ihm führt ein schöner Fußweg hinauf.

Zurück auf der Hauptstraße 525 sieht man nach einer 30 km langen Fahrt durch eine bergige Ginsterlandschaft, die immer wieder von Waldbrandschneisen durchzogen ist, schon von weitem die Türme des *Castillo Monterrei* aufragen.

Castillo Monterrei

Am besten folgen Sie den Parador-Wegweisern und lassen Ihr Gefährt auf dem Parkplatz des herrlich gelegenen Hotels stehen. Zu der Burg führt eine alte 1 km lange Römerstraße hinauf. Allein der großartigen Aussicht wegen lohnt sich ein Ausflug hierher (11.30 – 13.30 und 17 – 20.45 Uhr, Mo und Di geschlossen).

Monterrei mit seiner *Iglesia Santa María de Gracia* ist eine der monumentalsten Festungsanlagen Galiciens und wurde wahrscheinlich an der Stelle eines alten keltischen Castro errichtet. Ein dreifacher Mauerring schützt Kirche, Hospital und Palast. Die erste Festung aus dem 12. und 13. Jahrhundert wurde im 15. Jahrhundert weitgehend erneuert. Pedro I. der Grausame von Kastilien (1334 – 1369) hielt sich längere Zeit als Verfolgter in der Festung auf. In Monterrei stand auch die erste Druckerpresse Galiciens. Die »Misal Auriense«, von der sich noch ein Exemplar in der Kathedrale von Ourense befindet, ist hier 1494 gedruckt worden.

Wer schwindelfrei ist, kann die 22 Meter hohe *Torre de las Damas* aus dem 14. Jahrhundert erklimmen. Die Reste des *Palastes* mit einer Galerie im Renaissance-Stil werden derzeit restauriert. An seiner Südseite erhebt sich die *Torre Nueva* aus dem 16. Jahrhundert. Das *Hospital,* von dem fast nichts erhalten blieb, stammt aus derselben Zeit.

Besonderes Augenmerk verdient die romanische **Iglesia Santa María de Gracia** aus dem 13. Jahrhundert, die Alfonso X. errichten ließ. Ihr ursprüngliches Hauptportal ist verschwunden, doch das Nordportal ist von einzigartiger Schönheit. Die zum Teil präromanischen Verzierungen stellen vermutlich das Paradies dar. Zu beiden Seiten des Eingangs sind mittelalterliche Gräber in die Mauer eingelassen. Kunsthistorischer Glanzpunkt des *Kircheninnern* ist eine Kreuzigungsdarstellung aus dem 9./10. Jahrhundert. Gleich daneben ein steinernes Altarbild aus dem 12./13. Jahrhundert mit 12 Passionsszenen.

Verín – das Selters von Galicien

Direkt am Fuße der Burg gelegen, ist die Geschichte Veríns eng mit Monterrei verknüpft. Bekannt ist die Stadt jedoch wegen ihrer zahlreichen Quellen und Bäder, von denen heute die meisten geschlossen sind. Das Wasser aus den Quellen *Sousas* oder *Cabreiroá* trinkt man aber in ganz Spanien und in einigen anderen Ländern. Galicier bekommen fast kein anderes Wasser auf den Tisch.

Alle der insgesamt fünf Mineralquellen Veríns beziehen ihr Wasser aus der selben geologischen Bruchstelle, dem *corgo.* Von den umliegenden Bergen aus kann man sehr gut erkennen, wie das Tal von Verín regelrecht eingebrochen ist. Obwohl weiterhin mehr Wasser sprudelt, als die Abfüllanlagen bewältigen können, hat Verín sichtbar bessere Zeiten erlebt – selbst das durch die Nähe Portugals traditionelle Schmuggelgeschäft läuft nicht mehr so richtig.

In der **Altstadt** finden sich viele reich verzierte Häuser, oftmals leider in erbärmlichem Zustand. Einen melancholischen Eindruck einstiger, wenn auch provinzieller Noblesse vermittelt das leerstehende **Kurhotel** an der Abfüllanlage Cabreiroá, etwas außerhalb der Stadt.

Keineswegs melancholisch wirken die – besonders zum Karneval – feierfreudigen Veríner, haben doch auch sie einen **Modedesigner** internationalen Ranges in ihrer Mitte, der mit seinem Markennamen *Roberto Verino* seiner Heimat alle Ehre macht. Sein bürgerlicher Name lautet Roberto Mariño, seine Kreationen hängen im wesentlichen an den Kleiderstangen der spanischen Kaufhauskette *Corte Inglés.*

Verbindungen & Infos

Bus: *Estación de autobuses,* Flores s/n. Verín-Ourense: Mo um 7 Uhr direkt, sonst zwischen 7.30 und 19 Uhr 11x täglich über Xinzo de Limia für 615 Pts, Fahrzeit 1,5 Std.

Für 100 Pts zwischen 8 und 20.45 Uhr 8x täglich nach Portugal (Grenze, von dort Umsteigemöglichkeit).

Weitere Informationen: *Casa de Cultura,* Avda. de Portugal s/n, hält touristische Infos bereit.

Unterkunft

★★★ *Parador de Verín,* direkt an der Burg Monterrei, © 988-410075, Fax -412017, DZ ab 11.500 Pts. Großartiges Panaroma, sehr komfortabel mit Schwimmbad, ruhig.

★ *Hotel Dos Hermanas,* Avda. de Sousas 106, © 988-410280, Fax -410280. DZ 3500 Pts. Saubere Zimmer mit Bad und Fernseher. Ruhig. Die Doppelzimmer für Ehepaare sind wesentlich schöner.

★ *Hostal O'Augueiro,* Avda. de Sousas 117, © 988-411026. DZ 3000 Pts. Sauber, mit Bad.

Essen & Trinken

Mesón do Río, Luis Espada 2, © 988-410936. Mit schöner Terrasse am Fluß. Gute Küche, netter Wirt. Zu Gast ist manchmal Galiciens Mode-Equipe. Sehr empfehlenswert.

Ein Leser wies uns auf den gegenüberliegenden Spirituosen-Laden hin, der verschiedene Sorten galicischen Tresterschnaps *(orujo)* anbietet.

Casa do Pulpo, Rúa Lisa. Eine Portion Pulpo mit Wein und Brot in dem urig spartanischen Keller mit Holzbänken kostet 600 Pts.

Restaurante Lugano, Amaro Refajo 14, © 988-410391 oder -410540. Für den schmalen Geldbeutel, aber recht gut, besucht von Angestellten der Modefabrik von Roberto Verino nebenan. Etwas ungemütlich. Menü 600 Pts.

▶ Tourbeschreibung

Bei der Rückfahrt nach Ourense bietet es sich an, einen Abstecher in den Ort **Celanova** zu machen und über die N 540 nach Ourense zurückzukehren. Celanova ist vor allem wegen seines **Benediktinerklosters San Salvador** bekannt, das vom Heiligen Rosendo im Jahr 936 gegründet wurde. Die heutigen Klostergebäude stammen jedoch aus dem 16. Jahrhundert, die *Barockkirche* baute man 1681 und stattete sie mit drei Retabeln im besonders verzierungsreichen churrigueresken Stil aus. In silbernen Schreinen bewahrt die Kirche Reliquien Rosendos und des Heiligen Torcuato auf. Der kleine *Kreuzgang* wurde im 18. Jahrhundert von einem Klosterbruder errichtet. Im kleinen Klostergarten steht ein architektonisches Juwel aus dem 10. Jahrhundert. Die *Capilla San Miguel* hat eine rechteckige Apsis mit Kreuzgewölbe und ist mit den für den mozarabischen Stil typischen überzogenen Hufeisenbögen ausgestaltet.

Beim Schlendern durch die Stadt Celanova, vor allem in der *Rúa Abaixo,* fällt auf, wie niedrig die ältesten Häuser der Stadt sind. Das Kuriosum ist auf ein Privileg zurückzuführen, auf dem die Mönche in Celanova bis 1920 bestanden: Die Häuser der Stadt durften nur bis zur Höhe der Fenster des Kloster reichen.

PROVINZ LUGO

Lugo, so die Tageszeitung »El País«, ist die am wenigsten industrialisierte Provinz der Europäischen Gemeinschaft. Allerdings ist sie sehr fruchtbar. Ihre Hauptstadt Lugo mit der römischen Rundmauer ist die älteste Stadt Galiciens. Lugos Stadtkern ist wie der des kleinen Mondoñedo zum kunsthistorischen Nationaldenkmal erklärt worden. Einen Besuch wert sind daneben auch die Küstenstädte Ribadeo und Viveiro (siehe Seite 214, 220) und die Naturschutzgebiete O Courel und Los Ancares als nahezu unbewohnte Wanderparadiese.

LUGO – VERTRÄUMTE STADT IM RÖMERRING

»Lugo ist die ideale Stadt zum Ausspannen für einen kranken Poeten«, notierte in den 50er Jahren Autor Cunqueiro (1911 – 1981). Gesunde Künstler nennen das Langeweile und flüchten in größere, weniger provinzielle Städte. Melancholisch liegt die Altstadt 465 Meter über dem Meeresspiegel. In Galicien ist sie die höchste, die älteste und die ärmste.

Innerhalb des einzigartigen, vollständig erhaltenen römischen Mauerrings, der die Stadt umschließt, hat der Regen den grauen Granit an einigen Stellen grün gefärbt. Der schöne Weg auf der zwei Kilometer langen Schiefermauer ist den Lugensern Spazierpfad und Joggingpiste. Einst schützte die Stadtmauer vor Überfällen der Germanen und Piraten. Heute, meinen böse Zungen, blocke sie jeden Zeitgeist ab. Von »Fortschritt« – so heißt die Lokalzeitung – merke man wenig.

Die Stadt lebt vom Handel, von der Landwirtschaft und der Provinzverwaltung. Im Vergleich zu Ourense wird wirtschaftliche wie kulturelle Initiative kleingeschrieben. »Ruhig bis apathisch« seien die Bewohner, meint der hier lebende Schriftsteller Julio Giz. »Dafür aber freundlich, gesellig und genießerisch«. Auf der *Plaza Mayor,* dem Poet Luis Pimentel (1895 – 1958) zufolge Lugos »Wohnzimmer«, kennt man sich. »Der scheint nicht aus Lugo zu sein« ist dann auch der typische Satz, wenn ein Unbekannter vorbeikommt.

Gleichzeitig gelten die Lugenser als tolerant gegenüber allem, was nicht in ihrer Familie oder ihrem Haus passiert. Unlängst wurden sie auf die Probe gestellt. Eine Prostituierte mit dem griechischen Unheilsnamen Pandora war aus Andalusien gekommen, hatte ein Bordell eröffnet und Erotikstreifen produziert. Mit ihrem Lieblingshund Yema, einem der Hauptdarsteller in den Filmen, spazierte sie halbnackt durch die Altstadtgassen. Erst als ihr Handel mit Kinderprostitution aufflog, platzte den Bewohnern der Kragen. Sie gingen – für Lugo ungewöhnlich – auf die Straße. Pandora kam ins Ortsgefängnis.

Lugo ist fein säuberlich in zwei Bereiche eingeteilt. Außerhalb der Stadtmauer entstanden in den 60ern schnell und chaotisch billige, häßliche Wohnblocks. Für die Landbevölkerung war das eine bessere Alternative als fehlende Arbeit, Schulen und Kommunikation. Innerhalb des Mauerrings liegen Lugos Kathedrale, Märkte und Plätze, Weingassen, ein Museum und Kirchen. Straßennamen sind vielfach nach Franco-Generälen und Bischöfen benannt. Dieses Lugo ist steinalt.

Lug kommt aus dem keltischen und heißt so viel wie heiliger Berg. Wie im attraktiven *Provinzmuseum* zu sehen, haben die Kriegerstämme Spuren hinterlassen. Die Legionäre des Feldherrn Augustus vertrieben sie und gründeten 25 n. Chr. das Militärlager *Lucus Augusti.* Der Ort wurde römischer Stützpunkt für die Soldaten und die Plünderung der galicischen Bevölkerung. Mehr als in anderen Städten im Nordwesten der Halbinsel haben die Caligulae, die römischen Soldaten-Sandalen, Spuren hinterlassen: außer der *Mauer* die *Thermen* am Miño, eine *Römerbrücke* und Mauerreste des *Forums,* eines *Tempels* sowie eines *Aquädukts.*

Später gründeten die Sueben hier ihren Hauptsitz im 5. und 6. Jahrhundert, gefolgt von den Mauren, die 714 außer dem Steingürtel von Lugo nichts übrigließen. 40 Jahre später eroberte Alfonso I. von Asturien (etwa 693 – 757) die Stadt und gründete die Vorgängerkirche der heutigen *Kathedrale Santa María.*

Gegen Ende des Mittelalters verlor Lugo an Bedeutung, nicht aber an Bevölkerung. Erste Häuser entstanden jenseits der Mauer. Und wieder wurde die Stadt überfallen. Diesmal von den

Auf dem Römerring kann man die ganze Altstadt Lugos umrunden

Franzosen, die erst Lugos Aufstand von 1808 vertrieb. Eine erneute Revolte des liberalen Kommandanten Solis y Cuetos wurde 1846 von der Zentralregierung in Madrid niedergeschlagen. Heute wählen die Lugenser bei den Provinzwahlen vorwiegend konservativ. Hauptthemen im Rathaus wie in den Kneipen sind Vorstadtchaos und Verschmutzung des Miño-Flusses, Drogen und auch die vor sich hin bröckelnde Stadtmauer. Aber längerfristige Pläne, so sagen die Lugenser von sich selbst, sind nicht ihre Sache. Lugo, die Verträumte.

Stadtrundgang

Ausgangspunkt kann das **Jakobstor** sein, das die Pilger von jeher auf dem Weg nach Santiago durchqueren. Zur Kathedrale hin zeigt das berühmteste der zehn Stadttore ein Bildnis des Apostels als Maurentöter. Eine Rampe führt hier auf den Römerring aus dem 2. und 3. Jahrhundert, zu dessen alten Eingängen die Tore *Miñía* (vollständig erhalten), *Carmen, San Pedro, Nova* und *Porta Falsa* zählen. An der **Puerta de Santiago** beenden viele Bewohner den insgesamt halbstündigen Rundgang auf der 2117 Meter langen Schiefermauer. Auch unsere Wegbeschreibung wird hier enden.

Die Stadtmauer ist vier bis sieben Meter dick, acht bis zwölf Meter hoch und hat 50 halbrunde Türme. Regen und Verkehr haben dem Nationaldokument so kräftig zugesetzt, daß es stellenweise reichlich heruntergekommen ist. Das gilt auch für einige Gebäude rings um die *Plaza Pio XII* zwischen Jakobstor und Kathedrale, in deren Schatten sich ein paar kleine Läden verstecken.

Die Kathedrale

Die Hauptfassade der *Santa María* aus dem Jahre 1763 ist streng, steif und klassizistisch. Auf den Besucher blicken die Statuen der Evangelisten, die des Glaubens über dem zentralen Giebel und an den Türmen links San Capritón als erster Bischof Lugos und rechts San Froilán. Letzteren begleitet ein Wolf, der, so die Sage, einst des Bischofs Esel gefressen hat und die Last von da an selbst tragen mußte. San Froilán wird außer in seinem Geburtsort Lugo auch in León als Patron verehrt, wo seine Reliquien aufbewahrt werden.

Ein anderer Bischof, Pedro Peregrino, hatte schon 1129 den Bau der Kathedrale befohlen, namhafte Architekten engagiert und eine Kathedrale von der Pracht Santiagos im Auge. Doch die bekam er nie zu sehen. Auch seinen Nachfolgern ging in den über 600 Jahren, die die Vollendung noch dauern sollte, ständig das Geld aus. Die zahlreichen Baumeister probierten in der Zwischenzeit ihre Stile aus, veränderten, erweiterten, erneuerten. Noch zu Lebzeiten des Bischofs Peregrino entstanden die romanischen Seitenschiffe und der Chor nach dem Vorbild Santiagos. Das mittlere *Längsschiff* war im 15. Jahrhundert fertig. Der *Altarraum* kam hundert Jahre später zustande, um wiederum 200 Jahre später 1662 von dem Franzosen Charles de Lemaur umgebaut zu werden. Statt in einheitlichem Stil ist das Projekt des Grün-

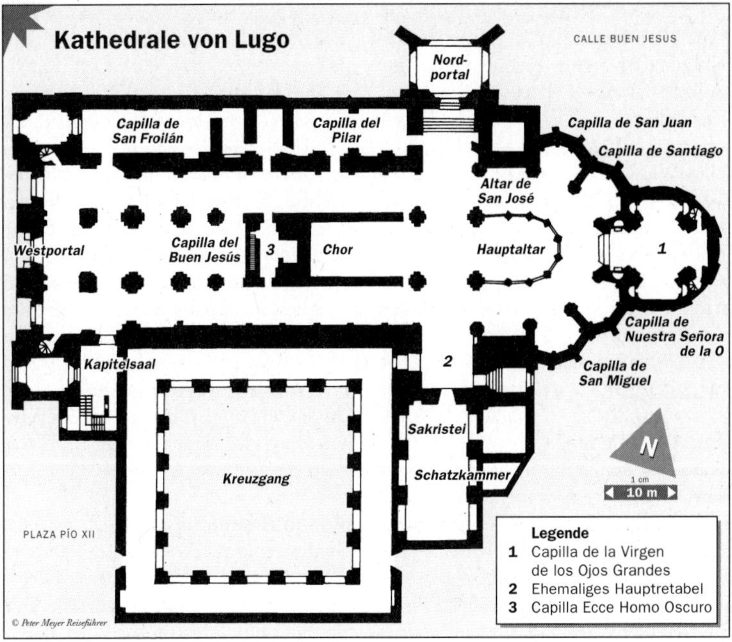

dungsbischofs ein interessantes gestalterisches Durcheinander geworden.

In seinem vorwiegend barocken **Innern,** das durch den mittleren Chor seine Weite einbüßt, wird vor der Kapelle der *Jungfrau der großen Augen* am meisten gebetet. Sie ist ein Werk von Fernando Casas y Novoa, dem Erbauer der Westfassade der Kathedrale in Santiago. Diese wichtigste und größte Kapelle entstand 1726 in farbigem Alabaster. In ihr steht die mittelalterliche Darstellung der *Señora de los Ojos Grandes* als Schutzpatronin Lugos mit dem Jesuskind.

Barock gestaltete Meister Casas y Novoa auch den *Kreuzgang* der Santa María an deren Südseite. Dem Patron Lugos, *San Froilán,* ist die gleichnamige Kapelle aus dem 15. Jahrhundert seitlich links hinter dem Westportal geweiht. Das Giebelfeld des *Nordportals* (12. Jahrhundert) zeigt über der eisenbeschlagenen Doppeltür Christus im Heiligenschein; an seinem unteren Rand ist die Abendmahlszene zu sehen.

Hier von der kleinen **Plaza Santa María** aus setzen wir unseren Rundgang fort. Schräg links an der Plaza wirkt der barocke **Bischofspalast** wie ein galicischer *Pazo* (Herrenhaus). Geradeaus geht es durch die **Rúa Obispo Basulto** gleich mitten in Lugos schönste Altstadtgäßchen. In der Rúa selbst liegen kleine Tavernen, das billige, aber etwas ungemütliche *Restaurant Troula,* Antiquitäten- und Kleiderläden. Nach ein paar Metern öffnet sich linkerhand die dreieckige **Plaza del Campo** wie ein kleines Juwel. Den Römern war sie Forum und Marktplatz, heute ist sie Freßzone. Im Zentrum des mittelalterlichen, gepflasterten Platzes thront auf einem Brunnen der versteinerte Dominikaner-Prediger *San Vicente Ferrer* (1350 – 1419). Darunter speien Engelsgesichter neben Teufelsfratzen Wasser. Unter Rundbögen liegen Musikläden, Restaurants und eine Apotheke. Alte Männer treffen sich im kühlen *Vinos Valdeorras,* sitzen an der Theke oder zwischen den dunklen Weinfässern und nippen galicischen Ribeiro aus Porzellantäßchen. Die Wirtin reicht ihnen dazu auf einem Tablett Tapas aus Schinken, Käse, Oliven und Sardinen. Noch kulinarischer wird es in der anliegenden **Rúa da Cruz** mit Lugos teuren *Restaurants Verruga* (die Warze) und *Alberto.* Am Ende der Gasse geht es rechts die *Rúa Conde* zurück zur *Plaza Mayor.* Gleich am Rande des Platzes verkauft ein Laden ausländische – aber keine deutsche – Presse. Geradeaus schweift der Blick zum neueren Stadttor *Puerta del Obispo Aguirre.*

Die Plaza Mayor ist ein Rechteck mit drei Namen: *Plaza España, Alameda* und *Cantones.* Die Lugenser haben hier ihr Wohnzimmer mit Straßenterrassen, einem barocken Rathaus, schattigen Bänken, Musikanten und Läden unter den Arkaden, einem *Kloster der Franziskanerinnen* und das Kunstzentrum *Círculo de las Artes.*

In der abzweigenden **Rúa Doutor Castro** (auch »Straße der Süßigkeiten«) stellt die Konditorei *Santos* neben Mais- und Mandelkuchen Schokoküsse als Froschmäuler aus. Wie an vielen Ecken der Stadt wird der Besucher unweigerlich an den Spruch erinnert: »Und zum Essen: Lugo«.

Aber die Stadt bietet auch Kunst: die Einkaufsgasse herunter, am Ende rechts bis zur *Caja de Madrid.* Dort links und die zweite wieder rechts gelangen wir durch die *Rúa de Soidade* auf den gleichnamigen Platz. Hier steht das Provinzmuseum.

Museo Provincial

Es präsentiert besonders galicische Kunstrichtungen (freier Eintritt bei Vorlage des Personalausweises). Der Bau ist teilweise in den ehemaligen **Convento San Francisco** integriert. Zum Konvent gehörte der *Kreuzgang* aus dem 15. Jahrhundert, die galicische *Küche* und der *Speisesaal.* Im romanisch nachgebauten Kreuzgang sind Kapitelle, Wappen, Statuen und Sonnenuhren ausgestellt. Weiterhin gibt es im Erdgeschoß religiöse Malerei, Wanderausstellungen und eine Bibliothek.

Im ersten Stock ist neben einer *archäologischen Abteilung* mit Funden aus der Region moderne galicische Kunst, *arte galego,* untergebracht: modernistische Gemälde von Arturo Souto (1901 – 1964), Gravuren nach Fischmotiven des Xulio Prieto Nespereira (1896), düstere, teils an El

Greco erinnernde Malerei des Xesús Corredoyra de Castro (Lugo 1887 – 1939), Statuen und auch älteste Keramik aus Sargadelos.

Museo Provincial de Lugo, Praza da Soidade s/n, ✆ 982-242112. Mo – Fr 10.30 – 14 und 16.30 – 20.30 Uhr geöffnet, Sa 10.30 – 14 und 16.30 – 20 Uhr, So 11 – 14 Uhr.

Vom Haupteingang des Museums in die **Iglesia San Francisco** sind es rund fünf Sekunden Fußweg. Ab 1230 bauten Franziskaner diese gotische Kirche. Auf hohen, schmalen Säulen mit einfachen Kapitellen ruht ein Holzdach, die Fenster in den drei Apsiden brechen das Licht farbig.

Schon in Sichtweite liegt die **Plaza de Santo Domingo.** Ihr Wahrzeichen ist eine simple Säule mit einem arroganten Adler drauf. Er soll verkünden, daß Lugo 2000 Jahre alt ist. Vor dem **Mercado Abastos** (*Markthalle,* geöffnet 8 – 20, Sa 8 – 14 Uhr) lädt man gerade Fleisch ab. Hier wird auch für die 22 Augustinernonnen eingekauft, die ihr Kloster niemals verlassen. »Sie haben sich für Gehorsam, Armut und Buße entschieden«, erklärt die greise Pförtnerin des Klosters. Sie wäre gerne selber Augustinerin geworden. Die Gesundheit hat es ihr verboten. Den schwarz-weiß gekleideten Nonnen ist der Chor der

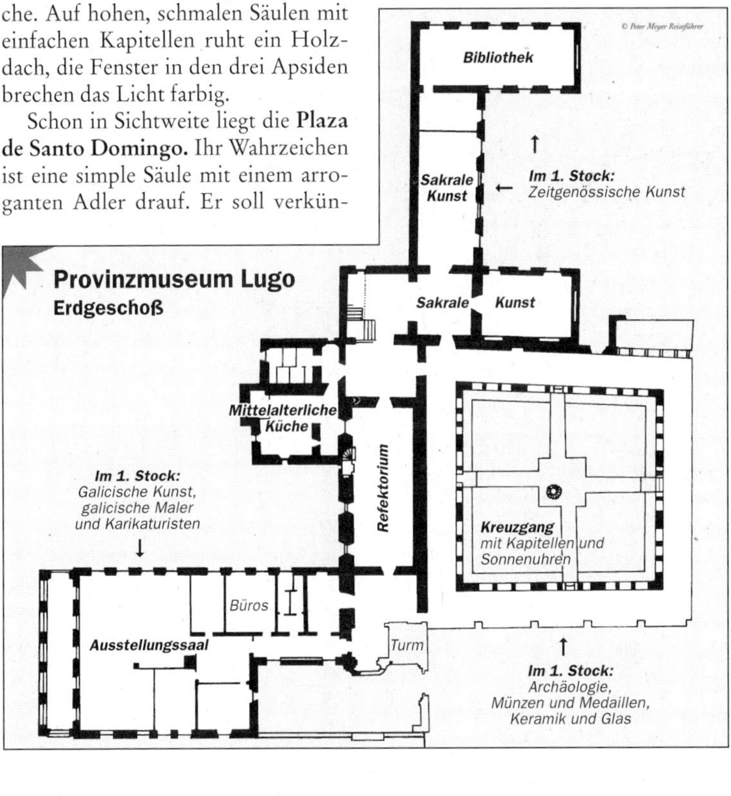

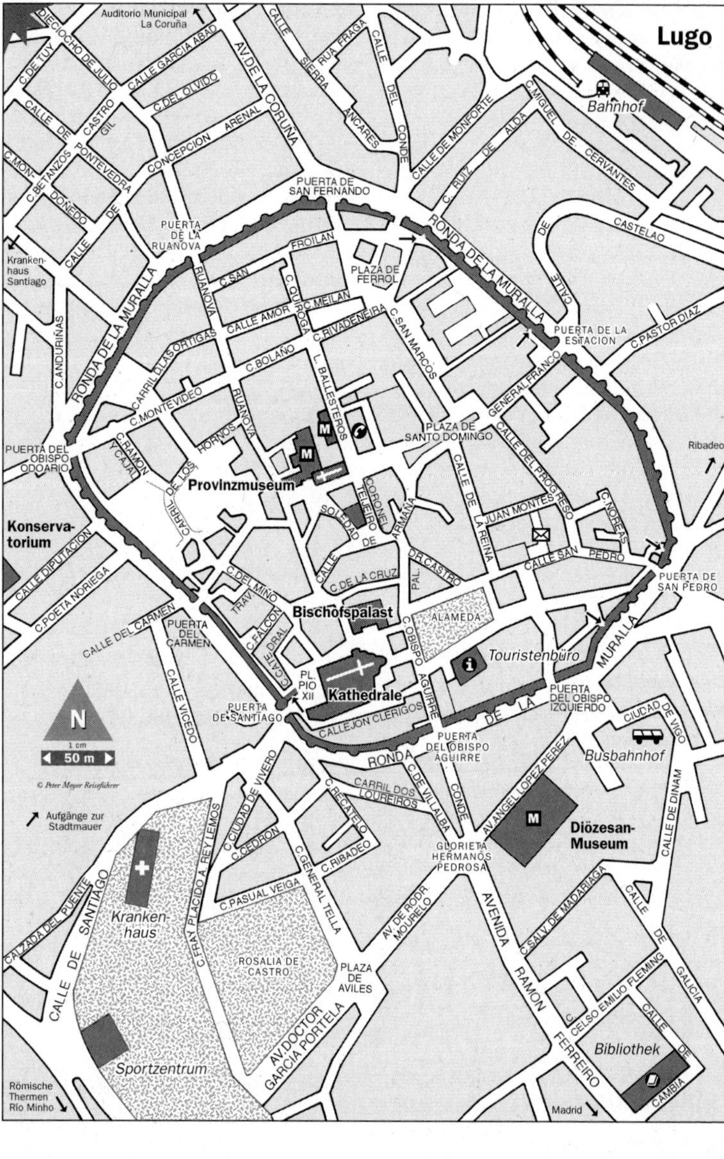
Lugo
Auditorio Municipal
La Coruña
Bahnhof
DIECIOCHO DE JULIO
C. DE TUY
CALLE GARCIA ABAD
AV. DE LA CORUÑA
CALLE SIERRA
RUA FRAGA
CALLE DEL CONDE
ANCARES
C. DEL OLVIDO
CALLE DE CASTRO GIL
CONCEPCION ARENAL
CALLE DE MONFORTE
C. MIGUEL DE CERVANTES
C. RUIZ DE ALDA
C. MON-DOÑEDO
C. BETANZOS
PONTEVEDRA
CALLE DE
PUERTA DE SAN FERNANDO
RONDA DE LA MURALLA
CASTELAO
CALLE DE
PUERTA DE LA RUANOVA
FROILAN
C. SAN
PLAZA DE FERROL
Kranken-haus Santiago
RUANOVA
C. QUIROGA
C. MEILAN
CALLE AMOR
C. RIVADENEIRA
C. SAN MARCOS
PUERTA DE LA ESTACION
C. PASTOR DIAZ
C. ANDURIÑAS
CARRIL D. LAS ORTIGAS
C. BOLAÑO
L. BALLESTEROS
GENERAL FRANCO
C. MONTEVIDEO
HORNOS
PLAZA DE SANTO DOMINGO
CALLE DEL PROGRESO
Ribadeo
PUERTA DEL OBISPO ODOARIO
C. RAMON Y CAJAL
CARRIL DE LOS
Provinzmuseum
CORONEL TEIJEIRO
SOLEDAD
ARMAÑA
CALLE DE LA REINA
JUAN MONTES
C. NOREAS
Konserva-torium
CALLE DIPUTACION
CALLE DE
C. DE LA CRUZ
DR. CASTRO
PAL.
CALLE SAN PEDRO
PUERTA DE SAN PEDRO
C. POETA NORIEGA
C. DEL MIÑO
TRAV.
Bischofspalast
ALAMEDA
CALLE DEL CARMEN
PUERTA DEL CARMEN
C. FALCON
C. CATEDRAL
C. OBISPO AGUIRRE
Touristenbüro
MURALLA
PL. PIO XII
Kathedrale
PUERTA DEL OBISPO IZQUIERDO
CALLE VICEDO
PUERTA DE SANTIAGO
CALLEJON CLERIGOS
DE LA
RONDA
PUERTA DEL OBISPO AGUIRRE
CIUDAD DE VIGO
Busbahnhof
N
1 cm
50 m
© Peter Meyer Reiseführer
C. CIUDAD DE VIVERO
C. RECATELO
CARRIL DOS LOUREIROS
C. DE VILLALBA
CONDE
AV. ANGEL LOPEZ PEREZ
Diözesan-Museum
CALLE DE DINAM
Aufgänge zur Stadtmauer
C. CEDRON
C. GENERAL TELLA
C. RIBADEO
GLORIETA HERMANOS PEDROSA
C. FRAY PLACIDO A. REY LEMOS
C. PASUAL VEIGA
AV. DE RODR. MOURELO
AVENIDA RAMON FERREIRO
C. SALV. DE MADARIAGA
CALLE DE GALICIA
CALZADA DEL PUENTE
CALLE DE SANTIAGO
Kranken-haus
ROSALIA DE CASTRO
PLAZA DE AVILES
C. CELSO EMILIO FLEMING
CALLE DE CAMBIA
AV. DOCTOR GARCIA PORTELA
Sportzentrum
Bibliothek
Römische Thermen Río Minho
Madrid

Iglesia Santo Domingo reserviert. Abends um 19.15 Uhr singen sie lateinische Kirchenlieder und manche schielen dabei neugierig auf die Besucher der gotischen Kirche.

An der Plaza (Hausnummer 4) ist die *Galerie Lugo* auf Keramik und Bücher spezialisiert. Die *Rúa do Xeneral Franco* geht bis zum römischen Mauerring. Kurz davor befindet sich das Kino *Gran Teatro* in der Nummer 11. Eine Treppe an der **Puerta de la Estación** führt auf den Mauerring. Nach rechts gelangen wir in knapp 15 Minuten zu unserem Ausgangspunkt, der **Puerta de Santiago,** zurück. Ein Weg zunächst mit Hinterhofambiente; später schmiegen sich alte, verfallene Häuser an die Mauer, bis schließlich der Blick auf die Kathedrale und die Plaza Mayor fällt.

Außerhalb der Mauer

Ein kleiner **Park,** benannt nach der Dichterin *Rosalía de Castro,* der zu Fuß fünf Minuten vom Santiago-Tor entfernt liegt, bietet Cafés, Spielplätze und eine weite Sicht auf die Umgebung hinter dem Miño-Fluß.

Zwischen Miño und Nationalstraße liegen 900 Meter vom Zentrum die **römischen Thermen** unter einem Hotel. Das 48 Grad heiße Heilwasser benutzen heute vor allem die Hotelgäste. Nahe der alten, oft restaurierten *Römerbrücke* sind die drei römischen Schiefergewölbe mit Umkleideraum und Rauchöfen auf Anfrage noch zu besichtigen.
Balneario de Lugo, ©982- 221228.

Verbindungen & Infos

Zug: *Estación de ferrocarril,* Plaza del Conde Fontao, © 982-222141.
Verbindungen nach Barcelona Mi, Fr und So 9.22 Uhr, nach Madrid täglich um 23 Uhr.
Coruña 8x täglich zwischen 6.15 und 19.47 Uhr; Monforte um 15.38 Uhr; Ourense Mo – Fr 12.45, Sa 9.45 Uhr.
Bus: *Estación de autobuses,* Plaza de la Constitución, © 982-223985.
Nach Santiago (105 km) Mo – Fr 7x täglich zwischen 7 und 19.30 Uhr. Sa 5x täglich Um 8 Uhr fährt jeden Tag ein Bus ohne Zwischenstop.
Coruña (95 km) 5 x täglich.
Fonsagrada 10.15 und 13.15 Uhr.
Mondoñedo täglich 9.15 und 17.45 Uhr; Monforte 4 x täglich.
Ourense (94 km) 3 x täglich.
Portomarín Mo – Fr 19.30 Uhr, So und Fei 11 Uhr.
Sarria 3 x täglich.
Vigo (184 km) mehrmals täglich zwischen 9 und 19. Uhr.
Viveiro über Villalba täglich um 9.30 Uhr.
Fernbusse nach Barcelona täglich um 9 und 15.30 Uhr. Über Frankreich in die Schweiz Do und Sa um 10 Uhr (Firma *Alsa*). Ticketschalter auch an der Plaza España 27, © 982-225503.
Taxi: Stände an der *Plaza Angel Fdez. Gómez* und *Plaza Santo Domingo,* © 982-225652 und -241900.

Unterkunft & Camping

★★★★★ *Gran Hotel,* Avda. Ramón Ferreiro 21, © 982-224152, Fax -241660, DZ 15.300 Pts. Sehr umfangreicher Service, mitten in der Ausgeh-Zone.

★★★★ *Hotel Méndez Nuñez,* Reina 1, ✆ 982-230711, Fax -229738, DZ 8500 Pts. Sechs Stockwerke hoch, mitten im Zentrum, ohne Restaurant, mit einem Salon, in dem galicische Nationalisten 1918 ihre Manifeste verfaßten.

★★ *Buenos Aires,* Commandante Manso 17, ✆ 982-225468, DZ 4200 Pts.

★★ *Mar de Plata,* Ronda Muralla 5, ✆ 982-228910, DZ 4800 mit Bad. Empfehlenswertes Hostal-Restaurant.

★ *511,* Ronda Muralla 36, 1. Stock, ✆ 982-227763, DZ mit Bad 3500 Pts, gleich am Mauerring, etwas laut, aber sauber.

★ *Alba,* Calvo Sotelo 31, ✆ 982-226056, DZ mit Waschbecken 2000 Pts, Bad extra. Durchgelegene Betten und ganz schön muffig, dafür zentral. Gleich an der römischen Stadtmauer Lugos.

Camping: *Beira-Río,* Saamasas 9, ✆ 982-211551, 3 km vor Lugo, für Autofahrer geeignet; 15 Fußminuten zur Innenstadt. 2 PAZ 1600 Pts.

Essen & Trinken

Alberto, Cruz 4, ✆ 982-228310. Wie ein kleiner Palast-Speisesaal, Schiefermauer, Leder-Holz-Sessel. Eine gute, teure Auswahl von Salaten über spanische Crêpes (*Filloas*) bis hin zum Hummer. Tagesmenü 3000 Pts, So geschlossen.

Verruga, Cruz 12, ✆ 982-229855, zu deutsch »die Warze«, eines der besten Restaurants und entsprechend teuer. Galicische Speisekarte von Meeresfrüchten über Fleisch bis zu den galicischen Eintöpfen. Das billigste Tagesmenü ab 3000 – 4000 Pts, Mo geschlossen.

Mesón O Muiño, eine Mühle aus dem 16. Jahrhundert am Río Miño, 2 km von Lugo auf der Carretera de Madrid, ✆ 982-230550.

Mancer, Recatelos 6, ✆ 982-228921. Außerhalb der Mauer nahe dem Jakobstor, gut besucht, einfach und preisgünstig. Menü um 600 Pts.

Troula, Rúa Obispo Basulto 2, ✆ 982-223504, Menü 1000 Pts, Di geschlossen. Phantasielos eingerichtet, dafür billige, ganz gute Küche.

Casa Rivas, Ronda Muralla 177, ✆ 982-221058. Einfache, billige Küche.

Casa María, Tolda de Castilla, ✆ 982-223528, empfehlenswert die Empanadas.

Unterhaltung, Feste & Nachtleben

Lugo hat kein eigenes Theater. Gastspiele gibt es im *Auditorio Municipal* an der Avda. de la Coruña s/n und gelegentlich im Kino *Gran Teatro.*

Kinos: *Paz* und *Victoria* liegen in der Calle García Abad. *Kursal,* Nicomedes 7. *Gran Teatro,* Franco, gleich an der Mauer. Zwei weitere Kinos sind in der Ronda de Castelao.

Im März Wallfahrt zu Ehren des *Heiligen Lázaro.*

In der Nacht vom 23. auf den 24. Juni *San Juan* und ebenfalls im Juni *Corpus Cristi.*

Im September *Milagrosa* und vom 4. bis 12.10 *San Froilán.*

Bars: Die typischen Weinstraßen liegen um die Rúa Nova, wo sich die Bars ab 20 Uhr füllen. Um die Plaza Mayor liegen Straßencafés und Terrassen. Am Wochenende ist die Calle Ramón Ferreiro westlich der Stadtmauer beliebter Treffpunkt vor allem der jungen Leute. Dorthin fährt vom Zentrum der Bus Nummer 7.

Nahe der Kathedrale liegen die *Bars Farmacia de Guardia, Débora* und *Anagrama,* später wechseln die Nachtschwärmer in die Zone um *Marina Española.*

Dos de Copas nahe der Plaza Santo Domingo, Carril do Soido s/n. Musiker-Treff mit Billard. Besitzer ist der Bassist Fito, der eine keltische Dudelsackband, »Brath«, und Lugos berühmteste Rockgruppe »Los Contentos« begleitet.

Clavicémbalo ist ein Pub vorrangig für Jazz mit Livemusik außerhalb der Mauer, Ancares 48, ab 21 Uhr, So geschlossen

Einkaufen

Kunsthandwerk: *Galería Lugo,* Plaza Santo Domingo 4, Keramik aus Sargadelos.

Kunsthandwerker haben Stände auf der Plaza Mayor (Plaza España, Alameda, Cantones).

Keramik und Geschenke aller Art hat die *Casa Cómoda,* Rúa Cruz.

Bücher gibt es in der *Librería Balmes,* Plaza Anxel Fernández.

Blumen: Fento, Clérigos 29 nahe dem Santiago-Stadttor.

Fahrradzubehör: Ronda Muralla 33. Kein Fahrradverleih.

Sport

Complejo Deportivo de Frijso, Avda. de Coruña s/n. In dem Sportkomplex stehen 4 *Tennisplätze* kostenlos zur Verfügung. Das beheizte *Schwimmbad* kostet für Erwachsene 300 Pts, für Kinder 150 Pts, und das städtische *Freibad* für Erwachsene 200 Pts, für Kinder 100 Pts (nur im Sommer geöffnet).

Palacio Municipal de Deportes, Carretera Santiago. In der großen Wettkampfhalle gibt es Einrichtungen für *Ballsport* von Basketball bis Handball.

Polideportivo de Palomar in der Nähe des Fußballplatzes. Unter anderem gibt es hier drei kostenlose *Tennisplätze.*

Nützliche Adressen

Auskunft: *Oficina de Turismo,* Plaza de España 27, © 982-231361.

Patronato Municipal de Deportes, Aptdo. Correos 639 (Enrique Rozas López), © 982-216512, Fax -216808.

Sprachkurs: Sommerkurse bietet am Stadtrand das *Colegio Universitario* an, © 982-223996.

Autovermietung: *Autos Goya,* Ruiz de Alda 3, © 982-231510.

Parkplatz am Ende der Gasse Anxel Fole nahe Puerta de la Estación, Mo – Fr 8 – 21 Uhr, Sa 8 – 14 Uhr, Stunde 50 Pts.

Post: *Correos,* San Pedro 5.

Telefon: Quiroga Ballesteros.

Geldwechsel: Zahlreiche Banken in der *Calle Reina.* Am Wochenende wechselt das *Gran Hotel Lugo* in der Avda. Ramón Ferreira 21.

REISEZIELE IN DER NÄHE

Santa Eulalia de Bóveda

An der Pfarrkirche *Santa Eulalia* ist 1926 eine erstaunliche Entdeckung gemacht worden: Unter ihr hatte sich offenbar seit Jahrhunderten ein *römischer Tempel* mit einem kleinen rechteckigen Bad (etwa 3 mal 4 Meter) und vier Granitsäulen befunden. Schnell wurde der gewölbte Raum über einer Quelle freigelegt. Die Innenwände sind farbig mit Vögeln, Girlanden, Blattwerk und geometrischen Ornamenten bemalt. Dieser Wandschmuck ist sehr gut erhalten, doch konnte er bislang weder endgültig als christlich noch als heidnisch interpretiert werden. Auch das 3. bis 4. Jahrhundert als Entstehungszeit ist ungewiß.

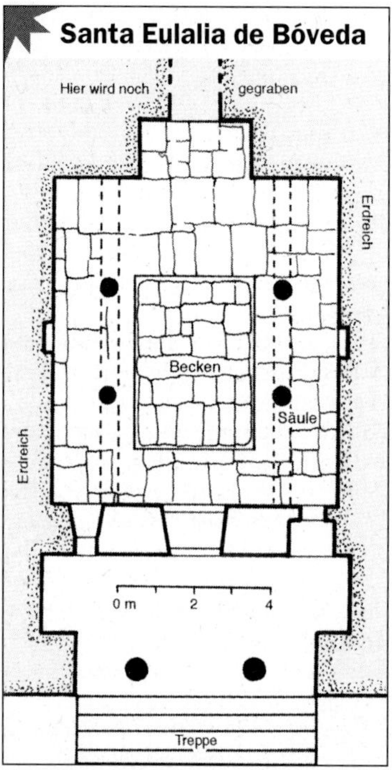

Verschiedene Fresken sind an den Außenwänden zu sehen. Neben anderen Figuren könnte jene rechterhand des Eingangs in 1,5 Meter Höhe eine Szene beim Arzt oder Schuster darstellen. Linkerhand des Eingangs gegenüber dem Fenster sieht das Fresko einem noch nicht fertig ausgeschlüpften Vogel ähnlich.

Es gibt die nicht unlogisch klingende Vermutung, wonach Santa Eulalia de Bóveda ursprünglich ein heidnisches Quellheiligtum war, das christianisiert in eine Krypta überging, die aber im 8. Jahrhundert verschüttete und vergessen ging.

Anfahrt: Von Lugo Richtung Santiago 5 km bis zur Abfahrt nach Friol. Nach 1 km Richtung Friol ist Santa Eulalia ausgeschildert. Zwischendurch gabelt sich die Straße ohne Hinweisschild; dort links halten. *Busse* fahren zwar Di und Fr um 18.30 Uhr hin, aber nicht mehr zurück.

Castro de Viladonga

Der Castro de Viladonga ist eines der Keltendörfer, die im Nordwesten der Halbinsel zwischen dem 6. Jahrhundert v. Chr. bis in die Zeit der römischen Besatzung bewohnt waren. Dieser Castro liegt wie viele strategisch auf einer Anhöhe, von Mauern und Gräben umgeben. Funde wie Münzen, Waffen und Broschen sind im 1983 gegründeten *Museum* ausgestellt (10.30 – 13.30 und 16 – 19 Uhr, 200 Pts). Dazu gehört eine Einführung in die Welt der Castros mit Photos, Text und Videos, leider nur auf Kastilisch und Galicisch.

Anfahrt: von Lugo die N 640 nach Nordosten Richtung Oviedo nehmen; nach 23 km links dem Schild folgen.

A Fonsagrada

Notiz aus der Tageszeitung »ABC« Mitte April 1992: »Mehr als Tausend Nachbarn aus A Fonsagrada nahmen gestern mit Spitzhacken, Schaufeln und Schubkarren am Beginn der Arbeiten an der Landstraße teil, die den Ort mit Lugo verbindet. Die Straße nennen sie ›die Erotischste‹, weil sie auf 62 Kilometern 360 Kurven hat«.

Die höchste Stadt Galiciens, deren Name von einem Brunnen mit einem Bild der Jungfrau – *fuente sagrada* – stammt, liegt 1000 Meter hoch zwischen Äckern, Forellenflüssen, Dolmen und den Wäldern am Rande zu Asturien. Ihre 7000 Bürger gelten als die rebellischsten aller Galicier. Auf die Landesregierung pfeifen sie, weil diese ihrer Stadt nie bei der Instandsetzung ihrer Straßen und Häuser half. Und den konservativen Bürgermeister Mario Arias bewarfen sie einen Monat nach der Straßenausbesserung wegen angeblicher Korruption mit Steinen und filmten das Geschehen, um die Familien der daraufhin Inhaftierten mit dem Verkauf der Videokassetten zu unterstützen.

Unterkunft: *Alameda,* Calle Rosalía de Castro 17, © 982-340203. DZ mit Bad 3500 Pts.

Naturschutzgebiet Los Ancares

»Es war einmal ein schönes Mädchen, das verschwand eines Tages aus ihrem Elternhaus. Nach langer Suche des Bruders und des Vaters wurde sie für tot erklärt. Die Zeit verstrich, als der Bruder wieder einmal auf die Jagd ging, eine weiße Hirschkuh erlegte und eine der vorderen Klauen als Trophäe mitnahm. Zu Hause angekommen lag im Beutel eine blutige Hand mit dem Ring der Schwester. Der Bruder rannte zum Berg zurück und fand die tote Schwester, die eine Hexe zur Hirschkuh verzaubert hatte.«

Hirsche – darauf weist die Legende hin – gibt es zahlreich in diesem zerklüfteten Naturschutzgebiet, das 42 km hinter Lugo in **Becerreá** an der N VI nach Madrid beginnt. Sein Symbol aber ist der Auerhahn, und von dem werden nur noch dreißig gezählt. Auch Wölfe leben hier, Rehe, Forellen, Wildschweine und ganz im Osten vereinzelt sogar Bären. Aber kaum Menschen.

Los Ancares sind ein Gebiet zwischen 1000 und 1900 Metern Höhe, abgeschieden und wenig erschlossen, und daran wird sich auch nicht viel ändern. Es ist ein idealer Ort für Wanderer und Bergsteiger, die die Einsamkeit suchen – aber am besten selbst mobil sind; Busverbindungen sind selten. Seine Berge liegen am Rande der nach Galicien hin auslaufenden Kantabrischen Gebirgskette zwischen Lugo und León. Auf der tonhaltigen Erde der 2060 Hektar großen Sierra wachsen Eichen, Kastanienbäume, Birken und Haselnußsträucher, aber auch Farnkraut, Stechpalme und Pfriemkraut *(piorno),* wonach der Ort **Piornedo,** ein kunsthistorisches Denkmal, benannt ist. Besonders dort begegnen die – hier allerdings zahlreichen – Besucher dem zweiten Symbol des Parks, den *pallozas.*

Pallozas sind in Nordspanien einzigartige, prähistorische, ovale Wohnbauten keltischen Ursprungs. Auf einer niedrigen Steinmauer erhebt sich ein hohes Gerüst aus Holzstreben, das mit Roggenstroh bedeckt ist. Einst Wohnhäuser, werden sie heute fast nur noch zur Viehhaltung genutzt. Einige der Pallozas sind *Unterkünfte* für Naturliebhaber und Bergsteiger. Hier in Piornedo leben sechzehn Familien vom Eigenanbau, von Viehzucht und den Touristen in 1200 Metern Höhe.

▶ Nordöstlich von Becerreá liegt **Pontes de Gatín,** ein mittelalterliches Dorf mit einer römischen *Brücke* auf einem Spitzbogen, die der Legende nach der Teufel gebaut haben soll. Man erreicht sie von Becerreá aus dem Schild *Os Ancares/Navia* auf der LU 722 folgend. Nach 8 km geht es rechts ab auf die LU 723 am Río Cervantes entlang Richtung (Mazo de) Doiras. Hinter der ersten Brücke taucht das »Teufelswerk« auf der rechten Seite auf. Warum der Teufel Pontes de Gatín gebaut haben soll, weiß allerdings keiner so genau.

Auf der LU 723 weiter erscheint nach 22 km **Doiras** auf einer steinigen Anhöhe. Hier serviert die *Dorfgaststätte* gebratene Forellen. Eine *Unterkunft* gibt es auch. Das *Schloß* von Doiras, bis heute Privatbesitz, thront klotzig über dem Dorf, umgeben von acht Meter hohen Mauern.

Vier Kilometer hinter Doiras am Schild *Vilarello* geht links eine Straße nach **Vilarello e Eireixa** ab. Hier soll das Geschlecht des Miguel Cervantes Saavedra gelebt haben, und tatsächlich taucht der Name Saavedra schon vor der Geburt des Autors im Taufregister auf. Ein anderer Beweis wird aus einem Kapitel im »Don Quijote« herangezogen. Dort steht der Satz eines Gefangenen, den einige mit dem damals wegen Betrugs eingebuchteten Autor Cervantes identifizierten: »In einem Ort in den Bergen von León hatte mein Geschlecht seinen Ursprung«.

Das ehemalige, längliche Haus der Cervantes liegt gleich am Ortseingang am Ende der ersten Abzweigung links. Die freundliche Familie González hat es gepachtet. Das Dach des steinalten Baus hält nicht mehr lange ... Im Hinterhof steht ein für die Sierra typischer, runder *Palloza-Speicher* mit Strohdach auf hölzernen Stelzen, der sich in Form und Baumaterial von seinen rechteckigen Hórreo-Kollegen (Maisspeicher) unterscheidet.

▶ Zurück in *Doiras,* zweigt nach Nordosten eine 22 km lange Gebirgsstraße nach *Piornedo* ab. Auf dem Weg liegt **Degrada,** noch 15 km von Piornedo entfernt. Es ist Treff- und Ausgangspunkt für Kletterer, denn in der Umgebung liegen von Norden nach Süden die Berge *Peñarrubia* (1821 m), *Tres Obispos* (1792 m), *Lan-*

za (1876 m) und weiter entfernt *Mustallar* (1924 m) und *Cuiña* (1987 m).

Campa de Barreiro liegt nahe Degrada (2,5 km) in Richtung Piornedo.

Am dritten Sonntag im Juli versammeln sich die Bewohner der Umgebung zum *Bergfest Ancares.* Campas Legende sprudelt aus dem Brunnen der Verliebten, *Fonte dos Namorados.* Also: wer sich verlieben will, dreimal kurz hintereinander das Quellwasser schlucken.

Das angebliche Anwesen der Cervantes

Bergtouren gehen vom Refugio des *Clubs Ancares* aus. Dort und in zwei weiteren Hostals kann man essen und schlafen (siehe »Unterkunft«).

Zwei empfehlenswerte, leichtere Wandertouren gehen ebenfalls von der Herberge Os Ancares aus. Die eine führt über einen Waldweg zum *Monte Tres Obispos* (Drei Bischöfe) und dauert rund fünf Stunden hin und zurück. Die andere Tour dauert bloß eine Stunde hin und zurück und geht entlang der Straße nach Piornedo zum 2,5 km entfernten Brunnen der Verliebten.

Lesertip von Sven Klimpe und Simone Bamberg: An der ersten Weggabelung kann man den unteren Weg bis zu einer Schutzhütte *(refugio)* nehmen und von dort etwa 300 Meter quer durch das Gelände in Richtung des Tres Obispos laufen. Auf dem Kamm vor dem Gipfel trifft man auf den offiziellen Wanderweg zum Tres Obispos. Rechts geht es zum Gipfel, links gelangt man auf den Weg zurück zum Club Ancares. Diese Variante dauert etwa 7 Stunden. Immer nur mit Karte laufen!

Informationen für Bergsteiger: Club Ancares, Dr. Castro 18, Lugo, © 982-360159.

Verbindungen

Bus: Von Lugo nach Becerreá wochentags um 9 und 15.30 Uhr, nach Navia Mo – Fr um 12.30 und 18.15 Uhr, Sa und So 10.30 Uhr. Der Bus nach Navia um 18.15 Uhr hält in Liber. Von dort wochentags um 19.30 Uhr Anschluß nach Doiras.

Von Doiras nach Lugo, Haltestelle *Mesón O Lar,* wochentags um 7.15

Uhr. Piornedo bis Becerreá um 7 Uhr. Degrada bis Becerreá um 7.30 Uhr. Von Becerreá nach Lugo, Haltestelle Carlos III 30, *Bar Villamane*, täglich 10.25 und 21.35 Uhr.

Unterkunft

Piornedo: *Hostal Piornedo,* San Román de Cervantes, © 982-368319. DZ mit Bad 5000 Pts.

Cantina Mustallar, Cervantes, © 982-151717, DZ ab 3500 Pts. Schöne Zimmer in einem Landhaus.

Casa Casoa, Cervantes, © 982-151643. DZ 4000 Pts. Gehört wie das Mustallar zum Turismo rural.

Doiras: *Mesón O Lar,* Puente de Doiras s/n, © 982-368275 oder -368295. Sieben Zimmer mit Bad im Flur.

Degrada: *Club Ancares,* Falda de Fieiró, © 982-368314. DZ ohne Bad 1600, Vierbettzimmer mit Bad 4000 Pts, im Keller ein naßkalter Schlafsaal, wo man auf eng beieinanderliegenden Hochbetten im Schlafsack für 300 Pts eine Erkältung bekommt. Großer Speiseraum, Restaurant. Auf der Wiese neben dem Club kann man kostenlos zelten. Nur ankündigen sollte man sich vorher.

Mesón O Novo, ohne Telefon. DZ ohne Bad 2000 Pts.

Mesón Campa da Braña, kein ©, DZ ohne Bad 2000 Pts.

Glänzende Augen bekommt er bei einem der Feste von Monforte

MONFORTE DE LEMOS

Der erste Eindruck von Monforte: die Anhöhe *San Vicente* mit ihrem viereckigen Turm aus dem 16. Jahrhundert, dem Benediktinerkloster, einem ruinösen Palast der Grafen von Lemos und Resten einer Burgmauer. Darunter die Altstadt mit ihrer Brücke über den *Río Cabe,* einem Konvent mit dem Aussehen des Escorials und etwas weiter der scheußlichen Atmosphäre des Bahnhofsviertels. Besonders dank dieses Bahnhofs ist Monforte allerdings nach Ourense und Lugo die wirtschaftlich drittwichtigste Stadt Ostgaliciens.

Sie ist ein Verkehrsknotenpunkt, aber auch eine Stadt, in der es sich gut leben läßt. Das beweist der Rummel am Wochenende in der *Calle Duquesa de Alba* genauso wie die Straßencafés in der *Rúa del Cardenal* und die vielen Feste.

Etwas weit entfernt vom Jakobsweg ist Monforte wahrlich kein Touristenort. Zu bieten hat die 20.000 Einwohner große Stadt aber eine Menge. Der Name Monforte kommt von den einflußreichen Condes de Castro y Monforte, die als Grafen von Lemos bis in das 18. Jahrhundert ihre Feudalherrschaft ausübten. Lemos dagegen soll vom keltischen *Lemavos* stammen, was so viel heißt wie »fruchtbarer und feuchter Boden«. Und fruchtbar ist das Lemos-Tal geblieben.

Vorbei sind dagegen die Zeiten, als sich Benediktiner und Grafen um die Macht stritten und im 15. Jahrhundert der Bauernaufstand der Irmandiños blutig niedergeschlagen wurde. Zweihundert Jahre später lebte hier der Graf Pedro Fernández de Castro, den die Bewohner bis heute für die wichtigste Persönlichkeit der Stadt halten. Als siebter der Lemos war er eine politisch feste Größe am Madrider Hof, Mäzen der Dichter und Schriftsteller Miguel Cervantes, Lope de Vega und Francisco Quevedo und schließlich Stifter zahlreicher Gebäude in Monforte selbst, darunter die Klöster *Santa Clara* und *San Vicente*.

Stadtrundgang

Das **Convento San Vicente** bietet sich als Ausgangspunkt an. Wahrzeichen der steilen Anhöhe ist der **Turm** aus dem 16. Jahrhundert mit dem Wappen der Grafen am Eingangsportal. Den Schlüssel verwahrt die Pächterin des halb verfallenen ehemaligen Palastes (im 18. Jahrhundert an der Stelle des zerstörten neu gebaut). In den vier Stockwerken des Turms gibt es außer einer Fotoausstellung Waffen und alte Möbel zu bestaunen. Aus 30 m Höhe blickt man auf den Benediktinerkonvent und die ganze Stadt.

Die Fassade des Klosters aus dem 18. Jahrhundert ist klassizistisch, über dem Balkon sieht man die Statue des Heiligen Benedikt. Heute leben hier noch fünf Mönche. Sie zeigen den Besuchern (Klingel am Hauptportal benutzen, Besuchszeiten 11 – 12 Uhr und 18 – 19 Uhr) den *Kreuzgang* und die um 1539 gebaute *Kirche* mit der Renaissance-Fassade.

An der Anlage liegt auch das mehrstöckige *Restaurant La Fortaleza* mit Terrassen, einer der Treffpunkte der Anwohner besonders am Wochenende. Unterhalb dieser Anlage lohnt sich ein Streifzug durch die Gassen am Río Cabe mit ihren kleinen Kaufläden, den Bars und Cafés. Die alte *Brücke* römischen Ursprungs führt über den Fluß zum **Convento Santa Clara** (oder *de las Clarisas*) mit über 200 religiösen Kunstobjekten (geöffnet 13 – 14 und 16 – 18 Uhr).

Richtung Stadtausgang liegt das **Stift Nuestra Señora de la Antigua.** Der Kardinal Don Rodrigo de Castro hatte um 1590 die Idee, in Monforte ein Gebäude ähnlich dem des Escorial zu errichten. Wie das Monasterium in Oseira bei Ourense wird das Stift daher *Escorial Galego* genannt. Im steifen, strengen Juan de Herrera-Stil hat es der Jesuit Juan de Tolosa gebaut. Hinter der 110 Meter langen Fassade sind vor allem das Holzretabel des Franzosen de Moure und im Konviktsraum zwei frühe Bilder El Grecos (1541 – 1614) sehenswert, *San Lorenzo* und *San Francisco.*

Verbindungen

Zug: © 982-402096.

A Coruña zwischen 6.25 und 20.05 Uhr 6x täglich.

Lugo zwischen 6.20 und 17.40 Uhr 5x täglich sowie 20 Uhr (Di, Do, Sa).

Ourense zwischen 10.56 und 19.04 Uhr 7x täglich.

Vigo zwischen 6.20 und 20.15 Uhr 5x täglich.

Santiago täglich 17.30 Uhr.

Barcelona: 10.30, 20.25, 20.58 Uhr,

Madrid: 0.25 Uhr.

Bus: San Pedro s/n, © 982-404950. Fernverbindungen nach Madrid, Vigo, Pontevedra, Bilbao.

Lugo 7.15 (Mo – Fr), 8.45 (Mo – Sa), 9.45, 11 (Mo – Fr), 12.15, 14.15 (Mo – Fr), 16.45, 18.35, 20 (außer Sa).

Ourense 7.30, 16.30 Uhr.

Santiago 7.45, 9.45 (Mo – Fr), 17.30 (nur So und Fei), 19.45 (nur So und Fei), 20.55 (*Intercar*)

Unterkunft

★ *Castillo,* Huertas 36, © 982-402150, DZ 4400 Pts.

★ *Puente Romano,* Pl. Dr Goyanes 6, © 982-411168, DZ 3500 Pts. Zentral gelegen an der im 16. Jahrhundert restaurierten Römerbrücke.

★ *Río,* R. Baamonde 30, © 982-401850, DZ 3200 Pts mit Bad. Zentral und empfehlenswert.

Restaurants

Gastronomische Spezialitäten der Monfortes sind Fleisch, Forellen, Empanadas und Eintöpfe.

La Fortaleza, Campo de la Virgen s/n, © 982-400604. Täglich geöffnetes Restaurant mit den Spezialitäten der Region.

Alba, Rúa do Cardenal. Preiswert.

O Bon Gusto, Rúa de Tecelanes. Italienische Küche.

Río, R. Baamonde, © 982-401850. Tagesmenü 900 Pts.

Unterhaltung & Nachtleben

Kino: *Teatro Lemos,* Roberto Baamonde Ecke Avda. de Galicia

Am 13. Juni *San Antonio* im gleichnamigen Viertel.

12. bis 17. August beliebtes Fest zu Ehren von Monfortes Patronin *Nuestra Señora de Montserrat* mit Feuerwerk, Markt und Kulturprogramm.

21. September *Romería San Mateo,* das populärste, wüsteste Fest (am Fluß).

Bars & Discos: Die Weinzone und Terrassen-Cafés liegen in den Straßen Cardenal und Rúa das Hortas. Pubs und Discotheken, wo am Wochenende die Hölle los ist, in der Straße Duquesa de Alba.

Nützliche Adressen

Oficina de Turismo, As Casitas s/n nahe Nuestra Señora la Antigua, Mo – Sa 10 – 14 und 17 – 21 Uhr, So 11 – 14 und 17 – 18 Uhr. Sehr informativ.

Einkaufen: Markt ist jeden Monat am 6., 16., 24. und 30.

Sport: Schwimmbad und Tennisplätze im *Club Fluvial,* Caneiro, © 982-404202.

NATURSCHUTZGEBIET SIERRA O COUREL

Die sich am westlichsten Zipfel der *Kantabrischen Kordilleren* nach Südosten bis an das Tal des *Río Sil* ausdehnende *Sierra O Courel* ist nur wenig bekannt. Im Vergleich zu ihr sind *Los Ancares,* deren entlegene Dörfer schon als weltvergessen gelten können, ein touristischer Rummelplatz. Entsprechend dürfig sind die gastlichen Angebote. An dem Courel ging die Zeit wohl schon immer vorbei – im Bürgerkrieg vergaßen sogar die Greifer Francos, hier Rekruten einzusammeln. Man vermutete offenbar kaum noch Menschen hier, nachdem die meisten der Bewohner mit der großen Emigrationswelle um 1900 ihre Heimat verlassen hatten. Die einzige Industrie ist der Schieferabbau.

Schwer zugänglich, bis heute nur von zwei schmalen und streckenweise ungesicherten Landstraßen durchzogen, birgt das Gebiet jedoch einen landschaftlichen Reiz, der seinesgleichen sucht. Die fast menschenleere Gegend ist von atemberaubender Schönheit, mit enormen Höhenunterschieden zwischen sich hoch auftürmenden Bergen wie dem *Formigueiros* (1643 m), der *Pia Paxaro* (1607 m) oder dem *Monte Mourelo* (1530 m) und dem tief eingeschnittenen Lauf des *Río Lor.* Das steile, oft vertikale Gefälle läßt das Sonnenlicht erst mit Stunden Verspätung in viele der Schluchten dringen. Die 36 km lange Straße von *Quiroga* nach *Seoane* schraubt und windet sich in kürzesten Abständen durch Höhen und Tiefen, durch strenges Gebirge hinab in saftig

Kettenhund, der einen der wenigen noch bewirtschafteten Höfe der Sierra O Courel hütet

grüne Flußgründe. Immer wieder Panoramablicke auf üppige baumbestandene Hügel mit winzigen Getreidefeldern, umringt von dunklen felsigen Bergen, an glänzenden Schieferdächern erkennbare winzige Dörfer, die wie hineingewürfelt in die uralten Kastanienhaine wirken und oft nicht einmal einen Telefonanschluß besitzen. Viele der Ortschaften sind verlassen, wie die Ruinen der runden *Pallozas,* die einsam an den Berghängen stehen (siehe auch »Los Ancares«, Seite 375).

Die enormen Höhenunterschiede – in *Vilarbacú* gibt es sogar Gletscherformen – bescheren dem Courel auf engstem Raum sehr unterschiedliche

Einer der letzten Bauern in der einsamen Sierra O Courel

Klimabedingungen und verschiedene Vegetationszonen. Herrschen in den Höhenzügen noch das gelbe Pfriemkraut und vereinzelt kleinwüchsige Kiefern vor, wachsen unterhalb von 1400 Metern die ausgedehntesten Buchenwälder Galiciens, vor allem in den **Naturschutzgebieten** *A Rogueira* und *Fontefermosa.*

Insgesamt sind 21.000 Hektar des Courel unter Naturschutz gestellt. Bis auf 1000 Meter Höhe wachsen Haselsträucher, Birken, Eiben, Eichen, die typischen Kastanienbäume und vor allem Stechpalmen. Auf den kalkhaltigen Böden der Sonnenhänge um 450 Meter Höhe fallen die Steineichen auf, an wechselhaften Stellen mischen sich Ginster, Erdbeerbäume und Heidekraut. Die Ufer der Flüsse *Lor, Soldón, Selmo, Lóuzara* und ihrer zahllosen Zuflüsse werden von Erlengehölzen, Kastanien und auch Pappeln bevorzugt.

Ebenso vielfältig ist das Tiervorkommen des Courel. Hier sagen sich nicht nur Fuchs und Hase gute Nacht, sondern auch Wölfe, Wildschweine, Dachse, Marder, Hermeline, Wildkatzen, Rehböcke, Rebhühner und Königsadler. Den vielen Forellen und Aalen leisten Fischotter Gesellschaft.

Von dem *Keltencastro bei Vilar,* das auf einem vom *Alto do Boi* gut sichtbaren Felsen lag, sind nur wenige Mauerreste erhalten.

Der einzigartige **Naturpark A Rogueira** mit einer reichen Flora zwischen 700 und 1300 Höhenmetern kann vom Dorf *Moreda* aus erwandert werden. Dorthin führt eine Straße Richtung Parada, kurz vor Seoane.

Verbindungen & Unterkunft

Bus: von Monforte nach Quiroga mit *Empresa Courel,* © 982-428211.

Von Quiroga aus fährt Mo – Fr ein Bus um 18 Uhr über Folgoso nach Seoane.

Von Seoane aus über Folgoso kommt man Mo – Fr um 8.30 Uhr zurück.

Hostal Mirador, Rua Nova 2, Folgoso, © 982-433064, ab 4000 Pts, 6 Zimmer.

NÖRDLICHE PROVINZ LUGO

Zum Schluß unserer Galicien-Rundfahrt geht es von Lugo Richtung Küste erst ins 34 km nördlich liegende Villalba und nach Mondoñedo, das eine sehenswerte Kathedrale mit beeindruckenden Fresken und einem originellen Pfarrer besitzt. Den Abschluß unseres Buches wird die Unterwelt von »König Cintolo« bilden.

Villalba

Die Hauptstadt der fruchtbaren *Terra Chá* (Ebene Erde) hat außer dem achteckigen *Turm* der mächtigen Herren von Andrade nicht viel zu bieten. Im Turm des ehemaligen Schlosses ist der sehr schöne und kleinste Parador Galiciens untergebracht.

Ebenfalls klein und sehenswert ist noch das *Archäologische Museum* mit prähistorischen Funden aus der Umgebung Villalbas (10 – 13 und 16 – 20 Uhr, So 11 – 13 Uhr, Mo geschlossen).

Nur im Dezember verwandelt sich Villalba in einen Rummelplatz, wenn die galicischen Händler auf dem berühmten *Kapaun-Markt* ihre kastrierten Hähne anbieten.

Jeden 13. August feiert man das Stadtfest *San Ramones.*

Verbindungen

Bus: Haltestelle an der Avda. General Franco.

Lugo Mo – Sa 10x zwischen 7.45 und 18.45 Uhr, So 9, 9.30, 15.45 und 18.45 Uhr.

Mondoñedo zwischen 10 und 20.45 Uhr 7 x täglich.

Unterkunft & Camping

Parador de Villalba, © 982-510011, DZ ab 13.500 Pts. Acht Zimmer.

Hostal Anduriña, General Franco 5, © 982-510203. DZ 3500 Pts, ohne Bad 2500 Pts. Über einem verführerischen Delikatessenladen mit Bar.

Turismo rural: *Casa Comerciante,* 27325 Folgoso do Courel, © 982-155618, kleines uriges Steinhaus, DZ 6000 Pts.

Casa Valín, Nogaredo 5, 27324 Seoane do Courel, © 982-155388. Ein einziges, aber hübsches Apartment zum Preis von 6500 Pts.

Camping: *O'Courel,* Espetlante s/n, © 982-433101, geöffnet vom 15.6.-15.9., 2 PAZ 1500 pts.

Mondoñedo

... ist neben dem Stadtkern Lugos das mittelalterliche Juwel der Provinz. Selbst die rauchenden Fabrikschlote am Stadtrand können ihren Reiz kaum schmälern. Die *Kathedrale Asunción* wurde mit den umliegenden Häuschen zum kunsthistorischen Denkmal deklariert. Weißgetünchte Wände der wappengeschmückten Bauten geben der Stadt ein fast südländisches Flair. Hinter Glasveranden und in den kleinen Gassen mit Kaufläden und Konditoreien leben kaum 1500 Bewohner, darunter allein 16 Pfarrer. Denn Mondoñedo ist seit 1112 Bischofssitz.

Gegen Ende des Mittelalters war Mondoñedo Schauplatz einer dramatischen Auseinandersetzung zwischen den Katholischen Königen und dem Marschall Pardo de Cela. Von dem *Castillo Val d'Ouro* aus versuchte Cela, Mondoñedo gegen die Inbesitznahme des Königspaares zu verteidigen. Dafür wurden er und sein Sohn auf dem Hauptplatz geköpft. – Heute ist der Marschall neben Bettlern und Hexen während des mittelalterlichen Festes zu sehen, das die Bewohner seit 1992 Mitte Juli veranstalten. An diesem Tag werden auf dem Markt (sonst am Do und So) typische Produkte vom Honig über Keramik bis zu Stoffen angeboten. Es gibt Konzerte und abends ein mittelalterliches Gelage mit Spezialitäten wie dem quittensüßen »Kuchen von Mondoñedo«.

Ein längerer Besuch lohnt sich sicher. Der hier geborene Schriftsteller Alvaro Cunqueiro blickt als Denkmal auf eine Kathedrale mit einem sehr ungewöhnlich gestalteten *Museum für heilige Kunst.* Ein paar Meter weiter plätschert ein nach dem Schriftsteller benannter alter Brunnen aus dem 16. Jh. Im Ortsteil *Los Molinos* sind einige Wassermühlen noch immer in Betrieb, und man kann einem Töpfer bei der Arbeit zusehen. Ganz in der Nähe, an der Brücke *Pasatiempos,* gehen die Bewohner oft abends spazieren. Und schließlich gibt es eine Tropfsteinhöhle, deren Besuch ein wahres Abenteuer ist.

Die Kathedrale

In verschiedenen Stilen leuchtet die Fassade der Kathedrale im Abendlicht. Das Portal ist romanisch, das Mauerwerk mit der Fensterrose gotisch und der Oberbau barock. Grund dafür ist ein Brand während des 15. Jahrhunderts, der die Bischofskirche fast völlig zerstörte. Rund hundert Jahre später, um 1535, stahlen englische Katholiken die *Nuestra Señora la Inglesa* aus London. Heute ist sie im Chorumgang zu sehen.

Die *Orgel* der Kathedrale, deren Pfeifen wie in vielen spanischen Kathedralen vertikal und horizontal sind, ist oberhalb zweier gotischer Bilderserien aus dem 14. Jahrhundert angebracht. Mal drastisch-grausam, mal sehr frei interpretieren die Gemälde – vom Hauptportal aus gesehen – links Szenen aus dem Leben des ersten Papstes Petrus und rechts den von Herodes angeordneten Mord an den Kindern von Bethlehem. Am rechten Rand des Chorumgangs befindet sich der Eingang zum Museum der heiligen Kunst.

Museum der Kathedrale (geöffnet 12.30 – 13.30 Uhr und 15 – 17 Uhr, Eintritt 300 Pts, Führungen auf spanisch oder französisch): Der Pfarrer Santos San Cristóbal Sebastián ist stadtbekannt. Als Maler, als Autor und als Direktor des wichtigsten Museums für sakrale Kunst in Galicien. 1968 hat der Geistliche die Räume selbst gestaltet und in den Jahren bis heute mit unzähligen Objekten angereichert – und in rötlichem Plüsch arrangiert: Pergamentnoten für gregorianische Gesänge aus dem 13. Jahrhundert, das vollständige Schlafgemach eines Bischofs, Gemälde aus den Schulen El Grecos und Zurbaráns, liturgische Schuhe, ein Normannenväschen aus dem 9. Jahrhundert und Alabasterreliefs. Neben einer romanischen Jungfrau steht eine Miniaturnähmaschine von 1850. Zwischen der heidnischen Skulptur aus einem versunkenen Normannenboot und Skulpturen der Apostel taucht plötzlich eine alte Schwarzwalduhr auf. Don Santos eigene Gemälde aus den 60ern hängen über einem chinesischen Tisch, eine alte Klapper als Glockenersatz hat er selbst restauriert, und vor einem Notenblatt fängt Santos plötzlich zu singen an.

Auf mehrere Räume verteilt ist das Museum Teil der Kathedrale, und auch darin liegt, abgesehen von der persönlichen Note in Don Santos Kabinett, sein Reiz. Die Führung geht am Kreuzgang vorbei durch knarrende Türen und über schmale Treppen. Und plötzlich steht man auf einem Balkon direkt vor der farbigen Rosette aus dem 16. Jahrhundert mit Blick von oben auf das Kathedraleninnere! Wo sonst kann man eine Fensterrose aus so unmittelbarer Nähe sehen?

Tropfsteinhöhle Rei Cintolo

Eigentlich führt José María López Pereiras nur Gruppen ab zehn Personen durch die Höhle »König Cintolo«. Aber hin und wieder hat der Kettenraucher aus dem Tourismusbüro gute Laune. Dann kann es schnell gehen: feste Schuhe mit Profil, Gürtel, Plastiktüte für die Kamera, alte Hose und T-Shirt, falls vorhanden Regenjacke müssen dann schnell zur Hand sein. José María organisiert den Schlüssel, Helme, Metallbehälter, Karbidsteine und Wein.

Fünf Kilometer sind es zur Höhle. Am Eingang werden die Metallbehälter mit dem stinkenden Karbid und etwas Gras als Filter an die Gürtel gehängt und mit Wasser gefüllt. Dadurch entwickelt sich Gas, das durch einen Schlauch am vorderen Helmrand ausströmt und angezündet wird. In der Höhle ist es glitschig, was später am Ausgang noch farblich zu erkennen sein wird. An manchen Stellen robbt man auf dem Bauch durch kapriziöse Gebilde: Jahrtausendealte Kalkzapfen von der Decke, *Stalaktiten*, und vom Boden, *Stalagmiten*.

José María erklärt, die Temperatur in der Höhle betrage im Schnitt 14 Grad bei einer Luftfeuchtigkeit von 95 Prozent. Mit neun Jahren ist er das erste Mal mit einer Kerze heruntergeklettert und irrte einmal über 12 Stunden herum, bis man ihn rausholte. Inzwischen kennt er jeden Weg der riesigen Tropfsteingruft.

Eine Führung mit Señor López, der Lohn und Dauer nach Anzahl der Personen und verschiedenen anderen Faktoren »je nachdem« bestimmt, dauert meistens rund zwei Stunden. Dabei geht es fast immer an der »Orgel« vorbei, deren Pfeifen beim Klopfen in allen möglichen Tönen erschallen.

Verbindungen

Bus: Haltestellen an der Plaza España und vor dem Hotel Montero.

Lugo täglich um 8.30 und 18.20 Uhr.

Ribadeo täglich 11.15 und 16.30.

Viveiro täglich 10.40 und 19 Uhr.

Unterkunft

★★ *Hostal Montero 1,* Avda. Eladio Lorenzo 7, © 982-521751, DZ 5400 Pts mit Bad. Montero 2, gegenüber der Kathedrale, Candido Martínez 8, © 982-521041, DZ 6000 Pts mit Bad, mit Hochzeits-Suite!

Hotel Mirador, Nationalstraße 634 s/n, © 982-507300, Fax -507472, DZ 6500 Pts. Mit der schönsten Aussicht auf Mondoñedo, Bad im Zimmer, Schwimmbad im Garten, Restaurant, sehr empfehlenswert.

Privatunterkunft: Nelida Fernández Seivane, Marqués de Rodil 12, © 982-521735, DZ 2000 Pts mit Bad im Flur. Sehr sauber.

Restaurants

Mesón Os Arcos, General Franco 6, © 982-507012. Im Hinterzimmer fünf Tische. Menü 800 Pts. Empfehlenswert. Sonntag abends geschlossen.

Montero 1, Avda. Eladio Lorenzo 7, © 982-521751 gegenüber der Repsol-Tankstelle, gilt als das beste Restaurant der Stadt. Spezialität Meeresfrüchte. Tagesmenü 1200 Pts.

Gute Tapas in *A Tasca,* Plazuela de San Juan 3.

Café: *La Alianza,* José Antonio 28. Hier kaufen die Einheimischen Torten und Stückchen in rauhen Mengen.

Nützliche Adressen

Tourismusbüro, Plaza de España 7, © 982-507177, außer So und Mo 11 – 13.30 Uhr und 16.30 – 20 Uhr.

Unterhaltung: Billard, Disco, Tischtennis und Bar in einem: *La Sala,* General Franco 14.

Baden: An einem Gebirgsbach zwei Kilometer von Mondoñedo ist ein kleines Freibad eingerichtet. Schwimmen kann man hier oder stellenweise im sauberen Bach selbst. Straße Richtung Viveiro und dann dem Schild »Piscina fluvial« folgen.

Kunsthandwerk: *Keramik* aus Mondoñedo, Laden und Werkstatt von Alejandro Rodríguez Soto am Ende der Avda. de Buenos Aires linker Hand nahe der Pasatiempos-Brücke .

Sargadelos-Keramik, Schreibwaren, Zeitungen, Bücher: Lombardía, Marqués de Rodil 17.

REGISTER

Kleiner Sprachführer

In Klammern [...] die galicische Bezeichnung, wo sie fehlt, ist Kastilisch und Galicisch gleich.

Es gibt im Spanischen nur zwei Artikel:

männlich
– bestimmt *el*, Plural *los*
– unbestimmt *un*, Plural *unos*

weiblich
– bestimmt *la*, Plural *las*
– unbestimmt *una*, Plural *unas*

Begrüßung

Hola: Hallo
Buenos días [Bos días]: Guten Tag (bis mittags)
Buenas tardes [Boas tardes]: Guten Tag (bis zum frühen Abend)
Buenas noches [Boas noites]: Guten Abend, Gute Nacht
Adiós: Auf Wiedersehen
Hasta luego [Ata logo, ata loguiño]: Tschüß
Me llamo... [Chámome ...]: Ich heiße ...
¿Cómo te llamas? [Cómo te chamas]: Wie heißt Du?
¿Cómo se llama Usted? [Cómo se chama Vostede]: Wie heißen Sie?
Soy alemán de Colonia. [Son alemán de Colonia]: Ich bin Deutscher aus Köln.
austríaco, austríaca: Österreicher(in)
suizo, suiza: Schweizer(in)

Verständigung

No hablo español. [Non falo castelán]: Ich spreche kein spanisch.
¿Hablas alemán? [¿Falas alemán?]: Sprichst Du deutsch?
¿Habla Usted inglés? [¿Fala Vostede Inglés?]: Sprechen Sie englisch?
señor: Herr
señora [Dona]: Frau
señorita: Fräulein
sí: ja
no [non]: nein
por favor: bitte
gracias: danke
muchas gracias [moitas gracias]: vielen Dank
de nada: keine Ursache
perdón: entschuldigung
vale: okay
de acuerdo [dacordo]: einverstanden
y [e]: und
o: oder
con: mit
sin: ohne

Quisiera... [Quisera]: Ich hätte gern...
Busco...: Ich suche...
¿Dónde está...? [Onde está..]: Wo ist...?
a la derecha [á dereita]: rechts
a la izquierda [á esquerda]: links
todo recto: geradeaus
¿Está lejos? [¿Está lonxe?]: Ist es weit?
¿Está cerca?: Ist es nah?
a 500 metros: 500 Meter entfernt
a 5 minutos andando: zu Fuß 5 Minuten
¿Cuánto vale? [¿Canto costa?]: Was kostet das?
Es muy caro/barato.[E moi caro/barato]: Das ist sehr teuer/billig.
cerrado los lunes: montags geschlossen
¿Cúando está abierto el museo?: Wann ist das Museum geöffnet?
¿Cúando está abierta la catedral?: Wann ist die Kathedrale geöffnet?
Quería una entrada para la función de las diez.: Ich hätte gerne eine Karte für die Zehn-Uhr-Vorstellung.

Zahlen

0 *cero*
1 *un(o), una*
2 *dos [dous/dúas]*
3 *tres*
4 *cuatro [catro]*
5 *cinco*
6 *seis*
7 *siete [sete]*
8 *ocho [oito]*
9 *nueve [nove]*
10 *diez [dez]*
11 *once [unha]*
12 *doce*
13 *trece*
14 *catorce*
15 *quince*
16 *dieciséis [dezaseis]*
17 *diecisiete [dezasete]*
18 *dieciocho [dezaoito]*
19 *diecinueve [dezanove]*
20 *veinte [vinte]*
21 *veintiun[o], veintiuna*
22 *veintidós*
23 *veintitrés*
24 *veinticuatro [veiticatro]*
25 *veinticinco*
30 *treinta [trinta]*
31 *treinta y un[o], una [trinta e un/unha]*
32 *treinta y dos [trinta e dous]*
33 *treinta y tres [trinta e tres]*
40 *cuarenta [corenta]*
50 *cincuenta*
60 *sesenta*
70 *setenta*
80 *ochenta [oitenta]*
90 *noventa*
100 *cien(to) [cen]*
101 *ciento un(o), una [cento un/unha]*
102 *ciento dos [cento dous]*
103 *ciento tres [cento tres]*
200 *doscientos, -as [douscentos]*
300 *trescientos, -as [trescentos]*
400 *cuatrocientos, -as [catrocentos]*
500 *quinientos, -as [cincocentos]*
1000 *mil*
2000 *dos mil [dous mil]*
3000 *tres mil*
10.000 *diez mil [dez mil]*
100.000 *cien mil [cen mil]*
1.000.000 *un millón*

primer(o), -a [primeiro]: erste(r)
segundo, -a: zweite(r)
tercer(o), -a [terceiro]: dritte(r)

Zeitangaben

hoy [hoxe]: heute
mañana [mañá]: morgen
pasado mañana [pasado mañá]: übermorgen
ayer [onte]: gestern
segundo: Sekunde
minuto: Minute
hora: Stunde
día: Tag
semana [semá]: Woche
mes: Monat
año [ano]: Jahr
Navidad [Nadal]: Weihnachten
Pascua: Ostern
lunes [luns]: Montag
martes: Dienstag
miércoles [mércores]: Mittwoch
jueves [xoves]: Donnerstag
viernes [venres]: Freitag
sábado: Samstag
domingo: Sonntag
festivo: Feiertag
laborable: Werktag
mañana [mañá]: der Morgen
mediodía: Mittag
tarde: Nachmittag
noche [noite]: später Abend, Nacht

enero [xaneiro]: Januar
febrero [febreiro]: Februar
marzo: März
abril: April
mayo [maio]: Mai
junio [xuño]: Juni
julio [xullo]: Juli
agosto: August
septiembre [setembro]: September
octubre [outobro]: Oktober
noviembre [novembro]: November
diciembre [decembro]: Dezember

Uhrzeit

¿Qué hora es? [¿Qué hora é?]: Wie spät ist es?
Son las diez de la mañana/noche. [Son as dez da mañá/noite]: Es ist zehn Uhr morgens/abends.
Las diez y cuarto [As dez e cuarto]: Viertel nach zehn
Las diez y veinte [As dez e vinte]: Zwanzig nach zehn
Las diez y media [As dez e media]: Halb elf
Las dos menos veinte [As dúas menos vinte]: Zwanzig vor zwei
Las dos menos cuarto [As dúas menos cuarto]: Viertel vor zwei

Im Hotel : hotel

pensión: Pension
hostal, fonda, casa de huéspedes: einfachere Unterkünfte
albergue juvenil [Albergue xuveníl]: Jugendherberge
parador nacional: staatliche Kette luxuriöser Hotels
¿Tiene una habitación simple/doble? [¿ Ten unha habitación simple/ dobre?]: Haben Sie ein Einzel-/Doppelzimmer?
con dos camas [con dous camas]: mit zwei Betten
una cama grande [unha cama grande]: Doppelbett
– *lavabo:* Waschbecken
– *agua caliente [auga calente]:* warmem Wasser
– *ducha:* Dusche
– *baño:* Bad
– *calefacción:* Heizung
– *desayuno [desaiuno]:* Frühstück
– *media pensión:* Halbpension
– *pensión completa:* Vollpension
para cuatro noches [Para catro noites]: für vier Nächte
¿Cuál es el voltaje? [Cal é a voltaxe]: Welche Spannung haben Sie?
¿Tiene un adaptador? [Ten un adaptador]: Haben Sie einen Zwischenstecker?

Im Restaurant

Siehe Seite 104 bis 109

Auf der Bank : banco

cambio: Geldwechsel
caja de ahorros [caixa de aforros]: Sparkasse
cajero automático [caixeiro automático]: Geldautomat
dinero [cartos]: Geld
billete: Schein
moneda [moeda]: Münze
dinero en efectivo [cartos en efectivo]: Bargeld
tarjeta de crédito [tarxeta de crédito]: Kreditkarte
cheque: Scheck
Quisiera cambiar 100 marcos alemanes.
– *chelines austríacos.*
– *francos suizos.*
Ich möchte 100 deutsche Mark tauschen.
– österreichische Schillinge
– Schweizer Franken
¿Acepta eurocheques?: ...Euroschecks?
¿Acepta tarjetas de crédito?: ... Kreditkarten?
¿Cuál es el cambio?: Wie steht der Wechselkurs?
¿Cuánto cobra de comisión?: Wieviel Gebühren verlangen Sie?

Post & Telefon

Brief: *una carta*
Briefkasten: *un buzón*
Briefmarke: *un sello [selo]*
Paket: *un paquete*
Päckchen: *un pequeño paquete*
Post: *correos*
Postkarte: *una tarjeta postal [tarxeta postal]*
postlagernd: *lista de correos*

Telefax: *un telefax*
Telefon: *un teléfono*
Telefonbuch: *una guía telefónica*
Telegramm: *un telegrama*
Quisiera un sello para una carta/tarjeta postal para Alemania. Ich möchte eine Briefmarke für einen Brief/Postkarte nach Deutschland.
Quisiera hacer una llamada a la República Federal de Alemania. Ich möchte in die Bundesrepublik Deutschland telefonieren.

Öffentliche Verkehrsmittel

el autobús: Bus
el tren: Zug
el avión: Flugzeug
la estación de autobuses: Busbahnhof
la estación trenes: Bahnhof
el aeropuerto: Flughafen
billete de ida y vuelta: Hin- und Rückfahrkarte
coche cama: Schlafwagen
con reservación: mit Reservierung
el suplemento: Zuschlag
Quisiera un billete para Vigo.: Ich möchte eine Fahrkarte nach Vigo.
Quisiera confirmar mi billete.: Ich möchte mein Ticket bestätigen.
Quisiera cambiar mi billete.: Ich möchte umbuchen.
¿Cuándo sale el autobús para Vigo?: Wann fährt der Bus nach Vigo?
¿Cuándo llega a Vigo?: Wann kommt er in Vigo an?
¿Tengo que hacer trasbordo?: Muß ich umsteigen?
la facturación: Gepäckaufgabe
la consigna: Gepäckaufbewahrung
la consigna automática: Schließfächer

Im Straßenverkehr

bicicleta: Fahrrad
camión: Lkw
coche: Auto
motocicleta: Motorrad
peatón: Fußgänger
taxi: Taxi
autopista: Autobahn
calle [rúa]: Straße
carretera [estrada]: Landstraße
peaje [peaxe]: Straßenbenutzungsgebühr
plaza [praza]: Platz
puente [ponte]: Brücke
aparcamiento [vigilado]: (bewachter) Parkplatz
atención: Achtung
cambio de sentido: Wendemöglichkeit
calle cortada [rúa cortada]: Straße gesperrt
ceda el paso: Vorfahrt gewähren
centro urbano: (Stadt-) Zentrum
desvío: Umleitung
exepto: außer
ganado suelto [gando solto]: freilaufendes Vieh
llamamos grúa, se avisa grúa [chamamos grúa]: es wird abgeschleppt
luz de cruce: Abblendlicht einschalten
niebla [néboa]: Nebel
no aparcar [non aparcar]: Parken verboten
obras: Baustelle
paso a nivel: Bahnübergang
paso prohibido: Durchfahrt verboten
peligro [perigo]: Gefahr
RED: Kennzeichnet im Zentrum Straßen, wo Park- und Halteverbot herrscht. Hier wird bei Strafen bis 20.000 Pts sofort abgeschleppt
salida [saída]: Ausfahrt
sentido único: Einbahnstraße
zona peatonal: Fußgängerzone

Rad & Auto

...no funciona.: funktioniert nicht.

...está roto/rota.: ist kaputt.

Anlasser: *el arranque*

Batterie: *la batería*

Bleifreies Benzin: *gasolina sin plomo [gasolina sen chumbo]*

Blinker: *el intermitente*

Bremse: *el freno [freo]*

erster Gang: *la primera velocidad [velocidade]*

Felge: *llanta*

Fernlicht: *la luz de carretera [de estrada]*

Gepäckträger: *porta equipaje*

Getriebe: *la caja de cambios [caixa de cambios]*

hinten/vorne: *trás/delante*

Hupe: *la bocina [bucina]*

Kette: *cadena*

Klingel: *timbre delantera*

Kugellager: *cojinte de bolas*

Kupplung: *el embrague*

Kühler: *el radiador*

Lenkrad/Lenker: *el volante/guía*

Licht: *la luz*

Luft: *el aire*

Luftpumpe: *inflandor*

Motor (klopft): *el motor (golpea)*

Rahmen: *cuadro*

Reifen: *el neumático*

Rücklicht: *el piloto*

Rückwärtsgang: *la marcha atrás*

Scheibenwischer: *el limpiaparabrisas [limpaparabrisas]*

Scheinwerfer: *el faro*

Sicherung: *el fusible*

Speiche: *rayo de rueda*

Tankstelle: *la gasolinera [gasolineira]*

Trommelbremse: *freno de tambor*

Türschloß: *la cerradura [pechadura]*

Umwerfer: *cambio de marchas*

Ventil: *valvula*

Vordergabel: *norquilla*

Vergaser: *el carburador*

Wagenheber: *un gato*

Werkstatt: *un taller*

Werkzeug: *las herramientas (ferramento]*

Windschutzscheibe: *el parabrisas*

Zündkerze: *la bujía [buxía]*

Notfall

la ambulancia: Krankenwagen

el médico: Arzt

el dentista: Zahnarzt

el hospital: Krankenhaus

la farmacia (de guardia): Apotheke (mit Notdienst)

Ich leide an...: *Padezco...*

Mir tut es hier weh.: *Siento dolores aquí.*

Ich brauche ein Medikament gegen ...: *Necesito un medicamento contra ...*

Feuerwehr: *los bomberos [bombeiros]*

Krankenwagen: *la ambulancia*

Panne: *la avería [avaría]*

Polizei: *la policía*

(ich hatte einen) Unfall: *(tuve) un accidente*

Policía Municipal: städtische Polizei

Policía Nacional: Landespolizei

Guardia Civil: Miliz

Wo ist die nächste Polizeiwache?: *¿Dónde está la comisaría más cerca?*

Ich möchte Anzeige wegen Diebstahls erstatten.: *Quiero hacer una denuncia por robo.*

Geographie, Kunst & Kultur

la aldea: Dorf

el arco: Bogen

la arquitectura: Architektur

el ayuntamiento [axuntamento]: Rathaus

la capilla [capela]: Kapelle

el castro: befestigte keltische Siedlung

el castillo [castelo]: Burg, Schloß

la catedral: Kathedrale

el cementerio [cemiterio]: Friedhof

el centro de arte: Kunstzentrum

el cine: Kino

la ciudad [cidade]: Stadt

el claustro: Kreuzgang

el concierto [concerto]: Konzert

el convento: Konvent

el coro: Chor(gestühl)

el embalse [presa]: Stausee

la ermita [ermida]: Wallfahrtskapelle

la exposicisión: Ausstellung

la galería: Galerie

la iglesia [igrexa]: Kirche

el lago: See

el monasterio [mosteiro]: Kloster

la montaña: Gebirge

el monumento: Denkmal

el museo: Museum

la ópera: Oper

el palacio [palacio, pazo]: Palast

el palacio arzobipal: Erzbischöfliches Palais

el palacio episcopal: Bischöfliches Palais

el palacio real: Königspalast

la parroquía: Pfarrkirche

el patio: Innenhof

la pintura: Malerei

la plaza [praza]: Platz

la plaza mayor [praza maior]: Hauptplatz

el pueblo [pobo]: Dorf

la puerta [porta]: Tür, Tor, Portal

el puerto [porto]: Hafen

el retablo [retábulo]: Altarbild

el río: Fluß

la sacristía: Sakristei

la sala capitular: Kapitelsaal

la sierra [serra]: Gebirge

la sinagoga: Synagoge

el teatro: Theater

el tesoro [tesouro]: Schatzkammer

GLOSSAR

Alfiz: maurisch-mozarabischer Zierrahmen an Hufeisenbögen

Apsis: meist runde, nach Osten ausgerichtete Altarnische, in der Gotik oft zu einem halbkreisförmigen Chorumgang mit Nebenkapellen umgestaltet.

Archivolte: profillierte, von der Fassade abgesetzte Einfassung eines Rundbogens, zum Beispiel über Portalen und an Fenstern, auch *Stirnbogen*. In der romanischen und gotischen Baukunst werden so auch die Bogenläufe genannt, die die Fortsetzung der Gewändegliederung darstellen und oft mit Skulpturen (Archivoltenfiguren) besetzt sind.

Arkade: auf Säulen ruhender Bogen, mit *Arkaden* ist eine fortlaufende Reihe von Bogenstellungen gemeint.

Asturisch: diese als Verfeinerung des westgotischen Stils geltende Form aus dem 9. Jh. fällt durch die hohen, in sich verschachtelten Baukörper und die dekorierten Steingitterfenster auf. Die Reliefdarstellungen und Wandmalereien nähern sich spätantiken Vorbildern. Wie der Name schon andeutet, findet man die meisten Beispiele dafür in Asturien. Unter der Kathedrale von Santiago de Compostela liegen noch Mauerreste der asturischen Jakobskirche.

Augustiner: katholischer Priesterorden aus dem 11. Jahrhundert, der nach der sog. Regel Augustinus in Armut und dienender Arbeit lebt, die aber nicht wirklich vom Kirchenlehrer Augustinus (354 – 430) stammt. Unterhielt früher einige bedeutende Pilgerhospize an Paßstraßen.

Baldachin: Überdachung eines Cruceiros, von Gewändeskulpturen oder anderen Kultgegenständen

Benediktiner: vom Begründer des abendländischen Mönchtums, Benedikt von Nursia (um 480 – 529), gegründeter Orden.

Calzada: gepflasterter oder dammartig befestigter Weg, besonders in sumpfigem oder wasserreichem Gelände. Als Beiname von Ortschaften weist Calzada auf die Lage an einer alten Jakobsroute hin.

Churrigueresk: spanischer Spätbarock des 17./18. Jahrhunderts. Leitet sich nicht etwa von *churre* (abtriefendes Fett) ab, sondern von der Baumeisterfamilie Churriguera. Der *Churriguerismus* ist leicht daran zu erkennen, daß Kirchenfassaden so überreich wie eine Altarwand verziert sind. Die Altäre selbst wirken oft überladen, der Schnörkelphantasie scheinen bei der Schaffung der pompösen Monstranzen und Glaubensmonumente keine Grenzen gesetzt gewesen zu sein.

Cluniazenser: aus dem französischen Cluny (gegründet 910) hervorgegangene benediktinische Reformbewegung, die religiöse Verinnerlichung mit straffer geistlicher und wirtschaftlicher Organisation aller zusammengeschlossenen Klöster kombinierte. Die grenzüberschreitenden Verbindungen der Cluniazenser befähigten sie, die Santiagopilger durch den Unterhalt von mehr als 30 Hospizen zu unterstützen.

Codex Calixtinus: auf Jakobskult und den Pilgerweg ausgerichtete Handschriftensammlung des 12. Jahrhunderts., der durch Nennung des Papstes Calixt II. als Autor größere Autorität verliehen werden sollte, obwohl sie im wesentlichen vermutlich von dem französischen Priester Aimeric Picaud zusammengestellt wurde.

Coro: in spanischen Großkirchen durch hohe Schranken oder Wände abgetrennter Raum vor Vierung oder Altarbereich. Er dient liturgischen Gesängen der geistlichen Chorherren.

Dachsparren/Konsolen: herausragende schräg ansteigende Kanthölzer des Dachstuhls bzw. vorspringendes Trageelement im Steinbau, oft zur Abwehr des Bösen mit dekorativen Fratzen, Bestien oder Neidköpfen versehen.

Cruceiro: Wegkreuz; oft große Kruzifixe als Wegweiser.

Dolmen: übersetzt Felsentisch, megalithische Grabbauten.

Dominikaner: katholischer Bettelorden, dessen Gründer Domingo Guzmán de Caleruega (um 1170 – 1221) die Rückgewinnung von Ketzern zum Ziel hatte. Sie stellten im MA die päpstlichen Hoftheologen (u.a. Gelehrte wie Albertus Magnus, Thomas von Aquin), und waren seit 1232 führend in der gefürchteten Inquisition tätig; Domini canes, die Spürhunde des Herren.

Ermita: span., meist verlassene Einsiedelei

Filigran: eigentlich feingliedrige Drahtverzierung aus Gold oder Silber, gelegentlich auf zierliches Steinmetzwerk übertragen, siehe auch »Plateresk«.

Franziskaner: von Giovanni Bernardone (Franz von Assisi, 1181 – 1226) gestifteter erster Bettel-, Buß- und Wanderpredigerorden.

Fueros: span. verbriefte Sonderrechte, zum Beispiel Wirtschaftprivilegien städtischer Siedlungen.

Gewände: schräg eingeschnittene Mauer an Portal oder Fenster, die mit Säulen, die in die Archivolte übergehen können, stufenförmig profiliert sein kann. In den Abtreppungen stehende Skulpturen nennt man *Gewändefiguren.*

Heiliges Jahr: Wenn der Tag des Apostels Jakobus, der 25. Juli, auf einen Sonntag fällt, bedeutet dies ein Heiliges Jahr (wieder 1999).

Hórreos: Maisspeicher in Galicien, meist aus Granit oder Stein in rechteckiger Form.

Inquisition: religiös juristisches Untersuchungsverfahren zur Wahrung der »unverfälschten Glaubenslehre«. Seit den Ketzerkriegen gegen die Albigenser (1209 – 1229) von den Dominikanern geleitet.

Isabellinisch: Die Stilbezeichnung ist auf Isabella II. von Kastilien (1474 – 1504), die Katholische Königin, zurückzuführen. Die während ihrer Regentschaft entstandenen spätgotischen Prachtbauten brachten einen eigenen Stil hervor. Charakteristisch sind in filigraner Steinmetzarbeit durchwirkte Portale. Die Außenreliefs symbolisieren oft die gemeinsame Herrschaft der Katholischen Könige. Einige Neubauten waren als königliche Grabkapellen geplant: einschiffige, hohe Räume mit Netzgewölbe, Emporen und kunstvoll ausgestatteten Grabaufbauten. Das *Hostal de los Reyes Católicos* in Santiago ist ein Beispiel dafür.

Jesuiten: »Gesellschaft Jesu«, 1534 von dem Basken Ignatius von Loyola als Orden für Mission, Predigt, Unterricht und Seelsorge gegründet und als Gottes Streitmacht mit einem General an der Spitze direkt dem Papst unterstellt (1540 päpstl. bestätigt).

Johanniter: Kreuzritterorden, 1118 in Jerusalem in der Absicht gegründet, Pilgern Herberge, Pflege und bewaffneten Schutz zu gewähren.

Kapitell: ausladendes oberes Ende einer Stütze (z.B. Säule), das zwischen Stütze und Last vermittelt.

Kapitelsaal: Versammlungsort des Domkapitels, in einem Kloster der Raum, in dem die Mönche früher ihre täglichen Anweisungen erhielten.

Kreuzgang: Umgang eines rechteckigen Innenhofes im Kloster.

Laterne: Pavillonartiger, leichter Aufbau einer Kirchenkuppel mit Fensteröffnungen zwecks Erhellung des Innenraums.

Monstranz: oft reich verziertes Behältnis zur Aufbewahrung der geweihten Hostien.

Morisken: seit 1502 zwangsweise christianisierte maurische Bevölkerung, die 1609 von Felipe III. aus Spanien vertrieben wurde.

Mozaraber: Christen, die aus dem maurischen Herrschaftsgebiet kamen und eine von der römischen Kirche abweichende, eigene Liturgie besaßen.

Mozarabisch: Stil der Mozaraber, arabischer Einfluß bei der Gestaltung der Kirchen. Der westgotische Hufeisenbogen nahm mit der Mozarabik die Form eines Schlüssellochs an und ist ihr ästhetisches Leitmotiv. Diese Form taucht sowohl im Grundriß des Altarraums, als auch an Arkaden, Blendbögen und den Alfizen auf. Die Kirchen sind so konstruiert, daß das meiste Licht auf das Allerheiligste fällt. Die Reliefdarstellungen haben westgotische Vorbilder. Reiche Buchmalereien und Elfenbeinschnitzereien sind Zeugnisse der mozarabischen Kleinkunst.

Mudéjar: Dies war zunächst der Name maurischer Bau- und Kunsthandwerker, die für die spanischen Christen arbeiteten. Davon leitete man später die Bezeichnung für einen Dekorstil ab, der von der Romanik bis zur Renaissance, also vom 12. bis 16. Jh., mit dem jeweils vorherrschenden europäischen Baustil kombiniert wurde. Durch geometrische Muster aus flachen gebrannten Ziegeln, Blendbögen, bunt glasierte Dachziegel und hohe Fenstertürme konnte eine romanische Kirche einen orientalischen Charakter bekommen. Alle Elemente des Mudéjar finden sich allerdings selten an einem Gebäude. Die maurische Mode ließ sich auch auf die Gotik und nachfolgende Stile anwenden. Für die Innenausstattung waren getäfelte Kassettendecken mit Sternen und Bänderornamenten, herabhängenden Pinienzapfen, dekorativen Inschriften, Wappen und glasierte Kacheln gefragt.

Nekropole: griech., vorgeschichtliche Gräberstätte.

Pantheon: Begräbnisstätte hochgestellter Persönlichkeiten

Pantokrator: Christus, dargestellt als Weltenrichter.

Petroglyphen: in den Fels geritzte Zeichnungen mit kultischer Bedeutung aus vorchristlicher Zeit.

Plateresk: ein Dekorationsstil, der wegen seiner geringen Relieftiefe vom Namen her an die Arbeit der Silberschmiede angelehnt ist. Der Plateresken-Stil greift Elemente der Antike auf und ist hauptsächlich an Portalen, Hochaltären, schmiedeeisernen Gittern und dem Chorgestühl zu finden.

Reconquista: Rückeroberung des maurischen Spanien durch die Christen, 722 – 1492.

Reliquiar: Wertvolles Gefäß zur Aufbewahrung von Reliquien (Körperteile oder Besitztümer von Heiligen).

Retabel: Altaraufsatz, im MA auf dem Altar (*Mensa*), in Renaissance und Barock auch dahinter stehend. In der Romanik meist eine bemalte Holztafel oder ein Steinrelief, in der Gotik zu einem geschnitzten und bemalten Flügelaltar erweitert.

Santiago-Ritterorden: um 1170 in Cáceres entstandener Orden mit dem Emblem eines blütentreibenden Kreuzes in Schwertform.

Stele: griech., aufrecht und frei stehender Grabpfeiler oder Grenzstein mit Inschriften, seit der Antike gebräuchlich.

Tympanon: halbrundes oder giebelförmiges, mit Figuren oder Reliefs verziertes Bogenfeld eines Portals.

Vierung: zentraler Bereich einer Kirche im Schnittpunkt von Haupt- und Querschiff.

Westgotisch: in Spanien und Portugal befinden sich noch einige kleine, bescheidene Kirchen, die in diesem Stil des 6. und 7. Jahrhunderts erbaut worden sind. Die einfachen Konstruktionen haben einen kreuzförmigem Grundriß, der Altarraum ist rechteckig ummantelt. Zu den charakteristischen Merkmalen gehören der hölzerne Dachstuhl oder das Tonnengewölbe sowie ein langgezogener Hufeisenbogen. Obwohl Konstruktion und Ornamentik einen »primitiven« Eindruck machen, sind viele der geometrischen Muster und stilisierten Pflanzen- und Tierbilder künstlerisch vollendet, offenbar an byzantinischen Vorbildern orientiert.

Wurzel Jesse: Darstellung des Stammbaumes Christi (nach Jesaias 11,1)

Zisterzienser: aus der Benediktinerregel 1118 hervorgegangener, im gesamten Abendland verbreiteter Orden, der sich besonders durch enorme Leistungen bei der Kultivierung von Ödlandzonen auszeichnete. Die geradlinigen, turm- und fast schmucklosen Bauformen der Zisterzienser stellen die frühen Äußerungen der Gotik in Spanien dar.

Bildnachweis

Virginia Barros: 24, 31, 34, 58, 60, 85, 177, 184, 273, 284, 287, 315, 318, 322.

Peter Bohning: 8, 15, 19, 26, 29, 41, 44, 82, 166, 179, 210, 218, 232, 237, 238, 289, 358, 377, 378, 387.

Tobias Büscher: Seite 6, 11, 18, 23, 36, 37, 53, 63, 65, 69, 90, 101, 103, 106, 181, 187, 192, 194, 198, 202, 205, 223, 225, 234, 242, 243, 249, 248, 250, 254, 267, 289, 300, 322, 335, 337, 338, 354, 365, 381, 382.

Markus M. Hugo: 47, 117, 120, 124, 127, 131, 134, 141.

Christoph Landler: 213, 260, 262, 277, 282.

Pontevedra Provinzmuseum: 299.

Susanne Spröer: 156.

Verlagsarchiv: alle übrigen Illustrationen.

REGISTER DER ORTE, SEHENSWÜRDIGKEITEN & SCHLAGWORTE

Städte, (freistehende) Sehenswürdigkeiten, Bauten. Schlagworte
Natur, Natursehenswürdigkeiten, Flüsse, Berge, Strände etc.
Haupteinträge **fett**

Q – R

S

KARTENVERZEICHNIS